漢城百濟王宮遺蹟發見和保存學術會議論文集

-6次學術會議發表論文 · 論評 · 討論合定本-

東洋考古學研究所編

2023

學研文化社

한성백제 왕궁유적 발견과 보존 학술회의 논문집
- 6차례의 학술회의 발표논문 논평 토론 합정본 -

2023년 12월 11일 초판 1쇄 발행

편 저 동양고고학연구소(대표 : 이형구 교수)
펴낸이 권혁재
편 집 조혜진

인 쇄 부건애드
펴낸곳 학연문화사
등 록 1988년 2월 26일 제2-501호
주 소 서울시 금천구 가산디지털1로 16 가산2차SK V 1AP타워 1415호

전 화 02-6223-2301
팩 스 02-6223-2303
E-mail hak7891@chol.com

ISBN 978-89-5508-498-6 93910

한성백제 왕궁유적 발견과 보존 학술회의 논문집

- 6차례의 학술회의 발표논문 논평 토론 합정본 -

동양고고학연구소 편

2023

학연문화사

■일러두기

이 논문집은 1983년 한국정신문화연구원(현 한국학중앙연구원) 학술연찬 논문과 1994~2013년에 동양고고학연구소가 주최한 5차례의 학술세미나의 논문들을 모아 편찬한 것이다.

첫 번째 1983년 학술연찬은 주제발표를 중심으로 참가자 전원이 자유로운 토론을 전개하는 자리로써, 참여자 27명은 제1집의 종합토론의 명단을 참고하기 바란다.

6차례의 학술토론회의 논문집은 한글 위주로 편집하였으나, 중국 학자나 일본 학자들이 참여한 국제 학술세미나 논문은 한글과 한문(漢文)을 겸용하였다.

본 논문집의 저작권은 전적으로 학연문화사에 있다.

본 논문집의 내용과 사진을 사용할 때는 저작권자의 승인을 받아야 한다.

▌목 차

2. 日本의 나니와노미야(難波宮)發堀調査와 保存·環境整備에 對하여 - 나까오 요시하루(中尾芳治 日本帝塚山學院大學 敎授) / 通譯 및 討論 : 宋錫範(日本 關西外國語大學 敎授)

3. 風納洞 百濟王城의 築城 技法에 대한 考察 - 沈正輔(한밭大學校 敎授) / 討論 : 崔孟植(國立慶州文化財研究所 所長)

4. 風納洞 百濟王城 百濟土器의 形成과 發展 - '漢城百濟土器'에 대한 提言-申熙權(國立文化財研究所 學藝研究士) / 討論 : 金武重(畿甸文化財研究院 先任研究員)

5. 風納洞 百濟王城의 歷史的 性格 : 李鍾旭(西江大學校 敎授) / 討論 : 金嘆河(成均館大學校 敎授)

6. 風納洞 百濟王城의 發見과 保存 : 李亨求(鮮文大學校 敎授) / 討論 : 李偤(京鄉新聞 副局長)·金台植(聯合news 文化部 記者)

종합토론 : 사회 - 손병헌(성균관대 교수) / 토론자 - 발표자 및 토론자

제5집 '風納土城 內 百濟王京 遺蹟 發見 10周年 紀念 學術會議'

基調講演 : 趙由典(韓國土地公社 土地博物館 館長)

1. 「風納土城 內 百濟王京 遺蹟 發見과 歷史的 意義」, 李亨求(鮮文大學校 敎授) / 討論 : 李鍾旭(西江大學校 敎授)

2. 「風納土城 京堂地區 發掘調査의 過去와 未來」, 權五榮(韓神大學校 敎授) / 討論 : 尹根一(畿甸文化財研究院 院長)

3. 「古代 中國 都城의 出現과 그 特徵 -二里頭遺蹟과 風納土城과의 比較를 中心으로-」, 申熙權(文化財廳 學藝官) / 討論 : 沈正輔(한밭大學校 敎授)

4. 「日本 古代 都城의 調査와 保存現況」, 瀬川芳則 (關西外國語大學 敎授) / 飜譯 : 宋錫範(前 關西外國語大學 敎授)·討論 : 李南珪(韓神大學校 敎授)

종합토론 : 사회 - 申灣植(前 梨花女子大學校 敎授) / 특별초대 : 金起燮(서울歷史博物館 研究員) 金台植(聯合뉴스 文化部 文化財專門記者) 愼亨浚(朝鮮日報 文化部 文化財팀장) 崔孟植(國立文化財研究所 遺蹟調査室長) 黃平祐(文化連帶 文化遺産委員會 委員長) 李基永(風納洞文化財對策委員會 會長)

제6집 '풍납토성(風納土城) 사적지정 50주년 기념 兼「한강유역 백제전기 수도유역 보존문제」제기 30주년 기념 학술세미나

기조강연 ; 풍납토성 한성백제 왕궁유적의 보존과 연구 - 이형구(선문대학교 석좌교수)

Ⅰ. 한성백제 왕궁유적 발견의 역사적 의의 : 이종욱(전 서강대학교 총장)

Ⅱ. 풍납토성 내 미래마을부지의 발굴 성과 : 최맹식(국립경주문화재연구소 소장)

Ⅲ. 풍납토성 내 경당지구의 발굴 성과 : 권오영(한신대학교 교수)

Ⅳ. 풍납토성 성벽의 축조기법 : 신희권(국립해양문화재연구소 연구과장)

Ⅴ. 풍납토성과 왕궁유적의 보존과 대책 : 김태식(연합뉴스 문화부 기자)

VI. 일본의 고대왕궁유적의 발굴과 보존 : 사도고지(전 일본 나라문화재연구소 연구실장)

종합토론 : 사회 - 손병헌(성균관대 명예교수) / 토론자 - 노중국(계명대학교 교수) 김기섭(한성백제박물관 전시과장) 신종국(국립해양문화재연구소 연구관) 이성준(국립문화재연구소 연구사) / 특별초청: 김홍제(풍납토성주민대책위원회 위원장)

▌머리글

서울의 초기백제(한성백제) 유적이 분포돼있는 한강 남쪽 구(舊) 경기도 광주군 북부지역이 1963년 1월 1일을 기해 풍납동을 포함해서 강동구 일원이 서울특별시(천호출장소)에 편입되고, 같은 해 1월 21일 풍납토성이 '광주풍납리토성(廣州風納里土城)'이란 이름으로 국가사적 제11호로 지정되었다.

지금의 강남지역이 1975년 9월 3일에 서울특별시의 자치구청이 신설되고 나서 급속도로 도시화 되면서 강남지역에 분포되고 있던 초기백제 유적들이 많이 훼손되기 시작하였다.

이에 편자와 동양고고학연구소는 풍납토성을 비롯하여 석촌동 백제 적석총과 방이동 고분군 등 한성백제유적을 보존하기 위하여 꾸준히 노력해 왔으며, 특히 풍납토성이 백제 초기의 수도인 하남위례성(河南慰禮城)이란 사실을 학술조사와 연구 활동을 통하여 밝혀내려고 노력해 왔다.

그 첫 학술회의가 1983년 한국정신문화연구원에서 개최된 「한강유역 백제전기 수도유적 보존문제」이고, 그 후 편자와 동양고고학연구소가 풍납토성과 한성백제유적을 조사연구하고 이를 보존하기 위한 학술세미나를 다섯 번을 주최하였는데, 2번은 국내 세미나이고 3번은 국제 세미나이다.

1983년 학술회의를 비롯하여 6차의 학술세미나에 선학(先學)·선배·동료, 동학 들의 적극적인 참여와 격려로 학술회의가 가능하였고 풍납토성를 비롯하여 석촌동 백제 적석총과 방이동 고분군 등 한성백제유적이 오늘날 이만큼이나마 보존될 수 있었다고 믿는다.

올해가 풍납토성 사적지정 60주년이 되는 해이고 겸해서 1983년 첫 학술회의인 한강유역 백제전기 수도유적 보존문제 제기 40주년이 되는 해라서 이를 기념하고 원로 선학·선배·동료, 동학 들의 성원에 보답하기 위해서 6차례의 학술회의 논문집을 기록으로 남겨야겠다고 염원(念願)해 왔다. 그러나 그사이 많은 선학·선배들께서 유명을 달리하셨고, 최근 몇 년 동안 사회적으로 어려움이 있었고 편자 역시 건강 등 어려움이 있었지만 그래도 한시라도 빨리 정식 출판해야겠다는 각오로 여기에 이르렀다.

불과 40년 전의 학술회의 발표 자료들이 갱지(更紙)에 프린트되어 많이 빛바랜 인쇄물을 현행방식으로 재생하기 위해서 백방으로 재생 방법을 찾아 헤매다가 서울 구의동의 한 작업실에서 OCR(문자인식) 기법으로 전환하는 곳을 찾아내 원상대로 재생 청서(淸書)하여 원고화(原稿化)한 경험이 감개한 기억으로 남는다.

그뿐만 아니라 30년 전의 발표논문도 같은 방법으로 재생 청서하여 컴퓨터에 입력하는 한편, 매회 학술회의 시에 토론 내용을 녹취한 테이프를 채록(採錄)하여 원고화하는 작업에 동양고고학연구소 성원들의 수고로 이만큼 성책(成冊)할 수 있었음을 밝혀둔다.

그동안 학술회의에 참여해주신 선학·선배·동료·동학 여러분께 감사드리며, 첫 학술회의 논문 활용을 승낙해 주신 한국학중앙연구원 안병우 원장과 논문집 영역초록을 번역해 주신 한국번역가협회 김민영 전 회장께 감사하며, 어려운 출판을 맡아주신 학연출판사 권혁재 사장께 감사드린다. (癸卯孟夏 李亨求記)

9

적요(摘要)

1. 한강유역 백제전기 수도유적 보존문제 첫 학술연찬-1983년 7월 6일

2. 정부의 석촌동 왕릉지구 백제고분 보존 결정-1985년 7월

   1) 석촌동 고분군 확대 보존과 지하차로 터널化

   2) 방이동 고분군 확대 보존 및 추가 발견

   3) 몽촌산성 보존-성벽 조각공원과 미술관 건립계획 변경

   4) 올림픽대교 풍납동 램프 건설계획 변경

3. 풍납토성 서성벽 남쪽 외부 아산병원 아파트부지 발굴조사-1995년

4. 백제유물의 발견에서부터 백제왕궁유적이 현현(顯現)하기까지-1997년 1월

   1) 풍납토성의 첫 제원(諸元) 실측 및 실태조사-1996~97년

   2) 풍납토성 내 한성백제 왕궁유적 첫 발견-1997년 1월

   3)『서울 풍납토성[백제왕성] 실측조사연구』발간-1997년 8월

5. 풍납토성 내 왕경유적 보존을 위한 김대중 대통령령(令)-1999년

6. 서울 한성백제 왕궁유적 보존을 위한 학술회의 다섯 번 개최-1994~2013년

   1)「서울백제수도유적보존회의」발기인 28명 결의-1994년 9월 28일

   2)「풍납토성 [백제왕성] 보존을 위한 학술회의」- 2000년 5월 8일

   3)「한강유역 백제전기 수도유적 보존문제」제기 20주년 기념 국제학술회의 개최-2003년 6월

   4)「풍납토성 내 왕경유적 발견 10주년 기념 국제학술회의」개최-2007년 6월 8일

   5)「풍납토성 사적지정 50주년 기념 겸 한강유역 백제전기 수도유적 보존문제 제기 30주년 기념 국제 학술회의」

      개최 - 2013년 10월 25일

서울의 백제 초기(한성백제) 유적이 분포돼있는 한강 남쪽 구(舊) 경기도 광주군 북부지역이 1963년 1월 1일을 기해 풍납동을 포함해서 강동구 일원이 서울특별시(성동구 천호출장소)에 편입되고, 이해 1월 21일 '광주풍납리토성(廣州風納里土城)'이 국가사적 제11호로 지정되었다.

지금의 강남지역에 1975년 9월 3일, 서울특별시의 구청이 신설되고 나서 급속도로 도시화 되면서 이 지역에 분포되고 있던 백제유적들이 많이 훼손되기 시작하였다.

이와 같은 상황에서 정부나 서울시에서 문화재 보존과 도시개발을 병행해서 추진하려고 했지만 아무래도 도시개발에 밀리고 있었다. 이에 여러 대학과 연구단체에서 강남 일대의 백제유적 발굴조사에 노력하였다.

편자는 1981년 가을 7년여 만에, 중국(대만) 유학에서 귀국하여 논문자료를 준비하기 위해 서울 풍납토성과 석촌동 백제 적석총을 찾았다가 서울시가 88올림픽을 계기로 강남의 동서를 연결하는 도로(백제고분로)를 개설하기 위해서 사적 제243호로 지정(1975)된 '석촌동 백제초기적석총(3호분)'의 남쪽 부분이 잘라나가고, 인근에서는 백제인의 인골이 훼손되는 충격적 장면을 보고 백제유적을 보존해야겠다고 다짐하였다.

1. 한강유역 백제전기 수도유적 보존문제 첫 학술회의-1983년 7월 6일

1983년은 풍납토성이 사적 제11호로 지정된 지 20주년이 되는 해이다. 1983년 5월 28일 정부 고위 당국자와의 '담판'이 있은 후 그해 7월 6일, 한국정신문화연구원(현 한국학중앙연구원)이 주최하는 "한강유역 백제전기 수도유적 보존문제" 학술연찬(學術研鑽)을 개최하였다.[1] 이 학술연찬은 류승국 원장의 인사말씀과 김형효 부원장의 축사에 이어 논문발표는 문명대 교수(한국정신문화연구원)의 사회로 이형구 교수(李亨求, 한국정신문화연구원)가 「한강유역백제수도유적의 현상과 보존문제」에 대하여 발표하였으며, 김병모 교수(金秉模, 한양대학교)는 「한강유역고분의 고고학적 가치」, 차용걸 교수(車勇杰, 충북대학교)는 「한강유역 백제도성유적」에 대하여 발표하였다. 종합토론은 윤세영 교수(고려대학교)의 사회로 진행되었다. 그리고 학술연찬을 마친 후 건의문을 작성하여 당시 전두환(全斗煥) 대통령을 위시하여 관계기관에 건의서를 제출하였다.[2]

〈한강유역 백제전기 수도유적 보존문제 건의문〉

1. 강동구 일대의 유적분포지역의 개발을 중지시킴은 물론 '긴급 구제 발굴'방식을 지양, 모든 유적을 철저히 재조사하여 이미 파괴가 심한 곳은 학술적인 발굴을 거쳐 보호 토록하고 원상을 유지하고 있는 유적은 그대로 보존토록하며 다음으로 복원이 가능한 유적은 학술적인 고증을 거쳐 복원토록 해야 할 것임.

2. 사적 제243호인 석촌동 제3·4호 왕릉을 비롯하여 제4호 왕릉의 전방에 있는 2기의 고분유구와 제5호분·'파괴분' 및 최근 파괴된 석촌동 일대의 백제문화포함층을 다시 발굴 조사해야 할 것임.

3. 사적 제11호로 지정돼 있는 풍납리토성은 현재 대로면의 약 300m의 북쪽 면만 복원·보존되고 洞內에 있는 약 1.5km에 달하는 동쪽면은 방치되어 인멸 위기에 있는데 이에 대한 보존·복원 대책을 강구해야 할 것임.

---

1 이형구;「한강유역백제전기수도유적보존문제」『정신문화연구』1984. 여름(통권21호), 한국정신문화연구원.
2 1983년 4월, 정부당국자의 협조로 이 학술토론회를 개최할 수 있었기 때문에 백제유적보존운동을 계속할 수 있었다. [加注; 이를 기념하기 위해 2003년 6월『한강유역백제전기수도유적보존문제 제기 20주년 기념 국제학술 세미나』를, 2013년 10월에는『한강유역 백제전기 수도유적 보존문제 제기 30주년 기념 국제학술 세미나』를 개최하였다.]

4. 현재 '사적공원'으로 조성사업을 벌이고 있는 방이동고분군 중 제7·8호가 제외되고 있는데 이를 연결하여 공원면적을 확대 조성해야 할 것임.

5. 둔촌동에 건설될 '올림픽 주경기장' 후보지 내의 지표조사를 철저히 할 것과 인접 몽촌토성의 원형을 찾아 복원하여 토성 내에는 일체의 시설을 불허해야 할 것임.

6. 특히 석촌동 지역의 사방 1km 내의 모든 지상건물과 토지를 매입하고 '역사공원'으로 지정하여 역사교육도장으로 활용하는 동시에 국가적인 문화유적공원으로 조성해야 할 것임.

7. 강남지구에 '위례성박물관'(가칭)내지 '사적관리사무소'를 신설하여 명지에 흩어진 한강유역출토유물을 한데 모아 전시하여 역사교육도장으로 활용하고, '문화올림픽'시에 우리 문화 선양의 계기를 마련하는 한편 한강유역의 유적을 보호·감독해야 할 것임

1983년 7월
「한강유역 백제전기 수도유적 보존문제」학술연찬 참석자 일동

2. 정부의 석촌동 왕릉지구 백제고분 보존 결정-1985년 7월

1) 석촌동고분군 확대 보존과 지하차로 터널化

앞서 1983년 여러 학자들과 풍납토성 몽촌토성 아차산성 석촌동고분 방이동고분 등에 대한 조사연구 성과를 조명한 한국정신문화연구원 학술연찬 이후 당시 전두환 대통령에게 회의 자료를 덧붙여 제출한 〈한강유역 백제전기 수도유적 보존문제 건의문〉에서

2. 사적 제243호인 석촌동 제3·4호 왕릉을 비롯하여 제4호 왕릉의 전방에 있는 2기의 고분유구와 제5호분·'파괴분' 및 최근 파괴된 석촌동 일대의 백제문화포함층을 다시 발굴 조사해야 할 것임.

이라고 하였다.

그리고 제6항에서는

6. 특히 석촌동 지역의 사방 1km 내의 모든 지상건물과 토지를 매입하고 '역사공원'으로 지정하여 역사교육도장으로 활용하는 동시에 국가적인 문화유적공원으로 조성해야 할 것임.

이라고 하였다.

1985년 5월, 학술회의 직후 청와대 신극범(愼克範) 교육문화수석이 그동안 한강유역 백제전기 수도유적 보존문제를 전개한 자료를 요청해 왔다. 이에 석촌동고분군을 비롯해 강남 일대의 백제유적 현황에 대해서 자세히 보고하였다. 같은 해 7월 1일 정부는 '서울 백제고도 유적보존계획'을 특별법으로 제정하고 519억 원이라고 하는 최대의 예산을 책정하여 서울 강남지구 백제유적을 보존하도록 조치하였다. 풍납토성의 현장을 실지 답사, 조사하고 이의 보존과 대책 문제를 다각도로 줄기차게 제기해왔다. 본격적으로 보존활동을 추진한 지 2년여 만에 마침내 대통령의 특별지시로 정부는 '서울백제고도'를 되살리기 위한 예산 519억 원이라고 하는 천문학적인 액수의 보존 복원비가 책정되었다.

1985년 7월 1일, 당시 전두환(全斗煥) 대통령의 특별지시로 이원홍(李元洪) 문공부장관과 염보현(廉普鉉) 서울시장은 "서울고도 민족문화유적 종합복원 계획안"을 공동 발표하게 된다.[3]

풍납토성은 일부 복원돼 있으나 주위 환경이 좋지 않고 정비지역 내 사유지를 보상하고 5억원을 들여 보수·정비하기로 하였다. 풍납토성은 화급한 석촌동이나 몽촌토성(산성)에 비해 좀 빠진 감이 있다. 이와 같은 조치는 문화유적 복원비용으로는 건국 이래 최대의 규모이다.

정부의 용단이 있기까지는 학계와·언론계의 끈질긴 노력이 뒷받침되었으며 결국은 정부의 '승리'였다. 이에 대해 「서울 百濟古墳의 保存과 發掘 - 石村洞古墳群을 中心으로 - 」라는 제목으로 2016년 8월, 『韓國古代史探究』23집에 발표하였다.[4]

1983년에는 석촌동고분군은 현재 1,500평의 사적 면적을 제외하고 모두 일반에게 불하돼 있던 상태에서 일반 주택건축이 개발될 시기에 정부의 특별지시로 재수용 되면서 사적면적을 무려 12배나 확대하여 1만7천여 평을 공원화하였다. 특히 석촌동고분군을 횡단하여 왕릉으로 추정되는 3호분을 절단하고 지나가는 폭 25m나 되는 '백제고분로'를 91억원의 정부 예산을 들여 地下車道로 터널화하여 둘로 갈라진 고분을 하나로 복원하고 양 지역을 연결하여 사적고원을 조성하였다.

이후 1986년 7월에 석촌동 3호분 동쪽, 옹관과 人骨이 잘려나갔던 도로(백제고분로)의 북쪽의 '3호분 동쪽 고분군'이라고 부르는 지역을 발굴하여 백제 전기의 토광묘군이 확인되고 백제 옹관묘와 적석총 등 수 기 백제유적이 수습되었다.[5]

1987년에는 이미 알려진 4호분 남쪽의 민가 지구에서 1. 2호 적석총을 발굴한다. 이어서 1호분과 2호분 사이에서 여러 기의 석곽유구가 조사되었다.[6] 2015년에 이 석곽유구에서 일부 침몰 부분이 발견되어 매년 발굴을 계속하고 있다.[7]

2) 방이동고분군 확대 보존 및 추가 발견

방이동고분군은 표고 40m 남짓한 얕은 능선에 조성되어 있는데 조사 당시에 알려진 것이 8기였다. 고분

---

3 이형구, 『한국고대문화의 비밀』김영사, 2004. p.311
4 이형구, 「서울 百濟古墳의 保存과 發掘 - 石村洞古墳群을 中心으로 - 」『韓國古代史探究』23, 한국고대사탐구회, 2016, pp.291~368)
5 서울대박물관, 『석촌동3호분 동쪽 고분군 정리조사보고』, 서울특별시, 1986.
6 서울대박물관, 『석촌1.2호분』, 서울특별시, 1989.
7 한성백제박물관, 『석촌동고분군 시굴조사 약보고서』, 2015, 2016.

은 대체로 직경 10m 내외의 원형 봉토 안에 경사면을 파고 석실 또는 석곽을 만들어 시신을 안치하고 부장한 형식의 석실 봉토분이다. 1·4호분은 궁륭상의 천장을 하고 있고, 6호분은 주실과 부곽이 분리된 터널형의 횡혈식 석실분으로 각기 다른 형태를 취하고 있다. 4호분은 궁륭상의 천장을 하고 5호분은 장방형의 석곽 형태를 갖추었는데 비교적 북쪽 고지대에 있던 4·5호 2기는 삭평되었다.[8]

「한강유역백제전기수도유적보존문제」 학술연찬을 마치고 청와대에 제출한 〈건의문〉에,

> 4. 현재 '사적공원'으로 조성사업을 벌이고 있는 방이동고분군 중 제 7·8호가 제외되고 있는데 이를 연결하여 공원면적을 확대 조성해야 할 것임.

이라 하였다. (1983년 7월 6일)

원래 방이동고분군의 제7·8호(자료 18의 우측)가 제외되고 1~3호·6호만 보호구역으로 설정하고 나머지 보호구역에서 제외됐던 7·8호분지역을 연결하여 확대 보존하도록 건의하였다.[9]

정부의 '서울 백제고도 문화유적 종합복원계획'이 발표(1985년 7월 1일)된 이후 6호분에서 남쪽으로 약 100미터 사이에 길을 두고 분리돼 있던 2기(7·8호) 고분을 정비하다가 7·8호 고분을 발굴하면서 "채토(採土), 삭산(削山)하여도 可하다"고 하여 이미 불하된 지역에서 다시 백제고분 2기를 더 발견하였으니 천만다행이다.[10] 두 구역사이의 공간을 연결하여 보호구역이 원래의 면적보다 6배 이상으로 확대되었다. 1988년 9월, 오늘날과 같은 '방이동고분공원'이 조성되었다.[11] 금년에는 방이동 3호분을 재발굴을 하고 있다.

3) 몽촌산성 보존-성벽 조각공원과 미술관 건립계획 변경

1983년 7월 6일 「한강유역백제전기수도유적보존문제」 학술연찬을 마치고 제출한 〈건의문〉 중에 몽촌토성(산성) 보존을 위해서

> 5. 둔촌동에 건설될 '올림픽 주경기장' 후보지 내의 지표조사를 철저히 할 것과 인접 몽촌토성의 원형을 찾아 복원하여 토성 내에는 일체의 시설을 불허해야 할 것임.

이라고 하였다.

다행히 성 내부는 건의서에 밝힌대로 보존이 결정되고 발굴에 들어가 사적공원화 하고 '몽촌역사자료관'을 건립하여 오늘까지 백제역사 교육장으로 활용되고 있다.

그러나 어려운 일은 계속되었다. 성벽 위에 세계조각공원을 조성하려고 하는 것을 정부 부서에 찾아다니

---

8 잠실지구유적발굴조사단, 「잠실지구유적발굴조사보고」『한국고고학보』3, 1977, p.65.
9 이형구; 「한강유역백제전기수도유적보존문제」『정신문화연구』 통권21호, 한국정신문화연구원, 1984, p.158.
10 원래 7·8호로 편호를 맥인 것을 정비 시에 새로 발견된 2기를 7·8호라 하고, 원래 7·8호를 9·10호로 정하였다.
11 「백제 고분군 복원 끝나」『경향신문』, 1988.9.13.

면서 성벽 접근을 적극 만류하였다. 다행히 수용해서 성벽 남쪽에 한데 모아 입체적으로 전사하는 방법을 강구하였다.

그리고 서울시에서 88올림픽 당시 올림픽촌 관리사무소로 사용하던 2층건물을 증개축해서 백남준미술관으로 사용하려고 하였으나 성벽 인접지역이라서 불가하다고 극구 설득하고 전에 늪지였던 공원 제4문 근처 공지를 추천하여 구제발굴을 거쳐 오늘날 우리가 자랑하는 소마미술관이 되었다. 그 바람에 백남준미술관이 경기도로 가게 되었다.

4) 올림픽대교 풍납동 램프 건설계획 변경

1985년 10월 착공하여 88올림픽을 앞두고 1988년 6월 완공예정이던 올림픽대교의 설계변경 결정을 얻어낼 때도 동분서주했다. 처음 설계된 대교는 풍납토성의 동서 성벽을 100m 50m씩 자르고 풍납토성을 관통하게 돼 있었다. 서벽에 진입 출차 램프가 설치되면 서벽은 100m 가까이 유실되고 동벽은 절단해서 올림픽공원 북단으로 지나가는 50m 폭의 도로와 연결되게 설계돼 있었다. 풍납토성을 관통해서 올림픽대교를 건설한다는 계획을 신문을 통해서 보고 경천동지할 일을 저지르고 있구나 생각하고 앞장서 설계변경을 촉구했고 언론·문화계가 이에 호응했다. 결국 올림픽대교는 풍납동 램프 자리를 현대아산재단 부지 쪽으로 이전하여 재설계에 들어가 88올림픽이 끝나고 나서 1990년 6월, 3년여만의 공사 끝에 오늘날과 같이 완공되었다. 물론 필자가 혼자서 이뤄낸 일은 결코 아니다. 도와준 이들도 적잖았다. 공이야 누구에게 돌아가도 상관없다. 상상만 해도 너무 엄청난 일을 저질렀다. 결국 오늘의 풍납토성이 세계적인 문화유산으로 확립하게 한 정부와 서울시에 감사한다.

한편, 풍납토성만은 이미 도시화가 될데로 다 된 것을 목격하면서 본격적으로 서울 백제전기 수도유적을 보존하기 위하여 전력투구하기 시작하였다.

3. 풍납토성 서성벽 남쪽 외부 아산병원 아파트부지 발굴조사-1995년

1995년 5월 17일에 서울특별시 송파구청장으로부터 풍납토성 서남쪽 풍납동 388번지 현대아산중앙병원 기숙사 건물의 신축허가신청을 받아 성곽 외부지역이기 때문에 이를 허가했다고 하는 회신을 받고, 필자는 즉각 풍납동 388번지 일대를 현지답사하고 이 지역이 풍납토성의 서성벽 밖의 자연 해자(垓子)지역일 가능성이 많아 현대아산중앙병원 측에 우선 발굴을 실시한 다음 건축토록 조치하였다.[12]

시굴조사 결과를 조사지역 북쪽(한강방향)에 설정된 트렌치 1에서 사선으로 형성된 암회색 사질 점토층 위의 안쪽으로 형성된 황색모래와 갈색 사질토층에서 백제 격자문토기를 비롯한, 조선시대 토기편과 자기편 등이 수습되었다.

---

12 현대아산중앙병원의 법인인 아산재단의 이병규(李丙圭) 이사장(현 문화일보 회장)의 적극적인 협조로 발굴이 가능하였다. 발굴 신청 단계에서는 한양대학교 박물관(관장 김병모 교수)에 의뢰하고, 필자는 조사위원으로 발굴에 참여하는 한편, 보고서 작성 시에 「풍납토성의 역사적 의미」를 맡아 집필하였다. (『풍납토성 인근지역 시굴조사보고서』, 1996, pp.9~19)

조사지역 남쪽의 트렌치 2에서는 현 지표하 9m 아래까지 굴토하였는데, 흑회색의 사질점토층이 수평으로 층위를 이루고 있었다. 이 흑회색 사질 점토층에는 백색 모래 간층이 여러 곳에서 확인된다. 트렌치 2에서는 맨 아래층인 자갈과 회색 모래층에서 조선시대 경질토기편과 자기편이 수습되었다.

이러한 시굴결과로 볼 때 현재 한강 수면보다 훨씬 얕은 층인, 한강의 바닥 층으로 보이는 자갈층이 잔존 성벽 바로 앞까지 연결되어 있는 것으로 보아 해자가 원래 없었거나, 축성초기에는 있었더라도 하도의 변화에 따라 유실되었을 수밖에 없다고 판단된다고 하였으나,[13] 자연 해자(自然垓子)의 가능성이 많다.

또한, 현 지표는 해발 14-15m 내외이며, 트렌치 1과 2는 각각 해발 8m, 5m 깊이 까지 굴착되었는데 2개의 트렌치에 관한 시굴조사 결과 벽면에서 나타난 층위를 기초로 하여 추정하여 보면 레미콘 층이 폐기되기 전 지표는 해발 10m 내외로 추정되며, 잔존한 서벽의 현존 높이가 3m 내외인 점과 원 지표까지의 높이 4m를 더해 보면 서벽의 높이는 7-8m 내외였던 것으로 보인다고 하였다.

이 발굴을 통해서 한강의 바닥층으로 보이는 자갈층이 잔존 성벽 바로 앞까지 연결되어 있었다고 하는 사실이 밝혀져 풍납토성의 서쪽 성벽의 외벽 경사면 하부가 한강 바닥까지 다다랐음이 확인되었다. 사실은 '풍납토성발굴사'에서 이 발굴이 풍납토성에 관련된 최초의 정식 발굴이 되는 매우 중요한 발굴이다.

4. 백제유물의 발견에서부터 백제왕궁유적이 현현(顯現)하기까지 - 1997년 1월

1) 풍납토성의 첫 제원(諸元) 실측 및 실태조사 - 1996~97년

1996년 3월, 선문대학교 역사학과 학술조사단이 조직되고 지금까지 한 번도 시도해 보지 않은 풍납토성(사적 제11호)의 실측조사를 실시해 제원(諸元)을 밝히고, 풍납토성 내·외부의 현황 실태를 파악하기 위하여 정밀측량 조사에 착수하였다.[14] 이 조사를 계기로 일찍부터 풍납토성을 백제전기 왕성으로 믿어 오던 필자는 풍납토성이 갖는 왕성으로서의 역사적 의의를 규명하고 문화적 중요성을 인식하고, 백제왕성과 왕궁유적이 존재하고 있을 풍납토성 내부를 보존하기 위해서 실측조사를 실시한 것이다. 1996년 여름방학을 이용하여 풍납토성의 전체 현장 상황을 파악할 수 있는 지표조사와 전체규모를 확인할 수 있는 실측조사[측량]를 겸행하였다. 그리고 1996년도 겨울방학을 맞이하면서 풍납토성 성벽의 최소한의 현존 높이를 확인하기 위한 등고선 측량을 실시하였다.

1996년 5~6월 서성벽 남쪽 외부 아산병원 아파트부지의 발굴이 끝나자마자 1996년 여름, 필자는 선문대학교 역사학과 학술조사단을 조직하여 풍납토성의 실측조사에 들어갔다.

하계방학을 이용하여 풍납토성의 전체 현황을 파악할 수 있는 지표조사와 풍납토성의 제원을 확인하는 측량조사를 겸행하였다. 그리고 1996년 동계방학을 맞이하면서 풍납토성 성벽의 현존의 높이를 확인하기 위한 등고선 측량조사를 계속하였다.

---

13 한양대학교 박물관, 『풍납토성 인근지역 시굴조사보고서』 아산사회복지사업재단, 1996, pp.9~19
14 1969년 6월 28일에는 성벽 구간 중, 토성의 동북벽 일부가, 지금 시장화된 지역은 사적지 지정에서 해제되었다. 그리고 1925년 대홍수시 유실되고 남은 유실부 5,409평도 사적지 지정에서 해제되었다.

이때의 측량조사에서 풍납토성의 전체의 크기가 3,470m로 밝혀냈고, 이미 복원된 북쪽 성벽의 가상 높은 곳의 높이는 현지표로부터 11.1m나 된다는 사실을 확인하였다.

이밖에 복원되지 않은 지역의 남쪽 성벽의 가장 높은 지역은 지표로부터 높이 6.5m이고, 동측 성벽의 가장 높은 지역의 높이가 지표로부터 높이 6.2m나 된다. 그리고 성벽의 저부 폭은 대체로 40~30m이고, 성벽의 가장 넓은 곳의 저부 폭은 동남측 성벽의 폭이 70m에 이르고 있다는 사실을 알게 되었다. 원래의 성체의 높이는 아마 15m 정도 될 것이다. 그리고 성벽 외 주위에는 넓은 해자(垓子)가 둘러져 있었을 것으로 추정하였다. 이 조사에서 확인된 실제 제원은 1999년의 풍납토성 동벽 절개 발굴조사에 거의 동일한 수치로 확인되었다.[15]

풍납토성 성벽의 등고선 측량을 실시하면서 성벽 주위의 일반 주거 현황과 유휴지 확인 작업을 병행하면서 풍납토성의 성벽 외곽에 있을 해자의 현존 가능한 지역을 더 주의하여 조사하였다. 다행히 서남, 동남 지역 등 몇몇 지역에서 해자의 가능성을 확인 할 수 있는 지역이 상당 부분 남아있는 것을 알게 되었다.

1997년 1월 1일은 잊을 수 없는 날이다. 신정(新正)에도 풍납토성 현장에서 신년을 맞이하면서도 현장에 나와서 조사요원 들과 함께 실측작업을 계속하고 실태조사 활동을 계속 실시하였다. 천신만고 노력 끝에 백제왕궁유적을 발견할 수 있었다.

풍납토성의 실측조사를 실시하던 중 서울 송파구 풍납2동231-3번지에서 현대아파트 신축 기초공사를 하기 위해 굴착기로 현 지표하 4m까지 굴토한 바닥과 퇴적층에서 백제토기편 다수를 발견하였다. 이것이 한성백제의 왕궁유적이 현현하는 역사적 순간이었다. 당시만 해도 5만여 명이 거주하고 있는 풍납토성 내에서 왕궁유적이 출현하리라고는 필자 이외는 어느 누구도 짐작하지도 않았다. 현대아파트 신축부지 150×70m 크기의 면적 중에 60×30m를 이미 지표하 4m 정도까지 굴토가 완료된 상태였고, 지표하 2.5m 정도까지 기존 신우연립주택 건물의 기저부가 드러나 있었으며, 그 밑으로 1.5~2m 두께로 유물포함층에서 목탄과 백제시대 토기편들이 계속되고 발견되고 있었다.

파괴 현장을 파악한 직후, 1997년 3월 문화재관리국에 보고하고, 더 이상 백제 왕궁유적을 파괴하는 것을 중지하고 정식 발굴조사를 실시할 것을 촉구하였다, 문화재관리국은 긴급 발굴조치를 취하여 국립문화재연구소가 9개월간의 발굴을 실시하였다. 백제 왕궁유적으로 추정되는 유적이 발굴되었다. 그러나 발굴자 측은 백제 왕궁유적으로 보는 것을 망설였다.

풍납토성 내 시굴조사의 첫 자문위원회 회의자료에서, "풍납토성과 관련된 성 내부의 주거시설이 밀집돼 있는 것으로 추정되고, 출토유물로 보더라도 원삼국기에서 백제초기에 해당하는 다소 이른 시기의 토기 편들이 두드러진다고 볼 수 있다"고, 백제초기의 이른 시기의 토기 편들이 '두드러진다.'고 하면서도 향후 조사계획에서는 "발굴조사가 완료된 지역부터 부분적으로라도 공사가 재개될 수 있도록 하라."고,[16] 결론을 내려 '아파트신축공사가 재개'되게 될 수 있도록 공사를 맡은 측의 편의를 봐주고 있다. 참으로 어처구니없고 허탈한 조치다. 이로써 1500여 년 만에 세상에 현현(顯現)한 백제의 왕궁유적이 사라지고 아파트로 변신하게 되었다.

---

15 국립문화재연구소;『풍납토성 Ⅱ』동벽발굴조사보고서, 1999. p.119.
16 국립문화재연구소;『풍납토성내시굴조사자문위원회의자료』, 1997.

2) 풍납토성 내 한성백제 왕궁유적 첫 발견-1997년 1월

1997년 1월 1일은 잊을 수 없는 날이다. 신정에도 풍납토성 해장에서 새해를 맞이하면서 꾸준히 조사활동을 실시하는 노력 끝에 역사적인 발견을 하게 되었다.

조유전(전 국립문화재연구소장)은 발견 당시의 상황을,

> 잃어버린 한성백제의 한(恨)은 그다지도 깊었나 보다. 1996년을 이용해 학생들과 함께 토성의 정밀 실측을 하던 선문대 교수 이형구가 다시 백제의 혼을 부활시켰다.
>
> 1997년 1월 초 이형구는 아무도 접근하지 못하게 방호벽을 치고 기초 터파기 공사가 한창인 현대아파트 재개발 부지에 들이닥쳤다. 그는 공지현장의 지하 벽면에 백제 토기 조각들이 금맥이 터진 듯 무수히 박혀 있는 것을 목격했다.
>
> 지하 4m 이상이 파여진 지점이었다. 기존 주택건물은 파 봐야 2m 정도였기에 깊숙이 박혀있던 백제유물층을 발견되지 못했을 것이다. 대규모의 재개발이 역설적으로 지하 깊숙이 묻힌 백제의 잠을 깨웠으니 …….[17]

이렇게 백제의 왕궁유적이 현현(顯現)하는 순간을 기록하고 있다.

풍납토성 안에서 백제초기의 왕경유적 · 유물이 발견됨으로서 백제 역사를 3백년이나 앞당겨 한성백제 역사를 되살리는 우리나라 역사에 일대 변화를 가져오게 되었다.

풍납토성 내의 건물기초공사장에서 백제토기들을 발견한 즉시 문화재 관리당국에 보고하여 공사가 중지되고 당국에서 발굴에 들어가 풍납토성 현대아파트 신축부지 안에서 발견된 유적은 일반 집터로는 보기 힘든 큰 건물터, 집회장이나 관청과 같은 고급건물들이 있었음을 보여주는 기와와 전돌, 주춧돌 받침대, 불탄 기둥, 서까래가 출토되었다.

이밖에 기원전 3~2세기의 회흑색 마연연질토기, 기원 전후시기의 이른바 풍납리식 토기라고 하는 경질 무문토기, 연질 타날문토기, 회청색 연질 무문토기, 적갈색 연질토기, 회색 연질토기, 2~3세기경의 회색 경질토기 계의 삼족(三足)토기, 원통형 기대(器臺)등 토기류와 어망추, 그리고 옥기류, 유리류, 철기편 등 수많은 유물들이 출토되었다.[18] 이들 모든 유물이 적어도 기원 3세기 이전의 유물이다.

1997년 11월 25일 발굴을 종료하고 개최된 2차 자문위원회의에서는 "이전의 발굴 조사 성과와 비교 고찰한다면 백제시대 주거지 등 전체적인 유구를 밝히는데 귀중한 자료가 될 것으로 사료 된다"고 간략하게 소결을 남겨 놓고 있다.[19] 결국은 1500여년 만에 되살아난 백제 왕궁유적은 발굴보고서 1권만을 남겨 놓고 인멸되고 그 자리에 현대 리버빌아파트단지가 신축되었다. 당시의 필자의 소회는 "천추의 한(千秋之恨)이 되는 일을 저지르고 말았다"고 하였다.

---

17 조유전;『한국사 미스터리』 황금부엉이, 2004, p.66.
18 국립문화재연구소(소장;조유전);『풍납토성』I , 국립문화재연구소, 2001.
19 국립문화재연구소풍납동제1지구발굴조사단;『풍납동제1지구발굴조사지도위원회의자료』, 1997.

3)『서울 풍납토성[백제왕성] 실측조사연구』발간-1997년 8월

1996년, 한 번도 실시해보지 않은 풍납토성의 제원(諸元)을 밝히는 실측조사를 착수하였다. 이 실측조사를 계기로 일찍부터 풍납토성을 백제 전기 왕성으로 믿어 오던 풍납토성이 갖는 왕성으로서의 역사적·문화적 의의를 강조하고, 아울러 한시라도 빨리 이 백제왕성을 보존할 것을 촉구하는 뜻에서 실측조사를 실시한 것이다. 이때 조사한 기록을 1997년 8월『서울풍납토성[백제왕성]실측조사연구』라고 하는 연구보고서에 담아 출간하였다.[20]

이때 측량조사에서 풍납토성의 전체의 크기가 3,470m로 밝혀졌고, 이미 복원된 북쪽 성벽의 가장 높은 높이만도 현 지표로부터 11.1m 나 된다는 사실을 확인하였다.[21]

복원되지 않은 지역의 남쪽 성벽의 가장 높은 지역은 지표로부터 높이 6.5m이고, 동쪽 성벽의 가장 높은 지역의 높이는 지표로부터 높이 6.2m나 된다. 그리고 성벽의 저부 너비는 가장 넓은 곳인 남쪽 성벽의 너비가 70m에 이르고 있다. 성벽의 너비는 대체로 40~30m 폭으로 축성되고 있다. 원래의 성체(城體)의 높이는 아마 15m는 될 것이다. 그리고 성벽 밖 주위에는 넓은 해자(垓子)가 둘러 있었을 것이다. 1996~97년, 풍납토성의 실측조사에서 최대 폭 70m, 평균 40m, 현존 최대 높이 11m, 토성의 전체 길이 3.5km로 밝혀졌다.

1999년에는 풍납토성의 동남벽의 2개 지점에 대한 성벽 단면 발굴 결과, 폭 43cm, 높이 11m로 밝혀졌다. 이와 같은 제원은 1996.7년 풍납토성의 실측조사에서 밝힌 제원과 일치하는 수치다. 풍납토성은 성의 기저부의 정치작업을 한 후 뻘 흙으로 성토하는 성토법(盛土法)으로 중심부를 쌓은 후 중심토루(中心土壘)의 내벽과 외벽에 3~5차례 정도에 걸쳐 사질토와 모래·점토 그리고 다짐 흙 등으로 구축하는 판축토루(版築土壘)를 덧붙이고 마지막에는 성벽 양측의 기저부에 여러 단의 석력(石礫)과 석축으로 마감한 것이 확인되었다.[22] 풍납토성의 동남쪽 성 밖에 해자(垓子)로 추정되는 도랑이 있었던 흔적이 있는데 최근 이를 확인하기 위해 국립문화재연구소에 의해 발굴이 진행되고 있다. 풍납토성 성벽에서 출토된 판축 부재[목재·목탄]의 절대연대 측정결과 기원후 1~2세기로 나와 기원 전후한 시기에 성벽을 축조하기 시작하여 늦어도 3세기 중반 이전에는 모든 성벽의 축조가 완료되었을 것으로 보고 있다.[23]

풍납토성에 대한 실측조사연구는 손병헌 교수(성균관대), 조유전 박사(전 국립민속박물관 관장) 그리고 고 성주탁 교수(충남대), 등 세 분의 자문을 맡아 실무에 들어갔으며, 측량과 제도는 박종섭, 최성준, 황용주 씨가 맡아 주었고 조사활동은 선문대학교 역사학과 김도훈, 김민호, 어창선, 이왕호, 이종훈, 전기오, 조은정, 조지현 학생 등이 담당하였다.

실측조사연구는 백제문화개발연구원의 지원으로 1997년 8월 30일『서울 풍납토성[백제왕성] 실측조사연구』라고 하는 연구보고서에 담아 놓았다.[24]

1999년 여름에는 국립문화재연구소에 의하여 풍납토성의 동쪽 성벽이 발굴되었는데, 성벽 기저의 너비가 40m, 높이 약 10m(원래 약 15m), 전체 둘레 3.5㎞나 되는 거대한 토성(土城)이 확인되었는데, 이는 웬만

20 이형구,『서울풍납토성[백제왕성]실측조사연구』, 백제문화개발연구원, 1997.
21 李亨求,『서울 風納土城[百濟王城] 實測調查研究』, 百濟文化開發研究院, 1997, p. 64.
22 신희권,「풍납토성의 판축기법과 성격에 대하여」,『풍납토성의 발굴과 그 성과』, 한밭대학교 향토문화연구소, 2001.
23 윤근일,「풍납토성 발굴과 그 의의」,『풍납토성[백제왕성]연구논문집』, 동양고고학연구소, 2000.
24 李亨求,『서울 風納土城[百濟王城] 實測調查研究』, 百濟文化開發研究院, 1997.

한 석성(石城)보다 훨씬 장대한 성곽이다.[25]

풍납토성 성벽의 등고선 측량을 실시하면서 성벽 주위의 일반 주거현황과 유휴지(遊休地) 확인작업을 병행(並行)하면서 풍납토성의 성벽외곽에 있을 해자의 유존(遺存) 가능한 지역을 더 주의하여 조사하였다. 다행히 몇몇 지역에서 해자의 가능성 여유를 확인할 수 있는 지역이 상당 부분 남아있는 것을 알게 되었다.

5. 풍납토성 내 왕경유적 보존을 위한 김대중 대통령령(令)-1999년

백제 왕궁유적을 도심 속에서 천신만고 끝에 찾아냈는데 그 왕궁유적지에 아파트를 건축하게는 말할 수 없는 괴리감(乖離感)을 참을 수 없어 다음에 닥쳐올 더 큰 어려움을 방지하기 위해 더 큰 용기를 갖고 국가의 최고책임자인 대통령에게 직소하기로 결심하였다. 1999년 2월 5일, 서울백제수도유적보존회 대표 명의로 "김대중 대통령 귀하-서울 백제 수도유적 보존에 관한 건의서"를 '내용증명(內容證明)' 우편물형식을 취해 청와대로 발송하였다.[26] 지금에도 불경스러운 마음 금할 수 없다.

〈풍납토성[백제왕성] 보존을 위해 대통령께 드리는 건의서〉

국가 사적 제11호인 풍납토성은 1963년, 토성(土城) 부분만 지정하고 왕궁으로 추정되는 성안 부분과 해자(垓字, 일명) 부분은 지정에서 제외되었습니다. 회근 20년 동안 지표조사와 시굴조사 등을 통한 연구 결과는 물론, 성안에서 백제 초기 문화재가 다량으로 발굴되어 이를 방사성 탄소 연대 측정한 결과 기원 전후로 밝혀졌습니다.

이러한 귀중한 문화유적이 김 대통령의 재임 기간 중에 훼손되거나 파괴되는 것은 있을 수 없는 일이며, 우리 후손에게 잘 보존된 백제의 역사와 문화를 전해 주어야 합니다.

남북 영수회담이 이루어지게 되는 이 마당에 잃어버린 우리의 역사를 되살려 국민 모두의 노력으로 보존·보전·복원될 수 있도록 김 대통령의 지도하에 국민운동을 일으켜 과거 일본인들이나 했던 우리 문화재의 인멸행위를 중지시키시고 우리 겨레의 문화재를 지키는 데 앞장서시도록 아래와 같이 건의드립니다.

1. 우리나라 고대 국가인 백제의 초기 왕성으로 추정되는 국가사적 제 11호인 서울 송파구 풍납동 소재 풍납토성의 역사적·문화적 가치에 대하여 학계 문화계 원로들의 중지를 모아 재천명하는 바입니다.

2. 풍납토성은 근 20년간의 학술조사를 통하여 백제 초기에 축성된 거대한 왕성으로 추정되고 있기 때문에 현시점에서 국가 중요유적으로 적극 보존되어야 한다고 결의하는 바입니다.

---

25 국립문화재연구소(소장;조유전); 『풍납토성』II, 국립문화재연구소, 2002.
26 천안우체국 등기번호 No. 026283, 특급, 2000.5.15

3. 풍납토성은 최근 수차례의 구제발굴결과 백제건국시기인 기원 전후 시기의 유적과 유물이 다량 발견됨으로서 백제왕성으로 추정되기 때문에 성내부도 사적으로 확대 지정, 보호되어야 합니다.

4. 풍납토성 외부를 두르고 있는 해자 지역도 보호구역으로 지정하여 보존될 수 있는 방법을 강구해 주시기 바랍니다.

5. 이와 같은 귀중한 백제 초기 수고 유적을 보존하기 위하여 정부가 더 이상의 중·개축을 불허하고 현상태를 유지시켜 단계적으로 매입·이주시키는 적극적인 보존대책을 마련해야 할 것입니다.

6. 풍납토성과 성 내부를 보존하기 위하여 필요한 재정적인 비용은 시민모금운동을 전개하는 방법도 있으나 정부와 지방자치단체가 협력하여 장기적인 보존 계획을 세워 점진적으로 마련하여 사유지를 보상, 매입하여야 합니다.

7. 풍납토성 내부를 사적으로 지정함으로써 불이익을 당하게 되는 성내 거주주민들의 권익을 보호하고 이로 인한 불편을 보상하기 위해서 대통령의 특단의 배려(이주·보상·대토 등)가 필요하다고 사료됩니다.

2000년 5월 8일
서울백제수도유적보존회

2000년 6월 16일, 김대중 대통령은 국무회의에서 "풍납토성이 백제 위례성의 성지라면 후손들이 조상들의 귀중한 문화유산을 훼손시켜서는 않된다."고 하는 훈령을 내려 풍납토성을 보존하도록 하였다.

6. 서울 한성백제 왕궁유적 보존을 위한 학술회의 다섯 번 개최-1994~2013년

1) 「서울백제수도유적보존회의」 발기인 28명 결의-1994년 9월 28일

1983년 7월 한국정신문화연구원 학술연찬 이후 연구원 사정으로 계속 이어지지 못하여 필자의 개인적인 연구과제로 서울 백제유적 조사연구와 보존활동을 수행할 수밖에 없었다. 1990년대 전반기에 풍납토성을 위시해서 서울 백제유적이 도시개발로 풍전등화같은 처지에 놓이게 된 시기인 1994년에 서울시가 '서울정도 6백년' 기념행사를 그해 10월 28일 '서울의날'을 기해서 거시적으로 계획하고 있어, 이보다 앞서 9월 28일 동양고고학연구소가 '서울 백제 수도유적 보존회'를 결성하고 이 해가 '백제정도2천년'이 되는 해라서 이를 기념하기 위해 서울 한글회관 강당에서 백제 수도유적 보존대책 회의와 학술토론회를 개최하였다.[27]

학술회의는 손병헌의 사회로 논문발표는 최몽룡 교수(서울대)가 「서울의 백제유적」, 성주탁 교수(충남대)

---

27 이형구, 『서울 백제 수도유적 보존회의』 1994. 9.28, 한글회관 강당.

가 「서울소재 백제성지고」, 김정학 교수(한국고고학연구소 대표)가 「위례성과 한성(백제)」 그리고 이형구 교수(한국정신문화연구원)가 「서울백제유적보존현상」을 발표하였다.

토론은 이기동 교수(동국대), 장철수 교수(한국정신문화연구원), 박동백(창원대 교수), 심봉근(동아대 교수), 송기중 교수(한국정신문화연구원), 이종욱 교수(서강대), 심정보 교수(대전산업대), 이도학 강사(한양대), 유원재 교수(공주교대), 최완규 교수(원광대) 등이 참여하였다.

이 학술회의를 통해 서울시의 '서울정도6백년'사업을 중지할 것을 권고하는 한편, 학계와 관계기관에 서울 백제유적의 보존대책을 촉구하는 건의서를 제출하였다. 그러나 풍납토성이 갖는 중대한 역사적 의의를 건의(建議)했음에도 불구하고 지난 십수 년이 넘도록 풍납토성은 문자 그대로 인멸(湮滅) 상태를 면치 못했다. 이해 10월 21일 성수대교가 붕괴되었다.

1994년 10월 5일에 필자에 의하여 정부요로에 건의된 「건의사항」 제2항에 "풍납토성 내외의 미개발 상태의 유휴지는 철저히 보호구역으로 확대 설정하여 보존되도록 한다."고 한 것처럼 지금이라도 이를 실행하여 사적 범위를 성안까지 확대하고 사적공원으로서의 명성과 함께 백제왕성전시관과 같은 건시광간이 절실히 필요하다.

2)「풍납토성 [백제왕성] 보존을 위한 학술회의」 - 2000년 5월 8일

1996년 필자는 선문대학교 역사학과로 자리를 옮긴 후 여름방학과 겨울방학에 선문대학 학술팀을 이끌고 풍납토성 실태조사와 성벽 측량을 1997년 1월 1일 신정에도 실시하던 중 풍납토성 내 아파트건축현장에서 백제유적과 유물을 발견하는 역사적인 사건이 발생하였다.[28] 1997년 이후 동양고고학연구소(대표: 이형구)가 풍납토성 백제 왕궁유적을 학계와 일반에게 알리고 보존하기 위해 "풍납토성을 보존을 위한 학술회의"를 2000년 5월 8일 개최하였다.[29]

이 학술회의는 김영수(金瑛洙, 동양고고학연구소 간사 · 원불교영산대) 교수가 개회식 사회를 맡아, 원로학자 정영호(鄭永鎬, 전 단국대학교 교수) 박사가 축사를 맡고, 조유전(趙由典, 전 국립문화재연구소장) 박사가 기조연설을 맡아 주었다. 논문발표는 손병헌(孫秉憲, 성균관대학교) 교수의 사회로, 이형구(선문대학교 역사학과) 교수가 「풍납토성[백제왕성]에 관한 조사연구 및 그 보존문제」에 대해서 발표하였으며, 윤근일(尹根一, 국립문화재연구소) 연구관이 「풍납토성발굴과 그 의의」를, 이종욱(李鍾旭, 서강대학교) 교수가 「풍납토성과 『삼국사기』 초기기록」을 발표하였다. 그리고 토론회는 손병헌 교수가 좌장을 맡아 한국학계의 김삼룡(金三龍, 전 원광대학교 총장) 교수, 김영상(金永上, 전 동아일보 편집국장.서울시문화사학회) 명예회장, 맹인재(孟仁在, 문화재관리국) 문화재위원, 박동백(朴東百, 창원대학교) 교수, 손보기(孫寶基, 연세대학교) 교수, 이종선(李種宣, 서울시립박물) 전 관장, 정명호(鄭明鎬, 원광대학교) 교수, 최재석(崔在錫, 고려대학교) 명예교수 등 많은 원로 인사들이 토론자로 참석하여 풍납토성[백제왕성] 보존을 위한 훌륭한 의견을 개진하였다. 그 토의 내용을 7개항으로 정리한 건의서를 김대중(金大中) 대통령에게 제출하였다.

---

28 李亨求;『서울 風納土城[百濟王城] 實測調査硏究』百濟文化開發硏究院, 1997, p. 64.
29 동양고고학연구소;『풍납토성백제왕성]연구논문집』 2000.

건의서를 제출하고 난 4일 후, 2000년 5월 12일 오전에 풍납토성 내 주택조합원 40여 명이 버스 한 대를 내절해서 대전시에 있는 문화재청을 방문하여 풍납토성 보존을 항의하고 나서, 오후에 충청남도 아산시 소재 선문대학교 총장실을 급습하여 총장(이경준 교수)에게 이형구가 자꾸 풍납토성을 한성백제의 왕성(王城)이라고 주장하는 바람에 주민들이 아파트건축을 못하고 주택도 짓지 못한다고 2시간여 동안 항의 농성하다가 별 소득 없이 서울로 돌아갔다.

경당지구 주택조합원들은 선문대학교 총장실 방문 농성 다음 날(5월 13일), 풍납토성 내 경당지구 발굴현장에 진입하여 굴착기로 한성백제 유구를 훼손하는 사건이 벌어졌다.

경당지구 주택조합원들이 발굴 현장을 훼손하고 난 4일 후인 2000년 5월 16일, 김대중 대통령은 국무회의를 개최하고 풍납토성과 성 내의 백제유적을 보존하기 위한 '대통령령(大統領令)'을 특별제정하였다.

3)「한강유역 백제전기 수도유적 보존문제」제기 20주년 기념 국제학술회의 개최-2003년 6월

2003년은 필자가 풍납토성을 첫 답사한 40주년이 되는 해이기도 하고, 「한강유역 백제전기 수도유적 보존문제」 제기 20주년이 되는 해이기도 해서 이를 기념하기 위해 동양고고학연구소는 2003년 6월 20일에 서울역사박물관 대강당에서 "서울 풍납동 백제왕성 연구 국제학술 세미나-서울 풍납동 백제왕성의 발견과 보존"이라고 하는 주제를 가지고 학술회의를 개최하였다.

학술발표회는 손병헌 김영수 교수의 사회로, 먼저 노태섭 청장(盧泰燮, 문화재청)과 대한민국학술원 회원인 전 선문대학교 총장 윤세원 박사(尹世元, 2013년 3월 작고)가 축사를 맡아 주었다. 기조강연은 조유전 소장이 「풍납토성과 하남위례성」을 발표하였다. 이어서, 바이윈상 부소장(白雲翔, 중국사회과학원 고고연구소)이 「중국의 한대성시(漢代城市)와 한국의 풍납토성」, 나가오 요시하루 교수(中尾芳治)가 「일본의 난파궁 발굴조사와 保存 환경정비에 대하여」를 심정보 교수(沈正輔, 한밭대학교)가 「풍납동 백제왕성의 축성기법에 관한 고찰」을 발표하였다. 또 신희권 연구사(申熙權, 국립문화재연구소)가 「풍납동 백제왕성 백제토기의 형성과 발전-한성백제토기에 대한 제언」, 이종욱 교수(서강대학교)가 「풍납동 백제왕성의 역사적 성격」, 이형구 교수가 「풍납동 백제왕성의 발견과 보존」을 발표하였다. 그리고 송석범 교수(宋錫範, 간사이외국어대학), 최맹식 연구관(崔孟植, 국립문화재연구소), 김무중 연구원(金武重, 기전문화재연구원), 김영하 교수(金映河. 성균관대학교), 이용 부국장(李傭, 경향신문), 김태식 기자(金台植, 연합뉴스 문화부)가 토론자로 나왔다.

당시 노태섭 문화재청장과 윤세원 전 선문대학교 총장의 참여는 서울 백제유적의 대사회적(對社會的) 인식을 높여 주는 데 큰 격려가 되었다.

특히 일본의 원로 고고학자로 나니야노미야(難波宮) 궁적을 직접 발굴한 경험이 많은 다이쯔까야마각구엔(帝塚山學院)대학 나가오 요시하루 교수를 특별히 초청하여 일본의 난파궁적 발굴조사와 보존·환경정비에 대하여 발표하여 '한국의 난파궁(難波宮)'이라고 칭하기도 하는 '풍납토성'을 보존하고 정비하는 문제를 일본의 사례를 통해 타산지석(他山之石)으로 삼을 만한 훌륭한 논문을 발표하였다. 그리고 중국의 바이윈상 부소장이 중국 한대성시(漢代城市)의 발원과 한국 백제 풍납토성의 건축기술의 발원을 심도있게 비교 탐구하는 논문을 제출하였다.

4) 「풍납토성 내 왕경유적 발견 10주년 기념 국제학술회의」 개최-2007년 6월 8일

동양고고학연구소(대표: 이형구)는 2007년 6월 8일에 풍납토성 내 왕경유적 발견 10주년을 기념하기 위하여 "서울 풍납동 백제왕성의 발견과 보존"이라는 주제로 국제학술 세미나를 서울역사박물관 대강당에서 개최하려고 하였으나 당일 풍납동 주민 300여 명이 세미나 개최 사실을 미리 알고 경희궁(慶熙宮) 내에 있는 서울역사박물관에 몰려 와 농성하는 바람에 발표자나 청중이 강당에 진입할 수 없는 사태가 벌어졌다.

한국학의 원로 류승국 교수(柳承國, 한국정신문화연구원 전 원장, 2011년 3월 작고)와 일본의 원로고고학자 세가와 교수(瀨川芳則)가 노구에 이 학술세미나를 위해 특별히 초청되었는데 주민들의 방해로 장소 사용이 어렵게 되어 부득이 인근 중구 태평로에 있는 Press center의 19층 '외신기자Club'이라고 하는 연회식(宴會式) 회의장을 거금으로 긴급 임대하여 국외에서 온 발표자나 국내발표자 및 내빈들을 모시고 학술세미나를 개최할 수밖에 없었으나 회의장 건물주변과 광화문 일대를 경찰이 에워싼 긴장된 분위기 속에서 풍납동 대책위원장과 주민대표를 토론자로 참여시키는 타협안으로 학술회의를 가까스로 개최할 수 있었다.[30]

이 학술발표회는 손병헌·김영수 교수의 사회로, 이형구 교수가 「풍납토성 내 백제왕경유적 발견과 역사적 의의」, 권오영 교수가 「풍납토성 내 경당유적 발굴과 그 의의」, 신희권 연구관이 「고대중국도성의 출현과 그 특징-이리두(二里頭)유적과 풍납토성과의 비교를 중심으로-」, 세가와(瀨川芳則) 교수가 「일본고대도성의 조사와 보존현황」을 발표(통역; 송석범)하였다.

그리고 토론회는 손병헌 교수가 좌장을 맡고, 논평자로 이종욱, 윤근일, 심정보, 이남규(한신대학교 교수)가 참석하고, 김기섭(서울역사박물관 연구원), 김태식(연합뉴스 문화부 기자), 신형준(『조선일보』 문화부 기자), 최맹식, 황평우(문화연대 문화유산위원회 위원장) 등이 토론에 참여하였으며, '풍납동주민대책위원회' 이기영(李基永) 회장이 특별초대되었다. 이에 앞서 대한민국학술원 회원인 류승국 박사가 축사를 맡아 주었다.

이 학술회의에 일본의 저명한 고대성곽 전문가인 세가와 교수는 풍납동 주민들의 저지로 장소를 옮기는 황망한 중에도 불구하고 준비해 온 일본의 고대도성의 조사연구 성과와 일본의 문화재 보존에 관한 선험적 연구를 발표하여 풍납토성 보존뿐만 아니라 한국의 고대도성 연구에 큰 교훈을 주었다.

5) 「풍납토성 사적지정 50주년 기념 겸 한강유역 백제전기 수도유적 보존문제 제기 30주년 기념 국제학술회의」 개최 - 2013년 10월 25일

선문대학교 고고연구소와 동양고고학연구소는 2013년 10월 25일(금) 한성백제박물관 대강당에서 풍납토성이 국가사적으로 지정된 지 50주년을 맞아 이를 기념하여 풍납토성과 한성백제 왕궁유적에 대한 지금까지의 발굴조사와 연구에 대한 회고와 전망, 그리고 풍납토성의 보존과 풍납동 주민들의 향후 대책 문제를 토의하며 미래를 모색하고 아울러 첫 풍납토성 답사 50주년과 '한강유역 백제전기 수도유적 보존문제' 제기 30주년을 기념하는 국제학술회의를 개최하였다.

개회식은 김도훈 실장(서해문화재연구원)의 사회로, 이형구 대표(선문대학교 석좌교수의 개회사에 이어

---

30 동양고고학연구소;『풍납토성 내 백제왕경유적 발견 10주년 기념 국제학술세미나 논문집』, 2007.

손대오 부총장(서무대학교)의 환영사와 조유전 원장(경기문화재연구원) 서정배 진 청장(문화새청)의 축사 그리고 이형구 교수의 기조강연(「풍납토성 한성백제 왕궁유적의 보존과 연구」)이 있었다.

　논문발표는 손병헌 교수(성균관대학교)의 사회로 이종욱 교수(서강대학교 전 총장)의 「한성백제 왕궁(풍납토성)유적 발견의 역사적 의의」, 최맹식 소장(국립경주문화재연구)의 「풍납토성 내 미래마을부지의 발굴성과」, 권오영 교수(한신대학교 한국사학과)·박지은 연구원(한신대학교 박물관)의 「백제 왕성(王城)의 어정(御井)-풍납토성 경당지구를 중심으로-」, 신희권 연구과장(국립해양문화재연구소)의 「풍납토성 성벽의 축조기법」, 김태식 기자(연합뉴스 문화부)의 「풍납토성을 어찌할 것인가-풍납토성과 왕궁유적의 보존과 대책-」, 사토코지 명예연구원(佐藤興治, 일본 나라문화재연구소)가 「일본 고대왕궁유적의 발굴과 보존」을 발표하였다.

　그리고 종합토론은 손병헌 교수가 좌장을 맡아 노중국 교수(계명대학교 인문대학 사학과), 신종국 연구관(국립해양문화재연구소), 김기섭 전시과장(한성백제박물관), 이성준 연구사(국립문화재연구소), 김홍제 위원장(풍납토성 주민대책위원회)이 논평을 맡았다.

제 1 집

漢江流域 百濟前期 首都遺蹟 保存問題

- 1983年 第3回 韓國精神文化研究院 學術研鑽 -

1983. 7. 6(水)

韓國精神文化研究院

한강유역 백제전기 수도유적 보존문제

- 1983年 제3회 한국정신문화연구원 학술연찬 -

1983. 7. 6(수)

한국정신문화연구원

학술연찬 초청 안내 표지

'83 第 3 回 學術研鑽

漢江流域 百濟前期 首都遺蹟 保存問題

1983. 7. 6(수)

韓國精神文化研究院

모시는 말씀

귀하

선생님의 건승하심을 기원합니다.

그동안 선생님께서 저희 한국정신문화연구원에 대해 베풀어 주신 관심과 협조에 대해 충심으로 감사드립니다.

금번 본 연구원에서는 "한강유역 백제전기 수도유적 보존문제"라는 주제로 학술연찬을 개최하게 되었읍니다.

이미 보도기관을 통해서도 발표된 바 있듯이 한강유역의 백제 500년 도읍지의 유적들이 도시개발이라는 미명 아래 날로 파괴돼가고 있는 실정입니다. 이러한 상황에서 이에 관한 시급한 보존대책이 꼭 필요하다고 생각되므로 관계학자 세분을 모시고 그곳의 현황과 역사적 성격에 대한 발표와 이의 보존에 관한 여러 가지 문제점과 대책 방향을 논의해보고자 합니다. 뜻있는 여러분들이 바쁘신 중이시더라도 참석하셔서, 서울 한복판에서 파손돼 가고 있는 우리의 고대유적에 대해서 상호의견을 교환, 종합해 보심으로써 성과있는 모임이 이루어지길 기대하고자 합니다.

1983년 7월 일

한국정신문화연구원 원장 류승국

일 정 표

1983. 7. 6(수)

시간	내용
11:00~11:40	광화문출발~본원도착
11:40~12:00	등록
12:00~13:00	점심식사
13:00~13:10	개회식
13:10~13:40	제1주제 발표
13:40~13:50	VTR 방영
13:50~14:20	제2주제 발표
14:20~14:30	휴식
14:30~15:00	제3주제 발표
15:00~15:10	휴식
15:10~16:10	종합토론
16:10~17:30	본원출발 현지답사 (강동구 석촌동)

세부일정표

개회식
13:00 13:10 장소: 대강당 2층 세미나실
발표 및 토론

제1주제
백제전기 유적현상과 보존문제
13:10 ~13:50
장소 : 대강당 2층 세미나실
발표자: 이형구(본원교수)
사회자: 문명대(본원교수)

제2주제
13:50 14:20
한강유역 고분의 고고학적 가치
장소: 대강당 2층 세미나실
발표자: 김병모(한양대 교수)
사회자: 문명대(본원교수)

제3주제
14:30 ~15:00
백제도성유적의 보존문제
장소: 대강당 2층 세미나실
발표자: 차용걸(충북대 교수)
사회자: 문명대(본원교수)

종합토론
15:10 16:10
장소 : 국은관 2층 세미나실
사회자: 윤세영(고대교수)

현지답사
16:10 17:30
장소 : 서울 강동구 석촌동 현지답사
참석자 전원
안내: 이형구(본원교수)

○ **교통안내**

- **내원버스 시발점** : 광화문 전화국 공중전화대 앞

- **학술연찬을 위한 특별차량 운행시간**

일 자 ＼ 내 용	시 간	운 행 구 간
7. 6 (수) 내원	11:00 - 11:40	광화문 - 연구원
7. 6 (수) 퇴원	16:10 - 17:30	연구원 - 석촌동

   ＊단, 개인차량을 이용하시는 분은 11:40 까지 도착하여 주시기 바랍니다.

- **등록은 대강당 1층 휴게실 입구에 준비된 방명록에 서명하여 주십시요.**

- **본원 주소 및 연락처**

   130-17 경기도 성남시 운중동 50 번지
   전 화 (서울) 254-8111∼7 (교) 연찬실
   　　　　(성남) (1342)-2-8181∼9
   　　한 국 정 신 문 화 연 구 원

내원 버스 출발 장소

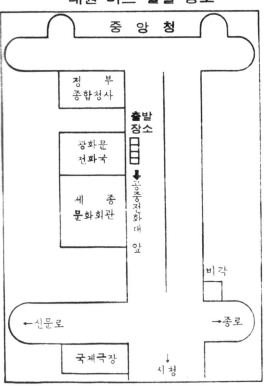

본원의 위치

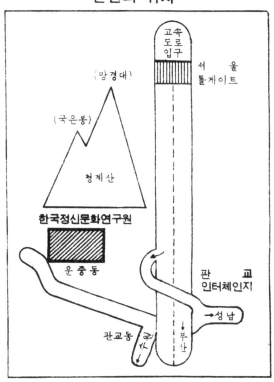

발표 및 토론 초청자 명단

김기웅 위원　　　(문화재관리국)

김병모 관장　　　(한양대 박물관)

김삼룡 전총장　　(원광대)

김양옥 연구관　　(국사편찬위원회)

김용국 위원　　　(서울시사편찬위원회

김원룡 교수　　　(서울대)

김재선 교수　　　(원광대)

김형효 부원장　　(본원)

노중국 교수　　　(계명대)

류승국 원장　　　(본원)

문명대 교수　　　(본원)

민덕식 연구관　　(국사편찬위원회)

박성봉 교수　　　(경북대)

박용진 원장　　　(충남매장문화재연구소)

박현서 교수　　　(한양대)

반영환 위원　　　(문화재위원회)

방동인 교수　　　(관동대)

성기의 국장　　　(백제문화개발연구원)

성주탁 교수　　　(충남대)

심봉근 관장　　　(동아대 박물관)

안승주 교수　　　(공주대)

안춘배 관장　　　(신라대 박물관)

안휘준 교수　　　(서울대)

윤세영 관장　　　(고려대 박물관)

윤용진 교수　　　(경북대)

윤장집 교수　　　(서울대)

윤종영 장학사　　(문교부)

이강승 교수　　　(부여박물관)

이숭녕 원장　　　(백제문화개발연구원)

이은창 교수　　　(대전보건대)

이형구 교수　　　(본원)

임병태 교수　　　(숭실대)

전영래 관장　　　(전주박물관)

정명호 교수　　　(동국대)

정영호 교수　　　(단국대)

정중환 교수　　　(동아대)

정징원 교수　　　(부산대)

조동일 교수　　　(본원)

주남철 교수　　　(고려대)

차용걸 교수　　　(충북대)

홍윤식 관장　　　(동국대 박물관)

황성모 부장　　　(본원)

황수영 총장　　　(동국대)

"뿌리내린 물가안정 저축으로 꽃피우자"
(직 인 생 략)
한 국 정 신 문 화 연 구 원

연찬 제 146-657호   (277)   1983. 6. 30.

수신 이형구교수

제목 제3회 학술연찬 주제발표 의뢰

1. 한국정신문화연구원에서는 '83년도 제3회 학술연찬을 개최키로 하였읍니다.

2. 본 연찬에 귀 고수님을 모시고 "백제전기 유적형상과 보존문제" 주제로 발표의뢰하오니 바쁘시더라도 오셔서 고견을 말씀하여 주시기 바랍니다.

다   음

가. 발표주제 : 백제전기 유적형상과 보존문제

나. 발표일시 : 1983. 7. 6(수)

다. 발표장소 : 본 원

라. 참가자 : 34명 . 끝.

한 국 정 신 문 화 연 구 원 장

학술연찬 참석 초청 공한

"뿌리내린 물가안정 저축으로 꽃피우자"

한 국 정 신 문 화 연 구 원

연찬 제 147-658 호   (254-8111-17)   1983. 6. 30.

수 신

제 목   제 3회 학술연찬 초청

1. 한국정신문화연구원에서는 제 3회 학술연찬을 개최하기로 하였읍니다.

2. 본 연찬은 "한강유역 백제전기 수도유적 보존문제"라는 주제로 토의 및 고견을 듣고자 귀하를 모시고자 하오니 바쁘시더라도 참석하시어 뜻있는 연찬이 될 수 있도록 하여 주시기 바랍니다.

아   래

○ 행 사 명 : '83년도 제 3회 학술연찬

○ 논   제 : 한강유역 백제전기 수도유적 보존문제

○ 일   시 : 1983. 7. 6(수) 13:00-16:10

○ 장   소 : 한국정신문화연구원

＊ 참고사항 : 참석하시는 교수님을 모시고자 7월 6일(수) 11:00 에 광화문 전화국 앞에서 본원으로 출발하는 특별차량을 운행하오니 이용하여 주시기 바랍니다. 끝.

한 국 정 신 문 화 연 구 원

"한강유역 백제전기 수도유적 보존문제"

(개회식 13:00 13:00 장소 : 대강당 2층 세미나실)

발표 및 토론

제 1 주제

13:10 13:50

한강유역 백제수도유적의 현상과 보존문제

발표자: 이형구(본원교수)

사회자: 문명대(본원교수)

제 2 주제

13:50 14:20

한강유역 고분의 고고학적 가치

발표자:김병모(한양대 교수)

사회자: 문명대(본원교수)

제3주제

14:30 15:00

한강유역 백제전기 도성유적

발표자: 차용걸(충북대 교수)

사회자: 문명대(본원교수)

종합토론

15:10 16:10

장소 : 국은관 2층 세미나실

사회자: 윤세영(고대 교수)

현지답사

장소 : 강동구 석촌동 현지답사

16:10 17:30

참석자 전원

석촌동 · 가락동 · 방이동 지역 고분 현장 사진 수록 목록

(사진 : 이형구 교수)

사진 1 석촌동 제3호분(1975년 국가사적 제243호 지정) 남쪽 면이 도로 개설로 파괴되었다. (1981.11)

사진 2 석촌동 제3호분 전경. 고분 위에 남면 왼쪽에 동해루가 있고 민가가 10체나 앉아있다. (1982.3)

사진 3 석촌동 제3호분 남면 동쪽 도로를 포장하기 위해 흙을 걷어내고 있다. (1983.3)

사진 4 석촌동 제3호분 남면이 일부 정리 되었고 도로는 초벌 포장을 마쳤다. (1983.4)

사진 5 석촌동 제3호분의 남면을 발굴하기 위해 정리한 상태(1983.5)

사진 6 석촌동 제3호분의 남면을 일부(시굴갱) 발굴한 상태(1983.5)

사진 7 도로공사로 석촌동 3호분 남면이 파괴되고 동쪽 15m지점에서 백제 옹관이 반파됐다. (1983.5)

사진 8 석촌동사무소와 파출소에 옹관과 인골 노출 사실을 신고한 후에 가려진 임시 가리개. (1983.5)

사진 9 석촌동 백제고분로가 초벌 포장된 상태. 전신주 후편에서 백제인 인골이 노출되었다. (1983.5)

사진 10 석촌동 '백제고분로 개설로 손상된 백제고분과 백제인 인골을 확인하고 있는 필자. (1983.5)

사진 11 석촌동 3호분 동쪽 파괴분을 살피고 있는 손보기 교수와 이형구 교수 이영춘 연구생(1983.5)

사진 12 석촌동 3호분 동쪽 지역 발굴 후 녹지와 도로 주거지로 변모된 모습(1991.5)

사진 13 석촌동의 분리된 백제 고분군을 단일 권역으로 복원 정비하기 위한 단수 전단지

사진 14 지하터널 공사 이전의 포장공사를 마친 석촌동 '백제고분로'(1983.6)

사진 15 석촌동 '백제고분로' 터널이 완공되어 석촌동 3호분이 복원 · 정비되었다. (1991.5)

사진 16 송파구 가락동석실고분이 아파트 건설로 인멸되기 전 조사중인 필자와 이순구 조사원. (1983.5)

사진 17 송파구 방이동 고분군 왼쪽 구역의 1 · 2 · 3 · 6호 고분만 정비된 모습. (1984.7)

사진 18 '1983년 학술연찬' 후 방이동 고분군 우측 구역에서 2기가 추가로 발견되었다. (1995.7)

사진 1 석촌동 제3호분(1975년 국가사적 제243호로 지정) 남쪽 면이 도로 개설로 파괴되었다.(1981.11)

사진 2 석촌동 제3호분 전경. 고분 위에 남면 왼쪽에 동해루가 있고 민가가 10체나 앉아있다.(1982.3)

사진 3 석촌동 제3호분 남면 동쪽 도로를 포장하기 위해 흙을 걷어내고 있다.(1983.3)

사진 4 석촌동 제3호분 남면이 일부 정리 되었고 도로는 초벌 포장을 마쳤다.(1983.4)

사진 5 석촌동 제3호분의 남면을 일부(시굴갱) 발굴한 상태(1983.5)

사진 6 석촌동 제3호분의 남면을 발굴후 노출된 상태(1983.5)

사진 7 도로공사로 석촌동 3호분 남면이 파괴되고 동쪽 15m지점에서 백제 옹관이 반파됐다.(1983.5)

사진 8 석촌동사무소와 파출소에 옹관과 인골 노출 사실을 신고한 후에 가려진 임시 가리개.(1983.5)

사진 9 석촌동 백제고분로가 초벌 포장된 상태. 전신주 후편에서 백제인 인골이 노출되었다.(1983.5)

사진 10 석촌동 '백제고분로' 개설로 파괴 손상된 백제고분과 백제인 인골을 확인하고 있는 필자(1983.5)

사진 11 석촌동 3호분 동쪽 파괴분을 살피고 있는 손보기 교수와 이형구 교수 이영춘 연구생(1983.5)

사진 12 석촌동 3호분 동쪽 지역 발굴 후 녹지 도로 주거지로 변모된 모습.(1991.5)

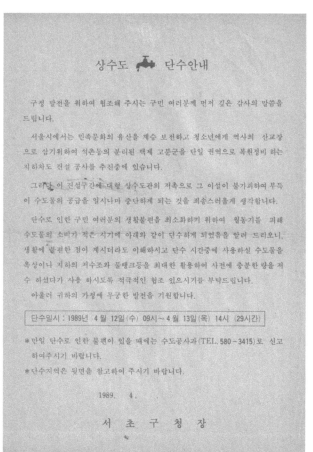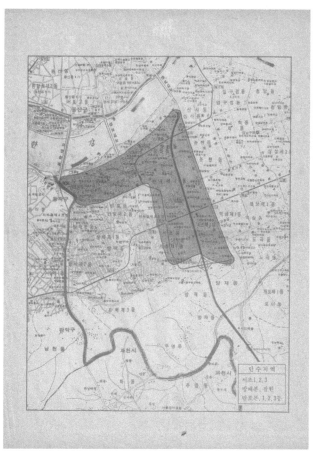

사진 13 석촌동의 분리된 백제 고분군을 단일 권역으로 복원 정비하기 위한 단수 전단지

〈상수도 단수 안내〉

구정 발전을 위하여 협조해 주시는 구민 여러분께 먼저 깊은 감사의 말씀을 드립니다.

서울시에서는 민족문화의 유산을 계승 보전하고 청소년에게 역사의 산교장으로 삼기위하여 석촌동의 분리된 백제 고분군을 단일 권역으로 복원 정비하는 지하차도 건설 공사를 추진중에 있습니다.

그러나 이 건설구간에 대형 상수도관의 저촉으로 그 이설이 불가피하여 부득이 수도물의 공급을 일시나마 중단하게 되는 것을 죄송스러웁게 생각합니다.

단수로 인한 구민 여러분의 생활 불편을 최소화하기 위하여 월동기를 피해 수도물의 소비가 적은 시기에 아래와 같이 단수하게 되었음을 알려 드리오니,생활에 불편한 점이 계시더라도 이해하시고 단수 시간 중에 사용하실 수돗물을 옥상이나 지하의 저수조와 물탱크 등을 최대한 활용하여 사전에 충분한 량을 저수하셨다가 사용하시도록 적극적인 협조 있으시기를 부탁드립니다.

아울러 귀하의 가정에 무궁한 발전을 기원합니다.

단수일시 : 1989년 4월 12일 (수) 09시~4월 13일(목) 14시 (29시간)

* 만일 단수로 인한 불편이 있을 때에는 수도공사과 (TEL. 580-3415)로 신고하여주시기 바랍니다.

* 단수지역은 뒷면을 참고하여 주시기 바랍니다.

1989. 4.

서초구청장

사진 14 지하터널 공사 이전의 포장공사를 마친 석촌동 '백제고분로'(1983.6)

사진 15 석촌동 '백제고분로' 터널이 완공되어 석촌동 3호분이 복원·정비되었다.(1991.5)

사진 16 송파구 가락동 석실고분이 아파트 건설로 인멸되기 전 조사중인 필자와 이순구 조사원(1983.5)

사진 17 송파구 방이동 고분군, 왼쪽 구역의 1 · 2 · 3 · 6호 고분만 섬처럼 남겨둔 모습이다.(1984.4)

사진 18 '1983년 학술연찬' 후 방이동 고분군 우측 구역에서 2기가 추가로 발견되었다.(1995.7)

'83 第3回 學術研鑽

漢江流域 百濟前期 首都遺蹟 保存問題

1983. 7. 6(수)

韓國精神文化研究院

"한강유역 백제전기 수도유적 보존문제"

주제발표 차례

제1주제. 한강유역 백제수도유적의 현상과 보존문제

이형구(한국정신문화연구원 교수)

제2주제. 한강유역 백제고분의 고고학적 가치

김병모(한양대학교 교수)

제3주제. 한강유역 백제 도성 유적들의 현상

차용걸(충북대학교 교수)

학술연찬 제1주제 발표 현장. 단상 왼쪽으로부터 이형구(발표자) 문명대(사회자) 류승국(원장) 김형효(부원장), 1983년 7월 6일 한국정신문화연구원 대강당 2층 세미나실

한강유역 백제수도유적의 현상과 보존문제

이형구(한국정신문화연구원 교수)

한강유역 백제수도유적의 현상과 보존문제

1. 머리글

百濟 678년 왕조 가운데 근 500年(B.C. 18~A.D. 475)에 가까운 세월 동안 백제전기 수도인 위례성(慰禮城)이 자리 잡고 있었던 한강하류 지역 즉, 서울 성동구 · 동대문구 및 강남구 · 강동구 일대에는 선사시대로부터 오늘에 이르기까지 漢江의 풍부한 수량과 강남 · 강동 및 성남 일대의 비옥한 충적평야의 자연적인 이점을 이용하여 많은 인류가 살았던 곳이다. 그리고 이 지역은 근 500년간의 백제전기 수도로서의 중요성 말고도 삼국시대에는 백제 · 고구려 · 신라가 이곳을 장악하려고 하였던 노력[전쟁]은 역사를 통하여 이미 잘 알려져 있다. (도면 1)

한강유역은 백제가 수도로서 근 500년 동안 영유하고, 다음으로 고구려가 80년 가까이 점령하다가, 이어서 백제와 신라가 연합하여 잠시(551~553) 탈환하였으나 신라에 탈취된 후 935년 신라 경순왕(敬順王)이 고려 태조에게 양위할 때까지 계속 신라의 영토였다.

한강유역에서는 주로 백제전기의 유적이 많이 발견되고 있지만 삼국의 세력이 교차하는 동안 삼국의 문화유형이 비교적 고루 갖추어진 특수한 지역이다. 그렇기 때문에 한강유역의 문화유적은 최대한 보존되어야만 하는 당위성(當爲性)을 갖고 있다.

1983년 올해는 풍납토성이 사적(제11호)로 지정된 1963년으로부터 20년이 되는 해이고 이해에 강남 · 강동지역이 서울시에 편입된 해이기도 하다.

본문은 필자가 주관하여 1983년 7월 6일 한국정신문화연구원에서 개최된 '한강유역 백제전기 수도유적 보존문제'라는 제목의 학술연찬(學術研鑽)을 통하여 같은 제목으로 발표된 글을 바탕으로 하되 금년 6월 말까지 재조사된 부분은 각주 중에 추기하여 작성되었다.[1]

필자가 본문을 처음 발표하게 된 동기는 현대문명에 의하여 파괴되어 가고 있는 문화유적을 현시점에서 나마 그대로 보존하고자 하는 의도에서 쓰여 진 일종의 정책 보완적인 논문이다.

1년여의 지표 조사 활동을 하는 동안 계속 필자와 동행하면서 사진 촬영을 담당한 黃漢一씨(기획조정실), 조사활동에 협조한 尹根씨(총무과), 그리고 李舜九양(자료조사실 조교)과 權惠永군(부속대학원 석사반)에게 감사한다.

---

1 학술연찬에는 필자와 함께 金秉模 교수(한양대)와 車勇杰 교수(충북대)가 참여하였다.

2. 한강유역 백제전기 수도유적의 현황

백제가 500년 가까이 도읍했던 한강유역의 백제 수도유적이 1970년대 초 서울특별시의 도시계획에 따라 강남지구 개발과 더불어 파괴되기 시작하여 지금 이 시점에 와서 살펴볼 때 단 한 군데도 완전한 곳이 없이 모두 파손 내지 변형되고 있음은 참으로 놀라지 않을 수 없다. 더구나 '개발'이라는 미명 아래 문화유적의 파괴를 서슴없이 자행하고 있어 서울의 관심 있는 문화인은 물론 일반인의 분노를 자아내게 하고 있다. 지금은 '문화서울'의 한복판일 뿐만 아니라 세계의 이목이 집중되고, '선진조국'을 대변하는 '올림픽타운'이 건설되고 있는 서울의 핵심적인 지역이 되고 있는 강동·잠실지구에 우리 모두의 조상의 '한문화(恨文化)'가 담긴 유적이 현금의 우리 손으로 송두리째 뿌리 뽑히는 '한강(恨江)의 기적(奇蹟)'을 창조(?)하고 있다.

한강유역의 광주평원(廣州平原, 강남·강동지구)에 백제전기 500年 도읍지가 있었다고 하는 기록은『삼국사기』등에서 찾아볼 수 있다. 그 도성의 위치가 어느 지점인지는 여러 설이 있지만 백제유적이 한강을 끼고 강북지역으로 북한산성을 위시하여 용산·응봉·옥수동·중곡동·뚝섬·면목동·아차산(阿且山, 워커힐 뒷산) 등에, 강남지역에는 경기고등학교가 자리잡고 있는 삼성동을 위시하여 사당동·역삼동·압구정동·풍납동·몽촌동·성내동·둔촌동·암사동 그리고 경기도 광주군의 남한산성·이성산성·미사리 등에 산재해 있다는 것은 학계의 관심 밖에 있었던 것은 아니나 일반인에게는 전혀 생소했던 지역이다(본문 분포도 참조). 특히 석촌동·가락동·방이동 지역에 백제전기의 고분이 분포되어 있다고 하는 사실은 일찍이 일제시기 '조선총독부'가 부분적으로나마 밝힌 바 있다.

특히 1917년에 발행된『조선고적도보』제3집에는 이 지역에 적석묘계 66기·봉토분계 23기 등 모두 89기가 존재하고 있음을 간략하게 보고하고 있다. (도면 2)

『大正6年度(1917)朝鮮古蹟調査報告卷3』에는 한 줄 반의 간략한 소개와 함께 귀중한 '石村第一積石塚'(서울대 발굴시 번호는 제3호분)의 사진을 싣고 있다. 이 사진에는 대형 '석축구릉'(石築丘陵, 피라미트형 석축고분)과 초가집을 대비하였는데, 지금보다 훨씬 높이 적석(積石)되었음을 알 수 있다. 아마 원래에는 5층이나 7층 정도로 쌓아 올렸던 것이 아닌가 추측된다. 필자가 이 사진을 검토하면서 이 지방의 촌로들과 대화해 본 결과 지금의 편호인 제3호분을 서쪽에서 촬영한 사진임을 알게 되었다. (도판 2)

그리고『大正5年度(1916)古蹟調査報告』에는 이 대형 석축구릉의 남쪽으로 '제2적석총'(지금의 제4호분)이 있고, 이어서 '제3적석총', '제4적석총'이 있는 사진이 간략한 조사약보와 함께 소개되었는데, 그 이후에는 이렇다 할 상세한 보고가 나오지 않았다.[2] 그러나 지금도 제4호분(서울대 발굴고분)과 제5호분(서울대 발굴고분) 사이의 구옥(민가)의 대지 위에는 제3·4 적석총(『고적조사보고』)의 형적이 남아 있어 장차 일대도 조사 발굴되어야 마땅하고, 아울러 '사적공원'으로 확대 보존되어야 할 지역이다.

이로부터 日帝時代가 지나고 조국 광복의 밝은 천지에서부터 1970년대 강남지구가 개발되기 이전까지의 근 30년 동안에는 전혀 관심을 두지 않았다.

그 대표적인 예로 광주전사(廣州全史)나 다름없는 광주문화사협회의『백제구도 남한비사』(1956)에는 일제시기에 보고된 89기의 백제 고분에 대한 단 한 자의 언급도 없다. 그리고 비슷한 시기(1957)에 나온 당시

---

2 『大正5年度朝鮮古蹟調査報告』(1917, p. 683)에 석촌동고분에 대한 關野貞 기록이 있다.

최고의 지방지라고 자처했던『경기도지』(상·중·하)의 방대한 지방지에도 일언반구가 없음은 참으로 놀라지 않을 수 없다.

그리고 강남·강동지구가 서울특별시에 편입되던 해(1963.1.1)에 발행된 909페이지나 되는『서울특별시사』고적편에 보면, "백제는 그 수도가 바뀜에 따라서 한성시대·공주시대·부여시대의 3기로 나누어지는데 제1기인 한성시대의 고분은 서울 동부인 광주군 중대면(中垈面) 가락리·석촌리·고양군 중곡리·여주군 매룡리 등지에 산재하고 있다. 이들 초기 백제 고분은 조그만 봉토분과 일종의 석총이 있는데 규모도 작고 조사도 불충분하여 뚜렷하게 나타나는 것이 없고 왕릉으로 생각되는 점은 보이지 않는다."고 하였는데, 이와 같이 무책임한 오류를 범한 몇 줄이 한강유역의 백제 유적을 다룬 전부이다. 이는 해방 후 20년 가까운 시기가 지났는데도 앞서 언급한 일제시기의 고적조사보고에 간략하게 언급한 것을 그나마 과소평가해서 취급하고 있음을 여실히 드러내고 있는 것이다.

그후 1972년에 서울특별시사편찬위원회가 상·하권으로 편찬한『서울통사』(상) 제1장 '고대의 서울'편에 보면, 역시 단 한 자의 언급이 없음은 지극히 놀라운 일이다.

한편 1970년대 초엽에 서울시 도시계획에 따라 강남지구 도시확장사업을 시작하면서 잠실지역에 산재해 있는 백제 유적(고분)에 대한 일부의 관심이 있게 되자 '긴급구제발굴(緊急救濟發掘)'이라고 하는 기발한 발굴작업을 재촉하게 되면서 '발굴을 위한 발굴'이 당분간(1974~1977) 이루어지고 있었다. 당시 잠실지구 유적발굴조사단이 진작 2기(방이동 4·5호분)를 제외시키고 있기는 하지만 나머지 유적의 보존 건의[3]에도 불구하고 당국의 무책임한 처사가 결국 발굴을 위한 발굴이 되고 말았는데, 이와 같은 발굴을 위한 발굴이 얼마나 위험한 것인가를 지금 이 시점에서 볼 때 '발굴이 곧, 파괴'라고 하는 '기상천외(奇想天外)'한 결론이 나와 한강유역의 백제유적보존은 절망에 부딪치게 되었다.[4]

이 무렵『서울6백년사』(1977)라고 하는 '기서(奇書)'가 나오게 되었는데, 제1권 제1장에 비로소 강남지구(강남구·강동구)의 문화유적(선사·백제·삼국)에 대한 관심을 갖게 되지만 역시 석촌동·가락동·방이동 등지의 백제 왕릉이나 古墳 등에 대하여는 특별히 언급하거나 강조된 바가 없다. 여기서 이를 '기서(奇書)'라고 하는 것은 우리가 흔히 부르는 '서울'이란 명칭은 근세의 이름인데도 아마 자고의 수도를 '서울'이라고 하여 조선 500여 년과 근세 몇십 년을 더하여『서울6백년사』라고 한 모양이다.

우리가 흔히 지금의 서울의 옛 이름을 한성(漢城)이나 한양(漢陽), 또는 경성(京城)이라 이름함은 대개 신

---

3 「蠶室地區遺蹟發掘調査報告」,『韓國考古學報』4,(1978, p.42)에 보면,
　　이러한 고분의 중요성에 비추어 우리 조사단 일동은 석촌동(3기)과 방이동(6기)에 있는 고분만은 이를 원지형(原地形)과 함께 보존하되 (도3과 13의 점선부분) 풍납토성, 몽촌토성과 함께 강남 삼국시대 유적공원을 만들어 아파트단지 건설에 의한 역사 파괴를 방지하고 또 거꾸로, 메마른 아파트단지 내에 역사의 정자가 흐르는 녹지대를 만들어 두기를 문화공보부와 서울시에 건의하는 것이다.
　　이 강남의 유적지가 없어지면 서울에는 조선 후반기의 궁궐과 건물들 이외에는 아무 역사의 증거가 없어지게 되는 것이다. 삼국의 고도 서울은 '李氏朝鮮'의 수도만으로 격하되어야 할 것인가? 이 강남 유적지는 수도 서울을 찾는 국내·외의 관광객, 수학여행 학생들에게 유적순례 코스로서 역사의 학습장일 뿐만 아니라 우리의 문화와 역사의 전통을 보여줄 수 있는 새로운 명소가 될 수 있을 것이다. 우리 조사단 일동은 한강하류의 유일무이한 고적 지대를 보존하는 데에서 한빌 더 나아가 이것을 사적공원으로 발전시킬 것을 다시 한번 건의하고 강조하여 두는 바이다.

4 1977년 강동구 석촌동에서 잠실대교를 지나 한강 북방의 성동구 화양동에서 백제초기이 귀중한 대형 적석묘가 발굴된 바 있는데『華陽地區遺蹟發掘調査報告』(1977년도, 유인물, p.30)에 보면 다음과 같이 결론 짓고 있다.
　　"이 유적은 이상과 같은 점으로 그 보존이 바람직했으나 그 위치가 산정이어서 그 보존에는 광대한 주변 지역이 필요하고 그것은 화양지구 구획정리사업을 실질적으로 막는 것이 되기 때문에 유적의 구조나 원상(原狀)을 기록으로 남기고 유적 자체는 삭평(削平)할 것을 조사단 최종회의에서 합의하였다."고 하는 기상천외(奇想天外)의 결론을 내리고 있다.

라 경덕왕대(景德王代)부터 부르기 시작한 한양을 옛 서울의 초명(初名)으로 보기 때문이다.[5] 그러나 지금의 서울은 역사상 도읍지로 맨 처음은 백제의 초도 위례성(慰禮城)이라 하였고,[6] 비슷한 시기에 '한성'이라 이름이 나온다. 위례성이라 함은 백제의 건국을 기술한 『삼국사기』 백제본기 온조왕 즉위(B.C.18) 조에 보이고, 한성이라 이름이 처음 보이는 것도 역시 같은 책 온조왕 14年(B.C.5) 조에 이미 보이기 시작한다. 그리고 온조왕 25년(A.D.7), 아신왕 원년(392), 전지왕 원년(405)과 2년(405), 개로왕 21년(475) 조 등에 모두 한성이라 하는 백제 왕성이 보이고, 특히 개로왕 21년(475) 조에 '왕도한성'이라고 하여 한강유역의 백제 왕도를 지칭하여 한성이라고 하였다.[7] 그렇다면 역사상으로 분명히 『서울2천년사』가 되어야 할 터인데 그렇지 못하고, 이렇듯 지금의 서울이 겨우 조선왕조 500여 년의 수도로만 인식된 데에서 오늘날과 같이 한강유역의 광주평원(廣州平原)에 분포된 백제전기 유적이 한강유역 전야(田野)의 토석(土石)으로 둔갑하여 서울시의 도시개발용 잡토(雜土)나 잡석(雜石)에 불과하게 된 것이다.[8]

3. 문화유적의 파괴와 개발

앞서 언급한 바 있는 『서울6백년사』의 서문을 보면, "서울특별시사는 향토사이며 지방사인 동시에 민족 전체의 문화사이며 생활사이기도 합니다."라고 하였다 이는 물론 『서울6백년사』라고 자처한 '기서'이기는 하지만 이율배반적으로 서울특별시사를 우리 민족사의 전체를 압축한 듯이 말하고 있는 것이다. 그렇다면 비록 근세의 유적으로서 일제의 만행으로 파괴 변질된 것을 제외하고는 그런대로 조선조 유적이 江北에만 유지되고 있기는 하지만 시간적으로는 백제전기 5백년사는 조선시기와 맞먹는 시간이요, 한편 '한국미술5천년사' 편년의 10분의 1에 해당하는 시간이요, 기원 전후를 역사시대로 친다고 하더라도 2000년 역사의 4분의 1에 해당하는 시간이 바로 한강유역의 백제전기 수도시기인 것은 『삼국사기』 등 사서만 보더라도 이를 증명할 수 있다. 그러나 여기에는 조선시기와 근대의 역사만을 가지고 우리 민족 전체의 역사를 함축한 것처럼 착각한 데에서 우리의 문화행정이 조선기 일변도로 치닫고 있음을 부인하지 못할 것이다. 여기에서 파생되는 결과가 바로 지금 우리 모두가 주지하는 바와 같이 한강유역의 백제전기 유적이 파괴 인멸돼가고 있는 것이다.

필자는, 1982년, 『동방학지』 제32호에 「고구려의 향당제도연구」('백제의 향당제도')를 발표하기 위해 1981

---

5 『三國史記』地理志 漢州 漢陽郡條
　漢州 本高句麗漢山郡 新羅取之 景德王改爲漢州 今廣州領縣二
　漢陽郡 本高句麗北漢山郡(一云平壤) 眞興王爲州置軍主 景德王改名 本陽州舊墟 領縣二
6 『三國史記』백제본기 위례성관계사.
　온조왕 즉위조, 8년조, 13년조, 17년조,41년조.
　책계왕 즉위조.
7 『三國史記』백제본기 소재 한성관계 기사.
　온조왕 14년조, 25년조.
　아신왕 즉위조.
　전지왕 즉위조, 2년조.
　개로왕 21년조.
8 『서울六百年史』序文에 다음과 같이 서술하고 있다.
　조선왕조를 세운 태조 이성계가 1394년 정도할 당시만 하더라도 한적한 한 개의 지방도시에 불과했던 서울이 이제는 인구750만을 넘는 명실공히 세계의 대도시로 발전했습니다.

년 말과 82년 초에 석촌동 현장을 방문하여 석촌동 제3호분이 도로 개설로 파괴되고 있음을 확인하고 『동방학지』 제32호에 현장 사진과 함께 백제 왕릉급 고분이 파괴되고 있는 사실을 지적한 바 있다. 석촌동 61, 93번지에 80m 간격으로 남북에 위치한 제3·4호분(백제 왕릉으로 추정)을 한데 묶어서 1975년에 사적 제243호로 지정된 바가 있는데, 1981년에 제3·4호분 사이에 도로가 개설된 것이다.[9] (사진 1). (도면 3) (『동방학지』 제32집, 1982)

여기에서 필자가 특별한 관심을 불러일으키는 점은 석촌동 제3호분과 제4호분의 형제가 '계단식 피라미트형 석축 고분'으로서 지금의 중국 길림성 집안현 일대의 고구려 고분과 기본적으로 일치함은 물론, 고분의 구조와 출토유물로 보아 고분 위에 종묘(宗廟)를 올리는 고대 동북아시아의 동이족의 공통된 향당(享堂)을 설치하고 있을 것으로 추정되기 때문이다.[10]

특히 1970년 중엽의 발굴 시에 몇 편의 와당이 출토된 제4호분을 일례로 들어 이들 와편이 '계단식 피라미트형 석축 왕릉'상의 향당 건축에 사용되었던 것으로 추정하였기 때문이다.[11] (『동방학지』第32집, 1982, 졸고 참조)

그 후 1983년 봄(5월 26일) 한국정신문화연구원 부속대학원(附屬大學院) 석·박사과정 학생 등 17명을 대동하고 현장 강좌를 실시하면서 연전에 뚫린 문제의 석촌동 제3호분과 제4호분 사이의 도로가 도시계획에 의하여 또 다시 북쪽으로 확장공사가 진행됨으로 해서 제3호분의 석축 기단부가 손상되고 약 10m 폭의 판축대지(版築臺地)가 이번에 전부 포클레인으로 들어내 버렸음을 확인했다. (도판 4). 그래서 당일로 관계기관에 이를 중지시킬 것을 건의하고 다음 날(5월 27일) 조사 요원만을 대동하고 재차 조사에 나서는 한편 이를 중지시켜야 하는 화급한 사정으로 KBS TV를 통하여 여론화시키게 되었다.

같은 날 필자는 제3호분의 동쪽 17m 지점에서 도시계획의 일환으로 '롯데' 건설의 두 달 전(1983년 3월) 도로 확장공사 시에 무참히 절단된 백제시대의 대형(폭 60cm) 후육(厚肉) 무문옹관(사진 7)과 백제시대의 것으로 보이는 고분이 포클레인으로 약 3분의 2가량 잘려 나가 인골(人骨)이 어지러운 상태로 흩어져 있는 현장을 발견 확인하였다. (사진 9).

이 고분의 단면을 보면 부식토가 약 70cm, 높이 80cm 확인되고 있으며 이 사이에 인골(人骨)이 처참하게 훼손돼 노출되고 있었다. (사진 10) 이 고분의 맨 아랫부분은 판축층(版築層)이 있고, 그 위에 판석을 깔고 판

---

9 석촌동 제3·4호분에 대한 보고서는 서울대 박물관과 고고학과에서 펴낸 『석촌동 적석총 발굴조사보고』(1975)와 『석촌동 3호분(적석총)발굴조사보고서』(1983, 유인물)가 있다. 석촌동 제3호분의 크기에 대하여 후서는 동서가 49.6m, 남북이 43.7m라고 하였다. 남북의 길이가 작은 것은 아마 남면이 후대의 파손에 의한 것으로 짐작되는 데 원래는 고구려의 '계단식 피라미트형 적석묘'의 정방형과 같이 49.6m로된 정방형이었을 것이다. 이 크기는 '장군총'의 34m보다 훨씬 크고 태왕릉(4면 각 60m)과 비슷한 규모이다. 그리고 제4호분의 자세한 크기는 1984년 해체 복원 시에 밝혀졌는데, 제1층기단은 일면의 길이가 17.2m, 높이는 0.5m이고, 제2층기단은 일면의 길이가 13.2m, 높이가 0.95m이며, 제3층기단은 일면의 길이가 9m, 높이는 0.45m이다. 여기서 주목되는 점은 제2층의 길이가 제1층과 제3층을 합한 길이의 반이고, 재2층의 높이는 제1층과 제3층높이를 합한 숫자가 나온다는 사실이다 (도면 4-1 및 도판 3)
10 1984년 3월 1일부터 신일건업에 의하여 석촌동 제4호분 복원공사가 시작되어 6월 중에 복원이 완료되었는데, 지난 4월초 해체 공사중 고분의 제2층기단 동쪽면에서 5개의 '호분석'(護墳石)이 발견되었으며, 제2층기단 북쪽면외 동쪽편에서도 '호분석' 1개가 발견되었다. 이는 고구려 수도인 만주 집안현 일대에 소재하고 있는 '장군총'(제1층기단 4면에 각 3개의 '호분석'이 있음)과 태왕릉(제1층기단 4면에 '호분석'이 남아 있음)등에서 보는 양식과 같은 유형으로 고구려에서는 제1층기단에 세우고, 백제에서는 제2층기단에 '호분석'을 비슷듬이 기대 놓고 있다. (도면 4-1.2 및 도판 3)
11 1984년 5월 필자가 공사 현장을 답사했을 때 고분의 제2층석축 안에서 길이 17cm·폭 15cm·두께 5cm 정도의 와전(瓦塼)을 확인한 바 있다. 앞서 지적한 '호분석'의 발견과 더불어 매우 획기적인 발견이라고 할 수 있다. 특히 이는 고구려수도인 집안현 일대의 '계단식 피라미형 적석묘'에서 와당이 기와편과 함께 출토되고 있는 예와 동일하다.

석 옆에서 철제 관정(棺釘, 길이 6.3cm)과 철제 도자(刀子, 길이 7.8cm)가 발견된 것으로 보아 목관을 앉혔을 것으로 추정된다.(도판 1). 이들 철제 관식은 일본강점시기에 석촌리 일대에서 수습된 철제 유물과 매우 상통한다.(도면 2)

필자는 현장 확인 직후, 백제인 인골이 노출됐는데도 몇 달째 방치되고 있는 폐고분을 관할 파출소와 관리 당국에 이의 보호 내지 긴급 조치를 의뢰한 바 있었으나 5월 28일자『조선일보』를 통해 임기응변식으로 석촌동 도로공사를 중단한다고만 발표하였다.

그러나 6월 2일에 다시 각종 장비를 동원하여 석촌동 제3호분(왕릉 추정)의 좌·우에서 지반을 다지는 도로 포장 공사가 진행되었다. 한편 6월 14일에는『한국일보』를 통하여 도로를 제3호분 전방으로 10m 우회시키고, 이를 '사적공원'으로 조성하겠다고 임기응변식으로 발표하였다. 그러나 마침내 6월 27일 모든 도로포장 공사를 완료시키고 말았다.(사진 3~4)

이러한 부도의적 공사는 해방 이후 진행한 문화재 파괴의 가장 전형적이고 '공식화'된 방법이다. 이와 똑같은 방법으로 하여 동대문의 지하철 통과가 이루어진 것은 주지의 사실이다. 이 밖에도 같은 방법으로 도시계획이 진행된 예는 남대문 지하철 통과·칠궁(七宮) 일부 철거, 독립문 이전, 사직단표문(社稷壇表門) 후퇴, 대한문 후퇴 그리고 강남지구의 삼성동 백제토성지에 경기고등학교 이전 신축, 근년에는 가락동 백제 고분 8기(사진 14)가 인멸되고[12], 방이동 4·5호분의 소실,[13](사진 15) 문정동의 백제 건물지의 파괴(1983년 6월 3일 필자 조사) 등 이루 헤아릴 수 없다. 이는 일제가 과거 36년간 저지른 경복궁의 조선총독부·창경궁의 동물원화(動物園化)·경희궁의 경성고보(서울고 舊址)등 이루 헤아릴 수 없는 전통문화 말살책의 만행을 보아 온 우리로서는 착잡한 감정을 느끼지 않을 수 없으며, 이러한 조치는 하루 빨리 시정되지 않으면 안 될 것이다.

그러나 같은 시기에 일본의 오사카(大阪)에서는 백제 유민들의 고분으로 여겨지는 유적지가 발견되어 이를 보호하자고 야단이다.(Japan Times. 1983.5.31) 그리고 그들은 이미 수십 년 동안 오사카 시내 한복판의 수만 평에 달하는 8세기경의 나니와노미야(難波宮) 유적을 발굴·보호하고 있으며, 나라(奈良) 시에서도 헤이죠궁(平城宮)과 가시하라궁(藤原宮)을 발굴·보호하고 있고, 교도(京都) 시에서는 헤이안궁(平安宮)과 長岡宮 등을 발굴·보존하고 있다.(『고대사발굴』, 講談社, 1981) 또한 고베(神戸) 시내에서는 전장 197m의 대형 전방후원분(前方後圓墳)을 복원하였고,(같은 책) 요꼬하마(橫濱) 시내에서도 도시개발 도중에 발견된 야요이(彌生) 시대의 대단위 대총 유적과 歲勝土 유적을 보존하고 있다.(『日本歷史展望』제1권, 1981) 모두가 타산지석이라고만 할 수 없다고 본다.

지난날 중국은 1958년 5월에 '문화대혁명'을 일으키면서 홍위병들은 첫째 '후금박고(厚今薄古)'라는 기치를 들고나왔다. 즉 옛것은 모두 때려 부수고 현재의 개발을 위하여 매진하자는 사상이다. 그래서 파괴하여 다시 건설하자고 하는 '파립(破立)'이라고 하는 기상천외한 새로운 용어가 나왔다.

---

12 1983년 5·6월의 조사 당시에도 가락동 송파파출소 옆 산상(일명 '小王子山')에 최후로 석실분의 하부구조 1기가 남아 있었으나 그것마저도 같은 해 7월에 택지를 조성하면서 완전 소실되었다.(도판 8)
13 방이동에는 원래 1호부터 8호까지 8기의 석실분이 소재하고 있었으나(도판 9-1) 1982~3년 사이에 4·5호분이 택지와 공용건물(한전 방이동 변전소)의 용지로 사용하기 위하여 삭평되었다.(도판 9-2) 방이동 석실분의 발굴보고서는 김병모 교수의 '방이동고분군'(『고고학』제4집, 1977년 6월)과 잠실지구유적발굴조사단의 '잠실지구유적발굴조사보고'(『한국고고학보』, 제4호, 1978. 4)가 있다.

중국 당국은 '문화대혁명'의 기치 아래 건설을 위해서는 공자묘(孔子廟)라 할지라도 고적은 마땅히 파괴되어야 한다.[14]고 하는 이른바 '후금박고' 사상으로 마침내는 고구려 옛 서울인 현재의 중국 길림성 환인현에 두 개의 댐을 건설하면서 고구려 초기의 고분 164기의 발굴을 취소시키고 이를 수몰시켜 우리 한(韓) 민족의 문화유적을 파괴시킨 대참사가 발생하였다.

이와 같은「문화혁명」시의 만행을 10여 년간 치르고 난 중공의 현 위정자들은 이를 크게 후회하여 다시 중국의 전통문화와 정신문화를 살리고자 노력하고 있다. 따라서 우리의 도시계획도 중공이 20여 년 전에 저지른 과오를 교훈 삼아 전통문화유산이 잘 보존되는 방향에서 추진되어야 할 것이다.

4. 석촌동 유적의 중요성과 그 보호 대책

석촌동 일대를 중심으로 한 한강유역은 사방이 모두 산으로 둘러싸인 대평원(廣州平原)으로 조성되어 있는 옥토이다. 『삼국사기』온조왕 즉위(B.C.18) 조에 보이는, "大臣諫曰 惟此河南之地 北帶漢水 東據高丘 南望沃澤 西阻大海 其天險之利 難得之勢 作都於斯 不亦宜乎"의 '남망옥택'이 바로 여기요, 이 기사가 내포하는 곳이 또한 여기 이외에는 합당한 곳이 없다고 생각된다. 그리고 동 왕 13년(B.C.6) 조에. "夏五月 王謂臣下曰 國家東有樂浪 北有靺鞨 侵軟疆境 少有寧日 況今妖祥履見國母棄養 勢不自安 必作遷國 豫昨出巡 親漢水之南 土壤膏腴 宜都於彼 以久安之計"의 한수지남의 옥토가 천도지로 의당하다고 하였는데 이는 곧, 광주평원을 말함일 것이다.[15] 그리고 그 이듬해인 온조왕 14년(B.C.5)에 하남위례성으로 천도하였다. 이 시기의 하남위례성은 바로 이 광주평원의 어디가 아닌가 생각한다.

그리고 광개토대왕이 친히 수군을 거느리고 한강을 따라 래침한 곳이며,[16] 또한 개로왕 때에는 토축으로 왕성을 쌓고 그 안에 궁실·누각·대사(臺謝) 등을 장엄하게 지은 왕성인 한성이 바로 이곳일 것이며,[17] 그리고 욱리하(郁里河, 즉 한강)에서 대석을 가져다가 곽을 만들어 부왕의 시신을 모신 곳이 바로 이곳 강동지구 일대(석촌동·가락동·방이동)가 아닌가 생각된다.[18]

이와 같은 생각이 강동지구 지표조사에서 얻은 결론인데 지금도 우리는 석촌동 일대의 서방 1km 이내에서 주위 평지와 구별되는 1~2m 높이의 토축으로 된 넓은 대지를 발견하게 되고, 곳곳에서 발견되는 파괴된 단면에는 당시(백제전기)의 문화층을 무수히 발견하게 된다. 대표적인 예가 제3호 고분 인근의 파괴된 옹관과 인골이 노출된 지층이 백제문화층이고, 석촌동 동쪽 일대에서도 토축 내에 문화층이 보이며, (도면 3~4)

또한 남쪽에도 문화층이 포함된 토축이 남아 있다. 필자는 서울대 박물관에서 발굴한 '파괴분'(『考古美術』

---

14 世界反共聯盟中華民國分會 :『亞洲人民反共聯盟中華民國總會會報』, 1981년, p.12.
15 광주(廣州)라고하는 지명은 의역대로 넓은 들판인데 남한산성동쪽의 광주고읍(故邑)은 협곡으로서 뜻에 맞지 않는다. 아마 지명의 이동에서 온 탓일 것이다. 원래의 고광주(古廣州)는 지금의 강남·강동지구와 성남시서쪽의 충적평야를 지칭한 것일 것이다.
16 광개토대왕릉비문 제1면 제9행 제26자부터 제2면 제5행 제32자까지의 6년병신(丙申 396) 조.
17 『三國史記』백제본기 개로왕 21년(475) 조.
18 『三國史記』백제본기 개로왕 21년(475) 조.

129·130호, 1976)의 서쪽 100m 이내 지점인 석촌동 남단의 토축 부근인 석촌동 128(신 240)번지 일대에서 百濟 때의 것으로 보이는 건물지를 발견했다.[19] (도면 4) 이는 도시계획사업에 투입된 롯데건설의 폭 9m(공사명 C-34 도로건설)의 도로 건설로 인하여 백제 초기의 회청색연질무문평저호 편이 수습되고, 수백 평의 건물지가 파괴되면서 장방형의 판석과 석축을 비롯하여 방격문과 직도 자국이 있는 백제 와당과있는 점으로 미루어 보아 백제한성의 중요한 건물지로 추정된다. (도판 5~7)

출토된 고와(古瓦) 편(片) 중에는 반문(反文)으로 '고덕(高德)'이고 양각한 명문와(도판 7), 방격문평와(도판 6)가 발견되었는데, 이는 앞으로의 연구 대상이 되는 매우 귀중한 자료이다. 이 일대에서 출토되고 있는 회청색연질무문평저호 편토기은 석촌동 '파괴분'(서울대 발굴)에서 나온 것과 같은 계통이다. (도판 6) 이와 같이 석촌동을 포함한 가락동·방이동·몽촌동 일대가 곧, 백제 도성과 관계되는 지역이 아닌가 생각된다.

특히 제4호분으로부터 남쪽으로 계속 유적지와 고분들이 분포돼있는 대지에는 지금은 지표에 주춧돌을 올려 지은 구옥(민가) 들이지만 이곳에서는 도로를 개설하고 지하실을 파고 새로운 양옥을 지음으로 인하여 백제시대의 문화층이 모두 파괴돼가고 있다.[20]

새로운 도시계획은 지금이라도 늦지 않다고 판단하고 우선 석촌동 일대의 사방 1km 이내를 묶어서 개발을 보류하고 백제시대 유적을 조사하여 파괴가 심한 경우에는 발굴하고, 그런대로 보존이 양호한 경우는 그대로 보존하며 중요 유적은 원형을 찾아 복원해야만 할 것이다. (삽도 1) 그러기 위해서는 정부에서 '위례성박물관'(가칭)내지 '강남지구사적관리소'(가칭)를 설치하여 백제 유적·유물의 보호 관리에 상호 협심해야 할 것이다. 이러한 작업이 곧, '고금(古今)의 화합(和合)'을 이룩하는 좋은 본보기가 될 것이다.

그리고 가장 바람직한 것은 백제시대의 원래 문화층위가 보존될 만한 대지를 현재 상태로 묶어서 조사를 거친 후에 제4호분(서울대 발굴)과 제5호분(서울대 발굴) 사이에 있는 석촌동 97번지 한국식 콘크리트 건물인 '미륵암'을 정부가 매입하여 '위례성박물관'(가칭)을 설립하고 그동안 발굴된 백제고분 출토품은 물론 한강유역에서 발굴된 백제 유물들을 한데 모아 전시하는 방법도 강구되었으면 한다.

한강유역의 백제 500년 도읍지 유적에 깊은 관심을 가지고 있는 한 사람으로서 물론, 한강유역의 '개발'을 이 시점에서 중단하자고 만은 할 수 없을 것이다. 그러나 유적 보존과 도시개발은 분명히 한쪽에 치우쳐서는 안 될 것이다. 그렇다면 2천년대의 '선진조국'을 지향하는 우리로서는 찬란히 빛나는 우리 옛 문화를 알뜰히 지키면서 미래의 세계적인 '문화도시서울'을 건설해야만 할 것이다.

도시계획에 의한 최근의 일련의 청사진을 보면 '잠실 생활권' 계획(『朝鮮日報』, 1983년 4월 7일)을 통하여 석촌동을 상업업무와 관광시설을 집중시킬 것을 계획하고 있으며, 강남 그린벨트에 공원을 造成한다고 하며, 강남지구와 잠실대교 근처에 소형「댐」을 건설하고(『東亞日報』, 1983년 6월 7일) 한강에 대형 하수구를 뚫고, 나아가서 한강연안에 '위락관공시설지구'로 개발한다고 한다.[21]

이 많은 사업과 예산 투입의 선후를 따진다면 우리는 당연히 이미 불하한 바 있는 강동지구 석촌동 일대

---

19 이 건물지는 본격적인 발굴 조사가 실시되기도 전에 1984년 4월 완전 아스팔트로 포장되었다.
20 지난 6월에는 석촌동 제5호분(서울대 발굴고분)의 남쪽 석촌동 243번지 일대를 동서로 도로를 개설하면서 백제시대 문화층위가 파괴되어(도판14) 당시 탄화미와 목탄이 발견되고 백제초기의 연질회도항아리(직경 13.5cm, 높이 23cm)가 절반 절단돼 나간 채 발견도었으며 약 7m가량의 적석층이 파괴되었다. (도판 15).
21 1984년 1월 5일자 『경향신문』에 보면 서울특별시는 3억 5천만원을 들여 석촌동 석촌호수 서쪽에 '민속예술전당'을 오는 9월 10일까지 완공할 예정이라고 한다. 역시 화급의 선후가 도치된 느낌이다.

의 백제 유적 내에 있는 도지의 매입이 가장 시급하다고 생각된다. 2억 원을 들여 석촌동제3호분(520평) · 제4호분(552평) · 제5호분(440평)만을 사적공원으로 조성한다는 것[22]은 나머지 사방 1km 이내의 귀중한 문화유적(문화포함층)은 어찌하겠다는 것인지 이해할 수 없다.

5. 맺는 글

한강유역의 광주평원에 자리 잡고 있는 지금의 서울특별시 강남구 석촌동 · 가락동 · 방이동을 중심으로 문정동 · 몽촌동 · 성내동 · 둔촌동 · 마천동 · 풍납동 · 암사동 · 고덕동 일대는 백제 678년 역사 중 기원전.18년 초도 하남위례성으로부터 475년 문주왕(文周王)이 공주로 천도하기까지 493년간이라는 장구한 세월을 수도로 정하고 고구려와 대등한 국가를 건설했던 유서 깊은 백제500년 왕도이다.

그러나 작금은 서울시의 도시개발 우선 정책으로 한강유역의 수많은 백제 유적이 파괴 인멸되고 있는 실정이다. 특히 일명 '돌마리'라고 하는 석촌동(石村洞) 일대의 속칭 '오봉산'(五峰山, 5기의 왕릉급 고분을 지칭)에는 지금은 남한에서 이곳에만 '피라미트형 석축고분(왕릉급 고분)' 2기가 남아 있다. '문화재보호법시행규칙' 제9조에 보면 "왕릉 고분 묘 등은 봉토 하단에서 10m 내지 1,000m 이내의 구역을 사적보호구역으로 지정한다"고 하였다. 그러나 서울시는 이와 같은 법령을 무시하고 사적인 2기의 왕릉급 고분 사이로 폭 25m의 도로(백제고분로)를 개설함은 물론 북쪽으로 확장공사를 벌려 석촌동 3호분(왕릉급 고분)의 기단부를 파괴시키고, 또한 인근의 백제시대의 옹관묘를 반파하고 백제고분의 인골을 절단시킨 채로 모든 포장공사를 완료하고 인도를 개설할 예정으로 있다.

그리고 '계단식 피리미드형 석축고분'(석촌동 제4호분)의 남쪽으로 3기의 백제 왕릉급 유구가 있지만 그

---

22 다행히 필자의 초고(유인본)가 1983년 7월 6일 발표된 직후 한강유역의 백제전기 수도유적에 대한 일반의 주의가 환기되고 관계기관의 적극적인 노력으로 보존과 복원이 진행되고 있다. 특히 석촌동고분군(3,4,5호분)의 경우 1,513평이 사적 제243호로 지정되었으나 1983년 7월 29일 문화재위원회의 의결을 거쳐 3,415평이 추가로 지정되었다. (『고고미술』160, 1983. 12, p.p.147~148).
　① 指定區域擴大指定範圍
　(가) 3號古墳: 새로 確認된 古墳基底部로부터 道路邊을 除外한 3面은 各 30m內外 擴大指定 ㅇ現指定面積 521 坪
　ㅇ追加指定面積 2,581 坪
　計 3,102 坪
　(나) 4號古墳 : 現指定面의 基底部 南側으로부터 20m 擴大指定
　ㅇ現指定面積 552 坪
　ㅇ追加指定面積 251 坪
　計 803 坪
　(다) 5號古墳 : 現指定面積에서 南北으로 各 25m 擴大指定
　ㅇ現指定面積 440 坪
　ㅇ追加指定面積 583 坪
　計 1,023 坪
　(라) 現指定面積(3 · 4 · 5號墳)合計 1,513 坪
　追加指定面積(3 · 4 · 5호분) 3,415 坪
　總計 4,928 坪
　(圖面 ; 別途提示說明)
　② 道路線 調整
　서울特別市와 協議하여 三號墳과 四號墳 사이를 通過하는 現直線 道路(잠심운동장→송파)는 三號古墳 基底部 保存에 지장없도록 曲線으로 調整.

위에 구옥(민가)이 들어차고 석촌동 제5호분과 일명 '파괴분'이라고 하는 백제고분도 파괴, 또는 인멸될 위기에 처해 있으며 '파괴분' 근처에서는 도로가 신설되면서 '불도저'에 의해 백제시대 건물지가 파괴되어 헐려 나가고 있으나 속수무책(束手無策)이다.

한편 가락동 일대에는 원래 8기의 백제 고분과 5기의 선사시대 주거지가 조사되었으나 역시 근년의 도시개발로 모두 소실되고 오직 1기 고분의 석실 부분만이 남아 있었으나 그것마저 최근에 소실되었다. 그리고 문정동에서도 택지조성사업으로 백제시대의 건물지가 잘려 나간 상태로 발견되었으나 역시 소실되고 말았다. 특히 방이동의 일명 '대왕자산(大王子山)'에는 원래 8기의 삼국시대 석실고분이 조사되었으나 작년에는 제4·5호분이 소실되었으며, 제7·8호분은 이번 '사적공원' 조성작업에서도 제외돼 방치상태이다. (사진 15) 이를 연결하여 중간지역을 확장하거나 녹지화하는 방법을 강구할 수 있으면 한다.

현대의 건축이나 건설은 얼마든지 재생이 가능하지만 고대문화 유적은 절대로 재생이 불가능하다고 하는 것은 누구나 잘 아는 사실인데도 금세기에 우리 손으로 계속 파괴 내지 인멸시킨다면 문화민족을 자부하는 우리로서는 이해할 수 없는 처사라고 생각된다. 더구나 우리나라 고대사 연구에 있어서 가장 영세한 부분이 백제시대의 역사 자료인 점을 고려한다면 한강유역의 백제전기 수도유적이야말로 무가지보(無價之寶)라 아니 할 수 없다.

또한 근년에 물의를 빚고 있는 일본인들의 역사 왜곡(歪曲)만 하더라도 우리의 사료가 부족한 탓도 없지 않아 있다고 생각된다. 특히 한·일, 한·중 관계사에서 가장 왜곡이 심한 부분이 역시 백제 관계사인 점을 감안 한다면 한강유역의 백제전기 수도유적은 만(万)에 하나(一)라도 절대로 소홀히 해서는 안 된다고 생각한다.

지난날과 같이 민족의 장래에 천추(千秋)의 한(恨)을 남기지 않기 위해서 정부는 물론 학자들 간에 상호 협력하여 국가적, 민족적인 차원에서 한강유역의 백제전기 수도유적을 조사 연구하고 개발하여 영구 보존하는 것이 선진조국을 건설하는 지름길일 것이다.

우리는 1960년대, UNESCO를 통하여 이집트의 아스완댐 건설로 수몰(水沒) 위기에 처해 있었던 '아부심벨(Abu Simbel)' 신전을 이건(移建) 하기 위한 많은 성금을 지원한 바 있다.

〈참고문헌〉

『大正6年度朝鮮古蹟調査報告卷3』(1917).

『大正5年度朝鮮古蹟調査報告』, 1916.

『백제구도 남한비사』, 1956.

『경기도지』(상 · 중 · 하), 1957.

서울특별시사편찬위원회, 『서울특별시사』고적편, 1963.

서울특별시사편찬위원회, 『서울통사』(상), 1972.

「蠶室地區遺蹟發掘調査報告」, 『韓國考古學報』4, 1978.

『華陽地區遺蹟發掘調査報告』, 1977, 유인물.

『三國史記』地理志 漢州 漢陽郡條

『三國史記』백제본기

서울특별시, 『서울6백년사』, 1977.

이형구, 「고구려 향당제도 연구」, 『동방학지』제32집, 1982.

서울대 박물관 · 고고학과, 『석촌동 적석총 발굴조사보고』, 1975.

서울대 박물관 · 고고학과, 『석촌동 3호분(적석총)발굴조사보고서』, 1983.

K.B.S.TV, 1983. 5. 27.

『조선일보』1983년 5월 28일자

『한국일보』1983년 6월 14일자.

Japan Times. 1983. 5. 31.

『고대사발굴』,1981, 講談社.

『日本歷史展望』제1권, 1981.

『한국고고학보』, 제4호, 1978. 4.

世界反共聯盟中華民國分會 : 『亞洲人民反共聯盟中華民國總會會報』, 1981.

『考古美術』129 · 130호, 1976.

『朝鮮日報』, 1983년 4월 7일자.

『고고미술』160호, 1983.12,.

도면 및 도판

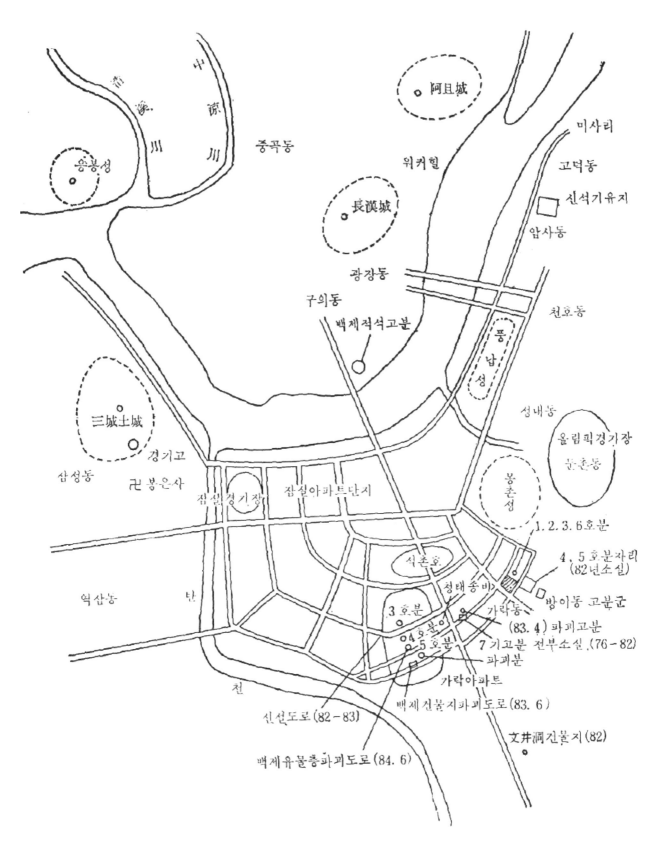

도면 1 강동·송파·강남지구 고분 분포도(이형구 도)

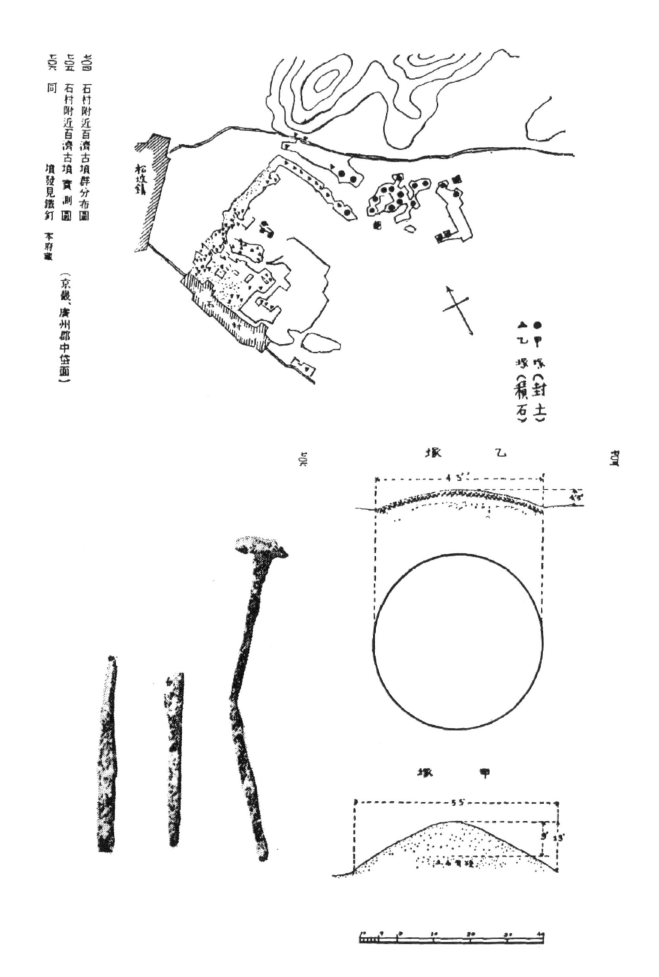

圖 石村附近百濟古墳群分布圖

仝 石村附近百濟古墳實測圖

仝 同 墳發見鐵釘 本府藏

（京畿、廣州郡中岱面）

●甲塚（對土）
△乙塚（積石）

乙 塚

甲 塚

도면 2 석촌 부근 백제고분군 분포도와 동 고분 출토 철정(鐵釘) 유물(아래 좌측)

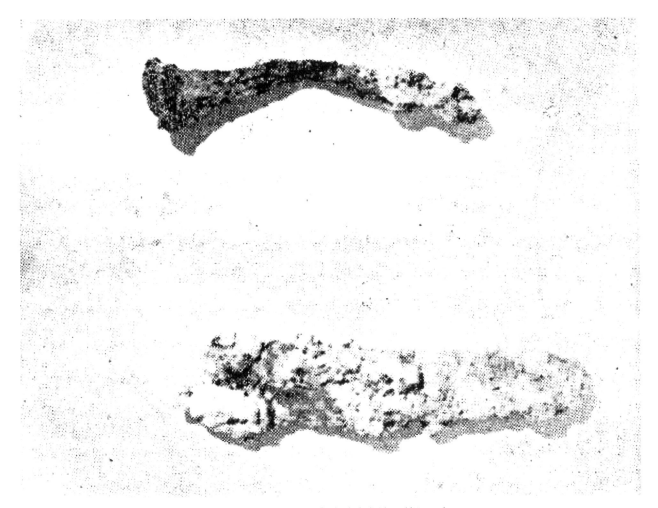

도판 1 1983년 석촌동 3호분 동쪽 파괴분에서 인골과 함께 노출된 철정과 철도자(鐵刀子)

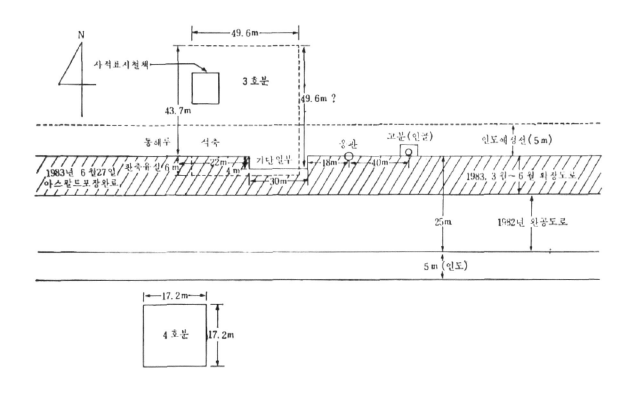

도면 3 국가지정(1975년) 사적 제243호 백제전기 석촌동 제3·4호왕릉 간 도로개설 평면도

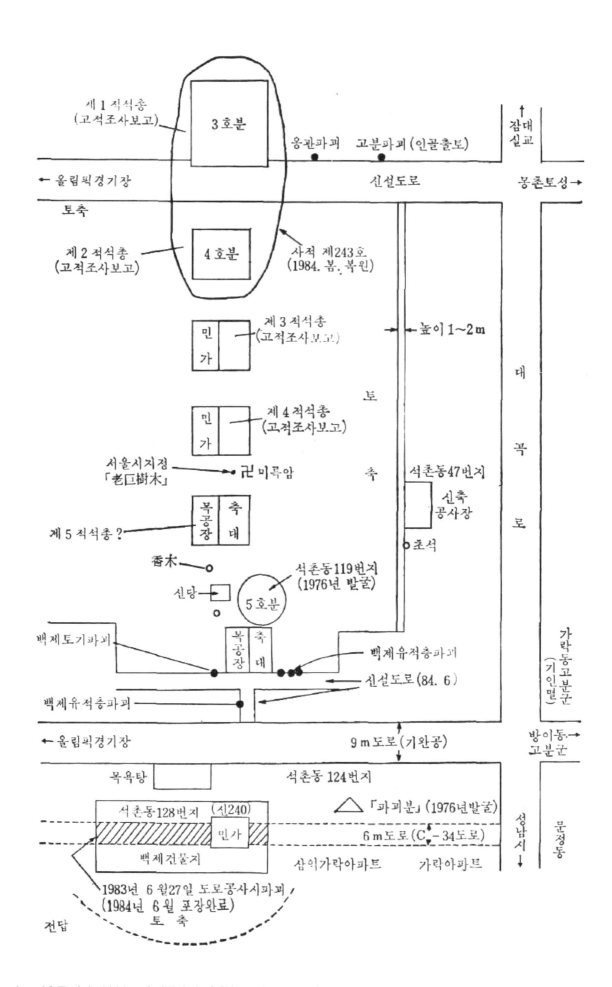

도면 4 석촌동 백제고분 분포 및 건물지 약도(이형구 교수 조사 도회)

도판 2 『조선고적도보』권3(1917)에 실린 경기도 광주군 중대면 석촌리 제1분(현 서울송파구석촌동3호분) (한양대학교 교수)

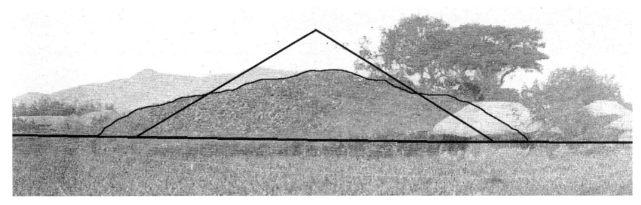

도판 3 1916년도 석촌리 제1분(석촌동 제3호분)과 원래의 추정 봉분(삼각형)

도면 5 석촌동 제3호분 5층 복원 試案 단면도(서울대 박물관)

도판 4 석촌동 제3호분 3층 복원 현재 모습

도면 6 1916년도 석촌리 제1분(석촌동 제3호분)의 원래 봉분에 의거한 고분 형태 추정도(이형구 도)

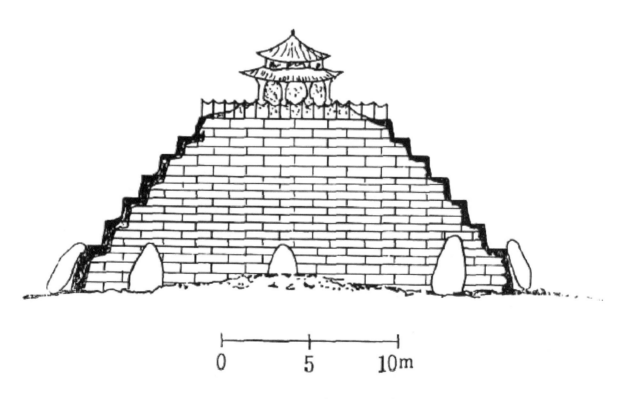

도면 7 중국 집안시 고구려 장군총의 향당(享堂) 복원상상도(『동방학지』32, 1982, 이형구 도)

도판 5 석촌동 240번지 건물지 유구가 도로개설로 파괴 인멸되었다.(조사자: 권덕영 연구생1983.6)

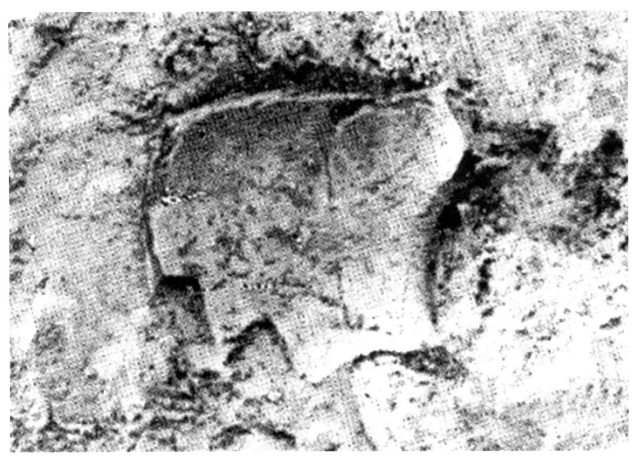

도판 6 석촌동 240번지 건물지 유구가 도로개설로 드러난 회색연질토기호(1983.6)

도판 7 건물지 출토 타날문 회색연질토기호 편(1983.6)/도판 8 동 현문 경질토기호 편(1983.6)

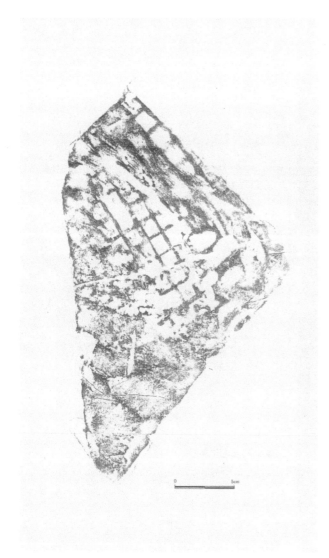

도판 9 건물지에서 수습된 격자문와편 탁본

도판 7 건물지 출토 '高德'銘 명문와(중세시기)

한강유역 고분의 고고학적 가치

김병모(한양대학교 교수)

한강유역 고분의 고고학적 가치

한강유역의 고분들은 약 반세기 전부터 일인(日人)들에 의해서 주목되기 시작하였다. 그리하여 대정 - 소화년간(大正 - 昭和年間)에 여주(驪州)와 가락동(可樂洞)의 고분들이 발굴되어 간략한 보고서가 나오게 되었으며 그것을 시작으로 하여 고분이라고 추정된 것이 100기(基)가 넘는다.

정식으로 발굴된 것은 모두 30 기(基)에 이르며 이들의 성격을 간략하게 요약하면 다음과 같다.

1. 분포

1) 방이(芳荑) - 가락(可樂)지구

이 지구에서는 도합 10 기(基)의 고분이 조사되었다. 구조는 모두 석실(石室)이었고 작은 구릉(丘陵) 상에 만들어 놓은 것이 공통적이다. 평면은 대략 2사람 정도 매장될 수 있을 만한 직사각형으로 출입구가 달린 횡혈식이 대부분이지만 방이동 5호처럼 소형석곽(小形石槨)도 있다. 석실고분에서도 모두 피장자의 침향(枕向)이 북향(北向)인데 비하여 방이동 5호의 장축(長軸)이 동서향(東西向)인 것은 침향(枕向)이 동향(東向)일 것을 강력하게 시사하고 있어서 한 지구에서 침향(枕向)이 다른 - 다시 말하면 철학이나 래세관(來世觀)이 다른 -내용이 나타난다는 것은 매우 주목되는 일이다. 일반적으로 우리나라의 고대묘(古代墓)는 동침(東枕)이 선행이고 그 다음 북침(北枕)이 나타난다.

특히 가락동(可樂洞)에서는 백제 초기의 매우 드문 토광묘(土壙墓) 2기(基)가 발견되었고 그 중 2호에서는 흑도(黑陶)가 발견되어 피장자의 출신성분에 대하여 많은 연구자료를 제공하였다.

2) 석촌(石村)지구

이 지역은 방이(芳荑) - 가락(可樂)지구와는 아주 가까운 거리에 있으나 고분의 구조가 석실(石室)이나 석곽(石槨)이 아니고 적석묘(積石墓)인 특징이 나타나 있어서 지구를 구별한 것이다. 석촌동(石村洞)은 옛날 이름이 '돌마리'로서 돌이 많은 곳인데 이 돌들이 사실은 모두 적석묘(積石墓)가 파괴되면서 흩어져 나온 것을 알게 될 때 문화재를 생각하는 사람으로서 전율마저 느낀다. 석촌(石村)에서는 4개의 고분이 발굴되었다. 이들은 모두 적석총(積石塚)으로 인접지역인 방이 - 가랑지구의 석실고분들과는 문화유형이 다른 고분들이다. 적석묘(積石墓)라는 것은 시베리아 알타이 산중의 파지릴 고분이다. 미누신스크 분지의 선사시대 묘들과 문화적 친연관계를 갖는 기제(基制)로서 초기의 요동반도의 강상(岡上)이나 루상(樓上)의 떼무덤(군(群))에서 후기의 단독묘로 발전해온 것이며 고구려 문화권에서는 평면이 방형(方形)의 피라밑형 기단식이 나타나고 신라지역에서 평면이 원형(円形)의 반구형(半球形)이 된 것이다. 고구려의 기단식 적석묘의 대표로는 장군총(將軍塚) 대왕릉(太王陵)이 있고 신라의 적석묘로는 금관총(金冠塚)이나 천마총(天馬塚)이 있다.

이러한 적석묘(積石墓)의 종류 중에 기단식 적석묘(積石墓) 석촌(石村)에서 만들어진 것은 고구려 문화권이 이 지역에 크게 영향을 준 것을 말하며 이 기단식 적석총 중에 이번에 새로 파괴된 적석묘의 평면 크기가 장군총보다 큰 사실을 발견하였다.

태왕릉 66m×66m (200尺)
장군총 33m×33m (97.8尺)

석촌동 3호 49.6 (EW)×43.7 (NS)m
석촌동 4호 약 30m×30m

표 1. 고구려 적석총과 백제 적석총의 비교

3) 중곡(中谷)지구

서울 성동구 중곡동에 있던 고분들로서 한강과 지류인 중랑천 사이에 있다. 모두 2기가 조사되었는데 평면 직사각형의 석실들이었고 남쪽에 이도(羨道)가 달렸다. 침향(枕向)은 동침(東枕)이었다.

4) 양평(楊平)지구

경기도 양평 단석리에서 발견된 고분들로 2기가 조사되었다. 소형 석곽(石槨)으로 평면의 장축(長軸)이 남북향(南北向)이었으므로 피장자는 북침(北枕)하였던 것으로 보인다. 유물로는 고배류(苦杯類)와 함께 술통(존(尊))형 잔이 발견되었다.

팔당(八堂) · 소양댐 건설 때 문호리에서도 적석묘(積石墓) 일기(一基)가 조사되었는데 평면은 원형인지 재형(才形)인지 불분명하지만 삼국시대 토기편과 함께 관옥(管玉), 청동방울 등이 발견되었다.

5) 여주(驪州)지구

남한강 유역에서는 여주지구가 유일한 고분군인데 상리(上里) · 보통리(甫通里) · 매룡리(梅龍里)에서 도합 5기의 고분이 조사되었다. 구조는 모두 남쪽에 이도(羡道)가 달린 횡혈식 이었다. 침향(枕向)은 북침(北枕)이 대부분이었다. 유물도 금동제 귀거리 등이 발견되어 피장자의 신분을 대강 짐작하게 한다.

2. 고분의 종류

대별하여 적석묘와 석실묘 그리고 토광묘로 나뉘고 적석묘 중에는 기단식도 있고 석실묘(石室墓) 중에는 이도(羡道)가 없는 수혈식 석곽도 확인되었다. 적석묘는 선사시대부터 계속되어 온 묘제로서 왕권의 확립과 함께 대형화하는 것이고 석실묘는 궁륭 천정(天井)의 축조기술을 낙랑의 전기(塼基)에서 배워서 4세기에서야 나타나는 형식이다.

토광묘(土壙墓)는 가락동(可樂洞)에서 2기가 조사되었는데 모두 평면이 방형(方形)에 가까운 봉토였으며 6호의 경우 봉분 1기 속에 3개의 토광(土壙)과 1개의 옹관이 발견되어 1종의 공동묘지 같은 구조였다.

3. 년대

고분들이 언제 만들어진 것들인지에 대하여는 전적으로 발굴자들의 소견에 따르는 수밖에 없다. 발굴자들의 소견은 묘의 구조와 유물로 판단되었기 때문에 큰 착오는 없어 보인다.

시기적으로 가장 빠른 것으로 가락동 1호와 2호의 토광묘들로서 무문토기(無文土器)와 비슷한 질의 옹관과 흑도(黑陶) 등이 판단의 기준이 되어 기원후 2세기 때 것으로 보고되었다.

그 다음 시기에 만들어 지는 것이 석총동의 기단식 적석총으로 3~4세기 때 것으로 보인다. 적석묘(積石墓)가 기단식으로 발전하는 것은 대략 4세기의 광개토왕 대로 보는 것이 고고학자들의 의견인데 그런 견해는 대형의 단독묘(單獨墓)가 만들어지는 것은 국세(國勢)와 관련이 있는 것이므로 4세기에 이르러 급격히 영향력이 줄어드는 낙랑세력의 몰락과 함께 생각되는 고구려 세력의 신장(伸張)이다.

다음 석실고분들은 고구려, 백제, 신라, 가야지역 모두에서 만들어지는데 한강유역의 석실고분에는 백제 초기묘와 이 지역의 신라 진흥왕(眞興王) 이후에 신라 영향권 아래에서 만들어지는 삼국통일기 석실묘로 나누어 볼 수 가 있다. 석실묘는 처음에는 이도(羡道)가 없는 수혈식(竪穴式) 석곽묘(石槨墓)가, 나중에 이도(羡道)가 달린 횡혈식(橫穴式) 석곽묘(石槨墓)로 발전하는데 초기에는 피장자의 머리를 동쪽에다 두다가 후기에 가서 북쪽으로 눕히는 것으로 바뀐다. 이 두가지가 방이동에서 모두 발견되었다. 이것은 방이동 고분지역이 오랫동안 묘지로 사용되던 지역으로 아마도 당시로서는 이 지역이 조상신을 모시는 성소(聖所)로서 오랫동안 중요시 되던 곳임을 말해주고 있다고 보인다.

또한 석실묘는 석곽묘보다 내부 공간이 넓어지는 특징이 나타나는데 그 이유는 석실묘가 되면서 천정을 궁륭형(穹窿形)으로 만드는 기술이 낙랑으로부터 도입되었기 때문이다. 내부 공간이 없어지고 횡혈식으로 되어 추가로 장을 지내는 것이 쉬워지자 비로소 묘실내부를 치장하는 벽화가 고구려 지역에서 발생하였다. 이때가 바로 4세기이다.

4. 유물상의 문제점

초기고분으로 생각되는 토광묘에서 발견된 흑도는 우리나라에서는 매우 드문 토기로서 고대 한반도 문화를 이해하는데 큰 열쇠를 쥐고 있는 것으로 생각된다. 한국의 토기는 선사시대의 빗살무늬토기가 시베리아 - 북구(北歐)로 연결되는 북방 유라시아적 성격이어서 당시 중국 - 중앙아시아 - 근동(近東) - 지중해로 연결되는 채색토기문화대(彩色土器文化帶)와 대조를 이루는 독특한 문화 이었다. 그러던 한국의 토기가 역사시대에 들어오면서 시베리아적인 개성을 잃고 중국 채색토기문화의 일종인 흑도(黑陶)의 영향을 받게 되었다는 증거가 바로 가락동 토광묘 출토의 흑도(黑陶)라고 생각된다. 토광묘는 지하구조가 석묘처럼 뚜렷한 것이 아니기 때문에 전문가가 아니고는 식별하기가 어려워서 지금까지 발견된 예가 많지 않다. 따라서 토광묘 출토의 유물은 그야말로 희귀한 자료가 되고 있다.

그동제 장신구가 여러개 발견되었는데 가락동 5호에서 금동환이 4개, 석촌동 4호에서 금제영락(金製瓔珞), 여주 보통리 1호에서 금동제 귀거리 등이 발견되어서 당시 사화생활의 한 단면을 보여주고 있다.

도기는 가락동 2호 토광묘에서 쓰여진 옹관(甕棺)이 선사시대 무문토기의 성격을 그대로 지니고 있는 것이 역사시대에도 사용된 증거이고, 나머지 토기들은 낙랑이후 소개된 등요(登窯)의 기술이 이 지역의 고분들이 만들어지던 시기에 널리 사용되고 있었다는 것을 충분히 설명하고 있다. 또한 백제식으로 보이는 키작은 토기들과 신라, 가야지역에서 유행하였던 고배(高杯)종류 등이 이 지역에서 발견된 것은 지역의 정치사와 문화사가 매우 긴밀하게 연결되고 있었음도 이야기하고 있다.

이 지역에서는 인골(人骨)도 몇 구가 발견되었다. 모두 훼손되었기는 하지만 석촌동, 방이동 그리고 문호리에서 인골(人骨)이 발견되었는데 삼국시대나 통일신라시대의 인골이 남아있는 예가 많지 않아서 당시 사람들의 평균 신장 · 영양상태 · 수명 등에 관한 연구에 좋은 자료를 제공할 것으로 보인다. 특히 한반도의 지질이 산성(酸性)이 강하여 인골(人骨)이 오래 남지 못하는데 유독 한강변(邊)에서 여러 개의 고대의 인골(人骨)이 발견되고 있다는 사실은 이 지역의 토질이 유기질유물이 오랫동안 썩지 않고 보존된다는 성격을 나타내고 있는 것으로 보아야 한다.

특히 삼국시대 토기 중에 초기의 백제토기는 아직도 많은 연구가 필요한 단계인데 석촌동과 가락동 출토의 토기들은 이런 고민을 해결하는데 크게 기여할 것으로 생각되는 중요유물이다.

5. 고분 구조상의 문제(전체구조, 방위, 척도)

고분의 크기나 방향은 문화해석상의 많은 자료를 제공한다. 우선 고분을 만드는데 쓰여졌던 인력을 계산하였을 때 그것의 축조 때 사용된 단위길이(module)를 알아낼 수 있어서 용척(用尺)과 도량형이 어떤 기준 아래에서 사용되었는지 알아낼 수가 있다.

고분의 방위는 특히 중요하여 동침(東枕)이냐, 북침(北枕)이냐를 판별하여 사상의 변천도 연구하고 특히 피라밑형의 기단식 적석총의 평면 배치나 층위의 수, 높이 등을 연구하면 유라시아 대륙에 널리 퍼져있던 제사사상, 유공개념(幽工槪念) 등의 동방한계(東方限界) 범위가 밝혀지는 계기가 될 것으로 믿어진다.

사용된 석재를 채석하는 과정, 치석상의 기술, 도구의 문제 등이 구조물을 세밀히 관찰함으로써 얻어질 수 있는 연구자료이다.

6. 종합(문화수용태세)

한강변 고분들이 갖는 고고학적인 가치는 대략 다음과 같이 요약될 수 있겠다.

첫째, 토광묘의 존재이다. 토광묘는 고대 한민족에게는 유행하지 않는 묘지이다. 토광묘는 은주 - 춘추 - 전국 - 한문화로 이어지는 중국인의 무덤형식이다. 우리 한민족들은 중국과는 다른 석묘를 만들어온 개성이 있다. 신석기시대의 석곽묘, 청동기시대의 적석묘·석관묘 그리고 유명한 고인돌 등은 모두 돌(石)을 재료로 한 무덤들이었다. 뿐만 아니라, 역사시대에도 삼국과 가야가 모두 석곽묘·석실묘·적석묘를 만들어 죽음과 영생은 돌과 유관한 애니미즘이 있다. 그렇게 때문에 낙랑을 통해서 소개된 전묘(塼墓)가 그 건축기술은 이 땅에서 받아들여졌지만 그 재료인 벽돌(塼)을 무덤에 사용하기를 거부하는 것이 한민족의 전통적 기질이다. 그런 면에서 단 2기의 벽돌무덤이 공주에 있는 것은 매우 특수한 경우이고 그 주인공의 신분이나 사상적 배경을 재삼 연구할 필요가 있다고 생각된다. 따라서 가락동에서 토광묘가 발견되고 그 토광묘 속에서 흑도(黑陶)가 발견된 것은 낙랑인의 남하를 말하고 있는지도 모르는 것이다. 이 점은 특히 고대 한반도의 세력분포나 인구동태를 살피는데 중요한 열쇠를 쥐고있는 점이라 하겠다. 특히 백제초기에는 고구려에 대항하느라고 낙랑과 깊은 관계를 맺은 역사상의 기록과 함께 토광묘의 위치나 흑도(黑陶)의 출현 등이 재삼 고려되어야 하는 중요 지점이 가락동이라고 하겠다.

둘째, 서울 부근의 한강변에는 고분지역 사이에 여러개의 삼국시대 성들이 있다. 아차성(阿且城), 사성(蛇城), 몽촌토성(夢村土城) 등이 그것인데 이런 성들과 고분들이 연결되고 있는 이 지역을 살펴보면 강북 안에 중곡(中谷(고분))아단성-양평으로 연결되는 북안문화대가 있고 석촌동-가락·방이동-몽촌토성(夢村土城)-풍납토성(風納土城)(사성(蛇城))으로 연결되는 남안문화대가 눈에 보인다. 이런 지역들이 백제의 문화 특히 한성(漢城)시대 문화를 연구하는데 매우 중요하고 희귀한 자료를 보여주고 있으며 이런 자료가 장차 한성(漢城)시대 도읍을 발견해 낼 수 있는 기초를 마련하고 있다는 사실은 재삼 강조해도 모라랄 지경이다.

셋째, 한성시대는 백제사에서 가장 긴 기간인데 이 기간동안에 만들어진 유적은 가장 적게 남아있다. 그 적게 남아있는 유적마저도 완전한 것이 없는 실정이다. 그 중에서도 토성묘(土城墓)의 중요성은 말할 것도 없고 기단식 적석묘는 과연 그것이 백제인의 소산(所産)인가 아니면 고구려인들의 작품인가도 고려되어야 한다. 기단식 적석묘도 만주에 몇기(장군총, 태왕릉 등)가 남아있고 남한에서는 석촌동의 2례만이 원형(原形)을 짐작할 수 있는 것이다. 이처럼 중요한 역사적·고고학적 가치를 지닌 기단식 적석묘는 학술·교육의 자료로서 반드시 보존·공개되어야 할 것으로 사료된다.

漢 江 邊 古 墳 의 性 格 對 照 表

	古 墳 名	位 置	封 墳	種 類	玄 室 規 模	天 井	棺 臺	副 槨
1	可樂洞 第3號墳	丘陵傾斜	圓 形	石 室	3.7×3.65m(×4m?) 壁에 灰痕 2人合葬	四壁內傾 板石1枚	/	/
2	可樂洞 第4號墳	丘陵傾斜	圓 形	石 室	2.3m×2.6m	四壁內傾		
3	可樂洞 第5號墳	丘陵傾斜	圓 形	石 室	2.8m×2.25m×1.7m	2壁만內傾 蓋石 5枚	/	/
4	可樂洞 第6號墳	丘陵傾斜	隋圓形	石室과 圓形石列	2.23m×1.9m		有	/
5	可樂洞 第1號墳	平 地	方圓形	土 壙	1.23m×0.48m		/	/
6	可樂洞 第2號墳	平 地	方圓形	土壙3, 甕棺1,				
7	可樂洞 第2號墳	山斜面	圓 形	石 室	3.25m×3.14m	5板石		
8	石村洞 第6號			圓 形	積石?			
9	石村洞 第7號			圓 形	積石?			
10	石村洞 第1積石塚	平 地	圓 形	積 石				
11	石村洞 第2積石塚	平 地	圓 形	積 石				
12	石村洞 第3積石塚	平 地	圓 形	積 石				
13	石村洞 第4積石塚	平 地	圓 形	積 石				
14	石村洞 第3號墳	平 地		基壇式 積 石				
15	石村洞 第4號墳	平 地	方台形	基壇式 積 石	4.8m×4.6m			
16	石村洞 破壞墳	平 地	隋圓形	一封土下 多土壙				
17	石村洞 第5號墳	平 地	圓 形	積石下 土壙				
18	芳荑洞 第1號墳	山斜面	圓 形	石 室	3.1m×2.5m	1板石	有	/
19	芳荑洞 第4號墳	山斜面	圓 形	石 室	2.34×2.57m 灰壁	1板石	/	/
20	芳荑洞 第5號墳	野山頂	圓 形	石 室	2.01m×1.4m		/	/
21	芳荑洞 第6號墳	山斜面	圓 形	石 室	2.88m×1.3m	터널式	/	2.88×0.35m
22	中谷里 甲號墳			石 室	3.66m×2.04m	4板石	有	
23	中谷里 乙號墳			石 室	3.0m×1.5m	4板石		
24	楊平 丹石里 1號墳	山斜面		石 槨	1.9m×未詳			/
25	楊平 丹石里 1號墳	山斜面		石 槨	未詳×1.5m			/
26	驪州 上里第1號墳	山斜面		石 室	4.0m×2.33m 灰壁5石板			2個
27	驪州 上里2號墳	山斜面		石 室	2.99m×1.99m	蓋石3枚		
28	驪州 甫通里1號墳	山斜面	圓 形	石 室	灰壁270×244	板石數枚	東 西	/
29	驪州 梅龍里2號墳			石 室	4.0m×2.5m 5石枕	板石3枚	南北向	/
30	驪州 梅龍里8號墳			石 室	3.4m×2.06m 灰壁1石枕			
31	楊平 汶湖里			方 形	積 石			

羨道	長軸方向	頭向	바닥	遺物	調査者意見	出典
南壁, 東偏 長 2.9, 幅 1.3m	南　北	東　枕	割石한겹	人骨, 鐵釘 5, 暗灰色 硬質土器蓋 4, 鈕, 短 頸壺	5-6世紀以後 高句麗式　ㄱ字 形	蠶室報告 (1975 油印物) 서울大발굴分
南壁, 東偏 長 1.8, 幅 1.2m	東　西				百濟初期	蠶室報告 (1975 油印物) 梨大발굴分
南壁中央	南　北	東 枕?	자갈밑에 板石	金銅環 4, 瓦片, 灰色 軟質, 高杯蓋片	四世紀傾	蠶室報告 (1975 油印物) 梨大발굴分
南壁中央	東　西	東 枕	자갈과板石	硬質瓶片, 灰色土器片	百濟初期	蠶室報告 (1975 油印物) 檀大발굴分
╱				꺽　쇠	2세기	尹世英, 考古學 3
				黑陶 2, 鉸具, 鐵刀 2, 꺽쇠 6, 灰色硬質土器 4, 粗質赭色甕棺	〃	〃
南壁中央	南　北		자　갈			昭和 2年報告, 第2冊
	南　北					〃
	東　西					〃
						朝鮮古蹟調査報告 （大正 5年）
						〃
						〃
				金製瓔珞, 灰青色軟質 土器	3世紀　中葉	서울大, 石村洞 積石塚發掘報告
	南　北	東 枕?		灰青色 軟質土器片, 百濟瓦片	4世紀~ 5世紀前半	서울大, 石村洞 積石 塚發掘報告
	北北東 3 北 西 2			把手村赤褐色有文甕, 甕棺·人骨, 有文壺, 無文壺, 꺽쇠	2~3世紀	任孝宰, 考古美術 129-130 合輯
	東　西					〃
南壁西偏	南　北	北 枕?	자갈, 板石	瓦質壺, 有台壺, 高杯		趙由典, 文化財 9
南壁中央	東　北	北 枕	자갈板石 자갈	人骨, 鐵釘, 青灰色 有蓋高杯		1976年　調査
╱	東　西	東 枕?	자　갈	灰色瓦質高杯 2, 硬質瓶	4~5世紀傾	〃
南壁中央	南　北	北 枕	자갈板石	人骨, 新羅高杯	6世紀傾	〃
南壁中央	南　北	東 枕	割　石			昭和2年報告（第2冊）
南壁中央	東　西	東 枕	割　石	壺, 高杯		〃
╱	南　北	北 枕?	혹	高杯 5, 無蓋高杯 2,	A.D.600年代	金元龍, 歷史學報 10
╱	南　北	北枕?	쟈 갈	無蓋杯, 灰黑色尊形杯 4, 3, 瓶	〃	〃
南壁(?)中央						朝鮮古蹟調査報告 （大正 5年）
南壁(?)中央						
南壁東偏		東 枕?	土	金銅耳飾鐵刀子		1969 文化財管理局調査
南壁中央	東　西	北 枕	割 石	金銅耳飾 2, 刀子 2		昭和2年報告 第2冊
南壁中央	東　西	北 枕	割 石			〃
	南　北			人骨, 土器片, 管玉, 청동방울		八堂昭陽댐報告 1974

〈주요 참고문헌〉

『조선고적조사보고서』, 大正5년( )

『조선고적조사보고서』, 昭和2년( )

잠실지구유적발굴조사단편, 『잠실지구조사발굴보고서』(유인물), 1975

서울대 박물관, 『석촌동 적석총 발굴조사』, 1976

김병모, 「방이동 고분군-한강 변 고분들과의 비교」, 『고고학』 제4집, 1977

제3주제

한강유역 백제도성유적 보존문제

차용걸(충북대학교 교수)

한강유역 백제도성유적 보존문제

1. 백제전기의 도성 위치 문제

백제전기 약 500여 년간의 도성이 어디냐의 문제는 일찍부터 논란의 대상으로 있어 왔다. 『삼국사기』와 『삼국유사』가 각각 다른 위치라고 하였으니, 오늘날의 서울~광주(廣州) 지역과 직산(稷山) 지역이 그것이다.

오늘날에 와서는 고고학적 유물 상에 있어서 직산으로 보려는 입장은 후퇴하여 있으며 광주~서울 지역이 거론되고 있다. 일찍부터 일인(日人)들은 풍납동 토성과 남한산성에 이르는 일대를 주목하였다. 그 후 이병도 선생은 하남·하북의 위례성(慰禮城)을 각기 비정하기도 하였다. 어쨌든 위례성 혹은 한성은 오늘날의 서울과 광주 일원(一圓)에 있었을 것이라고는 믿어지고 있다.

좀 더 범위를 좁혀서 말한다면 오늘날의 광나루를 중심으로 그 북쪽에 위치한 아차성이라 하는 지역과 '장안평', 중곡동, 뚝섬에 이르는 지역의 유적이 주목의 대상이 되어 있다.

한강의 남안으로는 삼성동 토성(三成洞土城), 몽촌토성, 풍납동 토성, 그리고 미음나루에 이르는 구릉지대의 작은 토성 유적과 이성산성(二聖山城) 등이 주목되는 것이다.

강남구, 강동구 지역과 광주군의 서북부지역이 매우 유력하다는 것은 고분군의 존재뿐만 아니라 대규모의 토성이 존재하여 거기서 나오는 유물이 범상치 않다는 것도 있지만, 조선 초기까지만 해도 '위례성'이라고는 아니했으나 '위유성(慰由城)' '위요성(慰要城)'이 존재했던 기록이 있음을 필자는 항상 유념하고 있는 터이다. 태종 때에 왕이 전렵(田獵)을 할 때 보이는 '위요성(慰要城)'은 아무래도 '위례성(慰禮城)'과 같은 우리말의 이표기(異表記)라 보여지는 것이다. 그렇다면 다음과 같은 실록의 기사는 주목받아 마땅할 것이다.

"섭광진 방응우위요성 석차석도숙언(涉廣津 放鷹于慰要成 夕次石島宿焉)"

태종은 분명히 광나루를 '위요성(慰要城)'에서 매사냥을 하고 저녁때 석도(石島)에 이르러 거기서 주무셨던 것이다. 그렇다면 광(廣)나루는 현재의 광나루요, 석도는 한강을 북으로 건넌 지점에 있다. 그러니까 '위요성(慰要城)'은 광나루에서 석도에 이르는 지역 안에 있었던 것이다.

오늘날의 위치로는 강동구 풍납동, 성내동, 이동, 천호동, 길동, 둔촌동, 암사동, 고덕동, 하일동 지역과 강남구 잠실동, 석촌동, 송파동, 방이동, 가락동, 삼전동 등이 이에 해당하는 대상 지역인 것이다.

2. 성터들의 현상

백제 초기의 도읍지가 대략 위와 같이 강남구, 강동구 지역인데, 이 지역은 1970년대서부터 급격한 팽창을 이루어 미처 성터조사가 되기도 전에 성터는 흔적이 묘연해지거나 파괴당하게 되었다. 어느 정도인지 대략 말해보면 다음과 같다.

1) 삼성동 토성(三成洞土城)

강남구 삼성동의 닭점부락 뒤의 낮은 산릉(山陵)에 토축(土築)으로 둘레가 약 2km 정도 되는 성이 있었다. 이곳은 잠실과 영동지구의 사이로서 봉은사~닭점에 이르는 지역은 숫내(炭川)가 한강으로 흘러드는 지점이고, 한강을 건너면 맞은편이 뚝섬과 성수동, 자양동이다. 이 성지(城址)에서는 삼국기(三國期)의 연화문와당(蓮花紋瓦當)이 출토된 바도 있어서 백제시대의 중요한 유적임에도 미처 주목하지 못하는 사이에 완전히 자취를 감추고 말았다.

필자가 이곳을 조사한 때는 1977년도로서 이때는 이미 파괴되고, 약간의 흔적이 있었으나 성지로서의 의미를 상실하였었다. 영동지구 개발에 희생된 대표적인 것이라 할 수 있다.

2) 워커힐 뒷산 산성지(山城址)

현 워커힐의 뒷산에 있는 산성(山城)은 아차산(峨嵯山)의 최남단으로 남향한 산의 사면을 두른 삼태기 모양의 석축산성(石築山城)이다. 고기록(古記錄)에 보이는 광진성(廣津城) 혹은 양진성(楊津城)으로 삼국시대의 아차성에 비정(比定)되는 것이다. 워커힐에서 서쪽으로 약간 오르면 되며, 둘레는 약 800m에 불과하나 매우 요충적인 지리를 점한다. 이곳은 1979년에 조사할때에도 출입이 통제되었다. 이 출입의 통제는 문화재를 관리하고 보호키 위한 통제가 아니라, 이곳의 소유자인 모 재단의 얘기로는 물의 저장탱크가 이 성내에 있어서 이를 보호키 위한 것이라고 한다. 물탱크 시설은 이 산성(山城)의 남서부에 시멘트로 지어져 있고, 그 내부나 하부는 어떻게 되어 있는지 모르나, 철망을 쳐서 보호할 뿐만 아니라 경비원도 있었다.

한편 성내에 새로 배수구를 시설했는데 성석(城石)을 가져다가 폭 1m 정도, 깊이 1m 정도의 배수로 양안(兩岸)을 쌓고 시멘트를 썼으며 옛 문지(門址) 혹은 수문지(水門址)라고 생각되는 곳으로 물이 빠지도록 되어 있었다. 당시 약간의 사태가 있었기 때문에 약간의 보수를 하는 장면을 목격하였는데 그때 깨진 고배 1점(點)을 습득한 기억이 있다. (이 고배는 현재 필자가 가지도 있다.)

이 산성은 그 역사적 중요성에 비추어 주목은 되어 왔었으나 보존에 있어서는 큰 문제가 없겠다고 생각되어오던 것의 하나이기도 하였다.

3) 장안평과 그 주위의 것들

서울의 서남방인 용산에서부터 남양주군 지역의 미금면에 이르기까지는 일찍부터 중요한 유적들이 산재(散在)해 있었다고 보고되어 있었다.

성터로서는 응룡산(膺龍山, 용산 원효로 지역) 것은 없어진 것이 오래되었고, 옥수동의 단국대학교 뒷 부분 것은 형적이 약간 있을 뿐이다. 응봉동, 성수동, 화양동, 자양동 구의동 지역의 소형 보루(堡壘)들이 거의 자취를 감추었고, 장안평의 동북 지역인 능동, 중곡동, 면목동 지역의 작은 보(堡)들도 마찬가지의 운명이다. 이들은 역사적으로나 고고학적으로나 미숙한 시대에 없어지거나 훼손되었지만, 일선 행정관서에 있어서의 이해가 없었던 시기에 그렇게 되었다는 점에서 그냥 아까울 따름이다.

4) 풍납동 토성

풍납동 토성은 자연적인 재해(홍수)에 의해 일부 유실(流失)될 때에 커다란 항아리와 2개의 초두(鐎斗, 현재 부여박물관에 진열되어 있음)가 나온 바 있다. 일인(日人)들은 이것을 위례성 혹은 한성으로 보고 있다. 이 성은 역사지리적인 입장에서만 중요한 게 아니다. 축성에 있어서 적어도 한계(漢系)인 낙랑·대방지역의 성들과 대비되어야 할 뿐만 아니라, 축성 방법과 규모에 있어 초기 한국성곽연구(韓國城郭研究)에 있어 빼놓을 수 없는 것이다.

둘레 4.2km(편집자주: 이 수치는 글쓴이의 추측임)에 달했을 판축의 토성인데다가 그 입지 조건이 중요한 의미를 가진다. 현재 사적(제11호)으로 지정되어 보호받고 있으나, 몇 가지 문제가 있다. 성의 남쪽 영파여중고 쪽에 드나드는 도로가 있다.

금년 봄에 가보니 수년 전과 큰 변화가 없으나 성벽이 벌겋게 드러나 있는 곳은 동네 아이들의 흙 장난하는 곳으로 변하여 파헤쳐지고 있었다. 벽에서 적색 우각형파수(牛角形把手)가 드러나 보이기도 하였다. 민묘(民墓)가 성을 의지해 그 벽면의 남방을 깎아 만들어졌으며, 내외의 단층부는 채소를 가꾸어 파괴되고 있는 것이다.

5) 몽촌토성

강동구 이동의 은행나무골, 큰말, 잣나무골이 이 토성에 들어 있거나 걸쳐져 있다. 둘레 3km(편집자주: 이 수치는 글쓴이의 추측임)에 달하는 것으로 거의 장방형(長方形)을 이룬 판축이다. 풍납동 토성과는 지척지간(咫尺之間), 아직 크게는 훼손되지 않은 것이라고 할 수 있다. 금년 봄의 조사 때에 보니 큰말과 잣나무골(남방쪽임)은 역시 성벽 자체가 산보로(散步路)로 아이들의 흙 장난터가 되어 가고 있었고, 은행나무골에는 무슨 강역이 들어섰고, 이 공장의 통행로는 성벽을 비스듬히 깎아서 만들어져 있었다. 은행나무골의 원래의 통행로이고, 본디 동문지(東門地)라고 부르는 곳에는 성내의 물이 빠져나가는 수로가 있었고, (편집자주: 유일한 수로는 북쪽에 있음) 거기는 성벽이 잘리워져 판축상태와 유물포함층이 드러나 보였다. 이곳의 주민들 얘기로는 이미 오래전에 사유화되고, 성의 서쪽에는 굉장한 별장과 정원이 있는데, 이곳을 드나드는 길은 포장까지 되어 있으며 역시 성벽을 잘라 만든 것이었다고 한다. 주민들이 측량을 하는데 몰려들어서 "언제 철거하느냐?"고 한결같이 묻는 것으로 보아 대부분 또는 얼마간은 무허가주민들인 듯 생각되었고, 아예 「얼마 안 있으면 떠날 곳」이라고 하여 쓰레기가 군데군데 흩어져 치우지도 않고 있어 악취가 대단하다. 한마디로 비참한 상황이었다. 이 성은 그 가장 가까운 곳에 석촌동 등의 유적이 있어 오히려 백제의 도성지일 가능성을 높여주고 있는 점을 생각해 보아야 하겠다.

6) 암사·고덕동 지역

강동구 암사동에서 고덕동을 지나 하일동, 망월리에 이르는 지역에도 몇 개의 토루(土壘) 유적이 있다. 이 지역은 새로운 개발지로서 각광을 받고 막하 파괴되고 있는 지역이다.

3. 몇 가지 제언

성지들의 공통된 모습은 차츰 파괴되고 있는 점이다. 도시계획과 주택건설만이 그 파괴를 하는 것이 아니다. 동네 어린이들의 놀이터 아닌 놀이터가 되고, 쓰레기 버리는 곳이 되는가 하면, 특히 예비군 참호에 의한 파괴는 무엇이라고 말해야 될지 모르겠다. 성이라면 우선 민중의 생명과 재산을 보호하던 시설물이기 때문에 현재에 있어서도 방어상 요점이 아닐 수 없다는 점을 아는 사람으로서 옛것 살리기에만 이해가 가고, 현실적 필요성에는 이해가 안 간다는 것도 이상하다. 이점이 바로 하나의 고민거리이다.

지금까지 파괴·훼손된 것을 어쩔 수는 없다. 그렇다면 지금의 상태에서 어떻게 하면 더 이상의 손상이, 이해되지 않으면 있을 수 없도록 하여야 하겠는가? 이 점에 대해 나름대로 약간의 견해를 말해보려 한다.

첫째로, 모든 설비공사·시설공가에 참여하는 기업체와 이를 주관하는 관공서에서는 공사에 앞서서 문화재를 관장하는 부서에 의무적으로 사전 통보를 하고, 적절한 대책이 마련된 다음 착수하는 제도적 장치가 필요할 듯하다. 현재는 대략 지정문화재에 대해서는 현상변경 승인을 받아서 시공케 하고 있다.

문화재를 관리하는 관공서에서 파악되지 않았거나, 그 중요성을 잘 이해하지 못하고 있더라도 문화재(특히 지정 이외의 문화재)에 대한 전문지식을 가진 문화재위원, 전문위원들이 심의와 자문을 하도록 하는 절차가 요망되는 것이다.

둘째로는, 역사유적이나 선사유적이거나를 막론하고, 그 가치가 인정되는 것이라면 더 많이 지정 혹은 보호의 대상으로 삼는 작업도 필요하다고 생각된다. 학술상 필요한 자료는 일정하게 파악의 기준을 세우고 정밀 조사를 실시하도록 하고, 현재까지 파악된 내용의 중요성을 일반인이 인식할 수 있도록 주지시키기 위한 보호책의 수립도 보완해 나가야 될 것이라고 생각된다.

누구나 자기가 하는 일에 보람을 느끼고 하고 싶어 한다. 필자는 성지야말로 우리 조상들의 생활 터전이요, 우리 만족이 지금까지 줄기차게 문화 활동을 전개해온 국경 안의 국경으로 생각하고 있다. 학문적으로도 모든 분야의 복합적·종합적 지식을 총동원하여야 연구의 만전을 기할 수 있는 종합적 성격이 있는 것이다. 따라서 학자들이 먼저 그런 유적들을 충분히 조사하지도 않고, 이제 파괴되고 있으니까 급하게 자기들 생각은 않고 몰아붙인다고 한다면, "우리도 그 책임감은 통감하고 있으니 함께 노력하자"고 할 수밖엔 달리 도리가 없는 노릇이라 생각한다.

한강유역 백제전기 수도유적 보존문제 학술연찬

종합토론

(일시 1983년 7월 6일, 장소 한국정신문화연구원 국은관 세미나실)

토론 및 회의 참여자 명단

사회 : 윤세영 고려대학교 교수

토론

김기웅 문화재관리국 전문위원
김삼룡 원광대학교 부총장
김용국 서울시사 편찬위원
문명대 한국정신문화연구원 교수
박용진 공주교육대학 학장
방동인 관동대학교 교수
성주탁 충남대학교 교수
안승주 공주대학교 교수
안춘배 부산여대(신라대)학교 교수
윤용진 경북대학교 교수
이은창 효성여자대학교 교수
이형구 한국정신문화연구원 교수
정명호 동국대학교 교수
정중환 동아대학교 교수
주남철 고려대학교 교수:

참여

김병모 한양대학교 교수
김형효 한국정신문화연구원 부원장
류승국 한국정신문화연구원 원장
민덕식 국사편찬위원회 편찬위원
박성봉 고려대학교 교수
이숭녕 백제문화개발연구원 원장
정영호 단국대학교 교수
조동일 한국정신문화연구원 교수
차용걸 충북대학교 교수
황성모 한국정신문화연구원 연구부장
황수영 동국대학교 총장

토론 및 회의 내용

사회자 :

이제까지 백제전기 즉, 백제가 공주에 천도하기 이전까지의 여러 유적의 훼손, 파괴상을 논의해 왔습니다. 사실 「대정5년도고적답사보고서」나 「소화2년도고적답사보고서」에 보면 백제의 토성과 고분이 많이 조사되었습니다. 그 후 1969년에 문화재관리국과 고려대에서 백제 가락동 1·2호 고분을 조사하였고, 이어서 서울대·단국대·이화여대 등 각 대학에서 방이동, 가락동 일대의 고분들을 많이 조사한 바 있습니다. 그리고 그 때 발굴에 직접 참여하신 분들도 여기 계시지만 당시 발굴조사를 하는 도중에 유적의 중요성을 당국에 건의하기도 했습니다. 그러나 도시계획 등의 여건에 의해 요즈음도 여전히 유적이 파괴되어 가고 있는 실정입니다.

오늘 이 자리에서는, 세 분 발표자가 발표한 유적의 중요성, 또는 파괴의 비참성에 관한 주제들이 어떤 공통점이 있다고 봄으로 논의의 초점을 한 곳에 집중시키고자 합니다. 즉, 기왕에 파괴된 것은 사실이며 지금도 자연적으로나 인위적으로 파괴되고 있습니다. 그렇지만 여태까지 파괴된 것을 논의의 대상으로 삼아서는 안 되며, 앞으로의 문제에 대해서 여러 선생님들께서 고견을 말씀해 주셨으면 합니다. 우선 해방 이후 이 지역의 백제유적을 조사하시고 현재도 조사하고 계시는 문화재관리국의 김기웅 선생님으로부터 그간의 경위와 현재 상황 또는 서울시나 문화재관리국의 대책에 대해서 들어 보았으면 합니다.

김기웅 :

우선 오늘 매우 중요하고 또한 우리들이 갈망하고 있던 문제를 근본으로 제기하고서 이러한 학술연찬을 갖게 해주신데 감사드립니다. 다른 분들도 여기에 대해서 관심을 가지고 계셨을 줄로 압니다만 저는 1965년경부터 이 지역의 문제를 추구해 왔습니다. 그런데 그 당시의 상황과 현재의 상황과는 너무 현저한 차이를 가져오고 있습니다. 발굴 동기야 어떻든 저는 가락동 1.2호고분을 고 이홍직 선생과 더불어 발굴한 바 있습니다. 이것이 아마 그 지역에 관하여 관심과 주목을 끄는 최초의 학술적 조사였다고 믿어집니다.

그 조사 결과 당시 남아 있던 고분에는 세 형식의 고분이 있었음을 알았습니다. 즉, 그중 하나는 지금 논의되는 석촌동 3·4호분이라는 적석총이고, 다른 것은 봉토분인데 거기에는 두 가지 형태가 있었습니다. 그 하나는 그대로 일반적으로 말하는 봉토이었고, 또 다른 하나는 봉토의 표면에서 약 10~20cm 내려간 밑에 한번 내지 두벌의 즙석(葺石) 또는 포갠 돌을 쪽 깐 「즙석총」이었습니다. 이러한 「즙석총」의 형태는 가야에까지 이어지는 것으로 창녕고분의 상당수가 이러한 형태이기도 합니다. 그런데 발표문의 P.17을 보면, [본문 40p. 도면 2 참조] 1916년에 발행한 『조선고적도보 3집』에 실려있는 사진이 그대로 실려있는데, 이중 삼각형으로 된 을총을 발표자는 적석총이라고 하셨습니다만 여기서의 을총은 세 형태 가운데의 즙석봉토 무덤이라고 보아집니다. 이것은 적석총과 엄밀히 구별되어야 한다고 봅니다. 이러한 즙석에 관한 제문제는 학문적인 문제가 있으므로 여기에서는 생략하겠습니다.

이제 그 도면을 거꾸로 보면 현재의 지형과 매우 같다는 것을 알게 됩니다. 바로 앞의 등고선이 보이는 곳이 가락동 구릉이 되고 석촌이라고 표시된 곳이 마을이 되며 그 주변의 삼각과 둥근 점들이 고분을 나타냅니다. 그런데 14.5년 전 우리가 이곳을 조사했을 때는 이 지역에 고분들은 논밭속에 한 두기 밖에 없었습니다. 그리고 당시 이 지역은 도면에서 본 것과는 다른 형태로 변해 있었습니다. 8.15해방 10년 후 토지개혁시 이 지역을 갑작스럽게 개간했기 때문이라고 합니다. 우리의 생각이 미치기 전에 이미 그러한 상태로 변모되고 만 것입니다.

슬라이드에서 석촌동 3호분을 보았습니다만 1965.66년경 제가 보았을 때는 주위에 나무 한 그루가 있고 기와집 2채만이 있었으므로 그 지역은 보존되리라고 생각하였습니다. 그런데 하루는 동아일보의 문화부 기자가 제가 1967.68년 이 지역의 보존문제에 관해 기사를 쓴 바 있으므로 저를 찾아와 그 곳의 돌이 건져 내지고 있다는 사실을 제보해 주었습니다. 그래서 저는 일단 이것의 반출을 중지시키고 2년 후 서울대 박물관의 협조로 이곳을 발굴한 후 보고서를 작성한 바 있습니다. 그런데도 오늘날 이곳이 왜 이러한 상태 위에 놓이고 왜 철책은 그것밖에 쳐지지 않았으며 사적으로 지정될 때에 현재의 49m, 43m의 거대한 기저부를 당시에 조사하지 못했는가에는 나름대로의 이유가 있습니다. 왜냐하면 당시 그 둘레에는 판자집이 둘러져 있었고 다만 돌을 판 부분만이 공간을 이루고 있는 상태로서 조사의 착수가 한 쪽은 무너졌고 한쪽은 축조상태를 파악하기 어려운 형태에 있었으므로 매우 어려웠던 것입니다. 그래서 다시 앞으로 복원해야 한다는 전제하에 깊이 1m, 넓이 2.3m 정도의 돌 하나를 들어 내는데만도 근 한 달이라는 기간이 소요되었습니다. 도저히 발굴이라고 하는 생각으로서는 이 3호분의 문제를 처리하기가 어려웠습니다. 우선 현 상태대로 보존하는 방법을 강구해야 했습니다. 그래서 그다음 해에 문화재위원회에 이 문제가 제기되어 이 지역이 사적으로 지정되게 되었습니다. [편집자주: 사적 제243호]

이제 여기서 간단히 현재의 상황을 어떻게 대처해가고 있는가를 살펴본다면, 이미 재작년부터 문화재관리국과 문화재위원회에서는 이의 보존에 대한 대책을 논의한 결과, 금년 12월 말까지 국비 8,000만 원, 지방비 4,000만 원 총 1억 2,000만 원을 투입하여 석촌동 3·4·5호 고분에 대한 정화·보존사업이 끝나게 되어 있습니다. 이는 이미 재작년에 문화재위원회에서 통과되어 작년에 예산 조치해서 그 집행이 금년 3월에 되었고 현재 진행 중에 있습니다.

인골에 관한 문제를 고려해 보면, 이를 발표자가 매우 중시했으므로 제가 직접 현장에 가보았습니다. 그러나 그 인골은 즙석을 위에 덮은 봉토분으로서 즙석의 배열상태를 보면 알 수 있으며, 가락동 1·2호분 중 같은 형태의 무덤의 상황을 보더라도 알 수 있습니다. 물론 이것은 앞으로 다시 조사해야 하겠고, 그 인골에 대한 정확한 분석과 검토가 나오면 그 결론이 미루어지리라고 봅니다. 석촌동 3호분에서 더 말씀드리고 싶은 것은 옹관묘에 관해서입니다. 이 지역의 옹관묘는 매우 귀중한 고고학적 자료가 될 터인데 그 기저부가 파괴되었다는 사실은 매우 애석한 일 입니다.

3호분의 도로 문제는 문화재관리국에서도 서울시와 왈가왈부하고 있습니다만 이번의 정화작업을 위해 서울대에 학술용역을 맡겨서 그 기저부 작업의 조사를 한 결과, 역시 43m, 49m의 거대한 기저부를 발견했습니다. 그래서 도로면에 대한 면을 조사해보니 북방면의 기본지세가 높고 도로에 속한 남방 면이 낮아서 균형을 위해 판축을 했으므로 그 위에 쌓은 1단이 일직선으로 남아 있었습니다. 단지 도로에 의해 끝 부분이 조금 상했을 뿐입니다.

그 외에 방이동 고분에 대해서는 현재 서울시에서 1·2·3·6호분에 대해 정화작업을 하고 있으며 사지의 경사면에 2억)에 가까운 돈(하청기관인 신성주식회사 측은 8천4백만 원이라고 함)을 투입하여 보존책을 강구하고 있습니다. 이곳의 정화 문제에 대해서는 여기 윤세영 선생께서 직접 지휘하고 계십니다.

이러한 상황하에서 결론적으로 말한다면, 이미 지적했듯이 이 지역은 이미 우리가 손대기에는 늦은 시기 입니다. 하지만 이제부터라도 수습하는 하나의 방책을 강구 해야겠다는 것만은 여기에 관심을 가지고 있고 실제 행정면에서 참여하고 있는 입장에서 강조하고 싶습니다.

사회자 :

지금까지 김기웅 선생님으로 부터 그 간의 가락동·석촌동 일대 고분의 보존 문제와 조사 경위를 들었습 니다. 주어진 시간 내에 모든 분이 참여한다는 의미에서 짤막하게 질의·토의해 주셨으면 합니다.

정명호 :

김기웅 선생님과 이형구 선생님의 말씀 내용이 약간의 차이가 난다고 봅니다. 한쪽은 인골이 나타난 지역 을 민묘(民墓)라 하였고, 한쪽은 거기에서 철검(刀子)과 철정(棺釘)이 나왔다고 하였습니다. 그런데 만약에 철검과 철정이 나왔다면 민묘는 아닐 수 있지 않겠는가 하여 말씀드리고자 합니다. [편집자 주: 1986년 발굴 결과 백제 고분으로 밝혀짐]

사회자 :

말씀하시는 뜻은 알겠습니다만 그것이 민묘이든 백제인의 인골이든 그것을 지금 거론하기는 적당하지 않은 것 같습니다. 현지에서 유골을 보시고 강구하셨으면 합니다. 오늘의 논점은 기왕에 파괴된 것을 조사 하여 대책을 상부 기관에 건의하였음에도 불구하고 수용되지 않았으므로, 문화재보호가 우선인지, 혹은 서 울시의 도시계획이 우선인지의 큰 문제 하에서 앞으로 이곳의 유적을 어떻게 해야 좀 더 잘 보존해서 후세에 우리 조상의 백제유적을 잘 남겨 줄 수 있는지에 초점을 맞추고자 합니다

주남철 :

세 분의 발표를 통해 익히 알게 되었으므로 이 지역의 중요성은 새삼 다시 말 한 필요가 없습니다만 한 가 지를 더 첨언 한다면 기단식 석총에 관해서입니다. 이것을 건축사에서는 계단형피라밑 형식이라고 봅니다. 이집트에서는 제일 먼저 「마스타바」가 나왔다가 「피라밑」으로 형성되어 가는데 그 초기 단계에 해당됩니다. 그다음이 「벨트(Belt) 피라밑」, 그 다음이 삼각추 형식이라고 볼 수 있는 「로열(Royal) 피라밑」이 나타납니다. 아까 지적하였듯이 이북(중국 길림성)에 있어서는 장군총 등이 계단형 피라밑이고 남한에서는 백제지역의 이 두 기(석촌동 3.4호분)가 이에 해당됩니다. 그런데 이것이 이미 파괴되었다고 하는 사실은 참으로 전율을 느끼게 합니다.

지금 서울시에서는 1986년·88년 국제적인 경기를 위한 현상설계 도면을 접수하고 있는 중으로 알고 있 습니다. 거기 회의에 참석했던 사람의 하나로서 여러분께 말씀드리고자 하는 점은, 서울시에서는 이 몽촌토 성을 주경기장으로 하면서 그 시설 내에 사적지로서 보존하면서 공원화하려고 하였습니다만 저는 차제에 석

촌동 3·4호분과 백제건물지가 있는 이 지역 일대에 대해 당국에 ?대건의를 하였으면 합니다. 즉, 아시아 선수 혹은 외국인들이 이 지역을 관람할 수 있도록 문화유적지로서 관광 자원화하면서 또한 우리의 문화재를 보존할 수 있도록 더욱 국가적인 사업으로 확장하였으면 합니다. 그러므로 이러한 문제가 오늘 이 회의에서 끝나는 것이 아니라 차제에 이를 건의하기를 제의합니다.

한편 당국에서도 서울시의 문화재를 담당하는 기관이 단지 계(系)로 전락하였다는 사실에 대해서 대책을 강구하야 한다고 봅니다. 즉 항구적인 국(局)을 신설한다든가, 혹은 특별기구를 설치해 여기에서 전문인을 길러 주는 안목을 가지든가 하는 제도적 장치를 해야 할 줄로 압니다. 또한 이 모든 일은 우리들 모두의 공동된 책임이라고 생각합니다. 항상 개발도상국에서 문제가 있었습니다만 문화재를 보호하고 아끼는 것은 국민의 민도가 같이 따라 주어야 합니다. 따라서 언론기관 등에서는 문화의 민도를 높이는 문제에 초점을 맞추었으면 합니다.

사회자 :

얼마 전에 가락동에서 고분을 조사할 당시만 하더라도 북한(편집자주: 중국 길림성)에는 장군총이 7단인데 비해서 분명히 3단으로 남아있었습니다. 주 교수께서 좋은 말씀을 해주셨는데 사회자이지만 잠시 제 의견을 말씀드리고자 합니다. 제가 서울시 문화과를 방문해 보면, 한쪽 구석에 문화재의 소재도 잘 모르는 행정관들이 이 자리를 담당하고 있습니다. 이런 문제를 차후 깊이 생각해 봐야 할 줄로 압니다. 한편 올림픽촌을 위해 서울시나 문화재관리국에서도 신경을 써서 몽촌토성을 중심으로 방이동 1·2·3·6호분을 복원해 공원을 만들고자 합니다. 그리고 경주에 가면 무수한 고분이 있으나 이를 전부 남겨 놓을 수는 없듯이 도시개발과 문하재 보존이 어느 한쪽이 우선됨이 없이 조화를 이루면서 나가야 할 줄로 압니다. 이 문제에 처해 의견을 토의해 주셨으면 합니다.

김삼룡 :

1억2천만 원을 들여 정화·복원을 진행한다고 하셨는데 앞으로 어느 지역에 투자해서 보존할지 알고 싶고, 특히 문화재관리국은 정부의 입장에 있다고 봄으로 질문하고자 하는데, 수차에 걸쳐 이런 사실이 상당히 널리 주지되어 여론이 비등한 것으로 아는데 이에 대한 대책이 이후에는 어떠한지 알고 싶습니다.

김기웅 :

이 부문에 대한 정화 문제는 재작년에 사적으로 정해지고, 작년도에는 예산이 조치되었습니다. 우선 1억2천만 원은 3·4·5호 고분만의 정화작업이고 이것이 연차적 사업으로 돼 있습니다. 다만 내년도 예산은 아직 계획을 세우고 있지 않습니다. 그리고 보도기관이 보도한 연후에야 비로소 안 것이 아니라 이미 3년 전부터 이 문제는 계획의 대상이 되었습니다.

김삼룡 :

3년 전부터 아셨으나 보도기관에서 다시 보도가 되었으므로 여기에 까지 오게 되었다고 봅니다. 일반적인 국민적 여론이 이렇게 비등하였는데 정부 측에서는 이러한 상황에 어떻게 새로 대응하고 있는지, 아니면 종전의 방침대로 속수무책으로 가만히 있을지 알고자 합니다.

김기웅 :

속수무책이 아니라 이미 3년 전에 이 문제가 계획되었고 예산의 통과가 작년 9월에 되었으며 그 집행이 금년 3월에 되어 지금 진행 중입니다. 그러므로 여론이 제기된 것은 문화재관리국 등 당국에서 예산을 집행하고 있는 과정 가운데에서 나왔으므로 새삼 주목하지는 않습니다. 다만 12월 말 정화공사가 끝난 후 이 문제가 다시 제기된다면 그때는 문제가 다를 것입니다.

김삼룡 :

이러한 귀중한 모임을 만들어주신 한국정신문화연구원에 깊은 감사를 드립니다. 특히 저는 고고학에 문외한이지만 백제문화연구소를 운영하는 책임이 있으므로 이 자리에 참석한바, 이런 입장에서 이야기하고자 합니다. 백제가 전기수도로서 서울지역에서 약 500여 년 왕도 경영이 되었고, 아울러 그때의 세력은 삼국 가운데서 오히려 가장 세었다면 문화의 심도도 매우 깊었으리라고 압니다. 그럼에도 불구하고 오늘날 백제의 500년 고도가 피난시의 공주와 부여만을 알고 서울지역의 백제고도가 어디인지를 아직도 비정(比定)하고 있지 못하고 있는 상황입니다. 백제문화를 연구하고 있는 한 사람으로서 매우 가슴 아프기 짝이 없습니다. 뒤늦게나마 이런 문제가 다시 논의되어 이제 백제 5백년 고도가 어디인지 밝혀낼 수 있는 계기가 되었다는 사실은 희망을 가지게 합니다. 그런데 결과적으로는 그 문화유적이 산재한 가운데 방치되고 말았다는 사실은 애석하지만 이는 어느 누구의 탓도 아닌 우리 공동의 책임이라고 봅니다. 허나 저는 다음과 같은 사항을 지적하고자 합니다. 즉, 도로를 개설하는 도중에 인골·옹관·석관·석곽이 나왔다는 것이 발견됨에도 불구하고, 그래서 그것이 언론을 통해 널리 알려지는데도 불구하고 여전히 계속해서 「불도저」가 그것을 깎아 버렸다는 사실 말입니다.

물론 우리가 개발을 해서 먹고 살아야 하지만, 세계적으로 볼 때 경제적 향상이 되어감에 따라 그보다도 존중시되는 것이 문화라는 점을 감안 한다면, 그래서 문화의 유산과 전통문화, 역사의 수준으로 세계적 1·2 등 국을 평가하는 것이 현실의 방향인 것을 감안 한다면, 아무리 서울시가 86·88년의 올림픽 경기장을 건설하는 것이 중요하다 하더라도 지금의 상황은 문화정책의 암흑을 나타낸다고 보아 집니다. 문화를 이런 차원에서 다루고 있는 서울시 당국, 혹은 문화재를 다루는 정부 각 기관은 이 기회에 반성해야 할 줄로 압니다. 문화란, 1000년, 2000년의 역사가 담긴 문화유적으로 한 번 파헤쳐지면 다시는 이를 복구할 수 없기 때문입니다. 경제개발은 얼마든지 할 수 있는 것입니다. 여기에 대해 대책이라고 한다면, 이미 파괴된 것은 할 수 없고 싸울 수도 없는 노릇이므로 현재 상태에서 중지해 주었으면 합니다. 예로 익산 미륵사지는 도로를 내는 가운데 유적을 손상시킬 위험이 있어 이를 건의하자 공사를 즉각 중지시킨 경우가 있었습니다. 그리고 그후 지방 문화재위원회에 의견을 묻고서는 길을 돌려서 냈습니다. 이와 같은 정도로 문화재를 이해하는 행정이 필요하다고 봅니다. 이런 차원에서 이미 난 길은 할 수 없으나 그 이상은 가능한 한 보존하는 데 관심을 기울이는 노력이야말로 우리가 납득 할 만한 처사라고 봅니다. 결과 사적지로 하든지 보존지역으로 하든지 간에,

가능하다면 길을 돌리는 한이 있더라도 이 이상 유적을 파괴하지 말고 영원히 보존하기를 정부 당국에 건의하고자 합니다.

사회자 :

우리가 「올림픽」을 위해 건물과 부대시설을 하는 것은 좋으나 이것은 언제라도 다시 만들고 헐어버릴 수 있지만, 1700년 전의 유적은 다시 만들기는 어렵다는 것은 여러분 모두가 통감하실 줄 압니다. 그런데 제가 잠시 알고 있는 바를 말씀드리고자 합니다. 저는 방이동 지역을 1972~1974년에 걸쳐 조사를 해왔습니다. 현장을 보시면 알겠습니다만 방이동 지역의 구릉은 깎여서 현재 아파트로 지어진 가락동 일대의 저습지에 매몰되었습니다. 결과 방이동에는 1·2·3호분만이 남아있고 6호분이 유실되었습니다. [편법자주: 실제로는 4·5호분이 유실되고 6호분은 남아 있음] 그래서 서울시와 문화재관리국에서는 합동으로 백제초기의 고분을 원형대로 복원하고자 하고 있습니다. 물론 문화재를 보호하면서 도시개발을 하면 더욱 좋겠습니다만 현재의 입장이 그렇지 못한 것 같습니다. 또한 석촌동의 일대 고분이 반이 깎였습니다만 시·군(軍) 당국의 얘기인즉, 현재의 아스팔트가 문제가 아니라 벌써 몇 년 전 우리가 모르는 틈에 지하에다가 케이블을 묻어 놓았다고 합니다. 그러므로 우리가 육안으로 식별할 수 있는 도로가 문제가 아니라 그 도로 밑의 여러 가지 부대시설 즉, 군사시설이나 체신시설 등이 문제가 된다는 것입니다.

이은창 :

대체로 지금의 현상을 보면 서울 강남지구는 학계에서 보면 아주 중요하고 필요한 곳임이 사실이고 그에 따라 행정, 정부 당국에서도 서서히 미력하나마 보존하고자 하는 것 같습니다. 그런데 제 생각에는 현재의 상태가 단편적으로만 다루어지고 전면적인 보존에 대한 생각은 가지고 있지 않은 듯합니다. 그러므로 차제에 강남지구의 전면적인 검토가 요구된다고 봅니다. 그래서 정해진 작업에 의해서 학문적 가치에 따라 어떠한 것을 보존할지 구별해야 하겠고, 또한 비록 지금은 보이지 않는다 하더라도 중요한 학문적 가치가 있는 유적이 있을지도 모르므로 이러한 것들을 차제에 발굴하여 밝혀야 할 줄 압니다. 차후에는 밝힐 가능성도 없고 밝힐 수도 없기 때문입니다. 그리고 이러한 사업을 국가에서 한다면 예산 등의 문제상 가능할 것이므로 이를 요청해봅니다.

사회자 :

지금 다시 그 지역을 조사해 보존하는 것은 이미 늦어버렸습니다. 현장에 가보면 아시겠지만 방이동 1·2·3·6호분이 있는 굉장히 큰 야산이 마치 절해고도(絶海孤島)처럼 되어 있어 후세사람이 보면 백제사람들은 절벽 같은 곳에 고분을 만들었으나 하고 착각할 정도입니다. 현재 저의 상식으로는 암사동의 선사 주거지를 복원해서 그 위에 돔(Dome)을 만들어 후세인들에게 보여주기 위한 공시히고 있는 것으로 알고 있습니다. 그와 같이 방이동 일대의 고분들도 그 일대를 전부 그대로 놓고 공원화했으면 좋겠습니다. 단지 현재 1·2·3·6호분만이라도 다시 복원하는 것은 다행이라고 생각합니다.

안춘배 :

보존 실무담당은 서울시나 문화재관리국에서 우리의 건의를 받아 일을 어떻게 처리하느냐 하는 것입니다. 그러면 문제는 일을 할 수 있도록 해야 합니다. 그런데 제가 보건대 전문가들이 소속처에서 소신껏 일할 수 있는 상황이 결여 돼 있다고 봅니다. 위의 행정직 때문에 아무리 아래에서 무엇이라고 해도 일은 결국 행정직에 있는 사람들 뜻대로 되어가기 때문입니다. 그러므로 이러한 기회에 정부에 건의하고자 할 때는 문화재를 담당하는 사람의 지위가 전문가로서 고정되며 최고 자리로서 설치되어 그 자리를 천직으로 알게끔 하는 상황을 만들어 주어야 만 한다고 봅니다. 그래야 비로소 유적 등이 보다 낫게 제대로 보존이 되는 것입니다. 우리의 경우 일이 터진 연후에야 알게 되지만 그들은 사전에 알 수 있으므로, 그들을 밀어주는 쪽으로 관심의 방향을 잡아야 좀 더 나은 대책이 나온다고 봅니다.

사회자 :

구체적인 논의도 좋으나 이런 자리에서 정부관리를 저희들이 임명할 수는 없는 노릇이고, 단지 이러한 사람을 꼭 임명했으면 하고 건의하는 것만이 가능하지 않을까 합니다. 이 자리에서는 시간이 너무 부족한 것 같습니다.

성주탁 :

백제유적의 도성 문제에 관해 발표 기회를 주서서 감사합니다. 앞서 500년이나 되는 백제도읍지도 아직 규명하지 못하고 있다는 지적은 그 방면을 공부하고 있는 저로서 참으로 부끄럽게 생각했습니다. 이제 작년부터 지금까지 조사 중에 있으므로 아직 정확한 논문발표는 못하고 있습니다만, 현재까지 알려진 단계는 몽촌토성이 백제초기의 것임에 틀림이 없다는 심적 단안을 내렸습니다. 남아있는 백제토성은 몽촌토성 하나이므로 이제부터라도 보존해서 구조면에서도 백제의 자취를 남기고 있는 이곳을 하나의 산 유적지로 남겼으면 합니다.

사회자 :

시에서 이를 담당하는 분이 나오셨더라면 여러 가지로 참고가 되었을 터인데 유감스럽습니다.

김용국 :

백제전기 수도유적 보존문제에 대해 여러 가지 진지한 토의를 하게 되었는데 지금은 그 중의 석촌동 파괴가 중심이 된 것 같습니다. 이러한 시급한 문제도 해결해야겠지만, 한편 학문적으로 좀 더 진전하여 석촌동, 토성 등을 시 당국이나 일반에게 미리 알려 주었더라면 미리 계획 전에 학계와 의논이 있지 않았을까 합니다. 그러한 의미에서 우리는 백제전기 5백년사에 대해 너무 모르고 있고, 또한 일반에게도 잘 이해시키지 못하고 있는 것 같으므로 이 기회에 한국정신문화연구원에서는 백제전기사에 대해 일반 학자들로 하여금 공동연구 · 토론 · 답사 등을 통해 의견을 모을 수 있는 기회를 가지도록 해 주셨으면 합니다.

박용진 :

어차피 도로로 파괴된 것을 원상 복구할 수는 없고, 올림픽경기장과 올림픽촌을 만드는 등 개발을 하는 과정 가운데에서 비록 불행한 일이긴 하지만 역으로 해석하면, 그런대로 더 현존상태를 보존할 수 있는 좋은 계기가 될 수도 있다고 봅니다. 김병모 선생께서도 지적했듯이, 개발과 보존과정의 충돌은 불가피하고 한 번은 거쳐야 할 과정이라고 봅니다. 그러므로 개발하는 과정에서 이 보존의 문제를 더욱 관심있게 가질 수 있는 행정적인 강력한 건의를 해 주셨으면 합니다. 구체적 문안 작성을 하는데 있어서는 발표자들과 사회자 · 주남철 선생 그리고 김삼룡 선생 등 몇 분이 대표해서서 오늘 논의된 바를 강력히 반영하시되, 전문직의 배치 문제도 건의로서는 가능하다고 봅니다. 직제개정은 서울시 조례와 정부 당국의 협의가 있어야겠지만, 원칙적으로 문화재관리국이라는 행장당국은 문화재를 관리하는 전문가가 있어야 하는 곳이기 때문입니다. 그러므로 직제개편은 다소의 어려운 일이라고 하더라도 우리나라가 문화국으로 · 발전하려면 이는 반드시 거쳐야 할 과정이 되는 것입니다.

안승주 :

결론적으로 말한다면, 지금까지 고고학적인 연구성과는 대체로 고대문헌사학을 하시는 분들께서 받아들이셨습니다. 구체적으로는 석촌동 3 · 4호분은 왕릉으로서 시대를 추정해 가면서 설득력 있게 주장되었고 현재 그 연구결과가 학회에 반영된 것 같습니다. 그러므로 고분의 경우는 초기 도읍지의 역사적 사실을 입증해주는 적극적 자료로서 중요성이 강조되어야 할 것으로 압니다. 그래서 3 · 4호분의 보존에 애로사항이 있더라도, 적어도 고분을 계단식 적석총 · 옹관묘 등등의 유형별로 분류해서 앞으로를 위해서, 그리고 사실인즉 현대의 책무로서, 보존관리를 어느정도 시켜야 한다고 봅니다. 그래야 전통문화의 계승, 또는 창달이 되는 것입니다. 만약 그대로 방치한다면 문화단절이 되고 맙니다. 그리고 제 생각으로는 조사를 하는 데에 있어서 보고서를 내는 비용이나 집필을 하는데에 연구비를 많이 투자해서 좋은 보고서가 나올 수 있도록 해 주었으면 합니다.

정중환 :

등하불명인지 아니면 서울은 너무 문화재가 많으므로 웬만한 것은 돌보지 않았는지 그 느낌밖에 들지 않습니다. 백제 5백년의 도성이 바로 이곳으로 부여 · 공주보다도 더욱 중시되어야 할 터인데 지나간 세월 누구를 탓하는 것은 아니지만 참으로 안타까운 노릇입니다. 그런데 이것은 이제 백제문화다, 신라문화다 하고 따로 구분 지을 것은 아니며 민족 전체의 문화유적으로서, 민족 전체가 다 같이 보호할 것은 보호하고 조사할 것은 조사해야 할 줄로 압니다. 비록 전부를 다 할 수는 없다면 표본만이라도 보존하기 위해서 문화공보부, · 정부의 차원에서 무슨 대책을 강국해야 할 것입니다.

윤용진 :

서울은 모든 행정 · 법률 · 문화면에서 전국의 표본이라고 하겠는데 백제전기의 수도유적의 방치는 이와 역행하는 일이 되었습니다. 앞으로는 서울이 가장 좋은 표본이 되도록 보존에 힘써야겠습니다.

방동인 :

현재 이 지역에서는 원형이 없어진 것이 대부분이며, 예로 삼성동 토성은 거의 다 없어져 버렸으며, 風納里土城은 제 생각에는 원형에서 크게 어긋나게 수축되었습니다. 그나마 지금 남아있는 것 중에는 몽촌토성이 상당 부분 그대로 있고 이성산성이 현재 파괴되지 않은 상태입니다. 이들은 백제수도를 연구하는데 중요한 유적이므로 현재 남아있는 것이나마 잘 보존될 수 있도록 행정당국 등에 건의하는 방법이 끝으로 남은 문제라고 봅니다.

사회자 :

이 자리를 만들어 주신 한국정신문화연구원 그리고 원근 각 지역에서 바쁘신 중에도 참석하신 여러 선생님들께 감사드립니다. 이제까지의 좋은 말씀들을 좀 더 숙의하여 연구원 측과 발표자들 그리고 선생님들의 의견을 모아 관계 당국에 건의하는 방향으로 노력하겠습니다.

建議 事項

1. 江東區 一帶의 遺蹟分布地域의 開發을 中止시킴은 물론 '緊急救濟發掘'방식을 止揚, 모든 遺蹟을 철저히 再調查하여 이미 파괴가 심한 곳은 學術的인 發掘을 거쳐 保護토록 하고 原狀을 維持하고 있는 유적은 그대로 보호토록하며 다음으로 復元이 가능한 유적은 학술적인 고증을 거쳐 復元토록 해야 할 것임.

2. 史蹟 第243號인 石村洞 제3·4호 王陵을 비롯하여 제4호 왕릉의 전방에 있는 3기의 古墳 遺構와 제5호분·'破壞墳' 및 최근 파괴된 석촌동 일대의 百濟文化包含層을 다시 發掘 調查해야 할 것임.

3. 史蹟 第11號로 지정돼 있는 風納里土城은 현재 大路邊의 약 500m의 북쪽면만 復元 保存되고 동내에 있는 약 1.5km에 달하는 동쪽면은 방치되어 湮滅 위기에 있는데 이에 대한 保存 復元策을 강구해야 할 것임.

4. 현재 '史蹟公園' 造成事業을 벌이고 있는 芳荑洞고분군 중 제7·8호가 제외되고 있는데 이를 연결하여 공원 면적을 확대 조성해야 할 것임.

5. 둔촌동에 건설될 '올림픽 주경기장' 후보지 내의 地表調查를 철저히 할 것과 인접 夢村土城의 原形을 찾아 復元하여 土城 내에는 일체의 시설을 불허해야 할 것임.

6. 특히 석촌동 지역의 사방 1km 내의 모든 지상건물과 토지를 매입하고 '歷史公園'으로 지정하여 역사교육장으로 활용하는 동시에 국가적인 文化遺蹟公園으로 조성해야 할 것임.

7. 강남지구에 '慰禮城博物館'(假稱)내지 '史蹟管理事務所'를 신설하여 각지에 흩어진 漢江流域 出土遺物을 한데 모아 전시하여 역사교육도장으로 활용하고, '문화 올림픽' 시에 우리 文化 宣揚의 계기를 마련하는 한편 한강유역의 遺蹟을 保護 監督해야 할 것임.

8. 만일 이와 같은 일련이 政府의 노력이 미치지 못한다고 한다면 民間單位에라도 유도·권장해야 할 것임.

1983년 7월 6일
"한강유역 백제전기 수도유적 보존문제" 참석자 일동

建 議 文

(학술연찬 주최자 측)

建 議 文

漢江流域의 広州平原에 자리잡고 있는 지금의 서울特別市 江東区 石村洞·可楽洞·芳荑洞을 중심으로 文井洞·夢村洞·城内洞·遁村洞·馬川洞·風納洞·岩寺洞·高德洞 일대에는 百済 678年 歴史중 B.C. 18년부터 A.D. 475년 公州로 천도하기 까지의 493년간이라고 하는 장구한 세월을 首都로 정하고 高句麗와 対等한 国家를 建設했던 由緒깊은 百済五百年 王都입니다.

그러나 昨今의 都市開発 우선 정책은 한강유역의 수 많은 백제유적을 破壊 湮滅시키고 있는 실정입니다. 특히 石村洞일대의 五峰山（俗称 5基의 王陵）에는 南韓에서는 오직 이곳에만 「피라밑」형 石築古墳 （王陵）2基가 남아 있읍니다. 文化財保護法施行規則 第9条에 보면 「王陵古墳墓 등은 封土下段에서 10m 내지 1,000m 이내의 区域을 史蹟保護区域으로 指定」한다고 하였읍니다. 그러나 서울市는 이와 같은 法令을 無視하고 최근 2基의 王陵사이로 道路開設을 하고 拡張工事를 벌려 第3号 王陵의 基壇部를 파괴시키고 또한 백제시대의 甕棺과 人骨을 切断시킨 채 모든 포장공사를 완료하고 人道를 開設할 예정으로 있읍니다.

그리고 「피라밑」형 石築王陵의 남쪽으로 3基의 百済王陵 遺構가 있읍니다만 그 위에 旧屋이 들어 차고, 第五号墳과 일명 「파피분」이라고 하는 백제고분도 파괴 또는 인멸될 위기에 있으며, 「파피분」 근처에서는 道路가 신설되면서 「브르도저」에 의하여 百済時代 建物址가 파괴되어 헐려나가고 있으나 속수무책입니다.

한편 可楽洞일대에는 원래 8基의 백제고분과 5座의 百済住居址가 조사되었으나 역시 근년의 도시개발로 모두 消失되고 오직 1基 고분의 石室 부분만이 남아 있으나 방치된 상태에 있읍니다. 그리고 文井洞에서도 宅地造成事業으로 백제시대의 建物址가 잘려 나간 상태로 발견되었읍니다.

특히 芳荑洞의 大王子山에는 원래 8基의 백제석실고분이 조사되었으나 작년 제4, 5호분이 湮滅되었으며 제7, 8호분은 이번 「사적공원」 조성작업에서는 제외돼 방치상태입니다. 나머지 4기 마저도 封墳의 사면에 도로가 개설되면서 약 20m 높이의 벼랑이 생겨 公園化한다고 하여도 위험하기 그지 없을 것입니다.

이밖에 夢村洞의 百済土城은 일부가 파손되긴 하였으나 復原이 가능하지만 「올림픽 주경기장」이 인접 遁村洞일대로 예정되면서 일부에서는 夢村土城 안에 시설을 허가할 움직임도 있다고 합니다.

現代의 建築이나 建設은 얼마든지 再生이 可能하지만 古代文化遺蹟은 절대로 再生이 不可能하다고 하는 것은 누구나 잘 아는 사실인데도 이와 같이 今世의 우리 손으로 계속 파괴 내지 인멸시킨다고 한다면 文化民族을 自負하는 우리로서 이해할 수 없는 處事라고 생각됩니다.

더구나 우리나라 古代史研究에 있어서 가장 零細한 부분이 百済時代의 歷史資料인 점을 고려한다면 한강유역의 백제전기 수도유적이야말로 無価之宝라 아니할 수 없읍니다. 그러므로 이와 같은 귀중한 史料를 조금이라도 파손시킨다고 한다면 우리 民族史를 定立해야 하는 大課業을 수행하는데 도움이 안되는 처사일 뿐만 아니라 民族全體의 不幸이며 역사의 正統性 확립에 보탬이 되지 못하는 行為라고 아니할 수 없읍니다. 또한 근년에 물의를 빚고 있는 日本人들의 歷史歪曲만 하더라도 우리의 史料가 부족한 탓도 없지 않아 있다고 생각됩니다. 특히 韓·日·中 関係史에 가장 歪曲이 심한 부분이 역시 百済史 関係史料인 점을 감안한다면 한강유역의 백제전기 수도유적은 萬에 하나라도 절대로 소홀히 해서는 안된다고 생각합니다.

지난날과 같이 民族의 将来에 千秋의 恨을 남기지 않기 위해서 政府는 물론 学者들간에 相互協力하는 国家的·民族的인 次元에서 한강유역의 백제전기 수도유적을 조사·연구하고 개발하여 영구 보존하는 것이 先進祖国을 건설하는 길 일 것입니다.

建 議 事 項

1. 江東区 一帯의 遺蹟分布地域의 開発을 중지시킴은 물론, 「緊急救済発掘」 방식을 止揚, 모든 遺蹟을 철저히 再調査하여 이미 파피가 심한 곳은 学術的인 발굴을 거쳐 保護토록 하고 原状을 維持하고 있는 遺蹟은 그대로 保存토록 하며 復原이 가능한 遺蹟은 学術的인 考証을 거쳐 復原토록 해야 할 것임.

2. 史蹟 第243号인 3, 4号 王陵을 비롯하여 前方의 3基의 古墳遺構·第5号墳·「破壊墳」 및 최근 파피된 石村洞 240번지의 百済建物址를 집중적으로 우선 再調査해야 할 것임.

3. 上記 地域은 再調査가 完了되는대로 사방 1㎞이내의 모든 地上建物과 土地를 매입하고 「歴史公園」으로 지정하여 歴史教育道場으로 활용하는 동시에 国際的인 文化遺蹟公園으로 造成해야할 것임.

4. 현재 1基의 石室古墳만이 남아 있는 可楽洞 410번지 일대를 再調査토록 해야할 것임.

5. 현재 「사적공원」 조성사업을 벌이고 있는 芳荑洞 古墳群중 제7, 8호가 제외되고 있는데 이를 연결 조성해야 할 것임.

6. 遁村洞에 건설될 「올림픽 주경기장」후보지 내의 地表調査를 철저히 할 것과 인접 夢村土城의 原型을 찾아 復原하여 土城내에는 일체의 시설을 不許해야 할 것임.

7. 江東区에 史蹟管理事務所를 신설하여 漢江流域의 遺蹟을 保護·監督해야할 것임.

8. 서울市의 文化係는 확대개편하여 人口 1千萬의 文化都市에 상부하는 文化行政을 펴 全国의 標本이 되게 해야할 것임.

1983 年　7 月　　日

韓 国 精 神 文 化 研 究 院

서울 석촌동 고분 파괴 현장 답사

(1983년 7월 6일. 학술연찬 종료 후)

학술회의 참가자들이 마지막 일정으로 석촌동 고분 파괴 현장을 답사한 보도.(1983.7.15.조선일보)

서울백제 유적에 대한 여론의 관심

자료 1 "서울 백제유적지 도시개발 재고" 한국정신문화연구원 학술연찬 보도(서울신문 1983년 7월 7일)

자료 2 "한강유역 백제유적 보존 시급" 학계에서 개발정책 성토(경향신문 1983년 7월 7일)

자료 3 "서울백제 유적 보존을 위한 사적관리소 설치 촉구"(한국일보 1983년 7월 7일)

社 説

首都는 機能보다 象徵이다

―百濟史跡지켜 서울矜持 살리자

4세기 후반인 369년 한강 남쪽에서 近肖古王은 대대적인 軍盗閱을 벌였었다. 이때 깃발은 모두 누런 빛깔을 썼다고 삼국사기는 기록하고있다. 아마도 백제의 왕은 이때 천하를 호령하는 「天子」임을 자랑했던것같다. 近肖古王은 그로부터 2년뒤 고구려로 쳐들어가 평양에서 故國原王을 죽였다.

1백년뒤 蓋鹵王이 성을 쌓고 궁실과 누각과 대사를 지으니 장엄하지않은 것이 없었다고한다. 그는 또한 郁里河에서 큰 돌을 가져다가 곽을 만들고, 父王의 뼈를 모셨다고 기록돼있다. 그가 복수의 칼을 든 고구려군에게 포위돼 죽은 것은 5세기 후반인 475년이었다.

백제 前期 5백년동안의 찬란한 역사는 그렇게해서 비극적으로 막을 내렸었다. 그무대는 지금의 廣州와 서울에 걸치는 한강가였다. 이제는 蓋鹵王의 그장엄한 궁실도 누각도 찾을길이 없지만, 무덤들만이 황폐한채 흩어져있다. 고구려의 장군塚보다도 큰 石村洞의 3호분은 혹 그가 郁里河의돌로 만들었다는 그 무덤이 있을까?

어쨌든 우리는 세계의 대부분이 어둠속을 헤매고 있을때 한강가에서 찬란한 왕국과 문명을 이룩했음을 자랑할수있는 것이다. 스스로 문화민족이라고 일컫고, 수도 서울을 「古都」라고 자랑할수 있는것도 朝鮮왕조 5백년이 있기때문은 아니다. 이지역은 그에앞서기를 1천년에 벌써 이땅에 문명의 햇살을 비춘 창조와 기적의 고향이였다.

그러나 그 기적의 흔적들, 1천5백년동안의 풍파끝에 살아남은 가냘픈 흔적들은 최근에 이르러 불도저의 폭력앞에 무참히 꺼져갔다. 66년전 89기의 무덤이 있었다고 기록돼있지만, 이제는 겨우 20여기가 남아있을 뿐이다. 그 상당부분은 60년대 이후 무분별한 도시화장에 밀린 것이다. 성터에는 학교가 들어서고, 무덤을 밀어내고 길이 뚫리는가하면 별장과 주택가가 들어섰다 (지도參照).

우리 고대문화 최대의 모뉴먼트의 하나인 石村洞 3호분이 불도저에 짓긴 것은 지난 6월27일이었다. 「사적

공원」을 만들겠다는 말이 오가는 사이에 문화재관리법을 비웃듯이 아스팔트가 깔렸다.

뒤늦게 고분공원을 만들겠다고 나섰지만 거대한 고분을 되살리기엔 담치도 않을만큼 겉치레 링게르주사에 지나지않는 규모다.

이제 대도시개발, 특히 수도권 개발의 개념과 조직을 근본적으로 들어고쳐야된다. 70년대이래 우리가 목적해온 경험을 내일을위해 살리는 자각의 마지막 기회가 지금이다. 대도시중에서도 수도란 「기능」보다 「정신적 가치」에 보다 큰생명이 있다는것을 모두가 깨달아야된다. 이 지역이 특히 남북분단상태에 있는 우리는 더욱 그렇다.

수도 서울은 민족의 상징이요, 역사의 본바닥이다. 기능적인 대도시는 아프리카의 정글에도 세울 수가 있지만 「2천년 古都」는 오직 서울에만 있다는것을 자랑할 수 있어야 된다. 그

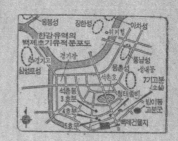

동안 수도권문화재행정이 朝鮮왕조의 궁궐에 집중됐던 어리석음을 고쳐야된다.

지난 6일 한강유역 백제前期수도유적 보존을 위한 학술회의 (정신문화연구원) 에서 나온 「강동지구 사적관리소」 설치안이나, 석촌동 일대를 개발보류지역으로 묶자는 제안은 충분히 고려할만한 제안이다. 이 지역이 특히 올림픽촌에 이웃해있다는 점을 지적한것도 뒤늦은 깨달음이다.

후회는 빠를수록 좋다. 수도 서울을 아프리카의 신흥도시와 다르다는 것을 우리 자신과 올림픽의 손님들에게 보여줄수 있게하자.

자료 4 서울백제 유적을 보존하기 위해 地圖를 삽입한 초유의 신문 사설(한국일보 1983년 7월 10일)

社説

韓美 防衛조약 30年
— 美上院의 동맹강화 決議의 意味 —

상처입은 百済遺蹟
— 毀損開發 중단하고 責任을 가려야 —

자료 5 상처입은 백제유적 개발 중단하자 사설(조선일보 1983년 7월 16일)

社說

制憲節에 다짐할 일

遺物과 遺蹟의 保存

자료 6 서울백제 유물과 유적의 보존 사설(서울신문 1983년 7월 17일)

社 説

「北韓이 원하는 것」

—믿을 수 있는 것의 限界는 뚜렷—

바다遺物과 百濟遺蹟

자료 7 백제유적을 파괴하는 반문화행위 중단 초구 사설(동아일보 1983년 7월 18일)

자료 8 문화재위원회 석촌동 고분 사적공원 조성 건의(한국일보 1983년 7월 31일 1면)

「開發」에 밀리는 百濟유적

서울잠실 石村洞 일대…가을부터 再開發
古墳群 일부는 道路 뚫리며 이미 毁損도

學術조사등 서둘러야

學界 "史蹟공원 확장 바람직"

강동구 석촌·가락·방이동 고분분포도

朴朝駿목사 拘束令狀신청

20萬弗 밀반출기도…空港서 적발

대리점詐欺 6명구속

有名제품 總販위장 億臺계약금 갈취

절도被告 法院탈주

자료 9 학계 사적공원 확장 희망(경향신문 1984년 6월 22일 사회면)

정부의 서울 석촌동 고분군 보존 결정

「한강유역 백제전기 수도유적 보존문제」 학술연찬 후의 사회적 인식

「한강유역 백제전기 수도유적 보존문제」 세미나를 통하여 전국적으로 일반의 관심이 높아지자 관계당국은 1983년 7월에 사적 243호인 제3호분과 4호분 주변을 4,929평으로 확대 지정하였다.[23] 1983년 7월 29일, 문화재위원회는 「한강유역 백제전기 수도유적 보존문제」 학술연찬에서 서울시 석촌동 백제고분의 심각성을 지적하자마자 회의를 갖고 서울시 석촌동의 백제초기 적석총 3, 4, 5호분들을 보존하기 위해 현재 이 일대에서 진행 중인 도시개발을 변경하고 보호지역을 확대해주도록 결의했다. 문화재위원회는 3.4호분 사이의 도로공사를 중지하고 대신 지하도 공사 등의 비상수단을 강구해 주도록 결의하였다. 사적의 지정면적은 1513평에서 4928평으로 넓힘과 동시에 3, 4호분을 한 권역으로 묶어 고분공원으로 가꿀 것을 건의했다.[24]

문화공보부는 문화재위원회의 건의를 받고 이 일대를 사적공원이나 고분공원으로 조성하여 보존한다는 계획을 세우고 서울시 당국과 협의를 하고 있다고 밝혔다. 한편, 문공부 관계자관은 더 이상 백제유적을 방치할 수 없다는 강경한 방침 아래 무슨 수를 써서라도 도시개발을 변경시켜 이 일대의 유적을 보존하겠다고 밝혔다.

1985년 7월 1일, 마침내 전두환(全斗煥) 대통령은 정부로 하여금 서울 「백제고도」를 되살리기 위한 특별지시를 하기에 이른다.[25] 이원홍(李元洪) 문공부장관과 염보현(廉普鉉) 서울시장은 7월 1일, 서울 강동구 석촌동의 고분군과 방이동의 고분군, 몽촌토성 등을 519억 원의 예산을 들여 대대적으로 정비해 나가겠다고 하는 「서울고도 민족문화 유적 종합복원 계획안」을 공동 발표하게 된다.[26] [자료 10]

석촌동 고분, 몽촌토성 등의 유적이 1985년부터 1991년까지 일제히 정비 복원할 계획이라고 발표하였다. 백제 왕릉으로 추정되는 석촌동 고분군은 현재 1,500평의 사적 면적을 17,000평으로 확대하여 공원화한다고 하였다. 특히 유적지를 횡단, 경관을 해치고 있는 35m도로를 91억 원의 예산을 들여 지하차도(地下車道)로 바꿔 둘로 갈라진 고분영역을 하나로 연결시켰다. [자료 11~12] 그러나 일부 유적이 충분한 검토 없이 복원되어 재복원을 해야 할지도 모른다.

몽촌토성(산성)은 백제성으로 길이는 2.3km, 13만3천634평으로 31억 원을 들여 성을 보수하고 유적이 훼손되지 않도록 녹지화하여 산책로를 조성하기로 하고, 백제역사관을 건립하기로 했다.[27]

풍납토성은 일부 복원돼 있으나 주위 환경이 좋지 않고 정비지역 내 사유지를 보상하고 5억 원을 들여 보수 정비하기로 하였다. 풍납토성은 화급한 석촌동이나 몽촌산성에 비해 좀 빠진 감이 있다. 이와 같은 조치는 문화유적 복원으로는 건국 이래 최대의 규모다. 이 같은 정부의 용단이 있기까지는 필자를 위시해서 언론계와·학계의 끈질긴 노력이 뒷받침되었다.

이 순간이 오늘의 한성백제역사가 '재탄생'하는 순간이라 해도 과언이 아닐 것이다. 이 시기는 '제5공화국'에서 강남개발이 적극 진행되던 시기이다. 기적이 아니라 국민의 승리이자 정부의 승리를 이끌어 낸 순간이다.

---

23 『고고미술』, 1983. 12, pp. 147~148, 문화재위원회 회의록
24 한국일보 1983년 7월 31일 (일요일) 자 1면 톱기사.
25 이형구, 「서울 백제왕궁의 발견」 『한국고대문화의 비밀』 2012, 새녘출판사, p, 323.
26 동아일보, 1985년 7월 2일 (화요일) 사회면 톱기사.
27 백제역사관은 올림픽공원에 건립되었으나 석촌동고분전시관(박물관)은 아직도(2023) 미관(未館)이다.

자료 10 이원홍 문공부장관 염부현 서울시장 서울 백제고분 복원 발표(동아일보 1985년 7월 2일 시회면)

자료 11 백제고분로를 지하 터널화 한 석촌동고분공원의 복원도(동아일보, 1985.7.2)

자료 12 백제고분로 지하터널이 개설되어 1990년 12월 석촌동고분공원이 완공되었다.(1991년 필자 촬영)

제 2 집

서울百濟首都遺蹟保存會議

때 : 1994년 9월 28일 (수) 오후 1 : 30 - 5 : 00

곳 : 한글회관 강당(서울 종로구 신문로 1가 58-14)

주최 : 서울百濟首都遺蹟保存會

서울百濟首都遺蹟保存會議

때 : 1994년 9월 28일 (수) 오후 1:30 - 5:00

곳 : 한글회관 강당
   (종로구 신문로 1가 58-14)

주최 : 서울百濟首都遺蹟保存會

서울百濟首都遺蹟保存會議 발표논문집(1994) 표지

서울百濟首都遺蹟保存會議
趣旨文

　우리가 잘 알고 있다시피 오늘날의 수도 서울은 지리적으로 우리나라의 중심부에 위치하고 있을 뿐만 아니라, 更洋의 중심적인 위치에 있는 곳입니다. 더 나아가 우리 나라의 정치·경제 그리고 행정의 중심지이며 지정학적으로는 동양의 중요한 국제적인 외교무대입니다.

　그리고 역사적으로는 세계사에서 그 유래를 찾아보기 힘든 유구한 수도입니다. 그것은 우리나라 삼국시대의 한 나라인 百濟가 溫祖王에 의하여 기원전 18년에 漢江유역의 서울에서 건국한지가 장장 2,000년이 넘었습니다.

　그 후 온조왕이 기원전 6년에 한강 남안(지금의 서울 강남지구)에 서울을 옮기기 위해 都城과 宮闕을 축조한지가 올해로 꼭 2,000년이 외는 해입니다. 그러나 2,000년 전에 축조했던 백제 수도의 도성이라고 추정되기도 하는 서울 송파구 소재 風納土城(사적 제11호)이 21세기를 문턱에 온 시점에 말할 수 없이 황폐해져 가고 있습니다.

　그 밖에도 백제 수도 漢城을 호위하던 중요한 산성인 서울 성동구 소재 阿且山城(사적 제234호)도 제대로 보존되지 못하고 있는 실정입니다.

　그래서 관심있는 학자들이 서울百濟 首都遺蹟을 보존하자고 뜻을 모아 이 자리를 마련하였습니다.

1994년 9월 11일

서울百濟首都遺蹟保存會 發起人 一同

風納土城 實態 現況

사진 : 이형구 교수

1994年

[도판 1] 풍납토성 북벽 통로 성벽 단면(서→동) 외벽에도 인마도처럼 복원했다.(좌측)

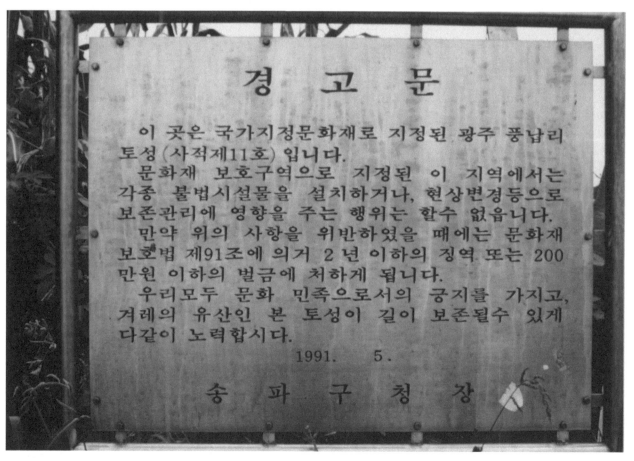

[도판 2] 풍납토성 경고판(1991.5)

[도판 3] 풍납토성 동벽(풍납동 156번지)

[도판 4] 풍납토성 동벽(풍납동 235번지)

[도판 5] 풍납토성 동벽 단면(풍납동 241번지)

[도판 6] 풍납토성 동벽(풍납동 241번지 외부 垓子 자리)

[도판 7] 풍납토성 동벽(풍납동 242번지) 성벽 실태(1994.4)

[도판 8] 풍납토성 동벽의 현황을 살펴보고 있는 손병헌 박동백 교수와 조유전 소장.(좌로부터, 1994.9.11)

[도판 9] 풍납토성 동남벽 내면(풍납동 324번지)

[도판 10] 풍납토성 동남벽 외면(풍납동 324번지) 외벽에 채소를 심어 단을 이루고 있다.(우측)

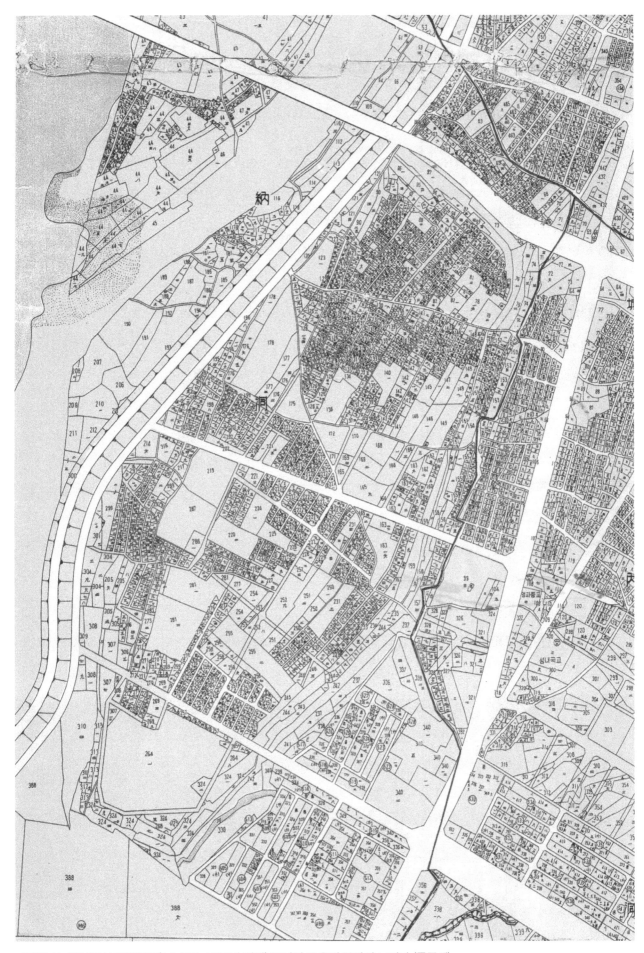

〈지도 1〉 풍납토성 지번약도(1:8,000, 1981년 제작) 동남벽 우측에 물길이 보인다.(푸른색)

阿且山城 現況

사진 : 이형구 교수

1994년

[도판 11] 아차산성 성벽

[도판 12] 아차산성 정상 봉수대(烽燧臺) 자리

[도판 13] 아차산성 내부 워커힐 고류장 시설물

[도판 14] 아차산성 내부 워커힐 골프연습장

[도판 15] 아차산성 내부 워커힐 시설물

[도판 16] 아차산성 워커힐 출입금지 경고판

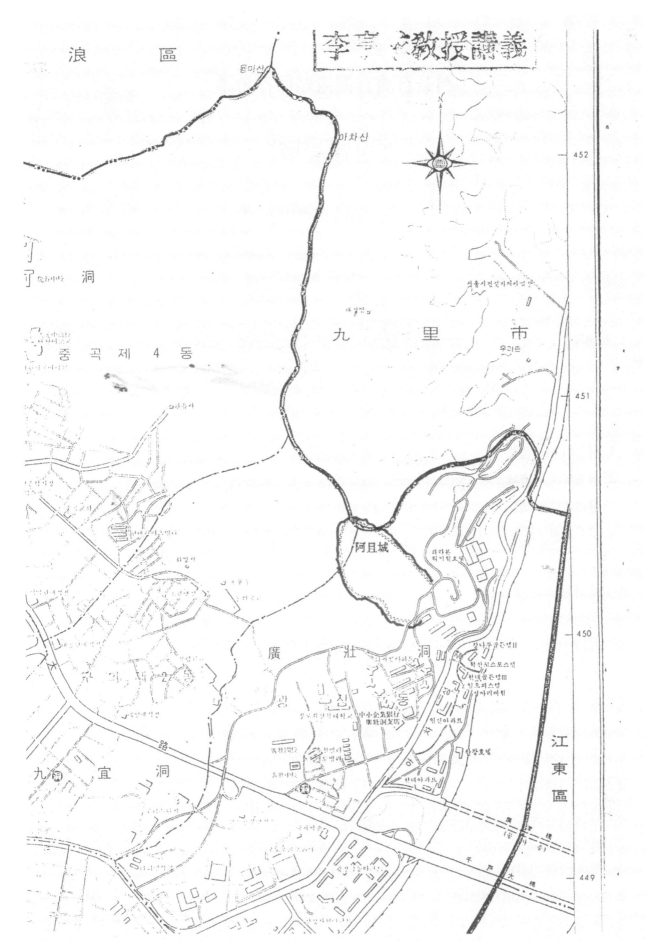

〈지도 2〉 아차산성 위치도(붉은색)

서울百濟首都遺蹟保存會議

1994년 9월 28일(수)

한글회관 1층 대강당

司會: 孫秉憲(성균관대 교수)

1. 經過報告 ⋯⋯⋯⋯⋯⋯⋯⋯⋯⋯⋯⋯李亨求(한국정신문화연구원 교수)

2. 論文發表

   1. 서울의 百濟遺蹟 ⋯⋯⋯⋯⋯⋯⋯⋯崔夢龍(서울대 교수)
   2. 서울所在 百濟城址考 ⋯⋯⋯⋯⋯⋯成周鐸(충남대 명예교수)
   3. 慰禮城과 漢城(百濟) ⋯⋯⋯⋯⋯⋯金廷鶴 (한국고고학연구소)
   4. 서울百濟遺蹟保存現狀 ⋯⋯⋯⋯⋯李亨求(한국정신문화연구원 교수)

3. 綜合討論(討論 招請者)

孔鍾源(조선일보 논설위원) ⋯⋯⋯⋯⋯金秉模(한양대 교수)

金壽泰(충남대 교수) ⋯⋯⋯⋯⋯⋯⋯⋯金貞培(고려대 교수)

盧重國(계명대 교수) ⋯⋯⋯⋯⋯⋯⋯朴東百(창원대 교수)

朴錫典(문화일보 부국장) ⋯⋯⋯⋯⋯潘永煥(서울신문 논설고문)

宋基中(한국정신문화언구원 교수) ⋯⋯⋯申澄植(이화여대 교수)

沈奉謹(동아대 교수) ⋯⋯⋯⋯⋯⋯⋯沈正輔(대전개방대 교수)

梁起錫(한국고대사연구회 대표간사) ⋯⋯兪元載(공주교대 교수)

尹世英(고려대 교수) ⋯⋯⋯⋯⋯⋯⋯李基東(동국대 교수)

李道學(한양대 강사) ⋯⋯⋯⋯⋯⋯⋯李鐘旭(서강대 교수)

張哲秀(한국역사민속학회 회장) ⋯⋯⋯車勇杰(충북대 교수)

崔完奎(원광대 교수) ⋯⋯⋯⋯⋯⋯⋯黃壽永(전 문화재위원회 위원장)

發表論文

司會: 孫秉憲(성균관대 교수)

서울의 百濟遺蹟

崔夢龍(서울대학교 교수)

1. 序言

백제는 시조 온조왕이 개국으로부터 제31대 의자왕 20년에 이르러 신라와 당나라의 연합군에 의헤 멸망하기까지 678년이라는 오랜 기간 동안에 신라, 고구려뿐 아니라 일본, 그리고 중국의 여러 나라와 정치, 문화적으로 밀접한 관련을 맺으며 나름대로의 문화를 발전시켜 왔다. 백제는 그 수도의 천도에 따라 크게 3시기로 나뉘어 진다.

처음에는 건국과 함께 기원전 18년부터 기원 475년까지 위례성(한성시 대,온조왕 원년-개로왕 21)에, 다음으로 475년부터 538년까지는 공주(웅진시대, 문주왕 원년-성왕 16)에, 그리고 마지막으로 멸망 때까지 부여(사비시대, 성왕 16-의자왕 20)에 도읍을 정했었다.

백제는 한성유역에 약 500년간 도읍을 정하고 살았다. 그러나 공주나 부여에 비해서 그 연구는 메우 부진하며, 고고학적인 유적도 최근 조사의 예가 늘어나고 있으나, 전반적인 한성백제시대의 문화상을 밝혀주기엔 턱없이 부족하다. 최근에 발견된 한성백제의 유적으로는 1975년 송파구 석촌동 3,4,5호분, 1984년의 3,4호분 재조사, 1987년 1,2호분 조사, 1983-85년 믹 1987년에 걸친 몽촌토성의 발굴, 1986-87년의 이성산성 발굴 등이 있다. 현재까지의 고고학적 성과로 볼 때 한성백제의 중심지는 몽촌토성, 풍납토성, 이성산성 등의 성을 중심으로 하는 생활유적과 석촌동, 방이동, 가락동 고분과 같은 무덤 유적이 있다. 이들은 대체로 서울시 강남지구 일데의 직경 10km 이내의 범위 내에 있음을 알 수 있다.

이들 중 어느 지점이 한성백제시대의 수도였는가에 대해서는 이견이 있지만, 필자는 몽촌토성을 중심으로 백제 건국세력이 자리를 잡았다고 생각하며, 아울러 이들 세력집단이 석촌동, 가락동, 방이동 일대에 그들의 무덤을 축조했다고 보여진다.

다음으로 현재 서울을 중심으로 활발히 진행되고 있는 백제 초기의 고고학적 유적의 발굴성과를 중심으로 한성시대 백제의 문화상을 간략하게 살펴보고자 흐1다.

2. 한성시대의 백제

1) 백제의 신화

백제의 건국자는 주몽의 세째 아들인 溫祚(기원전 18-28) 이다. 그는 아버지인 주몽을 찾아 부여에서 내려온 유리왕자(고구려의 제2대왕) 존재에 신분의 위협을 느껴 漢 成帝 鴻嘉 3년(기원전 18) 형인 沸流와 함께 남하하여 하북위례성(헌 중랑천 근처이며, 온조왕 14년, 기원전 5년에 옮긴 하남이례성은 강동구에 위치한 웅촌토성으로 추정됨)에 도읍을 정하고, 형인 비류는 彌鄒忽(인천)에 근거를 삼는다. 이들 형제는 「삼국유사』에 의하면 고구려의 건국자인 주몽의 아들로 되어 있으나,『三國史記』百濟本記 권23 온조왕 원년조의 원주에는 북부여의 둘 째왕인 해부루의 시자인 礙台의 아들로 나와있다. 이러한 기록상의 불일치는 그의 어머니인 西召奴가 처음 우테의 부인이었다가 나중 주몽에게 개가하기 때문으로 보여진다.

그러나 백제는 늦은 시기인 30대 武王(600~641)의 용신화를 제외하고는 고조선, 부여, 고구려, 신라 등과는 달리 고유의 개국신화가 없다는 특징이 있다. 즉, 백제의 건국자인 온조는 天孫인 해모수, 용왕의 딸인 하백녀(유화)의 신화적인 요소와, 알에서 태어난 주몽의 탄생과 같은 난생설화가 없이, 처음부터 朱夢-서소노-우태라는 구체적이고 실존적인 인물들 사이에서 태어난다. 그래서 백제에는 부여나 고구려다운 건국신화나 신조신화가 없다. 이것이 백제가 어버이 나라인 고구려에 항상 열등의식을 지녀온 요소가될 수 있을 것이다. 이점은 온조왕 원년에 동명왕묘를 세운 것이나, 백제13대 근초고왕(346-375)은 371년 평양을 쳐들어가 고구려 16대 故國原王(331-371)을 사살하지만 평양을 백제의 영토로 편입시키는 노력을 기우리지 않고 한성으로 되돌아 오는 점 등에서 이해된다. 그래서 백제의 왕실은 고구려 왕실에 대한 열등감의 극복과 아울러 왕실의 정봉성을 부여하려고 애를 써왔던 것으로 보인다. 그러한 노력의 일환으로 용이 왕을 상징하는 구체적인 역사적 사실에 바탕을 둔 왕권의 탄생설화가 만들어지게 된 이유인 것 같다. 이것은 아마도 무왕때의 것으로 짐작된다. 최근 부여 능산리에서 발견된 金銅龍鳳鳳萊山香爐의 뚜껑과 몸세에서 표현된 도교와 불교적 문양과 龍鳳(또는 朱雀과 玄武), 蓮花文 가운데의 태자상의 장식 등이 그러한 증거로 보여진다.

문헌상 보이는 백제의 특징은 고구려로부터 이주한 정권으로서 나름대로 정통성을 확보해나가는 동시에 주위 마한국에 대한 정복을 강화하여서 조금씩 세력을 확장해 간다. 그들의 세력확장은 고고학적으로 보이는 산성이나 고분을 통해서 알 수 있다. 다음 장에서 고고학적인 측면에서 구체적으로 살펴보겠다.

2) 분묘유적

(1) 積石塚

한성백제의 대표적인 묘제는 적석총, 토광묘, 옹관묘, 석실분으로 나눌 수 있다. 적석총은 고구려 이주 세력의 분묘로 보이며, 초기 백제의 지^세력이 사용한 것으로 보인다. 적석총은 크게 기단식 적석총과 무기단식 적석총으로 대별된다. 한강지역의 적석총에서는 무기단식이 보이지 않는데, 이것은 기단식을 축조할 때 내려왔거나, 아니면 하천 근처에 있던 무기단식 적석총이 모두 물에 의해서 없어진 때문으로 보인다. 백제고분 중 특히 석촌동 3호분은 고구려양식의 계승이 뚜렷하다. 그러나 4호분의 경우는 백제식의 형식적인 연도가 나타나며, 후기 적석총이 봉토석실분으로 변한 것으로 보인다. 1호분에서 남분은 고구려식 적석총, 북분은 백제식 적석총으로 만들어 졌지만 4호분은 봉토를 쌓은 것을 적석으로 보강으로 한 것-즉 봉토가 주고 적석이 부가됨-임이 밝혀져서 백제 적석총의 주체는 토착세력 중의 유역인 임을 알 수 있어 백제식 적석총의 기원에 대해 시사를 한다.

고구려의 영향이 명확한 적석총의 경우, 서울뿐 아니라 남한강 북한강의 유역에서 많이 발견되고 있다. 지금까지 발견된 적석총의 분포는 다음과 같다. 남한강 상류인 평창군 여만리, 응암리, 제원군 양경리, 도화리 등이 있으며, 북한강 상류에서는 화천군 간척리에서도 발견되었으며, 춘성군 선전리, 춘천 중도에서도 보고 되었다. 또한 최근에 문화재연구소가 주관이 된 비무장지대의 고고학적 조사를 봉혜서 경기도 연천군 삼곳리에서도 백제시대의 적석총이 발견되었다. 임진강 변에서도 적석총이 발견되었다는 것은 다시 한번 백제 적석총이 북에서 남하했다는 설을 재삼 확인시켜 주는 것이며, 아울러 백제 적석총에 대한 많은 시사를 한다고 볼 수 있다.

또한 한강유역의 각지에 퍼져 있는 적석총의 분포상황으로 볼 때 당시 백제는 『三國史記』 溫祚王代의 기록에서 보이는 바와 같이 동으로는 朱壤(춘천) 남으로는 熊川(안성선) 북으로는 浿河(예성강)까지 세력을 떨친 것으로 보인다. 이와 같이 한강유역에 분포한 백제 초기의 적석총들은 이러한 기록과 부합되는 고고학적 자료의 하나이며, 이는 오히려 문헌의 기록을 보충해 준다.

(2) 土壙墓

토광묘는 한강 토착세력의 분묘로서 3c 중업부터 계속된 것으로 보인다. 가락동 1,2,3호분과 석촌동 5호분은 즙석봉토분으로 토착 지배세력의 융화를 보여주고 있고 4c 중엽으로 보이는 몽촌토성 1,2,3,4호분은 적석총양식이 도용된 토광묘로 보여진다. 즙석봉토분은 475년 백제의 선도 이후 발견되지 않아서 지배세력이 된 토착집단임을 보여준다. 봉토석실분은 5c초에서 웅진시대까지도 계속되는 묘제이나, 여주 매웅리, 가락동 3호, 방이동 6호와 말각방형이 있는 춘성군 방동리 고분이 이에 속하고 'ㄱ'자형과 '모'자형이 있다. 옹관묘는 즙석봉토분 내에서 나타나는 것으로 전형적 합구식이고 토광묘의 내부장으로 보인다. 이 시기의 묘제는 토광이나 석곽과 같은 토착적인묘제에 고구려식 적석총과 부장이 가능한 석실분이 결합된 것으로 기본적으로는 평지무덤이었으나, 후에 구릉으로 물러가면서 석실 형태 역시 백제화되는 경향을 볼 수 있다.

토광묘는 크게 그 메장양식에 따라서 단일묘와 집단묘로 대별된다. 단일묘는 토광을 파고 그 안에 시신을 직장하거나 목관에 어서 안치하고 분구를 씌운 간단한 형식이며, 한강 유역 이외에도 청주 신봉동이나 공주, 논산, 부여 증지에서도 이러한 토광묘가 발견되었나. 집단묘는 각각의 광에 시신을 넣은 목관을 안치하고 제각기에 소분구를 씌운 후에 다시 그 위에 석회를 섞은 전토나 숫석을 덮어 거대한 봉분을 이루어 전체적으로 「一封土下 多葬墳」의 형태를 이룬다. 석촌동 5호분, 가락동 2호분 등이 이러한 형태에 해당된다. 그러나 때때로 토광묘에 옹관이 배장되는 경우도 있다. 이는 토광묘의 좌우 혹은 어느 한 지점에 옹관이 매장되는 것인데, 이에 사용된 옹관은 일상생활에서 사용되던 것이다. 석촌동 파괴분, 3호분 동쪽의 고분군에서 나타나는 토광묘들과 가락동 2호분이. 이에 해당된다.

백제 초기의 토광묘들의 입지 상태를 보면 낮은 산의 경사면이나 평지가 대부분인데, 양자는 모두 그 배후에 광활한 농경지를 가지고 있다. 아직까지 부여, 공주 천도 이후에 조성된 토광묘에 대한 조사가 부족한 상태라 지배층의 묘제가 석실분으로 대치된 이후의 토광묘의 입지는 밝혀지지 않았지만, 입지의 선택은 당시 자연지리적인 것을 선호하는 당시의 사회풍속에 기인한 것으로 보인다.

토광묘에서 출토된 유물을 볼 때, 부여와 공주 등지에서 지배층의 분묘로 사용되었다고 믿어지는 석실분이나 전축분에서 출토되는 유물들에 비해 그 양과 질에 있어서 뒤떨어지지만, 대체로 유물부장의 원칙은 큰 차이가 없다.

위에서 살펴본 바와 같이 적석총, 토광묘 이 두 집단을 각각 고구려계 이주민과 토착계의 이주민으로 해석해 볼 수 있다. 즉, 석촌동과 가락동 일대의 토광묘들은 그 축조양식, 유물의 배치, 출토유물의 성격 등 종합적으로 볼 때 백제 초기의 선주민 집단이며, 이러한 토광묘의 피장자들은 주변의 적석총의 피장자들보다 하위거나 옹관묘나 소형석실분으로 대표되는 평민층보다 상위인 지배계층이었을 것으로 보인다. 한편 적석총은 그 규모의 거대함으로 보아서 권력의 최상층을 유지했던 것으로 보인다. 그런데 석촌동의 적석총을 볼 때 단순히 고구려양식의 모방이 아니라, 나름대로 백제적인 양식으로 변화한 흔적도 보이고 있어서 이들 이주민들이 차츰 토착화되었다는 것을 알 수 있다. 다음으로 서울지역 개별 유적을 살펴보겠다.

(3) 石村洞 古墳群(사적 제243호)

석촌동에는 백제시대의 대형 적석총 7기와 함께 토광묘, 옹관묘 등이 30 여기 이상 확인되었다. 고구려의 영향인 돌무지무덤이 석촌동에 산재한다는 것은 고구려와 문화적으로 한성백제의 건국 세력이 밀접한 관계에 있었음을 보여준다. 또 이 고분군 지 역에는 3,4호분과 같은 대형분 이외에도 소형의 토광묘와 같은 평민이나 일반관리의 것도 섞여 있으며, 서로 시기를 달리 하면서 중복되게 조성된 것도 있어서 석촌동 일대에는 오랜 기간 동안 다양한 계급의 사람의 묘지가 쓰여진 것으로 보여진다.

석촌동에서 제일 거대한 3호분은 긴 변 45.5m, 짧은 변 43.7m, 높이 4.5m의 규모로 형태는 방형 기단형식의 돌무덤이다. 계단은 3단까지 확인되었으며, 그 시기는 3세기 중엽에서 4세기에 축조된 것으로 보인다. 4호분은 한 변이 23-24m의 정방형으로 연대는 3호분과 비슷한 시기로 보이나, 토광묘와 판축기법을 가미하여 순수 고구려 양식에서 벗어난 모습을 보여준다.

그 밖에 1987년 조사된 1호분의 경우 왕릉급의 대형 쌍분임이 확인되었다. 그 쌍분전통은 압록강 유역의 환인현 고력묘자촌에 보이는 이음식 돌무지무덤과 연결되고 있어 백제 지배세력이 고구려와 관계가 깊다는 것에 또 하나의 증거를 보태준다. 이들 고분은 대체로 3세기 중, 후반 경부터 5세기 말에 이르기까지 약 200여 년 동안 만들어졌으며, 특히 3-400년의 약 100년 동안은 백제 지배세력에 의해 돌무지무덤 위주의 고분이 축조된 것으로 보여진다. 그 후 공주 천도까지의 백제 지배세력의 무덤은 적석총에서 석실분으로 바뀌면서 방이동, 가락동 등지로 옮겨지고 석촌동 일대에는 널무덤, 독무덤 등의 소형 고분이 축조된 것으로 보여진다.

(4) 芳荑洞 古墳群(사적 270호)

방이동에 있는 고분은 모두 석실분으로서 구릉상에 축조되어 있다. 1976-77년의 蠶室地區遺蹟發掘調査 시에 6기의 고분 중 3기가 발굴되었다. 발굴된 3기의 고분은 연도가 있는 석실분과 소형 석곽이 딸린 횡혈식 석실분으로 되어 있다. 이 중 5호분은 대략 4-5세기에 축조되었으며, 4,6호분이 그 후에 축조된 것으로 보인다.

(5)可樂洞 古墳群

가락동에서는 방이 동과 마찬가지로 잠실지구 유적 발굴조사 시에 토광묘 1,2호가 발견되었다. 가락동 1호분의 경우 긴 변 14m, 높이 1.89m의 목관이 안치되었던 것으로 보인다. 이 구조는 지표면을 얇게 파서 토광을 만든 후에 목관을 안치한 간단한 구조로 되어 있다. 2호분의 경우 12x15m 크기로 1호분과는 달리 하나의 봉분 내에 3기의 토광묘와 1기의 옹관묘가 합장된 매우 특이한 형태를 보여준다.

3) 城址
(1) 夢村土城

이 토성은 한강의 남쪽 들판에 있는 자연 구릉을 이용해서 판축하여 만든 것이다. 성의 규모는 날북 700m 동서 540m 성벽 길이 2.285m이다. 성의 동북쪽에 있는 외성까지 합치면 총 면적은 약 93,000평에 이른다. 성의 형태는 자연 구릉 상에 축조한 까닭에 타원형이며 대체로 굴곡이 심하다. 특히 발굴 결과 성벽에 판축을 위한 목책 시설의 흔적이 드러났으며, 성 주위에는 경주 월성처럼 해자로 둘러 싸이도록 하고 성문은 동, 남,북 세 곳에 만들었음이 확인되었다. 그런데 성 내부의 도로망과 외부와의 연결을 고려할 때 暗門에 해당하는 문이 더 있었을 것으로 추정된다. 이 성은 기록상으로 고려 후기에는 古垣城으로 불리다가(1380), 조선시대에 몽촌이라 불리워져 현재에 이르고 있다. 문헌에 의하면 백제는 기원진 5년에서 근초고왕 26년의 371년까지 376년간 하남위례성에 도읍을 정하였다고 되어있다. 이 하남위례성의 위치에 대하여는 풍납토성, 이성산성, 춘궁리 일대 등으로 비정하는 여러 가지 설이 있다. 그런데 몽촌토성의 중심지적 위치와 발굴을 통해 나온 여러 유적 유물들로 볼 때, 필자는 이 성이 곧 하남위례성이었을 것으로 생각된다.

이 성에서 출토된 서진시대(265-316)의 회유전문도기 편은 토성이 3세기 후반경에 이미 축조되어 있었음을 알려주는 중요한 자료이다. 또 백제문화층의 방사성 연대측정 결과도 24±60과 370±70년으로 나와서 이 연대도 토성의 존속 언대와 잘 부합된다. 그 외에 일본 고대 토기인 하니와의 조형으로 여겨지는 원통형토기, 지하저장혈, 움집, 토광묘, 옹관묘 등이 나와서 하남위례성의 면모를 여실히 보여주고 있다. 그러나 아직까지 발굴 면적이 작아 그 역사적 배경을 완전히 밝히기에는 미흡한 실정이다. 그래서 앞으로의 발굴조사를 통해 궁전과 같은 기와집 유구 등_더 많은 고고학적 자료가 나타나기를 기대하고 있다.

(2) 風納土城(사적 제11호)

이 토성은 헌재 동 벽 1,500m, 남 벽 200m, 서북 벽 250m 등 모두 2,250m가 남아 있다. 크기는 남북 2km, 동서 1km, 둘레가 4km 정도이다. 이병도 박사는 이 성을 백제시대의 蛇城으로, 그리고 김정학 박사는 하남위례성으로 비정하였다. 반면에 방동인 교수는 坪古城으로 보고 있는 등, 학자 간 이견이 많다.

1969년에는 서울대 박물관에서 발굴을 하여서 청동기시대 후기의 무문토기와 김해식 토기 편 등이 발굴되었다. 또 1925년의 대홍수 때에는 청동제 초두가 발견되기도 하였다. 종래에는 이 성을 하남위례성으로 보기도 하였다. 그러나 주변 환경과 그 출토유물 등으로 볼 때, 이 성은 서기 1세기경에 축조되어 475년 공주선도 이전까지 사용되었으며, 방어용이면서도 일반인이 많이 살았던 半官半民的 성격의 읍성이었을 것으로 보인다.

(3) 이성산성(광주군 향토유적 제1호)

이 성은 광주군 서부면 춘궁리와 초일리 사이의 이성산(해발 209m) 정상에 돌로 쌓은 산성이다. 산성의 규모는 둘레가 약 1.7km, 높이가 6-7m 정도이며, 4곳에서 성문터가 확인되었다.

1986년에 한양대 박물관에 의해 발굴되어서 건물터 2곳, 신앙유적 4곳, 저장혈 3곳, 소형석곽묘 등과 함께 다량의 유물이 축조되었다. 이 산성의 축조언대를 추정할 수 있는 자료는 발견되지 않았지만, 도기가 개편(蓋片) 등의 유물로 볼 때 한성시대 백제의 후기에 축조되어 고구려, 신라로 이어지면서 계속 개축과 더불어 사용되다가 통일신라시대에 이르러 점차 그 효용가치가 상실되면서 폐성이 된 것으로 보인다. 특히 이 이성산성은 근초고왕 26년(371)에 백제기 고구려의 침략에 대비하여 일시적인 천투를 한 지역인 漢山으로 생각된다.

4) 기타 유적
(1) 춘궁리 일대

춘궁리 일대는 남한산에서 북으로 한강을 향하여 동 측은 객산과 그 능선이 경계를 이루고 서 측은 금암산과 이성산의 능선이 국도와 만나는 지점 사이에 발단한 폭 2-3km, 길이 6km 정도의 골짜기를 말한다. 이 지역은 행정적으로 광주군 서부면의 춘궁리 외에 상·하 사상리, 항리와 농부읍의 덕풍리와 교산리를 포함하고 있다. 원래 이 골짜기는 고골이라고 불리워 왔으며 부근 대원사라 불리우는 절터에 고려 초기의 석탑(보물 제12,13호, 춘궁리 5층 및 3층 석탑: 동국대학교의 발굴에 의해 동사란 절터로 확인되었다.) 2기도 있어 이곳의 역사적 배경이 매우 중요하다는 것을 암시해 주고 있다.

그런데 위의 이성산성은 일시적 수비는 가능하나 장기적 도성으로는 부적합하여 백제는 이성산으로 옮긴지 20년만인 진사왕 7년(391)에 한성으로 다시 도읍을 옮긴다. 이 한성이 이성산성 아래에 있는 춘궁리 일데로 비정되나 현재 궁터는 확인되지 않고 있다. 앞으로 발굴조사가 이루어지면서 그 실체가 확인될 수 있을 것으로 기대된다.

(2) 渼沙里

1987년부터 1992년까지 연차적으로 미사리가 발굴 조사되었으며, 1992년 3차 조사 시에 밭 유구가 발견되었다. 미사리 유적의 백제시대 유구는 크게 상,중,하 3층으로 나뉘며, 밭 유구는 하층과 상층에 존재한다. 미사리 유적의 하층 밭은 남북으로 110m, 동서 50m 범위에 분포하며, 고랑과 이랑의 폭은 각각 7-80cm 정도로 일정하게 되어 있다. 하층 밭의 연대는 주변에서 출토된 유물로 볼 때 4-5세기로 보여진다. 상층 밭의 경우 남북으로 160m, 동서로 60m 범위에 분포되어 있다. 그 연대는 6세기를 전후한 것으로 보인다. 미사리에서 발견된 밭 유구는 국내에서는 최초론 발견된 것일 뿐 아니라, 당시 백제인들이 생계를 어떻게 영위해나갔는가에 대해 중요한 증거를 제공해준다.

3. 餘言

이상으로 서울의 백제유적을 개략적으로 살펴보았다. 이 밖에도 서울 삼성동 토성, 아차산성(사적 제235호) 등 고구려와 백제 유적이 산재해 있다. 백제 초기에는 수도로서, 삼국시대 중기 이후에는 삼국의 한강유역 확보를 위한 쟁탈전의 장으로서 서울지역은 백제를 연구하는데 빼놓아서는 않될 부분이다. 계속 발견되는 고고학적 유적 그리고 그와 함께 문헌사학적인 연구를 병행할 때 백제사의 많은 부분이 밝혀질 것으로 기대된다.

올해는 「서울 정도 600년」이라 하여 대대적인 여러 행사들이 있다. 그러나 사실상 한성백제의 건국이 기원전 18년인 것을 감안한다면 서울이 수도로 된 지는 600년이 아니라 2012년이라고 할 수 있겠다. 무엇보다도 서울의 백제유적의 보존대책이 시급하다. 서울에 있는 유적들, 예컨데 삼성동 토성은 거의 없어진 상태이며, 풍납동 토성도 많이 훼손되어 있다. 그나마 88올림픽을 계기로 몽촌토성과 석촌동이 정화, 복원된 것은 다행스러운 일이다.

이외에도 수많은 유적이 제대로 발굴되지 않고 없어졌을 것이다. 지금이라도 좀 더 엄중한 보존대책을 세워야 할 것이다. 그래야만 현재 진행 중인 「정도 600년」 기념행사의 일환으로 벌리고 있는 서울시의 문화정책도 더욱 빛을 볼 것이다.

〈참고문헌〉

최몽룡·권오영, 「고고학적 자료를 통해 본 백제 초기의 영역 고찰, 『천관우 선생 환력기념 한국사논총』,
    1985.

최몽룡, 「한성시대 백제의 도유지와 영역」, 『진단학보』60, 1985

최몽룡, 「몽촌토성과 하남 위례성」, 『백제언구』19, 1988

서울대박물관, 「석촌동 적석층 발굴조사보고」, 1975

김원룡·임영진, 「석촌동 3호분 동쪽 고분군 정리조사보고」, 1986

서울특별시, 「석촌동 고분군 발굴조사보고」, 1987

조유전, 「방이동유적 발굴보고」, 『문화재』, 1975

김병모, 「방이동 고분군」, 『고고학』4, 1977

몽촌토성발굴조사단, 『몽촌토성 발굴조사보고』, 1985

김원룡 등, 「몽촌토성 동북지구 발굴보고」, 1987

김원룡 등, 「몽촌토성 동남지구 발굴보고」. 1988

김병모 등, 『이성산성』, 1987,

김병모 등, 『광주춘궁리 궁지』, 1986

김원룡, 『풍납리 포함층 조사보고』, 1967

이병도, 「광주 풍납리 토성과 백제시대의 산성」, 『진단학보』10, 1939

김정학, 「서울 근교의 백제유적」, 『향토서울』39, 1983

방동인, 「풍납리토성의 역사지리적 검토」, 『백산학보』16, 1974

서울所在 百濟城址攷

-保存과 調査次元에서-

成周鐸(충남대학교 명예교수)

Ⅰ. 머리말

『三國史記』百濟本紀 溫祚王條에 의하면 고구려계인 온조와 비류집단이 정착한 곳은 北에 漢水가 있고 東에는 高岳이 있으며 南에는 沃澤이 있고, 西에는 大海가 막혀 있는 "河南의 땅"이라고 기록되어 있다. 따라서 일찍부터 백제유적이 집중 분포되어 있는 한강 남쪽 松坡區 風納洞, 城內洞, 遁村洞, 芳荑洞, 可樂洞, 石村洞 일대가 학계의 깊은 관심을 끌어오고 있었다.

본 고에서는 이 지역에 산재해 있는 백제유적 가운데 필자가 전공하고 있는 城址에 대해서 保存과 앞으로의 조사 차원에서 살펴보고자 한다. 그 기초자료는 1983년도에서 1984년도 초까지 이 지역에 있는 백제성지의 지표조사를 통해서 발표한 것[1]을 토대로 해서 그 후에 조사 보고된 내용과 비교 검토해 보는 한편 현존 상태는 어떠한지 알아보기로 하겠다. 이번에는 학술적 내용에 비중을 두고 있는 발표회가 아니기 때문에 상호

---

1 성주탁, 「한강유역 백제초기 성지 연구」, 『백제연구』14, 1983.
    성주탁, 『백제성지연구 -도성지를 중심으로-』, 동국대학교 대학원, 1984.

의견이 다른 점은 다만 제시하는 선에서 그치고자 한다. 앞서 발표한 필자의 보고서에서는 제시만 해 놓고 명백히 밝혀지지 못했던 통일신라시대 유적지 이성산성을 86-87년도 한양대학교 조사팀에 의해서 밝혀진 것을 비교 게재하고 나아가서 금년 5월 충남대 조사팀에 의해서 廣州郡 西部面 春宮里 부근에 있는 고려시대 유적지를 소개하고자 한다. 이 사실은 한강 유역에서_성곽을 근거지로 해서 일어난 백제 초기(-475)의 도성지가 통일신라시대와 고려시대에도 그 명맥을 계승해서 내려왔음을 알 수 있다. 이와 같은 지정학적 또는 인문지리적 조건과 축적된 문화유산이 밑거름이 되어 서울정도 6백년의 역사를 가져왔다고 보여져 그 의의는 자못 큰 바가 있는 것이다.

Ⅱ. 各地 遺蹟

1. 夢村土城

서울시 松坡區 芳荑洞 한강 변에 몽촌토성(사적 제297)이 있다. 이 성은 일찍부터 학계의 많은 인사들에게 관심을 모아온 성지이므로 이에 관한 논문도 많이 발표된 바 있다.[2] 이 성에 대한 고고학적 측면에서의 지표조사는 필자에 의해서 이루어져 처음으로 학계에 보고 된 바 있다.[3] 그때 조사 보고된 내용의 대략은 다음과 같다.

성의 둘레는 1,956m인데, 彎曲된 부분을 감안하면 약 2,300m가량이다. 성내의 전체 면적은 200,000㎡이며, 동 · 서. 남 · 북의 4개 구역과 중앙의 高臺 구역까지 합쳐 5개 구역으로 구분할 수 있다. 성의 단절된 단면에서 版築으로 축조하고 있음을 확인하였고, 남쪽 성벽에 박혀있는 백제토기 편을 수습해서 보고하였고, 표고 42.9m의 언덕위에 있는 이 토성은 백제 초기 하남위례성으로 판단해서 지명의 유래까지 변천해 내려온 과정을 덧 붙여서 보고한 바 있다.

이 보고가 있었던 다음 해에 몽촌토성 복원사업의 일환으로 본격적인 조사사업이 이루어져 성의 둘레는 2,285m, 넓이는 216,000㎡이며, 270m의 외성이 있고, 축조 방법은 기본적으로는 자연 지형을 이용하면서 부분적으로 보축하고 있고, 木柵도 설치하고 있으며, 門址는 3곳이 확인되었고, 외부에 해자의 시설이 있음이

2 (1) 今西 龍「백제국도한산고」,『백제사의 언구』1934.
　(2) 이병도「광주몽촌토성지」,『진단학보』11, 1939.
　(3) 이홍직「백제건국설화에 대한 재검토」,『국사상의 제문제』6, 1960.
　(4) 김원룡「삼국시대의 개시에 관한 일 고찰」,『동서문화』7, 1967.
　(5) 이병도「위례고」,『학술원논문집』13 인문과학편, 1974.
　(6) 김원룡「백제건국지로서의 한강유역」,『백제문화』7 · 8합집, 1974
　(7) 천관우「삼한의 국가형성」하,『한국학보』3, 1976.
　(8) 방동인「삼국시대의 서울」,『서울육백년사』1, 1977.
　(9) 반영환『한국의 성곽』, 대원사 1991.
　(10) 이원근『삼국시대의 성곽연구』, 단국대학교 대학원, 1980.
　(11) 김정학「서울근교의 백제유적」,『향토서울』39, 1983.
　(12) 차용걸「위례성과 한성에 대하여」, 위 색.
　(13) 김용국「몽촌토성에 대하여」, 위 책.
　(14) 이기백「백제문화학술토론회의록」,『백제문화』7 · 8합집, 1974.
3 성주탁 주1-1 · 2)

확인되었다. 그리고 판축은 성내의 논이나 부근에서 가져온 듯 한 흑색 점토와 벌, 적색 점토, 모래, 산 자갈, 산 흙 등을 섞어 여러 층으로 단단하게 다져서 축성하고 있음을 보고하고 있다.[4]

이후 58년도에서 88년도에 걸쳐서 발굴조사가 이루어져 보고되는 한편 현재대로 복원사업이 이루어졌다. 그 내용을 살펴보면 다음과 같다.

1984년도에서 88년도까지 5차에 걸쳐서 몽촌토성의 발굴조사가 이루어져서 집자리 13기, 저장공 29기, 옹관묘 5기, 토광묘 2기, 토광 적석묘 5기 등 백제시대 유구가 확인되었다. 출토유물에는 壺, 瓶, 高杯, 三足土器, 碗, 盤, 圓筒形土器와 시루 등이 있고, 馬具類를 비롯해서 藏鉄, 鐵鉾, 鐵刀 등 武器類도 출토되었다. 특히 85년도 발굴조사에서 출토된 西晋代(265-316)의 灰釉錢文陶器片은 몽촌토성의 연대를 짐작케 하는 유물로 평가받고 있다.

이곳에서 출토한 토기를 분류해 본 결과 그 시기가 3세기 후반기까지 상회하며, 이 유물들은 가락동 2호분 등 대형 봉토분과 출현 시기가 일치하는 것으로 밝혀졌다. 이와 같은 조사결과 몽촌토성은 백제전기(3세기~475년)의 居城이었을 것으로 판단하고 있다.[5]

2. 風納洞土城

풍납동토성(사적 제11호)은 松坡區 風納洞 漢江邊에 위치하고 있다. 이 성도 학계에 잘 알려져서 이에 관련된 논문이 많이 발표된 바 있다.

이 풍납동토성에서는 1925년 대홍수 때 靑銅鐎斗가 수습되어 이 성에 대한 格을 알 수 있게 해 주었고 본격적인 조사는 1966년 金元龍 선생에 의해서 이루어졌다. 당시의 상태를 요약해 보면, "北壁의 경우 정상에서 약 2m 내려간 위치에서 1단의 넓은 단을 만들었고, 거거서 부터는 경사를 죽여서 基部를 만들고 있으며, 성벽 기부에서의 폭은 30m가량이나 되고 있다. 단면에서 보면 돌은 거의 없고 고운 모래뿐인데 그것을 엷은 층으로 한층 한층 다져서 쌓아 올라가고 있다."

성 내부에서 나오는 토기 편의 양이나 기타 건축 관계 유물의 성격으로 미루어 보면 방어용 성이라고는 하지만 평시에는 많은 일반민이 살고 있었던 半民半軍的 邑城이었다고 생각된다. 토성의 정확한 초건년대는 알 수 없지만 그것이 위례성과 거의 동시에 축성된 초기 것임은 틀림없다. 이어『三國史記』에 나오는 사료를 들어 "북성은 왕도의 북성으로서 여기 풍납동 토성을 말 했을 것이며 阿且山城을 말 한 것은 아닐 것이다 즉 읍성으로서 수도인 남성에 대하여 북성이라고 대칭할 만큼 이 토성은 크고 중요했던 것을 알 수 있다."고 하였다. 풍납리 包含層의 시대에 대하여는 서기 1세기부터 5세기경까지로 보고 있어 초측년대를 1

---

4 몽촌토성발굴조사단,「정비 복원을 위한 몽촌토성 발굴조사보고」, 1984.
5 (1) 몽촌토성 발국조사단「몽촌토성발굴조사보고서」1985.
　(2) 김원룡 등『몽촌토성발국조사보고』1987.
　(3) 서울특별시『몽촌토성』1987.
　(4) 서울특별시『몽촌토성 발굴조사악보고』4, 1988.
　(5) 최몽룡「몽촌토성과 하남위례성」『백제연구』19, 1988.
　(6) 박순발「한강유역의 청동기 초기 철기문화」「한강유역사」1993.

세기로 보고 있다.[6]

3. 三成洞 土城

『문화유적총람』에 의하면 江南區 三成洞에 있는 토성은 길이 약 35m 정도의 토성이었으나 도시계획으로 파괴되었다고 기록되어 있다. 해방 직후 이곳을 답사하다가 백제 초기 瓦當을 습득하여 서울대학교 박물관에 기증한 바 있는 尹武炳 교수는 이 토성은 약 500m 정도의 테뫼식 산성이었다고 한다.[7]

4. 阿且(峨嵯)山城

서울 城東區 廣莊洞 표고 206m의 산정에 있다. 阿且山城은 일명 峨嵯山城이라고 한다. 둘레는 약 1,000m 정도의 테뫼식 석축산성이다. 1978년도 지표조사에서 남쪽에 있는 水口址 또는 南門址로 보이는 유구를 발견한 바 있는데, 79년도 워커힐 측에서 취수장을 만들고 시멘트로 배수구 공사를 하였다. 조사 당시 백제 고배 편을 수습해서 보고한 바 있다.

이 산성에서 내려다 보면 한강을 사이에 두고 풍납토성과 몽촌토성이 일목요연하게 내려다보인다. 『三國史記』에는 百濟의 蓋鹵王과 高句麗의 溫達將軍이 이 산성에서 피살되었음을 전하고 있다.[8]

5. 二聖山城

이성산성은 廣州郡 西部面 春宮里(宮村)와 草一里 사이의 표고 207m의 산정에 있다. 필자가 1983년 2차에 걸쳐서 조사한 내용을 요약하면 다음과 같다.

성의 둘레는 1.7km의 테뫼식 석축산성이다. 성문지는 4개처가 부설되어있었는데 북문지는 폭 약 4km, 서문지도 같은 폭이며 동쪽과 남쪽 2곳의 롱로가 門址로 추정되고 있다. 두 곳 모두 무너져 내려서 통로로 되어있다.

출토유물은 瓦片과 土器片이 주류를 이루고 있는데, 硬質의 高杯片, 高杯蓋, 封蓋片이 주류를 이루고 있다. 百濟系瓦片과 土器片 그리고 新羅土器片이 아울러 출토되고 있는데 신라토기 편이 양적으로나 종류 면에서 많은 것을 감안해 볼 때, 통일신라 이후에도 중요시되었던 산성으로 보고 한 바 있다.

---

6 (1) 이병도, 「광주풍납리토성과 백제시대의 사성」, 『진단학보』10, 1939.
　(2) 김원룡, 『풍납리 포함층 조사보고』, 서울대학교, 1967.
　(3) 김정학 주 2-11)
　(4) 성주탁 주 1-1 · 2)
　(5) 차용걸, 「한성시대 백제의 건국과 한강유역 백제성곽」, 『백제의 건국과 한성시대』, 백제문화개발연구원, 1993.
　(6) 龜田修一「백제초기토성」, 『조선사연구회논문집』24, 1989.
7 (1) 성주탁 주 1-1 · 2)
　(2) 차용걸 주 6-5)
8 (1) 성주탁 주 1-1 · 2)
　(2) 차용걸 주 6-5)

이후 86년도에서부터 3차에 걸쳐서 발굴 조사되어 15×4간의 대규모 장방형 건물지와 天壇으로 추정되는 九角建物址, 3개의 貯藏穴이 밝혀졌고, 다음에는 팔각형 건물지와 장방형 건물지 등이 발굴 조사되었는데 특히 팔각형 건물지는 형태가 매우 독특한 것으로 중심부에 하나의 초석이 있고, 그 외곽부에 4개의 초석이 동·서·남·북을 가리키며 놓여있고 그 사이사이에 입석 모양의 석주가 4개 세워 싸여 있다고 한다,

이 발굴조사를 통해서 얻어진 자료를 가지고 沈光注는 다음과 같이 보고하고 있다.

성의 둘레는 1,925m이며, 면적은 155,025㎡의 부정형의 삼각형에 가까운 모양이다. 이성산성은 신라가 축조한 성이다. 그 근거로는 이성산성에서 발굴된 유물 중에는 백제의 유물이 없고, 대부분 신라-통일신라의 것이며, 유구도 백제 한성시대의 것이 없다는 예를 들고 있다.

이성산성은 553년에 축조되기 시작해 557년에 완공된 것으로 보고 있다. 이것은 신라가 한강유역을 점유하고 新州를 漢山州로 개칭하는 557년에 완공된 것에 촛점을 맞주어 보고 있는 건해이다. 이 성은 6세기 중엽에 축조되었다. 8세기 초에 대대적인 개축과 기능의 변화가 있으면서 1차 저수지가 퇴적되자 2차 저수지를 만들고 창고 위주의 장방형 건물에서 八角建物과 九角建物 등 儀禮用 건물을 축조했으며 9세기 중엽에 폐성된 것으로 보고하고 있다.[9]

6. 南漢山城

사적 제57호로 지정되고 있는 남한산성은 京畿道 廣州郡 中部面 山城里에 있다. 이 성은 전형적인 광주리 형태의 산성인데, 성벽의 전장은 9,050m이다. 이 산성은 북한산성과 함께 서울 남·북에 위치하고 있는 최대 규모의 산성이다.

『新增東國與地勝覽』廣州牧 山川條에 의하면, 이 산성이 위치하고 있는 日長山을 "一云南漢山"이라 하였고, 建置沿革에서는 "本百濟南漢山城"이라고 하였으며, 古蹟條에서는 日長山城이 곧, 新羅 때의 晝長城이며, 성내에는 6개의 우물(井)과 계곡이 있다고 전하고 있다. 『宣祖實錄』에는 南漢山城=晝長城=日長山城은 곧, "溫祚古城"이라고 하여 현재의 남한산성은 백제 온조왕대의 근거지이었음을 시사해 주고 있다.

『三國遺事』에는 온조왕 13년에 도읍지를 옮긴 곳이 "今廣州"라고 기록하고 있어 백제 초기부터 이 지역은 백제 건국과 밀접한 관계가 있었음을 알 수 있다. 『三國史記』近肖古王 26년 조에는 근초고왕이 고구려 평양성을 침공해서 故國原王을 살해하고 회군해서 고구려의 남침에 대비 "移都漢山"했다고 기록하고 있는데, 이 "漢山"이 바로 남한산성이 위치하고 있는 이 지역으로 비정해서 발표한 바 있다.[10]

7. 北漢山城

사적 제162호로 지정된 北漢山城은 京畿道 高陽郡 神道邑 北漢里에 위치하고 있다. 표고 700m의 文殊峯

---

9 (1) 성주탁 주2)
　(2) 심광주 『이성산성에 대한 연구』 한양대학교 대학원, 1988.
　(3) 차용걸 주6-5)
10 성주탁 주 1-1·2)

에 있는 광주리 형태의 산성으로 남한산성과 같은 형식의 산성이다. 1711년(肅宗 37) 축조된 이 산성의 전신은 '重興山城' 혹은 '重興城' 또는 '重興洞山城'이라고 불리워져 내려왔으며 고려 때에는 '漢陽山城'이라고 불리워지기도 하였다. 북한산성의 둘레는 9.37km이고, 體城의 길이는 8.4km이다. 지형이 험난한 북한산은 전략적으로 요충지대이기 때문에 백제시대 초기부터 중요시되었을 가능성은 충분히 있다. 李丙燾 선생도 이에 주목해서 온조와 비류집단이 '淺山'에 이르러 負兒嶽에 올라가 살 만한 곳을 찾아보았다고 하는 지점을 이 '北漢山'과 '三角山'에 비정하고 있는 것은 납득할 만한 고견이라고 할 수 있다.[11]

8. 其他 城址

1) 뚝섬 마장 土城址

漢江의 北岸 쪽에 있는 조선시대의 전곶평(箭串坪) 牧場이 있었던 곳을 말한다. 1916년도 조사보고에 의하면 뚝섬의 북쪽 아차산으로 이어지는 토루의 대부분이 남아 있어 일견 고도의 위관을 자아내고 있었다고 하며, 단순한 목장이 아니고 본디부터 있었던 고루을 이용하여 목장으로 이용한 것인지 주목되고 있다. 최근이에 대해서 한산성으로 비정하는 견해가 발표된 바 있다.[12]

2) 암사동 토루

강동구 암사동의 표고 99m의 소산 상에도 둘레 1.2km의 토루가 있었다고 전하나 현재의 상황은 알려져 있지 않다. 부근에는 慰禮商高 등 위례의 명칭이 있고, 『태종실록』에서 광주 尉由城, 慰要城이 보이는 지점에 해당되고 講武場이 있었던 것으로 전해지는 곳이다. 또 구리시 수석동 표고 82.3m의 언덕 위에는 둘레 140m의 토루가 있었다고 전한다.[13]

3) 춘궁리 고려시대 유적지

광주군 서부면 춘궁리 아래에 고려시대 유적지가 이번에 밝혀졌다. 둘레는 약 3-4km에 달하는 광활한 대지에 주초석이 남아 있고, 고려시대 토기 편과 와 편이 집중적으로 출토되고 있다. 이 유적지는 향토사학자들에 의해서 제보되어 금년 5월 李道學씨의 안내로 충남대 金喜泰 교수와 姜鐘元 조교 그리고 공주교대 兪元載 교수를 파견, 조사토록 한 바 있다. 그 결과 고려시대 유적지로 잠정 결론 짓고 더 나아가서 고려 초 王規의 근거지로 일단 관련시켜 생각해 보았다. 그것은 왕규의 두 딸이 고려 태조 왕건의 15妃와 16妃가 되어 廣州院夫人, 小廣州院夫人이 된 것에 근거를 두고 생각해 본 것이다.[14]

---

11 (1) 성주탁 주 1-1 · 2)
   (2) 차용걸 주 6-5)
12 차용걸 주 6-5)
13 차용걸 주 6-5)
14 (1) 이수건, 「고려 후기 지배세력과 토성」, 『한국중세사회사 연구』, 1984, p.286.
   (2) 정용숙, 「왕실 족재혼의 성립과정」, 『고려 왕실 족재혼 연구』, 1988, pp.69~78.

III. 맺음말

1. 84년도 필자의 조사보고에서 몽촌토성은 둘레 1,956(만곡된 부분까지 2,300m), 면적 200,000㎡로 보고 하였다. 갈은 해 서울대 조사보고에서는 둘레 2,285m, 면적 216,000㎡(6,700평)으로 보고하고 있어 큰 오차는 없었다. 또한 필자는 몽촌토성이 판죽으로 되어 있고, 백제토기 편도 출토하고 있어, 백제 '하남위례성'으로 일단 비정하고 이 토성을 배경으로 그 앞에 왕궁이 있었을 것으로 추정 발표한 바 있다. 1984년 이후 88년까지 발굴 조사한 보고에서도 필자의 의견을 방증할 만한 유구와 유물들이 출토되어 뒷받침해 주고 있다. 발굴조사 결과 토성 내에는 궁궐지에 해당되는 유구가 드러나지 않은 것으로 보아 토성 전면으로 도성이 전개되었을 것으로 추정된다. 이 토성은 270m의 외성이 있었음을 밝혀 주었고 유물조사 결과 3세기 후반에서 5세기 후반까지 유지하고 있었던 성지로 밝혀졌다. 『삼국사기』에 나오는 온조, 비류집단의 백제 건국시기와는 약 300년의 차이가_있어 앞으로의 연구 과제로 남아 있다. 88올림픽 덕분에 잘 정비되어 보존되고 있다.

2. 풍납동 토성에 대해서 84년도 필자의 보고서는 기존의 학설을 인용한데 불과하였다. 이병도 선생은 이 성을 백제의 '蛇城'으로 비정하였고 김원룡 선생은 반관반민의 읍성으로 보고 존속 연대는 1세기에서 5세기까지로 보았다. 1세기까지 올려보는 견해는 확실한 물증이 없어서 언 듯 수용하기 어려우나 백제시대 중요한 성지인 것만은 틀림이 없다. 金廷鶴 선생은 풍납동토성이 3세기경까지 마한의 백제 읍락국가의 도성이었다고 격상시켜 보고한 바 있으며, 龜田修一과 차용걸 교수도 몽촌토성과 비견할만한 성지라고 보고한 바 있다.

이는 누구나 가지고 있는 풍납동 토성에 대한 공통된 견해이다. 이 풍납동 토성은 방형으로 낙랑계 토성과도 연관이 있어 앞으로의 조사연구에 큰 비중을 지니고 있는 성지이다.[15] 그러나 몽촌토성에 비해서 보존상태는 크게 미치지 못하고 있다. 문화재보존법에 의하여 토성만 문화재로 지정되어 내외 50m 공간 만 규제를 받을 뿐 나머지는 사유지화되어 형편에 따라 개발되고 있는 처지이므로 자칫 잘못하면 하남위례성으로 비정되고도 있는 이 토성이 없어질 가능성도 충분히 있음을 지적해 두고 싶다.

3. 이성산성에 대해서 필자는 둘레가 1.7km, 출토되는 유물은 백제계 기와 편과 토기 편이 출토되고 또 신라계 토기 편이 양적으로나 종류 면에서 많이 출토되는 것으로 보아 통일신라 이후에도 중요시되었던 산성으로 보고 한 바 있다.

한양대학교에서 3차에 걸쳐서 발굴을 하고 심광주에 의하여 논문으로 작성 발표한 바에 의하면 성의 둘레는 1,925m요, 성내에서 발굴 조사된 유구와 춘궁리 발굴 유구에서는 통일신라시대 유적으로 판명되어 보고된 바 있다. 성의 둘레에서 2.25m의 차이가 있을 뿐 필자의 견해와 크게 다른바 없다. 다만 이곳은 근초고왕이 북벌을 하고 "移都漢山"하였다고 하는 한산은 이성산성과 춘궁리 부근이 아님을 시정한다. 백제 온조 舊宮 등이 있었다고 전하는 남한산성이 소재한 곳과 이 부근 일대에서 백제 "漢山"의 위치를 찾아보아야 할 것이다. 이 한산을 남한산성이 있는 부근 산으로 보는 견해에는 지금도 변함이 없다.

---

15 차용걸, 「方形土城의 二例」, 『윤무병 박사 회갑기념논총』, 1984.

4. 고려시대 유적으로서는 북한산성이 있고 춘궁리에는 새로 발견된 유허지가 있다. 특히 후자는 앞으로의 조사가 기대되는 유적지이다. 위치와 출토유물 등 자세한 내용은 다음 기회에 보고할 예정이다.

5. 아차산성은 산상에 있고 아래에는 대형건물이 들어서 있어 인위적 또는 고의적인 파괴가 없는 한 그런 대로 보존되리라고 생각된다. 그러나 풍납동토성과 마찬가지로 개발로 인해서 점점 훼손되고 있음은 같은 실정이다. 역시 시급한 보존책이 필요하다. 한편 평지에 있었던 것으로 알려진 삼성동 토성과 뚝섬 마장 토성 및 암사동 토성지는 개발에 밀려나서 완전히 소멸되고 말았다.,

6. 위에서 도출해 낸 결론을 가지고 재검토해 볼 때 서울은 한강유역을 중심으로 해서 백제 초기의 근거지였으며, 통일신라시대에는 춘궁리, 이성산성을 중심으로 해서 신라의 한강유역 근거지가 되었고, 고려시대에는 북한산성과 춘궁리 부근 고려시대 유적지를 근거지로 해서 유지해 내려왔음을 알 수 있다. 이와 같은 전통 속에 조선정도 500년이 계승하게 된 것이다.

慰禮城과 漢城(百濟)

金廷鶴(한국고고학연구소 대표)

慰禮城과 漢城은 다 아는바와 같이『三國史記』百濟本紀의 여러 곳에 씌어 졌는데, 그 기사들이 혹은 모호하고, 혹은 전후가 다르고 하여 후대의 학자들에 의하여 그 위치에 대하여 여러 가지 설이 있게 되었다. 이것은『삼국사기』초기의 기사에 사료적 신빙성 여하에 대한 문제에 관련된다. 그리하여 이 문제에 대하여도 학자 간에 여러 지 이론이 있는 것은 다 아는 바와 같다.

그러나 여기서는 이에 대하여는 깊이 논할 겨를이 없으므로 중요한 몇 가지만 간단히 언급하겠다. 첫째로 우리나라에 언제부터 문자가 사용되었는가 하는 문제이다. 중국에 이웃하여 가장 일찍이 한자가 사용된 고구려를 배고는 남쪽이 삼한 여러 나라는 대체로 1세기에서 3세기경까지 문자가 사용되었다는 증거가 없다.

둘째는『삼국사기』에는 기원전 1세기부터 삼국의 왕국이 성립된 것으로 되어 있으나 3세기 후엽에 씌어진 중국의『三國志』魏書(緯志東夷傳)에는 고구려를 빼고는 신라나 백제는 아직 왕국으로 형성 못 되고 마한 54국 진한 12국 변한 12국의 여러 邑落國家(城邑國家)로 분립되어 있었다. 이것은 고고학적으로도 증명된다. 예컨데 1~3세기에는 고분들은 소규모의 읍락국가의 소재지에 산재해 있었다. 4세기 이후에야 신라 백제 가야의 정치중심지에 대규모의 고분이 형성되었다. 즉 이러한 대규모의 고분은 신라, 백제 등의 왕국의 형성을 상징하는 깃이다. 백제는 마한 54국 중 맹주국 伯濟國이 중심이 되이 다른 읍락국가를 정복하여 백제왕국을, 신라는 진한 12국 중 斯盧國이 여러 읍락국가를 병합하여 신라왕국을 형성하였다. 다만 가야만은 12의 읍락국가 중 狗耶國이 맹주국이 되어 다소의 정복 통합이 있었으나 하나의 왕국으로는 통일되지 못하였다.

이와 같이 백제는 마한 54국 중 伯濟國이 중심이 되어 百濟왕국을, 신라는 진한 12국 중 斯盧國이 중심이 되어 신라왕극을 형성한 것을『삼국사기』는 이러한 사실을 기원전 1세기로 기록한 것이다.

고대에는 어느 나라나 문자 기록이 있기 이전의 역사적 사실은 사람들의 입에서 입으로 구전되어 오다가 문자 기록이 있게 된 어느 시기에 고기록 등으로 문자화되어 남겨진다. 또는 나라에 따라서는 이러한 오랜 사실을 암송하여 구전하는 직업이 있었다. 하여른 이와 같이 문자 기록이 있기 이전의 사실들은 구전되어 온 것이기 때문에 구전되어 오는 동안에 혹은 변형이 있고, 혹은 윤색이 있고, 혹은 전후의 도착이 있으나 그중에는 역사적 진실을 찾아볼 수 있는 것이 있다.

『삼국사기』의 초기의 기록들은 이와 같이 구전되어 오던 사실들이 어느 시기에 문자로 기록된 것을 자료로 하여 고려 중기에 金富軾 등에 의하여 편찬된 것이다. 그러므로 그러한 자료도 여러 가지 역사학적 방법에 의하여 걸러내면 귀중한 역사적 사실을 얻을 수 있다.

백제본기의 초기기록에 실린 위례성과 한성에 관한 기사도, 혹은 선후 도착을 가려내고, 혹은 중복을 정리하면 백제 초기(伯濟國)의 역사를 살필 수 있다. 온조왕 원년 조에 하남위례성에 관한 기사는 다음과 같다.

沸流와 溫祚가 드디어 한산에 이르러 負兒嶽에 올라 가히 살만한 곳을 바라볼 새.10臣이 가로대 하남의 땅은 漢水를 띠고, 동은 高嶽을 의지하였으며, 남은 沃澤을 바라보고, 서로는 大海를 격하였으니 그 천험지리가 얻기 어려운 지세라 여기에 도읍을 이루는 것이 좋겠습니다.

고 하였다.

漢山의「漢」은 우리말 한의 한자표기인데「크다」「높다」「높은 이」의 뜻이다. 알타이어 족의 공통어이다. 그러므로 한산은 큰 山이란 뜻으로 북한산과 남한산을「한산」이라고 불러 백제본기의 기록에 혼란이 있다. 그런데 상기의 한산은 沸流와 溫祚가 북으로부터 남하하여 만난 첫 큰 산이므로 북악산을 이름일 것이다. 부아악은「負」는「부」「브」의 한자표기,「兒」는 고대로부터 근세까지「ㄹ」「르」「루」의 한자표기로 썼다. 그러므로 負兒는「부」「ㄹ」「불」「부르」의 한자표기이다.' 이「불」「브르」는 부여어의 부루, 부여와 같은 말 인데 여기서는「불」이「뿔」의 뜻으로 쓰여져 북한산의고봉 삼각산의「角」으로 표기되었다.

부아악(負兒嶽)에서 내려다본 하남 (한강 남쪽)의 땅은 "북은 한수를 띠고, 동은 高嶽을 의지하였으며, 남은 沃澤을 바라보고, 서로는 大海를 격하였다."고 하여 이곳에 도읍하였으며 이것이 하남위례성이다. 이 지리적 묘사로 보아 한수는 물론 한강이고, 동쪽의 고악은 지금의 아차산으로 볼 수 있어 뒤에 한강을 띤 것과 함께 중요한 방어선을 이루었다. 이러한 지리적 묘사로 볼 때 이 하남위례성은 지금의 풍납리토성으로 나는 본다. 이 토성은 지금은 서벽이 파괴되었으나 그 규모가 이 지역의 토성으로서 최대 규모의 것이다. 최근에 조사된바 있는 몽촌토성도 큰 규모의 것이다. 그곳에서 출토된 유물이나 埃子 등으로 보아도 풍납리 토성보다는 시대적으로 약간 뒤의 것이 아닌가 생각한다.

그런데 온조왕 13년과 14년 조에 "한산하(漢山下)에 柵을 세우고 천도하였다."는 기사가 있어 이것을 하남위례성으로 보고, 전자의 위례성을 하북위례성으로 보는 설이 일찍이 茶山이 주장한 이래 고 이병도 씨를 비롯하여 이에 따르는 학자들이 있다. 그러나 이것은 온조왕대의 기사를 너무 글자 그대로 믿는 것이라고 본다. 앞에서 인용한 온조왕 원년의 하남위례성은 분명히 한강 이남의 땅이라고 하였는데 어떻게 하북위례성이라 할 것인가. 또 온조왕 13, 14년 조의 천도설은 온조왕 원년에 정도한 지 불과 13, 14년에 외적에 의한 침략도 없이 천도할 수 있었을까. 한산(광주)에 축성하고 천도하는 것은 훨씬 뒤의 일이다. [근초고왕 26년(371) 조 참조]

백제 초기 1~3세기경의 죽성은 주로 토성이었다. 이 토성은 아마 락랑의 토성의 영향이 아닌가 생각한다. 토성은 반드시 평지에 쌓고 흙을 版築法으로 쌓고 토성 위에 목책을 세웠다. 이른바 城柵이라고 한다. 이 토성은 평시에. 임금과 지배세력이 상주하는 것이 특징이다. 이에 반하여 산성은 山頂 둘레의 돌로 성을 쌓고 유사시에만 산성 안에 軍民이 함께 산다. 이러한 산성은 대체로 4세기 이후에 쌓은 것이다. 한성은「漢」의 뜻「큰」성이라는 뜻도 있고 한산성의 준말로도 사용되었다. 그런데「한산」이란 말이「큰 산」이란 뜻이어서 백제본기에는 남한산에도 쓰이고 북한산에도 쓰여져서 혼란이 있다.

앞에서는 近肖古王 26년 (371) 조의 '移都漢山'은 분명히 남한산성에 서울을 옮긴 것이고 이후 文周王이 원년(475)에 서울을 熊津으로 옮기기까지 남한산성이 도읍이었다. 남한산성은 산성이지만 그 안이 넓고 食水의 샘이 있어서 평시에도 왕 이하 지배계급이 상주하지 않았나 생각된다. 물론 개로왕 21년(475) 조에 고구려 장수왕이 내침하였을 때의 다음과 같은 기사는 당시의 사실을 기록한 것으로 대단히 중요하다. 즉,

二十一年 秋九月 麗王巨連帥兵三万來圍王都避 王城閉門 不能 出戰. 高句麗對盧齊于等 帥兵來攻 五坡七日而拔之 移攻南城 城中危恐 王出逃. 縛送於阿且城下戕之.(日本書紀 卷14雄略紀20年條 高麗王大發軍兵 伐盡百濟百濟記云 蓋鹵王乙卯年冬 狛大軍來 攻大城 七日七夜 王城降陷 遂失慰禮國 王及大后王子等 皆沒敵手)

이 기록으로 개로왕이 최후로 도읍한 곳이 한성이었던 것을 알 수 있다. 즉 근초고왕 26년(371)에 한산(漢城)에 도읍을 옮긴이래 개로왕 21년(475)까지 한성(南漢山城)에 도읍하였던 것이다.

위의『三國史記』개로왕 21년(475) 조의 기사는 上揭와 같이『日本書紀』의 이 기사는 당시의 백제 측 기록인 百濟記에 의거한 것이다. 여기서 주목되는 것은 史記에는 北城을 7일 동안 쳐서 함락시키고, 다시 南城을 쳤다고 하였는데,『日本書紀』에서는 대성(漢城)을 七日七夜 공격하고 왕성이 함락되었다고 하여 공격한 일수까지 서로 같은 것은 주목할 일이다.

서울百濟首都遺蹟保存現狀

李亨求(한국정신문화연구원 교수)

Ⅰ. 문제점

1980년대 전반기에 강남지구 개발과 함께 한강유역의 서울百濟首都遺蹟에 대한 관심이 잠시 일어나는 듯 하더니 1990년대에 와서는 또다시 시들해진 느낌이다.

금년에는 서울특별시의 「서울 600년」 행사에 밀려 관심밖에 있어 그 대책이 시급한 형편이다. 특히 사적 제11호와 제234호로 지정된 서울 송파구 풍납동 소재의 「풍납토성」과 성동구 광장동 소재의 「아차산성」은 최근에 와서 더욱 관리가 소홀한 것은 물론 국가가 제정한 「문화재보호법」이 제대로 지켜지지 않고 심지어는 보호구역 안에 시설물이 들어서는 사례가 빈번하다. 이러한 상황에서 조사도 제대로 해 보지도 못하고 귀중한 사적이 湮滅돼 가고 있다.

지금으로부터 11년 전인 1983년 7월 6일에 한국정신문화연구원이 『한강유역 백제전기 수도유적 보존문제』라는 주제를 가지고 학술연찬을 주최한 자리에서,[16] 필자는 「한강유역 백제 수도유적의 현상과 보존문제」라는 논문을 발표하면서 오늘과 비슷한 문제를 제기한 바 있다.[17] 그리고 한양대 金秉模 교수는 「한강유역 고분의 고고학적 가치」라고 하는 제목으로 발표해 주셨고, 또 충북대 車勇杰 교수는 「한강유역 백제 도성유적」이라는 논문을 발표했다. 학술연찬 후 건의서를 작성 청와대에 제출했다. [본 문 후면 64페이지]

1985년 7월에는 정부 당국도 건의를 받아들여 석촌동 고분군과 방이동 고분군에 대한 보존책을 마련하게 되었다. 이때 석촌동 고분군의 면적은 무려 7배로 확대되고 1989년에는 석촌동 3호분과 4호분 사이로 관통하였던 도로(백제고분로)는 400여 미터의 地下車道를 새로 개설하고 파괴된 3호분과 4호분을 정비하여 두 고분 사이의 도로는 평지로 연결해서 1991년 5월 지금과 같은 고분공원이 조성되었다.

물론 방이동 고분군도 당초보다 훨씬 넓은 면적으로 확대 보호되었고 중간택지로 인하여 좌우로 고분군이 분리되었던 것을 시 당국이 이미 불하 한 중간택지를 재매입 연결하여 홀륭한 고분공원으로 재정비하였

---

16 한국정신문화연구원, 『한강우역 백제전기 수도유적 보존문제』 '83 제3회 학술연찬, 1983.7.6
17 이형구, 「한강유역 백제전기 수도유적 보존문제」, 『정신문화연구』 통권제21호, 1984, pp. 121~146.

다. 당시까지 단일 문화사업비로 최대라고 하는 무려 520억 원의 사업비가 투입된 참으로 대역사였다.

II. 風納土城

풍납토성의 보존 문제에 대해서도 아래와 같이

> 사적 제11호로 지정돼 있는 風納里土城은 현재 대로면의 약 300m의 북쪽 면만 복원 보존되고 洞內에 있는 약 1.5km에 달하는 동쪽 면은 방치되어 인멸 위기에 있는데 이에 대한 보존 · 복원책을 강구해야 할 것임.

이라고,[18] 학계의 중지를 모아 1983년 7월 정부 당국에 분명히 건의하였으나 10년이 넘도록 아직까지 하나도 개선된 점이 없다.

요즘 사회 분위기 탓인지 오히려 더욱 방치되고 최근에는 전혀 사전 조사도 없이 성벽에 접근해서 건축물을 세우고, 토성 안의 유물포함층을 파괴하고 대형 아파트를 건축하는 실정이다. 풍납토성은 일찌기 일제 때부터 주의했던 백제시대의 성곽으로 1963년에 사적 제11호로 지정된 유적이다.[19]

필자가 처음 풍납토성을 찾아간 것은 1963년 여름이었다. 이 해에 풍납리토성이 사적으로 지정되었다, 당시 국립박물관 미술과장이시던 최순우 선생님과 서울특별시사편찬위원이시던 金永上 선생님을 따라 처음 답사하였다.,

그 후 1964년에 서울대 金元龍 교수에 의해 풍납토성 내의 포함층 조사가 실시된 것이 유일한 조사로,[20] 지금까지 근 30년 동안 한 번도 고고학 조사가 이루어진 적이 없다. 그래서 아직까지도 풍납토성의 諸元에 대해서 정확한 기록이 없다. 다만 사적으로 지정했던 당시인 1963년도에 펴낸『서울특별시사』고적편에 2,679m로 표시되었고,[21] 위의 김원룡 교수의『풍납리포함층조사보고』(1967)에는 "북벽이 약 300m, 동벽이 1,500m 남벽이 200m가량 되며, 서북벽 250m를 가산하면 현존 길이의 합계는 2,250m쯤 된다"고 하였다.[22] 여기에 1925년에 유실된 서벽까지 합치면 아마 3,500m는 될 것이다.[23]

필자의 현지 조사 결과 성벽의 基部는 대체로 30m가량 되고 좌우로 경사면을 이루면서 단면이 사다리꼴로 위로 올라간다. 단면은 거의 돌은 없고 고운 모래뿐인데 그것은 엷은 층으로 한층 한층 다져서 쌓아 올라가고 있다. 다시 말해서 성벽은 모래 뻘 흙과 황토를 섞어 다진 版築기법을 사용하여 한층 한층 쌓았다. 현재 복원된 부분인 북측과 동북 측 익 500m 길이의 성벽의 높이는 대략 8m이다. 모래 뻘 흙과 황토를 운반해다가 수십 층의 판축으로 8m 높이로 3.5km나 되는 거대한 성을 쌓는다는 것은 지금으로서는 도저히 상상을 초월하는 일이다.

---

18 위의 주, P.138,「부: 건의 사항」참조,
19 1983년 1월 21일 문화재위원회에서 사적 제11호로 지정되었다.
20 김원룡,『풍납리토성내 포함층 조사보고』서울대학교출판부, 1967
21 서울특별시,『서울특별시사』고적편, 1963.
22 위의 주, P.6
23 풍납토성을 답사할 때마다 풍납토성의 성벽의 둘레에 대해서 관심을 가지고 추적해 본 추정치이다.

내벽에는 7부 능선쯤에 人馬道가 있었던 것으로 보이나 외벽에는 원래 없었을 것이다. 아마 호박구덩이나 콩 따위를 심기 위하여 파놓은 것이 혹 人馬道처럼 보였는지 모르겠다. 이와 같은 경우는 토성 동남쪽 성벽에서도 찾아 볼 수 있다. [도판 1, 10]

풍납동 151번지 일대에는 1960년대에도 농가가 들어섰던 곳인데 지금은 2,3층 건물이 즐비한 불록형 주택가가 되었다. 그리고 풍납동 244번지 풍납토성 동벽 일부에는 무허가 건축물이 들어서 있어 지금은 서울시(실재로는 송파구가 시행하고 있음)가 성곽을 정비할 목적으로 일부가 철거 중에 있으나 전혀 사전 조사나 전문가의 현장감독을 배제하고 철거를 맡은 하청업자의 손에 정비되고 있어 무허가 건축물의 하부에 깔린 성토나 성벽 단면이 훼손되는 경우가 많다. 비록 정비를 목적으로 한 성체 상의 건축물철거라 할지라도 철거하기 전에 우선 사전 조사와 정비계획이 마련되어야만 할 것이다. 더욱이 풍납토성의 남쪽 풍납동 264번지 일대의 과거 우일아파트 단지는 대형 아파트로 재개발되고 있는데 이곳은 성곽의 내부 유적(포함층)이므로 마땅이 먼저 조사를 실시했어야만 했을 것이다.

풍납동 154번지 일대는 아직 토성의 흔적이 조금 남아 있는 곳이나 느티나무 묘목을 심어놓고 있으며, 성체의 좌우는 이미 파손되고 잡다한 시설물이 들어서 있다. 영파여중고에서 풍납국교 쪽으로 나 있는 동서대로에 잘려 나간 부분은 혹 東門址였는지도 모르겠으나 성벽 안쪽으로 성벽을 따라 성체를 깎아 낸 소로가 나 있고 성체 기부에 해당하는 곳(이미 사유지로 불하됨)에는 지하실을 파낸 4층 콘크리트 건물이 들어서고 있다. 그러나 참으로 어처구니없는 일은 건축장 옆 성벽 단면에 1991년 5월 송파구청장의 명의로 세운 스텐레스製 경고판이다.

문화재 보호구역으로 지정된 이 지역에서는 각종 불법 시설물을 설치하거나 현상 변경 등으로 보존,관리에 영향을 주는 행위는 할 수 없습니다. 만약 위의 사항을 위반하였을 때에는 문화재보호법 제91조에 의거 2년 이하의 징역 또는 200만 원 이하의 벌금에 처하게 됩니다.

라고 분명히 경고하고 있다. [도판 2]

그러나 실제로 1962년 1월에 법률 제961조로 제정된「문화재보호법」에는 제90조(행정명령위반 등의 죄)에

다음 각 조의 1에 해당하는 "허가를 받지 아니하고 지정문화재의 보호구역 또는 사적, 명승, 천연기념물(시, 도 지정문화재 및 문화재 자료 중 기념물을 포함한다)로 지정 또는 가지정된 구역 안에 시설물을 설치하거나 그 현상 보호에 영향을 미칠 행위를 한"자는 3년 이하의 징역 또는 300만 원 이하의 벌금에 처한다.[24]

고 하였다. 91조가 아니라 90조이고, 그리고 '2년 이하의 징역 또는 200만 원 이하의 벌금'이 아니라 '3년 이하의 징역 또는 300만 원 이하의 벌금'이다. 그리고「문화재보호법 시행규칙」제3조(보호물 또는 보호구역의 지정기준)의 사적 보호구역은 "성곽 등은 성벽면 하부 기석에서 외항 및 내항 각각 20m 내지 50m 이내의 구역"

---

24 문화공보부 문화재관리국,『문화재관계 버렁집』1985, pp.39-40

으로 정하고 있다.[25]

그러나 국가 사적 제11호인 풍납토성 주위에는 모두 국가가 법률로 정한 이「문화재 보호법」이나「시행규칙」을 제대로 지킨 곳이 단 한 군데도 없다. 사적 지정구역 안에 지하실을 판 콘크리트 건축(빌딩)을 짓는 것 말고도 성체 위에 무허가 건축물이 들어서 있고(이것은 시가 최근 철거중에 있다) 묘목장, 양파재배장, 호박밭, 콩밭 등 농지로 활용되고 있고, 성벽의 기저 부분은 주차장이나 카센터로 사용되고 있어 국가가 정한 법률을 무색케 한다. 하루빨리 지표조사를 거친 후 보호구역의 확대와 보존이 시급하다.

역사적으로 풍납토성은 백제 건국시조인 온조왕이 하북위례성에서 하남위례성으로 천도한 사건과 매우 밀접한 관계를 가지고 있다. 그것은『三國史記』백제본기 시조 온조왕조에 실린 기사에 의거하면, 온조왕 13년(B.C.6) 여름 5월에 왕이 신하들에게 이르기를 "내가 어제 나아가 순행하다가 漢水의 남쪽 토양이 비옥함을 보았으니 그곳으로 도읍을 정하여 영구히 편안할 계책을 도모하겠다."고 하였다.[26] 그런 다음 같은 해 "9월에 성를 쌓고 궁궐을 세웠다."고 하였다.[27] 지금으로부터 꼭 2,000년 전인 온조왕 13년(B.C.6) 5월에 왕이 친히 정한 이 성의 위치는 한수(한강)이남의 비옥한 땅이다. 그것은 바로 廣州평야로, 오늘날의 강남지구이다.

이곳에 도성을 쌓고 궁궐을 세운 다음 해인 온조왕 14년(B.C.5) 봄 정월에 도읍을 옮겼다고 하였다.[28] 이 해가 내년이면 꼭 2,000년이 된다.

그리고 같은 해 가을 7월에 한강 서북쪽에 성을 쌓고 漢城의 백성들을 나누어 살게 하였다고 하였다,[29] 여기에 보이는 '한성'이 바로 이 해 봄에 천도한 한강 이남의 도성일 것임은 분명한 사실이다. 이것이 역사상 처음으로 보이는 백제의 수도 서울을 일컫는 '漢城'이다.

그러면 이 한성이 과연 어느 성을 일컫는가. 많은 학자들이 설왕설래하고 있는 문제의 이 성을 추정하는 데는 그리 어렵지 않다고 생각된다. 왜냐하면 온조왕 스스로가 '한수 이남의 토양이 비옥한 땅'이라고 하였으므로 이는 넓은 들이 있는 글자 그대로 廣州平野를 일컫는 말이기 때문에, 이 평야에 쌓은 성은 바로 풍납토성일 수밖에 없을 것이다.

그래서 金廷鶴 교수는 풍납토성을 하남위례성으로 비정하였다.[30] 이 풍납토성이 백제 초기 한성이라면 개로왕대 한성은 후기 한성으로 볼 수 있기 때문에 후기 한성은 혹 몽촌토성이나 또 다른 성일 수도 있을 것이다.

고 김원룡 선생은 "풍납리 토성의 실연대에 대해서는『삼국사기』의 기록대로 그 初築은 제1세기경.으로 보고 475년 公州 천도까지 전후 약 5세기로 추정하였다."라고 하였다.[31] 1세기경 초축이라고 한다면 바로『삼국사기』온조왕조에 보이는 도성 축조시기와 대체로 부합된다.

---

25 위의 주, p.83, p.115.
26 『삼국사기』권 23, 백제본기 1.
27 위의 주와 같음.
28 위의 주와 같음.
29 위의 주와 같음.
30 김정학,「서울 근교의 백제유적」,『향토서울』39, 서울특별시사편산위원회, 1983, p.9-11.
31 위의 주 20) p.45.

Ⅲ. 阿且山城

서울시가 「서울定都 600年」 기념행사로 각 구청별로 분담하여 한창 문화축제를 준비하고 있는데, 성동구는 9월 28일부터 3일간 「아차산 문화축제」라는 것을 만들어 어린이대공원과 뚝섬 시민공원에서 「온달장군과 평강공주의 행렬」을 재현한다고 한다.[32] 이 가운데 마지막 날에 열리는 「온달장군의 출정행렬」이 가장 눈길을 끄는 행사라고 한다.

『삼국사기』 열전 온달조에 보면, 속칭 바보 온달은 고구려 영양왕 때(590년 추정)한강 이북의 신라영토를 침공하였다가 아차산성(지금의 워커힐 뒷산)에서 신라군의 화살에 맞아 전사한 고구려 장수이다.[33] 서울시민들이 「미스터 온달」이건 「미스 평강공주」를 뽑는 신발대회가 오늘에 와서 고구려의 드높인다고 해서 그 자체를 매도할 일은 아니나 아무리 생각해보아도 주객이 전도된 느낌이다

신라시대에는 온달의 침공을 아차산성에서 잘 지켰으나 이보다 한 세기 전에는 고구려 長壽王의 남침으로 백제 500년 수도가 함락되고 백제왕(蓋鹵王)이 밧줄에 묶여 끌려가 피살된 사변이 발생하였다. 이 역사적인 현장이 바로 이 아차산성이다. 『삼국사기』 백제본기에

> 개로왕 21년(475) 가을 9월에 고구려 왕 거연(장수왕)이 군사 3만을 거느리고 와서 서울 한성을 에워싸므로. 왕(개로왕)의 죄목을 따진 다음 왕을 묶어서 阿且城 아래로 끌고가 죽이게 하였다.[34]

고 한 아차성이 바로 이 아차산성이다.

그러나 이 아차산성은 장수왕에 의해서 함락되기 전(475)까지는 백제 서울 한성을 지키기 위한 가장 중요한 성곽이었다.[35] 개로왕의 죽음으로 개로왕의 사왕인 文周王이 백제 시조 온조왕의 개국 이래 수도 서울로 500년 가까이 지켜왔던 한성을 포기하고 南遷 길에 올라 금강 중류의 협곡인 能津(지금의 공주)에 도착하여 임시 수도로 정하였다. 그러나 임시수도 공주는 불과 63년만인 聖王16년(538)에 다시 泗沘(지금의 부여)로 도읍을 옮기게 되었다. 이 시기도 불과 122년이다. 백제 역사 678년 중에서 백제가 가장 강성했던 시기는 바로 고구려의 남침이 있기 전(475)까지의 서울 한성시기인 약 500년간(B.C,18-475)이다.[36]

백제 건국 2,000년을 맞아 백제의 고토인 오늘날의 서울에서 찬란했던 백제의 문화를 재현하는 행사도 같이 마련했더라면 더 좋았을지도 모르겠다.[37] 사적 제234호인 아차산성은 주로 성동구 광장동 「워커힐」의 구역 안에 있다. 산성은 표고 206m의 아차산을 정상에서 동남쪽 한강을 향하여 완만하게 경사된 아차산 중복 이상의 부분에 둘러 주위가 약 1km가 넘는 성벽을 구축한 이른바 퇴뫼식 산성이다. 성벽은 기본적으로 削土

---

32 「고구려 기상재현 '아차산 축제'」; 조신일보, 1994년 7월 30일자(토요일) 28면. 이에 대해 성동구청 공보실에 문의한 바 있음.
33 『삼국사기』권 45, 열전5.
34 『삼국사기』권 25, 백제본기 3
35 『삼국사기』권 24, 백제본기 2, 책계왕 원년(286) 조에 아차성이 처음 보인다.
36 근초고왕(346-374) 때에는 북으로 평양성까지 공락하였고, 남으로는 마한 전역을 장악하였으며, 동으로는 태백산맥에 이르렀고, 서쪽으로는 서해에 다다른다.
37 일반적으로 185년간의 공주, 부여만을 백제수도로 인식하고 있기 때문. 심지어는 지난 7월 정부각의에서 건설부가 추진하는 공주, 부여, 익산지구의 「백제문화권 8개년 개발」비용으로 무려 1조 5천억 원이라는 천문학적인 예산이 통과되면서도 서울백제 수도유적 개발비는 단 한 푼도 책정되지 않았다.

法에 의하여 성곽의 형태를 갖춘 다음 그 상변에 따라 돌아가면서 낮은 石壘를 쌓아가는 일종의 土石混築法과 같은 형식을 취하고 있다.[38] [도판 11]

그러나 산성의 일부를 「워커힐」에서 철조망을 설치하고 일반의 접근을 금하고 있다. 철조망 안에서 산성의 남쪽 부분으로 한강의 광나루를 건너 풍납토성과 몽촌토성을 내려다보는 위치에 水口址 혹은 南門址라 여겨지는 부분이 있고, 이곳에서 1979년도에 「워커힐」의 소유자 측에서 취수장을 만들고 시멘트로 배수구 공사를 한 바 있다. [도판 13~14]

이때 成周鐸 교수가 현지에 조사차 나갔다가 공사로 파헤쳐진 곳에서 高杯片을 수습하였는데 백제계 고배임이 틀림없다고 한다.[39] 이렇듯 귀중한 사적이 지금도 「워커힐」측에서 철조망으로 통제시키는 이외에는 아무런 보호나 보수대책이 없다. 아직도 1979년에 시멘트로 만든 취수장이 여전히 사용되고 있을 뿐만 아니라 산성의 동남쪽 중간지점부터는 아예 절단되어 「워커힐 골프 연습장」으로 사용되고 있는 실정이다. 물론 풍납토성도 그러하지만 아차산성도 아직까지 기초조사 한번 실시한 적도 없을 뿐만 아니라 정확한 제원을 밝히지도 못하고 있다.

Ⅳ. 대책

사실은 백제가 서울(한성)에 정도한 시기에 遼西를 공략하여 백제가 쯥平君 쯥平縣을 직접 다스렸다.[40] 또 이 무렵에 근초고왕은 고구려의 평양성을 공격하여 고구려왕 사유(고국원왕)가 전사하는 전과를 올렸다.[41] 그리고 백제가 일본에 진출한 것도 바로 백제의 서울을 지금의 서울에 두고 있을 때이다. 그럼에도 불구하고 서울시가 서울시를 '脫百濟化'한다면 서울시민들이나 더 나아가 국민들에게 마치 서울은 오직 조선 600(519)년만 있었던 것처럼 오인될 우려가 있다. 잘못하면 서울시가 서울의 역사를 스스로 왜곡하는 꼴이 된다. 다시 말해서 「서울 600년」 행사안에 어떤 방법으로든 서울의 백제수도 493년과 백제 정도 2,000년에 대한 수용은 서울의 역사가 유구함을 되찾는 일이 될 뿐만 아니라 더 나아가 세계에서 가장 오래된 수도 중의 하나라고 하는 긍지를 되찾게 될 것이다.

서울이 내년(1995)으로 백제 서울 정도 2,000년을 맞이하는 시점에서 서울시가 「서울 2000년」을 무시하고 「朝鮮 定都 600年」만을 고집한다고 한다면 그것은 매우 엄중한 역사적 과오가 될 것이다.[42]

지금도 서울시는 「서울 600년」을 기념하는 일 중의 하나로 서울성곽을 복원하기 위하여 엄청난 정부 예산을 투입하고 있다. 최근에 복원된 惠化門만 하여도 무려 30억 원의 공사비가 들었다고 한다. 서울성곽이나 성문이 그토록 중요하다면 백제의 왕성이 비록 토성일지라도 역시 중요하다. 서울시는 또 내년에 西大門도 복원할 계획이라고 한다. 어느 것이 시급한 것인지는 꼭 고고학자나 역사학자가 아니라도 분별할 수 있을 것

---

38 문화공보부 문화제관리국,『문화재대대관』사적편, 1975, p. 204.
39 성주탁, 「한강유역 백제초기 성지연구」, 『백제언구』4, 충남데학교 백제연구소, 1983, p. 119.
40 沈約『宋書』권 97 열전 제 57 백제조, 그리고 『梁書』에는 遼西・쯥平二郡을 백제가 自置했다고 하였다.
41 『삼국사기』백제본기 근초왕조.
42 일본은 올해가 헤이안(平安)시대의 수도를 쿄도(京都)로 옮긴 지 1,200년이 되는 해라고 해서 여러 가지 기념행사를 치루고 있다.

이다. 관계 당국은 더 이상 서울백제 수도유적이 파괴되는 것을 방지하는 방안을 강구하고, 아울러 이미 사유지로 불하된 사적보호구역은 더 늦기 전에 다시 매입해야 만 할 것이다.

　다시 한번 11년 전 필자가 주장했던 말을 똑같이 되뇌지 않을 수 없게 된 오늘을 유감스럽게 생각하지 않을 수 없다.[43]

　지금의 서울은 역사상 도읍지로 맨 처음은 백제의 초도 위례성이라 하였고 다음으로는 한성이라 하였다. 위례성이라 함은 백제의 건국을 기술한『삼국사기』백제본기 온조왕 죽위(B.C.18), 13년(B.C.6), 17년(B.C.2), 41년(A.D.23), 책계왕 즉위(286) 조에 보이고, 漢城이라 하는 초명 역시 同書 온조왕 14년(B.C.6) 조에 이미 보이기 시작한다. 그리고 온조왕 25년(A.D.36), 아신왕 원년(392), 전지왕 원년(405), 2년(406), 개로왕 21년(475) 조 등에 모두 한성이라 하는 백제왕성이 보이고, 특히 개로왕 21년(475) 조에 '왕도한성'이라고 하여 한성유역의 백제왕도를 지칭하여 한성이라고 하였다. 그렇다면 역사상으로 분명히 '서울 2000年史』가 되어야 할 터인데 그렇지가 못하고, 이렇듯 지금의 서울이 겨우 조선왕조 500여 년의 수도로만 인식된 데에서 오늘날과 같은 한강유역의 廣州平野에 분포된 백제전기 수도유적이 한낱 田野의 土石으로 서울시 도시개발용의 잡토나 잡석에 불과하게 된 것이 아닌가 한다.

(1994年 9月 20日 畢)

43 위의 주 17)「한강유역 백제전기 수도유적 보존문제」, 1984, pp.127-128

서울 百濟首都遺蹟保存會議
綜合討論

1994년 9월 28일
한글회관 대강당

토론참가자 :

사회자 : 손병헌(성균관대 교수)

김정학(한국고고학연구소),
이기동(동국대 교수),
성주탁(충남대 명예교수),
장철수(한국정신문화연구원 교수),
박동백(창원대 교수),
심봉근(동아대 교수),
송기중(한국정신문화연구원 교수),
이종욱(서강대 교수),
심정보(대전산업대 교수),
이도학(한양대 강사),
유원재(공주교대 교수),
최완규(원광대 교수),
최몽룡(서울대 교수),
이형구(한국정신문화연구원 교수)

이상 14명(토론 순서)

서울 百濟首都遺蹟保存會議
綜合討論 內容

사회자 :

이제부터 할 이야기는 百濟유적에 관한 성격 규명인데, 학술적인 것보다는 이제까지의 발표에서 여러분이 느끼셨듯이 이러한 百濟유적들이 서울의 급격한 팽창으로 인해서 크게 훼손되고 있는데, 이것에 대해서 우리가 어떠한 대응책을 가져야 할지, 보존을 위해서 어떤 대책이 마련되어 있는지, 그러한 것에 관해서 고고학을 하시는 분이나 그 외에 관심을 갖고 계신 분들께서 말씀을 해 주십시오. 먼저 평생 동안 고고학을 하시고 지금도 연구에 몰두하고 계시는 김정학 선생님께 여쭈어보겠습니다.

김정학 :

저도 뭐 그런 정책적인 것에 대해서는 그렇게 아는 바가 없고, 다만 우리 학문하는 사람으로서, 풍납리 토성은 말씀하신 바와 같이 百濟초기의 토성으로서 또한 도읍으로서 매우 중요합니다. 현재 우리나라에 도성이 남아 있는 것이 매우 드문데, 더구나 풍납리토성은 百濟의 발상지로서 연구하는데 매우 중요합니다. 풍납리토성은 일제시대부터 사적으로 지정되었는데, 해방후 이러한 사적들이 우리 손으로 파괴가 심하게 된 것은 참으로 부끄러운 일이 아닐 수 없습니다. 더구나 서울 시내에서 광나루를 건너면 도착할 수 있는 아주 가까운 거리인데 담당 관청에서 방치하였습니다. 사적은 엄연히 함부로 취급해서는 안되며, 벌칙이 엄연히 명기되어 있는데도 어떻게 해서 이렇게 심하게 파괴되었는지, 그것도 조금 한쪽이 파괴된 것이 아니라 이렇게 상가가 들어서고 아파트가 들어서면서, 전부 훼손되어서 원형을 잃게 되었으니, 안타까운 일입니다. 아까 발표 중에도 말씀드렸지만 토성 중에서도 풍납리토성을 지금은 우리는 慰禮城이라고 봅니다만, 百濟초기의 가장 중요한 풍납리토성, 몽촌토성 등은 굉장히 중요한 유적지라고 봅니다. 다행히 몽촌토성은 그렇게 많이 파괴되지는 않았지만 그것도 뭐 일부는 파괴되어 있고, 장차 어떻게 보존될지 알 수 없습니다. 하여튼 百濟초기의 유적으로서 풍납리토성, 몽촌토성은 토성이라고 해서 가볍게 보기 쉬웠던 게 사실입니다. 다행히 이형구 교수가 아주 열심히 심혈을 기울여 조사하시고 해서 이 자리가 베풀어졌는데, 이를 좀 더 나아가 여론을 환기하고 관계 당국에서 여기에 대한 철저한 보존대책을 시행하기를 바라는 바입니다.

사회자 :

우리 百濟유적 특히 토성유적의 보존의 중요성에 대해서 강조하신 것 같은데, 좀 더 초점을 맞추기 위해서 그러면 이렇게 크게 조성되어 있는 유적의 더 큰 훼손을 방지한다거나, 또는 유적으로서의 제모습을 되찾기 위해서 더 애를 써야 할 것 같습니다. 제게 언뜻 문제점으로 머리에 떠오르는 것은 우리나라가 성곽을 사적으로 지정할 때, 성벽을 중심으로 지정되고 있는데, 조선시대의 북한산과 같은 한적한 외지에 떨어진 곳은 벽을 중심으로한 사적지정이 의미가 있는지 모르지만, 선사유적이나 고대유적은 그 성벽 안에 고대사의 많은 궁금증을 풀어줄 수 있는 정보가 포함되어서, 성안까지 모두 사적으로 포함시키는 것이 합당하다고 생각됩니다. 그래서 지금 현재 서울시 교외지 안에 있는 성곽들을 그런 식으로 지금이라도 다시 사적으로 지정해서 지금 현재 이상의 훼손을 막는 것이 좋은 지에 대해서 이런 문제를 중심으로 해서 이기동 교수님께서 한 말씀 해주십시오.

이기동 :

지금 사적보호의 기술적인 문제에 대해서는 제가 말씀드릴 계제가 아닌 것 같습니다. 제가 3, 4년 전에 아차산성을 몇 사람하고 반 조사 겸해서 올라갔었습니다. 아까 이형구 교수님께서 슬라이드로 보여주신 그런 것을 보았는데, 정상부에 올라가면 바로 빌라가 보이고, 한강이 잘 보이는데, 거기에 성 돌무더기가 조금 있었습니다. 어떤 와당 전공하는 이가 이는 고구려 와당이라고 했습니다. 제 생각으로 이것은 아마도 고구려가 475년 이후에 이곳을 점령했기 때문에 그러할 수도 있으리라고 생각했습니다. 그 후에 스크랩을 뒤져보니까 현 워커힐 소유자가 77년경에 그곳을 매입하면서 약속을 했고, 이것이 신문기사화되었는데, 30m의 성벽을 복원하겠다고 했습니다. 정확히 어딘지는 모르겠는데, 그런 약속을 한 것은 그들이 장차 아차산성을 훼손할지 모른다는 것을 알고 그 반대급부로 이야기를 했는지, 신문기사는 그렇습니다. 저희가 현실적으로 할 수 있는 것은 매입 당시의 약조를 이행하도록 소유자에게 촉구하는 그런 문제부터 시작할 수 있지 않는가 생각됩니다.

사회자 :

뭐 그와 비슷한 대책 문제에 대해서 성주탁 선생님께서 하실 말씀이 있으신지, 별로 없습니까?(성주탁) 그러면, 장철수 교수께서 한 말씀 해주십시오.

장철수 :

저는 민속학을 전공하는 사람으로서 이런 자리에 별로 구색이 맞지 않는 사람이라고 생각합니다. 그러나 평소에 제가 생각하는 바는 어느 문화를 연구하든지 기본적인 것은 땅 위에 어떠한 사실이 있느냐, 특히 문자기록이 적은 시기의 문화를 연구하는 데는 그것이 필수적이라고 생각됩니다. 또한 문화적인 조건 안에서는 인공적인 요소가 가미됐건, 그렇지 않건 간에 이것이 어떻게 마음대로 행정당국에 의해서 변경이 되는가 이해가 되질 않습니다. 이는 기본적으로 문화적인 가치나 학술적인 차원을 고려하지 않는 일방적인 행정적인 횡포의 대표적인 것이 아닌가 생각됩니다. 그런 의미에서 물론 百濟시대의 유적을 어떻게 보전해야 되는가 하는 문제도 있지만, 기본적으로 우리의 학술 내지 학계 전체를 망쳐놓아 공부하는 사람들이 공부하지 못하도록 한데 대해서는 서글픈 심정입니다. 그런면에서 이런 문제는 우리 학계 전체에게 우리 땅덩어리 보존 내지는 땅덩어리에 대한 연구 자체를 못하도록 하는 행위라고 생각됩니다.

다음으로는 현재의 百濟에 대한 인식이 오히려 조선시대보다 못했었다고 생각됩니다. 민속학하는 입장에서 저는 당대에 권력을 가지고 있는 집단이 과거에 대해 어떠한 인식을 하고 있는가 하는 구체적인 표현이 국토발달이나 사정 문제와도 밀접한 관계가 된다고 생각됩니다. 현재 집단은 조선시대인들의 문화의식보다 못하다고 생각됩니다. 조선시대는 동아시아를 중심으로한 문화적 세계 속에 살고 있었으나, 현재는 세계적인 차원의 문화의식을 갖고 있는 세계속에 살고 있는데, 왜 이렇게 했는가 이해되지 않습니다. 저는 민속학을 하는 사람으로서 국가가 어떠한 의식과 의례에 의미를 부여하고 있는가에 주목을 하고 있습니다. 구체적인 방증을 들면 조선시대인 1.600년대 중반에 2년간에 걸쳐 남한산성을 개축하고, 거기에 온조왕묘를 세운 것으로 알고 있습니다. 매년 봄과 가을에 나라에서 향과 축을 내려서 수어사, 광주유수로 하여금 제사를 지내도록 한 기록이 나오고, 계속 이어져 오고 있었습니다. 이러한 사실 이외에 조선시대 초기에 직산에 온조왕묘를 건립한 기록이 나오기도 합니다만, 이때에는 최소한도 남한산성을 2년여에 걸쳐서 개축하였습니다. 여기에는 국방의 문제도 있지만, 이러한 일이 있었을 때는 반드시 거기에 대한 보상을 했다는 것입니다. 즉 온조왕묘를 모셔서 국가에서 제사를 올리는 제도를 마련했다는 것입니다. 이것은 상당히 과거를 바탕으로 하고 현재가 있도록 만드는 국가의 문화의식이라고 생각합니다. 이번에 방이동, 석촌동 고분문제, 토성문제 등에는 전혀 그러한 문화의식 없이 현실적 목적에서만 마음대로 파괴된 것은 현재 정권을 담당하신 분들의 문화의식이 의심스럽다고 생각됩니다. 17세기 중반의 유교적인 의식을 가지고 통치했던 이들에게 문화의식이 따라가지 못했다는 것은 서글픈 것 같습니다. 그런 의미에서 무언가 국토 자체를 보존하는 것은 학술적인 장래 체계의 문제입니다. 설마 어떤 문제이건 보존에 대한 문화적인 발달 문제가 고려되어야 하지 않을까 생각됩니다. 이런 정도로 민속학하는 입장에서 말씀드렸습니다. 조금 길어서 죄송합니다.

사회자 :

요즘의 우리가 문화유산의 보존, 역사를 제대로 인식 못하고서 바쁘게만 살아왔다는 데 대한 질책으로 생각하고 받아 들여야 될 것 같습니다. 멀리 창원에서 올라오신 박동백 교수님께서 한 말씀 해주십시오.

박동백 :

저는 창원대학에 있습니다. 조선시대 세종 때 인물로서 최윤덕(崔潤德)이란 장군이 있었습니다. 세종이 최윤덕을 만나면 경도 나에게 선사란 말을 하겠지할 정도였고, 그는 축성대감이라고 불리웠습니다. 이번에 그에 대한 책을 출판하게 되어서 성이라고 하면, 가능한 한 둘러보기도 했습니다. 이번에는 마침 이형구 박사하고 같이 풍납토성을 둘러보았습니다. 그런데 성을 보면서 지방이나 서울이나 같구나 하는 생각을 했습니다. 저도 옆에 계신 동아대학교 심봉근 박사와 경상남도 문화재위원으로 있습니다. 마산에 몽고가 일본을 정벌하러 갈 때에 정동행성이 있었습니다. 이것이 문화재로 지정되지 않아서 헐릴 위기에 있었습니다. 이것을 보존하기 위해서 지방에 있는 교수가 성을 공부하는 사람이 노력해봐야 별 효과가 없을 것 같아서 서울에 계신 김원룡 박사와 김철준 박사와 또 한 명의 교수 세 분을 모시고 성을 둘러보았습니다. 이분들이 여기에 어떻게 몽고가 이용한 고려시대 성이 남아 있느냐 하시며, 이렇게 중요한 것을 절대 지켜야 한다고 했는데, 이런 말씀하신 분은 당시 문화재위원장이던 김철준 선생님이셨습니다. 이렇게 해서 절대 훼손되어서는 안된다 하는 쪽으로 논의가 되었고, 확실하게 이 성은 중요하다 하는 것이 인식이 되었습니다. 그런데 한 일주일이 지나서 새벽에 전화가 왔는데, 어느 대학교수가 등산을 가다가 「불도우저」가 성을 밀고 있는 것을 보았기 때문입니다. 그래서 가보니까 성을 모두 밀어서 아무것도 남아 있지 않았습니다. 얼마나 화가 났던지, 그래서 제가 또 MBC시청자 자문위원이고 해서 카메라로 찍어보려고 했으나, 있어야 찍지요, 그러니까 찍지도 못하고, 찍어도 안되고, 그래서 결국은 그 성은 헐어지고 말았습니다만 그 성은 대단히 중요한 성이었습니다. 그래서 산 쪽에 조그마하게 남아 있는 것만이라도 잡아야 되겠다 생각하고, 심 박사님(동아대)하고 그 성을 잡았습니다. 그래서 문화재로 지정하였습니다. 이번에 풍납동토성도 둘러보니까 유사하다는 생각을 하게 되었습니다. 역시 많이 허물어지고 성은 그렇다고 해도 밑에 길로 사람이 다니더라도 높은 데 위로 연결시키면 되겠는데, 그것도 모두 헐어버리고 했는데, 무엇보다도 문제는 보수한 것이 문제라고 하겠습니다. 앞서 선생님들이 발표하신 자료집(본문)의 38페이지 도판 1을 보면, 풍납동토성 북쪽에 보수한 것이 피라미드형으로 되어있는데, 성이 이렇게 되어있을 리가 없습니다. 만약 성을 이런 식으로 쌓았다면, 적이 정상부를 차지할 때, 이쪽에서는 올라가지도 못하는데, 어떻게 적을 방어할 수 있겠습니까. 제가 볼 때는 아주 잘못되었습니다. 이것은 성 안쪽의 토지를 이용하기 위해서 성을 이렇게 보수했다고밖에 볼 수 없겠습니다. 그다음으로 42페이지를 보면, 토성 내면은 완만합니다. 그래야 안에서 밖에서 싸우다 죽으면 다른 사람이 다시 활동할 수 있습니다. 그런데 현재는 안쪽을 V자형으로 파 내리고, 거기다 집을 지었던 것입니다. 서울에서도 이렇게 하는구나 생각이 들어 저는 참 한심한 생각이 들었습니다. 제가 진주에 가면 거기에 유명한 석성이 있었습니다. 성이라고 한다면 석성을 쌓았을 때, 원사(遠射)와 근사(近射)를 할 수 있도록 되어있어야 하는데, 이것은 근사를 할 수 없습니다. 원사밖에 되지 않습니다. 조그만 구멍 밖에 내놓지 않았습니다. 그러면 먼 훗날에 후학들이 임란 때 왜 진주성이 함락되어졌는가 하면, 축성의 잘못으로 되었다 하는 결론밖에 나오지 않습니다.(일동 웃음) 그래서 앞으로 보수하는 문제도 더욱 관심을 가져야 할 것이며, 특히 서울에서 잘해주어야 지방에서 함부로 밀어버리는 일이 없을 텐데 서울에서도 이렇게 하니까 지방에서는 더욱 말할 필요도 없습니다.(일동 웃음) 솔직이 말씀드려서, 여기에 서울시 담당자가 계시는지 모르겠습니다만 이런 쪽에 성의를 베풀어 주셔서, 서울에서 잘 해주셔야 지방에서도 본을 받을 수 있지 않을까 해서 외람되게 한 말씀 드렸습니다. 죄송합니다.

사회자 :

같이 멀리 부산에서 올라오신 부산 동아대 심봉근 교수께서 한 말씀 해주십시오.

심봉근 :

앞에 계신 선생님들이 다 말씀드려서 저는 할 말은 없지만 몇 마디 하겠습니다. 요즈음 서울시가 정도 600년이란 행사를 하는데 제가 보기에는 거기부터 사실상 헷갈리는 부분이 있습니다. 왜냐하면 앞에 발표하신 여러 선생님들께서 서울이 百濟의 수도로 B.C 18년에 되었다고 이야기하시고, 문헌상으로도 나와 있고, 오늘 발표하신 풍납동 토성과 같은 성이 百濟의 수도로서 왕성으로서 이야기되고 있는 마당에, 어째서 그 百濟라는 왕조는 국가로 생각하지 않는지, 어째서 조선시대에 한성에 도읍지를 정한 것을 그때부터 정도 600년이라고 하는지, 사실상 여기에 앉아 계신 분들이 학교에서 학생들을 가르치는 선생님들인데, 그 학생들의 교과서에서도 벗어나는 일을 하고 있다는 생각이 듭니다. 부산에서도 항도 부산직할시 기념행사도 합니다만, 서울은 우리나라 문화의 집중지역이고, 가장 우리나라의 지식인들이 집중된 지역인데, 어떻게 그렇게 무식한 생각을 하고 있는가 하는 생각이 듭니다. 그와 같은 정도 600년이란 생각은 바로 조선시대의 왕성을 중심으로 한 생각 때문에 百濟가 무시되고, 百濟가 무시되기 때문에 百濟의 유적이 이미 파괴되는 근본적인 문제가 나오고 있습니다.

또 하나는 역사를 연구하는 데 있어서 문헌상으로 하시는 분들은 『삼국사기』, 『삼국유사』나 『조선왕조실록』 같은 문헌을 중심으로 하는 역사를 연구하고 있습니다. 그러나 고고학자나 미술사학자들은 그때까지의 유적을 중심으로 연구하고 있습니다. 그래서 『삼국사기』나 『조선왕조실록』이 문헌사학을 하는 사람에게 중요한 것과 같이 유적 또한 『삼국사기』나 『조선왕조실록』 못지않게 중요한 것입니다. 『조선왕조실록』이 규장각에 있는데 만약 그것을 포크레인으로 판다고 한다면, 사람들이 다 미쳤다고 큰일 난다고 하면서 다 잡아넣을 것입니다. 그러나 그와 꼭 같은 어쩌면 왕조실록보다 진실한 것이 그것인데, 그 유적은 파고 집을 짓고, 형상을 변경시켜도 아무 말도 하지 않는 문제, 이런 근본적인 문제부터 생각을 해야 할 것입니다. 서울시민 또는 국가에서도 그 유적이나 유적의 근본적인 취지와 거기에 담고 있는 의미를 새롭게 부각해서 생각하고, 풍납토성뿐만 아니라 타 성이나, 각 지방에 있는 산성이나 모든 유적들이 그와 같은 취지에서 생각한다면 좋겠습니다. 더욱이 이 정부가 문민정부라고 하니까 그 문자가 그 앞의 민자 못지않게 중요하다고 생각하는데…, 하여튼 전국적으로 이와 같은 문화유적들이 손실을 덜 입어야 한다는 생각이 듭니다. 이상입니다.

사회자 :

좋은 말씀 해주셨습니다. 여기 아까 장철수 교수님께서 문외한적이라고 스스로 말씀하셨는데, 그보다 더 문외한적인 분이 한 분 더 계시는데, 한국정신문화연구원에서 국어학과 몽고어학을 전공하시는 송기중 선생님께서 한 말씀 해주십시오.

송기중 :

소개받은 송기중입니다. 현재 한국정신문화연구원 인문연구부장을 맡고 있습니다. 그래서 다른 선생님들께서는 아주 전문적인 입장에서 말씀해 주셨는데, 저는 아주 상식적인 입장에서 말씀드리겠습니다. 대개 지금 우리 정부에서도 국력이 신장함에 따라 문화재 보존에 대해서는 상당히 관심을 쏟는 것 같습니다. 제가 일요일에 등산을 가보면 북한산성의 대남문이나 대성문을 복원하느라고 애쓰고 있는 모습을 보았습니다. 그런데 요는 百濟유적과 같은 것은 가시적인 효과를 누릴 수 없기 때문에 소홀하지 않는가 하는 생각입니다. 그러니까 일반 대중들이 눈요기를 할 수 있는 유적이라면 서울시에서도 돈을 많이 들여 이것을 보호하고 관광지로 개발하겠지만, 흙무지 같은 토성들로서는 학자들의 희망이 일반 행정인들에게는 잘 납득되지 않는가 하는 생각이 듭니다.

저는 석촌동 근처에 사는데, 잠실에 12년 동안 살았습니다. 그렇기 때문에 석촌동 고분의 지나온 변화를 잘 알고 있습니다. 제일 우스운 것은 적석총을 다 파괴시켰던 것을 교수들이 들고 일어 나고, 언론에 보도되고 하니까, 서울시에서도 복원을 하였습니다. 그래서 가운데로 百濟고분로를 만들었는데, 또 학자들이 이래서는 않된다 하니까 밑에 지하도를 파 놓았습니다. 그런데 담을 둘러놓고 꼭 잠거 놓아 누구 하나 들어가지 못하게 하였습니다. 그곳은 땅값도 비싼 지역인데, 만 평 이상 되는 지역을 담장으로 둘러놓고 아무도 들어

가지 못하게 한 상태로 방치시켜 놓았습니다. 그래서 말씀드립니다만, 우리가 지금 이야기하는 풍납토성이다 아차산성이다 하는 것들이 학자들의 입장에서 보존대책을 세우기를 정부에 요청하지만 이상적인 보존의 형태가 어떠한 것이라는 것도 동시에 건의를 하면 좀 더 효과적이고, 설득력이 있지 않을까 하는 생각이 듭니다. 그냥 무조건 이것을 없애면 않된다고 주장하는 것보다 예를 들어 풍납토성을 시민들의 휴식공간으로 활용하고, 원래 형태를 보존해달라 그렇게 이용도를 생각하여, 그러한 대책을 방법까지도 동시에 생각하면서 정부 당국자들에게 건의했으면 하는 생각이 듭니다.

그리고 사실은 작년 한국정신문화연구원 인문연구부에서 대과제를 기획하였다가, 자금문제로 중지되고 있는데, 이는 전국적으로 문화지도를 작성하려는 것입니다. 얼핏 듣기에 저희가 전국적으로 3,000군데 이상의 산성유적이 있다고 들었습니다. 지금까지 전국의 문화지도라고 한다면, 행정당국자들은 처음에 찬성을 하면서 과거 문화재관리국에서 만든 것이 있다고 했습니다. 그런데 이 사람들이 생각하는 것은 관광객들에게 나누어주는 얼룩달룩한 문화재지도만 생각했지, 전국적으로 특히 산성들을 포함하는 광범위한 지도가 아니었습니다. 제가 이와 같은 성격의 일본에서 나온 지도를 보았는데, 거기에는 2만5천분의 1지도나 5만분의 1지도에 세밀하게 어디에는 산성이 있다, 분묘가 있다 하는 것이 전부 기록되어 있었습니다. 그래서 저희도 이러한 지도가 작성이 되어서, 그 지역에 군사시설을 만든다던가 무슨 어떠한 우주안테나를 설치할 때에도, 사전에 조사된 고적지도에 의거해서 먼저 발굴부터 수행을 하고 그 다음에 시설물을 만드는 일에 착수할 수 있도록 하는 것입니다. 그러한 사업을 어디선가 먼저 수행하는 것이 좋지 않을까 생각해서 제가 앞장서서 작년에 벌이려다가 중단되었습니다. 그런데 앞으로 이러한 일을 저희 한국정신문화연구원이든가 어느 기관에서 해야 할 것이라고 생각이 듭니다. 오늘 다른 분들 말씀하실 분들도 많기 때문에 여기서 줄이겠습니다.

사회자 :

서강대 이종욱 교수님께서 한 말씀 해주십시오.

이종욱 :

이종욱입니다. 저는 오늘 이 모임에서 학술적인 질문을 해야 할 것으로 생각하고 나왔는데, 마음을 바꾸었습니다. 좀 더 정치적인 이야기를 해야 하겠습니다. 이형구 선생님께서 百濟유적보전을 말씀하셨는데, 저는 좀 더 확대시키는 것이 어떨까 하는 생각을 하고 있습니다. 왜냐하면 서울은 세계에서 몇 않되는 중요한 역사도시라고 생각됩니다. 지금 그리이스라든지 이런데도 비슷하겠지만 서울은 암사동 유적지를 비롯해서 그 후에 百濟의 수도로서 존재했었고, 그다음에 475년부터 551년까지는 고구려가 점령했었고, 551년부터 553년까지는 다시 百濟가 수복했었고, 그다음에 553년 이후에는 신라의 도시였습니다. 고려시대에는 남경이었었고, 다음에는 조선의 수도였습니다. 이렇게 보면 아주 수천 년 동안 역사유적들이 서울 한자리에 모여 있는 것을 일 수 있습니다. 이 경우에 우리 서울에서는 이집트에서 볼 수 있는 거대한 피라미드를 찾아볼 수 없고, 그와 같이 거대한 규모의 고분도 찾을 수 없고, 또 아크로폴리스 앞에 있는 거대한 신전도 찾을 수 없습니다. 그렇지만 우리가 몽촌토성이나 풍납토성 등을 발굴한다면, 그리이스의 아크로폴리스 못지않은 역사유적을 찾아낼 수 있다고 생각됩니다.

서울은 인류문명이 발전하는 과정에 신석기시대부터 오늘날까지 역사를 일목요연하게 볼 수 있는 중요한 장소가 되지 않을까 생각됩니다. 이것은 공부하는 우리들에게도 중요하고, 또 금년 한국방문의 해를 맞이해 중요한 관광자원도 되리라고 생각됩니다. 세계의 역사를 좋아하고 세계문명의 발전에 대해 관심있는 많은 관광객들이 거대한 피라미드만 보러 가는 것이 아니라 이와 같이 규모는 작지만 의미가 있는 역사유적을 틀림없이 보러 오리라고 생각하고 있습니다. 우리가 이러한 것을 옳게 발굴하고 보존을 하고, 또 어느 경우에는 복원을 한다면 공부하는 사람들에게 있어서 연구자료로만 중요한 것이 아니라 그 정책을 결정하고, 무언가 관광자원을 개발하는 분들에게도 이것보다 더 좋은 자료는 없습니다. 바로 그분들이 관광자원을 개발하는 차원에서 경비를 쓰고, 정책적인 배려를 해준다면, 학문도 발전하고 경제적인 보탬도 있으리라고 생각됩니다. 좀 현실적인 이야기를 했습니다.

사회자 :

좋은 말씀을 해주셨습니다. 저도 요전번에 이형구 교수와 함께 석촌동 고분을 찾아갔을 때, 담으로 막아져 있어서, 조선시대처럼 돌담 형식으로 막아서 좋은가, 좋지 않은가 이야기를 한 적이 있는데, 지금 송기중 교수 말마따나 그것이 유적지라고 하더라도 그것이 시민들의 생활공간으로서 어떻게 이용되어 질 수 있는지 그것도 같이 생각을 해서 검토해 보는 것이 좋다고 생각합니다. 덧붙여서 강남지역이 개발된 지 지금 10여 년 정도 되고, 지금 서울은 세계에서는 인구로 몇 번째 들어가는 곳인데, 녹지공간이 거의 없고, 근린에서 나아가 쉴만한 공간이 거의 없습니다. 그런 의미에서 풍납리토성과 같은 곳이 녹지시설로서 보존되었으면 얼마나 좋을까 하는 생각을 하면 아쉬움이 남습니다. 그다음으로는 심정보 교수님께서 한 말씀 해주십시오.

심정보 :

저는 지금부터 10년 전에 독립기념관 옆에 있는 百濟시대의 판축토성인 목천토성(木川土城)을 발굴한 적이 있었는데, 이곳이 독립기념관이 들어선다고 해서 없어졌습니다. 그래서 그때 보존할 수 있었으면, 독립기념관과 함께 귀중한 관광자원이 되었을 것인데, 이것을 주차장을 만든다고 없애버렸습니다. 그래서 매우 안타깝다고 생각했는데, 이번에 풍납동토성이 그러한 위기에 처한 것 같습니다. 그런데 우리나라는 70년대부터 개발과 보전의 양면성에 있어서 개발을 추구하다 보니, 이 전통적인 문화를 보전하는 데 있어서는 상당히 소홀하였습니다. 그러다 보니 그런 것이 가치관의 혼동을 가져오고 있다고 생각됩니다. 요즈음 엄청난 사건들이 일어나는 것도 현재에 곪아 터지는 것이라고 생각됩니다. 이 풍납동토성의 중요성에 대해서는 아까 여러분들께서 말씀하셨지만, 百濟시대의 평지성으로서는 유일한 성입니다. 몽촌토성이나 다른 성은 대개 구릉성입니다. 구릉성은 산의 능선을 이용해서 쌓기 때문에 힘이 덜 듭니다. 그러나 평지성은 엄청난 공력을 들이지 않고서는 쌓기가 어렵습니다. 처음 기초부터 쌓아 올라가야 하기 때문입니다. 그런데 그러한 엄청난 규모의 성을 쌓을 수 있다면 百濟왕권이 전제화가 이루지 않고는 어렵습니다. 따라서 百濟사회에 있어서 발전단계를 규명할 수 있는 아주 중요한 성입니다. 또한 이 풍납동토성은 정치, 사회, 문화뿐 아니라 여러 가지 종합적인 생활사를 파악할 수 있는 아주 중요한 성입니다. 이러한 성을 파악하지 못하고, 훼손된다는 것은 큰 아쉬움이 아닐 수 없습니다. 따라서 다른 어떤 성보다도 중요한 이 성은 보존되어야 마땅하리라 생각됩니다.

사회자 :

대충 한 마디씩 하셨습니다. 다음으로는 이도학 선생님께서 한 말씀 해주십시오.

이도학 :

이번에는 저희가 아차산성 지역을 지표조사하였습니다. 아까 풍납동토성 이야기가 나온 것도 제가 전적으로 공감을 합니다만 이 풍납동토성과 유기적인 관련을 맺고 있는 아차산성에 대해서도 우리가 주위를 기울이고 복원을 하였으면 좋겠습니다. 이 부근에는 아차산성 뿐만 아니라 장성이 나타나고 있습니다. 이는 망우리, 구리시까지 전부 다 이어지고 있습니다. 대개 조선시대 때는 살곶이 목장의 담장으로 쓰여졌지만 그 기원은 고구려, 百濟 때까지 올라갈 수 있는 여지를 가지고 있습니다. 실제로 이번의 지표조사에서 아차산성 능선의 일원에서 고구려군의 방카를 한 열 다섯개 정도 확인했습니다. 여기에서는 고구려의 토기들이 많이 확인되었습니다. 대개 장경호가 나왔는데, 이번에 집안박물관에 가보니까 고구려의 장경호를 복원해서 파는 것을 보았습니다. 또 이 방카는 일개 소대병력 정도가 주둔할 수 있는 규모입니다. 물론 실병력은 9명내지 10명이 주둔했다고 생각됩니다. 그런데 이것을 방카로 보지 못하고 쓰레기장으로 생각하여 쓰레기를 버리고 있습니다. 앞으로 표석을 세운다든지 이것이 중요한 유적이라는 것을 알려줄 수 있는 역할을 해야겠습니다. 그리고 아차산 일원에는 70기 정도의 석실분과 석곽묘가 확인되었습니다. 좀더 정밀하게 조사한다면 150기 정도의 고분이 있었던 것으로 볼 수 있을 것 같기에, 이러한 것을 복원하려는데 대한 조사가 필요할 것 같습니다. 또한 아차산에는 헬기장이 두 군데가 있는데, 이 헬기장 두군데중 한 곳이 고구려군의 보루가 있던 곳입니다. 그리고 그 표토 상에서 1센티 정도 파니까 고구려 토기가 나왔습니다.

그리고 조사하는 과정에서 도굴꾼 세 사람을 잡았습니다. 저는 현장에 없었습니다만, 주범은 달아나고 종범을 붙잡았는데, 그 붙잡은 곳은 건물터가 있던 곳입니다. 이 건물터가 있던 곳은 百濟와 연관은 없지만 적어도 고려시대의 건물 아니면 절터가 있던 곳으로 추정되는 곳입니다. 그런데 이 고분도 아닌 곳을 뒤질 정도면 어떠한 정보를 알고 온 것이 분명합니다. 고분이라면 뜨내기들도 파보겠지만 이 건물터를 뒤졌다고 하는 것은 아마 도굴꾼들 세계에서는 소문이 난 것으로 생각됩니다. 종합적으로 아차산지역에는 많은 유적들이 분포하고 있습니다. 절터라든지 석탑이라든지 이런 것들도 분포하고 있기 때문에 차제에 보고서가 나오게 된다면 그것을 바탕으로 해서 종합적인 관리대책이 마련된다고 보겠습니다. 그리고 아까 이형구교수가 발표할 때 말씀하신 철조망, 이 철조망 통과할 때 굉장히 애를 많이 먹었습니다. 사실 사적으로 지정되어 있음에도 불구하고 개인소유로 되어있습니다. 그리고 일반인들이 사적을 답사하는데도 굉장히 지장이 많았습니다. 이러한 것들에 대해서도 선배교수님들이 대책을 마련해주도록 노력해주셨으면 고맙겠습니다.

그리고 아차산 정상에 있는 돌로 둘러쌓여 있는 것은 아까 이형구 교수님께서 봉수대로 보셨는데, 조선시대 봉수대와 삼국시대 봉수대는 차이가 있는 것 같습니다. 조선시대 봉수는 배봉산에 있습니다. 배봉산에 관한 것은 대동지지라든지 또는 대동여지도에 보면 배봉산도 아차산으로 되어있고, 봉수표시가 되어 있습니다. 그래서 아차산 정상에 있는 것은 삼국시대의 봉수대가 아니겠는가 이런 생각이 듭니다. [도판 12]

참고로 고구려토기들은 복원되어, 지금 구리문화관에 진열관을 만들어 전시하고 있습니다. 그래서 가보시면 보실 수가 있습니다.

사회자 :

아차산성의 최근 소식에 대해서 좋은 말씀을 해주셨습니다. 물론 보존대책은 풍납토성만이 아니라 百濟유적의 전반에 대해서 이야기 할 수 있겠습니다. 다음에 공주교대에서 오신 유원재 교수님께서 한 말씀 해주십시오.

유원재 :

특별한 말씀은 드릴 것 없고요. 지금 풍납동토성 보존문제가 이야기가 된 것 같습니다. 그런데 이런 이야기를 듣고 한가지 느끼는 것은 저희 공부하는 사람들에게도 마땅한 책임이 있다고 생각됩니다. 왜냐하면 지금 아차산성을 보존하자, 보존이 않되어 있다는 이야기를 하고 있는데, 실제적으로 아차산성에 대해서 실측도면이라든지 아차산성의 성격에 대해서 종합적인 조사가 이루어져서 보존책을 제시한 적이 있는가를 생각해보면 우리 학자들로서는 지금 이것이 중요하다고 이야기하고 있는데, 행정당국에서는 왜 중요한지를 모릅니다. 그러면 그 책임은 누구에게 돌아갈 것인가, 결국에는 그 책임을 우리가 떠맡을 수밖에 없지 않는가. 그렇게 된다고 한다면 풍납토성도 마찬가지라고 생각됩니다. 왜냐 풍납토성에 대해서도 종합적인 지표조사가 이루어져 거기에 대한 모든 의견이 집결되어졌을 때, 받아들여질 수도 있을 터인데, 그러한 어떠한 바탕이 되지 않고서 어떠한 이야기가 구체적으로 될 수 없다고 생각됩니다. 그리고 또 하나는 이와 같은 산성유적 같은 것들이 전국에 수없이 파괴되어 지고 있는 것이 사실인데, 그런 것들의 가운데에서도 가장 큰 이유는 물론 학자들이 그 분야에 대한 연구가 적은 것도 있지만 해당 관청에서 유적에 관심을 갖고 여기에 대해서 공부하고 있는 요원들이 배치되어 있는가. 그 사람들이 한 사람도 배치되어 있지 않기 때문에, 서울시청도, 송파구청도 마찬가지일 것입니다. 구청직원이 나가서 성이 있으면, 이것이 어디까지 성벽인지 알 수 있는 사람이 없을 것입니다. 그럴 경우에는 좀 더 우리들이 구체적으로 산성조사도 확실히 하고, 건의할 때에도 좀 더 적극적으로 건의할 때, 보존이 이루어지는 것이지, 그냥 풍납리토성이 중요하니까 보존해야 한다, 아차산성이 중요하니까 보존해야 한다. 이런 이야기를 자꾸 한다는 것은 좀 걸맞지 않는 이야기가 아닌가 생각됩니다. 오늘 같은 날도 실제적으로 서울시청의 관계자를 불러서 여기에 와서 중요하다는 것을 알게 해야만, 실효를 거둘 것으로 생각됩니다. 그런데 우리끼리 이런 이야기를 하니까 이것은 좀 문제가 있다고 생각됩니다. 이상입니다.

사회자 :

좋은 말씀 해주셨습니다. 원광대학교 최완규 선생님께서 한 말씀 해주십시오.

최완규 :

원광대학교 최완규입니다. 그런데 선생님들께서 좋은 말씀을 다 해주셔서, 저는 이런 생각을 해보았습니다. 아마 선생님들 중에서 제가 가장 나이가 어린지도 모릅니다. 그런데 대학교 2학년 때, 사적해제 시간에 『삼국사기』에 관한 공부를 했습니다. 『삼국사기』가 쓰여 진 배경, 百濟史에서 百濟와 고구려가 뒤에 가 있는 점 등을 피상적으로 공부했습니다. 그런데 오늘 풍납토성을 보니까 百濟 관계 유적들이 그렇게 파괴되어 간다는 것은, 『삼국사기』 기록들이 문제가 있다고 알고 있는데, 고고학 자료마저 그런다면 우리는 후손들에게 할 말이 없을 것으로 생각됩니다. 그래서 하나의 안을 제시한다면 百濟의 문화유적은 대체적으로 한강유역, 공주, 부여, 익산지역을 포함하고 있습니다. 그런데 서울을 제외한 공주, 부여, 익산지역은 해마다 이때쯤이면 소위 百濟문화제라는 것을 엽니다. 그래서 주민들의 문화의식을 고취시키고 있고, 관청에서도 일부 보조하고 있습니다. 그런데 아까 연구소에 들러서 서울에서도 그러한 것이 있느냐고 물어보니, 전혀 없다고 하였습니다. 그렇다면 상당히 문제라고 생각됩니다. 그래서 아울러서 앞으로 혹시라도 계기가 된다면 그러한 문화행사를 百濟와 관계된 것도 해서, 온 서울시민들이 문화국민으로서 긍지를 갖게 하는 것도 보존책이 아닌가 하는 생각이 듭니다. 이상입니다.

사회자 :

서울대학교 최몽룡 교수께서 한마디 해주십시오.

최몽룡 :

우리가 늦었다고 생각할 때가 제일 빠른 것입니다. 물론 그동안 많은 유적들이 훼손되어 가고 있고, 또한 그나마 그러한 가운데에서 서울시가 다행히 신경을 써서 복원한 것도 많이 있습니다. 88올림픽을 계기로 해서 그나마 신경을 써 주었기에 오늘날까지 유적이 이와 같이 보존되어 왔습니다. 그런 중에서 아차산성, 풍납동 토성이 훼손되어 가고 있는 일은 안타까운 일입니다. 마침 올해가 서울시에서 정도 600주년 기념식을 벌이고 있는데, 여기서 아쉬운 점은 아까 이종욱 선생님께서도 말씀하신 바와 같이 반드시 조선시대 것만이 서울의 모든 유적은 아닙니다. 그중에는 고려시대 것도 있고, 신라시대도 있고, 百濟시대 것도 있고, 더 올라가서는 암사동의 선사시대 집자리들이 복원되어 있습니다. 이것을 통해서 반드시 조선시대 것만 우리가 중요시할 것이 아니라 전 시대를 통괄할 수 있는 그러한 문화정책이 서울시에서 있어야 하겠고, 그것은 서울시만 기대할 것이 아니라 아까 유원재 선생님이 말씀하셨다시피 학자들 한분 한분 자성을 하셔서 여기에 대한 자료를 남겨두고 그것을 통해서 일반시민들을 설득할 수 있는 그러한 문화적인 대책 및 교육이 병행되어야 할 것 같습니다. 그래야만 저희 학자들도 무언가 했다는 또는 앞으로 후손들을 위해서 노력을 했다는 표시가 될 것 같습니다. 다시 한번 말씀드리겠습니다만 늦었다고 생각할 때가 시작을 해야 할 순간이라고 생각됩니다. 그래서 오늘 이 자리가 상당히 유적의 보존 또는 문화에 대한 인식을 높이는 중요한 자리가 된 것 같습니다.

사회자 :

그럼 시간도 많이 지났기 때문에 마지막으로, 이런 문제의 대책은 완결이 있을 수 없고, 끝난 이후에 구체적인 행위 혹은 대책을 마련할 수 있으면, 끝난 후에 다시 이야기를 하기로 하고, 오늘 토론을 마무리 짓는 의미에서 이런 사리를 마련해 주신 이형구 교수께서 말씀해 주십시오.

이형구 :

앞에서 여러분들께서 좋은 말씀들을 해주셔서 저로서는 더 할 말이 없으나 한두 가지만 짚고 넘어가야 할 말씀이 있습니다.

첫째로 지난 7월 정부각의에서 건설부가 상정한, 무려 1조5천억 원이라고 하는 천문학적인 예산이 드는 금강유역의 공주, 부여, 익산지구의「百濟문화권 8개년 개발계획」안이 통과되었습니다. 그러나 정부는 한강 유역의 百濟유적에 대한 개발계획은 전혀 상정하지 않고 있었습니다. 아마 이러한 정부의 소홀한 인식 때문 에 서울百濟수도유적에 대해 행정일선은 물론 일반시민들도 별로 관심을 갖지 않게 될 뿐만 아니라, 서울에 百濟수도가 있었다고 하는 사실조차도 잊어버리게 되는 것 같습니다. 실제로 이와 같은 질문이나 대답을 많 이 듣고 있습니다. 정부의 무관심한 태도는 자칫 잘못하면 500년간의 서울百濟 수도유적뿐만 아니라 百濟전 기 한성시대의 역사까지도 왜곡할 우려가 있다고 생각됩니다.

두 번째로는 오늘의 우리 몇몇 학자, 문화계 인사가 모여 이러한 회의를 개최해야만 하는 원인이 무엇인 가 하는 것입니다. 그것은 제 생각으로는 정부 유관단체나 각종 위원회 또는 연구소의 구성원 가운데 실제 관련학자의 참여가 부족하기 때문에 서울百濟수도유적에 대한 관심이 소홀하지 않았나 하는 점입니다. 일례 로 서울시가 지원하는「서울학연구소」의 경우, 총 연구인력 24명 가운데 고대사 전공학자는 단 1명 만이, 그 것도 고고학(구석기)뿐 입니다.

한 가지 더 부연한다면 정부 당국은 물론, 일반시민들이 오늘날의 서울이 이와 같은 百濟 서울 500년의 전통 위에서 발전하였다고 하는 사실을 상기하여 서울의 百濟 500년 역사와 문화를 절대로 잊지 말도록 하 기 위해서 계속 노력해야 할 것입니다.

사회자 :

장시간 동안 경청해 주셔서 고맙습니다. 여기 오신 분들 중에 전부 말씀하실 수는 없었기 때문에 계속 하 실 말씀은 다음 자리에서 계속 이어지겠습니다. 정식 서울百濟수도유적보존회의는 여기서 마치는 것으로 하 겠습니다.

서울百濟首都遺蹟保存會
建議書

수신: 대통령, 청와대비서실장, 국회문공위원장, 건설부장관, 문화체육부장관, 서울특별시장
제목: 서울특별시 소재 百濟수도유적보존을 위한 건의

　서울은 지금으로부터 2000년 전에 百濟가 수도로 정한 이래 약 500년간 도읍하였기 때문에 서울에는 많은 百濟유적이 남아 있습니다. 1980년대에는 서울시가 일부 百濟유적을 보존, 복원하여 사적공원으로 일반에게 공개하여 왔습니다. 그러나 풍납토성과 아차산성과 같은 百濟유적은 아직까지 효과적인 보존책이 마련되지 않고 방치된 상태에서 훼손되고 있습니다. 이를 안타깝게 여기고 있는 전국 각지의 관계학자 및 문화인들이 한자리에 회합하여 百濟유적의 현황과 보존대책에 대하여 토의하고, 다음의 건의사항과 같이 서울의 百濟수도유적을 영구히 보존하여 후손들에게 물려줄 수 있도록 대책을 강구해 줄 것을 정부 및 서울시 당국에 건의하기로 합의했습니다. 우리 發起人 및 회원들의 희망이 이루어질 수 있도록 적극적인 조치를 취하여 주시기를 바랍니다.

※ 건의사항 및 토론회 회의록 별첨

1994. 9. 28
서울백제수도유적보존회(가칭)

발기인(총 28명, 대표간사 이형구)

공종원(조선일보 논설위원)	심봉근(동아대 교수)
김병모(한양대 교수)	심정보(대전산업대 교수)
김수태(충남대 교수)	양기석(한국고대사연구회 대표간사)
김정배(고려대 교수)	유원재(공주교대 교수)
김정학(한국고고학 연구소)	윤세영(고려대 교수)
노중국(계명대 교수)	이기동(동국대 교수)
박동백(창원대 교수)	이도학(한양대 강사)
박석홍(문화일보 부국장)	이종욱(서강대 교수)
반영환(서울신문 논설고문)	이형구(한국정신문화연구원 교수)
성기의(百濟문화개발연구원)	장철수(한국역사민속학회 회장)
성주탁(충남대 명예교수)	차용걸(충북대 교수)
손병헌(성균관대 교수)	최몽룡(서울대 교수)
송기중(한국정신문화연구원 교수)	최완규(원광대 교수)
신형식(이화여대 교수)	황수영(전 문화재위원회 위원장)

建議事項

1. 서울 松坡區 風納洞 소재 史蹟 제 11호인 風納土城은 百濟王城으로 추정되고 있는 중요한 유적이므로 최소한 現狀態로 유지하도록 최선을 다하여 보존한다.

2. 풍납토성 주위의 미개발상태의 유휴지(遊休地)는 철저히 보호구역으로 확대설정하여 보존되도록 한다.

3. 풍납토성안의 풍납1동, 2동의 주택재개발시에 주거면(住居面)의 미파괴지층(百濟시대 유물포함층)은 고고학적인 조사를 거친 다음 시공하도록 한다.

4. 지금까지 풍납토성의 성곽하부기석으로부터 외향(外向)과 내향(內向) 20m~50m 이내는 아무런 시설 물을 설치못하도록 법률(문화재보호법)로서 보호구역을 설정하였으나 제대로 지켜지지 않고 있으므로 장래 법률이 정한대로 사적보호구역을 확보하여 명실상부한 사적공원으로 조성하도록 한다.

5. 그리고 사적 제 234호인 성동구 광장동 소재의 阿且山城은 그 보호구역이 대부분 민간기업의 소유지로 편입되었으므로 해당기업으로 하여금 철저히 원상을 회복시키도록 촉구 할 것이며 장차 정부가 재매입하도록 한다.

6. 서울시가 「조선정도 600년」에 즈음하여 막대한 예산으로 서울 주변의 성곽과 서울성곽을 정비 복원하고 있는 것과 아울러 서울의 百濟수도유적도 함께 보존될 수 있도록 획기적인 배려가 있기를 희망한다.

7. 건설부가 1조5천억 원의 예산으로 금강유역의 百濟문화개발을 추진하고 있는데, 인멸위 기의 한강유역의 百濟전기 문화유적에 대한 개발이나 보존에도 정부 당국의 적극적인 대책을 촉구한다.

8. 이상과 같은 여러 조항이 실현되도록 우선적으로 전면 조사가 이루어질 수 있게 하기 위하여 행정당국의 관심과 지원이 있어야만 할 것이다.

1994. 9. 28.
서울백제수도유적보존회

〈건의서에 대한 건설부의 답변 및 서울시 답변〉

1. 건설부 회신 공문 (1994.10.15)

접수서류
처리기간: . . . :

건 설 부

우 427-760 경기 과천 중앙 1 / 전화 (02)500-2872 / 전송 (02)500-2919 / 담당 박배근

문서번호 주개 58507-1022

시행일자 1994.10.15

수신 서울특별시 서초구 서초3동 1483-1 동양고고학연구소

제목 건의에 대한 회신

'94.10.12 귀연구소에서 우리부에 제출하신 건의사항에 대한 회신입니다.

1. 귀연구소의 건의내용은 서울특별시 풍납동소재 사적 11호인 풍납토성은 백제왕릉으로 추정되고 있는 중요한 유적이므로 풍납토성안의 풍납1동.2동에서 주택재개발사업 시행시에는 고고학적인 조사를 거친후 시공하도록 요망하는 내용인 바, 현재 동지역내에는 주택개량재개발사업을 시행하기 위한 주택개량재개발구역으로 지정된 바 없음을 알려드립니다.

2. 한편, 동 건의사항에 대하여는 붙임과 같이 당해 지역에서의 주택개량재개발구역 지정입안권자인 서울특별시장에게 업무수행시 참고토록 통보하였음을 알려드립니다.

붙임 : 서울특별시장앞 공문 사본 1부.

건 설 부 장

2. 건설부에서 서울시에 이첩된 공문 사본(1994.10.15)

| 성실시공 생활화로 공사튼튼 나라튼튼 | |

건 설 부

우 427-760 경기 과천 중앙 1 / 전화 (02)500-2872 / 전송 (02)500-2919 / 담당 박배근

문서번호 주개 58507-			선결			지시		
시행일자 1994.10.15		접	일자시간	· · :	결재·공람			
수신 : 서울특별시장		수	번호					
참조 : 주 택 국 장		처리과						
		담당자						

제목 : 민원인 건의사안 통보

　　　서울특별시 서초구 서초3동 1483-1 동양고고학연구소로부터 붙임과 같이 귀시 관내 "풍납동소재 사적 11호인 풍납토성은 백제왕릉으로 추정되고 있는 중요한 유적이므로 풍납토성안의 풍납1동.2동에서 주택재개발사업시행시에는 고고학적인 조사를 거친후 시공하도록 요망" 하는 건의서가 제출되었기에 통보하니, 향후 주택개량재개발 업무수행에 참고하기 바랍니다.

붙임 : 건의서 사본 1부.　끝

건 설 부 장 관

3. 서울특별시 공문(1994.10.19)

서 울 특 별 시

우100-744 서울 중구 태평로1가 31번지 / 전화 (02)750-8471~4 / 전송 750-8477

문서번호 문재 86700-065
시행일자 1994.10.19

수신 서초구 서초3동 1483-1 동양고고학 연구소장
참조

제목 백제유적 보굴 건의회신

　　1. 평소 문화유적 보존에 연구 및 관심을 보여주심에 감사드립니다.
　　2. '94.10.14 귀 연구소에서 백제유적 보존건의에 대하여 다음과 같이 회신
합니다.
　　　가. 풍납토성은 사적 제11호로 지정되어 보존관리되고 있으나, 오랜기간
경과하므로 원형보존이 되지 아니하여 중.장기 복원사업계획에 따라 현재 보호구역내
사유지 매입을 진행중에 있으며, 토성내 건축관련 지하층 굴토시 관계관 입회 및 유구
발견시 문화재 보호법령에 따라 처리토록 관할구청에 지시하였습니다.
　　　나. 그리고 아차산성 보호구역중 민간기업 소유지에 대한 원상복구 및 매입은
단시일내에 사업이 불가한 실정이므로 관련기업과의 협의 및 시재정 여건을 감안 장기
검토사안으로 시정업무에 참고토록 하겠습니다.
　　　다. 기타 유적지 보존사업에 대하여는 우리의 경제수준과 병행하여 계속 사업
으로 검토 추진하겠아오니 양지하시기 바랍니다. 끝.

서 울 특 별 시 장

〈문화재관리국장 답변〉

문화재관리국장 답변 공문(1994.10.17)

말로만 개혁말고 행동으로 생활개혁

문 화 재 관 리 국

우 100-120 서울 중구 정동 5-1 / 전화 (02)318-7459 / 전송 319-1130 / 담당 남기황

문서번호 기념 86707-*134°*	선결			지시		
시행일자 1994. 10.*17* . ( )	접	일자시간	'94. 10. :	결재·공람		
경유						
수신 서울백제수도유적보존회(가칭)	수	번호				
참조		처리과				
		담당자				

제목   건의에 대한 회신

　　1. 평소 문화재관리에 관심을 가져 주신데 대하여 감사드리며, 아울러 귀 보존회에 발전을 기원하면서 문화체육부 및 문화재관리국에 보내주신 건의서에 대하여 다음과 같이 회신합니다.

　　　　가. 한강유역의 문화재 보존에 대하여 우리국에서도 그 중요성을 인정하여 그 동안 몽촌토성, 방이동고분군, 석촌동고분군, 암사동선사 주거지 등의 유적을 정비하였으며, 풍납리 토성은 서울시에서 예산을 집중 투자하여 유적 정비를 위한 토지매입을 추진중에 있습니다만 재정형편상 단기간내에 여러사업을 동시에 추진하기는 어려움이 있다는 것을 이해하여 주시기 바랍니다.

　　　　나. 귀 보존회에서 풍납리 토성 및 아차산성 등 서울지역의 문화재관리에 대한 고견을 주신 사항에 대하여는 향후 문화재 정비계획시 검토하겠습니다. 끝.

문 화 재 관 리 국

문화재관리국장은 본 서울백제수도유적보존회의 〈건의서〉에 대한 답변서에 "귀 보존회에서 풍납리 토성 및 아차산성 등 서울지역의 문화재관리에 대한 고견을 주신 사항에 대해서는 향후 문화재 정비계획시 검토하겠습니다."라고 매우 긍정적으로 답변하였다.

〈1994년 학술회의 건의서에 대한 송파구청의 회신〉

김성순 송파구청장의 회신(1995. 7. 18)

송 파 구

(우)138 - 240   송파구 신천동 29-5   (02) 410-3390   전송 410-3616

문서번호   건축 58550-_3148_

시행일자   1995. 7. _18_.

수신   서초구 서초동 1483-1 동양고고학연구소 귀중

참조

제목   민원인 건의시안에 대한 회시

1. 평소 시정발전에 적극 협조하시는 귀연구소에 깊은 감사를 드립니다.

2. 귀 연구소에서 제출하신 건의서의 내용은 풍납동소재 풍납토성안에서의 주택 재개발사업등 시행시에는 고고학적인 조사를 거친후 시공하도록 요망하는 내용으로서 아래와 같이 건축허가사항 통보하오니 관련 업무에 참고하시기 바랍니다.

— 아   래 —

가. 위   치 : 송파구 풍납동 388번지

나. 건축규모 ① 기숙사1개동 : 지하1, 지상14층, 연면적 11,748.638㎡
              ② 숙소1개동 : 지하1, 지상10층, 연면적 2,801.1㎡
              ③ 탁아소동   : 지하1, 지상 2층, 연면적 753㎡

다. 건 축 주 : 재단법인 아산사회복지사업재단 이사장 정주영

라. 건축허가일 : 95. _6_. 23

마. 착공예정일 : 95. 8.   끝.

송 파 구 청

김성순 송파구청장은 건의서에 대한 회신에서 "귀 연구소애서 제출하신 건의서의 내용은 풍납동 소재 풍납토성 안에서의 주택 재개발사업 등 시행 시에 고고학적인 조사를 거친 후 시공하도록 요망한 내용으로서 아래와 같이 건축허가사항 통보하오니 관련업무에 참고하시기 바랍니다."고 고무적인 답변을 받았다.

송파구청의 협조로 간행된 현대아산병원 기숙사부지 시굴조사보고서(1996년 9월)

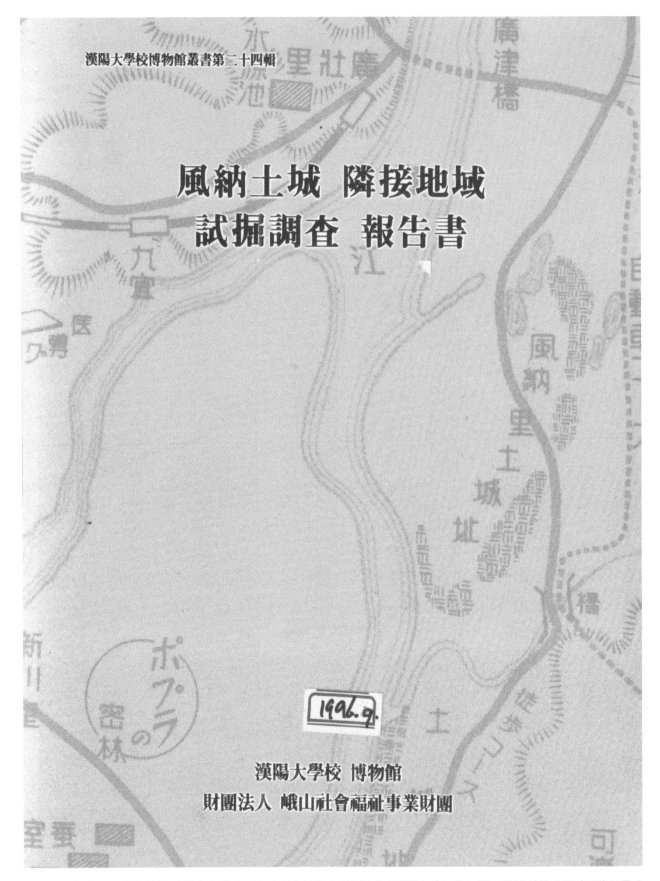

漢陽大學校博物館叢書第二十四輯

風納土城 隣接地域
試掘調査 報告書

1996. 9.

漢陽大學校 博物館
財團法人 峨山社會福祉事業財團

송파구청의 협조로 한양대학교박물관이 풍납토성 서남부 외곽지대의 현대아산병원 기숙사부지를 시굴조사하여 풍납토성 보존과 연구에 큰 역할을 하였다.

제 3 집

풍납토성[백제왕성] 보존을 위한
학술회의

일시: 2000년 5월 8일(월)

장소: 한글회관 대강당

주최: 서울백제수도유적보존회

주관: 동양고고학연구소

風納土城〔百濟王城〕保存을 위한 學術會議

□ 일시 : 2000년 5월 8일(월) 오후 2시~5시
□ 장소 : 한글회관
　　　　 (서울 종로구 신문로 1가 58-14)
□ 주최 : 서울百濟首都遺蹟保存會
□ 주관 : 東洋考古學研究所
□ 협찬 : 百濟文化企劃

풍납토성〔백제왕성〕보존을 위한 학술회의 발표문집 표지

풍납토성〔백제왕성〕 보존을 위한 학술회의
趣旨文

본 회에서는 일찍이 1983년에 첫 번째 「漢江流域 百濟前期 首都遺蹟 保存問題」 學術會議를 통하여 서울 江南지구의 風納土城을 위시하여 百濟古墳을 집중적으로 조명함으로써 都市開發로부터 破壞・湮滅되어가고 있는 서울百濟 首都遺蹟을 보존하는 데 앞장섰습니다.

3년여의 노력 끝에 1985년 7월 1일 정부로부터 「서울百濟 首都遺蹟 保存 綜合 開發計劃」이 수립되어 우선 강남(현 송파구)의 석촌동(石村洞), 방이동(芳荑洞) 백제 고분을 정비, 사적공원으로 조성하는 데 성공하였습니다.

그러나 風納土城만은 保存計劃에서 제외되어 날로 都市開發로부터 破壞・湮滅돼 가고 있는 가운데 1994년 마침 百濟가 오늘의 강남 지구인 광주평원(廣州平原)에 하남위례성(河南慰禮城)에 건도(建都)한지 꼭 2000년이 되는 해 이기도 하여 1994년 9월 28일 서울 한글회관에서 두 번째로 『서울 百濟首都遺蹟 保存會議』를 개최하고 관계학자, 언론계 인사, 그리고 문화계 인사들이 참석한 가운데 진행된 종합적인 風納土城 保存을 위한 토론결과를 大統領을 비롯하여 정부 요로에 건의한 바 있습니다.

그럼에도 불구하고 風納土城은 계속 破壞・湮滅되가고 있었고 성안에서는 大形 아파트 단지가 新築돼가고 있었습니다. 1997년 1월 1일에는 성안의 風納 2동 現代 아파트 新築敷地 내에서 아파트 신축 중 百濟初期 遺蹟이 破壞되면서 많은 百濟 初期 遺物들이 발견되어 간신히 世間의 關心事가 되었습니다.

지금도 風納土城안의 一部 地域에서 高層 아파트 建築을 위한 긴급구제발굴이 이루어지면서 百濟 初期 王宮遺蹟이 발견되고 있습니다.

금번 세 번째로 개최되는 風納土城〔百濟王城〕을 保存하기 위한 學術會議에서 얻어지는 學術的인 成果를 토대로 風納土城의 적극적인 保存對策을 講究하고자 하는 바입니다.

2000년 5월 8일
서울百濟首都遺蹟保存會

風納土城[百濟王城] 研究論文集

2000

東洋考古學研究所

2000년 발간본(백제문화기획, 비매품)

[도판 1] 현대아파트 터파기공사 현장 1(1997.1.1.)

[도판 2] 현대아파트 터파기공사 현장 2(1997.1.1.)

[도판 3] 현대아파트 터파기공사 현장 3(1997.1.1.)

[도판 4] 현대아파트 터파기공사 현장 4(1997.1.1.)

[도판 5] 현대아파트 터파기공사 중 절단된 백제문화층(1997.1.3.)

[도판 6] 현대아파트 터파기공사 중 발견 수습된 백제토기 조각(1997.1.3)

[도판 7] 현대아파트 부지 긴급구제발굴 현장(1997.4.)

[도판 8] 현대아파트 부지 발굴 백제 집자리(가-3호) 노출 장면(1997.6.)

[도판 9] 현대아파트 부지 출토 풍납리식무문토기 각종

[도판 10] 현대아파트 부지 출토 삼족토기

[도판 11] 현대아파트 부지 출토 와당

[도판 12] 현대아파트 부지 출토 전돌

[도판 13] 풍납토성 동벽 발굴 B지점 외벽과 석렬

[도판 14] 풍납토성 동벽 발굴 A지점 내벽 출토 판축 목재

[도판 15] 풍납토성 내 경당연립 아파트 부지 긴급구제발굴 현장(1999.12)

[도판 16] 풍납토성 내 경당연립 아파트 부지 백제유적에 박힌 철근세멘트 구조물(1999.12)

[도판 17] 풍납토성 내 경당연립 아파트 부지 출토 평기와와 막새기와(오른쪽 아래)

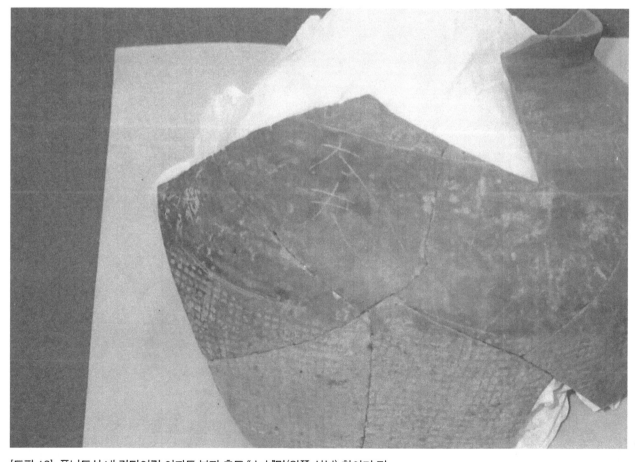

[도판 18] 풍납토성 내 경당연립 아파트 부지 출토 "大夫"명(왼쪽 상부) 항아리 편

학술회의 차례

I.〈개회식〉14:00 ~ 14:30

　　사회: 金瑛洙(동양고고학연구소 간사, 영산원불교대 교수)

　1. 개　회　사 -------------- 李亨求(동양고고학연구소 대표ㆍ선문대 교수)
　2. 축　　　사 -------------- 鄭永鎬(한국교원대 교수)
　3. 기조연설 -------------- 趙由典(국립문화재연구소 소장)

II.〈학술발표〉14:30 ~ 15:30

　　사회: 孫秉憲(성균관대 교수)

　1. 風納土城〔百濟王城〕에 관한 조사연구 및 그 보존문제
　　　--- 李亨求(선문대 교수)
　2. 風納土城 발굴과 그 의의
　　　--- 尹根一(국립문화재연구소 학예연구관)
　3. 風納土城과『三國史記』초기 기록
　　　--- 李鐘旭(서강대 교수)

〔휴식〕

III.〈종합토론〉15:40 ~ 17:00

　　사회: 孫秉憲(성균관대 교수)

토론 초청자 명단

성명	소속	성명	소속
김동현	동국대 교수	김병모	한국전통문화학교 총장
김삼용	전 원광대 총장	김영상	서울문화사학회 명예회장
김태식	홍익대 교수	노중국	계명대 교수
권오영	한신대 교수	노태돈	서울대 교수
맹인재	문화재위원	박동배	창원대 명예교수
박용진	충청매장문화재연구원장	박순발	충남대 교수
성주탁	충남대 명예교수	손보기	단국대 박물관장
송기호	서울대 교수	송정호	서울대 강사
신찬균	문화재위원	신형식	이화여대 교수
심봉근	동아대 대학원장	심정보	대전산업대 교수
이건무	국립중앙박물관 학예연구실장	이기동	동국대 교수
이남규	한신대 교수	이남석	공주대 박물관장
이도학	한국전통문화학교 교수	이종선	서울시립박물관장
유원재	공주교육대 박물관장	윤명철	동국대 교수
임영진	전남대 교수	정명호	전 동국대 교수
정양모	전 국립중앙박물관장	차용걸	충북대 교수
최성락	목포대 교수	최맹식	국립부여문화재연구소장
최몽룡	서울대 교수	최병현	숭실대 교수
최완규	원광대 교수	최재석	고려대 명예교수
최정필	세종대 교수	황수영	전 동국대 총장

(가나다순)

개회사

저는 오늘 여기에 모신 김영상 선생님을 따라 국립박물관 최순우 선생님과 함께 1963년 초 여름 처음으로 풍납토성을 방문하였습니다. 이때의 감개가 오늘이 있지 않았나 늘 기억하고 있습니다.

그 후 7년 동안의 대만(臺灣) 유학(留學)에서 1981년 돌아온 직후부터 한강유역의 백제전기 수도유적을 보존하기 위하여 깊은 관심을 가지고 유적 보존을 위해 노력하다가 마침내 1983년 7월 6일에 한국정신문화연구원이 주최하는 제3회 학술연찬 「漢江流域 百濟首都 遺蹟保存」에 실무자로 첫 번째 학술회의를 주관하여 「한강유역 백제수도유적의 현상과 보존문제」를 발표하면서 본격적으로 서울 강남(江南)지구의 풍납토성(風納土城)을 위시하여 몽촌토성(夢村土城) 아차산성 (阿且山城), 그리고 석촌동(石村洞), 가락동(可樂洞), 방이동(芳洞) 등 백제고분(百濟古墳)을 집중적으로 조사, 재조명함으로써 도시개발(都市開發)로부터 파괴(破壞), 인멸(滅)되어 가고 있는 서울 백제수도유적(百濟首都遺蹟)을 보존하는데 전력투구해 왔습니다.

3년여의 노력 끝에 1985년 7월 1일, 정부로부터 「서울 百濟首都遺蹟 保存綜合開發(519억원 사업)을 끌어내 우선 강남(현 송파구)의 몽촌토성과 석촌동 방이동백제 고분을 정비, 사적공원(史蹟公園)으로 조성하는데 성공하였습니다.

그러나 풍납토성만은 보존계획에서 제외되어 날로 도시개발로부터 파괴, 인멸되어가고 있는 가운데 1994년에 마침 서울특별시가 '서울정도(都) 600년' 사업을 추진하게 되어 본인은 이에 이의를 제기하고, 1994년은 백제가 오늘의 강남지구인 광주평원(廣州平原)에 하남위례성(南慰禮城)을 쌓고 건도(都)한 지 꼭 2000년이 되는 해이기 때문에 이를 저지하고 '서울 정도(都) 2000년'을 기념하기 위하여 1994년 9월 28일 서울 한글회관에서 서울百濟首都遺蹟保存會議」를 마련하고 관계학자, 언론계 인사, 그리고 문화계 인사들이 참석한 가운데 풍납토성 보존을 위한 종합적인 학술토론회를 가졌습니다. 당시 토론 결과를 모아 대통령을 비롯하여 정부 요로에 건의한 바 있습니다. 다행히 지금은 '서울 정도 600년' 이란 구호는 그 어느 누구도 다시 쓰지 않고 있습니다. 오늘이 세 번째 학술회의입니다.

그 사이 1996년에는 선문대학교 풍납토성 실측조사팀을 구성하여 토성 측량과 내부를 조사하던 중 1997년 1월 초, 풍납동 231-3번지에서 500여 평에 대한 현대아파트 건축 터파기공사장을 탐색하던 중 지표하 4m 정도에서 백제 초기 토기 편과 백제 기와 편 등 유물 다수가 발견(發見)되어 세간(世間)의 관심사가 되었습니다. 당시 조유전 박사와 의논하여 문화재관리국과 국립문화재연구소에 제보하여 공사가 중단되고 긴급 발굴조사를 실시하게 되었습니다. 저는 이해 8월에 풍납토성의 실측조사 결과를 『서울 風納土城[百濟王城] 實測調査研究』(백제문화개발연구원)로 묶어서 세간(世間)에 내놓았습니다.

지금도 풍납토성 안의 경당연립 등 일부지역에서 고층 아파트 건축을 위한 긴급구제발굴이 이루어지면서 백제전기(百濟前期) 왕궁유적(王宮遺蹟)의 유구와 유물이 계속 발견되고 있습니다.

이렇듯 한국 고고학 발견 성과 중 하나인 풍납토성의 왕궁유적 발견과 그에 대한 긴급구제발굴 및 유적 유물의 보존문제를 연구 검토하는 한편, 갑작스런 유적의 발견으로 오래도록 영위한 삶의 터전을 잃게 되는 주민들의 고충을 넣고 새로운 방향을 모색해 보는 시간도 갖으려고 합니다. 여기에서 얻어진 학술적인 성과를 토대로 풍납토성의 적극적인 보존대책을 강구하려고 합니다.

　본「風納土城[百濟王城]을 保存하기 위한 學術會議」에서는 제1부 개회식에서 김영수 교수(영산원불교대)의 사회로 이형구 교수(선문대)의 개회사에 이어 정영호 교수(한국교원대)의 축사, 그리고 조유전 소장(국립문화재연구소)의 기조연설이 있겠습니다. 제2부 학술발표에서 손병헌 교수(성균관대)의 사회로 이형구 교수, 윤근일 연구관(국립문화재연구소), 이종욱 교수(서강대)의 논문이 발표될 예정입니다. 이어서 제3부에서 손병헌 교수의 사회로 종합토의가 전개될 것입니다.

　귀한 축사를 해 주실 정영호 교수님 기조연설을 해 주실 조유전 박사님 사회를 맡아주실 김영수 교수님 손병헌 교수님 그리고 논문을 발표해 주실 윤근일 연구관 이종욱 교수님께는 물론 학술회의에 참가하신 장내의 동학 선후배님께도 감사드립니다.

　아울러 발표 회기 내내 자리를 빛내 주시고 종합토의에서는 김삼룡 총장님 김영상 선생님 맹인재 선생님 손보기 교수님 이종선 관장님 정명호 교수님 정영호 교수님 최재석 교수님께서 귀하고 진지한 말씀을 해 주실 겁니다. 머리숙여 감사드리며 무한한 영광임을 삼가 말씀드립니다.

　중차대한 시기에 사계의 원로 선생님들을 특별히 모시고 중견학자들이 풍납토성의 보존 · 현황 · 역사적 의의 등 그간의 연구논문을 발표하고 모든 참석자들의 종합토의 내용을 간추려 대통령을 비롯하여 정부 주요 부서에 건의서를 제출하려고 합니다.

2000년 5월 8일
서울백제유적보존회 대표 이형구(선문대 교수)

축 사

저는 오늘 이렇게 은사님 선배님 대석학님들이 오신다는 것을 들었으면 여기 안 왔어요. 이형구 교수가 우리 마음에 뜻 맞는 사람들끼리 모여서 얘길 좀 나눠보자고 그런 얘기를 했고 또 평소에 생각하고 있었던 바를 그저 대화를 해 보자고 그렇게 말씀을 하셨기에 아주 가벼운 마음으로 왔습니다.

와서 보니까 어마어마한 자리예요. 감히 제가 축사라고 하는 말씀을 드리는 것 말도 되지 않고 이 문제는 더더군다나 오랫동안 하고 계신 은사이십니다만 손보기 박사님 계시고 서울시 역사의 산중인이 김영삼 선생님이세요 김영삼 선생님은 서울시사편찬위원회도 오랜 경력을 가지시고 창설자이신데 이러한 어른들 더더군다나 백제사 정립에 큰 공헌을 하고 계신 김삼룡 총장님 모두 계신 데 송구스럽기 짝이 없습니다.

그래서 저는 다만 그동안에 공감대가 이루어지고 있다 이러한 생각에서 이러한 점은 우리가 이렇게 펴나가고 처리해야 되지 않겠는가 그런 생각으로 몇 가지 말씀을 그저 안타까운 심정을 여러 선생님 앞에서 토로하는 그러한 말씀으로 그치도록 하겠습니다.

어디서든지 늘 말씀드렸습니다만 모든 유적과 유물은 그 시대 시대의 소산물입니다. 그래서 백제시대에 이루어진 그 소산물이 통일신라시대의 것이 될 수가 없습니다. 또한 고려 조선왕조 시대의 것이 될 수가 없는 것처럼 여하튼 간에 그 시대의 소산물이 없어지게 되면은 영원히 없어지는 겁니다. 저는 최근에 일본에 무슨 회의가 있어 갔다가 나라 해이조 평성궁을 천천히 걸어서 유적들을 바라보고 왔습니다. 거기서 무슨 생각을 했냐면 지금은 고인이 됐지마는 우메하라 선생이 해방 이후 직후에 여기를 보존해야 되겠는데 발굴조사를 한다면 어떤 계획을 세워야 되겠느냐라고 했을 때 제가 기억납니다.

일차적으로 한 50년간 발굴계획을 세웠다가 50년에 이루어지지 않으면 그저 100년쯤 해야 될 것이 아니겠는가 그때 그분이 그 말을 했을 때 미치광이라고 했었죠. 일본이 패전하고 이것도 저것도 없는 다 파괴된 마당에서 여기를 절대 보존해야 되겠다 외친 분도 그 사람이었고 50년 하물며 100년을 주장했던 사람도 그 사람입니다. 근데 오늘날 나라의 형편이 어떻습니까? 모두 다 여러 분들이 가 보셔서 아시겠습니다마는 거기는 그저 예전에 놓았었던 전철 하나가 지나갈 뿐이고 그 이외에 거기는 아무런 것도 없습니다. 그 유적 발굴로 인해서 국립나라문화재연구소가 이루어졌죠 그리고 국립나라문화재연구소가 바로 평성궁 발굴 현장 옆에 크게 세워져 거기서 출토된 유물이 전시관에 하나하나 정리되고 있습니다. 그래서 우리나라 발해사 연구하는 분들이 거기를 찾지 않으면 발해시대의 관계되는 목간도 여럿 많이 나왔고 여러 가지 역사적인 유물이 나왔기 때문에 그래서 50년이 지나고 보니까 여기는 이 이상 유물이 나오지 않겠다하여 세우게 된 것이 담장 약간을 세우게 되었고 거기에 문을 세우게 되었던 것입니다. 그냥 세운 것이 아니죠 그리고 또 앞으로 20년 내지 50년 계속 발굴조사가 진행될 것이다.

우메하라씨는 예언자가 아닙니다. 우메하라씨는 고고학자고 더군다나 현실주의적인 그러한 학자였죠.

오늘날 우리의 풍납토성 풍납리 풍납토성이라는 것은 원래가 풍납리였기 때문에 그 이전 지정 명칭을 보게 되면 풍납리토성이예요 지금 '리'자를 생략했는지 모르겠지만 풍납토성입니다. 제가 그 전에 생각컨데 을축 년 수해라고 하기 때문에 1925년이 될 걸로 압니다. 그 수해에 남북으로 뻗친 토성이 잘렸죠. 그래서 그 안에 서 백제의 큰 토기가 나오고 그 유명한 백제 초두가 나왔었죠.

여기는 여기뿐만이 아니라 여기서 조금 한강 위쪽으로 올라가면 너무나 잘 아시는 암사리 유적이 있습니 다. 이 암사리 유적은 조금 한강 위쪽으로 올라가면 너무나 잘 아시는 표토에서 백제유물들이 상당수 수집된 걸로 압니다. 그래서 일련의 문화유적이 모두가 관계있는 것이 아닌가 그렇게 생각이 되어지는 거죠.

더더군다나 1964년인가 그때에 작고하신 삼불 김원룡 박사님이 여기를 처음으로 우리 손으로 한국사람 의 손에 의해서 발굴된 것이 처음이었던 걸로 알고 그 후 2~3년 후에 발굴보고서가 나온 것이 우리에선 처음 으로 발굴보고서가 나온 걸로 압니다. 지금 생각해보면 아까 조유전 박사하고 잠깐 얘기했듯이 그때 좀 보존 대책을 강구해서, 했었더라면 그런 후회막심한 얘기도 아까 나눴습니다. 그 후에 아까 그 이 박사 말씀하셨 듯이 누차 여기를 얘기했건만 자꾸 들어서는 것은 아파트요 자꾸 들어서는 민가뿐이예요. 여기를 외쳐봐요 먹혀 들어가지 않았고 오늘의 현실에 부딪히고 말았습니다. 그렇다고 보게되면 이 방면을 공부하는 우리 동 학으로서는 비통함을 금할 수 없는 이러한 입장에 서 있는 거죠.

한편 생각해본다면 우리나라서 무슨 중국 사인방들의 문화혁명이 있었던 것도 아니예요. 중국의 문화혁 명이라는 것은 때려부셨지만 우리는 어떻게 이럭저럭 세월이 흐르다 보니까 하나하나 보존책은 강구되지 않 고 그저 파괴일로에 놓여지고 말았습니다.

그래서 생각건대 "지금이라도 늦지 않았다"라고 하는 생각이 되어진다면 한꺼번에 보존대책을 세우고 한 꺼번에 그 내부에 있는 아파트를 이렇게 한다 저렇게 한다하는 것은 현실적으로 봤을 때 정말 어려운 일로 생각이 되어집니다. 그렇다고 해도 앞으로 여기를 원대한 계획을 가지고 앞으로의 보존책 앞으로의 여기가 과연 오늘의 보존책으로 백제왕릉이라고 하는 객관적으로 봤을 때 연차적으로 일본에서의 50년 내지 100년 또 누구든지 여기를 찾았을 때 공감되는 유적지인가 하고 하는 앞으로 좀더 넓고도 깊이 있는 그러한 계획하 에 이것이 안되면 우리는 100년 내지 200년을 계획해보자 하는 큰 계획을 가지고 보존책을 강구해보지 않으 면 안되지 않을까 그런 생각을 해봅니다.

저희 욕심으로는 국보라든가, 보물이라든가, 국가사적 이러한 지정구역에 대해서는 보존구역, 보호구역 이 설정되어 있는 것으로 압니다. 제가 산림법을 조금 보니까 어떤 산림 훼손을 막기 위해서 요전림이라는 것이 있더군요. 그 요전림이라는 것은 그 임업. 여기 나무로부터 200m 그 이상으로 지정해 두면 절대 불가 침입니다.

제가 몇 군데 아! 저 단양에 있는 적성비 발굴 때 아주 혼났던 것이 요전히 해제됐기 때문에 아주 혼났습 니다. 어떤 구역을 책정해서 보존책을 강구하는 일 그런 일도 중요한 건데 과연 풍납토성에서 이 요전림과 같이 지정 구역으로 부터 최소한도 200m라고 하는 보존구역 보호구역, 보존구역이 되겠지요. 보호구역보다 는 넓으니까 이러한 것이 일찍이 지정 강규되었더라면 오늘과 같은 그러한 슬픈 일도 일어날 수 없었겠죠. 이러한 것도 국가적인 차원에서 중요하지 않은가 그런 것도 한번 생각해 봅니다.

이형구 선생의 좋은 말씀도 있고 더더군다나 문헌적으로 이러한 입장에서 많은 것을 연구하고 계신 서강대학의 이종옥 박사의 주옥과 같은 그러한 논문도 실려져 있고 문화재연구소의 윤근일 선생의 글도 실려져 있고 더더군다나 조유전 소장의 기조강연도 있으시고 여러 가지 내용을 봤습니다.

그렇습니다만 한 사람의 힘으로 이루어지라고는 믿어지지 않습니다. 또한 할 수도 없습니다. 오늘의 이 자리가 정말 좋고도 아주 훌륭하고도 기초적인 원초적인 하나의 출발점이 된다. 이러한 생각으로 여기서 모든 것이 이루어지리라고 생각은 되지 않습니다. 이것이 하나의 기초가 된다. 이제부터 시작을 해 본다 이러한 생각으로 시작을 해 본다면 안될 리가 없을 게 아니겠느냐!

이전에 이상백 선생님이 작고하기 이전에 저희들 모아 놓고 말씀하신게 오늘도 기억이 납니다. 이상백 선생님이 일제시댑니다. 물론 송석하 선생님하고 태산을 올라가시는데 그때한 해도 중간쯤 해서 길이 되어 거시서부터 올라가시는데 큰 힘이 드셨다고 합니다. 그 때 생각에 태산이 끝에 산입니다. 제남으로부터 올라가는 태산이 제 아무리 높다해도 올라가면 되지 않겠느냐! 올라가 또 쉬고 올라가 또 쉬고 지금처럼 케이블카가 없었거든요. 옥황상제 그 옥당이 있는 떡 하니 올라가니까 우리보다 먼저 올라 온 사람이 헉하고 앉아 있더라. 나두 참 올라갔던 사람아나. 뭐든지 하면은 안될 리가 없다. 그러한 교훈 남기신 그러한 생각을 해 봤습니다.

우리가 노력을 하고 또 노력을 하면 않될 리가 있겠습니까? 여기 아까도 말씀드렸듯이 학계에 원로이신 손보기 박사님, 김삼룡 박사님 여러 어른 들이 왕림해 주셨는데 저희 들을 많이 이끌어주시고 또 여러분이 많이 밀어주신다면 좋은 성과를 기대하는 것 이상의 성과가 이루어지지 않을까 한번 기대해보면서 전 축사를 하는 것이 아닙니다. 다만 비통한 마음을 토로했습니다.

죄송합니다.

기조연설

조유전(국립문화재연구소 소장)

죄송합니다.

이게 제가 여러 원로 선생님들을 모시고 기조연설을 한다는 것은 사실 이게 참 어떻게 보면 언어도단이고 말이 안 되는 일 같습니다. 정영호 선생님께서 말씀하신대로 저희들 동호인들이 모여서 그저 이 얘기를 갑론을박해보자는 그런 자리가 될 줄 알았는데 이런 원로 선생님들을 몸 둘 바를 모르겠습니다.

이 자리에 저희 은사이셨던 김원룡 선생님께서 계셨다면은 아마 기꺼이 기조연설을 마다하지 않고 방향을 제시하는 훌륭하고 좋은 말씀을 하시리라 믿습니다만 사실 그렇지 못하고 감히 제가 제시하는 훌륭한 여러 선생님을 모신 가운데 이 자리에서 연설한다는 것은 사실 부끄럽기 짝이 없고 몸 둘 바를 모르겠습니다. 용서를 하시고 다만 기조연설이라는 형식을 빌어서 어디까지나 소박한 저의 소해를 간단히 말씀드리는 것으로 써 가름을 하고자 합니다.

제가 학부 3학년 시절인 1964년도에 고 김원룡 선생님을 모시고 한차례 풍납동에서 몇군데 pit 발굴작업을 한 일이 있습니다. 그때에는 토성 내부에 집들이 없을 때였습니다. 뭐 물론 조사 후 그 결과를 논문으로 발표하셨고 참여한 저희들은 졸업을 하고 각자 생활인으로 살아가면서 다행인지 불행인지 모르겠습니다만 저는 문화재연구소에 몸을 담아 여태까지 문화유적과 접하면서 지내왔습니다.

이 풍납토성의 그 중요성을 사실 잊어버린체 세월이 흘러 지금은 성곽 내 인구가 5만 명이 넘는 거대도시로 변해 오늘에 이르렀던 것입니다. 그러다가 최근에 와서 재개발이 진행되면서 지하 깊숙히 묻혀 있던 유구와 유물들이 선문대학교 조사팀에 의하여 발견됨으로써 세인의 관심을 가져오게 됐다는 것은 여러 선생님들께서도 잘 알고 계시리라 믿습니다. 그러니까 전혀 예상하지 못했던 일로써 지금까지 조사된 유물들이 한신대학교에서 발굴한 것 만해도 500상자에 가깝고 또 지난 1997년. 저희 문화재연구소에서 조사하면서 수습한 유물도 상당한 양에 달해서 정말 많은 유물을 확보하게 된 것입니다. 그리고 지금도 한신대학교에 발굴조사가 진행되고 있어 앞으로 보다 많은 유물이 수습되리라 믿습니다.

그래서 지금까지 조사된 내용으로 봐서도 초기 백제 도성이라고 주장을 하는 학자도 있게 되었습니다. 아마 오늘 이 세미나를 주관하고 있는 서울백제수도유적보존회 역시 그러한 주장을 하고 있으리라고 믿습니다. 이러한 논의에 대해 몇 가지 신중해야 할 일들에 대해 간단히 말씀드리고 앞으로 나은 연구 방안, 보다 발전된 연구 방향으로 진행되기를 바라면서 저희 말을 마칠까 합니다.

첫째 지금 당장 백제 초기 도성이라고 단정은 곤란하지 않느냐 지난 과거를 거슬러 올라 초기 백제 도성을 찾는 것은 어디까지나 고고학적인 발굴조사와 문헌적인 조사연구가 심층있게 다루어질 때 결론에 도달할 수 있을 것이기 때문입니다. 지금까지 지난 1997년과 지난해 올해 걸쳐 이루어진 조사 가운데 여러 가지 유구와 유물이 많이 출토되었다고 그것이 바로 왕성을 증명한다고 주장하는 것을 어떻게 보면 성급한 결론이 아니냐 주위에는 백제시대의 몽촌토성이 있고 지금도 하남시 이성산성과 중곡리 일대의 발굴조사가 진행 중이어서 이들 발굴들이 완료된 연후에 비교검토가 반드시 필요하다고 생각되며 이러한 발굴을 통해 축적된 자료를 토대로 연구가 깊이 있게 진행될 때 무언가 결론에 도달할 수 있을 것이기 때문입니다.

둘째 종합적이고 체계적인 발굴조사가 진행되어야 할 것입니다. 지금처럼 그때그때 급하게 진행되는 소위 구제발굴로서는 완벽한 발굴자료의 확보를 어렵게 하는 요인이 되기 때문입니다.

셋째 서울시도 이제부터는 '조선정도 500년'이라는 주장의 틀 속에서 벗어나 서울의 정체성을 찾아야 할 것입니다. '서울정도 600년'이라는 지금까지 주장은 서울의 역사가 600년으로 한정된 것으로 모든 시민이 착각하고 있다고 해도 과언이 아닐 것입니다. 그렇기 때문에 알게 모르게 서울의 정체성을 조선에 맞춰져 있고 그래서 초기 백제 500년의 역사는 먼 우주의 얘기로 들리는 것으로 착각하고 있는 실정입니다.

이번 풍납동 발굴을 계기로 해서 이제부터 초기 한성백제 연구가 활성화되어 명실공히 서울의 역사를 분명하게 밝혀가는 시금석이 되었으면 합니다. 지난 과거도 역사이지만 오늘을 살아가는 것도 역사가 진행되고 있는 것임을 감안할때 우리는 지난 백제 역사 속에 삶을 영위했던 사람들이 남긴 자취도 중요하지만 지금 풍납동에 삶을 영위하고 있는 사람도 역사를 만들어가는 주체로 중요한 사람들이라는 것을 생각해야 할 것입니다.

아무쪼록 이 세미나를 통해 한성백제연구가 더욱 활발하게 진행되어 보다 문제에 접근하는 백제의 역사가 밝혀지기를 바라면서 이만 마치겠습니다.

대단히 감사합니다.

논문발표 목차

풍납토성〔백제왕성〕에 관한 조사연구 및 그 보존문제

이형구(선문대학교 역사학과 교수)

풍납토성[백제왕성]에 관한 조사연구 및 그 보존문제

Ⅰ. 머리글

백제(百濟) 왕조 근 500년(B.C.18~A.D.475)에 가까운 세월 동안 백제전기수도(百濟前期首都)인 위례성(慰禮城)이 자리 잡고 있었던 한강하류지역(漢江下流地域) 즉, 서울 성동구(城東區)·동대문구(東大門區) 및 송파구(松坡區)·강동구(江東區) 일대에는 선사시대로부터 오늘에 이르기까지 한강의 풍부한 수량과 강남·강동 및 성남 일대의 비옥한 충적평야(沖積平野)의 자연적인 이점을 이용하여 많은 인류가 살았던 곳이다. 그리고 이 지역은 근 500년간의 백제 전기 수도로서의 중요성은 물론 삼국시대(三國時代)에는 백제(百濟)·고구려(高句麗)·신라(新羅)가 이곳을 장악하려고 하였던 노력은 역사를 통하여 이미 잘 알려져 있다.

한강유역은 백제가 수도로써 근 500년 동안 영유하고, 다음으로 고구려가 80년 가까이 점령하다가, 이어서 백제와 신라가 연합하여 잠시(551~553) 탈환하였으나 신라가 탈취하여 935년 경순왕(敬順王)이 고려(高麗) 태조(太祖)에게 양위할 때까지 계속 신라의 영토였다.

한강유역에서는 주로 백제전기의 유적이 많이 발견되고 있지만 삼국의 세력이 교차하는 동안 삼국의 문화유형이 비교적 고루 갖추어진 특유한 지역이다. 그러나 풍납토성 내에서는 백제 전기 유적·유물 이외에는 발견되지 않고 있다.

필자는 일찍이 가칭 "서울 백제수도유적보존회(百濟首都遺蹟保存會)"라고 하는 모임을 마련하여, 서울에 첫 수도를 두었던 백제의 유적·유물을 신도시 개발로부터 보호하는데 나름대로 진력 해 오고 있다. 서울 시민은 고사하고라도 거의 모든 국민이 백제는 공주(公州)와 부여(扶餘)에 도읍한 나라로 인식하고 오로지 공주, 부여에만 백제 유적·유물이 있는 것으로 알고 있는 실정이다.

한강유역의 광주평원(廣州平原, 지금의 강남 지구)에 백제 전기 500년 도읍지가 있었다고 하는 기록은

『삼국사기(三國史記)』백제본기(百濟本紀) 온조왕조(溫祚王條)에서 찾아볼 수 있다. 그 도성의 위치가 어느 지점인지는 여러 설이 있지만 백제 유적들이 한강을 끼고 강북(江北) 지역으로 북한산성(北漢山城)을 위시하여 용산(龍山)·응봉(鷹峯)·옥수동(玉水洞)·중곡동(中谷洞)·뚝섬·면목동(面牧洞)·아차산(阿且山) 등에, 강남(江南)지역에는 사당동(舍堂洞)·역삼동(驛三洞)·압구정동(鴨鳩亭洞)·삼성동(三城洞)·풍납동(風納洞)·몽촌동(夢村洞)·성내동(城內洞)·둔촌동(遁村洞)·암사동(岩寺洞) 그리고 경기도(京畿道) 광주군(廣州郡)의 남한산성(南漢山城)·이성산성(二聖山城), 하남시(河南市) 미사리(渼沙里) 등에 산재해 있다.

백제는『삼국사기』백제본기 온조왕조에 의하면 기원전 18년에 한강유역에서 첫 나라를 열었고, 가장 번영했던 시기도 한강 유역에 정도(定都)했던 근 500년간(기원전 18~ 기원후 475)이었다. 그래서 필자는 지난 1994년에 서울특별시가 "서울정도 600년"을 기념한다기에 모든 경비를 자담하여 9월 28일 서울 한글회관에서 "서울백제수도유적보존회"를 개최, 서울의 역사를 백제 "하남위례성" 건도(建都) 시기인 기원전 6년으로부터 2000년을 기념해야 한다고 주장했다. 서울시가 이와 같은 소수의 의견을 수렴했음인지 다행히 "서울정도 600년" 사업은 취소되었다.

서울 송파구(松坡區) 풍납동(風納洞) 풍납토성(風納土城)이라고 일컬어지고 있는 백제 초기 토성은 그 중요성이 일찍부터 주목을 받아 왔다. 현재 서울특별시 송파구 풍납 1·2동에 걸쳐 남아 있는 풍납토성은 해발 15m 정도의 지표면에 남북 장방형으로 드러나 있다. 성벽과 길이는 미복원된 성벽 1,450m와 이미 복원된 470m, 여기에 1925년 대홍수로 유실된 서쪽 벽 1,300m와 1980년대에 주택건축으로 파괴 유실된 풍납동 148, 150, 151번지 일대의 길이 250m까지 합치면 그 규모는 총 3,470m에 달하는 상당한 규모의 토성이다. 성벽의 기저(基底) 부분은 대체로 40~30m가량이고 좌우로 경사면을 이루면서 사다리꼴을 하면서 위로 올라간다. 단면은 돌은 거의 없고 고운 흙 뿐인데 엷은 층으로 한층 한층 다져서 쌓아 올라가고 있다. 성밖으로는 상당한 크기의 해자(垓字)가 둘러져 있었을 것으로 보인다. 풍납토성은 일찍이 일제(日帝)때부터 주목했던 백제시대의 성곽으로, 1936년 사적으로 지정되었다가 해방이후 1963년에 사적 제 11호로 비교적 이른 시기에 국가사적으로 지정된 유적이다.

최근 2·3년 동안 성벽과 성안의 궁궐유적이 발굴됨으로서 백제전기 왕궁유적임이 확실해 졌다.

그러나 백제 건국 초기왕성인 서울 송파구 풍납토성이 정부와 서울시의 많은 노력에도 불구하고 아직까지 보존 대책이 제대로 수립되지 않은 채 20년 전이나 지금이나 마찬가지로 계속 수목묘포(樹木苗圃)로 변하고 있으며 또는 파밭으로, 콩밭으로, 옥수수밭으로 성벽이 허물어져 가고 있다. 일부 주민들은 지금도 이미 허물어진 동남쪽 성벽을 또 파서 모종을 준비하고 있다. 하루 빨리 이를 막아 주지 않으면 또 많은 성벽이 유실된다. 그리고 성안(풍납 1동, 2동)에서는 주택재개발사업이 진행되고 있어 계속 백제전기 수도인 왕궁유적이 계속 파괴·인멸되고 있다. 또 성벽의 남쪽과 동쪽부분은 성벽을 보호하는 해자(垓字)가 있었던 곳이므로 잘 보존하여야 하는데 최근에는 사적 관리자인 서울시 송파구청이 구민회관(區民會館)을 짓기 위하여 기공식까지 치루었다가 문화재청의 저지로 무산되는 촌극까지 있었다.

Ⅱ. 풍납토성 백제왕성 조사 경과

필자는 일찍이 한강유역 백제 전기 수도유적(首都遺蹟)의 하나로 풍납토성의 중요성을 인식하여, 1980년대 초부터 풍납토성의 현장을 실지 답사, 조사하고 그의 대책과 보존을 다각도로 줄기차게 연구하고 문제를 제기해 왔다. 1983년 7월 6일에는 필자의 주관으로「한강유역 백제전기 수도유적 보존문제」라고 하는 주제와 학술세미나를 개최하여 당시의 강남지구 백제 고분과 풍납토성의 실태를 직시하고 학계와 관계기관에 건의한 건의사항(建議事項) 가운데, 사적 제11호로 지정돼있는 풍납토성은 현재 대로변의 약 500m의 북쪽과 동북쪽 면만 복원 보존되고, 동내(洞內)에 있는 약 1.5km에 달하는 동쪽 면은 방치되어 인멸 위기에 있는데, 이에 대한 보존 복원책을 강구해야 할 것이라고 하는 내용을 학계의 중지를 모아 1983년 7월 정부 당국에 건의하였다.[1]

「한강유역 백제전기 수도유적 보존문제」라고 하는 주제와 학술연찬(1983년 7월 6일)

建議事項

1. 江東區 일대의 遺蹟分布地域의 開發을 中止시킴은 물론 '緊急救濟發掘' 방식을 止揚, 모든 遺蹟을 철저히 再調査하여 이미 파괴가 심한 곳은 學術的인 發掘을 거쳐 保護토록 하고 原狀을 維持하고 있는 유적은 그대로 보호토록 하며 다음으로 復元이 가능한 유적은 학술적인 고증을 거쳐 復元토록 해야 할 것임.

2. 史蹟 第243號인 石村洞 제3·4호 王陵을 비롯하여 제4호 왕릉의 전방에 있는 3기의 古墳 遺構와 제5호분·'破壞墳' 및 최근 파괴된 석촌동 일대의 百濟文化包含層을 다시 發掘 調査해야 할 것임.

3. 史蹟 第11號로 지정돼 있는 風納里土城은 현재 大路邊의 약 500m의 북쪽면만 復元 保存되고 동내에 있는 약 1.5km에 달하는 동쪽면은 방치되어 湮滅 위기에 있는데, 이에 대한 保存 復元策을 강구해야 할 것임.

4. 현재 '史蹟公園' 造成事業을 벌이고 있는 芳荑洞고분군 중 제7·8호가 제외되고 있는데 이를 연결하여 공원 면적을 확대 조성해야 할 것임.

5. 屯村洞에 건설될 '올림픽 주경기장' 후보지 내의 地表調査를 철저히 할 것과 인접 夢村土城의 原形을 찾아 復元하여 土城 내에는 일체의 시설을 불허해야 할것임.

---

1 이형구,「한강유역백제전기수도유적 보존문제」『정신문화연구』여름호, 1984, pp. 121~148.

6. 특히 석촌동 지역의 사방 1km 내의 모든 지상건물과 토지를 매입하고 '歷史公園'으로 지정하여 역사교육장으로 활용하는 동시에 국가적인 文化遺蹟公園으로 조성해야 할 것임.

7. 강남지구에 '慰禮城博物館'(假稱) 내지 '史蹟管理事務所'를 신설하여 각지에 흩어진 漢江流域 出土遺物을 한데 모아 전시하여 역사교육도장으로 활용하고, '문화 올림픽' 시에 우리 文化 宣揚의 계기를 마련하는 한편 한강유역의 遺蹟을 保護 監督해야 할 것임.

8. 만일, 이와 같은 일련의 政府의 노력이 미치지 못한다고 한다면 民間單位에라도 유도·권장해야 할 것임.

1985년 7월 1일 당시 전두환(全斗煥) 대통령의 특별지시로 문화공보부와 서울특별시가 무려 519억원이라고 하는 거액을 들여 석촌동(石村洞) 고분군을 포함한 '백제 고도(古都) 문화유적 종합복원계획'을 발표하였다. 백제 전기 수도유적지를 횡단, 백제 왕릉(석촌동 제 3호 적석총)을 파괴하고 지나간 35m 도로를 83억 7천만원의 예산을 들여 지하차도(地下車道)로 바꾸고 둘로 갈라진 고분 영역을 하나로 연결시켜 1990년 8월에 완공하였다. 그리고 1천 5백 평의 사적 면적을 1만 7천 평으로 확대, 이미 주택지로 불하했던 민가를 재매입, 공원화하여 1990년 12월에 완공하였다. 이때 방이동(芳荑洞) 고분군도 7배 가량 확대되어 사적공원으로 정비되었다.

1994년 9월 28일에는 동양고고학연구소(대표:이형구)가 주관하여 '서울 백제수도유적보존회'를 결성하고 서울 한글회관에서 『서울백제수도유적보존』 논문발표와 학술토론회를 갖고 즉각 학계와 관계기관에 이에 대한 시정과 보존대책을 촉구하는 건의서를 제출하였다. (아래 건의사항 참조) 그러나 풍납토성이 갖는 중대한 역사적 의미와 의의를 건의했음에도 불구하고 오늘에 이르기까지 지난 수십 년이 넘도록 풍납토성은 문자 그대로 방치(放置) 인멸(湮滅)되는 상태를 면치 못하였다.[2]

『서울백제수도유적보존』 논문발표 및 학술토론회(1994년 9월 28일)

建議事項

1. 서울 송파구 풍납동 소재 사적 제 11호인 풍납토성은 백제왕성으로 추정되고 있는 중요한 사적이므로 최소한 현상태로 유지하도록 최선을 다하여 보존한다.

2. 풍납토성 주위의 미개발상태의 유휴지는 철저히 보호구역으로 확대 설정하여 보존 되도록 한다.

3. 풍납토성 안의 풍납1동, 2동의 주택재개발 시에 거주민의 미파괴지층(백제시대 유물포함층)은 고고학

---

2 이형구, 『서울백제수도유적보존』(발표논문집), 1994. 9. 28. 한글회관 강당.

적인 조사를 거친 다음 시공하도록 한다.

4. 지금까지 풍납토성의 성곽 하부 기석(基石)으로부터 외향과 내향 20m~50m 이내는 아무런 시설물을 설치 못하도록 법률(문화재보호법)로서 보호구역을 설정하였으나 제대로 지켜지지 않고 있으므로 장래 법률이 정한 대로 사적보호구역을 확보하여 명실상부한 사적공원으로 조성하도록 한다.

5. 사적 제234호인 성동구 광장동 소재의 아차산성은 그 보호구역이 대부분 민간기업의 소유지로 편입되었으므로 해당 기업으로 하여금 철저히 원상을 회복시키도록 촉구할 것이며 장차 정부가 재매입하도록 한다.

6. 서울시가 「서울정도 600년」에 즈음하여 막대한 예산으로 서울 주변의 성곽과 서울 성곽을 정비 복원하고 있는 것과 아울러 서울의 백제 수도유적도 함께 보존될 수 있도록 획기적인 배려가 있기를 희망한다.

7. 건설부가 1조 5천억 원의 예산으로 금강유역의 백제문화개발을 추진하고 있는데, 인멸 위기의 한강유역의 백제전기 수도유적에 대한 개발이나 보존에도 정부 당국의 적극적인 대책을 촉구한다.

8. 이상과 같은 여러 조항이 실현되도록 우선적으로 전면 조사가 이루어 질 수 있게하기 위하여 행정 당국의 관심과 지원이 있어야만 할 것이다.

1995년 5월 17일에는 서울특별시 송파구청장으로부터 풍납토성 서남쪽의 풍납동 388번지 현대중앙병원 기숙사 건물의 신축허가신청을 받아 성곽 외부지역이기 때문에 이를 허가했다고 하는 회신을 받고, 필자는 즉각 풍납동 388번지 일대를 현지 답사하고 이 지역이 풍납토성의 해자(垓字) 지구일 가능성이 많아 현대아산중앙병원 측에 우선 발굴을 실시 한 다음 건축하도록 조치하였다. 1996년 5월 발굴을 실시한 바 1925년에 홍수가 할퀴고 지나간 자국을 확인하였으나 해자의 흔적은 찾지 못하였다.

1995년에 필자는 아직까지 단 한 번도 실시해 보지 않은 풍납토성의 제원(諸元)을 밝히는 측량조사를 착수하게 되었다. 일찍부터 풍납토성을 백제 전기의 왕성(王城)으로 보아 온 필자는 이번 실측조사를 계기로 다시 한번 풍납토성이 갖는 왕성으로서의 역사적 · 문화적 의의를 강조하고, 아울러 한시라고 빨리 이 백제 왕성을 보존할 것을 촉구하는 뜻에서 실측조사를 실시한 것이다.

1996년 봄 필자가 선문대학교(鮮文大學校)에 부임한 이후 여름방학을 이용하여 풍납토성의 전체 상황을 파악할 수 있는 지표조사와 전체 규모를 확인 할 수 있는 실측조사(평판측량)를 겸행하였다.

그리고 1996년도 겨울방학을 맞이하면서 풍납토성 성벽의 최소한의 현존(現存) 높이를 확인하기 위한 등고선(等高線) 측량(레벨측량)을 실시하였다.

풍납토성 성벽의 등고선 측량을 실시하면서 성벽 주위의 일반 주거 현황과 유휴지(遊休地) 확인 작업을 병행하면서 풍납토성의 성벽 외곽에 있을 해자(垓字)의 유존(遺存) 가능한 지역을 더 주의하여 조사하였다. 다행히 몇몇 지역에서 해자의 가능성 여부를 확인할 수 있는 지역이 상당 부분 남아있는 것을 알게 되었다.

1997년 1월 1일 신정(新正)에도 풍납토성 현장에서 새해를 맞이하면서까지 꾸준히 조사 활동을 실시하는 노력 끝에 1월 3일(금)에는 풍납동 231-3번지 일대에서 대형 빔을 박는 문제의 공사장을 확인하려고 하였으나, 현대건설측에서 높은 가리개 벽을 쳐놓고 일반의 접근을 금지하고 있어서 내부 조사가 어려웠다. 다음날 (4일) 재차 시도하여 공사현장을 진입하여 백제유적 파괴 현장을 목격하게 되었다.

위의 「건의 사항」 3.에서 분명히 풍납토성의 성안에서 주택재개발 시에는 사전 고고학적 조사를 거친 다음 시공토록 해야 한다고 건의하였으나 건설부장관(문서번호 주개 58507-1022, 1955. 10. 15)이 동양고고학연구소(대표: 이형구)에 보내온 회신에 의하면 "귀 연구소가 풍납토성 안의 풍납 1동, 2동에서 주택재개발 사업시행시에는 고고학적인 조사를 거친 후 시공하도록 요망하는 내용인 바, 현재 동지역 내에는 주택개량 재개발사업을 시행하기 위한 주택개향 재개발구역으로 지정된 바 없음을 알려드립니다."하고 풍납토성 내의 재개발 의사가 없다고 분명히 밝혔다. 그리고 "한편, 동 건의사항에 대하여 당해 지역에서는 주택개량 재개발구역 지정 입안권자인 서울특별시장에게 업무수행 시 참고토록 통보하였음을 알려드립니다."고 서울특별시장에게 통보한 내용까지도 별첨으로 보내왔다.

이에 대하여 서울특별시장의 회신(문서번호 문재 86700-065)은 "토성 내 건축관련 지하층 굴토시 관계관 입회 유구 발견시 문화재 보호법령에 따라 처리토록 관할구청에 지시하였습니다."라고 철저한 준법 의지를 밝혀 왔다. 그러나 이때까지 수년 동안 수많은 고층건물이 신축되었는데도 단 한 건도 이 지시사항이 시행된 바 없었다.

현대건설이 시공하고 있는 풍납동 현대아파트 건설공사(시행자:신우연립 재건축조합의 5개 주택조합)의 기초가 되는 터파기 작업이 시작되어 예정지부터 150m×70m 크기의 면적 가운데 60×30m를 이미 4m까지 파 내려갔다. 터파기한 벽면에는 지표하 2.5m부터 지하 4m까지 토기 파편이 다량으로 박혀 있는 것을 확인하고 서둘러 몇 가지 수습한 토기들이 모두 백제 초기의 토기 편들이었다. 필자가 오랫동안 풍납토성에 쏟아 놓은 정성이 현현(現顯)하는 순간이었다.

국립문화재연구소의 발굴 결과 기원 3세기 이전의 20기의 백제 초기 건물지가 확인되었다. 이와 같이 지표하 4m 지점까지 백제 전기의 유적, 유물이 발견되고 있다고 하는 사실은『삼국사기』백제본기의 초기기록이 사실(史實)이라고 하는 사실(事實)을 증명하고 있다.

이때 필자가 실측조사한 기록으로『서울 風納土城[百濟王城]實測調査研究』(백제문화개발연구원, 1997) 라고 하는 연구보고서를 내놓았다.[3]

국립문화재연구소가 발표한 풍납토성 유적의 방사성탄소 연대측정도 기원 전후로 측정되었다.

풍납토성은 백제 전기 한성(漢城) 시기의 왕성으로 백제의 정치, 문화를 비롯하여 백제인의 생활사를 파악할 수 있는 매우 중요한 유적이다. 지금까지 발견된 백제 유적 가운데 최고, 최대의 유적이라고 할 수 있는 유적이 햇빛을 보자마자 7개 동(棟)의 현대아파트가 건립, 입주(1999년 11월)하는 바람에 백제 왕궁 유적이 현신하자마자 인멸시키게 되었으니 그야말로 '문화재의 해'에 걸맞는 대사건이었다.

---

3 이형구,『서울 風納土城[百濟王城]實測調査研究』, 백제문화개발연구원, 1997.

Ⅲ. 문헌상으로 본 풍납동 백제왕성

풍납토성에 대한 문헌기록을 연대순으로 초기 백제(한성시기) 도성 및 그와 관계되는 기사를 『삼국사기』 백제본기의 기록을 나열해 보면 아래와 같다.

1) 온조왕 즉위년 (기원전 18년)조; "마침내 한산에 이르러 부악에 올라 살 만한 곳을 내려다 보았다. 비류는 바닷가에 살고 싶어 했다. 이에 10신(臣)이 "하남의 땅은 북으로는 한수를 두르고 동으로는 높은 산에 의지하고 있으며 남으로는 기름진 땅을 바라보며 서로는 대해로 막혀 있습니다. 이처럼 천연의 지리적 이점은 얻기 어려운 지세로 이곳에 도읍을 정하는 것이 마땅하지 않을까 생각합니다."라고 아뢰었다. 비류는 듣지 않고 백성을 나누어 미추홀로 가서 살았다. 온조는 하남위례성에 도읍을 정하고 10신의 보좌를 받으며 나라 이름을 십제(十濟)라 하니 그때가 전한 성제(成帝) 홍가(鴻嘉) 3년이다."

2) 온조왕 8년 (기원전 11년)조; "8년 봄 2월 3천의 말갈이 위례성을 포위했으나 왕은 문을 닫고 나오지 않자 10여 일 만에 식량이 떨어져 돌아갔다."

3) 온조왕 13년 (기원전 6년)조; "13년 여름 5월 왕이 신하들에게" 우리나라의 동쪽에는 낙랑이 있고 북쪽에는 말갈이 있어 국경을 침략하니 편안한 날이 드물다. 하물며 지금 불길한 징조가 자꾸 나타나고 국모가 돌아가니 스스로 안정될 수 없는 정세라 도읍을 옮겨야만 하겠다. 내가 일전에 순시를 하다가 한수 남쪽의 땅을 보니 땅이 기름진 것이 그곳에 도읍을 정하고 오래 안정할 수 있는 대책을 꾀하는 것이 옳을 것 같다." 라고 말했다. 7월에 한산에 책(柵)을 세우고 위례성의 백성을 옮겨 살게 하였다. 8월에는 마한에 사신을 보내 천도를 알리고 강역을 확정하니, 북으로는 패하에, 남으로는 웅천에, 서로는 대해에, 동으로는 주양에 이르렀다. 9월에는 성궐을 세웠다."

4) 온조왕 14년 (기원전 5년)조; "14년 봄 정월 도읍을 옮겼다. 가을 9월 한강 서북에 성을 쌓고 한성의 백성을 나누어 살게 했다."

5) 온조왕 15년 (기원전 4년)조; "15년 봄 정월 새 궁궐을 지었는데 검소하되 누추하지 않고, 화려하되 사치하지 않았다."

6) 온조왕 17년 (기원전 2년)조; "17년 봄 낙랑이 쳐들어와 위례성에 불을 질렀다."

7) 온조왕 41년 (기원 23년)조; "41년 2월 한수 동북 여러 부락 사람 중 15세 이상을 뽑아 위례성을 수리했다."

8) 책계왕 즉위년 (286년)조; "왕이 장정을 징발하여 위례성을 고쳤다. 고구려가 대방을 정벌하자 대방이 우리(백제)에게 구원을 요청했다. 이에 앞서 왕은 대방 왕의 딸 두과를 부인으로 얻었다. 이 때문에 "대방은 장인의 나라니 요청을 들어주지 않을 수 없지 않은가."라고 말하며 마침내 병사를 내어 대방을 구원했다. 고구려가 원한을 품자 왕은 고구려가 침략해 올 것을 염려하여 아단성과 사성을 수리하여 대비하였다."

9) 근초고왕 26년 (371년)조; "26년 겨울 왕은 태자와 함께 정예병 3만을 이끌고 고구려 평양성을 공격하였다. 고구려 왕 사유가 힘껏 싸우며 저항하다 화살에 맞아 전사하였다. 왕은 군대를 이끌고 되돌아와 한산으로 도읍을 옮겼다."

10) 아신왕 즉위년 (392년)조; "아신왕(또는 아방)은 침류왕의 맏아들로 한성 별궁에서 태어났다."

11) 전지왕 즉위년 (405년)조; "한성사람 해충이 와서"대왕이 돌아가시자 동생 설례가 형을 죽이고 자기가 왕이 되었으나 태자께서는 함부로 들어가지 마십시오."라고 말했다."

12) 전지왕 2년,(406년)조; "2년 가을 9월 해충을 달솔로 삼고 한성의 세금 1천석을 주었다."

13) 개로왕 21년 (475년)조; "21년 가을 9월 고구려 왕 거련이 3만 군을 이끌고 쳐들어와 왕도 한성을 포위했다. 왕은 성문을 닫은 채 나가 싸우질 못했다. 고구려는 사방으로 나누어 협공했다. 또 바람을 이용해 불을 놓으니 성문이 타버렸다. 사람들은 불안해하며 나가 항복하자는 사람도 있었다. 왕은 어찌할 바를 모르다가 기병 수십을 거느린 채 서쪽 문을 나와 달아났으나 고구려 군사가 추적해 와 왕을 해쳤다."

위의 사료에서 가장 주목되는 것은 역시 온조왕 즉위년조인 1)번 사료와 13년조인 3)번 사료다. 이 두 기사는 여러 학자들에 의해 같은 해의 일을 나누어 기술한 것으로 고증된 바 있기 때문에 온조가 처음 도읍한 곳은 즉위년조에 의거해 하남위례성으로 보아도 괜찮을 것이다. 그렇다면 하남위례성이 지금의 어디에 해당하느냐가 문제로 되고, 앞서 말한 바와 같이 그 위치에 대해서는 대체로 몽촌토성과 풍납토성으로 압축되고 있다. 그리고 4)번 기록의 한강 서북에 성을 쌓고 한성의 백성들을 나누어 살게 한 것으로 보아 하남위례성을 이 때부터 이미 한성으로 불렀던 것으로 보인다. 10)번 기록으로 보아 한성에는 별궁도 있었던 것 같은 데 혹 몽촌토성 내에 있었던 것이 아닌지 알 수 없다.

다음으로 9)번 기록은 얼핏 보면 근초고왕이 한산으로 도읍을 옮긴 것처럼 보이나 '천도(遷都)'와 '이도(移都)'의 의미는 조금 다른 것 같다. 다만 그 이후의 기록으로 보아 혹 근초고왕 때 위례성보다 더 북쪽으로 수도를 옮겼을 가능성을 배제할 수는 없을 것 같다. 고구려 국왕을 전사시킨 백제의 입장에서는 고구려의 반격에 대비하지 않을 수 없었을 것이기 때문에 임시로 보다 북쪽인 한산 쪽으로 수도를 옮겨 고구려의 반격에 대비한 것으로 보인다.

백제의 초기 도성의 후보가 몽촌토성과 풍납토성으로 압축된다면 기록으로는 결국 1)번 사료의 지리, 형세의 설명에 의거해 도성을 판단할 수밖에 없을 것이다. 이 사료에 묘사된 지리, 형세대로라면 한수 이남의 비옥한 땅은 광주(廣州) 평야인 오늘날의 강남지구가『삼국사기』백제본기의 기사와 일치하고 있어 위례성 (違禮城)이 평야에 쌓은 평지성인 풍납토성일 수밖에 없다.

따라서 초기 백제의 도성인 위례성을 한성(漢城)이라고도 불렀고 그 곳은 지금의 풍납토성으로 보는 것이 옳을 것이다. 그리고 한성이란 명칭은 백제시대에는 오늘날의 '서울'과 같은 의미로 쓰였던 것으로 보인다.

이는 풍납토성을 발굴 보고한 김원룡(金元龍) 선생이『풍납동 포함층 조사보고』(서울대 박물관, 1967)에서 "풍납리 토성의 실연대에 대해서는『삼국사기』의 기록대로 그 초축을 1세기경으로 보고 475년 공주 천도까지 전후 약 5세기로 추정"한 것과도 어긋나지 않는다. 그러나 이와 같은 탁견(卓見)은 쉽게 포기되고 말았다.[4]

1987)에서 선생은 풍납토성을『삼국사기』백제본기에 보이는 '사성(蛇城)'에 비정하였고 그 설은 오랫동안 정설처럼 행세해 왔다.[5] 당연히 김원룡 선생도 이 설을 따랐기 때문에 그의 탁견은 견지하지 못하였다. 그러나 이병도 선생의 주장은 어원 추적에 근거한 것이기 때문에 처음부터 많은 문제점을 안고 있었고, 특히 사성과 관련하여 근거 기록으로 제시한 단 두 군데의 기록이라는 것도 근거가 부족한 것이라 하지 않을 수 없다. 책계왕(責稽王) 원년(286) 조의 기록이다.

고구려가 대방을 정벌하자 대방이 우리(백제)에게 구원을 청했다. (중략) 그리하여 군사를 이끌고 대방을 구원하니 고구려가 원한을 품었다. 왕은 고구려가 침략해 올 것을 염려하여 아차성과 사성을 수리하여 대비 했다.

개로왕 21년(475) 조에 성곽을 쌓고 궁루대각을 짓고 선왕의 능을 개수하고 또 한강의 수해를 방지키 위 하여 제방을 축조하는 등 대규모의 토목을 일으켰다는 기사 중에"강 연변에 따라 둑을 쌓되 사성 동쪽에서 시작하여 숭산 북에까지 이르렀다."고 한 것이다.

사성은 역시 한강 남안에 있어 강북의 아차성과 병출됨을 보면, 이것이 바로 풍납리토성에 상당한 것을 암시하여준다. '修阿且城·蛇城, 備之'의 구는 자못 주의를 요할 것이니, 아차성과 사성이 당시 광진 방면을 방어하는 중대한 임무와 의의를 가졌던 것을 더욱 알 수 있는 동시에 사성이 평고성(坪古城) 즉, 풍납리토성 의 원명인 것을 명언할 수 있다.[6]

그래서 이병도 선생이 풍납토성을 사성으로 단정짓는 바람에 풍납토성은 왕성으로 비정될 수 있는 가능 성을 잃어버렸다. 이병도 선생은 다산(茶山) 정약용(丁若庸) 선생이「위례고(慰禮考)」에서 하남위례성의 위 치를 온조왕 13년(기원전 6)에 정도(定都)한 한수지남(漢水之南)을 금광주고읍(今廣州古邑)이라 한 것을 오

---

4 김원룡,『풍납동 포함층 조사보고』, 서울대 박물관, 1967.
5 이병도,「풍납토성과 백제시대의사성(蛇城)」,『한국고대사 연구』, 박영사, 1976, pp.498~506. [원전;『진단학보』10, 1939],
6 위의 주.

늘날의 광주군 춘궁리(春宮里)로 해석하고 있는데, 다산이 말한 광주고읍은 다산 선생 생시(1762~1836)의 광주부치(廣州府治)는 남한산성 성내가 아니라 현 읍에서 떨어진 말 그대로 어느 고읍에 있었다고 하였다.[7] 그것을 오늘의 춘궁리라고 임의 해석하였다.

1980년대 몽촌토성(夢村土城)이 발굴됨에 따라 백제 도성으로서의 하남위례성을 몽촌토성으로 보려는 주장들이 나타났다. 그중 최몽룡 교수가 대표적이다.[8] 최 교수는,

"풍납리토성이 위치한 일대는 지대가 너무 낮고, 또 강에 인접해 있어 도성으로는 부적당하다. 게다가 『삼국사기』에 보이는 사성이 풍납리토성이라면 이 사성이 당시 도성이었을 가능성은 더욱 줄어든다."고 하면서 '풍납토성 하남위례성부정'론을 내세우고 있다. 이어서 "몽촌토성이 초기 백제의 도성으로 가장 좋은 조건을 갖추었고 또 그 규모도 고대도시에 비해 적은 것이 아니라는 연구결과 등은 몽촌토성을 한성시대 백제의 주성인 하남위례성으로 비정하는 것을 가능하게 한다."고 하면서 소위 '몽촌토성 하남위례성'론을 주장하고 있다.

그러나 몽촌토성은 자연 구릉을 이용하여 일부 구간만 판축법으로 쌓은 일종의 산성(山城)으로, 규모도 작고 큰 건물지도 없는 보조적인 성격을 띤 성이다. 지금까지의 자료로 보아 몽촌토성은 축조 연대가 3세기 후반으로, 1세기 무렵인 풍납토성과는 상당한 차이가 난다. 『삼국사기』 초기 기록을 대체로 인정하는 한 백제가 건국과 동시에 쌓은 최초의 왕성은 기록으로나 고고학상으로나 풍납토성이 확실하다고 생각된다.

Ⅳ. 풍납동 백제 왕성의 현황

1. 성벽(城壁)부분

1996~97년의 측량조사에서 밝혀진 바와 같이 풍납토성의 전체의 크기는 3,470m이고 이미 복원된 북쪽 성벽의 가장 높은 높이만도 현지로부터 11.1m나 된다.[9] 미복원된 지역의 남쪽 성벽의 가장 높은 지역인 측량 번호 No.4의 지표고 6.5m이고, 동쪽 성벽의 가장 높은 지역인 No.8의 높이는 지표고 6.2m나 된다. 그리고 성벽의 저부 너비는 가장 넓은 곳인 남쪽 성벽의 측량은 번호 No.4의 너비는 70m에 이르고 있다. 성벽의 기저(基底) 너비는 대체로 40~30m이며 그 위에 축성되고 있다.

풍납토성의 제원(諸元)은 사적으로 지정되었던 당시인 1963년도에 펴낸 『서울특별시사』 고적편에 2,679m로 표시되었고,[10] 김원룡 선생의 『풍납리포함층조사보고』(1967)에는 "북벽이 약 300m, 동벽이 1,500m, 남벽이 200m 가량 되며, 서북벽 250m를 가산하면 현존길이의 합계는 2,250m쯤 된다."고 하였다.[11]

---

7 정약용, 「위례고(慰禮考)」 『여유당전서』 6집 3권.
8 최몽룡, 「몽촌토성과 하남위례성」 『백제사의 이해』, 학연문화사, 1991. pp.95~96.
9 위의 주 3) p.64.
10 서울특별시, 『서울특별시사』 고적편, 1963. p.657.
11 위의 주 4)

여기에 1925년에 유실된 서벽까지 합치면 아마 3천여m는 될 것이다. 성벽의 기저부는 대체로 40~30m 가량 되고 좌우로 경사면을 이루면서 단면이 사다리꼴로 위로 올라간다. 단면은 거의 돌은 없고 고운 모래 뿐인데 그것은 얇은 층으로 한층 한층 다져서 쌓아 올라가고 있다. 다시 말해서 성벽은 모래뻘 흙과 황토를 섞어 다진 판축(版築)기법을 사용하여 한층 한층 쌓았다. 북측과 동북 측의 1974년 복원된 성벽의 길이가 470m이고 지금 남아 있는 가장 높은 성벽의 높이는 11m 정도이다. 비교적 원형이 잘 남아 있는 북벽의 상부에 근 100년이나 되는 아카시아가 자라고 있는데, 바로 이 지점이 지금까지 남아있는 부분 중에서 가장 높은 지점이다.

이 지점의 현재의 높이는 지표(풍납동 403번지 앞 도로점 기준)로부터 11.109m로 측량되었다.

1996년에 실측 조사한 결과 성곽의 전체 길이는 3,470m로 실측되었다.[12]

최근 성내에서 발견된 최저부의 백제 초기 유적의 깊이가 현재의 지표면으로부터 4m 깊이를 고려한다면 무려 15m의 높이다. 갯뻘흙과 황토를 운반해와서 수 십 층의 판축(版築)으로 기저의 폭을 40m로 쌓은 가장 높은 곳이 15m 높이로, 둘레가 3.5km나 되는 거대한 성을 쌓는다는 것은 지금으로서도 도저히 상상을 초월하는 대역사(大役事)이며 불가사의(不可思議)한 일이다.

2. 상가(商街)구역

풍납 1동 상가구역에서는 토성의 흔적을 찾아보기 힘들고, 낮은 언덕고개라 생각하기 쉽다. 이곳의 149, 150번지 일대는 민가들이 자리하고 있는데 대부분이 지상 2층, 지하 1층 구조의 양옥형식 집이다. 158-3번지는 아예 토성이 없고, 깎아 고물상을 만들고, 그 옆은 풍림우일상사가 자리해서 토성 흔적을 한눈에 볼 수 있는 부분은 여기까지이다.[13]

149~154번지 지역은 다른 지역보다 높은 편이다. 특히 154번지 지역의 2층 지상공장은 눈여겨 봐야 한다. 건물도 꽤 오래되었으며, 뿐만 아니라 건물의 지하구조가 없어 토성의 흔적이 그대로 살아 있고 지역도 꽤 넓은 편이다. 현재 이 지역은 민가로 뒤덮여 있고, 토성 정상부라 생각되는 길에는 간간이 오래 된 건물지가 있다. 150-12번지에 있는 '토성섬유공장'이다. 현재는 이전해서 빈 곳으로 남아있다. 이 건물은 1층 한옥 건물로 만들어진 건물지이다. 또 그 옆의 한옥 민가도 건물의 지하구조가 없기 때문에 성벽의 기저부가 그대로 남아 있을 가능성이 있어 보인다. 한옥 길 건너편 150-2 지역에도 이름없는 한옥공장이 있다. 이곳 역시 정상부에 위치하고 있다. 이들 건물의 기초부는 토성을 깎고 지은 흔적이 있어 토성의 하부 구조를 찾아 낼 수 있을 것이다.

이외에 다른 곳은 지상 2층 지하 1층으로 구성된 민가들이 빽빽하게 자리잡고 있다. 74, 75, 78, 148, 151, 152, 154번지 지역은 복원된 토성과 토성 자리에 건물이 들어선 곳이 만나는 곳이다. 78-79번지 금성식품공장은 2층 건물로 지하 구조가 없다. 이곳은 성 안쪽 바로 뒤에 위치해 있고, 지하도 파괴가 되지 않은 것같아 보인다. 148, 151, 152, 154번지 지역은 지상 2층, 지하 1층의 건물이 대부분이다. 74-1, 74-2, 74-4번지는 성벽 밖을 따라 주차장으로 쓰이고 있다. 시멘트를 깐 부분도 있고, 그냥 맨땅인 곳도 있다. 주차장은 대부분

---

12 앞의 주3)
13 앞의 주3)

지상 1층 임시 가건물의 형태이다.

148, 151, 152, 154번지 지역의 옛 토성자리도 최근에는 아직까지 재개발계획이 이루어지고 있다. 이 구간은 길이가 250m나 되는데 이 블록은 원래 풍납토성의 다른 지역과 같이 아주 높은 성벽이었으나 1980년대 강남지구 개발과 함께 성벽 자체를 완전히 삭평시키고 심지어 지하실까지 파서 토성의 기저부분을 완전히 파괴시키고 있다. 154번지 내의 주차장은 최근에 송파구청(松坡區廳)이 구민회관(區民會館)을 지으려고 한 곳이다. [사진 3]

3. 성안(城內)지구

풍납 1동 165번지 풍납초등학교는 지상 4층, 지하 1층의 건물로 넓은 면적을 차지하고 있다. 251- 2번지 현대아파트는 약 10년 정도된 지상 12층, 지하 2층 구조로 1동으로 이미 건축되어 주민이 입주하고 있다. 281- 1, 281- 2번지 일대는 외환은행 직원합숙소가 위치하고 있다. 총 2동이 있는데, 1동은 지상 2층, 지하 1층 그리고 2동은 지상 4층, 지하 1층으로 되어 있고, 운동장이 넓게 자리하고 있다. 이 대지도 지하구조가 많이 살아남아 있을 것으로 아파트가 넓게 분포되어 있다. 287- 1번지는 미성 맨션아파트로 총 4동이 넓게 분포하고 있다. 지상 평균 11층, 지하 1층으로 되어있다.

이들 고층아파트는 모두 건축물의 지하구조가 백제전기 수도유적의 문화층을 파괴하고 건축되었기 때문에 다시는 재생할 수 없는 안타까운 실정이다.

풍납 2동 253번지 일대 토성 초등학교는 지상 4층, 지상 1층이고, 넓은 운동장은 맨땅에 모래로 덮여 있어 백제전기 왕경유적을 잘 보존하고 있을 것으로 보인다.

풍납 2동 264- 1번지 일대의 극동아파트는 1992년에 우일아파트를 재건축하기 위한 심의과정을 거쳐 재개발이 이루어진 고층 아파트이다. 그러나 이때 왜 사전(事前) 고고학 조사를 거치지 않았는지 그 이유를 알지 못하겠다.

V. 중국과 일본의 도성제도(都城制度)

1. 중국

풍납토성은 가까운 주위의 다른 백제성들과는 달리 평지성(平地城)이다. 게다가 백제시대의 평지성으로는 하나밖에 없는 성으로 꼽히고 있다. 그래서 『증보문헌비고(增補文獻備考)』여지고(輿地考) 광주조(廣州條)에서 이를 '평고성(平古城)'이라 하였다. 평고성이란 곧 평지고성 즉, 평지성을 일컫는다. 평지성은 자연지세를 적절히 이용하여 쌓은 구릉성이나 산성과는 달리 엄청난 인위적인 공력을 기울여 쌓아야만 한다.

특히 풍납토성은 이른바 판축법으로 기초부터 15m 이상이나 차근차근 수십 층을 다져가며 쌓아 올린 성이기 때문에 상상을 초월하는 인력과 물자가 동원되었으리라는 추측은 그리 어렵지 않을 것이다. 이는 한마디로 말해 왕성(王城)이 아니고서는 도저히 상상할 수 없는, 백제의 국력을 총동원하다시피 해야만 가능했던 성이다.

풍납토성의 축조기법인 '판축법(版築法)'은 중국 춘추전국(春秋戰國)시대 제후성(諸侯城)와 한(漢) 대의 왕성에 상용되고 있다. 전국시대 제(齊) 나라의 수도인 산동성(山東省) 임치(臨淄)의 제국고성(齊國故城),[14] 노(魯) 나라의 수도인 산동성 곡부(曲阜)의 노국고성(魯國故城),[15] 연(燕) 나라의 수도인 하북성(河北城) 한단시(邯鄲市) 조왕성(趙王城),[16] 동 성 이현(易縣)의 연하도(燕下都)[17] 등의 발굴 결과, 이들 도성이 평지에 강이나 하천을 끼고 판축법으로 축조되었음이 밝혀졌다.

평양(平壤) 근교의 기원(紀元) 전후 시기의 낙랑토성(樂浪土城)도 대동강(大同江)을 끼고 평지에 세워진 일종의 도성(都城)이다.[18] 이들 고대 중국의 도성제도와 풍납토성과 관련하여 시사하는 바가 적지 않을 것으로 생각된다.

1970년대 중국 길림성 고고문물연구소가 고구려 수도 국내성(國內城)을 발굴한 결과 기원 전후 시기의 초축(初築)은 흙으로 쌓았다고 하였다.[19]

백제 초기의 문물제도는 고구려의 문물제도에 영향을 받지 않을 수 없다. 이런 점에서 풍납토성과 그 주변의 백제 유적들은 고구려 수도인 국내성과 그 주변 유적과 좋은 비교가 된다. 백제도성(풍납토성)을 중심으로 왕릉급에 해당하는 고분군들이 흩어져 있고, 방어용이자 비상시 대피할 수 있는 산성들이 존재하고 있는 상황이 고구려의 경우와 거의 일치하고 있기 때문이다. 그리고 국내성 역시 강을 낀 평지성이다. 이러한 점들로 미루어 보아도 초기 백제의 왕성은 풍납토성에 비정하는 것이 합리적이다.

2. 일본

일본(日本)의 고대 도성들도 모두 평지에 조성되었다. 7, 8세기의 오사까(大阪)의 나니와노미야(難波宮)을 위시하여 가시하라의 후지하라궁(藤原宮), 나라의 헤이죠궁(平城宮), 교토의 헤이안궁(平安宮)들이 모두 평지도성이다.[20]

특히 나니와노미야(難波宮)라는 이름은 아스카 · 나라시대의 문헌기록에 자주 보이지만 오랫동안 그 위치를 모르고 있었다. 그러나 우에마찌(上町) 대지의 북단에서 1954년 야마네(山根德太郎) 박사에 의하여 발견된 한 점의 나라(奈良) 시대의 기와가 계기가 되어 나니와노미야의 발굴조사가 시작되었다.[21]

처음에는 모색상태가 거듭되었지만 40여 년의 조사에 의하여 이곳에 전 · 후 두시기의 궁전이 있었다는 사실을 알게되었다.

이 가운데 연대가 빠른 궁전(前期難波宮)은 645년 대화개신(大化改新)때 효덕천황(孝德天皇)이 비조(飛鳥)에서 도읍을 옮길 때 영조(營造)한 전기난파궁일 가능성이 높고, 연대가 좀 떨어지는 궁전은 성무천황(聖

---

14 關野 雄, 「제남 임치의 조사」, 『중국고고연구』, 동경대학 출판회, 1956, pp.241~294.
15 이형구가 1993년 6월과 1994년 5월에 로국고성 현지를 답사하였음.
16 위의 주14) 「한단유적발현기」, pp.295~302.
17 하북성문물고고연구소, 『鄴下都』上 · 下, 문물출판사, 1995.
18 동경대학고고학연구실, 『낙랑군치지』, 1965.
19 길림성문물지편위회, 『집안문물지』, 1984, p.64.
20 小笠原好彦, 『難波宮의風景』, 문영당, 1995.
21 중미방치, 「難波宮과 古代의 大阪」, 『大阪을 發掘하다』, 대판도시협회, 1998, p.98.

武天皇)이 신구(新龜) 3년(726)에 짓기 시작한 후기난파궁이라고 생각하고 있다.

현재, 궁전 중심부의 약 4만 평이 일본 국가사적으로 지정되고 사적공원으로 조성되어 국제적인 명소로 활용되고 있다.

VI. 맺는 글 - 그 대책(對策)

서울 송파구 풍납동 백제왕성은 지금까지 흙으로 만든 토성(土城)이라는 단 한 가지 이유 때문에 우리의 관심에서 등한시된 바가 많다. 그뿐만 아니라, 우리 학계가 백제 초기기록을 인정하지 않고 백제 건국을 3세기 중반 이후로 보는 풍토에서 풍납토성을 백제의 건국 시기인 기원 전후 이래의 왕성(王城)으로 인식하지 않고 백제 중기의 일개 토성으로 간주했기 때문에 가볍게 취급되었고 심지어 무시되기도 하였다.

그러나 지금까지 발굴된 왕성의 성벽을 보면 기저 너비 40m, 높이 약 15m, 전체 둘레 3.5km나 되는 거대한 규모는 왠만한 석성(石城)보다 훨씬 장대한 성곽이다. 그리고 성안의 궁전유적에서 출토된 유물을 보면, 기원전 2, 3세기의 흑도 마연토기, 적색 무문토기, 기원 전후의 조질 유문토기, 회청색 경질토기, 2·3세기경의 삼족(三足)토기, 원통형 기대(器臺) 등 기물류와 어망추, 그리고 옥기류, 유리류, 철기편 등 많은 유물이 출토되었다. 그리고 풍납토성 안에서는 고층아파트 터파기 공사(대동건설)중 경당연립 재건축부지의 유적에서 출토된 유물 가운데 특히 낙랑계(樂浪系)의 경질토기를 반와당(半瓦當)을 비롯하여 기하문(幾何紋)와당(직경 약 12cm)이 발견되고 있는데 이는 풍납토성의 개와(蓋瓦)가 초기 개와들의 경우와 같이 낙랑의 중국식 개와에서 출발하고 있음은 더 말할 것도 없다. 최근에는 궁전유적과 궁궐을 다지기 위한 전전(殿奠) 제사갱(祭祀坑), 그리고 궁중 최고 관직인 '대부(大夫)'명의 토기가 발견되어 백제 초기의 왕성임이 확실해졌다.

『삼국사기』백제본기 온조왕 15년(기원전 4)조의 "봄 정월에 새 궁궐을 지었는데 검소하되 누추하지 않고, 화려하되 사치하지 않았다.(春正月 作新宮室 儉而不陋 華而不侈)"라고 하였는데 이곳에 건축된 왕궁이 이와 같지 않았나 한다.

그리고『삼국사기』진사왕(辰斯王) 7년(391)조에 보면; "정월에 궁궐을 중수하고 못(池)을 파고 산(山)을 만들어서 이상한 짐승들과 화초를 길렀다.(春正月 重修宮室 穿池造山 以養禽異卉)"고 하였다.

이들 기사에 의하면 하남위례성인 초기의 풍납토성 안의 왕궁건축은 검소하되 누추하지 않고, 화려하되 사치하지 않은 궁궐을 지은 것을 알 수 있고, 4세기경에 궁실을 중수할 때는 궁성 안에 산을 만들고 연못을 판 것을 보면 곧 평지성(平地城)임을 알 수 있다.

서울 백제 500년 수도를 사실(史實)로 인정하여 백제의 역사가 우리만의 역사가 아니라 더 나아가 동아시아의 역사라고 하는 인식이 필요하다. 그리고 정부는 하루빨리 풍납동 백제왕성과 왕궁유적을 보존할 수 있는 적극적인 대책을 세워서 우리 역사를 우리 스스로가 말살하는 일이 없도록 해야만 한다.

백제 문화를 전수받았다고 하는 일본(日本)에서는 1950년대 초에 오사카성(大阪城) 앞의 도심에서 7, 8세기 아스카(飛鳥) 시대의 수도였던 나니와노미야(難波宮) 유적이 발견되어 관계학자, 대학교 총장, 시민단체들이 정부와 시 당국에 청원하여 서울의 경복궁 앞, 청진동이나 무교동과 같은 금싸라기 땅을 구입하고 발굴하여 오늘날에는 무려 4만 평에 달하는 넓은 면적을 확보, 국가사적공원으로 오사카시뿐만이 아니라 일본을 대표하는 문화유적이 되었다. 최근에는 주변의 재개발을 막고 계속 땅을 확보해 가면서 보존해 나가고 있다. 이곳은 바로 고대에 백제의 사신을 맞이하던 곳이기도 하다. 그래서 오늘날에도 매년 봄철에 우리나라 사신을 맞이하는 뜻의 '왔소'라는 행사를 하고 있는 곳이다.

과거에는 우리가 문화를 전해 주었다고 하지만 당장 지금은 우리가 일본의 새로운 역사 문화보존정책이나 보존운동을 타산지석(他山之石)으로 삼아 풍납동 백제왕성과 왕궁유적을 보존하는 데 노력해야만 할 것이다.

그러기 위해서는 우선 정부가 특별법(特別法)을 제정하여 당장 필요한 풍납토성의 성곽만 지정된 사적 범위를 성안 백제 왕궁유적까지 확대 지정해야 하며 신규 재개발 건축은 중지하고 현재의 상태대로 유지하는 것이 가장 바람직 한 일이다. 이로 인한 이 지역 주민들의 불편과 피해를 해소하고 재산권을 보상할 수 있는 방법은 대통령(大統領)의 특단의 조치뿐이다.

서울 風納土城〔百濟 王城〕實測調査研究

李 亨 求

1997

財團法人 百濟文化開發研究院

이형구,『서울 風納土城[百濟 王城]實測調査研究』(백제문화개발연구원, 1997) 내표

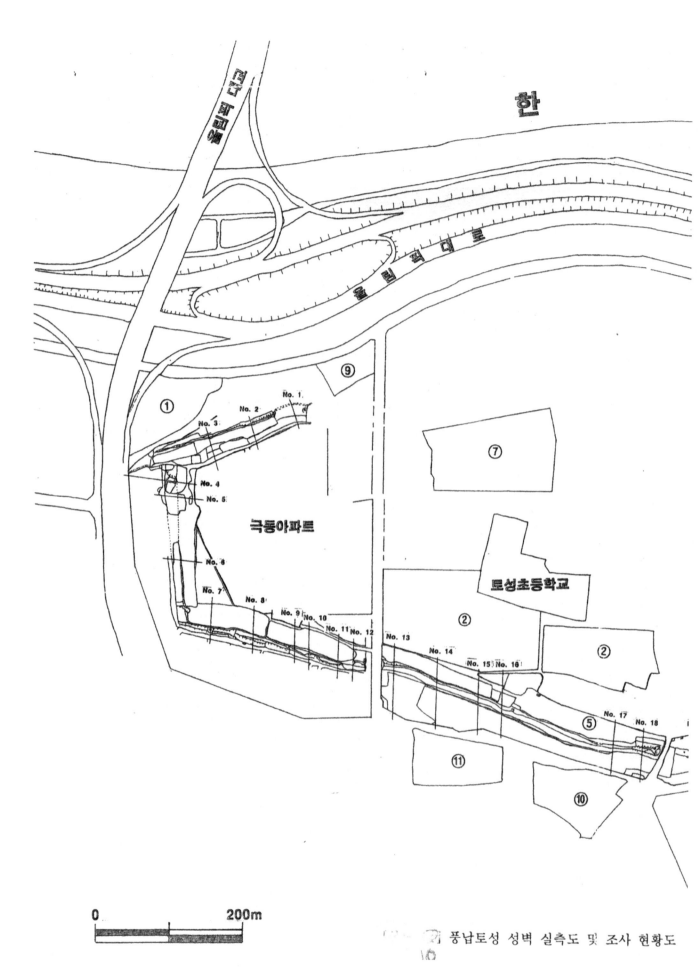

풍납토성 측량도(1997년)

풍납토성 성벽 실측도 및 조사 현황도

극동아파트

토성초등학교

한

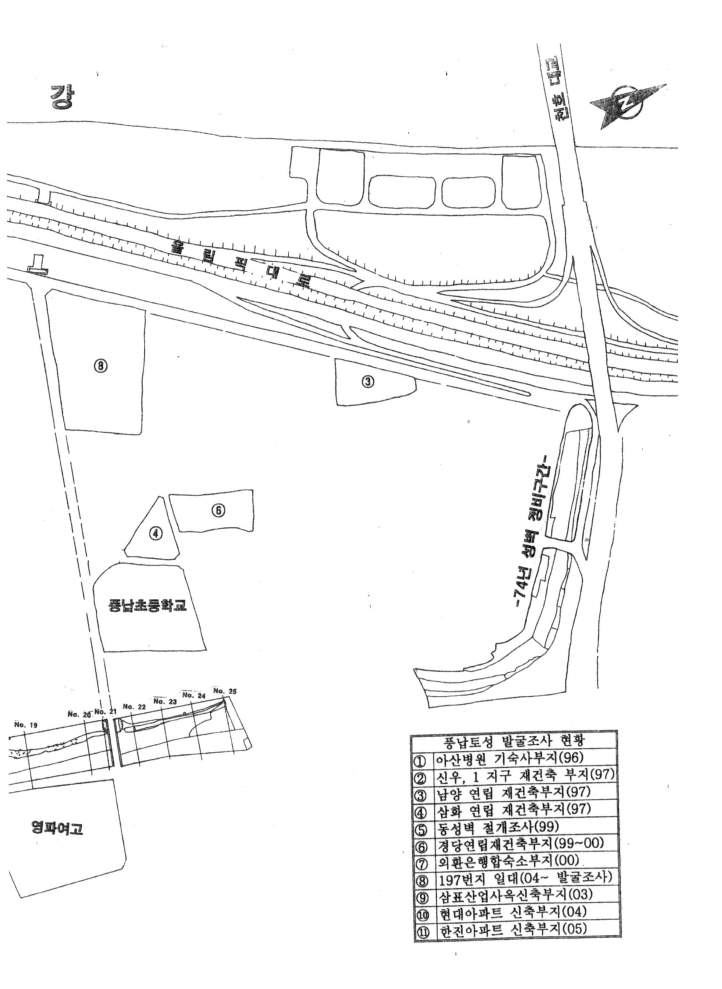

강

올림픽대로

⑧

③

⑥

④

풍납초등학교

영파여고

No. 19 No. 20 No. 21 No. 22 No. 23 No. 24 No. 25

-74년 성벽 절개조사-

풍납토성 발굴조사 현황	
①	아산병원 기숙사부지(96)
②	신우, 1 지구 재건축 부지(97)
③	남양 연립 재건축부지(97)
④	삼화 연립 재건축부지(97)
⑤	동성벽 절개조사(99)
⑥	경당연립재건축부지(99~00)
⑦	외환은행합숙소부지(00)
⑧	197번지 일대(04~ 발굴조사)
⑨	삼표산업사옥신축부지(03)
⑩	현대아파트 신축부지(04)
⑪	한진아파트 신축부지(05)

(사진 1) 풍납토성 선문대 측량 팀. 가운데 단장 이형구 교수 좌측 황용주 건축사 우측 최성준 측량사 이왕호 보조원(1996년 12월)

(사진 2) 풍납토성 선문대 실측팀 팀원 들(중앙: 박종섭 한국학대학원 연구생, 1996년 8월)

(사진 3) 풍납동 극동아파트 옥상에서 내려다본 풍납토성 동남부 내부(1996년)

(사진 4) 풍납토성 서벽 성벽(풍납동307번지) 위의 民墓와 경고판(삼표레미콘 부근, 1996년)

(사진 5) 풍납토성 동벽 훼손 성벽 위는 채소를 심고 외벽은 주차장으로 변했다.(1995년)

(사진 6) 풍납토성 동·북 외벽 傾斜面을 파고 농작물 파종으로 2段이 된 것을 그대로 복원했다.(1974년)

(사진 7) 풍납토성 동북벽이 잘려나가 주거지와 시장이 형성됐다.(1996.12)

(사진 8) 풍납토성 북벽과 서벽(전면 도로) 조감도(1996. 사진 백제문화개발연구원 제공)

(사진 9) 중국 산동성 곡부시 노국(魯國)고성 토성(版築) 단면(1993년 6월 촬영)

(사진 10) 일본 오사까죠(大阪城) 앞의 나니야노미야(難波宮) 유적과 참관 학생 들(2000년 1월 촬영)

풍납토성 발굴과 그 의의

윤근일(국립문화재연구소 학예연구관)

풍납토성 발굴과 그 의의

1. 풍납토성의 현상
2. 풍납토성 조사 현황 및 의의
3. 풍납토성의 성격 및 연대

1. 풍납토성의 현상

서울시 송파구 풍납동에 위치한 풍납토성(사적 제11호)은 서쪽으로 한강을 끼로 약간 동쪽으로 치우친 남북 장타원형을 띠고 있다. 즉 북벽과 남벽은 짧은 벽으로 직선에 가깝고, 동벽과 서벽은 단벽에서 둔각을 이루며 꺾이는 데, 그중 동벽은 중앙부가 외만한 형태를 띠고 있다.

풍납토성은 현재 한강 변에 연한 서벽을 제외하고 북벽과 동벽, 남벽 등이 남아있다. 북벽 446미터 구간은 이미 복원·정비가 완료되었고, 나머지 동벽과 남벽은 국가에서 단계적으로 매입을 추진하고 있다. 그러나 동남벽 일대 900여 미터 구간은 아직 매입이 이루어지지 못한 사유지로서 경작에 의한 훼손 정도가 심각한 상황이다. 따라서 조속한 시일내에 토지를 매입하여 추가 훼손을 막고 적절한 보존책 강구해야 할 것이다. 한편 풍납토성 외곽에는 성벽을 방어할 목적의 해자가 있었을 것으로 추정되는데, 특히 동남벽 외곽에는 최근까지도 개천이 있었던 것으로 알려져 있어, 해자가 존재하고 있을 가능성이 높은 지역이다. 따라서 향후 학술적인 발굴조사가 요구되는 부분이다.

결론적으로 풍납토성은 현재 약 2.1㎞ 정도가 남아 있는 것이고, 유실된 서벽을 포함한다면 전체 길이 3.5 ㎞에 달하는 거대한 성이었을 것으로 추정된다. 1997년 선문대학교 풍납토성 학술조사단(단장: 이형구)에 의해 실시된 실측조사에 의하면 성벽의 너비는 30-40m 정도이고, 가장 넓은 곳은 70m에 이르며, 복원된 북벽의 높이는 11.1m, 미복원된 남쪽과 동쪽의 높이는 6.2m 내지 6.5m 정도로 보고되어 있다.

풍납토성의 입지를 보면 일반적인 한국의 고대 성곽 대부분이 우리나라의 지형적 특성을 잘 살린 산성인 것에 반해 한강 변의 충적대지 상에 구축한 순수 평지토성이라는 특징이 있다. 이러한 연유로 일부 국내 학자들 사이에서는 풍납토성이 단순히 중국의 영향을 받은 외래계 토성으로 간주되어 그들의 연구 대상에서 제외하는 현상을 초래한 것으로 생각된다.

2. 풍납토성 조사 현황 및 의의

풍납토성은 을축년(1925) 대홍수시 청동제초두, 과대금구 등 중요 유물이 출토되면서 일제시대부터 하남 위례성으로 비정되는 등 주목을 받아 왔다. 그러다가 1964년 서울대학교 김원용 교수가 최초로 성내 유물포함층을 시굴조사하여 백제시대의 생활면 2개 층과 풍납리식 무문토기를 비롯한 기원 전후~5세기대의 유물을 확인하였다. 그러나 그 성격에 대한 명확한 규명이 이루어지지 못한 채 풍납토성은 서울시의 대규모 성장 속에 급속한 개발의 일로를 치닫게 된다. 물론 일각에서는 개발로 인해 무참히 파괴되어 가는 풍납토성의 보존과 대책을 촉구하는 건의가 있었지만 제대로 반영되지 못하였다. 그러나 그러한 노력의 일환으로 1996년 풍납토성의 서남쪽 현대중앙병원 기숙사 신축부지에 대한 한양대학교 박물관(단장 김병모)의 발굴조사가 이루어지게 되었다. 당초 풍납토성의 해자가 있었을 것으로 추정하였으나 해자는 확인되지 않았고, 백제시대의 토기편과 기와편등이 출토되었다.

그러던 중 1997년 1월, 오늘의 풍납토성이 있게 한 일대 사건이 발생하였다. 풍납토성의 실측조사를 실시하던 선문대학교 이형구 교수가 풍납동 231-3번지 일대의 현대아파트 재건축 공사 현장에서 백제토기 등 유물 다수가 발견되었다고 하는 사실은 문화재관리국과 본 국립문화재연구소에 제보하여 즉각적인 현장 공사 중지와 검증을 통해 긴급 발굴조사를 실시하게 된 것이다.

현장 도착 당시 500여 평에 대한 터파기공사가 이루어져 지표하 4m 정도까지 제토 완료된 상태였고, 벽단면상에는 지표하 2.5m 정도까지 기존 건축물(신우연립)의 기초부가 드러나 있었으며, 그 밑으로 백제시대의 유물포함층이 1.5m이상 계속되는 것을 볼 수 있었다.

2월 말까지 터파기 구간에 대한 수습 조사를 실시하여 초기 백제시대 집자리 3기와 토기가마 1기, 기타 수혈유구와 기원 전후로 추정되는 3중(三重)의 환호(環壕) 유구를 확인하였다. 그중 5호 집자리는 장축 길이 10.7m, 단축 폭 7.3m의 대형으로 마치 철성분이 깔린 듯 단단하게 바닥을 다졌다. 특히 내부에서 암키와편 2점, 상부에서 수막새 2점이 출토됨으로 해서 일부나마 실제로 기와를 사용하였던 것으로 추정된다.

터파기 구간 남쪽과 동쪽으로 파괴가 이루어지지 않은 구간은 장마 기간을 포함한 2차례 정도의 철수기간을 합하여 9월 초까지 발굴조사를 실시하였다. 여기서도 집자리 8기와 수혈유구 30여기 등을 조사하였고, 환호유구가 남쪽으로 계속 연장되는 것도 확인할 수 있었다. 그 가운데 집자리 2호와 3호 등은 불에 탄 상태로 거의 완전하게 발굴되어 초기 백제시대의 주거상을 규명할 수 있는 중요한 자료로 평가된다. 이들 집자리는 돌출된 방형의 출입구가 부속된 길이 10m, 폭 7m가 넘는 규모에, 북동쪽 벽에는 터널식의 부뚜막이 설치되어있고, 특히 화재로 인해 폐기된 벽체 구조물과 가구 부재등이 고스란히 남아 있었다. 또한 한 가정에서 사용하던 일체의 생활용기들이 그대로 출토되어 당시의 생활상을 추정하는데 결정적인 자료로 평가되고 있다. 이러한 주거지 외에도 거의 지상화된 정6각형 형태의 집자리들도 다수 확인되어 초기 백제시대 주거지의 기능 분화 및 변천 과정을 추론할 수 있을 것으로 기대된다.

한편 위 발굴조사와 함께 남쪽으로 길 하나를 사이에 둔 풍납동 제1지구 재건축조합 아파트 신축 현장에서는 기존 건물의 철거와 폐기물 반출작업이 한창이었다. 이례적으로 풍납동 내부에서는 건설공사시 사전 조사를 필수화하도록 행정조치 함으로써 제1지구 역시 발굴조사를 실시할 수 밖에 없는 상황이었다. 당시 이곳 외에도 재건축 신청이 잇따랐기 때문에 문화재관리국에서는 국립문화재연구소, 서울대학교, 한신대학교 등이 주축이 된 '풍납지구 긴급발굴조사단(단장:한병삼 제6분과문화재위원장)을 구성하여 재개발에 대한 발굴조사를 담당케 하였다.

이렇게 해서 '97년 10월 착수하게된 풍납동 제1지구에서도 초기 백제시대 집자리 8기와 수혈유구, 3중의 환호유구 등이 확인됨으로서 앞선 신우지구와 동일한 성격임을 알 수 있었다. 다만 제1지구의 경우는 지형상의 절대 레벨 자체가 신우지구보다 높아서 퇴적 자체가 깊지 않았고, 이로 인해 기존 건축물에 의한 피해가 커서 유구의 보존상태는 다소 불량한 편이었다.

이상 풍납토성 내부에서 실시된 최초의 발굴조사에서는 기원 전후의 경질무문토기가 주로 출토되는 환호유구와 타날문토기를 위주로 하는 초기 백제시대 집자리 19기, 기타 토기 산포유구 및 수혈유구 등 당시의 생활상을 밝혀줄 만한 중요한 자료들이 다량 확보되었다. 또한 당시 발굴조사를 계기로 개발 앞에 속수무책으로 파괴되었다고 해도 지나치지 않을 정도로 방치되다시피 한 풍납토성에서 초기 한성백제시대의 실체가 재차 확인되었고, 이를 통해 행정적으로나마 개발공사 이전에 문화재의 존재유무 여부를 반드시 확인하게끔 조치되었다.

이러한 조치에 의해 같은 해 한신대학교와 서울대학교에서도 풍납토성 내부 재건축부지에 대한 긴급 발굴조사를 수행하였다. 한신대학교에서는 삼화연립 재건축부지(시공: 대동주택)를 발굴하여 구상(溝狀)유구 등에서 경질무문토기 완형 30여점을 비롯한 다량의 유물을 출토하였다. 한편 서울대학교에서도 붕괴된 서벽이 있었을 것으로 추정되는 남양연립 부지 (시공: 신성건설)에 대해서 발굴조사를 실시하였는데, 여기서는 홍수로 쓸려나간 깊은 퇴적층만이 확인되었다.

이렇듯 풍납토성 내부에서 중요한 성과들이 발견됨에 따라 문화재청과 서울시는 단계적으로 추진 중인 풍납토성의 복원사업계획에 의거 본 연구소로 하여금 학술 및 복원·정비의 기초자료를 획득, 활용코자 '99년 6월부터 발굴조사를 실시토록 하였다.

발굴조사 대상 구간은 현재 남아 있는 풍납토성 중 이미 복원된 북동벽의 남단에서 아직 토지 매입이 이루어지지 않은 동남 벽의 북단에 이르기까지의 총 길이 700m에 달하는 동 벽이었다. 그러나 실제로 북쪽의 약 300m 구간은 토지 매입이 완료되었으나 조경수로 심어진 수목의 보상조치가 이루어지지 않아 조사가 불가능한 상태였다. 따라서 불가피하게 이번 발굴조사는 행정구역상으로 235번지~241번지에 이르는 동벽 약 400m 구간에 한 해 실시하였다.

발굴조사 대상구역은 착수 당시 전 구간에 보호철책이 설치되어 외부와 분리, 관리되고 있었고, 관할구청인 송파구청에 의해 공공근로 정화사업이 진행 중이어서 그나마 양호한 상태를 유지하고 있었다. 조사구역 동쪽은 개천을 복개한 왕복 2차선의 도로가 나 있었는데, 이 개천이 아마도 풍납토성 축조 당시 조성된 해자가 최근까지 그대로 이용되었던 증거로 보인다. 한편 성 내부로 연결되는 서쪽은 지난 '97년에 발굴조사가 완료되고 속개된 재건축 아파트의 마무리 공사가 한창이었다.

발굴지점은 대상구역 중 동-서 폭이 가장 넓고 보존상태가 양호한 지점으로 선정하였다. 성 내부와의 연결 층위를 조사하기 위하여 가급적 지난 '97년에 발굴조사 한 바 있는 일명 신우지구(풍납현대 연합재건축조합)와 1지구(풍납 제1지구 재건축조합)에 연결되는 곳으로 선정해서 편의상 북쪽의 것을 A지점, 남쪽의 것을 B지점으로 정하고 동-서로 관통시켜 성벽을 절개하는 방법으로 조사를 실시하였다.

조사 결과 확인된 성벽의 축소 방법을 보면 우선 가장 하단에 뻘을 깔아 기초를 다지고 하부 폭 7m, 높이 5m 정도의 사다리꼴 모양 중심토루를 쌓았다. 그리고 나서 안쪽으로 사질토(Ⅱ토루)와 모래(Ⅲ토루), 점토 다짐 흙(Ⅳ토루)과 뻘 흙(Ⅴ토루)을 위주로 한 판축토루를 비스듬하게 덧붙여 쌓았다. 그중 마지막 토루 상면에는 강돌을 한겹씩 깔아 3단으로 만들고, 그 안쪽으로는 할석을 1.5m 이상 쌓아 마무리하였다. 이러한 석렬 및 석축은 토사의 흘러내림과 안쪽으로 밀리는 것을 방지하는 한편 배수의 기능도 겸했던 것으로 추정된다. 이러한 사실은 3단의 강돌렬 사이에 의도적으로 돌을 깔지 않고 배수홈을 낸 것에서 뒷받침된다.

한편 A지점의 경우에는 뻘 흙으로 이루어진 V토루에 나뭇잎이나 나뭇가지 등의 식물유기체를 얇게 깐 것이 10여 겹 이상이 확인되는데, 뻘 흙을 10㎝ 정도 두께로 갖다 부은 후 식물유기체를 얇게 깔고, 다시 뻘 흙을 까는 과정을 10여 차례 이상 반복하여 토루를 쌓아 올린 것이다. 이러한 축조 방법은 김제 벽골제와 부여 나성 등에서도 확인된 바 있고, 일본의 수성(水城)을 비롯한 제방 유적에서도 확인되어 고대 한국과 일본의 문화전파 과정을 보여주는 중요한 자료이다. 또한 식물유기체 4-5 겹에 한 번씩 3단에 걸쳐 성벽의 횡 방향으로 각재목을 놓고 수직목을 결구시켜 지탱한 구조물도 확인되었는데, 종 간격 110㎝ 정도로 8렬이 출토되었다. 이러한 목재는 후대의 판축층과도 유사한 구조로 보이나 현상태로서는 목심의 역할 정도로 보는 것이 타당할 것 같다. B지점에서는 V토루 하단부 4단째의 석축이 시작되는 지점에서 성벽의 종 방향을 따라 80㎝ 간격의 수직목이 확인되기도 하여 구획선임을 추정할 수 있다.

중심토루 외벽으로는 경사지게 떨어지는 자연층 위에 판축법으로 토루를 고, 내벽과 마찬가지로 상부에 할석 또는 강돌을 깔아 마무리하였다. 내벽과 외벽의 석렬은 중심토루로 부터 거의 동일한 거리에 축조되어 있어 당시의 계획된 축성 의도를 볼 수 있다. 이상 확인된 규모만 보더라도 성벽의 폭이 약 40m 높이가 9m가 넘는 규모이고, 조사 구간이 협소하여 내 · 외부로 확장하여 조사하지 못한 것을 감안하면 하부로 내려가면서 그 규모가 더 커질 것으로 기대된다.

한편 출토유물은 성벽 하단부에서 출토된 고식의 심발형토기를 비롯하여 판축토 내부에서 출토된 경질무문토기, 타날문토기, 회(흑)색무문토기, 그리고 토루 상단부와 퇴적토와의 경계에서 출토된 장란형토기, 동이편 등이 있다. 이상의 유물로 볼 때 풍납토성은 늦어도 3세기를 전후한 시기에 이미 축조가 완료되어 성으로서의 기능을 보유하였던 것으로 판단된다.

3. 풍납토성의 성격 및 연대

지금까지의 풍납동 내부 주거지 발굴과 성벽 발굴조사로부터 그동안 막연히 백제초기의 토성으로 알려져 왔던 풍납토성의 실체가 어느 정도 규명되었다고 볼 수 있다.

우선 풍납토성 내부에서 발견된 초기 백제시대의 집자리와 출토유물은 기원을 전후한 시기에 이미 풍납동에 상당한 규모의 집단이 존재하고 있었음을 명확히 보여주는 자료로 볼 수 있다.

또한 그러한 집자리들의 평면 형태와 규모로 볼 때, 여지껏 확인된 한강유역의 어떤 집자리들 보다 발달된 형태와 큰 규모여서 거주민들이 상당히 높은 계급이었을 것을 추정할수 있다. 더욱이 여기서 출토된 기와편과 전돌, 초석 등은 그러한 사실을 방증할 수 있는 결정적인 자료라고 할 수 있다. 이러한 중요성을 띤 풍납토성의 성격을 단정지을 만한 중요한 자료가 최근 추가로 발견되어 귀추가 주목되고 있다.

지난 '99년부터 한신대학교에서 실시하고 있는 경당연립 재건축부지(시공: 대동건설) 발굴조사에서 배수로로 둘러싸인 폭 16m의 대형건물지와 '대부(大夫)'명이 새겨진 토기편, 말뼈 등이 다량 출토된 제사유구등이 발견됨으로 해서 풍납토성이 초기 한성백제의 왕성일 가능성이 더욱 높아졌다는 것이다. 이에 대해서는 계속적으로 발굴조사가 진행 중에 있기때문에 더 큰 성과들을 기대한다.

한편 풍납토성 자체에 대해서는 그 평면 형태가 장타원형이면서 평지에 구축된 토성이라는 점과 성벽의 축조기법상 중심토루를 중심으로 안팎에서 비스듬하게 판축토루를 덧붙여 나가는 방법 등은 신석기시대 이래 전국시대 등에서 발달한 중국의 도성 축조기법에 비견할 만하다. 오히려 현재까지 확인된 규모에 있어서는 중국의 도성들보다 훨씬 더 큰 토성이라고 볼 수 있다.

또한 성의 내벽과 외벽의 상부에 석렬을 쌓아 토루를 보강한 방법 등은 우리나라에서 처음으로 확인된 예이고 성벽 내부에 식물유기체를 섞어 쌓는 방법은 지금까지 확인된 예 중 가장 이른 시기로 향후 고대 토성 축조기법을 연구하는데 귀중한 자료가 될 것으로 평가된다.

아울러 당시의 인구 규모나 사회조직, 권력구조 등을 종합적으로 고려해 볼 때, 늦어도 3세기를 전후한 시기에 이미 이와 같은 거대한 규모의 토성이 축조 완료되었다는 사실은 우리나라 고대국가의 성립과 발전 연구의 획기적 전기를 마련할 수 있을 것으로 기대된다.

또한 이러한 풍납토성의 축조연대를 뒷받침할만한 과학적인 자료들이 분석, 완료되었다. 본 연구소에서는 '97년 1월~11월에 걸쳐 발굴한 집자리와 '99년 발굴한 풍납토성 동벽에서 수습한 목탄과 목재 9점의 방사성탄소연대측정을 실시하였다. 이 결과는 아래 표와 같다. 한 현재 성벽에서 출토된 토기 3점의 열발광연대(TL)를 측정 중에 있으며 그 결과 또한 곧 발표될 예정이다.

〈표 풍납토성 시료 연대측정 결과〉

출토지	시료	방법	빙사상탄소연대(BP)	중심연대(AD/BC)	보정연대(AD/BC)
풍납 신우 집자리2호	목탄	C-14	2190±50	BC 199	BC 380~90 BC
풍납 신우 집자리3호	목탄	C-14	1980±50	AD 40	BC 7~140 AD
풍납 신우 집자리4호	목탄	C-14	1850±50	AD 160	AD 70~330 AD
풍납 1지구 집자리1호	목탄	C-14	2030±60	BC 14	BC 180~90 AD
풍납 1지구 집자리3호	목탄	C-14	2150±50	BC 184	BC 360~40 BC
풍납 1지구 집자리8호	목탄	C-14	2080±60	BC 60	BC 200 ~70 AD
풍납토성 B지점 내벽 탐색 Tr.1	목탄	C-14	1820±50	AD 231	AD 90~340 AD
풍납토성 A지점 내벽 V토루	목탄	C-14	2110±50	BC 109	BC 210~20 AD
풍납토성 B지점 내벽 4단 석축 하부	목탄	C-14	2080±50	BC 58	BC 200~50 AD
풍납토성 B지점 내벽	목탄	TL	1997±70	AD 3	BC 70~70 AD

위 표의 연대측정 결과로부터 대부분의 보정연대가 기원을 전후한 연대로 측정되었음을 알 수 있다.

이상의 연대를 실제 발굴조사 결과와 비교한다면 풍납토성 내부에는 기원전에 이미 사람들이 정착하였고, 특히 기원을 전후한 시기에 성벽을 축조하기 시작하여 늦어도 3세기 중반 이전에 모든 성벽의 축조를 완료한 볼 수 있다. 물론 절대연대 자체를 바로 실제 고고학적 연대로 치환, 적용할 수는 없다 하더라도 10점의 시료가 보여주는 연대의 폭이 약 5세기에 걸치고 있어 문헌기록 상의 한성백제의 존속 연대와도 거의 일치하고 있다. 따라서 향후 발굴조사의 결과와 유물에 대한 면밀한 분석을 통한다면 보다 정확한 풍납토성의 성격과 연대가 규명될 것으로 생각된다.

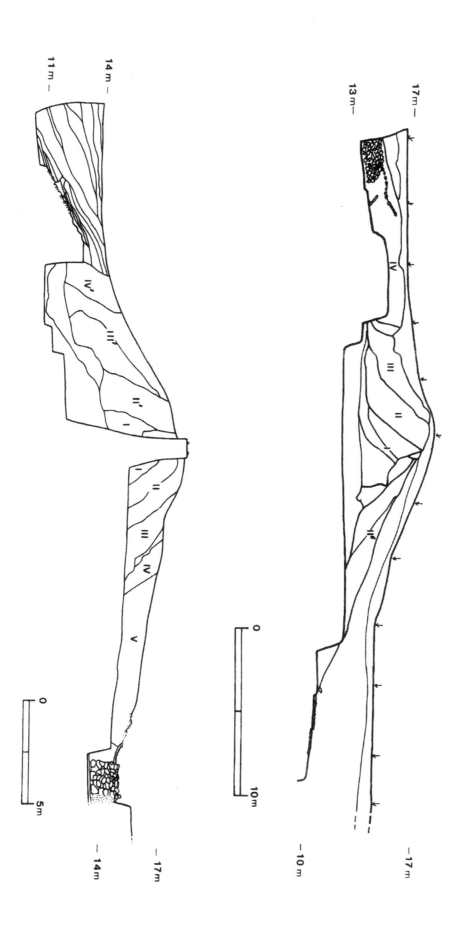

삽도 1 풍납토성 동벽 단면도(상: A지점 하: B지점)

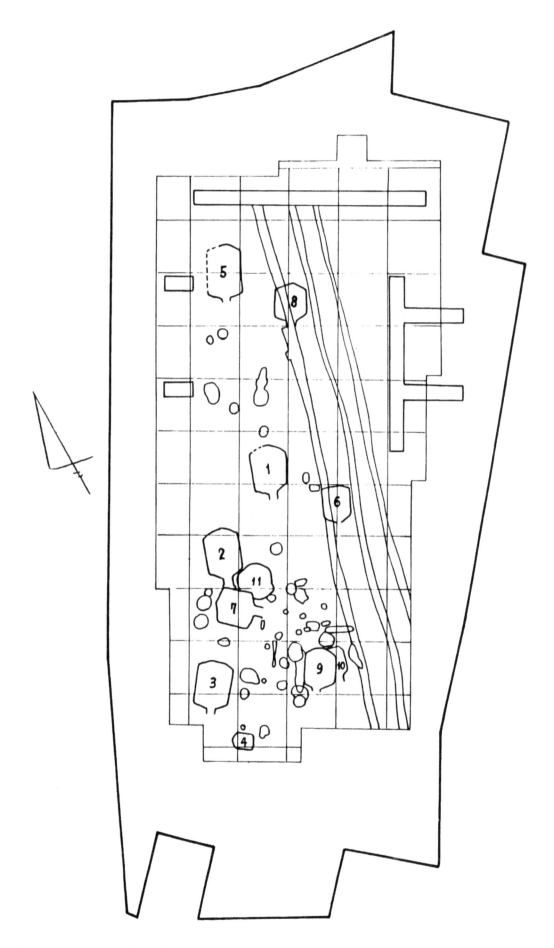

삽도 2. 풍납동 가지구 발굴 현황도

삽도 3. 풍납토성 내 경당연립부지 유구 배치도(한신대 박물관 1999.12)

풍납토성과『삼국사기』초기기록

이종욱(서강대학교 사학과 교수)

풍납토성과『삼국사기』초기기록

Ⅰ. 머리말

풍납토성의 발굴조사는 기원전 2세기부터 기원후 3세기까지의 역사를 새롭게 보도록 만들고 있다. 삼한론 또는 연맹왕국 단계설로 대표되는 통설에 의하여 왜곡되었던 한국고대사의 한 부분을 새롭게 밝히는 근거가 마련되었다.

한국고대사 연구에 있어 문헌자료와 고고학적 자료는 중요한 의미를 지닌다. 문헌자료 중『삼국사기』초기기록은 고구려·백제·신라의 초기국가 형성과 발전에 대한 줄거리를 제공해 주고 있다. 이와는 달리『삼국지』한전은 중국의 변군이었던 낙랑군·대방군과 소위 삼한지역의 세력들과의 관계를 이해하는 중요한 자료가 된다.

그런데『삼국사기』초기기록과『삼국지』한전에 의하여 만들어진 초기국가의 형성·발전에 대한 역사상은 전혀 다른 것으로 나타나고 있다.『삼국사기』초기기록을 따르면 백제와 신라는 일찍이 소국을 형성하였고, 백제는 기원 전후한 시기에는 이미 소국병합을 전개하여 경기도 일원을 영역으로 하는 왕국으로 성장하였고, 신라는 기원후 1세기 중·후반부터 이웃한 소국들을 병합하여 영토와 인구를 늘려나간 사실이 확인된다. 그와는 달리『삼국지』한전을 따르면 3세기 후반까지 백제와 신라는 각기 삼한 70여 소국 가운데 하나의 나라로 나오고 있다.

여기서『삼국사기』초기기록과『삼국지』한전의 기록 중 어느 기록을 택하는가에 따라 한반도 남부에서 초기국가를 형성·발전시켰던 정치세력들에 대한 서로 다른 두 개의 이해 체계가 만들어져 온 것이 확인된다. 본 발표자는『삼국사기』초기기록에 의한 역사상을 만들어왔다. 그와는 달리 지난 100여 년 동안 전개된 통설은『삼국사기』초기기록을 불신하거나 수정론·분해론의 대상으로 삼았고,『삼국지』한전을 중심 자료로 삼아 왔다.

이는 한국고대사에 거리를 좁힐 수 없는 서로 다른 두 개의 체계(또는 파라다임)가 존재하는 것을 의미한다. 그런데 최근 풍납토성에 대한 발굴조사 결과는 두 가지의 체계 중『삼국사기』초기기록에 의한 한국고대사 체계의 합당성을 증명하여 주고 있다. 그런가 하면『삼국지』한전에 근거한 통설의 문제점을 분명히 들어

내 주고 있다.

국립문화재연구소는 1997년과 1999년 풍납토성에 대한 발굴조사를 하였다. 그리고 2000년 4월 풍납토성 유적에서 나온 시료를 통하여 방사성탄소 연대측정결과를 발표하였다. 풍납토성의 축조년대와 그 규모는 『삼국사기』 초기기록에 의한 한국 초기국가 형성·발전에 대한 체계의 정당성을 분명히 밝혀주고 있다. 이제 풍납토성의 발굴결과를 토대로 백제의 초기국가 형성·발전에 대한 통설의 문제점과 새로운 체계의 정당성을 정리하기로 한다. 이는 나아가 『삼국사기』 초기기록의 사료적 가치를 밝히는 작업도 된다.

II. 풍납토성의 방사성탄소 연대측정 결과와 그 규모의 의미

먼저 풍납토성 유적의 연대를 주목하기로 한다. 지난 4월 국립문화재연구소에서는 풍납토성 유적의 방사성탄소 동위원소 연대측정 결과를 발표하였다. 9개의 연대측정 결과가 발표되었다. 이 연대는 절대편년을 의미한다. 그 중심연대는 기원전 199년, 184년, 109년, 53년, 14년, 기원후 40년, 160년, 231년으로 나왔다. 중심년대에 50년 또는 60년으로 되어 있는 편차×1을 한 연대는 ±하면 67%의 확률, 편차×2 한 연대를 ±하면 95%의 확률이 된다. 그와 같은 연대측정 결과는 절대편년인 것은 분명하지만 그 해석에서는 확률로 보아야 한다. 그리고 극단적인 연대는 시료나 시료 채집 과정 등 측정과정에 문제가 있었던 것으로 보아 제외시켜야 한다. 위의 연대측정 자료는 토성에서 나온 자료만이 아니다. 집자리에서 나온 자료가 6개나 된다. 풍납토성 복합유적의 연대는 기원전 2세기에서 기원후 2-3세기까지 이르는 것을 생각할 수 있다. 이는 중요한 의미를 지닌다.

지금까지 풍납토성에 대한 견해들을 간단히 보기로 한다. 첫째, 축조년대에 대한 견해를 볼 수 있다. 김원룡은 1964년 풍납토성에 대한 시굴조사 결과 『삼국사기』 기록대로 초축을 1세기경으로 보고 475년 웅진천도까지 약 5세기간에 걸친 유적으로 보았다(1967, p.35). 한편, 1999년 9월 12일 국립문화재연구소의 풍납토성 발굴조사 현장설명회에서 풍납토성은 고고학적으로 기원후 3세기 이전으로 올라갈 수 없다는 주장이 있었다. 그런데 국립문화재연구소의 연대측정 결과는 이와 같은 연대관들이 잘못된 것임을 분명히 하여주고 있다.

둘째, 풍납토성이 하남위례성인 왕성인가 하는 문제가 있다. 이와 관련하여 백제 초기의 왕성의 위치에 대한 다양한 견해가 발표되었다. 그중에는 풍납토성, 이성산성, 몽촌토성, 광주 춘궁리설 등이 있다(1997, p.77의 표). 이 문제는 좀더 복잡하게 전개되어왔다. 하북위례성에서 하남위례성으로 왕성이 옮겨진 것으로 보는 견해가 있다. 이병도는 하북위례성을 세검정 일대로(1976, pp.477-479), 노중국은 중량천 부근으로 비정하였다(1998, p.51). 그러나 이홍직은 이병도의 하북위례성설을 비판한 바 있다(1971, pp.321-327). 이는 타당한 견해가 분명하다. 또한 이병도는 풍납토성에 대한 언어학적인 해석을 하여 사성이라고 하였다. 그 동안 이 같은 견해는 풍납토성에 대한 실체를 이해하는 걸림돌이 되어 왔다. 그런데 풍납토성에 대한 국립문화재연구소의 연대측정 결과는 풍납토성의 실체를 밝히는 출발점이 되고 있고, 그것이 (하남)위례성일 가능성을 높여 주는 것이 틀림없다.

다음은 풍납토성의 규모에 대하여 보기로 한다. 여기서 이형구 교수의 풍납토성에 대한 연구를 주목할 필요가 있다. 1997년 이형구는 모래 뻘 흙과 황토로 판축을 하여 축조한 풍납토성의 전체 길이는 3470m 대략 3.5㎞이고, 백제 당시의 높이는 15m까지 되고, 그 밑변은 30-40m나 된다는 사실을 밝혔다(이형구, 1997, p.64).

평지성인 풍납토성은 왕궁, 관청, 거주지가 함께 조성되었고 성벽 밖에는 해자가 있었다고 하였다. 그리고 풍납토성을 하남위례성으로 비정하였다(이형구, 1997, pp.64-80). 이와 같은 이형구 교수의 조사결과는 풍납토성의 실체와 규모를 밝힌 것으로 백제의 초기국가 형성과 발전에 대한 연구에 새로운 길을 열어 준 것이 분명하다.

1999년 국립문화재연구소의 발굴 결과는 중요한 의미가 있다. 국립문화재연구소의 발굴 결과 성벽의 규모는 40m 정도이고 석렬 노출부에서 중심 토루까지의 높이가 9m를 넘으며 이는 현존 최대의 토성이고, 현재 노출된 부분이 성벽의 상부임을 감안하면 하부로 내려가면서 그 규모가 더 커질 것으로 보고 있다. 3세기 전후에는 토성이 축조 완료된 것으로 보아 풍납토성은 백제의 왕성인 하남위례성이 분명하여지고 있다(국립문화재연구소, 1999).

2000년 4월 발표된 국립문화재연구소의 풍납토성 유적 연대측정 결과와 규모에 대한 이해는 한국고대사 체계에 새로운 국면을 열어주고 있다. 풍납토성은 지금까지 알려진 것보다 훨씬 전에 축조되었고, 그 규모도 생각 밖으로 크다. 중국 안양에서 발굴된 은(殷)나라의 수도유적은 9.9m 이상의 토성 성벽으로 둘러싸인 2평방 마일 면적의 거대한 구역을 가졌다고 한다. 그 성 하나를 축조하는데 1만 명이 1년의 330일을 작업하여 18년 이상이 걸렸다고 한다(브라이언 페이건, 이희준 옮김, 2000, pp.307-308).

3.5㎞ 둘레, 밑변이 40m, 높가 15m 정도 되는 풍납토성의 축조에도 많은 인원이 동원된 것이 분명하다. 통설과 같이 3세기 중·후반까지 삼한의 한 소국으로 있던 백제 소국이 이와 같은 풍납토성을 축조할 수는 없었다고 여겨진다. 이점 고고학적 조사를 통하여 보다 확실한 답을 얻을 필요가 있다. 그렇더라도 풍납토성에 대한 새로운 조사결과는『삼국지』한전에 근거한 삼한론 또는 연맹왕국론의 문제점을 확인할 수 있게 되었고, 나아가『삼국사기』초기기록에 근거한 한국고대사 체계의 정당성을 확인 받게 되었다고 헤아려진다.

기원전 2세기에서 기원후 2-3세기 유적으로 편년되는 풍납토성은 백제의 역사를 새롭게 보도록 만들었다. 그리고『삼국사기』나『삼국지』한전의 사료적 가치를 재검토하게 만들고 있다. 그러한 사료에 근거하여 온 한국고대사의 체계 전반에 대한 재검토가 필요하게 되었다. 이는 실로 백제의 역사만이 아니라 삼한, 삼국 등 한국고대사를 전면적으로 새롭게 보도록 해 준다.

III. 풍납토성과 백제의 초기국가 형성·발전에 대한 통설의 문제

풍납토성에 대한 발굴조사 결과는 백제의 초기국가 형성과 발전에 대한 기존의 이해 체계에 충격을 줄 것으로 생각된다. 여기서 통설과 새로운 체계를 나누어 정리하기로 한다. 먼저 통설을 보기로 한다. 통설은『삼국사기』초기기록을 부정하고,『삼국지』한전을 근거로 하는 연구에서 비롯되었다.『삼국사기』초기기록 부정론은 1945년 이전 일본인 연구자들에 의하여 만들어졌다. 대표적인 인물로 츠다 소키치(津田左右吉)를 들

수 있다. 그 이후 이병도는『삼국사기』백제본기의 고이왕 27년(260), 28년(261), 신라본기의 내물왕(356-402) 전의 기록들이 사료로서 신빙성이 없다고 하였다(1959, p.350, p.375).

최근에는 연구자들이『삼국사기』초기기록에 대한 수정론 또는 분해론을 들고 나와 그들의 견해가 초기 기록을 부정하는 이병도의 견해와 구별되는 것으로 주장하고 있다. 그러나 수정론·분해혼은 기본적으로 츠 다 소키치나 이병도의 체계를 벗어나지 못한 것이 분명하다. 예컨대 백제와 관련시켜 가장 최근인 2000년 3월에 나온 노중국 교수의 견해를 볼 수 있다. 그는『삼국지』한전이 3세기 중엽까지 한강 이남 지역의 상황을 보여주는 것이라고 하며, 구체적으로 3세기 중·후반 경까지 삼한이 여러 소국으로 이루어져 있었다고 하였다. 그는 통설에서 말하는 삼한론을 비판한 발표자의 견해에 재고의 여지가 있다고 하였다(2000, p.318). 이러한 노중국 교수의 견해는 통설의 그늘을 벗어나지 못한 것을 잘 보여준다. 그는『삼국지』한전을 근거로 한 삼한론의 틀을 벗어나지 못하고 있다.

『삼국사기』초기기록에 대한 부정론·수정론·분해론은 사료비판의 방법이다.『삼국사기』초기기록은 물론 어떠한 사료든지 사료비판이 필요하다. 특히 역사발전의 대세에 맞추어 이루어진 사료비판 결과를 가지고 당시의 역사를 재구성하는 작업이 필요하다. 그런데 츠다 소키치는 물론이고, 이병도에서 노중국 교수에 이르기까지 사료비판에 문제가 있다. 여기서 수정론과 분해론의 문제점을 보기로 한다. 노중국 교수의 견해를 예로 들기로 한다. 그는 본 발표자가 수정론이나 분해론을 부정론의 아류라고 하였다고 하며 이병도류의 부정론의 틀을 벗어난 것으로 주장하였다. 그는 위만조선의 멸망 전후에 미추홀 소국과 십제가 형성되었다고 하였다. 1세기말에서 2세기 초엽에 십제와 미추홀 소국이 소연맹체를 형성하였다고 하였다. 미추홀의 비류집단에서 위례의 온조집단으로 왕실이 교체된 시기는 초고왕대(166-214)였다고 하였다. 백제가 목지국을 병합한 시기는 고이왕대인 3세기 중엽이었다고 하였다(1988, pp.49-94). 그러나 백제의 왕실이 비류계에서 온조계로 넘어갔다는 사료는 없다. 그것은 선학들의 잘못된 견해를 따른 것일 뿐이다. 그리고 백제가 마한의 소국을 병합한 시기도 고이왕대일 수 없다.

한편 이기동 교수는 위만조선의 멸망을 전후하여 삼한을 구성한 많은 군소 국가들이 형성되었다고 하며, 성읍국가로서의 백제국(百濟國)의 형성시기는 위만조선의 멸망을 전후한 시기로 대략 기원전 1세기까지 소급될 수 있다고 하였다. 백제가 미추홀 지방의 정치세력과 연맹을 맺은 것은 2세기 후반 초고왕대로 보았다. 그리고 온조왕 13년에 마한에 천도를 고하고 강역을 획정한 것은 고이왕(234-386)의 사건으로 보고 있다. 온조왕의 마한 정복기사는 근초고왕대(346-375)의 사건으로 보아 백제의 마한정복에 대한『삼국사기』온조왕 27년 조의 기록이『일본서기』신공기(神功紀)의 기사보다 360년 소급 가상된 것으로 보고 있다. 그러나 이기동의 견해와는 달리 미추홀 소국은 일찍이 십제에 통합되었다. 그리고 온조왕 조에 백제가 마한 소국을 병합한 기사도 근초고왕대의 기사를 소급한 것이 아니었다. 백제는 기원전 1세기 언제부터 이웃한 소국들을 병합하였고 점차 마한의 소국들을 병합하여 나갔을 뿐이다.

노중국과 이기동 교수의 위와 같은 견해는『삼국사기』초기기록에 대한 수정론과 분해론을 잘 보여준다. 수정론과 분해론에 따르면 십제가 미추홀 소국을 병합한 시기는 초고왕대를 지나 고이왕대가 된다. 그와는 달리『삼국사기』초기기록을 근거로 하면 십제는 일찍이 소국형성 후 얼마 안되어 미추홀 소국을 병합한 것으로 나오고 있다. 그리고 기원을 전후한 시기에는 이미 경기도 일원의 소국들을 병합한 왕국으로 성장한 것을 알 수 있다. 결국『삼국사기』초기기록에 대한 수정론과 분해론은『삼국지』한전으로 부터 자유롭지 않은 것이 확인된다. 실제로 노중국 교수의 견해를 통하여 그러한 사실을 알 수 있다. 3세기 중·후반까지 소국들의 연맹체로 있었다고 하는 견해는『삼국지』한전을 근거로 한 것이다. 이는 백제사 뿐 아니라 한국고대사를 위하여도 문제가 되는 주장이다.

『삼국사기』초기기록에 대한 수정론과 분해론으로는 기원전 2세기로 올라가는 풍납토성의 유적에 대한 설명을 할 수도 없다. 물론 풍납토성이 한번에 축조된 것은 아닐 것이다. 처음에는 소국의 국력으로 축조할 수 있는 소규모의 (하남)위례성이 축조되었다고 여겨진다. 혹 성읍국가 단계를 설정한 것만으로 풍납토성이 성읍국가 단계에 축조된 왕성이라고 할지 모른다.

그러나 소위 성읍국가의 국력으로는 3.5㎞의 둘레를 가진 풍납토성과 같은 거대한 복합유적을 남기기 어려웠던 것이 확실하다. 발표자는 하나의 성읍국가 또는 소국은 인구 1만 명 정도, 1000㎢ 정도의 영역으로 이루어졌다고 보아 왔다. 따라서 풍납토성의 규모는 하나의 성읍국가 또는 소국으로서는 축조하기 어려운 대규모의 성이다. 또 그럴 필요도 없었을 것이다. 더욱이 수정론과 분해론을 주장하는 연구자들은 고이왕대에야 소국병합이 있었던 것으로 보기 때문에 그들이 말하는 삼한의 한 소국인 백제로서는 풍납토성과 같은 거대한 왕성을 축조한 것은 생각하기 어렵다.

풍납토성은 소국병합을 이룬 백제왕국이 피병합국의 사람들과 물자를 동원하여 축조한 왕성이 틀림없다. 비록 수정론자들이 위만조선의 멸망을 전후하여 십제가 건국되었다고 하지만 그러한 소국이 고이왕대까지 존속하였다면 대규모의 풍납토성의 축조와 그 유적의 존재를 인정하기 어렵다. 더욱이 풍납토성 유적의 연대 측정 결과는 기원전 2세기에서 기원후 2-3세기까지가 되기에『삼국지』한전에 근거한 통설로는 풍납토성의 유적의 존재를 설명할 수 없다. 그것을 설명하려면 삼한 지역의 성읍국가마다 그와 같은 규모의 성이 축조되었어야 할 것이다. 여기서『삼국사기』초기기록에 의한 새로운 한국고대사 체계가 필요한 것을 알 수 있다.

Ⅳ. 풍납토성(하남위례성)과 『삼국사기』에 나타난 초기백제의 성장

이제『삼국사기』백제본기에 나오는 초기기록을 통하여 백제의 소국형성과 소국병합에 대한 내용을 알아보고, 그 국도에 대한 사실을 정리하여 풍납토성(위례성)의 역사적 의미를 알아보도록 한다.

『삼국사기』백제본기 백제 시조 온조왕 즉위조에는 백제의 건국신화가 나오고 있다. 백제의 국가 형성에 대한 자료를 달리 구할 수 없는 현재 온조설화는 자료로서의 가치가 매우 크다. 그것은 신화(설화)를 그대로 역사 연구의 자료로 이용하는 데에는 문제가 있다. 그것은 신화의 특성 때문이다. 신화는 구전을 통하여 전하여지는 과정에 후대인의 필요에 의히여 내용과 양식이 조정되는 일이 벌어진다. 신화는 과거에 있었던 사실·사건에 대한 구전 과정에 과학 이상으로 직관이 확대되고 상상력이 유발된 결과 나타난 산물이다. 그런가 하면 신화는 시간적 변화를 인정하지 않는다.

온조설화는 신화화가 덜 된 상태에서『삼국사기』를 통하여 우리들에게 전해졌다. 그 결과 온조설화는 단군신화와 비교하더라도 신화화가 안된 역사적 사실을 전하는 면이 많다. 그렇더라도 온조설화에 나오는 시간에는 문제가 있다. 온조설화 만이 아니라 백제본기 초기 기록에 나오는 내용 중에는 사료 비판의 대상이 되어야할 사실들이 더 있다. 그 중에는 마한의 병합에 대한 기록, 신라와의 전쟁에 대한 기록 등도 포함된다. 역사 연구에 이용하는 모든 자료는 사료 비판의 대상이 되어야 한다. 그중『삼국사기』백제본기도 예외가 아니다. 단지『삼국지』한전을 근거로 한 백제본기 부정론은 수정론·분해론으로 이어졌는데, 그러한 연구방법은 따를 수 없음은 위에서 언급하였다. 그것은『삼국지』한전의 사료 비판이 없이 이루어진 때문이다. 실제로『삼국지』한전의 저술목적을 이해하면 그것이『삼국사기』초기 기록에 대한 사료 비판의 출발점이 될 수 없다는 사실을 곧 알 수 있다.

여기서 건국설화의 내용을 간단히 보기로 한다. 백제 시조 온조왕 즉위조에는 두 가지의 건국설화가 나오고 있다. 하나는 온조에 의한 십제(十濟)의 형성이고, 뒤이여 일운(一云)하고 나오는 설화는 비류의 미추홀 소국 형성 설화이다. 온조는 하남위례성에 국도를 정하였고, 비류는 미추홀에 국도를 정하였다. 온조와 비류는 서로 다른 소국을 세운 것이 분명하다. 그런데 지금까지 통설에서는 이 두 설화를 구분하지 않고 다루었기에 온조계와 비류계가 백제의 왕위계승 세력이었던 것으로 보아왔다. 그러나 본 발표자는 설화에 나오는 건국세력이었다고 보아왔다. 두 나라의 소국 형성 후 얼마 안 되어 비류는 죽고 그 세력은 소멸되고 비류의 미추홀 소국은 십제에 통합이 된 것을 알 수 있었다. 그리고 미추홀 소국을 통합한 십제는 백제로 명칭을 바꾸었다.

풍납토성과 관련하여 백제의 건국설화에 나오는 몇 가지 중요한 사실을 주목할 수 있다. 첫째, 기원전 18년에 건국되었다고 한다. 둘째, 고구려에서 이주한 온조집단이 건국하였다. 셋째, 온조집단은 하남위례성을 국도로 하였다. 넷째, 십제는 미추홀 소국을 병합하였다. 그리고 건국설화는 아니나 건국의 사정을 말하는 온조왕 24년 조의 기록을 통하여 십제의 규모가 방백리 정도였다는 것도 알 수 있다. 이와 같은 사실들은 풍납토성이 언제 축조되었고 그것을 축조한 십제나 백제의 국력은 어떤 것이었는지를 생각하게 만들어 준고 있다.

그런데 백제의 건국설화 만으로는 건국시기, 미추홀 소국병합 시기, 풍납토성의 축조 등에 대한 사실을 이해하기 어렵다. 실제로 온조설화는 백제의 건국 사실이 설화화된 것으로 역사적인 사건으로 바꿀 필요가 있다. 신화나 설화의 사건을 역사적인 사실로 전환하는 작업은 쉽지가 않지만 불가능한 것도 아니다. 그것은 역사적 사실이 신화 또는 설화화되었기 때문이다. 신화(설화)를 역사적인 사실로 바꾸는 작업은 역사의 대세 속에서 할 필요가 있다. 십제나 백제의 국가 형성·발전은 중국·고조선·부여·고구려의 정치적 변동의 맥락 속에서 파악할 필요가 있다. 그리고 한반도 남부의 정치세력들의 동향도 고려하여야 한다.

발표자는 소국 십제의 영역은 사방 백리 정도였다고 보았다. 십제의 국도 (하남)위례성은 북에 한강, 동에 고악, 남에 옥택, 서에 대해가 있었다는 기록으로 미루어 현재의 강동지역으로 추정하였다(1994, p. 37). 구체적으로 풍납토성과 몽촌토성을 생각하였다(1999, p. 218). 풍납토성에 대한 발굴과 연대측정 결과 십제의 하남위례성은 풍납토성이었다고 확인된다.

발표자는 지금까지 위와 같은 방법을 통하여 십제의 국가형성 시기는 평양 고조선의 멸망과 위만조선의 형성기 또는 위만조선 시기의 언제였을 가능성이 있다고 보았다(1999, p. 124, P. 204). 그리고 미추홀 소국을 병합한 시기는 기원전 2세기말 또는 늦어도 1세기 초 무렵이었다고 보았다(1994, p. 38). 이후 백제는 소국

병합을 전개하여 1세기 전반경에는 경기도 일원을 영역으로 하였다고 보았다. 그리고 1세기 후반에서 2세기에 걸친 기간에는 남쪽에 자리잡고 있던 마한의 여러 소국들을 점차 병합하여 나갔다고 보았다(1994, pp. 40-41). 백제 초기국가의 성장과 발전에 대한 위의 가설은 김부식의『삼국사기』나 건국설화의 연대관을 넘어서서 한국 초기 국가들의 역사발전의 대세를 통하여 이루어진 것이다. 이는『삼국지』한전에 근거한 연대관과는 다른 것이다.

(하남)위례성이었다고 생각되는 풍납토성은 기원전 2세기 언제인가 십제의 국도로 축조되었다. 당시 위례성의 규모는 다른 소국(성읍국가)의 성과 비교하여 크지 않았다고 여겨진다. 그 후 온조왕 41년(기원후 23) 2월 한수 동북쪽 여러 부락의 사람들 중 15살 이상을 징발하여 위례성을 수영(修營)한 바 있다. 위례성의 수영시기가 실제 언제였는지는 알 수 없다. 그러나 기원전 1세기 십제는 소국 병합을 전개하여 기원후 1세기 전반경에는 경기도 일원을 영역으로 삼았다고 생각되기에 그와 같이 병합된 지역의 사람들을 동원하여 위례성을 수영한 것은 조금도 이상하지 않다. 그 결과 위례성의 규모는 일반적인 소국단계의 성읍보다 규모가 훨씬 커진 것으로 헤아려진다. 한편 위례성은 한성을 만든 후에도 백제의 국도로 남아 있었던 것을 생각할 수 있다.

앞으로 풍납토성의 축조에 대한 고고학적인 조사가 진행되면 십제의 국도(國都)로 축조된 위례성과 수영된 위례성을 구분할 수 있다고 생각된다. 위례성은 그 후에도 여러 차례 더 수영되었다고 여겨진다. 그와 같은 풍납토성의 수영 과정은 앞으로 고고학적인 조사를 통하여 확인할 수 있을 것으로 본다. 그리고 그 과정에 백제의 소국 병합을 통한 국력 중대를 확인할 수 있을 것으로 생각된다.

V. 백제 왕성의 존재

백제의 왕성에 대한 문제를 알아보기로 한다. 신라의 예와 비교된다. 신라에는 대궁(월성), 사량궁(금성), 양궁(만월성)의 3궁이 왕궁으로 되어 있었다. 그리고 3궁 주변에는 하나의 도시인 왕도가 성장하였다. 십제의 국도는 위례성이었다. 그런데 온조왕 13년(기원전 6년) 7월 한산 아래에 성책을 세우고 위례성의 민호를 옮겼다. 8월에는 마한에 사신을 보내어 천도를 알렸다. 9월에는 성궐을 세웠다고 한다. 그리고 14년(기원전 5)에 도읍을 옮긴 것으로 나오고 있다. 기록만을 보면 위례성에서 한산의 성책으로 천도한 것으로 나오고 있다. 온조왕 13년에 축조한 성을 한성으로 부른 것은 아닌가 생각된다. 온조왕 14년에는 한강 서북에 축성을 하고 한성민을 이주시킨 것으로 나오고 있어 그러한 추측이 가능하다. 한성은 어쩌면 한강의 북쪽에 위치하였을 가능성도 있다. 단정하기는 어려우나 한성민을 이주시켰다고 하는 한강 서북지역이 한강 북쪽일 경우 그러할 가능성은 커진다. 그런데 과연 위례성을 버리고 한산의 성책으로 천도를 하였는지는 단정하기 이르다. 실제로 그 후에도 위례성은 수영되는 등 왕도로 운용된 바 있어 그러한 사정을 생각할 수 있다. 신라에서도 금성에서 월성으로 다시 금성으로, 월성으로 왕의 거처를 옮긴 것을 볼 수 있다.

여기서 백제도 신라와 같이 위례성과 한성을 왕성으로 삼았던 것을 생각할 수 있다. 그런가 하면 개로왕 21년(475) 9월 고구려군이 쳐들어와 백제의 북성을 7일만에 함락하고, 남성으로 옮겨 공격하였던 것을 보면 북성과 남성의 존재를 알 수 있다. 북성은 풍납토성이고 남성은 몽촌토성일 수 있다. 몽촌토성은 3세기 후반에 축조된 것으로 알려지고 있다. 이에 백제의 왕성은 십제의 국도인 위례성(풍납토성, 북성으로 알려지기도 함), 위치가 어디인지는 알 수 어나 한성, 몽촌토성으로 생각되는 남성 등이 있었던 것을 생각하기 어렵지 않다.

북성인 위례성(풍납토성)에는 왕궁, 누각, 민가(일반 백성은 아닐 수 있다), 동명묘, 국모사당을 두었고, 궁의 서쪽에 사대(射臺)가 있었고, 창고, 동서남북의 문, 성벽 밖에는 구지(해자)가 있었다. 위례성 안에는 다양한 시설들이 있었다고 여겨진다. 이는 앞으로 조사에 의하여 밝혀질 것이다.

위례성 주변에는 남성(몽촌토성), 어쩌면 한성, 사성, 아차성, 남쪽의 못, 민가 등이 있었다. 위례성에는 왕과 그 일족만이 아니라 지배세력 들을 포함한 사람들도 살았다고 여겨진다. 이는 어쩌면 신라의 왕성과 다른 점이 된다. 한편 위례성과 남성 주변에는 하나의 도시가 성장하기 시작한 것은 아니었나 짐작이 간다. 이러한 사정은 앞으로 고고학적인 조사를 통하여 밝혀 나갈 문제들이다.

VI. 풍납토성과 한국고대사의 새로운 체계

풍납토성의 발굴은 『삼국사기』 초기 기록에 근거한 발표자의 한국고대사의 새로운 체계에 힘을 실어 주고 있다. 기원전 2세기 위만조선 시 십제가 형성되었고 기원전 2세기 말 또는 1세기 초 이웃한 소국을 병합한 백제는 기원전 1세기 전반경 경기도 일원의 소국들을 병합한 왕국으로 성장하였다고 보아왔다. 이와 같은 백제의 초기국가 형성·발전에 대한 이해 체계는 위례성이라고 생각되는 풍납토성의 존재를 설명하는 가설로 타당한 것이 아닌가 생각된다. 특히 풍납토성의 유적의 연대가 기원전 2세기까지 올라갈 확률이 높아진 상황에서 본 발표자의 초기백제사에 대한 가설은 생명력을 지니게 되었다고 본다.

이와는 달리 『삼국지』 한전에 근거한 삼한론으로는 기원전 2세기에서 기원후 2-3세기까지 연대가 올라가는 풍납토성의 존재를 설명하기 어렵다. 기원후 3세기 중·후반까지 소국들로 이루어진 삼한단계의 백제는 풍납토성과 같은 거대한 성을 축조할 수 없었다고 생각된다. 따라서 『삼국지』 한전에 근거한 삼한론과는 달리 『삼국사기』 초기기록에 근거한 새로운 체계가 한국고대사 체계로 타당한 것이 아닌가 여겨진다.

지난 100년 동안 이루어진 발굴 중 풍납토성에 대한 발굴은 가장 의미있는 것이 아닌가 한다. 그것은 고고학만의 성과가 아니라 역사를 위한 성과도 되기 때문이다. 그 동안 통설의 기세는 매우 컸다. 그런데 풍납토성의 조사 결과는 통설의 문제점을 한순간 들어내어 주었다. 이제 『삼국지』 한전에 근거한 삼한론, 연맹왕국론은 그 문제점을 심각하게 재검토할 때가 되었다. 『삼국지』 한전에 대한 사료 비판을 할 때가 되었다. 그리고 『삼국사기』 초기기록의 사료적 가치를 인정할 때가 되었다. 그리고 풍납토성에 대한 고고학적 조사 결과는 『삼국사기』가 가지는 사료적인 한계를 벗어날 수 있는 근거를 마련하여 준 것이 사실이다.

〈참고문헌〉

국립문화재연구소,『풍납토성 발굴조사 현장설명회 자료』, 1999.

국립문화재연구소,『풍납토성 유적의 방사성탄소연대측정 결과』, 2000. 4.

김원룡,『풍납리포함층조사보고』, 1967.

노중국,『백제정치사연구』, 1988.

노중국, 서평:「한국고대사의 새로운 체계-100년 통설에 빼앗긴 역사를 찾아서-」,『역사학보』165, 2000. 3.

이병도,『한국고대사연구』, 1976.

이종욱,「백제의 건국과 통치체제의 편성」,『백제논촌』4, 1994.

이종욱,『한국의 초기국가』, 1999.

이형구,『서울 풍납토성(백제왕성) 실측조사연구』, 1997.

이홍직,『한국고대사의 연구』, 1971.

브라이언 페이건, 이희준 옮김,『인류의 선사문화』, 2000.

影印『三國史記』百濟本紀 溫祚王條

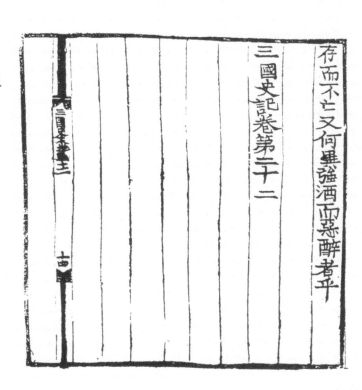

〈영인〉『삼국사기(三國史記)』백제본기 온조왕조.

三國史記卷第二十三 百濟本紀

悔而死其臣民皆歸於慰禮後以來時百姓樂
從故號百濟其世系與高句麗同出扶餘故以
扶餘為氏 一云始祖沸流王其父優台北扶餘王解扶婁庶孫母召西奴卒本人延陀勃之女始歸于優台生子二人長曰沸流次曰溫祚及優台死寡居于卒本後朱蒙不容於扶餘以前漢建昭二年春二月南奔至卒本立都號高句麗娶召西奴為妃其於開基創業頗有內助故朱蒙寵接之特厚待沸流等如己子及朱蒙在扶餘所生禮氏子孺留來立之為太子以至嗣位焉於是沸流謂弟溫祚曰始大王避扶餘之難逃歸至此我母氏傾家財助成邦業其勤勞多矣及大王厭世國家屬於孺留吾等徒在此鬱鬱如疣贅不如奉母氏南遊卜地別立國都遂與弟率黨類渡浿帶二水至彌鄒忽以居之洗贅書普云朱蒙到卒本娶越郡之女妻之遂為東明之後有孤竹國未知其是帶方故地漢遼東天守公孫度以女

元年夏五月立東明王廟
二年春正月王謂羣臣曰靺鞨連我北境其人
勇而多詐宜繕兵積穀為拒守之計三月王以
族父乙音有智識膽力拜為右輔委以兵馬之事
三年秋九月靺鞨侵北境王帥勁兵急擊大敗
之賊生還者十二冬十月雷桃李華
四年春夏旱饑疫秋八月遣使樂浪修好
五年冬十月巡撫北邊獵獲神鹿

六年秋七月辛未晦日有食之
八年春二月靺鞨賊三千來圍慰禮城王閉城
門不出經旬賊糧盡而歸王簡銳卒追及大斧
峴一戰克之殺虜五百餘人秋七月築馬首城
堅柵瓶山柵樂浪太守使告曰頃者聘問結好
同一家今逼我疆造立城柵或者其有蠶食之
謀乎若不渝舊好破城柵別無所猜疑苟或
不然請一戰以決勝負王報曰設險守國古今
常道豈敢以此有渝於和好宜若執事之所不
疑也若執事特強出師則小國亦有以待之耳
由是與樂浪失和
十年秋九月王出獵獲神鹿以送馬韓冬十月
靺鞨寇北境王遣兵二百拒戰於昆彌川上我
軍敗績依青木山自保王親帥精騎一百出烽
峴救之賊見之即退
十二年夏四月樂浪使靺鞨襲破瓶山柵殺掠
一百餘人秋七月設禿山狗川兩柵以塞樂浪
之路

十三年春二月王都老嫗化為男五虎入城王
母薨年六十一歲夏五月王謂臣下曰國家東
有樂浪北有靺鞨侵軼疆境少有寧日況今妖
祥屢見國母弃養勢不自安必將遷國予昨出
巡觀漢水之南土壤膏腴宜都於彼以圖久安
之計秋七月就漢山下立柵移慰禮城民戶八
月遣使馬韓告遷都之彊畫定疆埸北至浿河南
限熊川西窮大海東極走壤九月立城闕

十四年春正月遷都二月王巡撫部落務勸農

十五年春正月作新宮室儉而不陋華而不侈

十七年春樂浪來侵焚慰禮城夏四月立廟以
杞國母

十八年冬十月靺鞨掩至王帥兵逆戰於七重
河虜獲酋長素牟送馬韓其餘賊盡坑之十一
月王欲襲樂浪牛頭山城至臼谷遇大雪乃遷

二十年春二月王設大壇親祠天地異鳥五來翔

二十二年秋八月築石頭高木二城九月王帥

驍兵一千獵茶峴東遇靺鞨戰一戰破之虜獲
生口分賜將士

二十四年秋七月王作熊川柵馬韓王遣使責
讓曰王初渡河無所容足吾割東北一百里之
地安之其待王不為不厚宜思有以報之今以
國完民聚謂莫與我敵大設城池侵犯我封疆
其如義何王慙遂壞其柵

二十五年春二月王宮井水暴溢漢城人家馬
生牛一首二身者曰者曰井水暴溢者大王勃興
之兆也牛一首二身者大王并鄰國之應也王
聞之喜遂有并吞辰馬之心

二十六年秋七月王曰馬韓漸弱上下離心其
勢不能又儻為他所并則脣亡齒寒悔不可及
不如先人而取之以免後艱冬十月王出師陽
言田獵潛襲馬韓遂并其國邑唯圓山錦峴二
城固守不下

二十七年夏四月二城降移其民於漢山之北
馬韓遂滅秋七月築大豆山城

二十八年春二月立元子多婁爲太子委以內
外兵事夏四月隕霜害麥
三十一年春正月分國內民戶爲南北部夏四
月雹五月地震六月又震
三十三年春夏大旱民饑相食盜賊大起王撫
安之秋八月加置東西二部
三十四年冬十月馬韓舊將周勤據牛谷城叛
王躬帥兵五千討之周勤自經腰斬其尸并誅
其妻子
三十六年秋七月築湯井城分大豆城民戶居
之八月修葺圓山錦峴二城築古沙夫里城
三十七年春三月雹大如雞子鳥雀遇者死夏
四月旱至六月乃雨漢水東北部落饑荒亡入
高句麗者一千餘戶浿帶之間空無居人
三十八年春二月王巡撫東至走壤北至浿河
五旬而返三月發使勸農桑其以不急之事煩
民者皆除之冬十月王築大壇祠天地
四十年秋九月靺鞨來攻述川城冬十一月

襲斧峴城殺掠百餘人王命勁騎二百拒擊之
四十一年春正月右輔乙音卒拜北部解婁爲
右輔解婁本扶餘人也神識淵奧年過七十膂
力不愆故用之二月發漢水東北諸部落人年
十五歲以上修營慰禮城
四十三年秋八月王田牙山之原五日九月鴻
鴈百餘集王官曰鴻鴈民之象也將有遠
人來投者乎冬十月南沃沮仇頗解等二十餘
家至斧壤納款王納之安置漢山之西
四十五年春夏大旱草木焦枯冬十月地震傾
倒人屋
四十六年春二月王薨
多婁王溫祚王之元子器宇寬厚有威望溫祚
王在位第二十八年立爲太子至四十六年王
薨繼位
二年春正月謁始祖東明廟二月王祀天地於
南壇
三年冬十月東部屹于與靺鞨戰於馬首山西

風納土城[百濟王城] 保存을 위한 學術會議

發言錄

일시: 2000년 5월 8일(월)

장소: 한글회관

주최: 서울百濟首都遺蹟保存會

주관: 東洋考古學研究所

풍납토성 옛 모습 사진 공개

- 1958년 金永上 선생 촬영[22] -

풍납토성 동쪽 성벽 전경. 멀리 이화연와벽돌공장(현 영파여중고) 굴뚝이 보인다.

---

22 김영상 선생님께서 1950년대 언론사에 계실 때 풍납토성을 답사하면서 담아 논 4매의 흑백사진을 편자(이형구)에게 전해 주셔서 풍납토성 조사연구에 귀중한 자료로 재공해 주셨음을 감사드립니다.

풍납토성 동북 성벽으로 추정된다.

풍납토성 동벽 절단면을 개간 농작물을 심었다.

풍납토성 동남벽 외벽에 다리와 이화연와 굴뚝이 보인다.

학술회장 잔영

학술회의 청중의 스냅사진 중에 故 김영상 선생님의 유영이 포착되었다.(오른쪽 서 계시는 분, 2000.5.8)

風納土城[百濟王城] 保存을 위한 學術會議

발표자 및 토론참가자 명단

* 식사(발표순)
 개회사(선문대 교수, 동양고고학연구소 대표)
 축 사 정영호(전 한국교원대 박물관 관장)
 기조연설 조유전(국립문화재연구소 소장)

* 논문발표자(발표순)
 이형구(선문대 교수, 동양고고학연구소 대표)
 윤근일(국립문화재연구소 학예연구관)
 이종욱(서강대 교수)

* 토론참가자(가다다순)
 김삼용(전 원광대 총장, 원광대 마백연구소 소장)
 김영상(서울시사편찬위원회, 서울문화사학회 명예회장)
 김영수(동양고고학연구소 간사 영산원불교대 교수)
 맹인재(문화재청 문화재위원)
 손병헌(균관대 교수성)
 손보기(단국대 박물관 관장)
 이종선(서울시립박물관 관장)
 이종욱(서강대 교수)
 이형구(선문대 교수)
 정명호(전 동국대 교수)
 정영호(전 한국교원대 박물관 관장)
 조유전(국립문화재연구소 소장)
 최재석(고려대 명예교수)

* 사회자(발표순)
 김영수(동양고고학연구소 간사 영산원불교대 교수)
 손병헌(성균관대 교수)

풍납토성[백제왕성] 보존을 위한 학술회의 토론참가자
發言錄

사회자(손병헌):

이 토론회는 풍납토성, 지금 왕궁으로 추정하는 풍납토성의 향후 보존을 위하여 학술조사를 어떻게 해야 더 좋은가, 그런 문제를 중심으로 해서 여러 가지 고견을 말씀해주시면 고맙겠습니다. 먼저 풍납토성의 가치를 충분히 인정하고 보존이라던가 학술조사에 동분서주하면서 서울백제수도유적보존회를 주도적으로 만드는데 기여를 해 온 이형구 교수가 그 문제에 대해 본인의 소감이나 대책이 있으면 먼저 발언해 주시기 바랍니다.

이형구:

여러 어르신 모시고 이런 토론회를 마련하는 것은 다름이 아니라 저희 젊은 사람들이 백제 풍납토성이 왕성이라고 하는 문제는 앞으로도 학술적인 연구를 진행하면서 결론이 날 것으로 보지만 이러한 모임은 우선 당면과제인 우리 서울특별시 송파구 풍납동 일원에서 이뤄지고 있는 백제유적의 파괴 현상, 이걸 어떻게 보존해야 하느냐, 이곳 주민들을 생각한다면 아파트를 지어야 하고 여러 가지 재산권에 지장이 없어야되는 일이지만 우리 역사 문화로 봤을 땐 꼭 보존돼야 하는 일, 민족적으로, 국가적으로 봤을 때, 적은 것을 탐하다가 큰 것을 잃는다는 소탐대실(小貪大失)이라고 하는 이런 우를 범하지 않는 우리 역사유적, 문화유적으로서 우리 역사뿐만 아니라 세계에 자랑할 수 있고, 남겨 놓아야 되는 그런 과업을 수행하느냐의 문제를 해결하기 위하여 젊은 사람들이 학술적인 조항을 2부에서 발표해 왔고, 3부에서는 학계에 정말로 원로이신 여러 어르신, 그 다음에 문화계의 인사, 언론계의 기자 들이 말해줘야 하고 사실 이런 학술발표의 주 포인트는 지금 이 시간이라고 전 생각합니다.

여러 어르신 들의 고견을 발언해 주셔서 우리는 풍납토성이 저는 왕성이라고 믿고 있습니다만 설사 왕성이 만에 하나 아닐지라도 풍납토성을 보존하는 문제, 그리고 주민들의 재산권을 어떻게 보호해야 하느냐 하는 문제, 이것들을 종합적으로 토론하신 결과를 저희는 우리 서울백제수도유적보존회 명의로 직접 정부 최고 책임자에게 건의를 할 생각입니다.

여러 어르신께서 그런 본 회의 입장을 양지해 주시고 좋은 토론해 주시면 감사하겠습니다. 저는 마무리에서 다시 말씀드리겠습니다. 고맙습니다.

사회자:

지금 백제 풍납토성의 보존과 관련해서 거기에 초점을 맞추면서 여러 원로 선생님들의 고견이라던가 생각을 말씀해주십사 하는 주최 측의 의지가 있었습니다. 오늘 시간이 바쁘시다는 선생님들이 두세 분 계셔서 그분들께 먼저 말씀을 하실 기회를 드리겠습니다. 원로에 올라 오신 원광대학교 전 총장님이신 김삼용 선생님의 말씀을 듣겠습니다.

김삼용:

오늘 이 학술회의에 참가하면서 그 여느 때 회의보다도 감회가 깊습니다. 이 문제를 가지고 사활(死活)를 걸고 진행하고 계시는 이형구 교수와의 저의 인연관계도 그렇고, 오늘 주제를 걸고 있는 풍납토성 다시 말해서 백제왕성이라고도 하겠습니다마는 이 문제를 가지고 오늘까지 경과 또 학술조사 결과 이런 것들을 가지고 오늘 이 모임은 역사적으로 매우 중요한 의의를 지니고 있다고 생각합니다. 특히 저도 지금 익산에서 백제가 말기에 그쪽으로, 익산으로 천도했다는 사실을 전제를 하고 지금까지 원광대학교 마백연구소가 27년 동안 작업을 해온 사람 중 한 사람이기 때문에 오늘 이 모임에 참석하는데 더 의의가 있고 감회가 깊다는 말씀을 드립니다.

그런데 풍납토성 문제는 단지 백제왕성이냐 아니냐 하기 이전에 아까 『삼국사기』를 중심으로 발표하신 내용을 들었을 때 이건 더욱 중요한 문제가 여기에 역사적인 중요한, 해결해야 하는 문제가 복합되어 있다는 것이 느껴집니다. 시간상 더 말씀드릴 필요없이 요지를 말씀드렸고 단지 여기를 개발해서 성격 규명을 정말로 그 어느 다른 유적보다도 필요를 느끼고 있는데 그렇다고 할 때 가장 걸리는 게 두 가지인 것 같습니다.

하나는 지금 우리 시민이 살고 있는 일종의 생활권 문제가 되고 있는데 살고 있는 분들에 대해서 그 쪽을 조사발굴을 하고 보존을 할려면 그분들을 어떻게 보상을 할꺼냐 하는 것이 큰 문제인 것 같고 그렇게 한다고 할 경우에도 막대한 재정이 필요하다 그렇게 보아 졌을 때 우리 서울특별시가 그런 재정을 현 이 시점에서 투자해 가지고 앞으로 이주한다던지 그렇게 하여 조사발굴해서 성격규명을 하도록 하는 것과 그리고 보존하도록 하는 데까지는 막대한 경비 재정이 필요하다는 두 가지 문제인 것 같은데 저는 역사학적인 입장에서 물론 조명을 해보는 말씀이 되겠습니다마는 앞으로 어떠한 경우라도 돈이 드는 문제는 앞으로 돈을 점차적으로 벌어서 경비는 얼마든지 충당할 수가 있는 문제고 지금 살고 있는 주민들 보다 그보다 불리하지 않은 유리한 조건으로 보상을 해드리면서 옮긴다는 것이 가능하지 않겠나 하는 문제인 것 같습니다.

그러나 이 두 가지는 지금 우리가 슬기로운 지혜로 해결할 수 있는 문제지만 만일 그것을 해결못해서 그 자리를 다 파괴한다면 우리는 역사의 죄인이 되고 말꺼다라고 생각이 되어집니다. 더욱이 이 분야에 관심을 가지고 있는 학계에서는 더욱 중대한 책무라고 생각이 되어져서 어떤 채널을 통해던지 간에 이 풍납토성을 조사발굴을 통해서 역사적 성격규명, 더욱이 오늘 백제 초기의 역사에 있어서의 여러 가지 문제들이 제기된다고 하는 사실로 보더라도 이것만은 어떠한 경우라도 조사발굴이 되어야하겠고 또 발굴이되어서 보존이 되어야 한다는 입장을 말씀을 드리면서 우리의 전체적인 의사로 관철해야겠지만 개별적으로도 연결이 되어지는 의의, 필요성, 중요성, 이런것들을 요로에다 간접 직접으로 얘기되어서 앞으로 꼭 우리가 시도하고 있고 소망하는, 이건 이형구 교수 한 사람 문제가 아니고 우리 국가 전체적인 역사적인 문제이기 때문에 그런 차원에서 다루어져야 되지 않겠냐 하는 소견을 말씀드리고 죄송합니다. 제가 먼저 마이크를 드는 처지도 아닌데 든 것도 그렇고 제가 5시에 차표를 사놔서 죄송스럽게 자리를 먼저 떠납니다.

사회자:

지금 풍납토성에 많은 주민들이 살고 있고 그 주민들의 생존문제라던가 또 그것을 해소시키기 위해서 재정적인 문제가 아무리 크더라도 풍납토성 안에 있는 유적 유물은 살려야 하지 않을까 하는 그런 것을 강조하신 말씀으로 알아 듣겠습니다. 다음은 언론계에도 계셨고 서울시사편찬위원회에도 계셨고 지금은 서울문화사학회를 맡고 계신 김영상 선생님의 의견을 듣겠습니다.

김영상:

난 오늘 사실 솔직하게 이형구 박사님을 중심으로 해서 여러분이 모여서 한성백제, 여기서는 수도라고 했습니다만 보존문제가 어떻게 전개하는가 잘 방청을 했는데 이런 영광스러운 자리까지 할애해주셔서 송구스럽습니다.

현재 풍납토성이 왕성이다 아니다 하는 문제로 우리의 관심을 끄는데 아까 이종욱 교수께서도 말씀하셨지마는 이것은 구기록(舊記錄)과 또 지금 우리가 발굴 진행하고 있는 고고학적인 점에서 깊이 연구할 수 있는 과제로 남아 있습니다. 제가 심중으로는 왕궁일 가능성이 있지 않은가 그렇게 생각해 봅니다. 왕궁이 아니라 해도 기원 전후로 해서 백제가 건국이 됐고 또 거기서 지금 현재 출토되는 유물이 그 연대와 합치되는 그 유물들이 발굴되고 있고 그런 것으로 볼 적에 서울 시내에 있는 풍납토성이라고 하는 것은 민족적인 아주 귀중한 또 빛나는 유적이 아닌가 생각됩니다. 그런 까닭에 이것은 외국에 있어서의 폼페이 유적에 버금가는, 그보다 우리 한테는 더 가치가 있는 아주 뜻깊은 유적입니다.

그런 뜻에서 우리는 이를 보존을 하기 위해서 거족적으로 이 운동을 전개해야지 않을까 이렇게 생각합니다. 그러나 우리가 간단히 생각으로 제안을 한다고 한다면 이것이 거국적으로 전개하기 위해서 우리 역사학회라던지 역사학회뿐 아니라 각 대학의 사학과를 단위로 해서 운동을 일으키고 전국적으로 향토사를 연구하는 향토사학회를 동원해서 이것은 어떤 경우라도 우리 민족의 역사를 위해서 꼭 보존을 시켜야 되겠다, 국가적으로 보존을 해야 하겠다 하는 그런 갈망과 요구를 끊임없이, 꾸준히 국가나 정부나 일반 국민에게 호소하는 것이 가장 적절한 수단이 아닐까 이렇게 생각을 해 봅니다.

그러나 지금 현재 서울에 사는 사람들도 한성백제가 500년이라고 아는 사람이 사실 없습니다. 정치적으로, 한성백제에 대한 역사 자체가 지금 흐릿한 속에서 국민들의 인식이 아직 거기에 미치지 못하고 있는 상태이기 때문에 사학계를 위시해서 여러 방면에서 이걸 국민적 계몽과 동시에 정부에서 예산편성을 위한 꾸준한 적극적이고 아주 영구한 하나의 운동으로써 전개시켜야 되지 않을까 이렇게 생각합니다.

나는 여기 올 적에 내가 한강을 항상 사랑해 오는 속에서 풍납토성 근처에 지금은 아마 송파구라고 해도 관계가 없지만 거기에 대해 생각한 시(詩)가 하나 있어요 15세기 중엽에 성종(成宗)대왕 때 대제학을 지냈던 서거정(徐巨正)이라는 분이 읊은 십니다. 그 시(詩)에 보면 그 당시에 고구려와 백제가 서로 제일가는 나라를 다퉜는데, 한 줄기 강물 그 자체가 고구려와 백제의 영토를 갈라놓고 있구나, 이걸 보면 벌써 그 분은 한강을 중심으로 했던 고구려와 백제의 그 각축이 우리 풍납토성이 있던 그 벌판이 있던 곳이라고 그분은 인식하고 있었던 것 같습니다. 그래서 그분이 시 중에서 계속해서 뭐라고 했냐면 그때 시대 전장 터가 지금도 역력하게 남아 있는데 거처하고 있는 부락 사람들은 농사를 지어서 풍부하게 태평시대를 지내는구나 이런 얘기이며, 그게 지금으로부터 400년 전에 이분은 거기를 걸면서 삼국시대 때 각축장이라는 것을 인식하고 이런 시를 남겼습니다.

그런데 우리가 지금 현재와서 참고하는 학문이 발달되고 발굴이 전례없이 왕성한 이 시기에도 우리가 아직도 삼국시대 때 전쟁 터였고 삼국시대 때 각축을 나눴던 설화들이 걸쳐있는 가령 아차산성이라던지 또는 풍납토성이라던지 몽촌토성이라던지 저 광주에 고골이라던지 이런 데를 우리가 잊고 있는 것입니다. 그러니까 우리가 지금 앞으로는 역사의식을 국민이 얼마만큼 가지고 있는가를 계몽하기 위해서는 우리 사학계를 위시해서 모든 뜻 있는 문화단체에서 거족적으로 이 뜻 있는 유적을 보존해 나갈 수 있도록 거국적인 운동을 전개해야 되겠다는 것을 간절히 강조하고 싶습니다. 간단히 제 소감을 말씀드렸습니다.

정영호:

좋은 말씀들을 많이 해주셨는데 저는 세 가지 점에서 꼭 좀 건의를 하고, 그러한 방향은 반드시 취해져야 하지 않을까 하는 세 가지 방향입니다.

첫째는 학문적으로 소위 고고학적인 발굴이 이제까지 보면은 아까도 그런 표현을 했습니다만 구제발굴 이었단 말이죠. 아파트를 세우는데 어느 교수가 신고를 합니다. 신고가 들어왔으니 큰일났구나 조금 있다가는 언론에 터지겠구나 터지기 전에 하자 이런 구제발굴이 되어서는 안 되겠다는 것입니다. 그야말로 계획적인 발굴이 진행됨으로써 학술적인 그러한 진행이 가능한 것이지 구제발굴은 여기다 포크레인을 집어넣었다 불도저로 밀었다 하는 것인데, 여기서 무엇을 찾겠다는 거예요 유물을 찾겠다는 것도 아니란 말이예요. 제대로 유적이 남아 있을 리가 없단 말이예요 그러니까 이런 구제발굴이 되어서는 안 되겠다. 정말 연구를 위한 고대사의 어떤 천명을 위한 그러한 계획적인 발굴이 있어야하지 않겠는가 발굴에 앞서 나중에 계획을 단단히 해서 앞으로 고고학적인 발굴이 진행되어야겠다. 그것 한 말씀을 드리고 싶구요.

또 한 가지는 아까 슬라이드에서 제가 보고서 깜짝 놀라고 주변의 여러분들과 이야기했지만 한 나라의 장관이 직인까지 도장을 찍은 것을 떡하니 보냈는데 이거 무슨 건축계획이 없다 이러고서는 3년 후에는 세웠다 이 말 이예요. 이게 아무리 이형구 교수 개인이 치뤘다 해도 공인으로서의 직인이 찍혀 있는 거예요. 이거 직인의 소재를 어떻게 물어야 해요? 이러한 무책임한 행정적 소행을, 조치를 말이죠. 우리가 그대로 묵과할 수 있느냐는 거예요. 아주 한심스럽기 짝이 없는 거예요. 이건 다른 나라에서 어림도 없는 게 아니겠습니까? 이러한 일이라는 게 말이죠. 그래서 이것은 그러한 슬라이드를 봄으로써 우리가 이럴수가 있나 개탄할 게 아니라 뭔가 집고 넘어 가야 될 때가 아닌가 그걸 한번 좀 말씀드리고 싶습니다.

그리고 다음 세 번째는 이러한 행정적으로 이것이 잘 되는 것은 좋겠지만 세 번째는 거기에 살고 있는 여러분들에 대한 하나의 교화라 할까 홍보라 할까 설득이라 할까 이런 것이 없으면 안 됩니다.

제가 한 가지 예로 들자면 제가 대마도(對馬島)를 좀 다녀오는 편입니다. 그래서 대마도에서도 쓰시마에서도 처음에 시다가쓰에 도로노구비라는 초라한 유적이 있어요. 그것이 개인 땅 입니다. 그리고 거기에다가 집을 지을려고 무척 애를 썼습니다. 그런데 당국에서는 거기에 청동기시대의 유적인 석상들이 네 기가 있는데 하나는 벌써 파괴됐단 말이죠 이 파괴된 것 봐라 여기다가 집을 짓고 어찌고 하다보면 나머지 세 개가 밀려 나가서 엉망이 된다 말이지 이렇게 돼도 좋겠느냐 한 번쯤 생각을 해봐다오 여기서 부탁을 했어요. 그래서 그 주변에 있는 여섯 집인가 모여서 회의를 했답니다. 회의한 결과 우리 땅이라 하더래도 여기다가 건물을 지으면 안 되겠으니까 우리 자제하자, 그러자 일주일 후 여기다 일체 건물을 안 짓겠다. 오히려 여기를 올라가서 견학할 수 있는 층계를 만들고 하는 거 우리가 다 기부하겠다. 그리고 그 후에 층계를 잘 만들어서 유적지를 볼 수 있는 그 유적지를 견학할 수 있는 역사 홍보의 현장을 만들어 줬어요.

이러한 것을 제가 봤는데 여기 풍납토성도 수천 세대가 있을 것 아닙니까. 그러한 분들에게 역사성 더 더군다나 우리의 역사를 역사의 현장이 바로 여긴데 그러한 입장에서 설득력 있는 홍보 문제 그러한 것이 중요한 것이 아니겠는가 생각합니다. 다른 선생님이 좋은 말씀을 말씀하신 것 같으니까 평소에 제가 느꼈던 것을 말씀드렸습니다.

죄송합니다.

사회자:

정영호 교수님께 좋은 말씀 감사합니다. 일생을 고고학 연구에, 발굴에도 정력적으로 참가하시고 지금 현재 정년 이후가 되셨으면서도 왕성하게 학문활동을 하고 계시는 손보기 선생님께서 풍남토성의 보존이나 또는 그 문제에 대해서 말씀해주시겠습니다.

손보기:

앞에서 세 분께서 정말 아주 좋은 말씀을 해 주셨습니다. 제가 하고 싶었던 말씀도 해 주셨고 지금 앞으로 어떻게 대책을 세우느냐하는 중요한 문제를 조금씩 다 말씀해 주셨습니다. 저는 또 저대로 생각이 있는데요 지금 우리나라에 문화재 결국 우리나라의 역사유물, 우리 조상들이 만들어 놓은 여러 가지 알려지지 않은 것도 있고 묻혀 있는 것도 있고 알려져서 발굴되었던지 수습이 되면 그걸 어디서 모은다하는 방식이 대개 서양의 루블이나 대영박물관, 대영자연사박물관, 대만고궁박물원 등과 같은 방식으로 모아진 걸로 생각합니다. 우리 문화재의 보존이나 발굴이나 연구나 하는데 물론 그 전보다는 나아졌죠, 근데 그런 식으로 해 왔어요. 그게 지금 근본으로 고쳐져야 한다고 생각합니다.

지금 우리가 백제 왕성이어도 좋고 그건 더 연구해 보고 백제사람들이 지어놓고 그 굉장한 유구를 만들었으면 그것을 보존해야 한다는 건 당연히 그 조상들의 자손인 우리가 의무로서 가져야 한다구요. 그것도 우리가 맘대로 할 수 있는게 아니에요. 그것을 다음 자손에게 전해줘야 한다. 조금도 손상없이 잘 보존해서 전해줘야 한다는 것입니다.

하지만 예산을 그런데에 않쓴다 하는 것이 사실은 문제거든요. 프랑스 같은데는 정치에 쓰는 자금보다 조금 작은게 문화재에 대한 자금입니다. 국가예산에. 물론 다른 나라 그런데가 많아요. 문명국가 라는게 그 나라들은 남의것 갖다가 훔쳐온 나라들 입니다. 그러니까 오히려 그런 식으로 나간다 할 수도 있겠지만 그게 안 되면 국가의 애국심도 그렇고 전혀 없어져 온 아파트 청약한 분들이 자기들이 할려고 하거나 자기 집을 만들려면 다 부서도 좋다하는 생각 자체도 국가에서 교육을 잘못했다. 사실은 그런 책임이 저에게도 있습니다.

여러분이 부러워하고 좋다고 생각하고 훌륭하다고 생각하고 우리나라에서 박물관을 짓는다 하면 의례 그러한 방식으로 하겠다라고 생각하는데 그래서 먼저 무얼 생각하느냐하면 아주 커다란 건물, 그래서 뭘 넣을꺼냐 생각하기 전에 그걸 생각해요 얼마나 큰 건물을 짓느냐 정부에서는 국가기관이 되었던 지방기관이 되었든 어디서 건물을 짓는다 박물관이 짓는다 하면 그런 걸 먼저 생각해서 박물관 건물을 어떻게 짓느냐 해서 그게 훌륭한 건물 그야말로 석굴암 건물처럼 영구 남을 걸 짓는다 이런 것 까지는 생각않하고 어떻게 하면 큰거, 그리고 비용 많이 쓸 것, 자기 분수 생각 안하고 그렇게 생각해요.

그래서 그건 어떤거냐면 그 결과는 건물이 된 다음에 비로소 박물관직을 임명합니다. 그러나 그 전에 준비할 박물관장이 있어야 하는데 그 박물관장이 없어요, 그래서 자연사박물관장에 여러 군데 자문위원을 하고 있습니다만 정부가 잘못하는 걸 얘기한다면 그다음엔 통고를 않하고 그 다음에 나오라고 하질 않아요. 왜 당신 않나왔어 그러거든요. 언제 무슨 회의가 있었느냐 어제 있었는데 왜 당신이 나와서 좋은 이야기를 하지 않고 안해줘 그래요 그게 무슨 소리냐. 그게 그런 식으로 돼가면 근본문제가 사실은 어디에 있느냐면 우리가 겨레의 유물이나 유구 같은 것을 어떻게 보존하느냐 하는 생각을 하기보다는 일단 그것을 필요하면 발굴해도 국가 귀속이다 뭐다 해서 아무데나 모아서 체계없이 다시 얘기하면 대영이나 루블박물관의 유물들은 전부 남에 것 훔쳐 온 것입니다. 강제로 뺏어온 것입니다.

그 유물이나 이건 그걸 만든 그 겨레의 지방 사람들과 같이 있어야 해요. 또 그러한 환경 어떠한 환경에서 이루어졌느냐 하는 걸 같이 가질수 있고 느낄수 있고 이런 훌륭한 예술을 완성시킬 수 있었느냐 하는 것을 가르쳐주어야 한다구요. 그것과 격리시켜 놓으니까 국민이 자기 조상이 만든 걸 긍지를 가질 수 없어요. 긍지를 가질 수 없으니까 그 조상의 긍지 우리의 뿌리가 무언지 모를 때에 그 국민들이 무슨 힘이 있게 되겠습니까? 그 힘을 가지고 이 사람들이 발전해야 될 텐데 그게 큰 문젠데 현재 현행법에 있어서 그렇습니다. 어떤 쪽이냐면 국가에서 돈을 대어서 발굴한다던 지 하는 것은 거의 없어요. 지금 없습니다.

그리고 지금 아파트를 짓는다든지 해서 할 때 거기서 지면 거기서 발굴 비용이 들어가면 그 비용이 어디로 가느냐, 그 아파트 값이 비싸지는 겁니다. 그 만큼해서 그런 식으로 하니까 국민의 것을 국민이 국민아파트 신청한 사람들이, 청약한 사람들이 손해보는 그런 형식이에요. 그래서 그걸 조사하기 위해서 우리가 문화재 지도를 만들자 하는 것을 1969년부터 얘기를 했습니다. 그걸 안 했어요. 그리구선 그때 정치자금으로 그 돈을 9,000만 원을 만들었다는데 다 써버렸어요. 그러나 정부가 우리 문화 우리 것에 대한 생각이 별로 없어서 마치 하는 게 일본사람 들이 정치하느냐 하는 생각까지 납니다. 우리 그런 문화재의 보존이나 문화재 발굴이나 연구하는데, 물론 그 전보단 나아졌죠. 그런 식으로 해 왔어요 그러니까 그게 지금 근본적으로 고쳐져야 한다고 생각합니다.

그러니까 지금 풍납토성이 백제 왕성이어도 좋고 그건 더 연구해봐야 하고 하지만 백제사람들이 지어놓고 그 굉장한 유구를 만들었으면 그것을 보존해야 한다는 것은 당연히 우리가 그 조상들의 자손인 우리가 의무로서 가져야 한다고요. 그것도 우리가 맘대로 할 수 있는 게 아녀요. 그것도 잘 보존해서 다음 자손에게 전해져야 한다, 조금도 손상없이 전해져야 한다고요, 그런데 예산을 거기에 안 쓴다는 게 문제거든요.

프랑스에서는요 정치적 자금보다 조금 적은 게 문화재에 대한 자금입니다. 국가예산에 물론 다른 나라도 그런데 가 많아요. 문명국가라는 게 이게 물론 남에 것 갖다 훔쳐다 놓은 나라들입니다.

그러니까 오히려 더 그런 식으로 나간다 할 수도 있겠지만은 그게 안 되면 국가의 애국심도 그렇고 그런 게 전혀 없어져요. 지금 아파트 다 청약한 분들이 자기들의 할려고 했던 자기 집을 만들려는 것은 해야 하고 그건 다 부서도 좋다 하는 생각 자체도 국가에서 교육을 잘못했다. 사실은 그런 책임이 저에게도 있습니다.

맹인재:

제가 뭐 특별난 의견이나 그런 건 없습니다. 다만 평소에 늘 한강 연변의 문화유적, 이런 차원에서 한강 전체를 놓고 생각해오고 했었는데 이번 풍납토성의 경우는 그중에서도 참 놀라운 가치가 있고 중요성을 지니는 유적이라고 생각이 듭니다. 그만한 발굴을 통해서도 그만큼 유적·유물이 발견, 규명이 되고 그 가치가 인정이 되는 만큼 적어도 기원 전후에 그런 확실한 역사 유적임이 틀림없다고 확신해도 좋다고 저는 생각이 돼구요. 그 상류에 지금 선생님께서 말씀하신 암사동 유적이나 그리고 미사리 유적, 이런 것과 연계해서 일대의 역사적인 유적이 벨트를 형성하고 있다고 보아 집니다.

아까 이형구 교수가 설명하신 이 아래 석촌동 고분군 등등을 큰 안목을 가지고 좋은 안목을 가지고 이 유적들을 다 연계한 개발정책을 폈더라면 참 서울이 얼마나 아름다운 역사도시가 되었을까 그런 생각이 듭니다. 그런 차원에서 풍납토성이 저렇게 교란되고 엉망진창이 된 것은 정말로 유감스럽기 한이 없고요. 그동안에 우리 큰사람이 좀 역사에 대해서 아는지 모르는지 모르겠지만 철저히 외면하고 일방적으로 강행한 건설 현장이 그런 행정을 원망하지 않을 수 없어요. 그런 차원에서 아까 건설부장관(建設部長官)이 허위 공문서를 냈다는 것은 그야말로 용서할 수 없는, 실소를 금할 수 없는 일이었다고 생각됩니다.

한국문화 역사유적 그런 차원에서도 이 풍납토성은 당연히 보존이 되야하고 또 지금 진행되고 있는 각 종 대소 건축 허가사업, 재개발사업 이런 등등도 재고되어야 마땅하다고 생각됩니다. 그것이 이대로 진행된다면 전부 조각 조각나 구제발굴을 해가지고는 풍납토성은 형체도 없이 현장에서 완전히 공중으로 사라지는 결과가 올 것이기 때문입니다.

지금 기왕에 발굴되어서 수습된 유물들도 앞으로 일이 잘 되어서 10년 20년 후에 현장에 다시 그것을 진열해서 세계적인 야외박물관으로 탈바꿈시킬 수 있는 가능성을 생각합니다. 그런 차원에서 이 유적은 당연히 고도화(古都化)되고 우리 정부가 건설행정과 연계해서 이것을 기술적으로 이제까지의 잘못을 뉘우치는 차원에서 앞으로 그런 과오를 범하지 않고 지혜로운 문화국민 문화시민들이 지키는 이러한 역사유적도시로 하기 위해서라도 기술적으로 이것은 연구되고 반드시 실천에 옮겨져야 한다고 생각합니다.

그와 같은 문제는 전문 행정직이나 전문 문화재 쪽 전문 관료들과도 협조를 해서 한다고 한다면 그렇게 어려운 문제는 아니라고 생각합니다. 그리고 서울시는 이제 지금 박물관을 서울 시내에 갖게   습니다마는 그러한 차원에서도 저는 서울시에 백제사 박물관, 향토사박물관이 보다 더 웅대한 규모로 한강 변에 자리 잡을 수 있는 날이 올거라고 생각하고 있습니다.

그리고 그동안 이 사업을 순전히 개인적인 차원에서 심혈을 기울여서 시간에 쫓기면서도 땀 흘려 일해 온 이형구 교수께 격려의 말씀을 드리면서 이 말씀을 마치겠습니다.

사회자:

풍납토성의 보존에 대한 당위성 그리고 그 가능성에 대해서 좋은 말씀을 해 주셨습니다. 다음으로 동국대학의 정명호 교수님께서 고고학과 미술사 쪽에서도 관심이 많은 것으로 알고 있습니다마는 이 같은 문화재 관계를 다루는 전문인으로써 좋은 말씀을 부탁드립니다.

정명호:

정명호입니다. 저는 서울에서 태어났고 조상 대대로 서울에서 살아온 사람 중의 한 사람으로써 이러한 자리에 있게 된 것은 참으로 고맙게 생각합니다. 이 풍납리토성이라던가 암사동이라는 것은 실지적으로 1925년에 장마에 의해서 밝혀졌고 이로 인해서 일본사람들은 이곳이 고적지라는 것을 벌써 밝혀 놓았습니다. 이렇게 밝혀 놓은 이곳에서 우리가 이제까지 뭐 하고 있었느냐 하는 것에 대해서 한번 읊어 봐야 하는 것입니다. 왜냐하면 엄연히 문화재를 갖다가 문화재 또는 문화유적·역사유적을 가져다가 관리하는 문화재청, 그 전에는 문화재관리국이죠. 관리국이 있는데도 불구하고 이러한 것에 대한 어떠한 대책을 세우지 못했다는 것을 참으로 유감스러운 일이 아닌가 봅니다.

저는 1962년, 이 때에 이 풍납리토성과 이 암사동 유적지를 조사를 했고 또 그 이전에 이미 고려대학에서 이 송파 유적지를 조사해 가지고 흑도가 나오는 예가 있었습니다. 이로 인해서 이 지역에 대한 중요성이 있다고 그 당시에 김원룡 박사님을 비롯해서 많은 사학자들이 이 지역에 대한 중요성을 갖게 됐고 이곳을 어떻게 하던지 어떠한 역사적인 실증을 한 면으로 드러내려고 하시는 걸 봤습니다.

그리고 그런 후에 김기웅 선생님께서 암사동을 발굴했어요. 그래서 발굴을 하면서 많은 유적이 나왔기 때문에 그 덕으로 현재 암사동에 그 공원에 조성이 되었지마는 불행히도 암사동은 선사시대 유적이고, 이 풍납리토성은 유실에 의해서 밝혀졌고 그것에 의해 백제 유적이라는 것이 알려짐으로써 이 역사시대의 하나의 초기 역사시대의 유적이라는 것이 알려졌다면 이것에 대한 대책이 있었어야 돼지 않겠는가, 물론 그것을 위해서 1964년에 삼불 선생님께서 조사를 했고 이 조사가 이루어짐으로써 그 일대에 보존책이 이루어지는 것으로 알려져 있었지만은 당시에 보존책이라 하는 것은 성곽만 사적으로 지정을 했다는 것입니다. 이왕 성곽만을 지정할 것이 아니라 성내까지 지정을 해야 할 것인데 그것을 하지 않은 것이 지금의 이러한 어려운 일을 저지른 것이 아닌가 이렇게 봅니다.

이와 유사한 것이 1960년도에 경주 황룡사지, 앞으로 그 지역을 문화유적으로써의 면모를 갖추기 위해서 정화사업이라던가 여러 가지를 위해서 그 때의 목탑지를 중심으로 해서 민가가 많이 살았어요. 그런데 이 민가를 철거시켰는데 철거시켰을 때 탑에 심초석이 민가 담장에 붙어있었어요. 담장에 붙어있기 때문에 이것을 도굴꾼들이 도굴을 못했던거든요. 민가를 모두 철수시켜놓으니까 완전히 허허벌판이거든요 바로 조사를 했으면 이 황룡사 심초석에서 발견되는 사리장치를 완전히 찾아낼수 있었을 텐데도 불구하고 완전히 방치를 해서 도굴당하게 한일, 이런 것이 행정적으로 문화재관리국이라던가 또는 이것을 다루는 곳에서 늦장을 하는 바람에 모두 파괴시키는 일을 봤을 때에 계속 이런 것이 반복되는 것은 문제가 있는 것이 아닌가 생각됩니다.

이형구 선생께서 일본에 오사카(大阪)의 난파궁(難波宮)에 대한 자료를 보여주고 있었습니다만 제가 1976년에 오사카 난파궁을 답사한 적이 있습니다. 그때에 그 건물은 이미 지을려고 하다가 유적지가 발견이 되었거든요. 어떻게든 집을 짓기는 지어야 하는데 어떻게 해야 하느냐, 이 유구 때문에 어떻게 해야 하느냐 그래서 그때에 그들이 생각하기로는 언제가는 이것은 없애야 한다. 그러나 이왕 짓기로 했으니까 짓는데 유구에 초석자리와 초석자리의 중간 중간에다가 말하자면 기둥을 세워가지고 그리고 지상 1층 정도를 띄고 그 위에 건물을 지었어요. 그리고 그 아래는 볼 수 있게 했거든요. 그리고 최근에는 그 건물이 없어진 것으로 봤을 때에 거기는 많은 집들을 기획을 세웠다가 발굴에 의해서 그것이 나옴으로써 그걸 갖다가 세웠던 건물 그것도 한 8층 건물이 있었습니다. 그것을 모두 제거할 수 있도록 한 걸 봤을 때 우리는 무엇을 하고 있었느냐.

그리고 중국에 가서 보니까 중국에서는 가장 오래된 초기 탑이 승학사탑이 있었어요. 한 10년 전에 손보기 박사님과 인도의 불교유적을 조사하고 오면서 저는 1990년에 그쪽을 갔었습니다. 그때에는 거의 법당 하나가 뒤에 있고 집에 하나도 없었어요. 그러나 최근에는 가보니 그 일대를 아주 담을 보호담이죠 보호담을 설치하고 그것을 파괴시키지 않으려고 하는 그런 것을 봤을 적에 최근에 문화혁명 때문에 많이 없앴다고 하더라도 이들은 그것을 파괴시킨 것을, 잘못된 것을 뉘우쳐서인지 보호지역을 상당히 넓게 설정하고 돈 없는 나라에서도 담을 치고 보호하는 것을 봤을 때 우리도 이런 것을 따라야 하지 않겠는가 이렇게 봅니다.

그래서 민간인이 이런 운동을 해서 잘된다면 좋겠지만 그에 앞서서 정부에서 이것을 적극적으로 이것을 알아차리고 해야되지 않을까 합니다. 저는 조금 전에도 말씀드렸지마는 암사동이 사적지구로 보존이 완성이 되었다고 보고 또 풍납동 일대와 백제 고분군 지대의 일부가 공원화가 되었다면 역사시대의 백제시대의 수도유적으로 볼 수 있는 지역으로 마땅히 보호를 하고 앞으로 안에 있는 아파트나 그런 것까지도 재고해야 하지 않을까 하는 그러한 장구한 계획을 세워가지고 서울에 역사를 엄연히 존재하고 있는 것을 말살하지 않는 방향으로 이끌어 가야하지 않을까 이런 생각에서 말씀드렸습니다.

이종선:

앞에서 좋은 말씀들을 많이 해 주셨기 때문에 저는 좀더 구체적인 제안을 할까 합니다. 오래기로는 구석기로부터 최근세까지 많은 유적이 중첩되어 있다는 사실에는 전부 다 이견이 없고 관련 유적들은 가능하면 보존 보호 조사해서 역사의 틀 속에 넣어야 한다는 쪽으로 움직임이 가고 있는 흐름 속에서 지금은 풍납동의 경우 성곽이 아니고 성 내부에 관심이 점점 좁혀지고 있습니다. 발굴 현장에서 위원회 할 때 직접 갔더니 현지 주민들과 살벌한 대치 관계까지 보인 상황을 보았습니다.

그런데 그것은 한 구역이 문제였었는데 한 구역의 문제가 약 100가구 정도, 100가구 정도가 집단화하는 움직임이 있었는데 한 집당 2억 정도 친다면 200억 정도 아니겠느냐 전부 다 합치면 상당히 천문학적인 숫자가 나오기 때문에 지금 정부도 자치단체도 어느 누구도 시원한 답은 못 내릴 것 입니다. 현시점에서 가질 수 있는 대안은 저는 이런 방향으로 가면 어떨까하고 생각합니다.

첫 번째 가능한 풍납리 일원에 지금 왕도라고 치고 있으니까 왕도라고 친다면 어느 정도 구역까지를 단기 중장기 계획에 집어넣어서 단기계획은 구제발굴의 성격이 될 수밖에 없는 겁니다. 중장기 계획은 토지의 점진적인 매입 그리고 그 안의 건물의 고층화 방지 그런 것을 하면서 그것만 가지고 되지 않을 겁니다. 눈에 안 보이게 파괴되는 유적들이 여러 가지 이유로 많이 생깁니다. 그래서 결국 왕도의 가능성을 놓고 그 유적을 보호하는 분위기 조성의 일환으로 주민에 대한 교화도 말씀하셨지만 '서울고대사연구소', 풍납동 유적을 중심으로 백제 초기사를 고고학과 역사학을 접목시키기 위한 '서울고대사연구소'를, 그것을 전담하는 기구로 만들어서 거기서 나오는 각종 자료를 체계적으로 정리하고 풍납동 유적을 위한 박물관화가 필요하다고 봅니다.

제가 근무하는 서울시립박물관이 조선시대가 중심이 되지만 저는 학계와 일치가 이루어진다면 더욱 소급해서 백제 왕도화(王都化)를 위한 전시장을 꾸밀 필요가 있다고 생각합니다. 이런 작업을 위해서는 왕도로 추정되는 지구에 대한 일원화가 필요하다고 봅니다. 지금은 강쪽으로 구제발굴을 이 사람 저 사람이 하고 있습니다.

그런데 제가 보기에는 그 지역의 조사는 그 시기 전공자가 반드시 주체가 돼서 시행되는 조사라야 되겠다 하는 그런 제안을 드리고 기왕에 조사된 단위 유적들이라 하더라도 워낙 급하니까 그냥 없애버리는 데 아까 정명호 교수님이 말씀하셨지만 고층화되는 건물이 지금 들어설 수밖에 없다면 그 부분을 떠워서 전시관화하는 그런 방법으로 고층이 올라서는 것을 제안할까 합니다. 그러한 예는 제가 과거에 다른 기관에 책임자로 있을 때 백자 가마터를 발굴을 했는 데 산본(山本), 지금 아파트촌이 되어 있습니다만 거기에 그런 것을 제안해서 거기에 그것이 된 걸로 알고 있습니다.

그래서 그러한 몇 가지의 조치가 진행되기 위해서는 상당히 중요한 결단이 일어나지 않으면 안된다라고 생각을 하는 데 우리나라에서는 사실 그 학계에서는 큰 힘이 없고 정치권에서 결정을 내리든가 아니면 사회적인 분위기를 만들어 주는데, 저는 기왕에 언론에 몇 분 와 계시기 때문에 이 자리를 빌어서 부탁을 드린다면 소위 왕도라고 하는 그런 표현에 대한 것은 주민들을 굉장히 자극하는 경향이 있습니다. 지금 그 단위 유적이 한 100가구 정도가 문제가 아니고 풍납동 일대의 5만 주민들이 자기들의 집값이 동시에 떨어지는 걸로 생각해 가지고 그런식으로 한다면 준 폭동에 가까운 그런 사태로 발전하지 말라는 법이 없습니다. 그래서 소위 기사화되서 나갔을 때 그것을 읽고 어떤 역사적인 긍지를 느끼는 부분과 실제 현실적으로 손실감을 느끼는 부분에 대한 조정이 있어야 하지 않겠는가 그런 제안을 좀 드리고 싶구요. 그리고 역시 중요한 것은 이 유적이 왜 보호되고 조사되어야 하는가에 대한 정치권에 각성을 축구하는 그런 쪽에 기획을 해 주실 필요가 있지 않겠는가 하는 그런 부탁을 드리면서 제 말씀을 끝내겠습니다.

사회자:

그 풍납동의 중요성뿐만 아니라 현실적인 어려움을 감안한 여러 가지 상황들에 대해서도 이야기를 해 주셨습니다. 오늘 발표하신 분들 가운데 이형구 선생님께서 제일 처음 있으셨고, 윤근일 선생께서는 여러 가지 관( )의 일정 속에서 토론자로 제외시켜달라는 요청이 왔기때문에 서강대학에 계시는 이종욱 교수님께서 보존대책과 관련지어 말씀이 있겠습니다.

이종욱:

제가 이형구 선생님한테 발표해 달라는 요청을 받았을 때 이 모임의 제목이 무엇인지 잘 몰랐습니다. 그러니까 서울백제 수도유적 보존회의인데 저는 저 한풀이하는 기회로 주시는 걸로 생각하고『삼국사기』초기기록의 신빙성이 이게 인정받게 되겠다고 그것만 가지고 왔는데, 그저 몇 가지 말씀드리겠습니다.

사실 문화재연구소에서 몇 번 불러 가지고 경주 경마장 현장에 가 보고 그랬었는데 늘 갈등이 생기는 대목이 있습니다. 이 경마장 유적과 풍납동 유적은 성질이 다릅니다. 풍납동 유적은 개인들이 살고 있고 이건 완전히 생존에 관한 문제가 되기 때문에 이것은 또 다른 문젠데 누구도 어떻게 말하기가 힘든 대목이라 생각됩니다.

문제는 우리도 경비가 없고 정부도 없고 개인들도 없고, 그렇기 때문에 이것을 현재와 같이 이형구 선생님을 비롯해서 또 올라가면 문화재청장, 장관, 대통령, 언론사, 모두가 현명하게 판단해서 백 년 후에 이 유적을 잘 보존해 주었구나 하는 그런 얘기를 들어야 하겠는데 이 과정에 한 가지만 말씀드리자면 대한민국의 장관이고 국회의원이고 이런 문제를 해결하는 사람이 없다고 생각합니다. 그저 대통령을 움직이는 수밖에 없다고 생각해요. 그러니까 언론에서 도와주시고 학계에서 움직이고 해서 대통령이 결정을 해 가지고 정책적인 판단을 해서 유적을 보존해야겠다는 방향으로 정책이 결정되기를 바랍니다.

사회자:

문화재연구소장과 함께 1964년도에 서울대학교에서 김원룡 선생님이 학생들을 데리고 발굴을 했을 때 저도 참여한 사람 중의 하나입니다. 그때 집이 거의 없었어요. 그 이후에 성벽이 아니라 성 전체를 사적으로 지정했었더라면 이와 같은 상태는 되지 않았을꺼라 생각합니다. 고고학이라는 것을 하면서 밥을 먹고 있는 사람으로써 참 부끄럽게 생각합니다. 조금 전에 정영호 선생께서 우메히라(梅原) 씨의 평성궁(平城宮) 발굴에 대한 말씀을 하면서 처음부터 넓은 지역을 보존하기 위해서 개발을 함께 생각한다면 잘못된 그런 조치를 취해지지 않았나 생각합니다. 지금 현재 가 보면 5만 인구가 사는 거의 만 세대 가까운 사람이 사는 인구 집중지역으로 되어 있습니다. 그리고 사유재산인 이걸 어떻게 푸느냐 쉽지 않은 문제인 것 같습니다. 그러나 우리가 처음 지금이라도 늦지 않았다고 생각하고 보존한다는 마음 자체를 우리 사회가 가지느냐 안 가지느냐 그게 더 중요하지 않은가 그런 생각합니다.

우리 사회 자체가 언론이라든가 정치권이라든가 이 유적은 살려야겠다는 결단, 그 마음가짐을 모으는 것 그 자체가 중요합니다. 만약 그것이 된다면 거기에 사시는 분들에게 절대 불이익 되지 않는 방식으로라도 대체지역, 여러 가지 지역들이 있지 않겠습니까. 재정이라면 현 시가보다 조금 나은 방법으로 여러 가지 방법으로 될 수 있을 꺼라 생각합니다. 물론 하루아침에 1~2년 내에 결정되어지는 일이 아닐 것입니다. 50년, 100년을 바라보고 일을 한다면 꼭 되지 않을 일이라고 생각하지 않습니다. 그런 의미 속에서 언론에서 오신 분들이 있습니다.

우리 사회가 우리 문화재 특히 서울시라는 게 그렇습니다. 저도 서울에 사는 사람입니다. 저희도 십몇 대가 서울에서 사는데 어릴 때 서울의 모습과 같은 곳이 없습니다. 저는 청계천에서 멱감은 사람입니다. 그러면 지금 성균관대학교에 있는 복촌이 어떻게 허물어져 가고 있습니까. 재산권 다툼 때문에 주민들의 반발이 심해서 풀어놓으니까 전부 다 개발되고 있지 않습니까. 정부가 그것을 묶어 놓는다면 그에 상응하는 보상을 해줬어야 하는데 전혀 집을 고친다고 해도 돈을 내주지 못하고 아무것도 없었습니다. 이런 정책적인 발상의 전환을 해서 국가에서 돈을 들일 수 있는 발상 전환을 하도록 언론에 계신 분들이 힘을 써 주시기 바랍니다.

끝으로 이 일에 처음부터 혼자서 단기필마(單騎匹馬)로 고군분투한 이형구 교수에게 마이크를 넘기겠습니다. 마지막 말씀을 듣겠습니다.

이형구:

저는 객담 같지만 어렸을 때부터 한문 공부했고 성장해서는 한문문화권인 대만대학에서 공부를 근 10년 했습니다. 한문을 많이 쓰는 사람이고 생활할 수 있는 사람인데 제가 한글회관을 참 좋아합니다. 지금 설비도 시원찮고 여러 가지 불리한 것 양해해주십시오. 제 혼자 힘으로 한다고 하지만 여기 계신 많은 원로 선생님들, 동료학자들, 동학들, 우리 학생들, 많이 도와줘서 오늘까지 하고 있습니다. 한글회관 좋아한다는 건 굳이 말씀 안 해도 여러분들도 의지가 있을 겁니다.

제가 비록 한문을 사용하고 있는 사람이지만 한민족인 우리글도 사랑해야 되기 때문에 이 자리를 애용하고 있습니다만 오늘 풍납동 문제도 마찬가집니다. 이 풍납토성이 이종욱 선생님이나 윤근일 선생님이 학문적으로 깊이 연구하고 발표해 주셨는데 제 생각으로는 백제 초기유적이 역시 동북아권(東北亞圈) 전체의 백제 초기유적으로 보아야지 한국문화의 삼국시대의 조그만 나라 중의 하나, 백제 이렇게 보아서는 이해가 안 가실 겁니다. 아마 과거에도 그랬기 때문에 이게 한낱 흙으로 만든 토성(土城)이다 하고 폄하(貶下)된 것이 아닌가 하고 이렇게 생각됩니다.

제가 어렸을 때 여기 계시는 김영상 선생님을 따라 풍납토성을 비롯해서 이 일대의 백제 유적지를 다녀왔고 그 후로도 관심을 가지고 중국에 가서 우리 고대사 공부한다고, 고고학 공부한다고, 중국 걸 공부하다 보니 역시 큰 테두리에서 조그마한 제 안목이라고 해야 할까요. 제 학문적인 조그마한 소양이 풍납토성이 왕성일 수밖에 없다는 저 스스로의 결론이 섰던 것 같습니다.

그것이 조그마한 배움의 성과였는지 모르겠습니다만 아무튼 그렇게 해서 1981년 귀국해서 다시 풍납동과 석촌동을 가보니까 참 속된 말로 엉망진창이 돼서 이래서 안 되겠구나 하는 생각으로 여기까지 왔습니다. 여러 역경도 있었습니다만 이렇게 와서는, 종국에 와서는 많은 분들이 백제 초기 왕도 풍납토성을 보존해야 된다는 쪽으로 의견이 모아지고 있다고 전 보고 있습니다. 많은 관심 있는 분뿐만 아니라 일반 시민도 물론 풍납토성에 계신 분들은 저를 여러 가지로 좋지 않게 생각할 수도 있고 원망하십니다. 그렇게 많이 전화도 받고 여러 가지 어려움도 있습니다. 지금도 있습니다만 그러나 그 이외에 많은 국민들, 우리 동네 아주머니들도 그것은 보존하여야 되겠다고 합니다. 학문을 하시지 않았더라도 보통 상식을 가진 국민들, 대다수의 국민들, 절대다수의 국민들과 저는 풍납토성이나 백제 왕궁유적이 보존돼야 된다는 생각을 가지고 있고 있다고 봅니다. 그런 소양이 없으신 분들도 가끔 텔레비전에 비치는 모습을 보고 저한테 이야기하는 걸 보았습니다. 그렇기 때문에 이 토성과 왕궁터를 보존해야 한다는 생각을 굳건히 갖고 있습니다.

그러나 여러 선생님들께서 말씀하신 것, 사회자분이 말씀하신 대로 문제는 5만 명에 가까운 밀집된 지역의 많은 주민의 재산권 문제, 주민의 불만, 저는 절대 피하지 않습니다. 정영호 선생님, 손보기 선생님께서도 말씀하셨지만 그 사람들과 같이 이해하고 그 사람들을 1대1로 설득, 이해시키는 일 그것이 중요하기 때문에 저는 불 질러 놓고 불구경하는 사람이 아닙니다. 어떤 방법으로든 소화해서 그분들과 같이 걱정하고 어떻게 하면 그분들을 진정시켜 드려야 할까 노력합니다. 그분들은 마치 전쟁상황입니다. 그래서 거기서 위원회가 있다면 저는 절대 피하지 않습니다. 현장에 가서 얻어맞는 일이 있다 하더라도 그러나 아직까지 폭력으로 그러지 않았습니다만은 집으로나 개인적으로 만났을 때 분하니까 욕하시겠죠. 달게 받습니다. 지금도 받을 생각하고 있습니다.

여러분들 전체 의견대로 국가의 의지, 1994년 9월 서울百濟首都遺蹟保存會의 건의서에 대해 건설부 장관에게서 받은 공문서가 허위라는 것을 알았을 때 그 즉각 행정소송(行政訴訟)을 할 수 있었습니다. 백전백승할 수 있었습니다. 그러나 저는 학문하는 사람이기 때문에 그것을 아무에게도 공개하지 않고 저 혼자만 학술적으로 보존방안을 추구해 왔습니다. 그럴 때 언론이 도와주었고, 관계 선배님들 또 선생님들이 저를 격려해 주셨지 그것을 빙자해서 한 번도 정부를 공격해 본 적이 없습니다. 오늘 처음으로 여러분에게 공개하는 이유는 여러 가지 이유가 있습니다만 뭐니 뭐니해도 국가가 나서야 하기 때문입니다. 겉으로는 지금 보존해야죠, 그러나 실제로는 3억 그뿐만 아니라 300억 그거 내는 건 아무것도 아니다. 우리 예산에 300억 그거는 속된 말로 '새 발의 피'다. 그러면서 그 300억을 보상함으로써 5만 명에게 미치는 영향, 5만 명의 재산권이 봉쇄되고 결국 어느 시기에는 이주해야 하는 그런 불안 때문에 300억을 내지 못하겠다는 생각을 다 가지고 있습니

다. [문서는 제2집 말미 첨부]

지금 정부는 아마 대통령도 그렇게 생각할지도 모르겠습니다. 5만 명을 어떻게 할 것이냐? 5만 명뿐만 아닙니다. 성벽 바깥 주위도 문화유적으로 보았을 때 그 주변에 둘러 진 연못, 해자(垓子)의 가치는 더 말할 것도 없습니다. 해자 지역도 지금 다 불하했어요. 해자 지역에 얼마 전에 구민회관(區民會館) 짓는다고 않았습니까? 그뿐만 아니라 거기 지금 해자 지역에 도로도 깔려있지만 3,4층 집이 즐비하게 있습니다. 거기 늘 살다시피 할 때, 건물을 지을 때 거기서 갯벌이 나오고 토기 조각이 나오는 걸 이 눈으로 목격했습니다. 그런데도 그걸 서울시도 국가니까요. 위원회 한 번도 안 하고 왜 안 하냐니까 사적으로 지정된 곳이 아니랍니다. 발굴하니까 성벽의 넓이가 40m인데 겨우 5m, 그것만 운운하고 사적 보호 및 사적으로부터 20m 띄는 것이 우리 법인데 그것 띄우지도 않고 오히려 붙여서 사적에다 까서 집을 짓고 있습니다.

아마 대한민국 법(法) 중에서 가장 법 같지 않은 법이 문화재보호법입니다. 여러분께서 산림법 아시잖아요. 몇 년 전에 한 10년 전인가 전라남도 화순군 동복면에서 도로변 가로수인 느티나무를 베니까 그 면장을 6개월 정직시켰다고 하는 기사를 보았습니다. 서울 강남에서는 건물 앞에 있는 플라타너스 나무를 베니까 그걸 또 법으로 제지하지 않았습니까? 자기 가게 앞에 플라타너스가 있으니까 간판이 안 보여서 그 나무를 쳤다고 법으로 징계하는 나라는 우리나라뿐인데, 풍납토성 곳곳에 문화재보호법은 법을 어기고 유적을 파괴하면 3년 이하의 징역이요 300만 원 이하의 벌금을 문다고 간판을 세워 놓았는데도 밭 갈고 나무 심고 집 짓고 해도 정부나 자치단체는 그것을 방치하고 있는 실정입니다.

그것을 어떻게 방지하느냐가 문젠데 오늘 제 말씀 그만 올리겠고 전체적인 회의 내용을 제 일, 이형구의 일, 개인적인 얘기가 아니라 여기 어르신들, 방청하신 여러분들의 고견이 종합해서 몇 가닥으로 정리해서 모든 분 들의 종합적인 의지는 우리나라 최고 책임자의 의지에 달렸다고 그러지 않습니까?

저도 그렇고 학문적으로 아주 큰 뒷받침을 해 주시고 사실은 큰 역할을 하신 이종욱 교수님인데, 오늘 모임의 주제를 지금 알았다고 하는 말은 저는 농담으로 받아들이겠습니다만 이종욱 교수님도 결국은 한 마디로 대통령의 의지에 달렸다고 합니다. 저의들이 잠깐 시간을 내서 우리가 건의해야 할 사항들을 몇 항목으로 요구하면 어떨까 제안하고 싶습니다.

정리해서 대통령께 올리겠습니다.

사회자:

사회자는 시간을 잘 지키는 게 제일 좋은 사회자라고 했는데 5시에 끝나기로 했는데 6시가 다 돼 갑니다. 말씀하실 분이 계실지 모르는데 발표하신 내용에 질문이 있으시거나 풍납토성의 보존 관계에 대해서 한 말씀이라도 하시고 싶은 분이 계시면 손을 들어 주시면 고맙겠습니다. 말씀하실 분이 없으시다면 시간도 많이 흘렀고 이만 마치기로 하겠습니다.

지금까지 토론한 내용을 몇 가지 사항으로 줄이는 건 전체적으로 맡은 상황에서는 어려울 것 같습니다. 토론에 참가하신 분들이 조금 남아서 정리를 하는 게 합당하다고 생각합니다.

감사합니다.

金大中 대통령께 드리는 建議書와 회신

金大中 대통령님께

立夏之節에 안녕하십니까?

여러 선생님들의 도움으로 지난 94년 '서울 백제건도 2000년'을 맞아 발족된 바 있는 「서울백제수도유적보존회」에서는 5월 8일 오후 2시부터 7시까지 서울 한글회관 강당에서 『풍납토성 [백제왕성]보존을 위한 학술회의』를 개최하였습니다.

학계원로 문화·언론계 원로님들을 모시고 풍납토성 보존 문제를 심도있게 논의하고 많은 고견을 청취한 결과를 몇 분께서 이를 위임받아 종합, 별첨과 같이 「대통령께 드리는 건의서」를 작성하여 청와대에 발송하였습니다.

여러 선생님들의 적극적인 聲援으로 백제초기 수도유적으로 추정되는 서울 풍납토성의 보존문제가 불원간 해결되리라 믿습니다.

감사합니다.

모쪼록 건강하시길 빕니다.

우편물 수령증

접 수 자: 다기능창구 02번 김형자
현   금: 3,780원
총 요 금: 3,780원

〈국내등기우편물〉
발 송 인:137-073 동양고고학연구소
              1483-1
총 통 수: 1통
총 요 금: 3,780원
수납요금: 3,780원

등기No 특수취급 요금   수취인

026283 11   3,780 110033김대중대통령존회

취급코드안내
11:특급

* 등기번호의 밑줄은 빠른등기를 나타냅니다
    2000/05/15 17:09

    천안 우체국

* 반송시에는 환부료를 받습니다.
* 이 영수증은 손해배상 등의 청구에
   필요하오니 보관하십시오

2000. 5. 15

서울백제수도유적보존회
이 형 구 올림

2000년 5월 8일 학술회의를 마치고 작성된 「대통령께 드리는 건의서」를 5월 15일 특수등기우편물로 김대중 대통령께 보내드린 문서 사본.

풍납토성[백제왕성] 보존을 위해 대통령께 드리는 建議書

국가 사적 제11호인 풍납토성은 1963년, 토성(土城) 부분만 지정하고 왕궁(王宮)으로 추정되는 성(城)안 부분과 해자(垓子) 부분은 지정에서 제외되었습니다. 최근 20년 동안 지표조사와 시굴조사 등을 통한 연구 결과는 성안에서 백제 초기유적이 다량으로 발굴되어 이를 방사성탄소 연대 측정한 결과 기원(紀元) 전후로 밝혀졌습니다. 이러한 귀중한 문화유산이 김 대통령의 재임기간 중에 훼손되거나 파괴되는 것은 있을 수 없 는 일이며, 우리 후손들에게 잘 보존된 백제의 역사와 문화를 전해 주어야 합니다

. 남북(南北) 영수회담이 이루어지게 되는 이 마당에 잃어버린 우리의 역사를 되살려 국민 모두의 노력으 로 보존·보전·복원될 수 있도록 김 대통령의 지도하에 국민운동을 일으켜 과거 일본인(日本人)들이나 자 행했던 우리 문화재의 인멸(湮滅) 행위를 중지시키고 우리 겨레의 문화재를 지키는 데 앞장서시도록 아래와 같이 건의드립니다.

1. 우리나라 교대 국가인 백제의 초기 왕성으로 추정되는 국가사적 제11호인 서울 승파구 풍납동 소재 풍 납토성의 역사적·문화적 가치에 대하여 학계 문화계 원로들의 중지를 모아 재천명하는 바입니다.

2. 풍납토성은 근 20년간의 학술조사를 통하여 백제 초기에 축성된 거대한 왕성(王城)으로 추정되고 있기 때문에 현시점에서 국가 중요 유적으로 적극 보존되어야 한다고 결의하는 바 입니다.

3. 풍납토성은 최근 수 차례의 구제발굴 결과 백제 건국 시기인 기원 전후 시기의 유적과 유들이 다량 발견 됨으로서 백제왕성으로 추정되기 때문에 성 내부도 사적으로 확대 지정, 보호되어야 합니다.

4. 풍납토성 외부를 두르고 있는 해자(垓子) 지역드 보호구역으로 지정하여 보존될 수 있는 법을 강구해 주시기 바랍니다.

5. 이와 같은 귀중한 백제전기 수도유적을 보존하기 위하여 정부가 더 이상의 증·개측을 불허하고 현 상 태를 유지시켜 단계적으로 매입 이주시키는 적극적인 보존 대책을 마련해야 할 것입니다.

5. 풍납토성과 성 내부를 보존하기 위하여 필요한 재정적인 비응은 시민 모금 운동을 전개하는 방법도 있 으나 정부와 지방자치단체가 협력하여 장기적인 보존 계획을 세워 점진적으로 마련하여 사유지를 보상, 매 입하여야 합니다.

7. 풍납토성 내부를 사적으로 지정함으로써 불이익을 당하게 되는 섬내 거주 주민들의 권익을 보호하고 이로 인한 불편을 보상하기 위해서 대통령의 특단의 배려(이주·보상·대토 등)가 필요하다고 사료됩니다.

2000년 5월 8일
서울백제수도유적보존회

「대통령께 드리는 건의서」에 대한 대통령비서실장 회신(2000년 5월 23일)

대 통 령 비 서 실

우110-050 서울시 종로구 세종로 1 /전화 (02)770-0648 /전송 (02)770-0647 / 구내 2325
문화관광비서실 행정담당행정관 송인범 / 모철민 / 김재원   담당자 김 재 원

문서번호 교육문화 07000-101

시행일자 2000. 5. 23

수   신 서울백제수도유적보존회(서울시 서초구 서초3동 1483-1 동양고고학
          연구소 내)

참   조 .

제   목 민원에 대한 회신

    1. 귀하께서 대통령비서실에 제출하신 민원은 잘 접수하였습니다.

    2. 귀하께서는 백제의 초기왕성으로 추정되는 풍납토성의 역사적·문화적
가치에 대해 강조를 하시면서 국가가 풍납토성의 보전을 위한 대책을 수립·시행
하여야 한다고 건의해 주셨습니다. 이에 관해서는 대통령님께서 국무회의시 특별
지시를 하신 만큼 정부에서 합리적이고 바람직한 보존대책을 마련중에 있습니다.
아울러 귀하의 건의내용에 대해서는 주무관청인 문화재청으로 하여금 구체적으로
검토하도록 조치하였음을 알려드립니다.

    3. 앞으로도 우리 문화유산의 보존을 위해 깊은 애정과 관심을 가져주실
것을 당부드리며 귀회의 무궁한 발전을 기원합니다.   끝.

대 통 령 비 서 실 장

2000년 5월 23일, 「대통령께 드리는 건의서」에 대해 대통령비서실장 명의로 "대통령께서 국무회의시 특별지시를 하신 만큼 정부에
서 합리적이고 바람직한 보존대책을 마련중에 있습니다. 아울러 귀하의 건의내용에 대해서는 주무관청인 문화재청으로 하여금 구
체적으로 검토하도록 조치하였음을 알려드립니다." 라고 매우 긍정적인 답변을 해 주었습니다.

〈문화재청장에게 보낸 건의서와 답신〉

문 화 재 청

(우302-701) 대전광역시 서구 둔산동 920 정부대전청사/ 전화 (042)481-4872 / FAX (042)481-4691
기념물과   과장 이춘근   사적2담당 류춘규   담당 지적주사 박용기

문서번호 기념 86741-1137

시행일자 2000. 6. 1 (   )
   (공개)

수신 서울백제수도유적보존회

선람 접수	일자 시간	2000. 6. :	지시 결재·공람	심 사 일
	번호			
처리과				
담당자				
심사자				

제목 "풍납토성" 보존 건의에 대한 회신

    1. 귀 회에서 서울 송파구 소재 사적 제11호 광주풍납리토성내 경당연립 재건축 부지에서 발굴조사결과 확인된 백제시대 유구지역과 관련하여 보존요청 등 건의사항에 대하여는 사계의 전문가로 구성된 문화재위원회(제3·6분과)에서 심도깊게 논의한 결과, 경당연립재건축 부지에 대하여는 문화재(사적)로 추가지 정예고하고, 외환은행.미래마을 재건축부지에 대하여는 우선 발굴조사를 실시한 후 그 결과에 따라 보존여부를 검토키로 하였으며, 기타 성내 지역에 대하여는 문화재 주변경관 및 지하 매장문화재 보존을 위하여 서울특별시장에게 도시계획 법에 의한 "지구" 지정등 별도 대책을 수립토록 하였음을 알려드립니다.

    2. 아울러, 장기적으로는 풍납토성내 보존을 위하여, 국립문화재연구소 주관으로 학계등과 공동조사기구를 구성한 후 학술적·역사적 가치를 규명토록 조치한 바 있음을 알려드리오니, 앞으로도 문화재보존에 적극 협조하여 주시기 바랍니다. 끝.

문 화 재 청

문화재청장 답신 공문(2000년 6월 1일)

제 4 집

「漢江流域百濟前期首都遺蹟保存問題」提起 20周年 紀念

서울 風納洞 百濟王城研究
國際學術세미나

『서울 風納洞 百濟王城의 發見과 保存』

日時：2003年6月20日(金)正午12時30分～午後6時40分

場所：서울歷史博物館 講堂(서울 鍾路區 新聞路 2街 慶熙宮內)

主催：東洋考古學研究所

主管：서울百濟首都遺蹟保存會

「漢江流域 百濟前期 首都遺蹟 保存問題」 提起 20周年 紀念

서울 風納洞 百濟王城研究 國際學術세미나

『서울 風納洞 百濟王城의 發見과 保存』

日 時：2003年 6月 20日(金) 正午 12時 30分 ～ 午後 6時 40分
場 所：서울歷史博物館 講堂(서울 鍾路區 新聞路 2街 慶熙宮內)
主 催：東洋考古學研究所
主 管：서울百濟首都遺蹟保存會

모시는 글

盛夏之節에 안녕하십니까?

저희 東洋考古學硏究所는 큰 硏究業績은 없아 옵니다만 오직 서울 風納洞 百濟王城[風納土城]에 많은 觀心을 가지고 硏究와 保存에 나름대로 노력해 왔읍니다.

이 번 學術모임은 서울 百濟首都遺蹟 保存을 위한 네 번째의 學術會議가 되는 셈입니다.

그러나 이 번에는 韓·中·日 三國의 學者들이 모여 서로 風納洞 百濟王城 硏究를 위한 진지한 學術討論의 場이 될 것입니다.

특히 風納土城內의 百濟王京遺蹟 保存을 위해 勞心焦思하고 있는 政府 및 住民들의 生活安定을 위하여 最善을 다할 수 있는 學術모임이 되길 祈願합니다.

이에 아래와 같이 여러 學者·一般人·學生들을 모시고 高見을 듣고자 하오니 부디 參席하시어 자리를 빛내어 주시기 바랍니다.

" 아 래 "

漢江流域 百濟前期 首都遺蹟 保存問題」提起 20週年 紀念
서울 風納洞 百濟王城硏究 國際學術세미나

場所 : 서울歷史博物館 講堂(서울 鐘路區 新聞路 2街 慶熙宮內)
日時 : 2003年 6月 20日(金) 正午 12時 30分~ 午後 5時 50分
主催 : 東洋考古學硏究所
主管 : 서울百濟首都遺蹟保存會

2003. 6. 12.

東洋考古學硏究所
代表 李 亨求 올림

漢江流域百濟前期首都遺蹟保存問題」提起20周年紀念

서울 風納洞 百濟王城研究 國際學術세미나

차례

登錄：正午12時30分~午後1時-會議場入口

Ⅰ部 開會式-午後1時

司會：金瑛洙(東洋考古學研究所幹事)

1. 開會辭：李亨求(東洋考古學研究所代表◆鮮文大學校歷史學科教授)
2. 祝辭：盧太燮(文化財廳長)

　　　　　尹世元(大韓民國學術院會員·前鮮文大學校總長)

3. 基調講演：風納土城과 河南慰禮城：趙由典(文化財委員·前 國立文化財研究所長)

Ⅱ部 學術會議-午後2時~午後5時30分

司會：孫秉憲(成均館大學校史學科教授)

1. 中國의 漢代 城市와 韓國의 風納土城：白雲翔(中國社會科學院 考古研究所 副所長)

　　通譯 및 討論：李亨求(鮮文大學校 歷史學科 教授)

2. 日本의 나니와노미야(難波宮)發堀調査와 保存·環境整備에 對하여：나까오 요시하루

　　(中尾芳治, 日本帝塚山學院大學教授)

　　通譯 및 討論：宋錫範(日本 關西外國語大學 教授)

休息-午後3時20分~午後3時30分

3. 風納洞 百濟王城의 築城 技法에 대한 考察：沈正輔(한밭大學校 教授)

　　討論：崔孟植(國立慶州文化財研究所長)

4. 風納洞 百濟王城 百濟土器의 形成과 發展-‘漢城百濟土器’에 대한 提言：申熙權(國立文化財研究所 學藝

　　研究士)

　　討論：金武重(畿甸文化財研究院 先任研究員)

5. 風納洞 百濟王城의 歷史的 性格：李鍾旭(西江大學校 教授)

　　討論：金嘆河(成均館大學校史學科教授·博物館長)

6. 風納洞 百濟王城의 發見과 保存：李亨求(鮮文大學校 歷史學科 教授)

　　討論：李傭(京鄉新聞副局長)·金台植(聯合news 文化部 記者)

-休息-午後5時30分~5時40分

Ⅲ部-綜合討論-午後5時40分~ 6時40分

司會：孫秉憲(成均館大學校史學科教授)

閉會-午後6時40分

閉會辭：李亨求(서울百濟首都遺蹟保存會 代表)

노태섭 문화재청장 축사

윤세원 전 선문대학교 총장 축사

이형구 서울잭제수도유적보존회 대표 개회사

조유전 전 국립문화재연구소장 기조강연

학술회의 좌장 손병헌 교수

논문발표 나까오 요시하루 교수(좌)와 통역 송석범 교수(중)

논문발표 심정보 교수(좌)와 논평 최맹식 소장(중)

논문발표 신희권 학예연구사(좌)와 토론 김무중 선임연구원(중)

논문발표 이종욱 교수(좌)와 토론 김영하 교수(우)

논문발표 이형구 교수(좌)와 토론 이용 부국장(중) 김태식 기자

『서울 풍납동 백제왕성 연구 국제학술세미나』
開會辭

東洋考占研究所 代表 李亨求

본인이 처음으로 풍납토성을 답사한 것은 지금으로부터 40년 전인 1963년 여름이었읍니다. 풍납토성이 사적 제11호로 지정된 직후였읍니다.

당시 국립박물관 미술과장으로 계시던 최순우(崔淳雨)선생님(전 국립중앙박물관장, 1984년 작고)과 동아일보 심의실장으로 계시던 김영상(金永上)선생님(현 서울문화사학회 명예회장)을 따라 막 서울특별시 성동구 천호출장소로 편입된 풍납리 토성을 첫 방문하였읍니다. 그때의 첫 감개(感慨)는 아직도 잊을 수가 없읍니다. 그때의 강열한 인상이 오늘이 있게 한 것 같습니다.

그로부터 20년 후인 1983년 7월 6일, 서울 소재 백제유적을 중심으로 한 공식적인 학술행사인 「한강유역 백제전기 수도유적 보존문제」라고 하는 학술연찬을 한국정신문화연구원에서 마련한 바 있습니다. 이 시기는 서울 강남지구가 막 개발되기 시작하면서 백제시대의 왕릉급 고분인 석촌동 고분군, 가락동 고분군, 방이동 고분군 그리고 풍납토성이 파괴, 인멸되고 있던 때였읍니다.

처음으로 개최된 학술회의에서 학계의 많은 협조를 얻어 한강유역, 특히 강남지구—지금의 송파구 일원에 주로 분포하고 있는 이들 유적들을 보존하기 위해 정부와 관리 당국에 건의서를 제출한 바 있읍니다. 이와 같은 노력끝에 1985년 7월 1일에는 정부로부터 「서울 백제수도 유적보존 종합계획」을 성사시켜 오늘날과 같이 석촌동·방이동에 사적공원을 조성하는데 기여한 바 있읍니다.

그리고, 이 해에 서울특별시는 '88올림픽' 개최에 맞추어 서울 성동구 구의동과 송파구 풍납동을 잇는 '올림픽대교' 기본 계획안의 현상공모작이 당선되어 1985년 10월 28일 착공하여, 1988년 6월에 완공할 예정이라고 발표하였읍니다. 그러나 이 거대한 기념교량이 풍납토성을 가로지르고 지나갈 뿐만 아니라 풍납동 쪽에 램프가 설치되게 되어 풍납토성을 훼손하도록 설계되었읍니다. 필자는 이에 풍납토성의 파괴, 인멸하는 것을 저지하기 위하여 노력한 결과 학계, 언론계에서 많은 호응을 얻어, 오늘과 같이 풍납토성 남단을 우회하도록 설계가 변경하기에 이르렀읍니다. 그래서 1990년 6월 27일 풍납토성을 우회해서 준공되었읍니다.

우여곡절 끝에 살아남은 풍납토성은 아직도 보존계획에서 제외되어 방치된 체이고, 성곽 내부는 날로 도시개발로 인해 백제유적들은 파괴, 인멸돼 가고 있습니다. 그런 가운데 1994년은 마침 백제가 오늘의 강남지구인 광주평원(廣州平原)에 하남위례성(河南慰禮城)을 건도(建都)한지 꼭 2000년이 되는 해이기도 하여 1994년 9월 28일, 서울 한글회관에서 두 번째로 「서울 百濟前期 首都遺蹟 保存會議」를 개최하고 관계학자, 문화계 인사 그리고 언론계인사들이 참석한 가운데 풍납토성 보존을 위한 종합적인 학술발표와 토론을 거친 결과를 대통령을 비롯하여 정부 및 입법부 등 관계 요로에 건의할 것입니다.

1996년에는 본인이 선문대학교 역사학과 부임하자마자 학술조사단을 구성하고 여름방학에 처음으로 풍납토성의 세부측량과 실측에 들어 갔습니다. 그해 겨울방학에도 성벽 조사와 토성안의 실태조사를 계속 진행하고 있었습니다.

그러던 중에 1997년 1월 1일, 오늘의 풍납토성이 있게 한 역사적인 일대 사건이 발생하였습니다. 풍납토성 안의 풍납동 231-3번지에서 현대아파트 신축 공사가 벌어지고 있는 현장에서 백제토기를 발견하였던 것입니다. 이 사건을 두고 혹자는 한국판 '폼페이의 발견'이라고 하기도 합니다. 이로부터 국립문화재연구소를 위시해서 서울대, 한신대 박물관에서 발굴이 진행되어 초기 백제시기의 유적과 유물이 다량으로 발견되었습니다. 이를 계기로 2000년 5월 8일에는 서울 한글회관에서 「풍납토성[백제왕성]의 보존을 위한 학술회의」를 개최하였습니다. 이 회의는 세 번째 학술세미나였습니다. 이때도 학술회의 결과를 대통령을 비롯하여 정부, 입법부 그리고 학계에 널리 알려 풍납토성과 토성 내부의 왕경(王京)유적을 보존하도록 건의하였습니다. 다행히 당시 김대중(金人中) 대통령께서 깊은 관심을 가지시고 풍납토성 즉, 하남위례성을 보존하도록 지시한 바 있습니다.

이번에 개최하는 「서울 풍납동 백제왕성연구 국제 학술세미나」는 본인이 주최하는 네 번째의 학술회의로, 지난 세 차례의 학술회의와 달리 한·중·일 삼국의 저명한 학자들이 논문을 발표하는 말 그대로 명실상부한 국제적인 학술세미나가 될 것입니다.

특히 일본에서 참가하는 나까오(中尾芳治) 교수는 일본의 유명한 오사까 나니와노미야(難波宮)발굴과 보존에 30년 동안이나 참가한 이 방면의 대표적인 학자입니다.

본인은 지난 2000년 1월 나니와노미야를 방문 조사할 때부터 나까오 교수를 초청하기 위해 금년 2월에도 방일(訪日)하여 오사까 關西외국어대학의 송석범(宋錫範)교수의 협력으로 이번 학술회의에 참가하도록 주선하여 「일본의 나니와노미야 발굴조사와 보존·환경정비에 대하여」라는 제목으로 우리가 타산지석(他山之石)으로 삼는 기회를 마련하였습니다.

그리고 중국의 고대 성곽전문가인 중국사회과학원 고고연구소 바이윈상(白雲翔) 부소장의 「한대 성곽과 도시건축과 한국의 풍납토성과의 관계」라는 논문을 발표하게 되었습니다. 바이윈상 선생은 저와 오랜 교분을 가지고 있는 지인으로 중국 한당(漢唐)고고학의 대가입니다.

이번 학술세미나는 문화재위원인 조유전(趙由典) 박사가 「풍납토성과 하남위례성」이라고 하는 주제로 기조강연을 하고, 이어서 국외 논문의 발표와 토론이 있게 되고, 국내 학자들의 본격적인 학술논문발표는 고고학계의 중진인 성균관대학교 손병헌(孫秉憲) 교수의 사회로 진행되는데, 먼저 한밭대학교 심정보(沈正輔) 교수가 「풍납토성의 축성기법에 대한 고찰」을, 국립문화재연구소의 신희권(申熙權) 학예연구사가 「풍납토성의 백제토기 형성과 발전」을, 서강대학교 이종욱(李鈍旭) 교수가 「풍납동 백제왕성의 역사적 성격」을, 그리고 본인이 「풍납동 백제왕성의 발견과 보존」이라고 하는 제목으로 논문을 발표합니다.

이들 논문에 대하여 최맹식(崔孟植) 국립경주문화재연구소장, 김무중(金武重) 기전문화재연구원 선임연구원, 김영하(金暎河) 성균관대학교 교수, 이 용(李傭) 경향신문 부국장, 김태식(金台植) 연합뉴스 기자가 토론에 나섭니다.

학술논분발표 외에 지금도 '선발굴(先發掘) 후건축(後建築)'이라는 임시조치로 풍납토성 안의 일부 지역에서 4,5층 건물을 건축하기 위한 '긴급구제발굴'이 한창 이루어지고 있지만 무려 70여 군데나 되는 곳에서 모두 백제 초기 왕경유적의 유물들이 발견되고 있읍니다. 이번 네 번째로 개최되는 「풍납동 백제왕성 연구 국제 학술세미나」에서는 백제 왕경(王京)유적이 이러한 불완전한 보호조치로 날로 훼손되어가고 있는 시점에서 주민의 재산권을 보호하는 것을 전제로 풍납토성 내부의 백제왕경유적을 보전(保全)하는 정책을 입법화(立法化)할 시점에 왔다고 보고 이번 회의를 개최하게 되었습니다,

이번 회의에서 얻어지는 학술적인 성과를 토대로 풍납토성의 적극적인 보존대책을 다시 강구하여 보다 완전하고 항구적인 보존책을 마련해야 할 것입니다.

끝으로 본 학술회의 성공을 위 축하 화환을 보내 주신 이경준 선문대학교 총장 이경재 국회의원 김경재 국회의원 조부영 백제문화개발연구원장님께 감사드립니다.

『서울 풍납동 백제왕성 연구 국제학술세미나』
축 사

노태섭(문화재청장)

반갑습니다.

문화재청장 노태섭입니다.

먼저 『서울 풍납동 백제왕성 연구 국제학술세미나』를 개최하게 된 것을 진심으로 축하드립니다. 또한 오늘 이렇게 뜻깊은 자리를 마련하시고 초청해 주신 이형구 교수님을 비롯한 관계자 여러분께 감사의 말씀을 드립니다.

특히 이번 국제학술세미나에 소중한 의견 발표를 위해 한국을 방문해 주신 나까오 요시하루 일본의 교수님께 따뜻한 감사의 말씀을 전합니다. 그리고 바쁘신 일정 중에서도 평소 우리 문화재에 대한 각별한 애정으로 이번 학술대회를 빛내기 위해 발표와 토론을 흔쾌히 수락하시고 전문가 선생님을 비롯한 참석해 주신 교수님과 전문가 선생님을 비롯한 모든 참석자 여러분께도 감사의 말씀을 올립니다.

여러분께서도 잘 아시는 바와 같이 우리는 지난 2~30년간 개발과 성장이라는 급속한 물결을 타고 소중한 민족의 문화유산이 적절한 조사나 가치평가도 없이 변형·멸실되는 수많은 사례를 경험해 왔습니다. 그 대표적인 사례의 하나가 오늘의 학술 주제이기도 한 풍납토성이며, 아직도 명확한 성격 규명과 이에 따른 체계적인 보존대책이 마련되지 못한 채 미완성의 과제로 남아있습니다.

돌이켜보면 풍납토성의 역사적인 규명을 위한 조사연구가 지금처럼 부분적이나마 활발히 진행되고 열악한 보존에 이르게 되기까지의 일련의 과정은 열악한 우리나라 문화재 행정의 환경을 가장 적나라하게 보여주는 좋은 사례라 생각됩니다.

지정되면서 1963년 문화재관리국에서 사적 거슬러 올라가면 풍납토성은 1936년 일제 때 처음 고적으로 제11호로 그대로 재지정하였습니다. 그러나 당시 사적지로 지정된 것은 풍납토성의 울타리격인 성벽에 국한된 것이었습니다.

그러다가 1970년내 이후 풍납도성 내부는 급격한 속도로 주거 밀집지로 개발되어 더 이상 정상적이 연구조사는 어려운 여건이 되고 말았습니다. 특히, 1997년에 지하 4m의 땅속에서 그 당시 백제인들이 살았을 것으로 추정되는 주거지와 중요한 백제 관련 유물들이 출토되었음에도 불구하고 제반 여건상 아파트 재건축을 위한 긴급 구제 형태의 발굴밖에 진행할 수 없었던 안타까움을 겪어야 했습니다.

그러나 그 이후 1999년 풍납토성 동벽의 발굴조사가 이루어지고 2000년 경당연립 재건축부지 유구 훼손 사건이 발생하면서 언론과 학계를 중심으로 풍납토성 보존을 위한 새로운 시각의 필요성이 강력히 제기되었습니다. 이에 따라 이 지역에서 추진되던 대규모 아파트 재건축사업이 무산되고 사적지로 추가 지정하였습니다. 그리고 현재는 풍납토성 보존관리지침을 마련하여 풍납토성 내부에서 이루어지는 주택의 증개축 시에도 국립문화재연구소에서 사전 조사를 실시하는 등 가장 기본적인 보존관리 조치를 시행하고 있습니다.

아울러 이러한 일련의 과정에서 문화재 보존을 위해 본의 아니게 사유재산권 행사를 제한받은 관련 주민들의 아픔에 대해 이 자리를 빌어 진심어린 위로의 말씀과 이해를 구합니다. 또한 문화재청은 문화재 보존관리와 관련하여 주민의 재산상 피해를 최소화하고, 예측가능하고 신뢰성있는 풍납토성 문화재 보존관리를 위해 「풍납토성에 대한 보존·관리 기본계획」을 수립하여 기획예산처, 서울특별시 등 관계부처와 협의, 보상재원을 확보하기 위한 노력을 하고 있습니다.

앞으로 풍납토성의 보존문제는 그 자체가 가지고 있는 역사적 학술적 중요성 못지않게 모범적인 문화재 보존 사례로 손꼽히게 될 수 있도록 우리 모두가 지혜를 모아야 할 것입니다. 비록 아직도 여러 가지 어려운 문제들이 산적해 있는 상태이지만, 문화재청이 앞장서고 학계와 언론 그리고 무엇보다도 이 자리에 계신 여러분과 문화재를 아끼고 사랑하는 많은 국민들께서 힘을 합쳐 주신다면 반드시 좋은 성과를 이루어 낼 수 있으리라고 확신합니다.

끝으로 이번 학술대회가 큰 결실을 거두어서 향후 풍납토성에 대한 실효성 있는 연구와 보존의 새로운 장이 활짝 펼쳐지기를 기대합니다. 어려운 여건 속에서도 이러한 내실있는 토론의 장을 준비해 주신 이형구 교수님을 비롯한 동양고고학연구소의 관계자 여러분께 감사드리며 이 자리에 참석하신 모든 분들의 건승을 빕니다.

감사합니다.

2002년 6월 20일

서울 풍납동 백제왕성(百濟王城) 연구 국제학술세미나
축 사

尹世元(鮮文大學校 前 總長)

존경하는 동양고고학연구소 이형구 박사 그리고 오늘에, 풍납동 백제왕성의 전모를 밝히려고 이 자리에 참석하신 한중일 학자 여러분!

오늘의 이 모임은 대단히 의의 깊은 모임이라 생각합니다. 본인은 2십여 년 전 풍납동 토성을 본 일이 있습니다. 그것은 토성 옆에 영파여자중고등학교가 있는데, 그 학교 교장이 저의 친구라 그 학교를 방문하였는데 학교의 담과 맞붙어 있는 토성을 보았습니다.

나는 직각적으로 이것이 백제의 토성이구나 생각했습니다. 현대인의 생활권으로 浸蝕당한 토성은 초라하게 보였습니다. 그 초라한 모습으로 무엇인가를 말하려 하는 듯했습니다.

그러나 물리학자인 내 귀는, 그 말소리를 다 뜻을 알아들을 수 없었습니다. 내가 만일 사학자였다면 그 말소리를 들었을 것입니다.

오늘, 이형구 박사의 개회사를 읽고 풍납토성을 지키려는 노력의 일단을 엿듣고 감동과 감사의 마음이 뼈속으로부터 치밀어 오름을 느낍니다.

그렇습니다.

풍납토성은 오늘 현대에 이르러 2000년 전, 우리 민족의 삶의 현장을 알려 주고 있습니다.

풍납토성 20만 평 그 땅속 구석구석에 묻혀있는 유물들은 현대에 사는 우리들과 하루라도 빨리 만나 보고 싶어 하고 있을 것입니다. 이들 유물-기와, 토기 및 유구 등은 백제 초기에 일어났던 사정을 현대에 사는 우리들에게 알리고 싶어 기다리고 있습니다.

우리가 백제 초기의 역사를 밝히는 것은 백제만의 역사를 밝히는 것이 아닙니다. 그것은 우리 민족을 형성한 고구려 · 신라 · 가야의 역사를 爲始하여 동북아 고대문화권을 밝히는 역사적인 자료가 되기도 하는 것입니다.

오늘의 이 모임은 역사적인 모임입니다.

그것은 오늘 이 자리에서 발표되고, 토의된 내용은 우리 역사 민족에 沈澱되어 우리 민족의 문화의식 속에 뼈와 살과 피가 될 걸로 생각합니다.

여러분의 각별한 학구적 노력을 기대하면서 축사에 대신 하고자 합니다.

감사합니다.

2003년 6월 20일

서울 풍납동 백제왕성(百濟王城) 연구 국제학술세미나
축하 화환

이경준 선문대학교 총장 이경재 국회의원 김경재 국회의원 조부영 백제문화개발연구원장 화환(우로부터)

서울 風納洞 百濟王城研究 國際學術세미나

논문 차례

基調講演

學術會議

<기조강연>

풍납토성(風納土城)과 하남위례성(河南慰禮城)

趙由典(文化財委員 · 前 國立文化財硏究 所長)

지난 국민의 정부 5년간 유적보존(遺蹟保存)에 있어서 가장 어려웠던 일 가운데 나름으로 해결(解決)의 원칙(原則)올 정한 유적은 다름 아닌 서울의 송파구 소재 풍납토성(風納土城)으로 이 토성을 보존할 수 있는 기초를 마련한 것이라 할 수 있다. 현재 토성 내에는 각종 고층아파트 건물과 주택 등이 들어서 인구 4만 명 이상이 살고 있는 완전한 도시로 변해 있지만 토성벽(土城壁)과 일부는 국가사적(國家史蹟) 제11호로 지정되어 보존되고 있고 반면 성벽(城壁) 내부(內部)도 더 이상의 아파트 건설이나 재개발(再開發)등은 할 수 없도록 조치되어 있다.

풍납토성(風納土城)이 세상에 알려진 것은 일제(日帝)가 우리나라를 강점(强占)하고 있던 시기인 1925년 소위 을축년(乙丑年) 대홍수 때문이었다. 당시 한강이 크게 범람(氾濫)하면서 풍납토성의 서벽 대부분을 유실(遺失)시키는 결과를 가져왔다. 홍수 후에 이곳에서 백제시대(百濟時代) 제사용(祭祀用)으로 사용했던 것으로 여겨지는 중국제(中國製)의 청동제(靑銅製) 초두(鐎斗)등 중요유물이 발견되어 총독부박물관에 신고됨으로써 이 토성에 대한 관심이 집중되었고 아울러 그 중요성이 알려지게 되었다. 물론 조선시대 후기에는 백제시대의 방수처(防戍處)로 알려져 있기도 했지만 별 관심의 대상이 아니었다.

이와 같이 을축년(乙丑年) 대홍수(大洪水)는 풍납토성의 중요성을 일깨워 일제시대부터 풍납리토성(風納里土城)이란 유적명칭(遺蹟名稱)으로 불려져 왔고 광복 후인 1962년 문화재보호법(文化財保護法)이 제정(制定)되면서 사적 제11호로 지정(指定)되었던 것이다.

풍납토성이 사적으로 지정될 당시의 지정범위(指定範圍)가 일제시대 지정된 범위 그대로였다. 즉 잔존(殘存)하고 있는 토성벽만 지정하고 그 외는 지정 대상에서 제외되었기 때문에 성벽 내부는 아무런 조사 없이 급속적인 개발(開發)로 말미암아 도시(都市)로 변해 버리는 원인(原因)이 되었던 것이다. 결과적으로 지금까지 지정 보호받고 있는 범위가 성벽에 지나지 않아 한마디로 속은 버리고 껍데기만 지정한 꼴이 되었던 것이다.

지금도 우리나라 역사 가운데 삼국시대(三國時代)를 얘기할 때 백제의 경우 항상 공주(公州)와 부여(扶餘)만을 생각하고 대부분 한성백제(漢城百濟)는 망각(妄覺)하고 있다. 다시 말해 백제가 기원전 18년 온조 임금이 나라를 세워 2번의 수도를 옮겨 사비시대(泗此時代)인 부여에서 660년 신라(新羅)와 당(唐)나라의 연합군에 나라가 멸망할 때까지 자그마치 678여 년 동안의 역사 가운데 초기백제(初期百濟)인 한성백제(漢城百濟) 약 500년의 역사는 망각한 체 겨우 185여 년간 버틴 공주와 부여만을 백제로 알고 있다고 하는 사실이다.

한성백제가 오늘날 수도 서울을 가로지르고 있는 한강 변에서 기원전 18년에 나라를 세워 서기 475년 고구려(高句麗) 장수왕(長壽王)의 침공으로 백제 개로왕(蓋鹵王)이 잡혀 죽고 수도를 급히 공주로 옮길 때까지 무려 500년의 수도로 지탱해 왔지만, 그 후 이성계(李成桂)가 조선(朝鮮)을 세워 수도로 500년 간을 보낸 관계로 백제의 옛 도읍인 서울 일대를 조선의 수도로만 착각하고 백제 500년간의 수도는 까맣게 잊어버린 꼴이 되었다.

그러다 보니 신라(新羅) 수도는 경주(慶州)이고 백제(百濟) 수도는 공주(公州)에서 부여(扶餘)로. 고구려(高句麗) 수도는 평양(平壤). 고려(高麗) 수도는 개성(開城).조선(朝鮮)의 수도는 한양(漢陽) 즉, 지금의 서울로 각인(刻印) 되어 지금도 우리는 모두가 그렇게 알고 있는 것이다. 이렇게 되다 보니 한성백제 수도는 역사 속에 없어져 버린 꼴이 되었다. 더구나 역사학계(歷史學界)에서는 최근까지도 백제가 마한사회(馬韓社會)를 지배하고 명실공히 국가형성(國家形成)에 성공한 시기를 근초고왕(近肖古王) 때인 4세기 중엽으로 보아왔기 때문에 서울을 중심 한 초기 백제왕국은 겨우 1세기 정도 버티다 5세기 중. 후반 고구려 장수왕의 침공으로 공주로 밀려난 역사 때문에 한성백제는 무시당하고 망각되었던 것이다. 조선이 패망해 일제의 식민통치를 받다가 37년 만에 광복되어 대한민국이 탄생되고 아울러 수도가 서울이 되었다. 그러나 서울이 오늘에 이르기까지 걷잡을 수 없는 개발로 인해 인구 1천만 이상이 생활하는 거대 도시(巨大都市)로 변했다. 그런데 이러한 도시화 과정으로 급속하게 진행된 개발은 유적(遺蹟)의 파괴(破壞)를 불러 알게 모르는 사이 초기백제를 증명해 줄 수많은 유적이 포크레인과 불도저의 삽날에 대부분 흔적 없이 살아지는 결과를 가져왔다.

이제 서울에는 겨우 송파구(松坡區)의 석촌동(石村洞)과 방이동(芳荑洞에 있는 백제고분(百濟古墳). 풍납동토성(風納洞土城)과 몽촌토성(夢村土城)등이 초기 백제를 증명(證明)해 주는 유적으로 남아있을 뿐이다.

지난 '88서울올림픽경기'에 따른 체육시설(體育施設)과 올림픽공원(公園) 조성지(造成址)로 결정되어 1983년부터 87년까지 서울대학교 박물관을 중심으로 몽촌토성이 발굴조사 되면서 이 유적의 성격 전모(全貌)가 들어나게 되었다. 즉 성벽의 규모와 지상 건물터. 움집인 수혈주거지(竪穴住居址). 저장시설(貯藏施設). 방어시설(防禦施設)로 보이는 목책(木柵) 흔적뿐 아니라 백제시대 유물이 다량으로 수습되는 등 많은 발굴성과가 있었다. 뭐니 해도 발굴조사 결과 몽촌토성의 나이가 서기 3세기 중반에서 백제가 패망한 서기 475년까지 약 2세기 동안 존속한 백제의 도성으로 추정함으로써 이 발굴조사 후부터 몽촌토성이 백제의 하남위례성으로 여겨왔던 것이다. 이러한 주장은 한강변(漢江邊)의 초기 백제유적으로서 대대적인 학술조사(學術調查)가 처음으로 이루어졌고 또한 나름으로 많은 발굴성과를 얻었기 때문에 백제가 한강 변에서 3세기 후반에 들어서서야 국가의 기반(基盤)을 잡았다는 기존국사학설(旣存國史學說)에 부합되게 결론을 내림으로써 뒷받침 했던 것이다.

한편 풍납토성은 단지 앞서 말한바와 같이 1925년 대홍수로 한강이 범람하면서 토성의 일부가 유실되면서 알려지게 되었지만 이 성을 일제강점시기인 1939년 우리나라 국사학의 태두인 고 이병도(李丙燾) 박사가 「삼국사기(三國史記)」 백제본기(百濟本紀에 기록된 사성(蛇城)으로 비정하는 글을 발표함으로써 그 후 풍납토성은 백제 사성(蛇城)으로 자리 매김 되어왔다. 즉 백제 고이왕(古爾王)의 뒤를 이어 서기 286년에 백제 제9대 임금으로 왕위에 오른 책계왕(責稽王)은 수도인 위례성(慰禮城)을 수리하고 고구려의 침입을 막고자 아차성(阿且城)과 사성을 수축(修築)했다고 백제본기(百濟本紀)에 기록되어 있어 이병도 선생은 이 기록에 나오는 사성을 풍납토성으로 보았던 것이다.

이병도 선생이 풍납토성을 기록에 나타나 있는 백제 사성으로 본 것은 마을 이름의 음 변화에 착안해 해석했던 것이다. 즉 풍납리라는 지명은 원래 '배암(蛇)들이' 마을이 '바람들이'로 말이 바뀌었고 이 '바람들이' 지명이 한자로 표기되면서 풍(風)은 바람이고 납(納)은 들이이기 때문에 풍납리(風納里)가 되었다는 주장이었다. 말하자면 '배암들이'가 '바람들이'로 다시 한자표기로 풍납이 되었다는 것이다. 이병도 선생이 이 학설을 발표하게 된 것은 일제강점기 시절 일본인 어느 학자가 풍납토성을 백제 초기 도성 즉, 당시 수도였던 위례성으로 본다는 주장에 대해 그 주장이 틀렸다는 것을 밝히기 위해 기록에 나타나 있는 백제 사성으로 고증(考證)하게 되었다는 것이다. 이 이병도 선생의 주장은 그대로 믿어왔고 아울러 풍납토성의 축조연대(築造年代)는 기록대로 3세기 후반에 쌓은 성 임을 주장해 광복 후에도 어느 누구의 반대의견 없이 통용되어 정설(定說)이 되었던 것이다.

1962년 정부에서 문화재보호법(文化財保護法)을 만들어 일제강점기에 지정된 우리나라 문화재의 대부분을 우리 손으로 지정하면서 일제강점기 때부터 사용해 오던 풍납리토성을 백제 사성으로 명칭을 바꾸지 않고 그대로 지정 명칭으로 했다. 이때 풍납토성을 백제 사성으로 명칭을 바꾸었다면 아마도 우리는 지금까지 백제 사성으로 밖에 달리 해석하지 못하였을 것이다. 왜냐하면 일제강점기 때부터 우리나라 학자가 고증한 것에 대해 이의(異議)를 달 사람은 한 사람도 없었을 것이기 때문이다.

그런데, 1964년 필자가 대학 3학년 시절 풍납토성내의 극히 일부에 대한 시굴조사(試掘調査)가 있었다. 1961년 서울대학교 문리과대학(현 인문대학)이 처음으로 고고인류학과(考古人類學科)가 개설(開設)되어 3학년에 고고학 야외실습시간(野外實習時間)이 마련되어 있어 스승인 고 김원룡(金元龍)교수가 이 풍납토성을 야외실습 발굴조사 대상으로 했던 것이다. 당시 토성 내의 북벽 가까운 곳에 모두 8개소의 작은 시굴구덩이(試掘坑)를 파 내려가면서 출토유물(出土遺物)을 수습하고 기록하는 것으로 학생들의 야외실습발굴을 경험하게 했던 것이다.

김원룡 선생은 학생들의 실습 참가로 이루어진 시굴조사 결과를 정리하여 이 풍납토성이 출토유물로 보아 기원후 1세기부터 초기 백제인 한성백제가 공주로 수도를 옮기기 전까지 5세기 동안 사용된 백제의 중요한 성이라고 1967년에 발표했다. 말하자면 김원룡 선생은 『삼국사기』에 기록된 초기백제의 기록을 믿는 입장에서 해석했던 것이다.

그러나 기존 우리나라 고대사학계(古代史學界)에서는 한마디로 말도 안 되는 주장이라고 이를 묵살했다. 왜냐하면 당시 우리나라 고대사학자 가운데 백제가 기원 전후한 시기 한강 변에 풍납토성을 쌓을 만한 힘이 있을 리 없었고 한성백제가 명실공히 강력한 왕국으로 고구려. 신라와 맞설 수 있었던 시기는 3세기 후반대인 고이왕 때에 이르러서야 가능하다고 보아왔기 때문이었다. 이 주장이 바로 일제강점기 때부터 움직일 수 없는 정설로 자리 잡은 학설이었던 것이다. 그러니 풍납토성의 극히 일부에 지나지 않은 조그만 시굴구덩이 몇 개에서 출토된 것을 가지고 해석하는 것은 아전인수(我田引水) 격이라고 바로 묵살되었던 것이다.

학문의 세계에서 검증되지 않은 새로운 주장은 대부분 묵살되고 만다. 그것은 기존 학설의 뿌리가 깊을수록 그렇다. 그런데 김원룡 선생은 고고학적인 발굴조사를 통해 얻어진 자료를 분석 이를 옛 기록에 대입해 새롭게 해석한 노력이 곧바로 암초(暗礁)에 걸렸던 것이라 할 수 있다. 말하자면 일제강점기 때부터 뿌리깊이 내려져 있는 학설을 정면 부인하는 새로운 주장이 먹혀들 리 없었던 것이다.

광복(光復) 후 우리 손으로 지정한 풍납토성은 1964년 비록 시굴조사(試掘調査)이긴 했으나 학술적인 성격을 띠고 조사한 후 잠깐 축성시기(築城時期)문제로 논란이 있었지만 지정된 토성벽 일부만 재외 된 체 성벽의 안팎은 도시화되면서 날로 파괴되어 가고 있었다. 학부 시절 최초로 실습발굴에 참가한 필자 역시 국립문화재연구소(國立文化財研究所)에 근무하면서도 지정된 성벽 외의 개발에 대해 별 관심을 둘 겨를도 없이 세월이 흘러 그나마 일부 성벽이라도 보존된 것을 크게 다행으로 여겨왔다. 그것은 성 내부에 남아있을 것으로 생각해왔던 백제흔적(百濟痕迹)은 도시화(都市化)되면서 완전히 없어진 것으로 여겨졌기 때문이었다. 1990년대 들어와 경제성장에 따른 주택 재개발 건축이 풍납토성 내부에도 불어닥쳤다.

1997년 1월 3일은 토성 내의 지하 3~4미터에서 그동안 베일에 가렸던 초기한성백제(初期漢城百濟)의 실체(實體)가 들어나는 순간(瞬間)이었다. 당시 선문대학교(鮮文大學校) 역사학과(歷史學科) 이형구(李亨求) 교수(教授)가 1996년 겨울방학을 이용하여 학생들과 같이 토성의 정밀(精密) 실측조사(實測調査)를 진행(進行)하고 있었다. 그런데 새해가 되었어도 연휴(連休)를 반납(返納)하고 현장에서 학생지도(學生指導)에 여념이 없든 이형구의 눈에 재개발부지(再開發敷地)에 아무도 접근하지 못하게 방호벽(防護壁)을 치고 작업하던 재개발부지의 기초(基礎) 터파기 공사현장(工事現場) 지하(地下)에서 백제토기(百濟土器)가 발견(發見)되었다. 이 교수는 백제토기가 다량(多量)으로 출토(出土)되는 것을 보고 이 사실을 필자에게 알려왔다.

당시 필자는 국립민속박물관장(國立民俗博物館長)으로 근무하고 있었기 때문에 유적조사업무(遺蹟調査業務)와는 거리가 있어 직접 나설 수 있는 위치가 되지 못해 즉각 국립문화재연구소 유적조사실에 알려 행정조치(行政措置)를 주선하도록 하고 다음 날 현장으로 갔다. 재개발에 따른 아파트 건설을 맡은 업체는 출입을 봉쇄(封鎖)하고 있었지만 이미 기초 터파기한 곳의 지하 벽면에 백제토기편(百濟土器片)들이 무수히 박혀 있는 모습을 보고 숨이 막히는 기분이었다. 그것은 지금까지 토성 내부가 도시화되면서 지하에 백제시대의 유구(遺構)와 유물(遺物)은 이미 모두 없어졌다고 믿어왔기 때문이었다. 그런데 놀랍게도 4미터 이상 터파기 한 벽면에 박혀 있는 한성백제시대의 유물이 모습을 보이고 있었다. 아이러니라 하겠지만 그동안 건립되었던 주택건물은 기초가 2미터 못 되게 얕았기 때문에 깊이 묻혀있던 백제시대 유물과 유구는 고스란히 흔적을 남기고 있었던 것 임을 알게 되었다. 역설적으로 재개발에 따른 깊은 터파기가 지하 깊이 묻혀있는 백제를 깨웠던 것이다.

마침 정부에서 1997년을 문화유산(文化遺産)을 알고. 찾고. 가꾸자는 표어로 문화유산의 해로 선포했기 때문에 첫 조치로 풍납토성내(風納土城內)에서 발견된 한성백제유적을 발굴조사(發掘調査)하기로 했던 것이다. 긴급히 구제(救濟)적인 성격의 발굴조사를 하기 위해 문화재위원회에서 유적발굴조사 허가심의(許可審議)를 담당하는 제6분과(分科) 위원회(委員會) 위원장인 한병삼(韓炳三)을 단장(團長)으로 국립문화재연구소 유적조사연구실이 주축(主軸)이 되어 서울대학교 박물관(博物館)과 한신대학교 박물관이 공동(共同)으로 참여, 재개발 예정지의 발굴조사를 담당하게 되었다.

긴급구제발굴조사(緊急救濟發掘調査)가 완료되고 유구와 유물이 공개되었다. 조사의 성과는 지하 2.5미터-4미터에 걸쳐 유물포함층(遺物包含層)과 아울러 기원 전후에 만들어진 것으로 보이는 일종의 방어시설인 삼중(三重)의 환호(環濠)유구를 비롯 한성백제시기의 주거지(住居址). 폐기된 유구(遺構). 토기 가마 흔적 등이 밝혀진 것이다. 필자도 발굴조사 현장을 참관하고 출토 수습된 유물들을 보면서 백제의 역사는 다시 써야 할 것이라는 생각과 아울러 지난 1971년 백제무령왕릉발굴이후(百濟武零王陵發掘以後) 백제유적 최대의 발견 발굴임을 느끼지 않을 수 없었다. 한마디로 지난 1964년 비록 학생신분으로 발굴실습을 위한 시굴조사에 직접 참여한 후 너무나 급속히 도시화 과정(過程)으로 완전히 없어졌으리라고 여겨졌던 토성 내부의 백제 유적이 고스란히 남아 드디어 환생(還生)하는 기분이어서 남다른 감회가 있었다. 그것은 최초 발굴에 참여한 필자가 그동안 문화유산관련분야(文化遺産關聯分野)에 종사(從事)해 오면서 손 한번 못 써보고 도시화가 되는 것을 방관(傍觀)했다는 죄책감(罪責感)이 일시에 사라지는 기분이었다. 그런데 서울대학교 박물관에서 참여한 위치에서는 백제시대와 관련되는 아무런 유구와 유물이 출토되지 않았으나 한신대학교 박물관에서의 발굴은 역시 백제의 흔적이 발견되었다. 아무튼 구제 발굴조사가 완료되고 재개발에 따른 아파트 건축은 이루어졌다.

필자는 국립민속박물관장 근무를 마치고 1998년 친정인 국립문화재연구소로 돌아와 근무하게 되었다. 이듬해 서울시에서 토성벽을 정비하기 위해 성벽의 축조방법을 알아야 했고 그러기 위해서는 토성벽(土城壁)을 해부(解剖)하는 발굴조사가 필요했다. 국립문화재연구소에서는 지난 1997년 재건축 부지 내의 유구조사 시 토성벽 발굴의 필요성을 느꼈으나 제반사정(諸般事情)이 여의치 않아 못하고 있었는데 마침 서울시가 토성벽의 발굴조사를 연구소에 의뢰함으로써 필자를 단장으로 학술발굴조사를 실시하게 되었다.

풍납토성 역사상 성벽을 해부하는 발굴은 이것이 처음이었고 현존(現存)하는 모습을 볼 때 그렇게 큰 규모는 아닐 것이라고 판단하고 발굴조사에 임했다. 단순히 토성의 뿌리 폭이 10여 미터에 높이 6~7미터 정도로 축조된 성벽 정도로 판단했으나 결과는 폭 40미터 이상에 현존높이 9미터에 이르는 사다리꼴 형태의 토성임을 알게 되었고 추정 최대 높이는 15미터에 달할 수 있을 것으로 판단되었다. 이와 같이 성벽 조사결과는 전혀 상상하지 못했던 성과(成果)를 얻었던 것이다.

토성벽의 발굴조사 결과가 발표된 이후부터 축조시기(築造時期)에 대한 논의가 일어나기 시작했다. 즉 발굴조사에서 나타난 여러 가지 자료를 통해 이 토성이 늦어도 3세기 전후 시기에 완성된 것으로 추정되었고 이를 통해 볼 때 축조 당시 왕권에 준하는 강력한 절대권력(絶對權力)이 없이는 둘레 3.5키로미터에 이르는 거대한 토성을 축조하기란 불가능한 일이었음이 분명해 졌다. 이러한 사실로 볼 때 백제는 한성백제시대부터 강력한 힘을 가진 고대국가(古代國家)였음을 알 수 있게 되었다. 이와 같이 토성벽 발굴조사결과가 발표되고 난 후 일부 고대사 전공학자들 가운데 이 풍납토성이 한성백제의 수도인 하남위례성으로 조심스럽게 논의(論議)되기 시작했다. 그러나 성벽 외부로 토성을 적으로부터 보호하기 위해 마련한 해자(垓子)의 확인을 하지 못해 아쉬움이 남았다. 그 이유는 해자가 있을 지역에 이미 도로와 건물들이 건립되어 발굴조사가 불가능했다. 결국 해자의 수수께끼는 풀지 못한 채 다음 기회로 넘길 수밖에 없었다. 아무튼 풍납토성 성벽 발굴은 기존 몽촌토성을 하남위례성으로 추정해온 고고학계(考古學界)와 고대사학계(古代史學界)에 커다란 충격을 주는 결과를 가져왔다.

한편으로는 토성벽 발굴조사가 진행되는 동안 성벽 내부에서는 또 다른 재개발에 따른 경당연립주택 신축부지 내의 지하 유구와 유물조사가 한신대학교 박물관에서 이루어지고 있었다. 그런데 놀랍게도 이곳 역시 지하 깊이 예상 밖으로 한성백제시대(漢城百濟時代)의 유구(遺構)와 중요유물(重要遺物)이 쏟아져 나왔다. 즉 1천여 평의 조사면적(調査面積)에서 집자리와 제사(祭祀)와 관련되는 대형건물터를 비롯하여 전돌. 와당. 초대형 옹. 중국제의 도자기. 중국 동전인 오수전(五銖錢), '대부(大夫)'가 새겨진 항아리 파편 등 500상자 분량이 넘었다. 조사진행과정(調査進行過程에] 얻어진 이러한 성과는 당초 맺었던 조사계약으로는 발굴이 불가능하게 되어 결국은 건축당사자와 조사기관 사이에 기간과 발굴조사비 문제로 마찰을 빚게 되었다. 해를 넘겨도 이 문제가 해결되지 않아 급기야는 이듬해인 2000년 5월 13일 발굴조사비 문제가 해결될 때까지 작업을 중단하기로 하고 조사단원들이 발굴조사 현장을 잠깐 철수(撤收)했다. 이때 재건축 사업을 담당한 조합장의 지시로 발굴 진행가운데 노출시켜 둔 '유구를 포크레인으로 밀어 파괴시킨 사건이 발생했다.

이때부터 풍납토성은 집중적인 여론의 도마 위에 올랐다. 유적의 보존이냐 재개발이냐를 놓고 여론은 들끓기 시작했다. 결국 이 문제를 가지고 문화관광부장관(文化觀光部長官)이 대통령에게 보고하게 되었다. 보고를 받은 김대중(金大中) 대통령은 풍납토성이 역사적인 백제의 유적이라면 후손(後孫)들에게 후회 없도록 처리하라는 당부(當付)가 있었다. 이렇게 되어 풍납토성 내부의 보존이 가닥을 잡는 계기가 되어 이후 재개발을 통한 건축행위는 막아졌고 다만 이미 생활하고 있는 주민들을 위해서는 지하유구가 파손되지 않은 범위 내에서 소규모 건축은 허용하는 방향으로 문화재위원회에서 가이드라인을 정하게 되었다.

이와 같이 보존에 따른 보상비문제(報償備問題)는 있었지만 이미 도시화된 토성 내부 일지라도 비교적 지하 깊이 잔존하고 있는 한성백제시대 유구와 유물은 보존(保存)을 원칙(原則)으로 하는 큰 틀은 마련되었으나 성벽외부(城壁外部)에 대해서는 아무런 대책이 마련되지 않았다.

그런데 을축년 대홍수로 쓸려나간 풍납토성의 서벽 밖으로 이미 마련되어 있던 건물을 헐어내고 규모를 넓혀 새로운 사옥건물(舍屋建物)을 짓기 위해 삼표산업주식회사가 2001년 9월 학술기관에 시굴조사를 의뢰하게 되었다. 시굴을 맡은 모 대학 박물관에서 지하 5미터 아래로 개흙층을 확인했지만 이것은 해자로 볼 수 없고 다만 도성이나 사람이 사는 주거지를 위한 것이라기보다는 한강 물의 범람방지(氾濫防止)를 위한 제방시설(堤防施設)이나 제방과 깊은 관계가 있다고 보아야 할 것이라는 것과 함께 개흙층 내에는 문화재가 전무(全無)하다고 의견을 내었다. 정말 어처구니 없는 의견이라 하지 않을 수 없다. 왜냐하면 비록 의견대로 제방시설이라고 하드라도 바로 성벽 안에서 밝혀지고 있는 주거지 등 수 많은 백제시대 유구와 유물은 어떻게 해석해야 할 것인지 조사기관의 주장대로 한강의 범람을 막는 제방과 관계있었다고 하더라도 그것은 결국 백제시대(百濟時代)에 살았던 성안(城內)의 생활공간(生活空間)을 보호(保護)하는 시설(施設)임이 틀림없다고 보아야 합당할 것인데 도성이나 사람이 사는 주거지를 위한 것이라기보다는 범람을 막는 제방의 의미밖에 없다는 의견이었으니 한 마디로 신중하지 못했던 것이다.

이러한 절차를 거쳐 삼표산업에서는 예정대로 건축계획을 실행에 옮기는 한편 서울시에서는 이 결과를 문화재청에 보고했다. 문화재청에서는 풍납토성의 중요성을 감안해서 건축이 진행되면 터파기 시 전문가가 입회하에 하도록 함으로써 결국 서울시가 국립문화새연구소에 입회를 요청하기에 이르렀다.

건축주는 이미 모 학술기관에서 약시굴조사(略試掘調査)를 통해 아무런 문화재가 없다는 의견을 제출했기 문에 크게 걱정하지 않았으나 입회 결과 백제시대 문화층이 확인되어 드디어 2002년 10월부터 11월에 걸쳐 재 시굴조사가 이루어졌다. 그 결과 풍납토성 서벽과 관련된 해자로 추정되는 유구가 발견됨으로서 의

외로 의문시되었던 토성의 해자 존재 가능성을 빨리 확인하게 되었다. 이 조사결과를 토대로 문화재 제6분과위원회에서 건물을 짓기보다는 유적보존의 필요성을 인정했던 것이다. 그런데 건축주는 추정되는 해자와 성벽과의 관계를 보다 명백하게 밝혀주도록 추가 조사를 국립문화재연구소에 의뢰해 와 지난 2003년 1월부터 3월까지 그에 따른 발굴조사가 진행되었다.

드디어 지난 3월 12일 문화재 6분과 위원 대부분과 3분과 위원 일부 이형구 선문대 교수 그리고 노태섭 문화재청장을 비롯한 관계관 일간지 등 언론사 기자 등이 현장에 모인 가운데 지도회의 겸 발굴조사설명회(發掘調査說明會)가 있었다. 회의에 참석한 필자는 풍납토성의 유실된 서벽의 성벽 외부에서 하상 퇴적층(堆積層)과 함께 오랜 동안 물이 고여 썩었던 결과로 보이는 뚜렷한 흔적이 조사를 통해 노출되어있었고 아울러 마치 시궁창 냄새처럼 풍기고 있는 발굴 현장을 보고 직감적으로 해자 시설의 물이 오랜 동안 썩으면서 이루어진 결과로 판단했었다.

지난 1999년 필자가 동벽의 일부를 해부하는 발굴조사 시 주위 여건상 외부의 해자 시설 존재를 분명하게 확인하지 못해 수수께끼로 남았던 해답(解答)올 찾는 순간이었다. 해자와 관련 시설로 보이는 노출된 자갈층에서 백제토기편과 함께 조선시대 백자편도 수습되고 있다는 설명에 이 시설은 백제시대부터 조선시대까지 장구한 기간 존속했던 것으로 판단되었고 조선시대 언젠가 퇴적되면서 해자의 수명을 다한 것으로 짐작할 수 있었다. 그러나 회의 시에는 필자의 의견올 바로 개진(改進)하지 않고 다만 발굴 유구 해석에는 신중올 기해야 하고 이미 시굴조사로 노출된 유구만 보아도 성벽과 관련되는 것만은 분명한 사실이어서 발굴조사보다는 유적보존대책(遺蹟保存對策)을 세우는 것이 바람직하다는 의견 한마디만 했다.

회의 결과 아무도 해자 추정에 의의가 없었고 이구동성(異口同聲)으로 보존대책을 세워야 한다는 주문만 있었다. 이와 같이 현장공개(現場公開)와 아울러 회의가 있고 나서 얼마 후 발굴된 성벽 흔적 및 해자의 바닥으로 추정되는 자갈층은 성벽과 해자의 흔적이 아닌 자연제방(自然堤防)과 자연 도랑 흔적이 남아있는 결과라는 주장이 대두되어 논란이 일어났다. 결국 조사 노출된 현상이 자연제방의 성격이냐 인공의 해자 시설이냐로 문제는 압축되었다. 한마디로 인공이던 자연이던 그러한 유구의 발견은 풍납토성의 해자 시설로 이용되었다는 사실만큼 확실하다는 것에 있다.

무엇보다도 최초 모 대학 박물관에서 시굴조사시 조금만 신중했다면 건축주인 삼표산업에서 공사를 강행하지 않았을 것이다. 해자 시설이 없었다는 의견을 제출함으로써 시간은 말할 것 도 없고 조사에 따른 추가 비용도 지불하게 해 이중으로 손해를 입혔다. 시굴을 맡은 기관의 잘못된 의견은 그것이 얼마나 엄청난 결과를 가져오는가를 교훈(教訓)으로 남겼다.

풍납토성이 1925년 을축년 대홍수로 인해 알려진 후 2003년에 이르기까지 여러 차례 조사가 이루어지면서 지금에 이르렀다. 이제 나름의 결론(結論)올 도출(導出)하고 마무리 하고자 한다.

뭐니 뭐니 해도 가장 큰 문제는 풍납토성의 성립시기(成立時期)와 성격(性格)이라 할 수 있다. 최근에 재개발과 정비관계(整備關係)로 몇 차례 이루어진 조사를 통해 새롭게 밝혀지고 있는 사실에 따른 새로운 해석은 이 풍납토성은 기원(紀元) 전후(前後)부터 축성(築城)이 시작되어 늦어도 2세기 이전에는 완성되었다는 주장이 제기(提起)되었다. 이 주장은 한성백제 초기(漢城百濟初期)부터 백제는 강력한 왕국(王國)으로 출발(出發)했다는 것을 의미(意味)하는 것이다. 기존의 이병도 선생의 주장은 3세기 후반 책계왕(責稽王)이 수리한 사성(蛇城)으로 보았기 때문에 토성(土城)의 축성개시(築城開始)의 연대(年代)가 무려 3세기나 차이가 났고, 아울러 '88올림픽공원' 조성에 따른 몽촌토성(夢村土城)이 발굴조사 되고 나서 이 몽촌토성이 기존의 사학계(史學界)가 주장하고 있는 고대국가(古代國家)로서의 백제는 3세기 중·후반 고이왕(古爾王) 이후(以後)라는 견해(見解)를 수용(收用))하여 이때의 수도(首都)인 하남위례성(河南慰禮城)으로 비정(比定)함으로써 고대사(古代史)와 고고학(考古學)의 주장(主將)이 찰떡궁합이 되어 기존의 주장을 뒷받침 했던 것이다. 이후 지금까지 고대사학계의 주장이 한 번 더 기정사실화(旣定事實化)되는 힘을 얻었던 것이다.

우리의 고대사는 일제강점기 때 이미 왜곡(歪曲)되어 왔음을 알 수 있다. 우리 기록인『삼국사기』를 무시하고 중국기록인『삼국지』위지동이전(魏志東夷傳)의 기록을 신봉(信奉)함으로서 소위 고대 삼국의 초기 기록을 믿지 않았던 것이다. 말하자면 중국이 기원전 1세기 때 우리나라를 정복하고 낙랑(樂浪) 등 4개의 식민지(植民地)를 세워 지배해 왔는데 4세기 후반에야 겨우 중국의 지배를 벗어나 고구려. 백제. 신라 삼국을 세웠다는 주장으로 지금의 일본역사(日本歷史) 교과서(敎科書)도 이 주장을 바꾸고 있지 않은 것이다. 그런데 우리의 고대사학계에서는 일제의 주장을 겨우 1세기 정도 앞당겨 3세기 중·후반설을 주장하고 있는 실정인 것이다. 말하자면 우리의 고대기록(古代記錄)인「삼국사기」의 초기기록(初期記錄)을완전 무시함으로서 빚어진 결과였다.

풍납토성의 최근 발굴성과로 둘레 3.5키로미터 폭 40m 이상 최대 높이 15m에 이르는 이러한 거대한 성곽을 쌓기 위한 토목공사(土木工事에 필요한 물량(物量)과 인적동원(人的動員)은 강력(强力)한 국가권력(國家權力)이 없이는 불가능(不可能)하다는 사실을 볼 때 백제는 기원 전후에 이미 강력한 국가를 형성하고 있었음을 증명(證明)해 주고 있다.

지금까지 조사된 한강 변의 백제시대 성곽(城廓)인 이 풍납토성과 몽촌토성을 비교해 볼 때 풍납토성이 앞서 조성된 것은 분명해 졌다. 그리고 규모(規模)면에서나 출토된 유물과 유구의 비교에서도 상대가 되지 않는다. 그렇다면 비교우위(比較優位)에서 보아도 지금까지 주장해 온 백제 하남위례성을 몽촌토성에서 풍납토성으로 바꾸어도 아무런 문제가 없다고 하겠다.

그렇지만 고고학은 발굴조사를 통해 얻어지는 자료(資料)를 분석(分析)하고 해석(解釋)해서 실체(實體)에 접근하고자 하는 학문(學問)이기 때문에 한마디로 명쾌하게' 단정하기는 어려운 학문이다. 어디까지나 조사된 자료와 기록을 가지고 조심스럽게 가능성(可能性)에 대해 추정해 보는 것으로 발굴조사자는 기초적(基礎的)인 임무(任務)를 다하는 것이다. 앞으로의 과제(課題)는 그러한 자료의 바탕 위에서 여러 가지 문제점(問題點)을 하나 하나 심층적(深層的)인 연구(研究)가 이루어질 때 조금이나마 실체에 접근(接近)할 수있다는 것을 명심하지 않으면 안 된다. 그렇지만 이제 일제시대(日帝時代)부터 우리 고대사에 대한 시각을 과감하게 벗어 던져야 할 것이다. 그래야만 보다 올바른 우리의 고대사를 복원(復元)할 수 있는 기회(幾會)가 올 것이라고 믿기 때문이다.

1. 中國의 漢代 城市와 韓國의 風納土城

白雲翔(中國社會科學院 考古研究所 副所長)

一. 漢代 城市의 발원

二. 漢代의 城市

三. 朝鮮半島의 早期 土城

四. 風納土城 건축기술 淵源의 탐구

한대(漢代)는 중국 고대사회 역사상 제국시대 제일의 최고의 발전시기이며, 중국 역사상의 하나의 중요한 역사단계이다. 기원전 202년 유방(劉邦)이 서한(西漢)왕조를 건립하면서부터 서기 220년 조위대한(曹魏代漢)까지, 서한(西漢)과 동한(東漢)을 거쳐 전후 400여 년에 달하였다. 한대(漢代)의 사회정치ㆍ경제와 문화가 고도로 발전한 배경 아래에서 성시(城市)는 급속히 발전하였다. 한대(漢代) 성시(城市) 발생의 고찰을 통하여, 한대(漢代)의 성시(城市) 및 그 특징이 아마도 우리의 한국의 풍납토성(風納土城)에 대한 인식에 도움을 줄 수 있을 것이다.

一. 漢代 城市의 발원

한대(漢代)의 성시(城市)는 선진(先秦) 성시(城市)가 지속되며 발전하였다. 중국에서 고대 성시(城市)의 발원은 기원전 4000년 전으로 거슬러 올라갈 수 있다. 예를 들어, 호남성(湖南城) 풍현(澧縣) 성두산고성(城頭山古城)은 평면이 대체로 원형으로 드러나는데, 직경이 약 325m, 성내 면적이 약 7.6만㎡이며, 건성을 시작한 년대는 대계문화(大溪文化) 조기이니, 즉 기원전 4000년 전후가 된다.[1] 하남성(河南省) 정주시(鄭州市) 북부의 서산고성(西山古城)은 평면이 대체로 원형으로 드러나며, 최대 직경이 200m, 성내 면적은 약 3.1 만㎡로 추측이 되며, 건성은 앙소문화(仰韶文化) 만기이니 즉, 기원전 3300년 전후가 된다.[2] 이후로 동석병용시대(銅石倂用時代)ㆍ하상서주시기(夏商西周時期)ㆍ동주시기(東周時期) 등 3단계로 발전하게 되며,[3] 진한시기(秦漢時期)에이르러 참신한 발전시기에 들어서게 된다.

동석병용시대(기원전 4000~기원전 2000년)의 고성은 주로 장강 상류ㆍ장강 중류ㆍ황하 중하류 내몽고

1 湖南省文物考古研究所:《澧縣城頭山古城址1997~1998年度發掘価册,《文物》1999年第6期.
2 楊肇清 :《鄭州西山仰訴文化晚期古城의 性質 2論》,《単豆号占》1997年 第1期.
3 許宏:《先秦城市考古泰研究》, 北京燕山出版社,2000年.

중남부 등 4개 구역에서 발견이 된다. 그중 내몽고 중남부 지역의 고성이 석성(石城)유형인 것 외에, 기타 3개 지역의 고성은 모두 판축기법(版築技法)의 토성(土城)유형 이다. 황하 중하류 지역을 말하자면, 고성의 발견 수량이 가장 많아 20여 곳에 달하고, 그 특징은 일반적으로 평원지역으로 강에서 가까운 대지 상에 있으며, 지세는 일반적으로 주위의 지세보다 약간 높다. 모두가 판축기법이지만, 그러나 구축 방법은 비교적 원시적인 방법인 퇴축법(堆築法)을 채용하였으며, 평지에 세우거나 혹은 기조(基槽)를 팠으며, 단지 개별 고성만 판축법(版築法)을 사용한 판축기법이다. 평면 형태는 다양하며 방형과 장방형이 가장 많이 보이지만 원형과 불규칙형 등도 있다. 성문은 비교적 작은데 일반적으로 1좌 혹은 2좌의 성문이 있고, 소수의 고성은 3좌 성문이 있다. 고성 면적은 크기가 다른데, 작은 것은 겨우 1만㎡이며, 큰 것은 30만㎡이다. 성내에는 동일 시기의 문화 퇴적이 비교적 강한데, 방지(房址)요혈(窖穴)도요(陶窯) · 배수 설비 등이다. 상술된 특징은 성시(城市)발생 단계의 원시적 특징이 반영되지 않은 것이 없다.[4]

하상서주시기(기원전 21세기~기원전 8세기)의 고성은 주로 장강 중상류 · 황하 중하류 및 장성이북 지역에서 발견된다. 그중 장성 이북 지역의 고성이 석성유형인 것 외에 기타 지역에서 발견된 성벽이 있는 고성은 모두가 토성유형이다. 이 시기의 성시(城市)는 대체로 왕조도성(王朝都城) · 방국성읍(方國城邑) · 방국부족고성(邦國部族古城) 등 3가지 유형이다. 왕조도성은 하조(夏朝)와서주(西周)의 도성에서는 발견되지 않은 성벽이지만, 상대(商代)의 하남(河南) 언사상성(偃師商城) · 정주상성(鄭州商城) 및 안양(安陽) 원북상성(恒北商城에서는 모두 판축기법이 발견되었다.

방국성읍인 하남(河南) 초작부성촌고성(焦作府城村古城) · 산서성(山西省) 원곡남관고성(垣曲南關古城) · 하현(夏縣)동하풍고성(東下馮古城) · 호북성(湖北省)황피반용성(黃陂盤龍城) 등 상대성읍(商代城邑) 및 북경(北京) 방산(房山) 유리홍(琉璃河) 서주고성(西周古城) 등에서도 판축 토성으로 둘려있는 것을 발견할 수 있다. 그들의 평면 형상은 대부분 방형 혹은 장방형으로 드러나는데, 면적은 7만~300만nV로 서로 다르다. 성벽에는 성문이 없으며, 성벽 외측에 호성호(護城濠)가 있다. 성내에서 궁전과 종묘 건축에 속하는 대형 판축기지(版築基地)일반 거주지 · 수공업 공방지 및 묘장 등이 발견되었으며, 궁전 종묘 건축은 여러 무리로 구성이 되어 분포가 집중적이며, 상대적으로 독립된 궁전 종묘 구역을 형성하고 있다.

이러한 것은, 하상서주시기(夏商西周時期)의 성시(城市)가 사회역사를 따라서 왕국시대로 진입하고, 동석병용기시대 고성의 기초 상에서 진일보 발전하게 되어 각기 다른 사회집단의 정 치 중심 과 군사 중심을 이루게 되며, 왕조도성과 방국성읍이 건축규모 등의 방면에서 분명한 등급의 차이를 가지고 있음을 밝혀주고 있다.

동주시기(기원전 8세기~기원전 3세기)의 고성은 주로 장강 중하류 · 황하 중하류 및 장성 이북 지역에 광범위하게 발견되고 있으며, 수량은 400여 곳에 달한다. 그들의 규모는 차이가 상당히크고 구조 역시 다르며, 대체로 열국도성(列國都城) · 일반성시(一般城市) · 군사성보(軍事城堡) 등 3가지로 구분할 수 있다. 그중 열국도성은 비록 그 수량은 많지 않지만, 가장 대표성을 시고있다. 그 들은 거대한 판축성벽을 갖추고 있고, 일반적으로 규모가 비교적 크고 면적은 10㎢ 이상이 되며, 절대다수가 성(城)과 곽(廓)으로 구성되어 있다. 평

---

4 Bai Yunxiang, On the Early City and the Beginning of the State in Acient China, BULLETIN OF THE ANCIENT ORIENT MUSEUM Vol. XV. ppl' 22, 1994, Tokyo.

면 형상과 구조는 다양하여 방형·장방형·불규칙형 등이 나타나는데, 예를 들면 섬서성(陝西省) 봉상진도 옹성(鳳翔秦都雍城)·하남성 낙양 동주왕성(東周王城)·호북성 형주(荊州) 초국영도기남성(楚國郢都紀南城)·산동성 곡부노국고성(曲阜魯國故城)등 이며, 어떤 것은 2좌 또는 3좌로 구성된 것이 있는데, 예를 들면 하남성 신정(新鄭) 정한고성(鄭韓故城)·산동성·한단조국고성(邯鄲趙國故城)·이현연하도(易縣燕下都) 등 이다. 성내는 대형 항토건축기지·일반거주지·수공업공방지·묘지 등이 분포되어 있다. 일반 성시(城市)의 수는 많으나, 규모는 비교적 작고 구조도 간단하다. 군사성루는 규모가 작고 구조가 간단하나 방위시설은 발달되었다. 총체적으로 보면, 동주시기의 500여 년 동안, 사회역사가 발전하게 됨에 따라서 왕국시대에서 서서히 제국시대로 과도하여, 농업·수공업 및 상업이 신속히 발전하게 되었으며, 사회조직 구조에도 극심한 변화가 생기어 제후가 봉기하게 되고 전쟁이 빈번히 발생하게되니, 성을 구축하는 일이 대규모로 전개되고 성시(城市)의 성질과 기능 배치와 구조 등에서 다양성 추세가 드러나고 있다. 특히 지적할 것은, 이 시기 성시(城市)의 건축은 지리적 원칙으로 인하여 강가의 고지대 혹은 평원지대에 위치한 성시가 두드러진 다는 것이며, 평면 형상은 대부분 규칙적인 방형과 장방형이고, 구릉지대에 위치한 성시는 하류의 방향과 또는 지세의 기복에 따라 성벽을 건축하였다. 항토(夯土) 건축기술이 발전함에 따라서 판축기법이 성시(城市) 건축의 일반적인 규제가 되었으며 항축성원(夯築成垣) 기술은 북쪽으로 장성 이북의 요동(遼東)지역까지 확산되었다. 바로 선진시기(先秦時期) 3,000여 년의 발전이 진한성시(秦漢城市)의 전면적인 발전에 기초를 다지게 된 것이다.

二. 漢代의 城市

진한성시(秦漢城市) 대 발전은 기원전 221년 진시황이 육국(六國)을 통일함에 따라서, 중국 역사상 제일의 중앙집권의 대 통일제국이 건립되면서 시작되었다. 그러나 진왕조는 겨우 15년에서 그치게 된다. 한대성시(漢代城市)의 고찰을 통하여 진한성시(城市)의 발전과 그 특징을 볼 수 있다.

한 대의 성(城)은 대체로 4종류로 구분하는데, 도성(都城)·제후왕국도성(諸侯王國都城) 및 수현(首縣)·군치현성(郡治縣城)과 일반현성(一般縣城)·변성(邊城) 및 성보(城堡) 등이다. 한 대의 도성(都城)은 장안(長安)과 낙양(削陽)이 있다. 서한의 수도는 장안성(長安城)이었으며, 현재의 섬서성 서안시 북쪽 근교에 위치하였다. 북으로는 위수(渭水)에 임하고 서한 초년에 건축하였으며 서한 중기에 확장 건축하였다. 성지(城址)의 평면은 대략 방형으로 나타나지만, 남.북 성벽은 곡절이 보이는데, 둘레는 25,700m이며 면적은 36㎢이다. 성벽은 항토(夯土, 즉 版築法) 축성이며, 판축의 두께는 보통 6~8cm이다. 성벽 저부의 너비는 약 16m이며, 잔존한 최고 높이는 10여m가 된다. 4면 성벽에 3좌씩 성문이 있고, 각 문에 3개의 문도(門道)가 있다. 성문과 이어지는 길은 성 내부를 11개의 장방형 또는 방형의 구역으로 나누게 되고, 궁전구역은 성의 중남부에 집중되어있고, 성의 북부에는 거민리방(居民里坊)·시장·수공업 공방 등이 분포되어 있다. 동한 수도 낙양성은 현재의 하남성 낙양시 동쪽 근교이며, 북으로 망산(邙山)에 의지하고 남으로는 낙하(洛河)에 임하여 서한 낙양성의 기초 상에 확장 건축하였다. 성지(城址)의 평면은 장방형이며, 둘레는 약13,000m이고, 면적은 약 9.1㎢이다. 성벽은 판축(版築)이며, 잔존한 최고 높이는 약 7m이다. 성문은 12좌인데, 남문이 4좌, 북문이 2좌, 동서 성벽에는 각 3좌가 있으며, 성문에는 3개의 문도(門道)가 있다. 성내의 남부와 북부의 중간에 남궁과 북궁이 있고, 그 동서 양 측에 궁서(宮署)·거주구(居住區)·시장(市長)·태창(太倉)·무고(武庫) 등이 분포되어 있다. 한대(漢代) 양경(兩京)의 한 가지 특별한 점은 궁성이 성내의 중요한 위치에 자리하고 있다는 것이다.

한대(漢代) 제후왕국도성 또는 수현은 3종류로 구분할 수 있다.[5] 한초(漢初)에 분봉된 9개제후국(諸侯國)의 도성은 대부분 전국시기(戰國時期)의 열국 도성으로 사용되었으며, 규모가 거대하였는데, 예를 들면 한제왕도임치성(漢齊王都臨淄城)은 전국시기 제도임치성(齊都臨淄城)의 대성으로 연용되었으며, 둘레는 약 17,000m이고 면적은 18㎢이다. 한초 이후 분봉된 제후국의 도성 또는 수현은 일반적으로 규모가 작은데, 예를 들어 한초 초국석치(楚國析置)의 노국도성(魯國都城)은 둘레가 8,410m이고 면적은 약 3.75㎢이다. 한초 분봉된 3개의 외제후국(外諸侯國)중 남해왕도(南海王都)는 아직 확인이 되지 않았으나, 민월왕도(閩越王都) "동야(東冶)"는 현재의 복건성 복주시(福州市) 구역에 있었고, 남월왕도(南越王都) 번우(番禺)는 현재의 광주시(廣州市) 중심 일대에 있었다. 관련 고고 조사와 발굴에서 밝혀진 바는, 그 규모는 비록 크지 않고 성시(城市) 건축 역시 분명한 특징은 없었지만, 그러나 중원한문화(中原漢文化)의 영향은 상당히 강했다고 한다.

한대(漢代)의 군치현성(郡治縣城)과 일반현성(一般縣城)은 수량이 많고, 비교적 많은 공통점을 가지고 있으며, 한대(漢代) 지방성(地方性) 성시(城市)의 일반 특징을 더욱 많이 반영하고 있다. 그 기본 구조는 항토판축(夯土版築) 성벽으로, 위성방형, 장방형 또는 기타 형상이며, 어떤 것은 일 측이 외부로 突出(凸)되었고, 어떤 것은 성벽 외부에 호성호(護城濠 즉 垓子)가 발견되며, 성문은 일반적으로 비교적 작다. 평면구조와 형제(形制)로 보면 5종류가 있다.

제1종(圖 一)은 단지 4면 성벽의 방형과 장방형이 있는데, 예를 들면, 하남성 낙양시 서부 근교의 한(漢) 하남현성(河南縣城)이다. 산동성 제남시 동부 근교의 제남군치(濟南郡治) 동평릉고성(東平陵故城)은 전설에 의하면 12개의 성문이 있다는데, 그러나 실제로는 단지 2곳의 문지(門址)만이 발견되었다. 내몽고자치구 호화호특시(呼和浩特市) 동부 근교의 도복제고성(陶卜齊古城)-정양군(定襄郡) 무고현성(武皐縣城)은 남북벽의 동단에 각 1개의 문지(門址)가 발견되었다. 내몽고자치구 화림격이(和林格爾)토성자남성(土城子南城)-정양군치(定襄郡治) 성락현성(成樂縣城)와 내몽고자치구 녕성현 흑성고성(黑城古城)의 외라성(外羅城)―우북평군치(右北平郡治) 평강현성(平剛縣城)은 외 측에 호성호(護城濠 해자)가 발견되는데, 남북성문이 있을 것으로 추측한다. 길림성 내만족(奈曼族) 사파영자고성(沙巴營子古城)-요서군(遼西郡) 모현성(某縣城)은 서남벽이 강물에 훼손되어, 단지 동남 성벽에 문지(門址) 1곳 만이 남아있다. 요녕성 단동시 애하(曖河) 첨고성(尖古城)-요동군(遼東郡) 안평현성(安平縣城)이 있다.

제2종(圖 二)은 방형 또는 장방형 외성 중앙에 내성의 回자형을 설치하여, 일반적으로 규모가 크고, 예를 들어 호화호특시 동부 근교의 탑포(塔布) 독촌고성(禿村古城)-정양군(定襄郡) 무천현성(武泉縣城)이 있다.

제3총(圖 二)은 성내 모퉁이에 자성(子城)을 지은 형태로, 예를 들면 산서성 양분현(襄汾縣) 조강고성(趙康古城)-하동군(河東郡) 림분현성(臨汾縣城)이 있으며, 대성 북부 중앙에 자성(子城)을 건축하였고, 대성 남

---

5 劉慶柱：《漢代城址의 考古발견과 硏究》,《遠望集》p.544, 陝西人民美術出版社, 1988年.

북 벽에서 각 1곳의 문지(門址)가 발견되었다. 호화호특시 미대이십가자(美岱二十家子)의 미대고성(美代古城)-정양군(定襄郡)안도현성(安陶縣城)은 성내 서남에 모퉁이에 자성(子城)을 건축하고, 동북 남벽에서 문지(門址)가 발견되었다. 호화호특시 탁극탁현(託克託縣)의 합랍판신촌(哈拉板申村) 동고성(東古城)-운중군 사릉현성(云中郡沙陵縣城)은 성내 동북에 방형 자성(子城)을 건축하였으며, 자성 서벽에 1개의 문지(門址)가 발견되었다. 길림성 내만기서토성자고성(奈曼旗西土城子古城)의 성내 서북 모퉁이에 자성이 건축되었는데, 남북 2개의 성문이 발견되었다.

제 4종(圖 二)은 자성이 대성 모퉁이에 위치하며 외부로 돌출되어 있는데, 예를 들면 내몽고자치구 탁자현(卓資縣) 삼도영고성(三道營古城)의 서성(西城)-정양군(定襄郡) 무요현성(武要縣城)이며, 대성은 장방형이고, 그 북측 서부에 장방형의 자성이 건축되었으며, 성문이 2곳에 발견되었다. 요녕성 릉원현(凌源縣) 안장자고성(安杖子古城)-우북평군(右北平郡) 석성현성(石城縣城)은 대성이 불규칙 장방형이며, 그 동측 북부에 외부로 돌출 된 제형(梯形) 자성이 건축되었다.

제 5종(圖 二)은 타원형(橢圓形)이며, 하북(河北) 울현(蔚縣) 대왕성(代王城)-대군군치(代郡郡治) 대현성(代縣城)은 동서로 길고 남북으로 좁은 타원형으로, 성벽에 여러 곳의 절각해아활구(折角孩兒豁口)가 있고, 성문과 관계가 있는 것으로 관서(官署)가 성내 남부에 건축되어 있다. 그 규모로 말하자면, 크기의 차이가 비교적 현저하며, 큰 것은 둘레가 8,000m 이상이고, 작은 것은 둘레가 약 400m 정도이며, 대부분 둘레가 2,000m~ 6,000m 정도이다. 제남군치(濟南郡治) 동평릉고성(東平陵故城)은 둘레가 약 7,600m이며, 비교적 큰 군치현성이다. 하동군 임분고성(臨汾故城)은 둘레가 약 8,484m이며 가장 큰 1좌의 일반현성이다. 낙양 한(漢) 하남현성(河南縣城)은 둘레가 5,720m이고, 내몽고 녕성현 흑성고성(黑城古城)의 외라성(外羅城) 둘레는 약 5,200m이며, 호화호특시 동부 근교의 탑포(塔布) 독촌고성(禿村古城) 외성의 둘레는 3,500m이다. 탁자현 삼도영고성의 서성 둘레는 2,320m이고, 호화호특시 도복제고성(陶卜齊古城)의 둘레는 2,190m이며, 화림격이(和林格爾) 토성자고성(土城子古城)의 남성(南城) 둘레는 2,080m이고, 호화호특시 합랍판신고성(哈拉板申古城)의 둘레는 2,100m이다. 한대(漢代) 군현치성(郡縣治城)을 대표하는일반 규모들이다. 요녕성 능원현 안장자고성(安杖子古城)은 둘레가 910m이며, 일종의 소형현성이다. 연구결과, 군현치성 규모의 크기는 지역적으로 현저한 차이가 있는데, 둘레가 2,500m이내의 현성은 절대다수가 한왕조(漢王朝)의 북방 변강 지역에 분포하여 있으며, 대부분이 요서군(遼西郡)·정양군(定襄郡)·서해군(西海郡)·현토군(玄菟郡) 등 한대(漢代) 할현(轄縣)이며, 그리고 소수는 어 양군(漁陽郡)·우북평군(右北平郡)·발해군(渤海郡)·금성군(金城郡)·천수군(天水郡)·무릉군(武陵郡)및 운중군(云中郡)의 할현에 분포한다. 둘레가 2,500~6,000m인 군현치성의 절대다수가 황하 중하류지역에 분포되어 있으며, 한왕조(漢王朝)의 내지(內地) 속현(屬縣)에 속한다. 이러한 지역성은 당시 군현의 크기 특히 인구밀도와 직접적인 관계가 있다. 이 때문에 서한(西漢)시기 현령장의 설치는 "萬戶以上爲令, …… 減萬戶爲長"의 규정이 있었다.[6]

한대(漢代)의 변성(邊城) 및 성보(城堡)는 한대의 장성(長城)연선(沿線) 및 서북 변원 지역에서 많이 발견되는데, 남방 지역에서도 다소 발견이 된다. 그들의 규모는 비교적 작은데, 큰 것도 둘레가 1,000m가 안 되며, 작은 것은 겨우 200m 정도 이지만, 최근 조사발굴된 흑룡강성 우의현(友誼縣) 봉림고성(鳳林古城)은 일

---

6 《漢書·百官公卿表》.

종의 전에 없던 형제(形制)의 구조로서, 그 성질에 대한 진일보된 연구가 기대된다. 이 성지의 평면은 불규칙한 형태이며, 총 면적은 120만㎢이다. 현존하는 외성 벽의 둘레는 약 6,130m이고, 성벽 잔존 높이는 60cm이며, 쌍호성호(雙護城濠 즉 二重 垓子)가 있다. 성내는 벽으로 9개의 성 구역이 나뉘어져 있는데, 그중 I IV V IX 구역의 성벽에는 각기 1개의 문지(門址)가 발견되었다. VII 구역의 중앙 방성의 둘레는 490m이며, 성벽은 비교적 높고, 호성호(垓子)가 비교적 깊으며, 성벽 4각에 각 외부로 돌출된 "角樓"가 있고, 4면 벽의 중부에 각 1개의 돌출된 "馬面"이 있고, 동벽 남단에 약 49m의 성벽이 파손되었다. 성벽의 너비는 3m이고 장기(墻基)의 너비는 15m이며, 외고는 4m이고 내고는 3.5m이다. 벽 외부에 호성호(垓子)가 있는데, 상부는 너비가 14~15m이고 저부는 너비가 3.5m이며, 깊이는 2.7~4m이다(圖 二). 성벽의 구축방식은 항토판축(夯土版築)이 아니고 첩축(疊築)이며, 성벽 구축기술이 원시적임을 드러내고 있다. 이 성의 9개의 성 구역의 관계는 아직 명확하지 않으나, 그러나 아마 점차적으로 확대하여 건축된 것으로 보이며, 각 성 구역의 건축 연대에 조만(早晩)의 구별이 있다. 만약 V성 구역(둘레 약 2,400m정도)과 VII성 구역을 동시기에 건축하였다면, 이 성의 형제(形制)는 총체적으로 回자형 구조에 속해야 한다는 것이다. VII 성 구역을 결합하여 규정된 방형으로 보면, 이 성의 설계는 한(漢) 대 성지의 기본 특징을 가지게 된다.

三. 朝鮮半島의 早期 土城

조선반도에서 조기 토성(기원전 3세기 ~서기 3세기)은 흔히 발견이 되는데, 그중 가장 유명한 것은 조선반도 북부 평양시 남부의 토성리토성(土城里土城)과 조선반도 남부 서울특별시 송파구의 풍납토성(風納土城)이다.

평양 토성리토성은 평양시 남부 대동강 남안 토성리의 대지 위에 자리하고, 평면은 불규칙형으로 드러나며, 동서길이는 약 700m이고, 남북은 약 600m이며, 둘레는 약 2,400m 정도이고, 면적은 40만㎡에 가깝다(圖 三). 서벽과 동벽 각은 보존이 비교적 잘 되어 있어, 남벽에 잔류의 흔적이 있을 뿐 서벽 각의 성벽은 아직도 여전히 지면에 우뚝 솟아있고, 동벽은 자연 구릉을 이용하여 건축되었다. 1935년과 1937년 성내 중앙 동편 부분에서 발굴을 진행하여, 주초석(柱礎石).용로(甬路).정(井).배수도(排水道) 등 건축유적을 정리하고, 대량의 유물을 발견하였는데, 예를 들면 운문와당(云紋瓦當)으로, "낙랑예궁(樂浪禮宮)"."낙랑부귀(樂浪富貴)"."천추만세(千秋萬歲)"「만세(萬歲)」등 문자 와당이며, "낙랑태수장(樂浪太守章)"."낙랑대윤장(樂浪大尹章)" 및 낙랑군소할(樂浪郡所轄) 조선(朝鮮)등 23현의 령(令)·장(長)·숭(丞)·위(尉) 인장의 봉니(封泥)가 새겨져 있었는데, 성내 중부의 대지는 아마 당시의 관서 건축 소재지를 나타내는 것 같으며, 더욱이 이 성과 한낙랑군(漢樂浪郡)이 직접적인 관계가 있음을 증명하고 있다. 이 성의 건축 기술과 배치 구조 등의 문제에 관하여는 조시 발굴 자료의 부족으로 인하여 아직 명확히 드러나지는 않았다. 이와 유사한 토성이 더 발견되었는데, 평안남도 용풍군(龍風郡) 성현리고성지(城規里古城址)·황해북도 봉산군(鳳山郡) 석성리고성지(石城里古城址)·황해남도 신천군(信川郡) 토성리고성지(土城里古城址)·함경남도 영흥군(永興郡) 소라리토성(所羅里土城)등 이다. 이러한 토성의 대부분은 지세가 평원이고, 조망이 편리한 별로 높지 않은 구

룽 상에 자리하고 있고, 규모는 별로 크지 않고 대부분이 방형이다. 성벽의 고도는 지세에 따라 다르며, 절벽이 있는 곳은 높이가 3~4m가 되고 평지 쪽은 높이가 1.5~2m 정도가 되는데, 대체로 남쪽으로 문(門)이 하나 있다. 토성 내에는 대량의 벽돌과 초석 및 일상생활 용기의 잔편 등이 산재하여 있었다.[7]

서울 풍납토성(風納土城)은 서울특별시 송파구에 위치하여 서쪽으로는 한강에 임해있고, 약간 남북 방향의 타원형이며, 서벽 이외의 나머지 성벽은 모두 잔류만이 있고, 둘레는 3,470m로 측정된다.[8](圖 三) 동벽 발굴의 결과에 근거하면, 성벽 단면은 제형(梯形)으로 드러나며, 기부(基部)의 너비는 43~ 30m이고 높이는 10m이다. 그 건축 방법은 먼저 충적된 진흙을 부어 기초를 만들고, 그 위에 제형을 중심으로 토루(土壘)를 쌓았는데, 토루 하부의 너비는 7m이고 높이는 5m 정도이며, 그런 후에 모래 니질 항토와 충적토로 만든 판축 토루를 차례로 토루 내측에 쌓고, 가장 외측의 토누 상에 다시 란석(卵石)과 돌을 깔았다. 성내에서 호구(濠溝)가 둘려져 있는 대형 건축 기지와 초기 백제 시기의 거주지 및 대량의 백제시기의 유적과 유물이 발견되었는데, 특히 백제 초기의 와당은 더욱 사람들의 주목을 끌었다. 발굴자의 보고에 따르면, 성벽에서 출토된 목탄과 나무표본의 탄소14 측정연대는 기원전 2세기 ~서기 4세기이며, 성내에서 연대가 기원 전후인 환호유적(環濠遺跡)이 발견되었는데, 환호(環濠)는 아마 토성을 쌓을 때 폐기되어 진 것으로 보인다. 이 분석에 의하면, 이 성의 시공년도는 일찍이 기원 전후가 될 것이다.[9] 만약 금후의 발굴이 이 추정을 증명할 수 있게 되고 백제 초기의 궁전건축 기지를 확인할 수 있게 된다면, 이 성은 현재 조선반도 남부 최초의 토성이 되며, 아마도 백제 초기의 도성 소재지일 것이다.

四. 風納土城 건축기술 淵源의 탐구

상술된 내용을 통하여, 중국 고대의 성시(城市)는 유구한 역사를 가지고 있을 뿐 아니라, 분명한 중화(中華)의 특색과 전통을 가지고 있음을 알 수 있다. 축성기술에 대하여 말하자면, 선진시기(先秦時期)에는 2종류의 기술체계가 있었는데, 하나는 황하유역과 장강유역을 주요 분포구역으로 하는 판축기법(版築技法)의 기술 체계이고, 또 하나는 북방 지역을 주요 분포구역으로 하는 석축기법(石築技法)의 기술 체계이다. 판축기법(版築技法)은 중국 고대에 시종 널리 채용되어 가장 중화적 특색을 갖춘 대표적인 축성기술의 전통이며, 그 유행 지역은 점차적으로 확산되는 과정을 거쳤다. 기원전 3세기의 전국만기(戰國晚期)에는 북쪽으로 만리장성 이북의 요동(遼東)지역에 까지 확산되었고, 한대에도 계속하여 북으로 확산되어, 최북단인 오소리강(烏蘇里江) 유역에까지 달하게 되었다. 중국의 판축기법(版築技法) 의 전통은 발전되는 과정 중에, 조선반도에도 영향을 끼치게 되었다. 조선반도에서 발견된 토성지(土城址)와 중국에서 발견된 한대성지(漢代城址)를

7 白雲翔：《漢代中國과 朝鮮半島 관계의 考古學觀察》，《北方文物》, 2001年, 第4期, p.20
8 李亨求：《漢城風納土城[百濟王城] 實測照査研究》, 百濟文化開發研究院, 1997, p.64.
9 A, 趙由典 : 〈최근 백제풍납토성(風納土城) 발굴조사결과〉《21세기 중국고고학과 세계고고학 국제 학술세미나 논문 개요》, 2000年 8月, 北京
  B,.李亨求 : 〈서울 백제왕성과 중국 고대도성의 관계〉《溫故知新 — 중국고고학을 향한 미래 국제학술 세미나 논문집》, 2002年 5月, 北京
  C,.李亨求 : 〈漢城風納洞百濟王城址發現及其歷史的認識〉, 宋文薰 · 李亦園 · 張光直主編, 《石璋加院上百歲祝壽渝文集-考古 · 文化》, 2002年 4月, 臺北.

비교 분석해 보면, 양자 간에 모종의 내재된 관계가 존재하고 있음을 알 수 있다. 모두가 알고 있듯이, 조선반도 지역의 고대성곽 대부분은 산에 의지하여 건축된 산성(山城)이니, 석체성원 기술의 전통인 것이다. 그러나 조선반도 서북부 지역의 토성지는 그 형제(形制)구조나 성벽의 건축에 관계없이 모두가 한대성지(漢代城址)와 유사하다. 평양 토성리토성의 성벽 건축 상황은 분명하지는않지만, 그러나 성내의 대량의 한식(漢式)와당(瓦當) 등의 건축재료의 발견은 이 성과 중국 경내에서 발견된 한대성지가 일맥상통함을 표명하고 있다. 토성리토성이 한낙랑군치지(漢樂浪郡治址)인가 아닌가는 잠시 논하지 않더라도, 한조인(漢朝人)들이 이 성을 건축하는 일에 참여하였고 사용했음에는 의문의 여지가 없다.

조선반도 중부의 풍납토성(風納土城)에 대하여 말하자면, 이 성은 강에 임하여 건축된 평지토성이며, 그 성벽 건축의 특징은 흑룡강성 봉림고성과 적지 않게 상통하는 점을 가지고 있을 뿐 아니라, 게다가 성벽의 건축 방법에 판축기법(版築技法)의 조기 단계의 분명한 특징이 표출되어 있다. 풍납토성(風納土城) 및 그에 내재 된 것이 분명한 지역 문화적 특색을 가지고 있으니 당지(當地) 거주민들이 건축한 것 임에 틀림이 없다. 그러나 하류 부근의 태지 상에 흙으로 성벽을 구축한 것과 성벽 구축기술의 원시성이 드러나니, 풍납토성(風納土城)의 성시(城市) 건축이념 및 축성기술과 중국 한 대 판축기법(版築技法)과 전통에는 선연한 모종의 문화상의 연계가 존재하고 있다. 따라서, 한국의 풍납토성(風納土城)은 당지(當地) 고대 거주민들이 조선반도 서북부를 중개로, 중국 한대(漢代) 성시(城市)건축이념과 판축기법(版築技法) 즉, 판축기술(版築技術)을 거울삼아 축조한 것으로 추론할 수 있다.

(2003년 5월 30일. 北京)

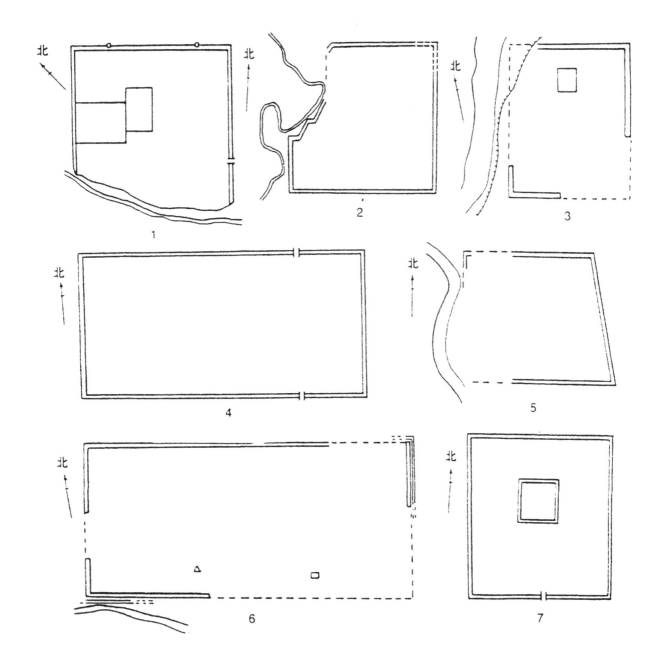

图一　中国汉代的郡县治城址

1.奈曼旗沙巴营子故城　2.洛阳市汉河南县城　3.丹东市叆河尖古城　4.呼和浩特市陶卜齐古城

5.和林格尔县土城子古城(南城)　6.宁城县黑城古城(外罗城)　7.呼和浩特市塔布秃古

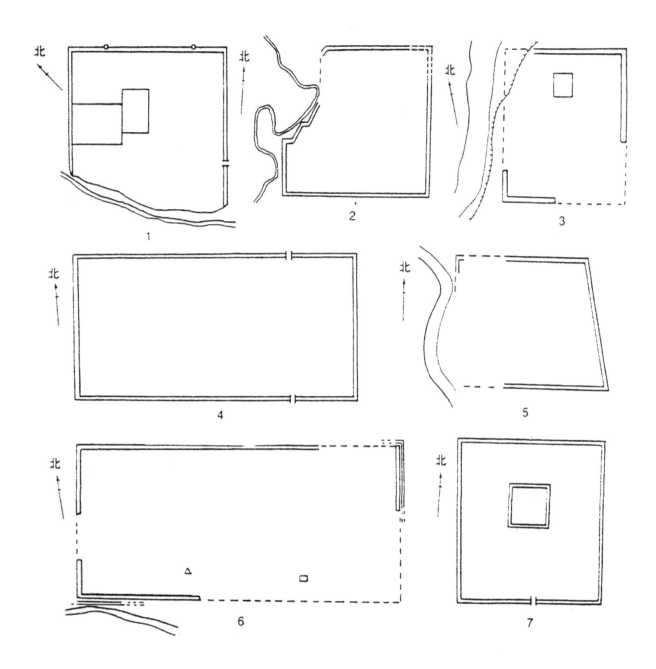

图一 中国汉代的郡县治城址

1. 奈曼旗沙巴营子故城 2. 洛阳市汉河南县城 3. 丹东市谖河尖古城 4. 呼和浩特市陶卜齐古城

5. 和林格尔县土城子古城(南城) 6. 宁城县黑城古城(外罗城) 7. 呼和浩特市塔布秃古

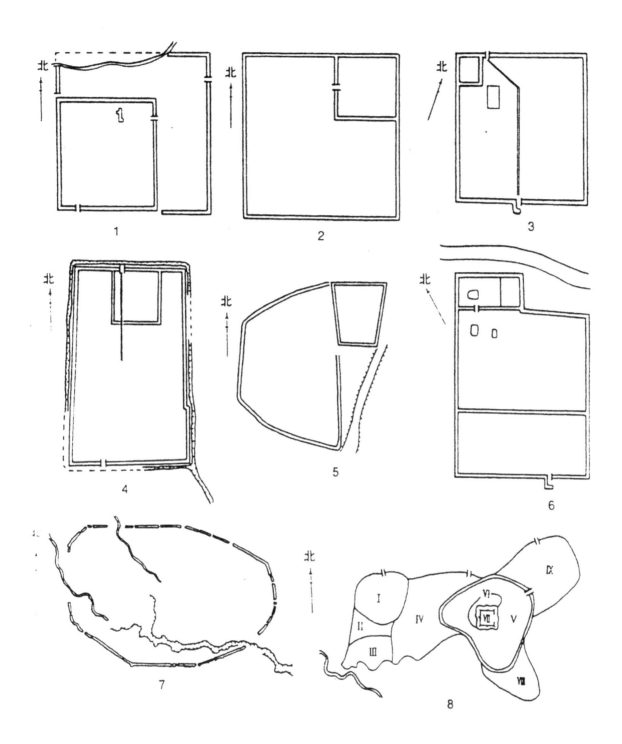

图二 中国汉代的郡县治城
1. 呼和浩特市美岱古城　2. 呼和浩特市哈拉板申古城　3. 奈曼旗西土城子古城　4. 襄汾县赵康古城
5. 凌源县安杖子古城　6. 卓资县三道营古城　7. 蔚县代王村古城　8. 友谊县凤林古城

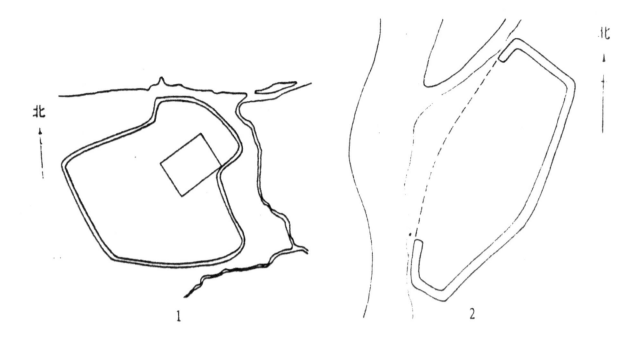

图三 朝鲜半岛的早期土城
1. 平壤市土城里土城 2. 汉城市风纳土城

2. 日本 大阪 難波宮跡의 發掘調査와 保存·環境整備에 帶하여

中尾芳治(日本 帝塚山學院大學 敎授)

古代文獻에 많은 기록을 남긴 難波宮의 소재에 대해서는 上町 臺地 北端部에서 찾는 上町說과 地名考證 등으로부터 현재의 北關長柄, 本跡, 豊崎地域 일대에서 찾는 下町說이 있어 江戶時代 이래 여러 학자들에 의해 紛爭이 계속되고 있다.

1954(昭和29)년에 시작된 山根德太郞를 중심으로 한 發掘調査와 7세기 중엽의 孝德朝의 難波長柄豊埼宮으로부터 聖武朝에 再建된 奈良時代의 難波宮이 長岡京遷都와 더불어 8세기 말에 廢絶하기까지 약 140년간, 難波宮이 一貫해 上町臺地에 계속 영위할 수 있었던 것을 밝혀내고, 오랜 세월에 걸친 論爭에 終止符를 찍었다.

一. 難波宮跡의 發掘調査의 成果

지금까지 49년 여에 걸친 發掘調査의 결과, 大阪市 中央區 馬場町·法円坂 一丁目의 남쪽 일대에, 대략 中軸線을 똑같이 해서 前·後 두 時期의 宮殿 遺跡이 발견되었다.(図 1)

後期難波宮跡은 ① 重圈·重郭文軒瓦나 蓮花 唐草文軒瓦 등 奈良時代의 기와가 같이 출토된 점. ② 一尺=29.6cm 前後의 奈良時代의 尺度를 基準으로 設計·造皆된 점. ③ 奈良時代의 平城宮의 內裏(천황이 사는 궁궐)나 東區極殿阮과 規模나 宮殿의 位置가 많이 닮은 점 등으로부터, 726(神龜3)년 10월, 聖武天皇이 武部卿 從三位 藤原宇會를 造營長官에 任命하여 造營에 착수하고, 732(天平4)년 경 완성한 奈良時代의 難波宮에 들어맞는다.

한편. 前期難波宮跡은 堀立柱穴이나 出土層位가 겹쳐진 狀態로 보아, 奈良時代 後期難波宮跡보다 명백히 오래된 宮殿跡이다. ① 모두 堀立柱 建物로 기와를 이지 않는 오래된 建築樣式을 지닌 점, ② 造營의 尺度도 奈良時代의 것보다 짧은 一尺(29.2cm)이 基準으로 되어 있는 것 등의 特徵을 더해, 남아있는 遺構의 全面

에 火災의 痕迹이 남아있는 점으로부터, 『日本書紀』天武天皇 朱鳥 원년(686) 정월 부분에 「難波의 大藏省를 火災로 잃고, 宮室을 모두 태우다.」라고 記錄되어 진 難波宮의 유적에 比定할 수 있다.

二. 壯大한 前期難波宮跡

前期難波宮의 殿舍 位置와 規模는 그림2와 같이, 遺構는 굽어 꺾이어 南北으로 연장된 複廊이 左右對稱으로 配置되어, 그 內部는 日本의 宮都의 門 중에서도 坡大의 模樣을 가진 內裏南門으로 북쪽의 內裏와 남쪽의 朝堂院으로 크게 二分되어 져 있다. 中軸線上에서는 門이나 正殿이 늘어서고, 그 左右에는 東西棟이나 南北棟 建物이 左右對稱이 되는 整然한 配置를 이루고 있다. (圖 2)

남쪽의 朱雀門(宮城門·外門)을 들어서면 東西에 뒤쪽에 朝集殿에 相當하는 南北棟의 長大한 建物이 있다. 게다가 朱雀門과 同規模의 動堂院南門(中門)에 들어서면 東西 233.4m, 南北 263.2m의 巨大한 朝堂院에는 朝庭을 둘러싸고, 東西七堂 마다 廳(정치를 하는 곳·朝堂)이 左右對稱으로 配置되어, 七間×二間 (32.7×12.3m)의 巨大한 內裏南門(內門)의 東西에는 다른 모든 궁에는 例를 볼 수 없는 八角殿院이 있다.

內裏地域은 內裏前殿을 中心으로 하는 部分과, 內裏後殿을 中心으로 하는 두 개의 部分으로 되어 있다.

內裏前殿은 九間×五間 (36.6×19.0m), 梁間 3間의 身舍(안 채)의 四面에 행랑이 붙은 東西棟 建物로 前期難波宮 建物 중 最大의 規模를 지니고 있다.

內裏前殿의 背後에 位置한 內裏後殿은 前殿에 버금가는 規模을 지닌 正殿으로, 前殿과는 軒廊으로 연결되어 있다. 이 內裏의 서쪽에는 內裏西方倉庫群, 동남쪽에는 內裏束力遺跡이 位置한다. 前期難波宮의 宮城의 範圍에 대해서는 '朱雀門의 位置나 宮跡 북서부의 谷地形, 남아있는 遺構의 出土狀況 등으로부터 復元하면, 東西로 약 660m, 南北으로 약 740m의 長方形으로 復元할 수 있다.

前期難波宮은 오늘날 그 中心 部分의 構造가 밝혀진 最古의 宮跡이면서, 그 殿舍의 配置는 그 후, 藤原宮부터 平安宮으로 展開되어 가는 日本의 宮室 構造의 元型을 이루게 된다.

三. 前期難波宮跡은 難波長柄豊埼宮

前期難波宮跡이 朱鳥 원년(686) 정월에 全燒되었다고 記錄된 難波宮의 遺構에 比定할 수있는 것에 대하여는 많은 사람들의 意見이 一致한다. 問題는 그 造營年代와 孝德朝 難波長柄豊硝宮과의 관계가 어떻게 되느냐는 것이다.

그것에 대해서는 堀立柱 建物의 耐用年數를 어느 정도로 생각하는가, 前期難波宮을 우리 國宮都의 發展系列上 어느 위치에 놓을 것인가를 둘러싸고 孝德朝의 難波長柄豊의 遺構라고 생각하는 說과 天武朝의 연대를 내려서 생각하는 說이 있다.

나는 前者의 立場으로부터, 지금까지의 考古學的인 發掘調査의 成果와 文獻史料의 總合的 理解 위에서,

前期難波宮跡이 難波長柄豊埼宮의 遺構라는 것을 주장해 왔다. 그 最大 根據는 前期難波宮의 造營에 따른 整地層이나, 前期難波宮의 造營에 의해 廢絶된 難波宮 下層遺跡으로부터 出土된 土器의 型式에 根據한 年代 觀이다.

그것에 의하면 7세기 中葉을 크게 벗어나지 않은 시기에 前期難波宮의 造營이 시작되었다는 것을 알 수 있다. 上町 臺地北端部에 대대적으로 整地하여, 前期難波宮跡에서 볼 수 있는 大規模 宮殿이 造營된 사실의 解釋으로서는 645(大化元年)년 12월의 難波遷都에 따른 難波長柄豊埼宮의 造營에서 찾는 것이 가장 가능성이 높다.

1999년에 前期難波宮으로 推定되는 宮城地域 北西部의 바로 바깥쪽의 谷部에서 발견된「戊申年」(648・大化 4년) 紀年銘 木簡((図 3)을 포함한 木簡群이나 7세기 中葉의 土器群은 前期難波宮 = 難波長柄豊埼宮說의 가능성을 크게 높이는 것이었다.

四. 後期難波宮跡과 長岡京遷都

後期難波宮跡은 聖武天皇이 再建한 奈良時代의 難波宮에 해당한다. 지금까지의 發掘調査에서 밝혀진 것은 주로 內裏 南半部와 朝堂院 및 官廳의 일부이다. ((図 4)

內裏는 東西 179.3m(602尺)의 範囲를 複廊으로 둘러싸고, 게다가 그 中央南部, 大安殿(京都御所의 紫宸殿에 相當하는 內裏 正殿)과 前殿을 에워싼 北面複廊의 束・西塀이 둘러싸고 있다. 大安殿은 九間×四間(26,8×11.9)으로 身舍(안 채)의 四面에 행랑채가 붙어있는 高床 建物이다.

大極殿院은 거의 全地域이 發掘되어 있지만, 大極殿의 基壇은 東西로 41.7m, 南北으로21.2m, 높이 2.1m의 凝灰巖의 切石으로 化粧된 壇正積基壇으로, 그 위에 九間×四間(35.2×14.6m)의 거대한 大極殿이 서 있다.

朝堂院은 1986(昭和61)년의 調査 結果, 長岡宮과 같은 八堂型式이라는 것이 밝혀졌다. 朝堂院 남쪽에는 朝集殿院의 存在를 推定할 수 있다. 內裏의 建物이 모두 堀立式 建物인 것에 비하여 大極殿院・朝堂院의 建物은 礎石式 - 지붕을 기와로 이은 華麗한 建物이었다.

難波宮跡의 發掘 當初 重圈・重郭文軒瓦 ((図 5)는 長岡宮跡이나 平安宮跡에서 多數 出上된 점으로 보아, 平安時代 初頭의 기와라고 생각되어 지고, 그것들과 같은 기와가 法円坂町 一帶에서 多數 出土되지만 難波宮跡의 存在를 나타내는 것이라고는 理解되지 않았다. 그러나 오랜 세월의 調査結果, 重圈・重郭文軒瓦가 後期難波宮跡 出土 軒瓦의 약 90%를 차지하는 점이나, 그 出土狀態로 보아, 後期難波宮의 創建瓦인 것을 알 수 있다.

長岡宮의 大極殿院・朝堂院跡에는 難波宮으로부터 移動된 기와가 壓倒的으로 많은 점, 그 建物의 規模나 配置가 극히 닮은 점 등에 더하여, 『續日本記』에 의하면 延暦 3年 6月 이래 겨우 6개월 만에 長岡京으로 遷都한 점으로 보면, 長岡宮의 造營에 해당한 內裏・大極殿院・朝堂院을 中心으로 하는 難波宮의 모든 殿舍가 먼저 移築된 것은 확실하다. 長岡宮의 造營과 관련해서 平城宮의 모든 門이나 殿舍가 移築된 것은『續日本記』에도 記錄되어 있지만, 文獻에는 보이지 않는 難波宮의 移築 事實이 實證되어 진 것은 難波・長岡 兩宮跡

의 考古學的 發掘調査의 커다란 成果이다.

五. 難波宮跡의 保存과 活用

大阪라고 하는 大都市 한복판에서 發見된 難波宮跡의 發掘調査에는 1954년 開始 當初부터 種種 困難이 뒤따랐지만, 그것보다 더 困難했던 것은 「上 升, 金 升」으로 불리는 都心의 宮跡을 保存하는 것이었다. 第2次 世界大戰 前 步兵8連隊의 軍用地 內에 있던 것치고는 간신히 保存되어 진 難波宮跡은 大戰後 所在地 일대가 再開發되어가는 過程에서 잇달아 破壞되었다.

1961年 봄에 後期(奈良時代) 難波宮 大極殿跡이 發見되어, 「法円坂町 所在遺跡」이 難波宮跡일 可能性이 높아짐에 따라 그 遺跡의 保存 問題가 論議를 불러오게 되었다.

그 最初가 同年 NHK大阪放送會館建設에 따른 事前調査로 발견된 奈良時代의 後期難波宮內裏西外郭築地跡과 瓦堆跡의 保存問題이다. 이때는 NHK大阪放送局에 대한 山根德太郎의 끈질긴 交涉에 의해 築地跡과 瓦堆跡의 一部가 아크릴 樹脂로 保存處置를 한 후, 駐車場 地下에 保存되었다. 이후 難波宮跡의 發掘調査와 함께 都市開發에 따른 保存問題가 큰 문제가 된다.

이제까지 半世紀에 이르는 發掘調査에 의해 大阪市 中央區 馬場町 · 法円坂 一丁目 일대의 땅에 孝德朝의 難波宮長柄豊埼宮의 遺構로 생각되는 前期難波宮跡과 聖武朝에 造營된 奈良時代의 難波宮에 해당하는 後期難波宮跡이 거의 中軸線을 같이 하여 重複되어 존재하는 것이 밝혀지고, 그 보존에 대한 要望이 크게 높아지고 있다.

難波宮跡은 크게 5回에 걸쳐 硏究者, 市民에 의한 保存運動과 人阪市, 大阪府, 文化廳(文化財保護委員會)에 의한 여러 가지 行政努力에 의해, 현재에는 前 · 後期難波宮 內裏 · 朝堂院跡을 중심으로 합계 102,625.77 ㎡가 國指定史跡으로서 보존되고 있다.

《保存運動》

1962년 第二合同廳舍 建設에 따른 保存運動

「難波宮址를 지키는 會」結成, 「國會請願」.

1965년 大阪府立 第二整肢 學院建設에 따른 保存運動

大阪府에 「住民監査請求」提出.

1968년 大阪市立 敎育靑少年센타 建設에 따른 保存運動

大阪市長을 被告로 「住民訴訟」을 提起 (參考文獻7)

1970년 阪神高速道路建設에 따른 保存運動

高架高速道路建設案을 平面高速道路案으로 變更

1987년 舊大阪市中央體育館地域의 開發에 따른 保存連動

中央體育館의 移轉, 大阪歷史博物館의 建設

《史跡指定》

第1次指定 1954年 5月 2日 17,511.19㎡

第2次指定 1976年 3月 31日 72,530.80㎡

第3次指定 1986年 8月 4日 1,566.71㎡

第4次指定 2001年 1月 29日 11,017.07㎡

이들 史跡指定範圍 중 民有地部分 30,728㎡에 대해서는 大阪市가 1973-75년도에 總計 50億円의 起債를 發行하여 取得하고, 公有地化되었다. 이 起債分에 대해서는 國家 80%, 大坂府 10%의 補助가 適用되어, 2001년도에 100億円에 이르는 償還이 종료됐다.

또, 1971년도부터 大阪市에 의한 難波宮跡의 環境整備事業(國家 50%, 大阪府 25%)이 實施되어, 2001년까지 總事業費 11億円 가량을 들여서 43,000㎡가 「難波宮跡公園」으로 整備가 계속되어 진다.(寫眞 2)

2001년 가을, 難波宮跡의 遺跡博物館으로서의 役割을 지닌 「大阪歷史博物館」이 宮跡公園에 隣接해서 開館해, 難波宮跡 保存活用 이상의 效果가 期待되고 있다.

오랜 세월에 걸친 保存運動과 많은 사람들의 努力, 巨額의 費用에 의해 드디어 保存된 이 難波宮跡을 지금부터의 大阪의 마을 조성에 어떤 식으로 位置를 잡아, 現代 우리들의 生活을 보다 풍요롭게 하기 위해 어떤 식으로 그 活用을 模索해 갈지가 앞으로 부과되어 진 커다란 課題이다.

六. 大阪 아크로폴리스 計畫

大阪都市形成史 上 중요한 役割을 한 上町臺地 중에서도 北端部는 原始時代 숲의 宮遺跡, 古代의 難波宮跡, 中世의 石山本願寺와 그 寺內町, 近世의 豊臣 · 德川氏의 大阪城跡을 시작으로서 大阪의 歷史를 말해주는 각 시대의 遺跡 · 史跡이 풍부한 지역이다.

이 지역은 大阪의 誕生地域이고, 또 현대에 이르는 大阪形成史의 과정에서는 항상 그 中心으로써의 역할을 계속 떠맡아 왔다. 古代에서 「難波長柄豊埼」로 美稱되는 臺地 先端部는 정말로 占代 그리스의 아크로폴리스(Acropholis)에 匹敵하는 政治 · 文化의 중심지였던 것 이다.

또한 그 지역은 현재 大阪城公園, 難波宮跡公園을 중심으로 大阪市 지역에서도 유수한 綠地帶이고, 位置的으로도 문자 그대로 大阪 센트럴 파크인 것이다.

게다가 大阪歷史博物館. 大阪城天守閣博物館, 大阪城 홀, 이즈미 홀, 大阪市立音樂堂:, 大阪府立靑少年會館, 大阪市立中央靑年센터와 NHK放送局, 요미우리 테레비죤을 비롯한 敎育 · 文化 · 스포츠 · 情報施設 외 多數의 短期大學(우리나라의 專門大學), 高校, 小 · 中學校가 集中한 교육지역의 性格을 지니고 있다.

따라서, 앞으로 이 지역의 마을 조성에 관해서는 大阪의 史跡, 교육센터로서의 地域的인 특색을 살린 地域開發을 행하는 것이 가장 바람직하다.

그래서, 숲의 宮遺跡, 難波宮跡, 大阪城跡을 제각기 史跡公園으로서 廣域的으로 保存 · 整備함과 함께 이미 實施되고 있는 史跡連絡遊步道「歷史의 散步道」의 네트워크로 連結시킴에 따라서 大阪의 歷史를 말해주는 一大 史跡公園을 出現시켜야 한다.

　「大阪 아크로폴리스計劃」은 이러한 文化遺産의 保存을 摸索함과 함께 오래된 文化遺産을 새로운 都市計劃 속에 定着시켜서 각지에 點在한 綠地, 文化·스포츠·情報施設과 맞춰 積極的으로 活用함에 따라 21세기 國際都市 大阪의 새로운 심볼 존(Symbol zone)을 創出할 것을 提唱하는 바이다.

〈參考文獻〉

難波宮址研究會·難波宮址顯影會·(財)大阪市文化財協會編,『難波宮址의 研究』第1~11 1956~2000年.
山根德太郎,『難波의 宮』(新裝版·2002年刊) 學生社 1964年.
中尾芳治,「特論難波宮」,『岩波講座-日本歷史古代』2, 1994年.
中尾芳治,『難波宮의 研究』, 吉川弘文館 1995年.
難波宮址訴訟記錄保存會編,『難波宮跡의 保存과 裁判』第一法規出版 1970年.
中尾芳治,「大阪 아크로폴리스計劃-難波宮跡의 保在과 活用-」(『難波宮의 研究』所收) 1993年.
中尾芳治,「大阪아크로폴리스計劃과 遺跡 엔지니어링」(渡辺武館長退職記念論集刊行會編,『大阪城과 城下町』所收), 思文閣出版 2000年.

寫眞 1 難波宮跡과 그 周邊(南→北) ① 淀川 ② 大川 ③ 大阪城 ④ O.B.P. ⑤ 5世紀大型倉庫群 ⑥ 難波宮跡 ⑦ 前期難波宮 朱雀門跡(1993年, 사진 大阪市敎育委員會 撮影)

寫眞 2 難波宮跡 公園(2000,「難波宮」Pamphlet)

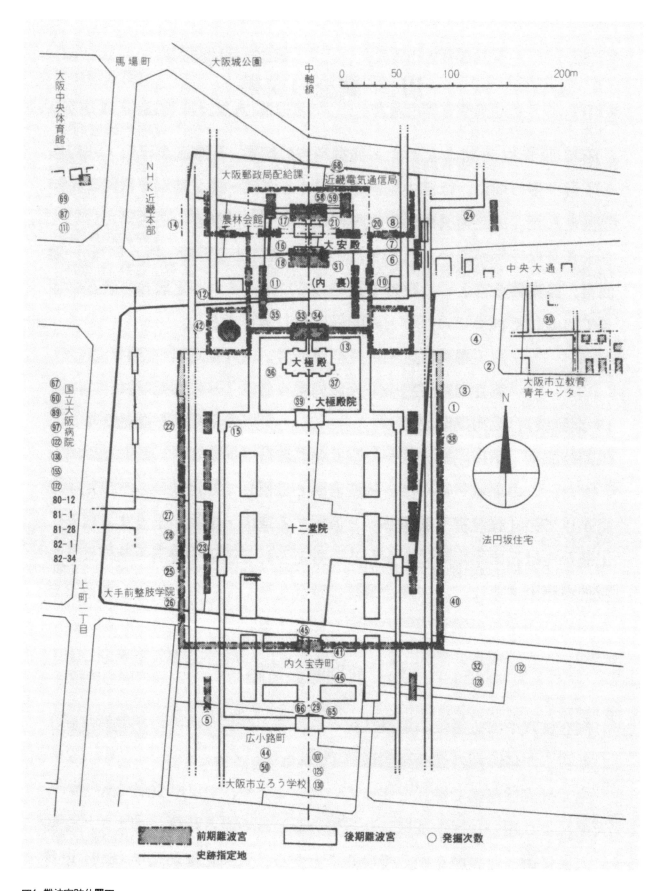

図1 難波宮跡位置図

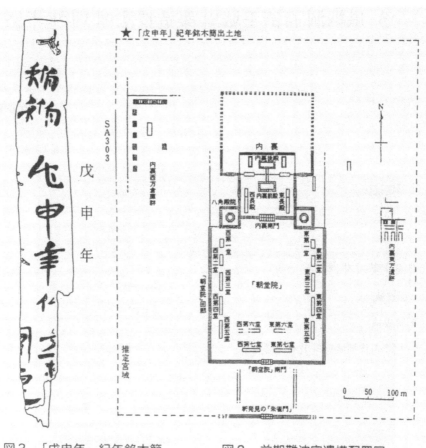

図3 「戊申年」紀年銘木簡 　　図2 前期難波宮遺構配置図

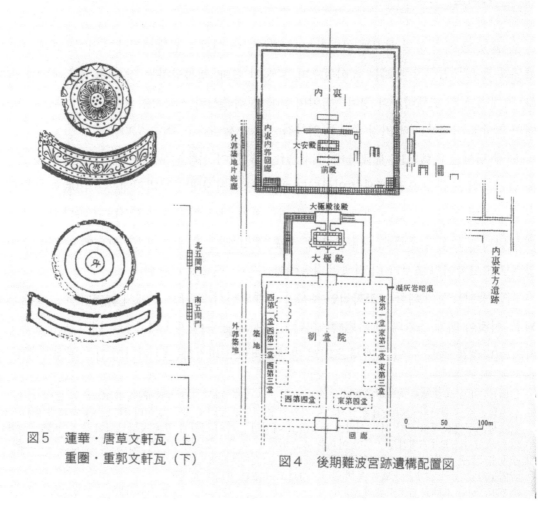

図5 蓮華・唐草文軒瓦（上）
　　　重圏・重郭文軒瓦（下）

図4 後期難波宮跡遺構配置図

3. 風納洞 百濟王城의 築造技法에 대한 考察

沈正輔(한밭大學校 敎授)

I. 머리말

『三國史記』에 의하면 백제는 기원전 18년 溫祚王에 의하여 건국되었다고 한다. 고대 왕조 건립의 첫 번째 행동과 標志는 都邑을 정하는 것이었으며, 도성이 함락, 정복당하는 것은 왕조의 종말을 의미할 뿐만 아니라, 고대 도성은 고대국가의 정치중심이며 物貨를 집중시키는 국가정권형식이기 때문에 도성 유적은 그 시대의 역사를 이해하는 데 가장 중요한 역사적 자료의 寶庫라고 할 수 있다.[10]

백제 역사는 漢城時代, 熊津時代, 泗沘時代로 나누어 이해하고 있는데, 이는 自意 및 外塵에의하여 지역을 달리하여 도읍을 옮긴 데에 기인한다고 하겠다. 웅진시대나 사비시대는 公山城과 扶蘇山城 및 羅城으로 비정하는 데 일치하고 있는 데에도 실체를 파악하기 위한 연구가 미흡하다고 판단되는데, 한성시대는 문헌에 나타나는 地名만 慰禮城, 河南慰禮城, 漢城, 漢山을 들 수 있으며, 그 位置에 대한 比定이나 실체 파악은 앞으로 고고학적인 조사가 더 진행된 다음에야 가능할 것으로 판단된다.

최근 풍납토성에 대한 고고학적인 조사가 진행되면서 그 규모 면에서 엄청나게 크다는 데에 우선 놀라게 되고, 이것이 백제 초기의 河南 慰禮城이냐의 여부로 논란이 계속되고 있는데,[11] 대체로 연구자들은 백제 역사의 실타래를 풀 수 있는 백제 초기의 왕성유적으로 비정하는데 의견의 접근을 보고 있는 것 같다.[12] 현재

---

10 劉慶柱, 「中國 占代都城 考古學研究의 몇 가지 問題」『古代都城與帝陵考古學研究』 科學出版社, 2000, p.32

11 朴淳發은 온조집단의 한강유역 정착시기를 기원전 18년으로 보아도 좋을 것이라 하고, 風納土城과 夢村土城과의 선후관계에 있어서는 몽촌토성이 보다 이른 시기에 등장하고 이어서 국가의 성장과 함께 풍납토성이 축조되었을 것이라고 이해하며, 2城의 축조시기는 모두 3세기 중·후반 이후로 보고 있다. (朴淳發, 「漢城期 百濟의 城郭」『鄕土서울』62 2002).

12 李亨求, 『서울 風納 土城[百濟 E城]實測調査硏究』 百濟文化開發硏究院. 1997.
　　국립문화재연구소, 『風納土城II-동벽 발굴조사보고서, 2002
　　李亨求, 「서울 風納洞 百濟土城의 歷史的 認識」『風納土城의 發掘과 그 成果』 한밭대학교 향토문화연구소, 2001,

까지 진행된 고고학적 조사결과는 이미 보고서로 간행되어 많은 자료를 제공하고 있는데,[13] 본 발표문에서는 동벽 발굴조사 내용를 중심으로 풍납토성의 축조기법을 살펴보고 이와 유사한 유적으로 보고되고 있는 中國 고대도성 몇 例를 비교 검토하여 풍납토성의 백제 초기왕성으로서의 가능성을 검토해 보고자 한다.

Ⅱ. 風納土城의 築造技法[14]

1999년 국립문화재연구소에서는 풍납토성의 복원사업계획에 의거 학술 및 복원 · 정비의 기초자료를 획득, 활용을 목적으로 동쪽 성벽에 대한 발굴조사를 실시하게 되었다.

발굴지점은 1997년에 발굴조사 한 지역에 연결되는 동벽 2개 지점(북쪽 A지점, 남쪽 B지점)을 동-서로 절개하는 방법으로 조사를 실시하였다.

조사 결과 토루의 축조방식은 사다리꼴 모양의 중심토루 내외에 판축법에 준하는 다소 원시적인 기법으로 흙을 쌓아 올렸고, 그렇게 쌓아 올린 각 토루들이 중심 토루쪽으로 일정 경사를 유지하며 비스듬히 쌓여 있는데 이는 고식에 속하는 축성법으로 판단된다. 보통 판축법에서 확인되는 영정주나 판목, 횡장목 또는 종장목 등의 흔적은 발견할 수 없었고, 각 토루의 축조 자체가 판축법에 의해 수직으로 이루어진 것이 아니라 비스듬하게 이루어져 있음이 확인되었다.

이상과 같이 축조된 풍납토성은 그 규모만 보더라도 성벽의 길이가 3.5km에 달하고 기저부 폭이 약 43m, 높이 11m가 넘는 대규모인 토성인데,[15] 기저부로 내려가면서 그 규모는 더욱 커질 것으로 생각된다. 일반적으로 토성 바깥에 외적의 침입을 방지하기 위하여 깊게 도랑을 파고 물을 가두는 해자가 있었을 것을 감안하면 실로 그 규모는 더 거대했을 것으로 추정된다.

1. 基底部

1) A지점

성벽 중심부의 가장 하층에는 생토인 황갈색 모래가 퇴적되어 있고, 그 윗 층에 유물이 출되지 않는 갈색계의 사질토층과 점토층이 약 80cm 두께로 형성되어 있는데, 이 층을 정지한 후에 암갈색과 암청색의 뻘흙을 50cm 정도의 두께로 깔고 인위적으로 불을 놓아 바닥을 다진 것으로 추정하고 있다.

2) B지점

B지점 중심토루의 하단부는 아래에서부터 황백색 모래, 황갈색 점토, 황색 모래, 적갈색 사질토로 구분되

申熙權,「風納 匕城의 築造技法과 그 性格」,『風納土城의 發掘과 그 成果』, 한밭대학교 향토문화연구소, 2001
申熙權,「風納土城 발굴조사를 통한 河南慰禮城 고찰」,『鄕土서울』62, 2002
崔夢龍,「백제도성의 변천과 문제점」,『서울역사박물관 연구논문집』창간호, 2003, p.10
13 국립문화재연구소,『風納土城』Ⅰ-현대연합주택 및 Ⅰ지구 재건축부지-, 2001
　　국립문화재연구소,『風納土城』Ⅱ-동벽 발굴조사보고서-, 2002.
　　한신大學校博物館,『風納土城』Ⅲ-삼화연립 재건축 사업부지에 대한 조사보고-』, 2003.
14 국립문화재연구소,『風納土城Ⅱ-동벽 발굴조사보고서』, 2002.
15 李亨求,『서울 風納土城[百濟王城]實測調査研究』, 百濟文化開發研究院. 1997, p.64.

는 생토충을 정지한 위에 20cm 정도 두께의 다진 충이 거의 수평을 이루며 7개 충이 확인되고 있는데, 아래에서부터 황색 사질토, 황갈색 사질토, 황갈색 사질점토, 갈색 사질점토, 소량의 목탄이 혼입된 암갈색 사질점토, 황갈색 사질점토, 부분적으로 적갈색 점토띠와 목탄이 혼입되어 있는 회황색 사질점토충 순으로 형성되어 있다.

B지점의 생토충 가운데 황색 또는 황백색 모래충은 A지점에서 확인된 모래충과 동일한 충으로 B지점 역시 토성을 축조할 통과선의 생토충을 정지한 후에 점성이 강한 흙을 다져 기저부를 구축하였음을 볼 수 있다.

그러나 A지점에서 완전한 뻘충으로 기초를 다진 것과 달리 B지점에서는 사질점토충으로 성토하고 있어 구간별로 차이가 있음을 알 수 있다.

2. 體城

1) A지점

A지점은 약 50cm 두께의 뻘흙을 깔아 기초를 다지고 2단계의 공정으로 중심토루를 축조하였는데, 중심선을 기준으로 바깥쪽으로 점성이 강한 덩어리 흙으로 다소 두텁게 쌓아 사다리꼴 모양을 형성하고 내벽 쪽으로 약 60°의 경사로 1.6m 두께의 토루를 덧붙여 쌓았다. 이 중심토루의 규모는 중심부 폭 7m, 높이 5m 정도이다. 기저부의 정지작업과 중심토루의 축조가 끝난 후에는 성벽 안쪽과 바깥쪽으로 각각 사질토와 모래, 점토다짐 흙과 뻘흙 등을 위주로 한 판축 토루를 비스듬하게 덧붙여 쌓았다.

내벽 쪽으로는 Ⅱ·Ⅲ·Ⅳ·Ⅴ·Ⅵ토루 등 크게 5차례에 걸친 성토가 이루어졌는데 Ⅱ토루는 약 2m정도의 폭으로 중심토루와 거의 평행한 60°정도의 경사로 축조하였다.

Ⅲ토루는 Ⅱ토루에 붙여서 약 2m 내외의 폭으로 쌓았는데, Ⅲ-2토루 제일 윗 충에 자갈돌을 수평에 가깝게 한 겹을 깔았는데 그 폭은 약 3m이다.

Ⅳ토루는 Ⅲ토루에 붙여서 60°정도의 경사면을 이루고 축조되었는데, Ⅳ토루와는 경계면이 뚜렷한 반면 Ⅴ토루와의 경계면은 불분명하게 서로 엇갈리는 양상으로 겹치다가 Ⅴ토루로 대체되는 양상을 띠고 있어 Ⅳ토루와 Ⅴ토루는 동시에 축조되었음을 알 수 있다. Ⅴ토루 구간에서는 각 뻘흙충 마다 10cm 정도의 간격에 나뭇잎이나 나무껍질 등의 식물유기체를 1~2cm정도 깔고, 다시 뗠 흙을 까는 과정을 10여 차례 반복하여 축조한 기법이 발견되었다. 또한 식물유기체 사이에 성벽의 橫方向으로 각재목을 놓고 수직목을 결구시켜 지탱한 목재 구조물도 3개의 충에 걸쳐 출토되었는데 각 충의 두께는 위에서부터 50cm, 80cm, 70cm로 전체 2m 정도이다. 이러한 횡방향의 목재들은 종방향을 따라 110cm 간격의 동일한 거리로 8열이 확인되었다. 이 목재 구조물들은 뻘흙을 성토하기 위한 보조구로 사용한 후 그대로 박혀있어 지반을 단단하게 하는 역할을 하였을 것으로 판단된다.

Ⅵ토루는 크게 판축 성토부와 석축부로 구분되는데, 성토부의 가장 윗부분에 성벽의 종방향을 따라 강돌을 폭 90cm 정도로 정연하게 깔고 충단을 이루면서 3단까지 강돌을 깔고 있다. 이 석렬의 기능은 성벽보호와 배수 기능을 겸한 것으로 파악하고 있다.

外壁의 성토상태는 중심토루 쪽으로 역경사를 이루며 약 2m 정도의 폭으로 구축되어 있는데 Ⅱ′토루와 Ⅲ′토루로 구분된다. Ⅱ′토루는 전체적으로 구간을 분할한 구획선 없이 약 30°~50°정도의 역경사를 이루며 성벽의 안쪽으로 기울여 쌓은 것으로 보아 전 구간을 동시에 축조한 것으로 판단된다. Ⅲ′토루는 하단의 생토층으로부터 약 60cm~130cm 두께로 수평에 가깝게 성토하고 그 上層 안쪽에는 할석을 깔고 바깥쪽으로는 둥그런 강돌을 2~3단 깔은 상태이다.

2) B지점

B지점 중심토루의 중간부는 사질점토 위주로 다소 두텁게 수평 성토하였으며, 상단부는 대체로 얇은 수평층이 확인되는데 황갈색 사질점토와 암갈색 사질점토가 交叉하여 성토되었다. 약 60。~70。의 경사도를 유지하고 있어 A지점 보다 약간 가파른 양상을 보이고 있다. 중심토루의 내벽선 하단으로 연결되는 끝단에 'U'자형의 溝가 형성되어 있는데, 이 溝는 외벽 쪽의 Ⅱ′토루 하단에 형성된 溝와 함께 初築 城壁이 마련된 것으로 파악된다.[16]

내벽 쪽으로는 A지점과 마찬가지로 Ⅱ·Ⅲ·Ⅳ·Ⅴ·Ⅵ토루 등 크게 5차례에 걸친 성토가 이루어졌는데, Ⅱ토루의 기저부는 溝로 인한 함몰 구간을 메우면서 5m 이상 폭넓게 성토하여 Ⅲ토루의 하단까지 연결시키고 있으며, 그 위로 약 2m 폭의 중심부를 각기 약 1m 폭으로 2번에 걸쳐 성토하였다. (Ⅱ-1, Ⅱ-2) Ⅱ토루는 기저부의 함몰 구간을 제외하더라도 5m 이상의 높이를 나타내고 있어 내벽 가운데 가장 큰 규모를 보이고 있다.

Ⅲ토루는 Ⅱ토루 쪽에 덧붙여 쌓았는데 경사면이 50° 미만으로 완만한 편이며, 점토 알갱이와 사질토를 교차하여 판축하였는데, 기초부는 다소 두텁게 성토되었으나 윗부분에서 정상부까지의 각 층은 두께가 대체로 10cm를 넘지 않아 정연하게 판축하였음을 알 수 있다. Ⅲ토루와 Ⅳ토루의 경계면 제일 아래 층에서는 부분적으로 목탄이 발견되었고, 작은 강돌이 박혀있는 것이 관찰되었다. 강돌 열은 중심토루 쪽으로 그 끝 열이 성벽의 종방향과 나란히 박혀있는 1단의 강돌 열이 발견되었고, 성 안쪽으로 50~60cm 정도 떨어져 2단째의 석열이 확인되었으며, 그 주변으로도 경사면을 따라 흘러내린 강돌들이 상당수 확인되었다. 이와 같이 황갈색 사질토, 회색 점토, 목탄, 소토로 이루어진 층 위에 강돌이 박혀있는 것은 기초를 강화하고 내부로 밀려나는 것을 방지하기 위하여 시설한 것으로 보인다.

또한, 이 강돌들은 A지점 내벽 Ⅲ-2토루 하단부 제일 윗 층에 깔린 폭 3m 정도의 석렬과 동일한 것으로 이와 같이 A지점과 B지점의 동일한 위치에서 같은 성격의 석열이 확인된 것은 하나의 작업 공정으로 파악할 수 있어 제2차 축성 작업구간으로 판단된다.

Ⅳ토루는 하부가 좁고 상부가 넓은 형태로 Ⅴ토루와의 경계면은 60°가 조금 넘는 경사를 유지하고 있다. Ⅳ토루는 점토와 사질토, 모래 등의 알갱이를 혼합한 단단한 다짐흙으로 판축하여 대단히 높은 강도를 유지하고 있어 토루 전체에서 가장 견고한 방식을 채용하고 있다고 하겠다.

Ⅴ토루는 회황색 계통의 점토 및 사질토가 주성분을 구성하며 단단하게 다져진 가운데 백황색 또는 적

---

16 부소산성 판축층의 기초부를 보면 체성 內外에 壞나 溝를 마련하고 있다. 즉 생토면인 풍화암반층을 기저부로 이용하였으며, 성벽 안쪽의 흙을 파서 성 내벽쪽에 壞를 만든 한편 그 파낸 흙을 성 내벽에 보축하였다. 그러나 성 외측의 경우는 풍화 암반층에 'U'자형 溝를 마련하였는데, 이 구의 폭은 0.55~0.65m, 깊이는 경사면에 마련하여 일정치는 않으나 성외측의 경우 0.25m, 성내측에는 0.55m 정도이다. 이와 같이 版築 上城에서 城壁 內外의 溝로 축조를 마감하고 있음을 볼 수 있다. (崔孟植 外, 『夫蘇山城 發掘調査 中間報告』, 扶餘文化財硏究所, 1995,).

황색 계통의 모래흙이 부분적으로 섞여 들어가 마치 물결을 이루듯이 자연스럽게 경사를 이루며 20cm 정도의 두께로 수평 성토되어 있는데, 규모는 두께 1.5m, 폭 9m 정도이다. V토루의 거의 끝부분에서부터 시작되는 회청색 뻘 성분의 흙이 여러 차례에 걸쳐 약 1m 두께로 석축 하단 전체에 수평으로 깔려 있는데, 제일 윗층은 잔 나무가지와 목탄 등의 유기물이 혼입된 회청색 뻘 층이며, 그 아래로는 회색 및 회흑색 사질토와 회색점토, 회색모래 등이 섞여 있거나 독립된 층을 이루며 5개 층을 이루고 있다. 이 구간에서는 두께 10cm미만의 나뭇가지를 뾰족하게 깎고 수직으로 박아 목심 역할을 한 탄화 목재도 3개가 나란히 확인되기도 하였다.

그밖에 특기할만한 시설로는 석축이 시작되는 직하단에서 발견된 위가 넓고 아래가 좁아 드는 'U'자형의 溝를 들 수 있다. 이 溝는 위에서 언급한 뻘층을 다시 파고 만든 것으로 추정되는데, 깊이 약 1.4m, 상부폭 85cm정도이다. 내부에는 약 15cm두께의 잘 다듬어진 장방형 각개 기둥이 수직으로 박혀 있으며, 이러한 기둥은 성벽 종방향을 따라 85cm의 등간격으로 3개가 확인되었다. 확인된 목재의 길이는 북벽에 박혀있는 것이 약 1.2m이며, 탐색트렌치 1과 남벽 가까이에서 확인된 것은 약 50cm이다. 이와 같은 사실은 V토루의 성토시 하단에는 VI토루의 마감 석축을 위한 의도적인 기초시설을 하였음을 명확히 알 수 있는 것으로, 성벽 축조의 구획선 역할을 하였음을 추정할 수 있다.

한편, B지점의 V토루에서는 A지점에서 확인된 것과 같은 목재들은 확인되지 않았다. 이는 분단법에 의한 축조방식의 차이로 추정되는데, 판축토 성분이 유사하고 B지점에서도 일부 탄화목재가 발견되는 것으로 보아 각기 A지점과 B지점이 완전히 다른 방식을 채용한 것으로는 볼 수 없으며, 특별히 A지점이 완전한 뻘 흙으로 축조되었기 때문에 목재 유기물과 식물유기체 등이 보다 양호한 상태로 보존될 수 있었을 것으로 생각된다.

VI토루는 3단의 단을 이루며 2.5m 폭으로 강돌을 한 겹 깔고, 마지막 4단째에는 폭 4m, 높이 1.7m의 석축을 쌓아 마감하였는데, 이러한 석축시설은 성벽이 내부로 밀려들어 오는 것을 방지하기 위하여 축조한 것으로 파악된다. 이로써 제3차 축성작업이 마감되었다고 하겠다.

外壁은 내벽의 판축토에 모래와 사질토가 많이 섞여 들어간 반면 외벽의 판축토 성분은 점토 위주의 단단한 다짐층으로 구성되어 있다. 외벽구간은 Ⅱ´토루, Ⅲ´-1·2토루, Ⅳ´토루로 구분되어 A지점보다 1조의 토루가 더 확인된 셈인데 A지점에 비하여 훨씬 정연하고 견고하게 축조되었다.

Ⅱ´토루는 중심토루와 동일한 기저부에 걸쳐 그 위에 약 1.5m 정도의 비교적 얇은 폭으로 쌓았는데, 크게 3부분으로 나누어 쌓았으며, 상부와 중간부는 약 70°내외의 가파른 경사를 유지하고 있다. 1토루의 아랫부분은 비교적 점성이 강한 황갈색계 사질점토가 확인되며, 그 위로는 대체로 10cm 미만의 얇은 황갈색 사질토와 그보다는 조금 두터운 적갈색 사질토가 교차하여 판축이 이루어져 상당히 견고한 양상을 띠고 있다. 이 Ⅱ´토루의 외벽선 하단으로 연결되는 끝단에 'U'자형의 溝가 형성되어 있는데, 이 溝는 내벽 중심토루의 내벽선 하단에 형성된 溝와 함께 제1차 작업 공정으로 파악하고 있다.

Ⅲ´토루의 기저부는 'U'자형의 溝를 메운 양상으로 축조되었는데 그 규모는 폭 4m, 두께 1m 내외이다.

Ⅲ-1토루는 부분적으로 수직방향의 분할선이 확인되기도 하나 거의 유사한 성분의 다짐 을 수십 겹의 얇은 층으로 수평 판축하였다고 할 수 있다. 다짐 흙은 대체로 암갈색.적갈색.회색 등의 점토 알갱이와 갈색

계 사질토, 황색계 모래알갱이가 균일하게 섞여 아주 단단히 다져진 상태로서 Ⅲ′-2토루 역시 크게 다르지 않은데, 이 Ⅲ′토루의 축조방식은 점토, 사질토, 모래 등을 균일하게 혼합하여 다지고 있어 풍납토성의 전 구간을 통하여 가장 견고한 축조상태를 보이는 구간이라 하겠다. 이 Ⅲ′토루의 판축부가 제1차 修築區間으로 파악된다.

Ⅳ′토루는 Ⅳ′토루의 기저부에서부터 경사를 따라 비스듬하게 덧붙인 토루로 7m이상의 폭으로 넓게 쌓았다. 그리고 제일 윗부분에는 내벽과 마찬가지로 강돌 열을 한 겹 깔아 마무리하였다. 이 Ⅳ′토루의 축조방식과 의도는 A지점의 외벽 축조양상과 거의 같다고 할 수 있으나 B지점이 보다 가파른 경사를 이루고 있다는 점에서 차이가 있다. 표토를 제거한 外壁의 평면상에서 대략적인 종방향의 구간을 추정할 수 있었는데, 그 구간의 폭은 3.3m이다.

Ⅲ. 中國 古代都城의 몇 가지 例

고대의 취락은 홍수 혹은 적의 습격에 대비하여 그 주위에 장벽을 둘러 自衛 했는데 이것을 城이라고 불렀다. 城이란 글자는 그 字形처럼 흙이 흙(土)을 채운(盛) 것이고 그 목적은 오로지 방위에 있었으므로 지킨다는 의미를 가지고 있다.[17] 中國에서는 이미 夏王朝 시에 사유재산을 보호하기 위하여 城廓과 濠, 池를 축조하기 시작하였다 하며,[18] 殷代에 들어와서는 사회 및 생산의 각 분야에 奴隸勞動이 광범위하게 이용되고 농업, 수공업 등의 생산활동이 향상되어 대규모의 都市가 출현하게 되었다. 그리하여 이 都市를 둘러싸서 많은 勞動力을 필요로 하는 城廓 둘레가 6,960m에 달하는 대규모의 版築土城이 축조되고 있는데, 당시의 이 版築土城을 邑城의 기원으로 보고 있다.[19] 이 鄭州 商城의 성벽은 아주 두껍고 단면은 사다리형으로 층을 나누어 수축하였다. 평균 높이는 10m, 너비는 20m인데 가장 넓은 곳은 36m이다. 이 성벽의 축조에는 1만여 명의 노동력을 동원해야 했으며, 당시의 작업효율로는 매일 10시간을 일하여 18년이 걸려야 비로소 완성될 수가 있다고 한다.[20]

廓은 민중의 생활이 향상됨에 따라 일반 거주지 주위에 장벽을 설치하고 지키게 된 것인데, 전쟁때 강적의 侵攻을 만나면 廓은 용이하게 공략되어서 많은 피해를 입게 되었다. 이와 같은 사실은 市民의 財力이 진전함과 더불어 그 경제적 타격이 심각하게 느껴지게 되었고, 그에 따라 各國은 다투어 外廓의 보강에 힘써 20m~30m에 달하는 견고한 성벽도 축조되었다.[21] 성 둘레의 크기와 견고함의 정도는 항상 春秋時代 상하 계급 사이의 논쟁 사항이었다. 현재 발굴된 西周 이전의 성은 아주 적으며 춘추시대에 비로소 대량으로 수축되었다. 春秋經典의 기록에 의하면 새로 세우겠다고 언급된 성이 97개이며, 셀 수 있는 것만도 4백 66개이다. 고고발굴 또한 끊임없이 문헌의 기록을 실증해 주고 있다. 『史記』 樂毅列傳에 따르면, 燕나라는 �齊나라의 70

---

17 宮崎市定 저 曹秉漢 編譯, 『中网史』, 역민사, 1987, p.67
18 中國建築史編纂委員會編, 梁金石譯. 1990, 『中國建築史槪說』. P27.
19 董鑒泓 等編 · 成周鐸 譯, 『中國都城의 起源과 發達』, 1993, PP.16~20.
    沈正輔, 『韓國邑城의 硏究』, 學硏文化社, 1995
20 安金槐, 「試論鄭州商代城址 蹂都」, 『文物』1961-4
21 註 15)과 同.

여 성을 공격하여 무너뜨렸다고 하고 있으며, 『戰國策』齊策에는 齊나라에 1백 20개의 성이 있다고 하였다. 이것으로도 전국시대에 각국의 축성이 얼마나 성황을 이루었는지 상상하고도 남음이 있다.[22] 그러나 본 발표문에서는 春秋戰國時代의 도성 중 2例를 검토해 보고자 한다.

1. 易縣 燕下都故城[23]

燕下都는 현재의 하북성 역현성 동남쪽 약 2.5km에 소재하고 있으며, 北易水와 中易水 사이에 위치하고 있다. 성지의 지세는 북쪽이 높고 남쪽이 낮은 상태로 약간 경사를 이루고 있다. 이는 동주시대 제후국 중 대국의 하나였던 燕國의 도성이다. 지표조사와 발굴조사를 통해, 적지 않은 중요한 유적과 유물을 발견하게 되었다.

연하도의 전체 평면은 부정형으로, 동서 길이는 약 8km, 남북너비는 약 4~6km이다. 성내의 중앙부에는 한 가닥의 남북으로 나 있는 古代의 運糧河道가 있는데, 이것이 東西 兩城으로 나누고 있다. 東城은 평면이 근방형으로, 성벽은 대체로 지하에 기저부만이 보존되어 있으며, 지면상에 드러나 있는 것은 매우 적다. 東城의 북벽 길이는 4,594m, 동벽의 길이는 3,980m, 남벽의 잔존 길이는 2,210m, 서벽의 잔존 길이는 4,630m이며, 4면 둘레의 성벽 기저부의 너비는 대체로 40m 내외이다.

西壁 北端에서 1,630m 떨어진 성내 중간부에서 한 가닥의 동서로 연결되어 있는 항토벽(隔壁)가 있는데, 이것이 東城을 南北의 두 개 부분으로 나누고 있다. 이 隔壁의 길이는 4,460m이며, 隔壁 기저부의 너비는 약 20m이다.

西城은 東城의 안전을 위한 방어적 성격의 附城으로, 북벽의 길이는 4,452m, 서벽의 길이는 3,717m, 남벽의 잔존 길이는 1,755m이며, 성 기저부의 너비는 西壁의 南端에서 1.5m 지하에서 40m로 나타나고 있다. 西壁의 斷面에서 살펴보면, 중심부에 東西 너비가 8.55m인 하나의 판축부가 있는데, 다진 층이 매우 뚜렷하다. 다진 층의 두께는 10~25cm로 고르지 않으며, 夯窩의 직경은 7cm~10cm이다. 이 중심 판축부 兩側에 段을 나누어 판축을 하는데 매 段의 너비는 1.6m이며, 단면에는 너비가 15cm인 판자 흔적이 나타나고 있어 段과 段 사이에서 連接한 흔적이 뚜렷하게 판별되고 있다. 燕下都 성벽의 기저부가 너무 넓기때문에 1차에 築城이 이루어지기는 불가능하며, 필요에 따라 안으로부터 바깥으로, 또는 밖으로부터 안으로 한 段 한 段 넓혀 가면서 판축하였다고 추측된다.

현재 南壁의 서쪽 끝단에 위치하고 있는 城角村의 남쪽 성벽이 비교적 보존상태가 양호한데, 현 상태의 기저부 너비는 2.1m, 상부의 너비는 0.4m, 높이는 6.8m에 달하고 있다. 이 남벽에서 살펴보면 성벽은 천곤(穿棍), 천승(穿繩)과 夾板을 이용하여 版築한 건축기술을 채용하고 있다. 다진 층의 두께는 일반적으로 8~12cm인데, 가장 두터운 곳은 17~23cm에 달한다. 다진 층의 평면에는 항와(夯窩)의 흔적이 비교적 뚜렷하게 관찰되며, 잔존 깊이는 약 2cm이다. 항와(夯窩)는 비교적 조밀하게 배열되어 있는데, 겹쳐진 현상이다. 부분

---

22 許進雄 지음 · 洪 熹 옮김, 『중국고대사회』, 東文選, 1993 p.297.
23 「燕下都城址調査報告」, 『考古』1962-1
　　「河北易縣燕下郡故城勘察和試掘」, 『考古學報』1965-11
　　河北省文物研究所, 『燕下都』, 文物出版社, 1996
　　許 宏, 『先秦城市考古學研究』, 北京燕山出版社, 2000.
　　『中國都城辭典』, 江西教育出版社, 1999.

적으로 다진층의 사이에서 풀이나 짚을 깔아 놓은 흔적이 있는데, 이는 젖은 흙이 다지는 도구상에 붙는 것을 피하기 위하여 깔아 놓은 것으로 추정된다.

穿棍, 穿繩, 夾板으로 판축하는 기술은 西城 西壁 南端 城壁에서도 보이는데 그 흔적이 비교적 선명하다. 穿棍의 흔적은 성벽의 上部에서만 보이고, 穿繩의 흔적은 上下에서 모두 나타난다. 棍眼의 직경은 7~10cm이며, 가장 큰 것은 16cm로 측정되었다. 穿棍의 좌우 거리는 0.8~Llm로 위아래 두 줄이 교차 배열되었고, 그 사이의 거리는 약 0.5m에 달한다.

穿繩의 繩眼 흔적은 보존상태가 매우 양호한데, 가장 뚜렷한 곳은 성각촌 남쪽에 우뚝 서 있는 일단의 南壁으로 繩眼의 직경은 4cm 내외로 每 4개가 1조를 이루고 있다. 이 繩眼의 上下 거리는 판축층의 두께와 같은데, 兩端의 연접부는 승안이 비교적 밀집되어 있다. 上下間 거리는 6cm~10cm이다.

東城과 西城에는 城壕가 시설되어 있는데, 동성 城壕의 전체 길이는 4,760m이며, 城壕의 너비는 약 20m인데 모서리 부분에서는 40m로 나타나고 있으며, 깊이는 4m이다. 城壕와 東壁과의 거리가 가장 좁은곳은 10m이며, 가장 넓은 곳은 60m 떨어져 있다. 西城 城壕의 전체 길이는 4,900m로 城壕의 너비는 40m~50m, 깊이는 4.5m~5m이며, 城壕와 西壁과의 거리는 70m~80m 떨어져 있다.

2. 新鄕의 鄭韓故城[24]

鄭韓故城은 하남성 신정현 城關一帶의 쌍계하(雙洎河)와 黃水河 사이에 있는 삼각지대에 위치하고 있다. 春秋時의 鄭國과 戰國時의 韓國은 선후로 이곳에 도성을 건설하였다. 문헌기록에 의하면, 鄭國은 원래 陝西 咸陽에 도읍을 정하였었는데, 대략 기원전 8세기 60년대에 섬서로부터 지금의 하남 신정현 성관 일대로 천도하였고, 국명은 그대로 하였다. 함양의 鄭과 구별하기 위하여 후대인들이 하남으로 천도한 鄭을 '新鄭'이라 불렀다. 鄭國은 신정에 도읍을 정한지 390여 년만인 기원전 375년 韓國에 의해 멸망당하였다. 韓國은 鄭國을 멸망시킨 후, 韓國의 도성을 양곽(陽霍)으로부터 원래 鄭國의 도성이었던 신정으로 옮겼다.

기 원전 230년 韓國은 또한 秦에 의해 멸망당하였다. 따라서 신정현의 정한고성 안팎에는 춘추시대의 鄭國과 전국시대의 韓國의 유적과 유물이 풍부하게 보존되어 있다.

鄭韓故城은 하남성 신정현 성관 일대의 쌍계하(雙洎河)와 黃水河 사이에 위치한 자연적인 지세를 이용하여 축조되어 있는데, 대략 동남으로부터 서북으로 향하여 있는 불규칙한 사장방형(斜長方形)으로, 동서 길이가 약 5,000m, 남북의 최대 너비가 약 4,500m이며, 전체 길이는 19km이다. 성의 중간에는 한 가닥 남북으로 뻗어 있는 항토벽(分金嶺)이 있는데, 이것이 성을 東城과 西城의 두 부분으로 나누고 있다. 성벽은 일부가 훼손되어 있는 것을 제외하면, 대부분이 지면상에 보존되어 있다. 지면상에 보존상태가 가장 좋은 곳의 城體殘高는 약 15~18m이며, 기저부의 너비는 약 '40~60m, 頂部의 너비는 2~5m이다.

성벽은 粘土로 층을 달리하여 판축하였으며, 매층의 다진면에는 항와가 빽빽하게 들어차 있다. 城壁 하부

---

24 「河南新鄭鄭韓故城的試斌與掘試」『文物資料叢刊』, 1980. 3.
   許宏, 『先秦城市考古學硏究』, 北京燕山出版社, 2000.
   李宏, 「新鄭鄭韓故城考古槪述」『鄭公大墓靑銅器』, 大象出版社, 2001
   『中國都城辭典』, 江西敎育出版社, 1999.

다진층의 두께는 10cm 정도이고, 圓形圓底인 石窩의 직경은 3~4cm이다. 다진층 내에는 춘추시기의 도기 편이 포함되어 있다. 상부의 다진 층의 두께는 약 10~19cm이고, 圓形平底인 항와의 직경은 5~6cm이다. 부분적인 성벽에 대한 발굴조사를 통하여, 城壁의 下部는 春秋時期에 축조되었으며, 上部는 戰國時期에 보수되어 진 것이 확인되었다. 이러한 정황은 이 성이 春秋時期에 鄭國이 처음으로 건축한 것이고, 戰國時期에 들어 韓國이 수축하여 계속적으로 사용한 것임을 나타내 준다.

鄭韓故城의 西城 평면은 대략 장방형을 하고 있는데, 바로 宮城이다. 북벽의 길이는 2,400m로 보존상태가 비교적 양호하다. 東壁은 정한고성의 隔壁으로 길이는 4,300m인데, 城基는 현재 지하에 매몰되어있는 상태이다. 西壁과 南壁의 대부분은 쌍계하가 휩쓸어 훼손되었다.

東城의 평면은 불규칙한 장방형으로 북벽의 길이는 1,800m이다. 동벽은 南行하다가 꺾여서 동쪽으로 진행하여 黃水河의 西岸을 끼고 남행하여 쌍계하와 합류하는 곳에서 남벽으로 꺾여진다. 동벽의 전체 길이는 5,100m이다. 남벽은 동벽의 南端에서 서북쪽으로 진행하다 쌍계하를 통과하며 다시 그 南岸을 끼고 진행하다 端灣村 앞에서 그치고 있는데, 그 방향은 隔壁과 一直線을 이루고 있다. 남벽의 길이는 2,900m이다. 동벽과 북벽은 대부분의 유구가 지면상에 잘 남아 있어 보존상태가 비교적 양호한 편이다.

IV. 風納土城과 中國 古代都城과의 比較 檢討

風納土城과 燕下都 및 鄕韓故城은 모두 입지하고 있는 공통점이 평지에 축성하였다는 것과 江岸에 위치하고 있다는 점이다. 江은 用水, 運送, 防禦를 모두 해결할 수 있기 때문에 都城을 江岸에 건설하는 것은 필수적이라 하겠다. 江岸에 입지하고 있는 古代都城은 江의 범람을 막는 것이 최우선 과제였으며, 이에 대한 해결이 백성들을 안심시켜 운집토록 하는 효과를 기대할 수 있었을 것으로 보인다.[25] 그리하여 上記 3城은 모두 성벽 축조에 堤防築造技術을 채용하고 있으며, 축조기법에 있어서도 사다리꼴의 중심토루를 축조하고 그 內外面으로 덧붙여 판축하여 견고하게 構築하고 있었던 것이다.[26] 풍납토성 중심토루의 규모는 하부 폭 7m, 높이 5m 정도이며, 燕下都는 중심부의 너비가 855m로 나타나고 있다. 그리고 江岸에 접해 있지 않은 성벽의 밖에는 壕를 굴착하여 축성 재료로 이용함과 동시에 방어력을 높이고 있다.

3城 모두 體城의 규모면에서 비슷함을 볼 수 있다. 우선 기저부는 風納土城과 燕下都는 바닥면까지는 이르지 못하였지만 43m와 40m로 보고되고 있고, 鄭韓故城은 40m~60m로 보고되고 있으며, 높이는 풍납토성이 11m, 燕下都는 훼손된 현 상태에서 6.8m를 나타내고 있고, 정한고성은 15m~18m를 나타내고 있는데 정한고성이 보다 원형에 가깝다고 하겠다.

燕下都는 성벽 기저부 40m를 구축하는데, 중심토루 855m를 우선 축조한 다음 L6m를 1공정의 작업구간으로 하여 分段式으로 축조하고 있음을 밝히고 있다. 이에 대하여 風納土城은 1.6m, 2m, 2m내외, 2m 폭을

---

25 風納土城의 평면이 舟形을 띠고 있는 것도 이와 관련이 있지 않을까 생각된다.
26 현대 댐공법 중의 하나인 흙댐의 경우 浸透水를 억제하는 방법으로 댐 바닥 폭을 크게 하거나, 제체 중앙에 心壁 또는 격벽을 설치하는 공법이 있다고 하는데,(권오헌,『수자원공학』도서출판 새론, 1994, p.232) 풍납토성은 이 두 가지 공법을 모두 채용하고 있다.

1m 폭으로 나누어 2번에 걸쳐 축조 등 일정하지는 않으나 대체로 1m~2m로 볼 수 있지 않을까 한다. 한편, A지점 내벽 쪽 V토루에서는 횡방향의 목재들을 종방향을 따라 110cm 간격의 동일한 거리로 8렬이 확인되었는데, 이것이 扶蘇山城에서 分段을 이루는 120cm~130cm의 木柱孔의 간격과 같은 성격으로 볼 수 있을지 의문이나 좀 더 조사 例가 축적되어야만 확실할 것같다.[27] 다만 V토루에는 뻘이 3층으로 깔려 있고 뻘과 뻘 사이에는 모래가 들어가 있는데, 상기 목재는 바로 3개 층의 뻘에 박혀 있어 이 목재 구조물들은 뻘 흙을 성토하기 위한 보조구로 사용한 후 그대로 박혀있어 지반을 단단하게 하고 미끄러짐을 방지하는 역할을 하였을 것으로 판단된다.

한편, B지점의 표토를 제거한 外壁의 평면상에서 대략적인 종방향의 구간을 추정할 수 있었는데, 그 구간의 폭은 3.3m로 보고되고 있어 주목된다.

燕下都에서는 版築城壁의 주요 구성요건인 穿棍, 穿繩, 夾板 등의 흔적이 확인되고 있고, 木棒으로 다져서 생긴 夯窩가 확인되고 있는데, 風納土城에서는 아직 확인되고 있지 않아 앞으로의 발굴조사에 기대해 볼 수밖에 없을 것 같다.

築城材料에 있어서는 燕下都나 鄭韓故城에서 거의 점토를 사용하여 축성하고 있는데 대하여 風納土城에서는 뻘 흙 및 점질토와 사질토 외에 강돌과 괴석을 사용하여 더욱 견고하게 구축하고 있다. 특히 점토로만 판축하는 것보다는 중심토루는 점토를 중심으로 판축하고, 그 내부와 외부는 사질토를 중심으로 판축하는 것이 훨씬 견고하고 미끄러짐을 방지하는 역할도 하고 있어 풍납토성이 재료 선택면에서 월등함을 알 수 있다.

또한, 風納土城 內壁 일부 구간에서는 식물유기체를 얇게 깐 것이 10여 겹 이상 확인되는데, 뻘 흙을 10cm정도 두께로 성토한 후 나뭇잎이나 나무껍질 등을 1cm 정도 깔고, 다시 뻘 흙을 까는 과정을 10여 차례 이상 반복하여 토루를 축조한 것이다. 燕下都에서도 부분적으로 다진층 사이에서 짚이나 풀을 깔은 흔적이 나타났는데, 그 옥적에 대하여 젖은 흙을 다질 때 木棒 다지는 면에 젖은 흙이 붙는 것을 피하기 위한 것으로 보고하고 있다. 이렇게 성벽의 축조에 식물유기체를 이용한 방법은 김제 碧骨堤와 부여 羅城 등에서도 확인되고 있는데, 대체로 뻘흙으로 성토할 시에 습기를 흡수하여 그 층위를 더욱 단단하게 할 목적으로 식물유기체를 깔은 것으로 파악된다.[28]

그리고, 燕下都나 鄭韓故城에서는 보고되지 않고 있으나, 風納土城에서는 뻘층이나 점토층 위에 강돌을 박는다든지, A지점과 B지점 모두 내벽과 외벽의 마지막 토루 상단부에 석열을 깔아 토루를 보강하고 있다. 내벽에서는 3단으로 이루어진 上面에 강 돌을 한 겹 깔고, 마지막 4단 째얘는 기저부까지 두껍게 석축을 쌓아 마감하였다. 이와 같이 뻘층이나 점토층 위에 강돌을 박은 것은 성벽 하부의 지반을 더욱 강화하기 위한 것이며, 내벽과 외벽의 마지막 토루 상단부에 석열을 깔은 것은 토사의 유실 방지 및 배수의 기능을 하도록 한 것이며, 내벽 끝단에 석축을 쌓아 마감한 것은 성벽이 내적으로 밀려들어 오는 것을 방지하기 위한 공법으로 燕下都나 鄭韓故城보다 한 단계 발전된 축조기술이라고 하겠다.

---

27 崔孟植 外, 『扶蘇山城發掘調査中間報告』, 扶餘文化財研究所, 1995
28 최근 부산 동래읍성 발굴 시에 석축 하단 기저부에 서 뻘 층에 직경 2~3cm의 나뭇가지를 수직으로 박아놓은 것이 확인되었는데, 이것도 습기를 흡수하여 지반을 더욱 단단하게 하기 위함으로 파악된다. 즉 아파트 공사 시에 지반에 파일을 박는 효과를 내는 것이라고 하겠다.

燕下都는 성벽의 기저부가 너무 넓기 때문에 1차에 築城이 이루어지기는 불가능하며, 필요에 따라 안으로부터 바깥으로, 또는 밖으로부터 안으로 한 段 한 段 넓혀 가면서 판축하였다고 추측하고 있고, 鄭韓故城은 성벽 하부에서 木棒으로 다져서 생긴 항와(夯窩)가 圓形圓底이며 직경이 3~4cm인 층과 상부에서 나타나는 夯窩의 형태가 圓形平底이며 직경이 5~6cm인 층을 구분하여, 城壁의 하부는 春秋時期에 축조되었으며, 상부는 戰國時期에 보수되어진 것으로 판단하고 있다. 마찬가지로 風納土城도 성벽의 길이가 3.5km에 달하고, 기저부 폭이 약 43m, 높이 11m가 넘는 대규모인데,[29] 기저부로 내려가면서 그 규모는 더욱 커질 것으로 파악하고 있어, 初築 당시 이와 같은 규모의 성을 일시에 축조한다는 것은 불가능하다.

상기 규모로 풍납토성을 축조하는데 필요한 공역을 『通典』守拒法1에 의하여 산출해 보면 다음과 같다.[30]

① 흙을 운반하는 인원

길이 3.5km, 기서부 폭 43m, 높이 11m에 대한 토량은 1,391,250㎥이며, 이를 톤으로 환산하면 2,226,000톤(t)으로 이를 1.5톤 트럭으로 운반한다면, 139,125대 분량이 된다. 이 토량을 당시의 운반수단인 지게를 이용하고, 운반 거리를 100m로 가정할 때, 운반하는 인원만 626,240명에 달하게 된다. 그러나 여기에서 계산한 토량은 판축이 이루어진 상태에서의 규모로 계산하였기 때문에 版築技法에 의한 압축이 1/3 정도라고 한다면 상기 인원에 3배를 더하여 1,881,720명이 됨을 알 수 있다.

② 성벽을 축조하는 인원

『通典』守拒法에 의하면 하루에 한사람이 2尺을 축조하는 것 : 으로 계산하고 있는데,『通典』이 편찬된 唐代의 尺數는 1尺에 28~31.3㎝를 적용하고 있어, 1尺을 평균 30cm로 하여 토량을 환산하면 441.5丈이 되며, 每 1사람의 功力이 하루에 2尺의 흠을 축조한다면 221명이 동원되며, 연인원은 2,578,186명이 된다.

그리하여 축성에 동원되는 전체 연인원은 ①과 ②를 합한 4,459,906명이 되어『三國志』東夷傳 韓條의 기록에 큰 나라는 萬餘家라고 한 인구 5만 명 전원이 공역에 참여한다고 해도 90일이 소요됨을 알 수 있다.

한편, 風納土城 B지점의 단면을 보면 대체로 3차에 걸쳐 축조되었음을 파악할 수 있다. 첫 번째 축성구간은 중심토루인 I토루의 내벽선 하단으로 연결되는 끝단에 'U'자형의 溝가 형성되어 있는데, 이 溝와 외벽 쪽의 Ⅱ´토루 하단에 형성된 溝가 함께 1차 축성 작업구간으로 곧 初築 城壁이 된다고 하겠다. 그 후 첫 번째 수축구간은 보고자가 1차 축성구간으로 파악하고 있는 지점으로 기저부 조성과 Ⅲ토루 하단에서 마지막 토루와 동일한 성격의 석렬이 확인되는 것으로 보아 이 구간이 제1차 수축 작업구간으로 파악되며, 나머지 구간이 제2차 수축 작업구간으로 파악된다. 그리하여 풍납토성은 1차 축성 이후에 두 차례에 걸친 대대적인 수축이 이루어졌음을 짐작할 수 있다.

29 李亨求,『서울 風納土城[百濟王城]實測調査研究』, 百濟文化開發研究院. 1997, p.64.
30 필자는『通典』守拒法에 의한 산출법을 소개한 바 있다. (沈正輔.『韓國邑城의 研究』, 學研文化社, 1995.)

V. 맺음말

이상으로 서울 風納洞 百濟王城과 中國의 古代都城 중 燕下都와 鄭韓故城의 조사내용을 살펴보고, 공통점과 상이점을 검토하여 보았다. 그리하여 풍납토성 발굴조사 결과 밝혀진 기저부 폭이 약43m, 높이가 11m인 體城의 규모가 中國 戰國時代의 都城 규모와 거의 비슷함을 알 수 있어 중국 商代에서 부터 발달한 판축기법과 함께 제방 축조기술을 채용한 성벽 축조기법이 百濟에 전해진 것을 파악할 수 있다.

그리고 이와 같이 성벽의 규모가 거대해진 것은 중국에서는 春秋時代(BC.770~BC.450)에 축성한 성벽이 戰國時代(B.C.450~B.C.221)까지 계속 사용되면서 거의 5백 년 동안 수차례에 걸친 修築으로 형성된 것이며, 풍납토성은 기원전 1c부터 축조하기 시작하여 475년 高句麗에게 함락되기 이전까지 5백 년 동안 사용하면서 初築 후 크게 2차례의 수축이 이루어지면서 형성된 것으로 우리나라의 판축기법에 의하여 축조된 城으로서는 가장 古式의 축조기법으로 구축되었음이 확인된 것이다.

燕下都와 鄭韓故城이 隔壁으로 土城을 구분하고 있듯이, 백제는 南城과 北城으로 漢城의 구성요건을 충족시키는 것이 정확한 비교방법이 될 것인지는 더 검토해 보아야 하겠으나, 南城으로 비정되는 구릉상의 夢村土城과 北城에 비정되고 있는 평지의 風納土城을 비교해 볼 때 평지에 구축된 風納土城이 당시 國王이 아니면 결코 이룩할 수 없는 규모이기 때문에 初期 王城으로 보아도 무리가 없다고 판단된다. 백제가 漢城을 포기하고 熊津으로 천도할 때 平地 都城의 뼈아픈 경험을 되풀이하지 않기 위해 山城을 택하고 있는 것도 고려할 필요가 있다고 생각된다.

古代 都城考古學의 방대한 학술과제를 감안하면 "點"과 "面"의 관계를 잘 정립하는 것이 매우 중요하다고 한다.[31] 도성고고학의 "面"은 거시적인 방법으로 도성의 위치, 환경, 도시배치구조 등의 과제를 해결하는 것이다. 도성고고학의 巨視的인 측면에서는 도성 배치구조가 가장 중요한 것으로, 성벽, 성문의 분포, 도성 평면 형상, 도로망 및 성 안에 나누어진 구역, 도성과 관련있는 성 밖의 부속 건축물의 위치 확정 및 분포상황 등이 모두 내용에 포함된다.

都城考古學에서의 "點"은 "微視的" 연구를 가리키는 말로 구체적인 발굴 대상에 대한 연구인데, 대표적, 전형적 의미를 가진 유적을 선택하여 "點"을 통해 "面"의 문제를 해결하고 심화한다. 도성고고학에서의   은 성문, 궁전, 종묘유적에서 시작하여 관서, 무기창고, 사원, 이웃마을, 관청, 수공업유적 등으로 확대해야 한다고 한다.

그러나, 풍납토성의 조사·연구에 대한 우리의 현주소는 百濟初期 王城임에 틀림없다는 중요한 단서만을 찾아 놓고 있는 것이다. 상기 과제가 하나 하나 해결되어 나갈 때 풍납토성은 백제 초기 역사를 복원할 수 있는 初期 王城으로서의 면모를 활짝 드러낼 것으로 보인다.

---

31 劉慶柱, 前揭書, 2000, p.33.

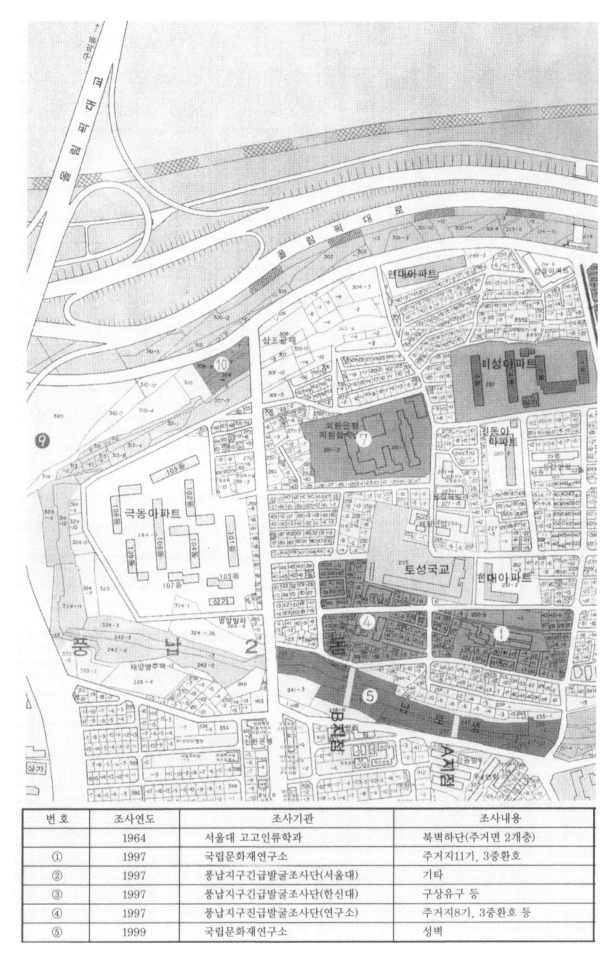

번호	조사연도	조사기관	조사내용
	1964	서울대 고고인류학과	북벽하단(주거면 2개층)
①	1997	국립문화재연구소	주거지11기, 3중환호
②	1997	풍납지구긴급발굴조사단(서울대)	기타
③	1997	풍납지구긴급발굴조사단(한신대)	구상유구 등
④	1997	풍납지구진급발굴조사단(연구소)	주거지8기, 3중환호 등
⑤	1999	국립문화재연구소	성벽

插圖 1. 風納土城 現況圖

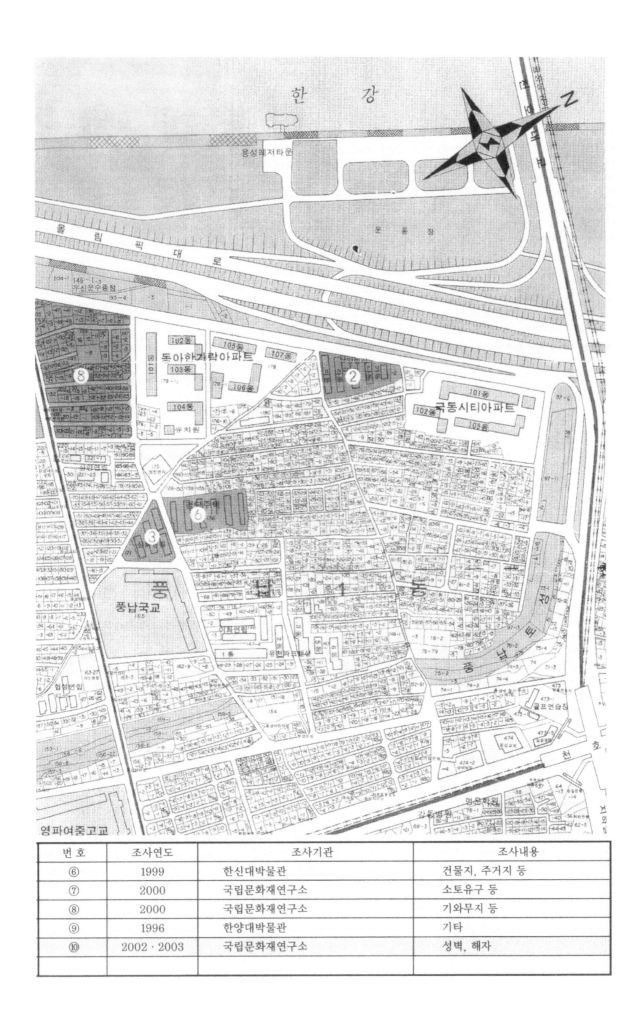

번 호	조사연도	조사기관	조사내용
⑥	1999	한신대박물관	건물지, 주거지 등
⑦	2000	국립문화재연구소	소토유구 등
⑧	2000	국립문화재연구소	기와무지 등
⑨	1996	한양대박물관	기타
⑩	2002 · 2003	국립문화재연구소	성벽, 해자

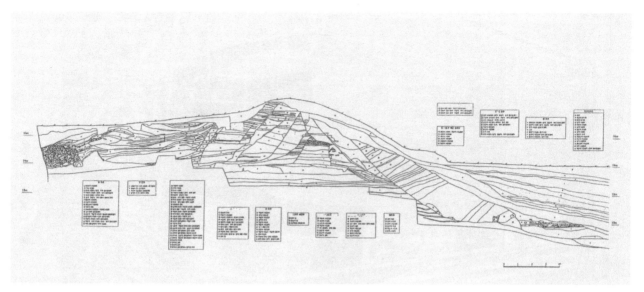

插圖 2. 風納土城 A지점 북벽 토층도

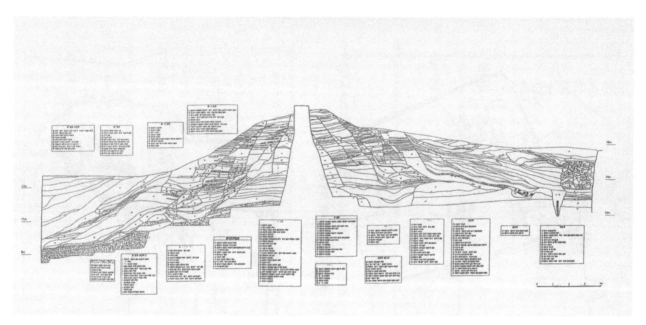

插圖 3. 風納土城 B지점 남벽 토층도

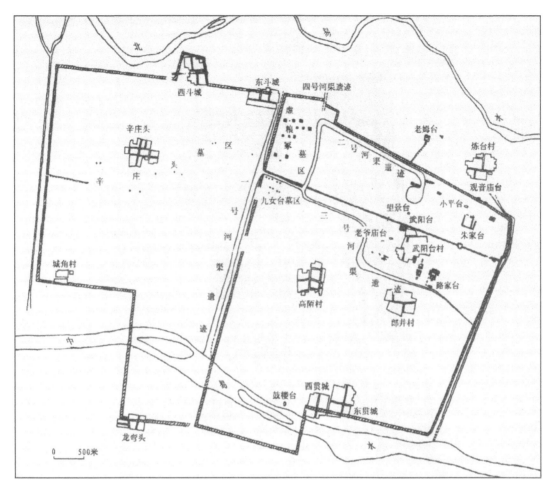

插圖 4. 易縣 燕下都 現況圖

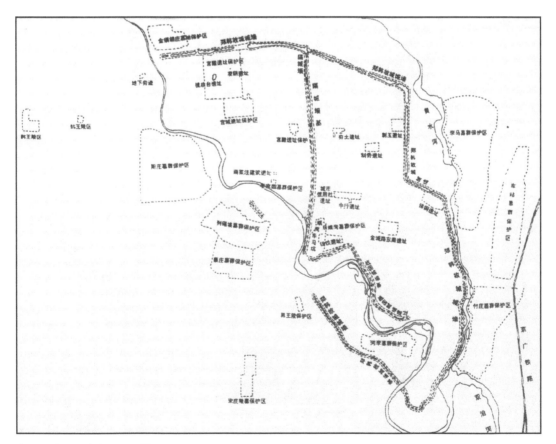

插圖 5. 新鄭 鄭韓故城 現況圖

插圖 6.燕下都 北壁

插圖 7.燕下都 南壁(『燕下都』下, 北京 文物出版社, 1996)

插圖 8. 鄭韓故城 東壁

插圖 9. 鄭韓故城 北壁

4. 風納洞 百濟王城 百濟土器의 形成과 發展

- '漢城百濟土器'에 대한 提言 -

申熙權(國立文化財研究所學藝研究士)

Ⅰ. 머리말

지금까지 '百濟土器' 엄밀히 말하면 '漢城百濟樣式土器'에 대한 연구는 夢村土城과 石村洞古墳群 등 일부 유적에서 출토된 유물에 의해 진행돼왔으나 1997년부터 風納土城의 발굴조사가 본격화되면서 이른바 '백제 토기'에 대한 연구는 전면적인 재검토가 불가피하게 되었다. 풍납토성의 발굴조사에서는 기원 전후~5세기 말에 이르는 다종 다양한 유물이 출토되었다. 내부에서 대형의 6角形 住居址를 비롯하여 16m 이상의 '呂'字 形 石造 建物址와 祭祀 遺構 등 중요한 유구와 수막새, 전돌, 초석, 토관, 중국제 시유도기 편 및 도자기류 등 특수한 용도의 유물이 다량 발견되어 그 중요성이 알려지게 되었다(국립문화재연구소 2001, 權五榮 2001). 특히 1999년 실시된 동쪽 성벽의 절개 조사 결과 폭 43m, 높이 11m에 달하는 3.5km 이상의 거대한 版築 土

城으로 밝혀진 데다 방사성탄소연대 측정 결과 初築 年代가 기원후 2세기대 이전으로 추정됨에 따라 풍납토성이 곧 百濟의 첫 王城인 '河南慰禮城'일 가능성이 높다는 연구 성과들이 속속 제출되고 있다(余昊圭 2002, 申熙權 2002c). 물론 그 이전부터도 풍납토성이 百濟王城이라는 주장이 제기되긴 하였으나(李亨求 1997) 본격적으로 하남위례성으로 비정된 것은 극히 최근의 일이라 할 수 있다.

한편, 土器는 한 시대의 문화를 특징짓는 가장 중요한 고고학적 자료로서 삼국시대의 경우에도 國家 成立의 가장 중요한 指標로 인식되고 있으며, 백제 또한 새로운 토기 양식의 출현을 통해 고대국가 단계로의 진입을 규정짓고 있는 게 사실이다. 따라서 백제의 첫 왕성으로 확실시되는 풍납토성 토기에 대한 연구는 곧 백제토기의 성립과정을 밝혀주는 연구가 될 것이다.

이에 필자는 風納土城에서 출토된 土器에 대한 分類와 器種別 分析을 통해 그 形成과 發展 過程을 살피고, 기존의 백제토기 연구 현황과 비교하여 문제점을 지적한 후 새로운 代案으로서의 百濟土器 形成 背景과 出現 時點에 대한 의견을 제시하고자 한다.

Ⅱ. 風納土城 百濟土器의 分類

1. 技術類型에 의한 分類

技術類型이란 토기 제작 기술과 전통에 관련된 것으로 土器 製作에 수반된 技術 屬性의 組合이라 할 수 있다. 기술적 속성은 여러 가지 측면에서 추출이 가능하지만 크게는 토기의 단단한 정도를 의미하는 硬度,색깔을 나타내는 色調, 원재료의 질을 보여주는 胎土 등으로 구분 가능하다. 또한 기술적인 측면 외에 장식적 효과가 가미된 토기 표면의 文樣 역시 토기의 기술유형을 가늠하는 중요한 속성으로 평가된다. 풍납토성 출토 토기의 기술유형에 대해서는 토기 제작의 기술 수준을 가장 잘 반영한다고 할 수 있는 경도와 제작 전통을 뚜렷이 반영하는 문양을 중심 속성으로 두고, 태토와 색조를 하위 속성으로 삼아 풍납동식 무문토기, 연질 날문토기, 연질 무문토기, 회색 경질토기, 회청색 도질토기의 5개 유형으로 분류한 바 있다.[32]

따라서 이 글에서도 기왕의 분류방식을 따르되, 논지 전개상 특별히 따로 나누어 설명할 필요성이 적다고 판단되기 때문에 회색 경질토기와 회청색 도질토기로 구분하였던 것을 편의상 회청색 경질토기로 묶어 風納洞式 無文土器, 軟質 打捺文土器, 軟質 無文土器, 灰靑色 硬質土器의 4개 기술유형으로 구분하여 설명하고자 한다.[33]

---

32 풍납토성 토기의 기술유형 분류와 개별 속성 분석에 대해서는 국립문화재연구소의 『風納土城 Ⅰ』(2001) 보고서의 유물고찰편 520~523쪽을 참고하기 바란다.

33 회색 경질토기와 회청색 도질토기는 속심의 색깔이 회색과 자색으로 각기 다르게 나타나고, 실제로 도질토기의 경우 1100~1200°이상의 고온에서 소성되는 등 차이가 분명하게 드러난다. 그러나 이 글에서 논하고자 하는 백제토기의 형성과 발전이라는 측면에서 보면 회색 경질토기와 회청색 도질토기가 모두 앞선 연질 타날문토기와 연질 무문토기의 기술유형을 계승한 위에 점차로 소성온도가 높아지고 있다는 점, 양 기술유형 간에 일부 신기종을 제외하고는 특별히 기종 상의 차이가 없다는 점 등의 측면에서 비록 제작기술 상의 차이가 존재하기는 하나, 일단 하나의 기술유형으로 묶어서 분석하고자 한다.

2. 器種에 의한 分類

器種이란 飮食物의 貯藏, 調理, 運搬 등 토기의 機能에 따라 결정되는 것으로 기능이 명확히 차이나는 각각의 토기 종류를 가리킨다. 그렇기 때문에 토기의 기종은 그 기능을 좌우하는 그릇의 形態屬性에 가장 큰 영향을 받는다고 할 수 있는데, 토기의 크기, 깊이, 두께 등 계측 가능한 속성들이 내재되어 있기 때문에 객관적인 속성의 추출을 통해 기종 분류가 가능하다 할 수 있다.

풍납토성 토기에 대해서는 1차적으로 심도, 동체 축약도, 크기의 형태 속성을 기준으로 기능별 기종군을 분류하고, 이렇게 구분된 기종군 내에서 저부 형태, 구연 형태, 동체부 형태 등 세부 기능과 관련된 2차 형태 속성을 통해 기종으로 구분한 바 있다. 그 결과 풍납토성 토기는 중국에서 수입된 것으로 추정되는 중국 도자기류와 형태 파악이 거의 불가능하거나 극소량인 기타 유물을 제외하고 총 13개 器種群, 31개 器種으로 분류되었다.[34]

이하에서는 위 결과를 바탕으로 풍납동식 무문토기 등 4개 기술유형에 대한 특징을 개관하고 각각의 기술유형과 결합되는 대표적인 기종들을 중심으로 특징과 변천 과정 등에 대해 구체적으로 살펴보고자 한다.

III. 風納土城 百濟土器의 形成과 發展

1. 風納洞式 無文土器(사진 3)

풍납동식 무문토기는 이전의 무문토기 제작기술을 계승한 데다 표면 처리를 강화하는 등 정면 기법을 달리하여 제작된 무문토기로 '硬質 無文土器' 혹은 '中島式 無文土器' 등으로 불리던 것들이나, 실재로 이러한 기술유형의 토기가 제일 먼저 발견된 유적은 풍납토성으로 당초 '風納里 無文土器'로 명명된 베 있다(金元龍 1967).

풍납동식 무문토기는 경도로 볼 때 연질에 속하며, 산화염에서 소성되어 적색을 띤다. 태토는 직경 2~5nm 정도의 굵은 석립이 조밀하게 포함되어 있는 거친 질인데, 성분분석 결과 석영, Albite, Microcline(미사장석) 등의 점토광물이 확인되었고, 흡수율은 13~17% 정도로 풍납토성 토기 가운데 가장 높아 가장 낮은 온도에서 소성되었음을 알 수 있다(崔聖愛 2002).

풍납동식 무문토기 기종군은 대부분 平底에 심도가 깊고, 동체 축약이 뚜렷하지 않은 편이며, 구연부 형태에 따라 외반 구연호와 내반구연호로 구분된다. 이러한 기종구성은 북한강유역의 中島 주거지 등 주변의 유적에서 출토되는 양상과 크게 다를 바가 없으며, 토기의 형태 등도 크게 차이가 없다고 할 수 있다. 즉, 이들은 기종 구성뿐 아니라 기형도 단순한 편에 속하는데, 그만큼 기능도 분화되지 못했던 것으로 추정되고, 대체로 貯藏과 調理를 겸하는 정도였을 것으로 생각된다.

---

34 앞서 살펴본 기술유형과 마찬가지로 기종 분류에 대해서도 국립문화재연구소의 「瓜納 上城 I」(2001) 보고서의 유물고찰편 524~532쪽을 참고하기 바란다.

가. 외반구연호(外反口緣壺)

편평한 바닥에 동 최대경이 상부에 있는 細長한 형태를 띠고 있으며, 짧은 목에 급격히 외반하는 구연을 특징으로 한다. 토기의 높이를 통해 크기를 분류해 본 결과 대체로 16cm 내외의 소형, 21~25cm의 중형, 30cm 이상의 대형으로 구분되는데, 이 중 소형은 별도의 기종으로 분류하였다. 한편 최근에 실시한 풍납동 삼표산업사옥 신축부지의 발굴조사에서는 그동안 확인된 것 가운데 가장 큰 외반구연호가 출토되었는데,(사진 1) 높이가 약 70cm 정도를 나타내고 있어 특수한 목적의 貯藏容器 또는 儀禮容器로 추정된다.

나. 내반구연호(內反口緣壺)

기본적인 형태는 외반 구연호와 동일하나 상부로 가면서 동체가 내반하다가 갑자기 잘린 듯한 구연부를 갖는다. 대체로 높이 30cm 이상의 대형으로 출토되고 있어 주로 貯藏用으로 사용되었던 것으로 볼 수 있다.

다. 외반구연소호(外反口緣小壺)

외반 구연호 가운데 높이 20cm 미만의 소형의 것으로 저부와 내면에 그을음이 묻어 있는 것들로 보아 調理用으로 사용되었거나 혹은 소량의 음식물을 保管하였던 것으로 추정된다.

풍납동식 무문토기 외반 구연소호는 형태상의 특징과 기능을 고려할 때 打捺文 鉢類로 變遷하는 것으로 추정되는데, 이러한 과도기적 양상을 보여주는 대표적인 유물이 풍납토성 가-2호 주거지 등에서 출토된 바 있어 위 추론을 뒷받침하고 있다.

2. 軟質 打捺文土器

연질 타날문토기는 그 명칭에서 알 수 있듯이 소성도가 그다지 높지 않으며, 기면에 타날문이 시문되어 있는 토기를 말한다. 태토는 조질과 정질이 거의 대등한 비율로 출토되어 특정 태토를 취하였다기보다는 각각의 기능에 따라 선별적으로 채용되었음을 입증하고 있다.

연질 타날문토기의 가장 큰 특징으로는 역시 이전의 무문토기에서는 전혀 볼 수 없었던 打捺技法의 導入을 들 수 있다. 타날기법은 戰國系 製陶技術에서 源流를 찾을 수 있고, 보다 직접적으로는 西北韓 樂浪지역의 影響을 상정할 수 있는데, 단순히 장식적인 요소 외에 기벽의 강화라는 실질적인 기능에서 비롯된 것으로 추정된다. 이는 곧 土器 製作 技術에 있어서의 전반적인 變化라 할 수 있으며, 타날기법의 적용 외에 토기의 형태 및 소성 기술 등의 차이도 수반되고 있다. 즉, 형태적 측면에서는 녹로나 물레 등 回轉成形에 의한 둥근 밑 항아리의 출현을 가장 큰 변화로 상정할 수 있고, 소성 기술에서는 밀폐된 還元焰에서 燒成된 회색계 토기의 등장을 꼽을 수 있을 것이다.

연질 타날문토기의 대표적인 기종으로는 단경 구형호·장란형호 등의 호류와 발류, 대옹류, 시루류 등을 들수 있다.

가. 단경구형호(短頸球形壺, 사진 4)

단경구형호는 짧은 목에 둥그런 동체를 특징으로 하는데, 제작기술의 변화가 두드러진 기종으로 시간이 지나면서 경질화·무문양화되는 경향을 보여주고 있다. 높이 25cm를 경계로 대형과 소형으로 구분 가능한데, 소형의 단경구형호는 다소 늦은 시기에 유행하는 소수 기종이기 때문에 이 글에서는 대형의 단경구형호에서만 대해 살펴보고자 한다.

형태분석 결과 단경구형호는 눌린 원저에서 들린 저부로, 단순 외반 구연에서 내경하다가 꺾이는 구연·직립 구연 등 다양한 형태의 구연으로, 요면이 없는 구순에서 있는 구순으로 변화하는 경향이 인지된다. 시문양상은 문양의 종류, 시문 부위, 횡침선의 유무 등에 따라 매우 다양한 변이를 보이고 있지만 대체로 繩文·格子文—格子文·集線文-*集線文·無文으로 변화하는 경향성을 찾을 수 있다. 승문과 격자문은 단독으로 시문되기도 하지만 일반적으로 부위를 달리허여 중상부에 승문, 하부에 격자문이 타날되는 것이 우세하고, 중상부 승문은 점차 소멸하여 집선문으로 대체된다. 집선문은 주로 경질 단경구형호나 도질의 소형 단경구형호에 시문되는 늦은 단계에 유행하는 문양이다.

한편, 문양 속성의 가장 큰 변화는 無文化 경향이라고 할 수 있는데 이것은 처음에 동상부에서 시작되어 점차 전면에 걸쳐 문양을 지우는 부분이 확대되어 전면 무문으로 변화하는 것이다. 이 밖에 문양 속성 중 시간차를 잘 반영한다고 볼 수 있는 것은 橫沈線의 시문 양상인데, 대체로 승문이 타날된 단경구형호는 횡침선을 경부 하단부에서 동체 중하부까지 촘촘하게 돌린 것과 어깨 윗부분에서 동체 중하부까지 다소 넓은 간격으로 돌린 것의 2가지 유형과 결합하는 경향이 두드러지고, 집선문이 타날된 단경구형호는 점차 침선이 줄어들거나 완전히 사라지는 양상을 띠고 있다.

단경구형호는 打捺文土器의 導入과 함께 사용되기 시작한 전통적인 기종으로 한강유역 뿐만 아니라 한강이남 지역의 철기시대, 삼국시대 유적에서 일반적으로 제작, 사용되었는데, 풍납토성에서 출토된 단경구형호는 제작기술과 형태, 그리고 문양 등의 시간적 변화 양상이 비교적 뚜렷하게 관찰되기 때문에 좋은 연구자료가 될 것으로 기대된다.

나. 장란형호(長卵形壺)

장란형호는 기술속성이 단경구형호와 유사하나 동체 형태가 橢圓形에 가까운 난형 또는 長卵形의 호류를 일컫는 것으로 연질 타날문토기 기술유형의 대표적인 기종이라 할 수 있다.[35] 색조는 적갈색계가 다소 우세하나 회색계도 적지 않아 소성 조건은 선택적으로 채용된 것일 뿐 별다른 의미는 없는 것으로 보인다. 태토는 대부분 거친 질 또는 조질로서 煮沸容器라는 기능상의 특성에 기인한 것으로 볼 수 있고, 대체로 시루와 같은 조리 용기와 결합하여 사용되었던 것으로 추정된다.

장란형호에 채용되는 문양은 동상부 승문+동하부 격자문, 전면 승문, 전면 격자문, 타날 후 지운 것 등의 4가지이나 대체로 동 上部에 繩文을 타날하고 下部에 格子文을 타날한 것이 일반적이며, 점차 무문화되는 경향도 관찰할 수 있다. 그 밖에 구순의 형태에서 반듯하게 처리되던 것이 밑으로 삐지거나 요면화되는 경향을 제외하고는 뚜렷한 시간차를 발견할 수 없다.

장란형호는 풍납토성 외에도 漢江流域의 住居遺蹟에서 普遍的으로 발견되는 기종인데, 실생활에서 가장

---

35 「風納土城 I」(국립문화재연구소 2001) 보고서에는 난형호로 별도 분류하였던 것을 이 글에서는 기능상 차별성이 적다고 판단되어 다수에 속하는 장란형호에 편입하였다.

필수적으로 사용되는 기종인 만큼 전통성이 강해 기술상으로나 형태상으로 변화가 적은 편이며, 그렇기 때문에 자체적인 편년이나 발전과정을 파악하기는 상대적으로 어렵다 할 수 있다.

다. 발(鉢, 사진 6,7)

기존에 深鉢形土器라고 명명되었던 것으로 平底에 최대경이 동 상부에 있으며, 살짝 외반하는 구연을 특징으로 한다. 발은 모두 연질로 저화도 소성 상태에서 제작되었으며, 문양은 打捺文系가 絶對 多數를 점하고 있다. 색조는 산화염계인 적갈색계가, 태토는 조질이 우세하다. 즉, 기술속성 조합에서 '연질-타날문-적갈색-조질 태토'의 조합이 전체의 50% 이상을 차지하고 있는데, 그 이유는 발류 역시 장란형호류와 마찬가지로 煮沸容器로 사용되었기 때문일 것으로 생각된다.

발류는 대체로 구경 13cm를 기준으로 소구경군과 대구경군으로 분류 가능하고, 심도 0.95를 기준으로 깊은 것과 얕은 것으로 나눌 수 있다. 발류 또한 시간성의 변화가 적은 기종이라 볼 수 있으나 형태와 문양에서 세부적인 변화가 감지된다. 충별 출토 비율로 볼 때 깊은 발에서 얕은 발로 변천하는 것을 알 수 있고, 구순의 형태로부터 둥글거나 반듯한 구순에서 삐지거나 요면이 있는 구순으로 변화하는 것을 볼 수 있다.

문양은 繩文에 橫沈線이 시문된 유형이 가장 많고, 횡침선이 없는 승문과 격자문 순을 보이고 있다. 충위별 빈도로 보면 승문+횡침선은 각 충에서 고른 비율을 보이고 있으며, 상충으로 가면서 格子文이 減少하고 集線文이 증가하는 변화상이 관찰된다. 또한 횡침선의 시문양상에서도 변화가 보이는데, 횡침선은 구연 아래부터 저부까지 여러 줄을 돌린 것과 중상부에 3~4줄 정도만 돌린 것으로 구분할 수 있다. 대체로 아래 충에서 출토된 것은 주로 승문을 타날하고 횡침선을 전체적으로 빽빽하게 돌리는 경향이 우세한 반면 상충으로 갈수록 횡침선의 수가 적어지고 침선간의 간격도 넓어지고 있다.

발류는 그 器形上 한반도 남부 松菊里土器圈 내지는 三角形粘土帶土器에서 緣起한 것으로 보기도 하는데(金元龍 2000), 漢江流域의 경우 風納洞式 無文土器 기술유형의 外反口緣小壺가 변화 발전하여 출현한 기종으로 이해된다. 따라서 紀元을 전후한 시기에 西北韓 지역의 打捺文土器 製作技術이 導入되면서 가장 먼저 출현하는 기종의 하나로 볼 수 있다. 그러나 일각에서는 한강유역의 타날문 심발형토기를 중서부지방의 그것과 비교하여 3세기 전반-중엽을 상한연대로 보는 견해도 있는데(朴淳發 2001), 이는 심발형토기의 연대를 풍납토성의 축조연대와 연결시키기 위한 자의적인 해석으로 전반적인 심발형토기의 속성과변천 과정에서 볼 때 납득하기 어려운 점이 많다.[36]

이렇듯 발류는 이른 시기에 출현하여 한성백제기 전 기간에 걸쳐 꾸준히 사용되는 대표적인 생활용기로서 장란형호와 마찬가지로 세밀한 연구가 요구되는 기종이다.

라. 대옹(大甕, 사진 8)

대옹의 동체 형태는 卵形으로 경부가 비교적 길며, 구연과의 경계가 명확하고, 동 최대경에서 경부로 축약되는 정도가 그다지 뚜렷하지 않은 자루 형태를 띠고 있다. 저부 중앙에는 원형의 굽이 부착된 것과 그렇

---

36 이에 대한 비판은 申熙權, 2002b의 pp.42~44와 申鍾國, 2002의 pp.86~87.에 상세히 정리되어 있다.

지 않은 것이 있는데, 저부에 굽이 있는 것이 굽이 없는 것보다 먼저 출현했을 가능성이 높다.

기술 속성 상 연질 타날문토기 기술유형과 회색 경질토기 기술유형이 절반 가량씩을 차지하고 있는데, 다른 토기류와 마찬가지로 시간이 지나면서 硬質化되는 특징을 보이고 있다.

동체 문양은 格子文이 절대 多數를 차지하며 시간이 경과 함에 따라 집선문을 타날하거나 문양을 지운 것이 등장한다. 한편 대옹에서는 頸部와 동체부 사이의 문양을 특징으로 들기도 하는데, 문양 없이 얕은 홈의 경계부만 관찰되는 것에서 다양한 형태의 鋸齒文이나 菱形文, 圓文을 시문한 것 등으로 변화한다.

이러한 대옹류는 풍납토성에서 탄화된 곡물이 담긴 채로 발견되는 등 貯藏容器로서 출토된 이래 坡州의 舟月里유적에서 집중적으로 출토된 예가 있고(京畿道博物館 1999), 최근에는 한강유역의 주거유적 곳곳에서 출토되고 있다.[37]

漢江流域의 이러한 實用 大甕과 기술적 속성이나 형태, 문양 면에서 유사한 榮山江流域의 大形 甕棺을 비교할 때, 한강유역의 대옹이 형식상 보다 이른 시기의 것으로 파악되기 때문에, 앞으로 이에 대한 면밀한 비교 연구가 요구된다.

기타 대옹을 제외한 옹류로는 直口甕, 卵形甕, 球形甕 등이 있는데, 크기상으로는 옹류로 분류할 수 있으나 형태 속성상 대옹류 보다는 호류와의 유사성이 더 크다고 볼 수 있어 향후 옹류와 대형 호류에 대한 검토도 필요한 형편이다.

마. 시루(甑, 사진 5)

시루는 장란형호와 같은 자비용기 위에 얹어 곡물을 찔 때 사용된 것으로 調理容器에 해당된다. 시루의 저부는 圓底와 平底로 나눌 수 있으며, 구연은 대부분 목 없이 짧게 꺾이고 있다. 크기분석 결과 시루의 底經은 15~23cm에, 장란형호의 목지름은 16~27cm에 밀집 분포하는 것으로 나타났기 때문에 확실히 장란형호 위에 시루를 얹어져 사용하였음을 알 수 있다.

시루는 경도상으로 경질이 전혀 보이지 않으며, 일부 문양이 없는 것을 제외하고는 대부분 연질 타날문토기 기술유형에 의해 제작되었던 기종이다. 색조는 환원염계와 산화염계가 7 : 3 정도의 비율을 보이고 있고, 태토는 정질이 90% 이상을 차지하고 있다. 다만 조질의 태토는 하층에서 만 출토되고 있어 이른 시기에는 조질태토를 사용하다가 시간이 지나면서 정질태토를 채용한 것으로 보인다.

완전한 형태로 출토된 것들이 적기 때문에 층위를 중심으로 변화양상을 살펴보았는데, 圓底에서 平底로 變化한 것을 알 수 있다. 한편 저부에 뚫린 구멍이 특징적인데, 초기에 작은 구멍을 많이 뚫었던 것에 반해, 시간이 지나면서 중앙의 둥근 구멍 주위로 삼각형 또는 반달형의 구멍을 정연하게 배치한 형태가 두드러진다. 문양은 전면 격자문이 대다수를 차지하나, 이른 시기의 것에서 승문+격자문이 발견되어 繩文+格子文→格子文→無文으로 변화한 것으로 추정된다.

---

37 현재 발굴조사가 진행되고 있는 경기도 화성 발안리 주거유적에서도 여러 점의 대옹이 출토된 것으로 보고되었다(畿甸文化財研究院, 2003, 「華城 發安里 마을 遺蹟 · 旗安里 製鐵遺蹟 發掘調查」, 現場說明會資料 14)

3. 軟質 無文土器

연질 무문토기는 기술속성상 소성도가 그다지 높지 않은 연질에 정선된 점토질태토를 채용하였으며, 기면 조정 시 깎기와 磨研을 이용하여 토기 표면을 매끄럽게 다듬은 것을 특징으로 한다. 색조는 대부분 회색으로 밀폐요에서 還元焰으로 燒成된 것들이 주를 이루며, 기종 구성상 이전에 보이지 않던 다수의 新器種이 출현하고 있어 토기 生産體制가 보다 專門化된 단계로 접어들었음을 추정케 해준다. 이와 같은 새로운 기술유형은 동 시기 다른 유적에서는 보편화되지 않은 것으로, 風納土城과 夢村土城 등 漢城百濟 中心地의 대표적인 토기 문화의 특징을 반영한다고 할 수 있다.

연질 무문토기의 주요 기종으로는 원저호류와 완류 등 타날문토기와 공유되는 것들을 제외하고 직구단경호와 광구단경호, 배류, 반류, 소호류, 기대류 등이 있다.

가. 직구단경호(直口短頸壺, 사진 9-좌)

圓底에 球形 내지 扁球形의 동체를 가지며 짧은 목에서 直立하는 口緣을 특징으로 한다. 성형시에 타날기법을 동원하여 기벽을 강화한 후 문양을 지우고 磨研하여 표면을 매끄럽게 하였으며, 일반적으로 肩部에 특징적인 陰刻 文樣帶를 갖는다.

구경 분포도를 보면 12cm 부근에서 두 개의 군으로 나누어지는데, 충위와 경도를 비교해 볼 때 소구경군의 직구단경호가 다소 늦은 시기에 고화도 소성기술과 밀접한 관련을 가지면서 제작되었을 것으로 판단된다. 또한 이를 견부 문양대와 대비하면 이른 시기-대구경군-무문양계·사격자문계와 늦은 시기-소구경군-파상문계 구획문계의 조합관계를 상정할 수 있다.

직구단경호는 風納土城 외에 夢村土城, 石村洞, 新鳳洞, 法泉里 등 초기 백제시대 유적에서 주로 출토되는데, 대체로 다른 유적에서는 소구경군에 도질토기가 많아 풍납토성보다 늦게 제작된 것으로 추정된다.

이러한 직구단경호의 발생 및 출현 연대에 대해서는 견부의 음각 문양이 중국 三國末~西晉代에 걸친 古越磁의 각 기종들에 널리 시문되는 것들과 흡사하다는 점을 들어 이것의 영향을 받아 3세기 후반 후엽~말경에 출현한 것으로 보았다.(朴淳發 1992). 이와 관련하여 주목되는 유물로 風納土城 가-2호 住居址에서 출토된 直口短頸壺가 있다. 이것은 회색 연질에 좁은 구경과 비교적 길게 직립하는 구연, 발달된 어깨를 가지며, 동체 표면은 마연하여 매끄럽고, 하부에 타날 후 지운 듯한 집선문이 남아 있는 특징을 보이고 있다. 扁球形 동체에 陰刻 斜格子文의 肩部文樣帶를 가진 나-1호 住居址 직구단경호에 비교할 때 다소 이질적인 속성을 지니고 있으나 전체적인 기술 속성과 형태 속성으로부터 직구단경호의 범주에 포함시킬 수 있다고 판단되는데, 주거지의 구조와 충위, 공반 유물 등을 볼 때, 가-2호 주거지가 풍납동식 주거지에서 이른 시기로 볼 수 있어 이 토기가 직구단경호 가운데는 가장 이른 단계의 것으로 판단된다.

또한 이와 유사한 형태 및 기술유형의 직구단경호가 中島 積石塚에서도 출토된 바 있는데(朴漢高·崔福奎 1982) 시간적으로 2세기대를 넘지 않을 가능성이 크기 때문에 직구단경호의 출현 배경 및 연대에 대한 재고의 여지가 있다고 판단된다. 더욱이 이러한 직구단경호가 유사한 기술속성으로 제작된 廣口短頸壺와 共伴 출토되고 있어 양자의 출현 배경 및 연대가 동일한 것으로 추정됨에 따라 2세기대에 漢代 樂浪土器의 영향을 받아 출현한 직구단경호가 3세기 후반경 中國 陶磁器의 영향으로 음각 사격자 문양대를 채용한 것이 아닌가 생각된다.

나. 광구단경호(廣口短頸壺, 사진 9-우)

-50 -구경이 넓고 깊이가 낮으며, 짧게 직립하는 구연에 발달된 어깨를 가진 平底 토기이다. 광구단경호는 매우 정선된 태토에 별다른 문양을 시문하지 않고 깨끗하게 마연하는 특징을 보이고 있다. 경도상으로는 연질이 압도적인 비율을 차지하는데 다른 기종의 연질에 비해서는 비교적 높은 경도를 지니고 있다.

광구단경호의 구경 분포를 보면 25cm를 기준으로 소구경군과 대구경군으로 나뉘는데, 대구경군은 모두 연질이고 소구경군 역시 연질이 대부분이나 경질도 점차 증가하고 있다. 구순 형태와 동체 홈의 유무로 충별 변화를 살펴본 결과 상충으로 가면서 소구경군을 중심으로 동체홈이 생겨나며, 뾰족한 형태의 구순이 늘어나고 있음을 알 수 있었다.

광구단경호는 앞서 살펴본 직구단경호와 더불어 3세기 중후엽 경의 국가 형성기에 東夷校尉府를 매개로 활발하게 전개되었던 百濟의 對西晉 交涉過程에서 遼寧地方의 土器文化 일부가 백제측 정치엘리트 계층의 威信財로서 選別 受容된 것이라는 주장이 제기된 바 있다(朴淳發 1999). 그러나 최근에는 광구단경호가 기술유형 상 樂浪古墳에서 주요 副葬品으로 사용되는 광구단경호와 토기의 깊이나 크기, 어깨 높이 등에서 유사한 면이 있으며, 저부에서 예새로 깎는 기법이 관찰되는 등 직구단경호와 더불어 낙랑토기와의 연관성을 상정할 수 있다는 새로운 견해도 제시되고 있다(申鍾國 2002).

이렇듯 광구단경호나 직구단경호는 비록 인접 지역과의 계통성을 상정할 만한 개연성이나 유물에서의 공통점이 엿보이기는 하나 세부적으로 보면 차이가 나는 면도 적지 않다. 그러나 현재로서는 새로운 제도기술의 도입이란 측면과 시점 등을 종합적으로 고려할 때 요녕 지방에서 기원을 찾기보다는 일차적으로 樂浪土器의 影響을 받아 製作되어 百濟의 特徵的인 土器로 變化 發展한 대표적인 기종으로 보는 편이 타당할 것으로 생각된다.

다. 배류(杯類)

기존의 高杯, 杯形 三足器, 蓋杯 등을 포괄하는 기종군으로 음식물을 담아내는 접시의 기능을 했던 것으로 생각된다. 풍납토성에서는 대부분 3충과 4충에서 만 출토되고, 고화도에서 소성된 것이 많은 비율을 차지하고 있어 3세기 중반 이후의 비교적 늦은 시기에 출현한 기종군으로 볼 수 있겠다. 구경 16.5cm 미만인 것이 대부분으로 小形 食器類에 속하며, 다리 또는 저부의 형태에 따라 대각이 부착된 것은 고배, 삼족이 부착된 것은 삼족배, 배신부 만 있는 것은 개배로 분류할 수 있다.

배류는 표면 처리에 있어서 기벽 강화 수단으로서 타날기법을 채용하지 않았으며, 회전판을 이용하여 성형하고 난 후 물 손질로 정면한 특징을 보이고 있다. 환원염으로 소성되어 색조는 회색이나 회청색을 띠며, 대체로 정선된 점토질 태토를 사용하였다.

고배(高杯)의 분석 대상 속성은 대각의 높이와 구연 높이, 뚜껑받이 턱의 형태 등을 꼽을 수 있는데, 분석 결과 대체로 '연질-낮은 대각-낮은 구연-돌대형식 뚜껑받이 턱의 각진 어깨'와 '경질과 도질-높은 대각-높은 구연-돌출된 뚜껑받이 턱의 각진 어깨'의 결합상이 확인되었다.

삼족배(三足杯)의 분석 대상 속성은 구연 높이와 어깨 형태로 삼았는데, 고배와는 약간 상이한 결과가 도출되었다. 즉 고배에 비해 둥근 어깨 형태의 비율이 상대적으로 높았으며, 둥근 어깨와 돌출된 뚜껑받이 턱의 각진 어깨의 삼족배는 경질, 도질과 높은 상관성을 가지며, 돌대형식 뚜껑받이 턱의 각진 어깨 삼족배는 연질과 높은 상관성을 가진 것으로 드러났다.

개배(蓋杯)는 개체수가 적어 분석이 쉽지 않으나 어깨 형태가 둥근 것이 특징적이며, 고배나 삼족배의 경우 둥근 어깨를 가진 것은 경질이나 도질이 많은 것에 비해 개배는 연질이 압도적이다.

이상 배류 가운데 高杯와 三足杯는 夢村土城 발굴조사 이래 典型的인 漢城百濟樣式의 토기로 注目되어 왔으나 型式分類 등 세밀한 연구는 상대적으로 未盡한 편이었다. 한편 蓋杯는 풍납토성 외에 몽촌토성, 석촌동 고분군 등 한성백제 지역 전체에 걸쳐서도 극히 적은 양이 출토되었으며, 오히려 5세기 후반 이후 錦江流域의 古墳 副葬品으로 주로 사용되다가 榮山江流域에서 비로소 定型化되는 기종으로 볼 수 있다.

라. 반류(盤類)

심도가 낮은 것 중 口經 16.5cm 이상의 大形 器種을 가리키는 것으로 구연 형태와 삼족의 유무에 따라 무개반, 유개반, 무개삼족반, 유개삼족반으로 나눌 수 있다. 기고에 비해 구경이 훨씬 커서 음식물 따위를 담아 保管하거나 運搬하는 용도로 사용되었을 것으로 추정된다.

무개반(無蓋盤)은 연질-무문-회색-정질태토의 전형적인 연질 무문토기 기술유형으로 제작되었고, 구경 30cm를 기준으로 작은 것은 소형, 큰 것은 대형으로 분류할 수 있다.

유개반(有蓋盤)은 소수 기종이지만 연질 무문토기, 회(청)색 경질토기의 다양한 기술유형이 확인되고, 형태상으로 광구단경호와 유사하나 심도가 매우 낮아 반류로 분류하였다.

무개삼족반(無蓋三足盤)은 기존에 무개삼족기로 분류되었던 것 중 구경 16.5cm 이상에 뚜껑받이 턱 없이 외반하고, 배신이 평평한 것을 가리킨다. 대부분 '연질-무문-회색계-정질'의 전형적인 연질 무문토기 기술유형으로 제작되었으며, 구경은 16.8cm~19.7cm의 좁은 구간에만 분포하고 있어 단일기종을 이루었던 것으로 볼 수 있다.

유개삼족반(有蓋三足盤)은 기존에 盤形三足器로 분류되었던 것 중 구경이 16.5cm 이상이며, 뚜껑받이 턱이 있고 구연이 내경하거나 직립하고 있어 뚜껑과 결합했을 것으로 추정되는 것을 가리킨다. 유개삼족반의 구경은 대체로 17~28cm에 밀집 분포되어 있으며, 대부분 아주 무른 연질-무문-회색-정선된 태토의 기술속성 조합을 지니고 있다. 유개삼족반은 토기의 질이나 소성 상태가 대단히 양호한 유개기종으로서 시간이 지나면서 경질화되거나 구연이 내경하고, 동체 흠이 뚜렷해지는 변화가 인지된다.

마. 완류(盌類, 사진 10)

풍납토성 전 층에서 가장 고르게 출토되는 기종으로 흔히 밥그릇이나 국그릇 등의 食器類를 가리킨다. 저화조 소성의 연질에 정질태가 절대 다수를 차지하고 있으나 시간이 지나면서 경질화되는 경향도 엿보인다. 일부 격자 타날문이 시문된 것을 제외한 나머지는 무문으로 기벽을 강화하기 위한 타날기법을 채용하지는 않았던 것으로 보인다.

완의 크기는 구경 분포에 따라 12cm 미만의 소형, 12~16.5cm의 중형, 그 이상의 대형으로 나눌 수 있는데, 중형의 완이 대부분을 차지하고 있다[38]

완은 상당 기간 지속적으로 사용된 기종임에도 불구하고 기술속성의 변화나 형태적인 변이가 뚜렷하지 않은데, 형태상으로는 동체에서 그대로 연결되어 반듯하게 처리된 구연부를 갖는 것이 50% 정도를 차지하고 있으며, 점차 뾰족한 구순 형태를 갖는 것이 증가하기도 하고, 소량이나마 외반된 구연 형태가 출현하기도 한다.

바. 소호류(小壺類)

구연 형태와 저부 형태, 그리고 목의 길이를 기준으로 장경소호, 외반구연소호, 직구소호, 첨저소호의 기종으로 세분할 수 있다.

장경소호(長頸小壺)는 연질 무문에 사립이 많이 섞인 조질 태토를 사용하였고, 적갈색계를 띠는 것이 2점 확인되었다.

외반구연소호(外反口緣小壺)는 평평한 저부에 최대경이 동 상부에 위치하는 다소 납작한 유견형이며, 짧게 외반하는 구연을 가진다. 대부분 연질-무문-회색-정질태토로 조합되어 있고, 점차 경질화되거나 동체 홈이 출현하기도 한다.

직구소호(直口小壺)는 직립하는 구연이 특징적일 뿐 나머지 형태적인 특징은 외반구연소호와 유사하다. 기술유형도 연질-무문-회색-정질태토가 우세하나 회청색 경질토기도 존재하며, 소형뚜껑과 결합되어 사용된 것으로 추정된다.

첨저소호(尖底小壺)는 뾰족한 바닥과 외반하는 짧은 구연이 특징적인데, 풍납토성의 가장 윗 층에서만 출토되고 있어 4세기 중반 이후의 늦은 시기에 출현하는 기종으로 볼 수 있다. 기술적으로는 무문-정질태토-환원염계의 조합을 보여준다.

사. 뚜껑류(蓋類, 사진 11)

뚜껑류는 단독으로는 독립된 기능을 할 수 없고, 반드시 有蓋器種과 結合하여 사용되는 기종이다. 풍납동식 무문토기와 연질 타날문토기 기술유형에서도 뚜껑이 출현하나 '연질-무문-회색계-정질태토'의 조합을 지닌 연질 무문토기 기술유형이 대부분을 차지하고 있으며, 다른 기종과 마찬가지로 시간이 지나면서 경질화되는 경향성이 인정된다.

구경을 기준으로 하여 16cm 미만은 소형, 16~25cm끼는 중형, 25~35cm는 대형, 35cm 이상은 초대형으로 나눌 수 있는데, 소형과 중형이 거의 90%를 차지하고 있다. 이것은 유개기종의 대부분이 식기류와 중소형의 저장용기에 집중되었기 때문인 것으로 추정되는데, 시간이 지나면서 대형과 초대형의 뚜껑도 증가하는 추세를 보이고 있다.

한편, 뚜껑류는 개신의 형태와 드림부의 각도에 따라 형식을 나눌 수 있는데, 시간이 지나면서 개신형태

---

38 앞서 구경 16.5cm 이상을 반으로 분류한 기준에 따르면 대형 완은 반으로 구분되어야 하나 형태상 완과의 유사성이 더 크다고 판단되고, 개체수도 4점에 지나지 않아 편의상 완으로 분류하였다.

가 평평한 것에서 둥근 것으로 변화하며, 둥근 개신에는 주로 보주형의 꼭지가 부착되는 특징이 관찰된다.

아. 기대류(器臺類)

일반적으로 다른 용기의 받침과 같은 特殊한 機能을 하였던 것으로 추정되는 소수 기종이다. 대체로 연질 무문토기의 기술유형으로 제작된 것들이 많은데, 이러한 유형의 것 들은 圓筒形의 동체가 특징적이며, 가느다란 동체 홈에 작은 구멍을 뚫거나 波狀文 또는 圓文을 시문한 것과 횡방향의 突帶를 돌리고, 三角形등의 透窓을 낸 것이 출토되었다. 한편 회청색 경질에 고사리형 장식과 다치구로 시문한 波狀文을 특징으로 하는 형식도 발견된다.

대체로 연질 무문토기 기술유형에 속하는 원통형의 기대류는 風納土城과 夢村土城 등 주로 漢城百濟 중심지역에서 발견되는데, 최근 한성백제시대의 지방 지배거점으로 추정되는 포천 자락리유적의 2호 주거지에서 회색 경질에 삼각형 투창이 뚫린 통형 기대가 완형으로 출토되기도 하여(경기도박물관 2001), 향후 한성백제의 지방유적에서도 출토 예가 증가할 것으로 기대된다. 한편 파상문이 있는 회청색 경질의 기대는 論山 表井里 古墳 등 충남 지역에서도 다수 발견되고 있어 한성백제 양식 중 늦은 시기에 유행하던 기술유형의 기대가 보급된 것으로 추정된다.

4. 灰靑色硬質土器

다른 기술유형의 토기와 가장 크게 차이가 나는 점은 최소 1,000° 이상의 高火度로 소성되었다는 것과 완전히 밀폐된 窒窯에서 還元焰으로 소성하였다는 것이다. 태토 또한 정제 과정을 거친 정선된 것들이 선택되었는데, 비로소 이 단계부터 증가된 수요를 충족시키기 위한 다량의 토기 생산 체제에 돌입하였던 것으로 볼 수 있다.

회청색 경질토기 기술유형으로는 장란형호, 시루, 발 등의 조리용기를 제외한 전 기종의 토기가 제작되었을 것으로 추정되는데, 대부분의 기종에서는 대체로 무문화되는 경향이 우세하고, 구연부와 경부 등의 표면 처리에서 라른 회전력을 이용한 물손질 정면 흔적이 두드러진다.

이 단계에는 광구장경호를 비롯하여 병, 대부완, 뚝배기형토기 등 이전의 기술유형에서는 볼 수 없던 다양한 형태의 토기들이 출토되고 있으나 풍납토성 내에서는 대부분 극소수 기종으로 분류되기 때문에 이 글에서는 대표적으로 광구장경호에 대해서만 살펴보고자 한다.

가. 광구장경호(廣口長頸壺)

球形의 동체에 긴 목과 넓은 입을 특징으로 하는 호의 일종으로 주로 유물포함층의 상층에서 출토되어 풍납토성 내에서도 늦은 시기에 출현한 것으로 추정된다.

출토 개체수가 적어 세부적인 型의 변화를 살피기는 곤란하나 대체적인 토기의 높이 가 17~ 20cm 정도에 분포하는 것으로 생각되는데, 시간이 지남에 따라 구순에 凹面이 생기고, 목에 突帶가 부착되는 경향이 인지된다.

광구장경호는 한강유역의 몽촌토성, 석촌동 고분군, 충청도 지역의 신봉동 고분군, 표정리 고분군, 용원리 고분군 등에서 출토 예가 있는데, 한강유역에서도 몽촌토성과 석촌동 고분군, 풍납토성 등 漢城百濟의 중심 지역에서 집중적으로 출토되고 있다.

IV. '漢城百濟土器' 再考

1. '漢城百濟土器' 硏究現況

'한성백제토기'에 대해 관심을 갖기 시작한 것은 1970년대 可樂洞古墳과 石村洞 · 芳荑洞古墳이 발굴되면서부터이지만 실제적인 연구는 1980년대 夢村土城이 발굴조사되면서 시작되었다고 해도 과언이 아니며, 1990년대에 들어서야 본격적인 연구가 진행되고 있다 할 수 있다. 朴淳發은 夢村土城에서 출토된 토기를 바탕으로 백제토기의 형성과 발전의 기틀을 확립하였이후 林永珍은 石村洞 古墳群 출토와 주변지역 유물의 비교를 통해 백제토기의 성립, 발전, 확산 과정에 대한 견해를 피력하였다. 또한 '원삼국토기에서 삼국토기로의 변화 과정올 추론한 崔秉鉉의 글도 발표되었다. 이하에서는 위 연구자들이 주장하는 논지의 핵심과 문제점을 살펴보고자 한다. 朴淳發은 백제토기의 형성과정을 논하면서 '國家 段階의 百濟流域에서 출토되는 土器'를 '百濟土器'로 정의하고, 그보다 앞선 한강유역 '원삼국시대' 유적의 토기를 '原三國土器'로 구분하여, 경질무문토기, 타날문토기, 회(흑)색 무문양토기 등으로 대표되는 '원삼국토기'에서 적갈색 연질토기, 회색 연질토기, 회청색 경질토기, 흑색마연 연질토기 등의 백제토기로 변천하였음을 밝히고 있다. 그는 '원삼국토기상'과 다른 백제토기의 가장 큰 특징을 무개고배, 직구광견호, 직구단경호, 대부합류 및 뚜껑류 등의 신기종으로 대표되는 黑色 磨硏 軟質土器 類型의 出現과 밀접히 관련된 것으로 보고, 흑색 마연 연질토기→회색 연질토기→회청색 경질토기로의 변화상을 상정하고 있다. 한편 이러한 토기의 출현 시점에 대해서는 흑색 마연토기의 견부 음각 문양이 중국의 三國末~西晉代에 걸친 古越磁 문양과 흡사하다고 보고 3세기 후반후엽─말경 중국을 통해 들어온 것으로 파악하였다. 결론적으로 그는 이러한 흑색 마연토기의 출현 시기가 곧 백제토기의 형성, 즉 국가체로서의 百濟 성립시기와 직결된다고 주장하고 있다(朴淳發 1992).

백제토기에 대한 박순발의 이러한 기조는 현재까지도 거의 변화없이 유지되어 오고 있는데, 이른바 그의 백제토기 형성 주장의 근간이 되는 흑색 마연 연질토기에 대해서는 이미 필자에 의해서도 무개고배, 직구단경호 등 흑색 마연 연질토기 기종이 실제로 회색 마연 연질토기에서 먼저 출현하여 보편화된 것으로서, 흑색 마연토기는 회색 마연 연질토기의 기술적 속성에 기반하여 일상용으로서보다는 의례적 목적에서 제작된 토기일 가능성이 높다는 지적이 제기된 바 있다(申熙權 2001). 이 밖에도 백제토기의 형성과 발전에 관한 박순발의 논거에 대해 최근 風納土城 출토 토기 및 漢城期 주거유적 출토 토기에 대한 종합적인 분석 등을 근거로 그가 제시한 백제토기가 소위 백제토기 '成立期'의 것이 아니라 '發展期'에 해당하는 것들이기 때문에 백제토기에 대한 개념의 재정립이 불가피하다는 일련의 비판이 제기되고 있다(崔聖愛 2002, 金武重 2002, 申鍾國 2002). 이에 대해서는 다음 장에서 상세히 다루고자 한다.

林永珍은 '百濟土器'를 '百濟時代에 百濟地域에서 製作 · 使用됨으로써 같은 시대의 고구려 · 신라 · 가야의 토기와는 뚜렷이 구분되는 토기'로 규정하고, 석촌동 고분군과 몽촌토성, 미사리 주거지에서 출토된 토기를 통하여 그 성립과 발전 과정을 논하고 있다. 백제토기 성립 이전에 서울을 비롯한 백제 중심권역에서는 서울 강남 일대로 대표되는 西北韓 土廣墓文化 계통의 打捺文土器와 서울 미사리 일대로 대표되는 中島文化계통의 硬質 無文土器 등 두가지 상이한 계통의 토기들이 사용되었으나, 3세기 중엽 경에 이루어진 백제의 건국과 함께 전형적인 백제토기가 성립되는 과정에서 서북한 토광묘문화 계통의 토기 전통이 밑바탕이 되었다고 보고 있다. 즉, 백제초기 漢城時代 土器는 西北韓地域에 기반을 둔 打捺文土器 단계에서 출발하였고, 특히 삼족토기, 무개고배, 흑색 마연토기, 토기 뚜껑 등 타지역 토기와 뚜렷이 구분되는 전통으로부터 이러한 새로운 기종이 출현하는 시기를 백제토기의 성립단계로 설명하고 있다. 한편 서울지역의 葺石封土墳과 새로운 유형의 토기가 출현하는 배경을 中國 揚子江流域의 土墩墓와 연결시키고 있는데, 그 근거로는 양 지역의 묘제가 多葬을 특징으로 하고, 석촌동고분 가운데 중국과 교류를 담당했던 증거로 볼 수 있는 목제 槽가 출토되었다는 점을 들고 있다(林永珍 1996). 이러한 임영진의 견해는 그 계통이나 기원을 찾는 데 있어서는 박순발과 약간 차이가 있기는 하나 궁극적으로 백제토기의 출발점을 삼족토기, 무개고배, 흑색 마연토기 등 새로운 기종의 출현에 두고 있다는 점과 그 시기를 기존의 백제 국가 건국 시점인 3세기 중반으로 보고 있다는 점에서 결정적으로 궤를 같이한다고 볼 수 있다.

崔秉鉉은 '原三國土器'를 크게 中島式 無文土器와 打捺文土器로 대별하고, 위 두 가지 토기의 계통이 터널형 노지와 함께 細竹里-連化堡類型文化에서 서북한 지방을 거쳐 南下한 것으로서 타날문토기는 戰國 灰陶계통이며, 중도식 무문토기는 요동 지방에서 타날문토기의 등장으로 변질된 무문토기이고, 이들이 한강유역에 출현한 시기는 낙랑군 설치를 전후한 무렵으로 보고 있다. 또한 중도식 무문토기 단순기의 설정에 대해 중도식 무문토기는 타날문토기를 전제로 하고 있기 때문에 유적에 따라 토기의 선호도가 달랐거나 또는 주거지 폐기시의 사정에 의해 중도식 무문토기만 남은 것으로 설명하고 있다. 한편 '원삼국토기'로부터 삼국토기로의 변화는 원삼국 타날문토기로부터 시기에 따라 기형, 기종, 정면기법, 시문법이 바뀌고 기술의 개량-발전이 이루어져 연질토기 중심에서 경질토기 중심으로 바뀌어 온 것이지만, 그 변화는 태토, 성형법, 요법 등 기본적인 기술 체제는 지속되는 가운데 단계적으로 이룩된 계승-발전 관계로 보고 있다(崔秉鉉 1998).

이상의 연구들은 1997년부터 발굴되기 시작한 풍납토성의 발굴조사 성과가 반영되기 이전의 것으로서 나름대로 당시의 상황에서 도출할 수 있는 최선의 결과라 할 수 있겠다. 그러나 풍납토성에 대한 본격적인 연구가 시작되는 현시점에서 볼 때는 지금까지 거의 정설로 굳어져 왔던 기존의 백제토기 연구에 일대수정이 불가피한 상황이라고 판단되는바, 이하에서는 풍납토성 출토 토기를 중심으로 백제토기의 형성과 발전에 대한 새로운 안을 제시하고자 한다.

2. '漢城百濟土器'에 대한 提言

가. '風納洞式 無文土器'와 관련하여

풍납동식 무문토기는 제작 기술상 점토띠를 쌓은 흔적이 남아 있거나 점토테를 연결한 흔적이 관찰되는 등 아직까지 녹로 성형 단계에 이른 것으로는 볼 수 없다. 그러나 이전의 무문토기와는 달리 세장한 형태를 띠고 있으며, 마연에 가까운 깎기 수법이 채용되어 상당히 세련된 정면 효과를 내기도 한다.

이러한 風納洞式 無文土器의 起源과 出現 背景에 대해서는 대체로 紀元前 2~1세기경 西北韓地域을 통해

打捺文土器와 함께 또는 그보다 약간 이른 시기에 유입되었거나 혹은 그 영향을 받았을 가능성에 높은 비중을 두기도 하고,[39] 한편으로는 기형상 東北지방의 관련성에 초점을 맞추기도 한다.[40] 물론 在地的인 無文土器의 技術的 傳統을 이어받은 것으로 보는 견해도 제시된 바 있다.[41]

이처럼 풍납동식 무문토기의 계통에 대해서는 일찍부터 여러 입장이 제시되어 왔으나 이렇다할 방향으로 의견이 모아지고 있지는 못한 상황이다. 필자가 보기에도 대부분의 설 들이 나름대로 그 근거를 가지고는 있으나 다분히 기형의 유사성에 착목한 추론에 불과할 뿐 청동기시대 후기에서 삼국시대의 초기에 걸친 과도기적 양상의 토기 문화 전반을 아우르는 설득력 있는 견해로 받아들이기에는 아직 해결해야 할 과제들이 많이 있다고 생각된다.

한편, 앞서 기술유형을 분류하며 잠깐 언급했던 것과 같이 실제로 이러한 무문토기가 출토된 것은 1964년 풍납토성 유적이 처음이라고 할 수 있다. 이후 風納土城에서는 1997년 國立文化財研究所와 韓神大學校에서 실시한 발굴조사에서 다량의 풍납동식 무문토기가 출토되었다. 대부분의 風納洞式 無文土器는 3重環濠와 溝狀遺構 등 最下層의 遺構에서 집중적으로 出土되고 있어 풍납토성 내에서도 가장 이른 시기에 유행했던 기술유형의 토기 임을 알 수 있다. 그러나 앞서 살펴본 대로 풍납동식 무문토기는 외반구연호가 대다수를 차지하는 단순한 기종구성을 보이는 데다 기종별로도 뚜렷한 변화상이 관찰되지 않아 변천 과정을 추론하기가 쉽지는 않은 상태이다.

물론 풍납동식 무문토기 가운데도 다소 이례적인 형태를 띠고 있는 유물들이 간간이 출토되기도 한다. 포천 영송리유적 3호 주거지에서는 경부에서 直立으로 올라가다 입술이 약간 외반된 구연부 편이 출토되었는데, (한양대학교 박물관 1995) 이러한 구연 형태는 타날문 구형단경호에서나 볼 수 있는 독특한 형태이다.[42] 이 밖에 최근 풍납토성의 삼표산업사옥 신축부지에서 주목할만한 풍납동식 무문토기 1점이 출토되었는데, 높이 37cm, 구경 22cm, 저경 14cm로 대체적인 형태와 크기가 대형의 외반구연호와 흡사하나 구연부의 형태가 후술한 광구단경호류에서 나 볼 수 있는 짧게 直立하는 양상을 띠고 있어 양자 간의 관련성이 주목된다. (사진 2) 이와 같이 풍납동식 무문토기도 점차 이질적인 형태의 토기들이 증가하고 있어 풍납동식 무문토기의 출현 배경 및 기원, 혹은 발전과정에 대한 좋은 연구자료가 될 것으로 기대한다.

한편, 風納土城의 경우 風納洞式 無文土器는 打捺文土器가 본격적으로 使用되는 단계에 이르러서 급격히 소멸해 버리는 특징을 보이고 있다. 이러한 특징은 백제 초기 왕성에 비정되는 풍납토성 유적의 特殊性에 기

---

39 서북한지역의 영향으로 보는 대표적인 학자로는 박순발(1996)과 최병현(1998)이 있다. 박순발은 한강유역의 경질 무문토기가 서북한지방에서 점토대토기에 이어 출현한 외반구연호인 '명사리형토기가 남하한 것으로 보고 있다. 이에 반해 최병현은 명사리형토기가 서북한지방 자체에서 점토대토기로부터 발전된 것이 아니라 세죽리-연화보유형 문화의 외반구연 무문토기가 타날문토기와 함께 남하한 것으로 보아 결국 중도식 무문토기의 기원을 세죽리-연화보유형 문화에 두고 있다.

40 이러한 입장의 대표적인 학자로는 임영진(1996)을 들 수 있다. 임영진은 한강유역에서 출토되는 경질 무문토기 외반구연호가 호곡동·초도 등 동북지방 초기철기시대 주거지에서 출토되는 무문토기들과 기형이 흡사할 뿐만 아니라 내반구연호와 뚜껑 역시 마찬가지이므로 중도문화는 동북지방 초기철기문화를 바탕으로 성립된 것으로 보아야 한다고 주장하고 있다. 한편 이러한 견해는 이미 중도유적 줄토 무문토기가 동북지방계 무문토기의 영향하에 제작된 것이며, 이 지역 주민이 그쪽 지역과 깊은 관계가 있을 것이라는 보고서(李健茂 외 1980)에서도 제시된 바 있다.

41 이러한 입장은 최초 안재호(1989)에 이해 송국리식토기의 기형과 변천과정에서 보여주는 중도식토기와의 유사성이 인정되기 때문에 상호간의 계통성 문제가 제시된 바 있으나 이후 유보적인 입장을 견지하고 있는 상태이고, 이후 이홍종에 의해 강력히 주장되었다. 이홍종(1991)은 기형상의 유사성과 순수 중도식 무문토기 단계의 존재 및 와질토기 주거구조와의 차이점을 들어 중도식 무문토기를 재지적인 토기에서의 변화, 즉 송국리식 토기에서 변천된 중부지역 양상으로 보았다,

42 필자는 최근 경기대 박물관에서 실시한 경춘선 복선전철 대성리 역사부지 시굴조사에서도 이와 유사한 구연 형태를 가진 풍납동식 무문토기를 실견한 바 있다.

인한 현상으로 보이는데, 흐납토성에서는 다른 유적보다 이른 시기에 先進化된 문물올 받아들이고 또한 그 것을 단기간 내에 實用化하여 독자적인 토기 문화 체계를 갖추었던 것으로 판단된다. 그러나 풍납토성에서 타날문토기로 그 기능이 완전 대체되는 풍납동식 풍납동식 무문토기가 동 시기 다른 유적서는 아직까지 주류를 이루는 토기로서 상당히 늦은 시기까지 사용되기도 한다. 따라서 풍납동식 무문토기의 소멸 과정은 그 계통 및 출현 배경과는 또 다른 차원에서 논의가 이루어져야 할 것으로 생각된다.

이처럼 풍납동식 무문토기는 풍납토성올 비롯한 漢江流域의 거의 대부분 유적에서 소위 原三國時代에서 三國時代 初期에 이르기까지 공통적으로 사용되었던 기술유형의 토기임에도 불구하고 여전히 그 출현 배경과 시점, 발전 과정, 소멸에 대해서는 뚜렷한 견해가 제시되지 못하고 있다. 특히 出現 문제에 대해 아직까지 이렇다 할 결론을 도출하지 못하는 것은 대체로 기원전 5~3세기 대로 편년되고 있는 圓形 粘土帶土器 이후 漢江流域이 初期鐵器文化의 空白地帶로 認識되어 왔던 배경과도 무관하지는 않은 듯하다.[43] 즉, 무문토기 시대 말기에서 삼국시대 전기까지를 초기철기시대~'원삼국시대'와 같은 過渡期的 文化 段階로 구분하고 있긴 하나 뚜렷한 유적이나 유물이 거의 발견되고 있지 않기 때문에 풍납동식 무문토기의 출현 배경에 대해서도 명확한 입장을 제시하기 곤란한 형편이다. 한강유역의 이러한 공백을 메워 줄 유적이 속히 발견되기를 기대하는 바이다.

그러나 다른 한편으로는 三韓時代로 일컬어지는 이 시기 한반도 남부지방의 전체적인 문화양상과 함께 地域的인 土器文化 자체에 대한 심층적인 比較 研究를 통해 새로운 編年 體系를 確立하는 것이 더욱 時急한 과제라 생각된다. 예를 들어 남부지방의 삼한시대 초기롤 대표하는 삼각형 점토대토기가 원형 점토대토기와 같은 재지적 요소와 서북한지역의 명사리식토기와 같은 새로운 문화요소의 융합으로 형성된 것이고, 그 형성 시점은 기원전 3세기 말~2세기 말 사이라는 견해(李在賢 2002)를 참고하면 한강유역에서도 원형 점토대토기 이후 풍납동식 무문토기가 연속적으로 출현하였을 가능성도 배제할 수 없기 때문이다.

결론적으로 현 상황에서 볼 때 風納洞式 無文土器는 典型的인 百濟土器 成立 以前의 技術類型에 의해 製作된 토기로서, 出現 時點은 대체로 연질 타날문토기와 무문토기가 보편화되기 이전의 기원전 어느 시점 정도로 보는 편이 타당할 것으로 생각되고, 百濟의 中心地域에서는 상대적으로 이른 시기에 消滅하는 반면 중앙이 아닌 지방에서는 百濟時代에 접어든 이후에도 일정 기간 사용되었다는 정도로 정리를 해 두고자 한다.

나. '漢城百濟土器'의 形成

1997년 이후 실시된 풍납토성의 발굴조사에서는 단일 백제유적으로서 유례가 없는 방대한 유물이 출토됨으로써 소위 '夢村類型'으로 대표되는 '(漢城)百濟土器'에 대한 全面的인 再檢討가 不可避한 단계에 이르렀

---

43 중도식 무문토기의 출현 시점과 관련하여 최근 이성주는 중도식 무문토기와 공반하는 타날문단경호가 발전 단계상 2단계 이후의 양상을 보여주기 때문에 한강유역의 중도식 무문토기의 상한이 2세기 중엽을 상회할 수 없다는 의견을 개진하였다(李盛周, 2000,「打捺文 坦頸壺의 研究」『文化財』33). 만약 이런 편년안대로라면 한강유역은 원형 점토대토기 이후 중도식 무문토기가 출현하기까지 약 400년 이상 토기문화의 공백지로 남아 있었단 애긴데 상식적으로 납득하기 어려우며, 그도 인정하다시피 한강유역에서 1단계에 해당되는 고식 타날계 토기 출토 유적이 발견될 가능성이 높기때문에 보다 연대가 올라갈 가능성이 높다고 판단된다. 한편 필자로서는 이성주가 제기한 대로 영남지역을 제외하고 제1단계의 고식 승석 타날문 단경호가 존재하지 않는다는 점에 대해서도 동의하기가 어렵다. 이성주는 주로 중서부지방의 분묘유적을 통해 위와 같은 사실을 추정하고 있는데, 풍납토성을 위시한 한강유역의 주거유적에서는 중서부지방의 분묘 출토품과는 상이한 구형의 단경호가 출토되고 있기때문에 이에 대한 면밀한 검토가 요구된다고 할 수 있다.

다 할 수 있다. 이러한 필요성은 일차적으로 풍납토성의 발굴을 주도했던 국립문화재연구소를 중심으로 제기되었는데, 2001년 발굴조사보고서 간행을 계기로 본격적인 연구논문이 제출되고 있다(국립문화재연구소 2001, 崔聖愛 2002, 申鍾國 2002). 또한 풍납토성 등 중요한 발굴사례로 볼 때 기존의 한성백제양식 토기 편년만으로는 설명되지 않은 부분이 많이 있기 때문에 중앙과 지방과의 관계, 즉 백제의 지방지배에 관한 종합적 검토가 진행되어야 하고, 그러기 위해서는 한성백제 영역권 내의 각 지역 토기 등 유물의 변화양상이 우선적으로 연구되어야 한다는 지적도 제기된 바 있어(金武重 2002) 향후 백제토기의 형성과 발전에 대한 논의가 더욱 활발히 전개될 전망이다.

최근에 발표된 한성백제토기 연구의 핵심을 요약하면 다음과 같다.

崔聖愛는 風納土城 土器에 대한 제작 技術類型 分析을 통해 3段階의 發展過程을 설정하였다. 1段階는 종래의 토기 제작 기술 수준을 유지하는 風納洞 式無文土器 단계이다. 2段階는 풍납토성 토기의 주류를 이루는 軟質 打捺文土器와 軟質 無文土器가 共存하는 단계로 成形, 調整, 燒成의 모든 단계에서 이전 전통과는 완전히 다른 劃期의이고 새로운 製作技術이 適用되며, 연대는 2세기 前半~3세기 中半으로 보고 있다. 3段階는 2단계의 제작 전통을 유지하면서 室窯의 정착으로 인해 高火度 燒成 土器가 增加하여 회색경질토기와 회청색도질토기가 주류를 점하는 단계로 3세기 중후반부터 5세기 후반경까지로 상정하였다(崔聖愛 2002).

申鍾國은 風納土城을 포함한 漢江流域 住居遺蹟 土器를 중심으로 百濟土器의 形成과 變遷過程에 대해 고찰하였다. 그는 토기분석 결과 기존의 원삼국시대~한성기 백제토기가 繼起的 發展樣相을 이루고 있다고 보고, 3기의 발전단계로 구분하였다. I期는 百濟土器 成立 以前期로서 硬質 無文土器와 打捺文土器가 共伴되는 단계로 토기 상의 지역차가 거의 없는 것으로 보고 있다. II期는 百濟土器 成立期로서 경질무문토기가 거의 사라지고 打捺文土器가 급격히 增加하며, 합이나 뚜껑과 같은 高級器種을 포함한 灰(靑)色 無文土器들이 새로이 등장하는 단계로 그 연대를 2세기 말엽 정도로 보았다. III期는 百濟土器 發展期로서 고급기종의 출토량이나 종류가 폭발적으로 증가하며, 제작 기술면에서도 계기적인 발전을 이루는 단계로 대체로 3세기 말엽 ~6세기 전엽에 해당하는 것으로 보고 있다(申鍾國 2002).

위의 두 연구자는 박순발에 의해 정립된 원삼국토기와 백제토기의 분류 기준 자체가 모호하고, 발전 과정 자체도 실제와는 다르게 전개되고 있음을 반증하며, 대체로 在地系 無文土器에서 打捺文土器와 灰色系 無文土器로의 變化 양상이 두드러진 두 번째 단계부터를 실질적인 百濟土器의 成立期로 보았다. 한편 그 시점은 각각 2세기 전반과 2세기 말엽으로 상정하고 있다.

이상에서 얻을 수 있는 결론은 곧 풍납동식 무문토기 이후 보편화된 軟質 打捺文土器와 軟質 無文土器가 百濟土器의 根幹이 된다는 것으로 요약할 수 있는데, 이에 대해 좀 더 구체적으로 살펴보기로 하자. 풍납토성의 전형적인 주거지라 할 수 있는 6角形 住居址에서는 短頸球形壺 등 다양한 打捺文土器와 더불어 軟質 無文土器 기술유형의 直口短頸壺와 廣口短頸壺, 뚜껑 등이 출토되고 있다.[44] 이로써 이 때부터는 이미 연질 타날문토기가 보편화되었을 뿐만 아니라 깎기와 마연 소성을 특징으로 하는 흰색계 연질 무문토기도 출현하였

---

44 대표적으로 가-2호 주거지는 화재로 소실된 채 탄화된 상태로 발굴되었는데, 후면부 부뚜막 서편에서 단경구형호 1점, 시루 1점, 발 3점, 완 1점, 소형뚜껑 1점, 직구단경호 1점, 광구단경호 1점, 대옹 1점 등이 고스란히 출토되어 일괄 유물로서의 가치를 더하고 있다.

음을 알 수 있다. 그러나 이전에 백제토기의 형성을 논하며 함께 출현하는 것으로 보았던 무개고배나 삼족기 등의 토기는 6각형 주거지에서 한 점도 출토되지 않아 동일한 기술유형으로 제작된 연질 무문토기 중에도 기종별로 출현 시기가 달랐음을 보여주고 있다. 즉, 직구단경호와 광구단경호, 뚜껑 등의 기종은 고배나 삼족기, 또는 흑색마연토기보다는 이른 시기에 출현한 것으로 보는 것이 타당하리라 판단된다. 이와 관련하여 필자는 이미 拙稿에서 風納土城을 중심으로 한 1~3세기 漢江流域의 住居址에 대한 構造的 特徵과 出土遺物의 分析을 통해 직구단경호와 광구단경호 등 새로운 유형의 회색 마연연질토기가 출토되는 典型的인 6角形 住居址의 成立 단계를 소위 고대국가로서의 百濟와 연결시킬 수 있고, 그 시기는 늦어도 2세기 말 이전으로 볼 수 있다는 견해를 제시한 바 있다(申熙權 2001).

결과적으로 새로운 양식의 토기의 출현을 곧 국가단계로서의 '백제토기'의 성립으로 직결시킬 수 있다는 기존의 입장은 충분히 공감할 수 있으나, 새로운 양식의 토기가 흔히 말하는 고배와 삼족기, 흑색마연토기로 대표될 수는 없다는 것은 명확해진 셈이다. 이는 앞서 살펴본 최근 연구자들의 결론과 거의 다를 바가 없기 때문에 최소한 새로운 양식의 토기로 인정되는 軟質 無文土器는 기존의 연구에서 인정하였던 것과 마찬가지 차원에서 國家 단계의 '漢城百濟土器' 範疇에 包含시키는 것이 마땅하다고 판단된다.

한편, 연질무문토기와 더불어 풍납토성 토기의 대부분을 차지하는 연질타날문토기는 어떻게 보아야 할 것인가? 이미 살펴본 바와 같이 軟質打捺文土器는 풍납토성의 대다수 기종에서 實用的으로 제작된 土器로서 주로 고급 기종에 국한되어 특수한 목적에 의해 출현한 것으로 볼 수 있는 연질 무문토기와는 성격 자체가 완전히 다르다 할 수 있다. 즉, 軟質無文土器가 百濟土器의 差別性을 浮刻시킨 토기라면 軟質打捺文土器는 百濟土器의 傳統性을 確立한 토기라 할 수 있겠다. 다시 말하면 연질타날문토기 기술유형은 한성백제시대 전 기간에 걸쳐 백제토기의 특징적인 제작 전통을 지속적으로 유지해 온 대표적인 기술유형이라 볼 수 있는 것이다.

한편, 타날문토기는 비단 백제지역뿐 아니라 한반도 남부지방 전체에서 새로운 제도기술의 일환으로 도입된 기술유형의 토기이기 때문에 다른 지역과 구별되는 백제지역의 특징만을 가지고 설명이 되어야 비로소 백제토기와의 직접적인 연관성을 상정할 수 있을 것이다. 비록 타날문토기에 대한 지역적 연구가 거의 이루어지지 못해 구체적인 비교는 불가능하나 각 地域間에는 打捺文土器의 器種 構成과 器形上의 차이, 施文方式의 차이 등 세부적인 차이점이 분명히 존재하고 있다고 할 수 있다. 이성주는 최근 연구에서 한강유역, 중서부지방, 호남지방, 영남지방의 타날문토기가 그 類型과 器種에 따라 시문 부위와 종류의 결합양상이 명확히 차이가 난다고 지적한 바 있다(李盛周 2000a).

현재로서 다른 지역과 차별적인 漢江流域의 打捺文土器는 同一한 土器製作 集團에 의해 제작되었거나 그렇지 않으면 최소한 동일한 土器製作 傳統으로 제작되었던 것만큼은 분명하다고 판단되며, 한강유역에 그러한 政治體를 형성하고 있었던 집단은 당연히 漢城올 중심으로 한 百濟로 보는 것이 타당할 것으로 생각된다. 따라서 일반적으로 다른 지역과 差別化된 百濟地域의 토기를 '百濟土器'라고 할 때, 연질 타날문토기 역시 연질 무문토기와 더불어 전형적인 토기 제작 전통을 보유한 백제토기로 인식해야 할 필요성이 높아졌다 할 수 있겠다.

V. '百濟土器'의 形成 時期

그렇다면 風納土城을 위시한 漢城百濟地域에서 百濟土器가 출현하는 시기는 언제인가? 이 시기는 打捺文土器가 주로 사용되는 가운데, 그와는 또 다른 軟質 無文土器가 출현하는 단계로 특징지을 수 있다. 따라서 시기적으로는 타날문토기가 출현하는 기원 전후의 시점을 1次的인 劃期로 삼을 수 있고, 연질 무문토기가 출현하는 2세기대의 어느 시점을 2次的인 劃期로 인정할 수 있겠다.

漢江流域에 打捺文土器가 導入되는 시점은 늦어도 기원을 전후한 시점으로 보는 것이 일반적이다. 그간 '原三國時代'로 편년되었던 유적 가운데 이른바 경질무문토기만 출토된 것으로 보고된 경우가 있긴 하지만 대부분의 유적에서 硬質 無文土器와 打捺文土器가 共伴 출토되고 있다. 風納土城의 예로 보더라도 풍납동식 무문토기와 더불어 타날문토기의 기술유형이 관찰되는 風納 I期는 대체로 紀元前 1세기대에서 紀元後 1세기를 前後한 시점으로 설정한 바 있어 이상의 연대를 뒷받침해주고 있다. 따라서 한성백제지역에서 타날문토기는 대체로 기원을 전후한 시점에는 보편적으로 사용되었던 것으로 볼 수 있다.

한편, 軟質無文土器의 출현과 관련한 기원후 2세기대라는 시기는 한반도 남부지역 전체를 놓고 볼 때 정치 사회적으로 커다란 변화를 겪게되는 大變革期이기 때문에 보다 세밀한 연구가 요구된다. 특히 打捺文土器와 軟質無文土器는 西北韓 지역의 戰國系 내지는 樂浪의 製陶技術에 影響을 받아 새롭게 출현한 기술유형이라 할 수 있기때문에 당시의 國際 情勢와도 밀접히 연관되어 있다. 또한 내부적으로는 새로운 토기양식의 출현과 더불어 古代國家의 형성의 指標로 평가되는 성곽과 大形古墳의 출현이란 측면과도 맥을 같이하는 복합적인 문제이기도 하다.

우선, 당시의 情勢를 살펴보면 한반도 남부지방의 三韓社會는 政治·社會的으로 크게 成長·發展하는 반면 中國 郡縣은 後漢 末期의 混亂한 상황을 겪게 되고, 이러한 틈을 타서 발달된 철기문화와 토기 제작기술을 보유한 流民이 대거 한반도 남부지방으로 流入되는 격동기를 맞고 있다. 이러한 당시 상황을 극명하게 보여주는 사료로 흔히『三國志』의 '桓靈之末'의 記事를 예로 들곤 한다. 기록에는 "桓帝(147~167)와 靈帝(168~188) 말년에 이르러 韓과 濊가 강성해져 그 郡縣을 통제할 수 없게 되자 백성들이 많이 韓으로 유입되었다."고 되어 있다.[45] 이 기록으로 보건대 한반도 중부와 남부지방에는 늦어도 2세기 中後半에이르러서는 중국의 군현에 버금가는 强力한 政治體가 존재하고 있었음을 알 수 있다.

이러한 사회적 배경을 두고 주보돈은 辰·弁韓을 크게 세 단계의 발전 과정으로 나누고, 둘째 단계에서 셋째 단계로 넘어가는 것이 진변한 연맹체 성립 이후 가장 큰 내부 변화를 수반한 질적인 변화였다고 말하고 있다. 즉, 삼한사회를 크게 두 시기로 나눈다면 그 界線은 2世紀 中葉이 되겠고, 그를 상징적으로 보여주는 고고학적 증거로 木棺墓에서 木槨墓로의 묘제 변화를 들고 있다(주보돈 2002).

2세기 중엽이라는 시점은 전반적인 사회변화와 더불어 토기와 같은 구체적인 유물에서도 변화상이 인정되는 시기이기도 하다. 이성주는 辰弁韓 지역의 타날문토기의 전개 과정을 살피면서 後期瓦質土器의 개시기인 2세기 중엽이야말로 토기제작기술·기종구성·양식상의 큰 변화를 보여준 시점이라고 말하고 있다(李盛周 2000a). 한편 박광춘은 신라·가야토기 양식의 출현에 대해 제 I 기를 三韓時代 類型式(器種)인 주머니 호

---

45 '桓靈之末韓流強盛郡縣不能制民多流入韓國'(「·:國志」卷30魏書東夷傳韓條)

와 조합식 우각형 파수부호가 소멸하고 高杯, 中形壺, 器臺와 함께 沈線文 臺附壺가 출현하며, 특별히 낙랑의 영향을 받은 뚜껑이 등장하는 등 삼한시대와 삼국시대 토기 변천의 커다란 전환점이며, 新羅·加耶양식이 새롭게 정립되는 시기로 규정하고 있다. 이 시점의 절대연대는 良洞里 162호분 출토 內行花文鏡을지표로 삼아 2세기 중엽으로 추정하고 있다(朴廣春 2003).

이렇듯 辰弁韓 지역의 연구를 통해 2世紀 중엽 경에는 土器의 革新的 변화가 있었음을 알 수 있게 되었다. 비록 진변한 지역의 타날문토기와 한강유역의 연질 무문토기에 대한 비교연구가 진행되어야겠지만, 軟質 無文土器는 현재로서 漢江流域의 特徵的인 技術類型으로 볼 수 있고, 양자는 系統上으로 서북한의 樂浪 지역에서 起源을 찾을 수 있기 때문에 일단은 한강유역의 軟質 無文土器 역시 2세기 중엽을 전후한 시점에 출현한 것으로 보고자 한다.

한편, 백제토기를 논함에 있어 새로운 토기양식의 출현 외에 국가성립의 고고학적 지표로 거론되는 성곽과 대형 古墳에 대해서도 간단히 짚어볼 필요가 있다.

한성백제 중심지의 성곽에 대해서는 그동안 몽촌토성과 풍납토성의 발굴조사를 통해 대체적인 都城制의 윤곽을 잡을 수 있게 되었는데, 대체로 風納土城이 平時의 王城으로 사용된 慰禮城이며, 夢村土城은 백제가 안정적인 왕권을 확립한 이후 戰略的 목적으로 축조한 擴張된 都城의 일부로서 한성백제 멸망시의 漢城에 포함되거나 혹은 漢山에 비정되는 성으로 인식되고 있다(申熙權 2002a, 余昊圭 2002). 한편 백제의 첫 왕성으로 확실시되는 풍납토성의 발굴조사와 방사성탄소연대 측정 결과 기원전 1세기대에서 기원후 2세기대에 걸쳐 初築되었을 가능성이 있고, 늦어도 3세기(200년)를 전후한 시기에는 完成되었을 가능성이 매우 높기때문에(申熙權 2002b), 성곽의 출현이란 측면에서는 일단 1~3세기대 전체를 염두에 두되, 3세기(200년) 전후한 시점을 하한으로 상정할 필요가 있다.

한편, 대형 古墳의 출현과 관련하여서는 우선 풍납토성과 몽촌토성의 주변에 조성된 石村洞古墳, 芳荑洞古墳, 可樂洞古墳 등을 주목할 필요가 있으나 고분의 系統과 築造年代 등에 異見이 많은 상황이다. 이 밖에 北漢江과 南漢江, 臨津·漢灘江의 수계를 따라 분포하고 있는 無基壇式 積石塚 또는 葺石式 積石墓에 대한 성격도 濊系, 百濟系, 高句麗系 등 다양한 계통에서의 접근이 이루어지고 있는데, 대체로 2~3세기대에 집중되어 있는 것으로 추정되는 바, 이에 대해서도 앞으로 활발한 연구가 전개되기를 기대한다.

결론적으로 '漢城百濟土器'의 형성 시기는 새로운 양식의 토기 출현을 근거로 대체로 기원을 전후한 1차 획기와 2세기 중섭 경의 2차 획기로 구분하여 볼 수 있다. 즉 百濟土器 製作技術의 傳統이 軟質 打捺文土器에 뿌리를 두고 있기 때문에 百濟土器 成立의 背景이 되는 시점은 기원 전후의 시점으로 상정될 수 있고, 풍납토성 등 한성백제 도성 유적을 중심으로 출토되는 軟質 無文土器의 출현 시점은 百濟 중앙의 土器樣式이 확립되는 시점이라 할 수 있겠다. 한편 극히 일부분만 발굴조사된 풍납토성의 잠재력을 고려할 때 새로운 고고학적 증거들이 추가로 발견될 가능성이 대단히 높기 때문에 앞으로 백제토기의 형성과 관련된 논쟁은 국가 형성의 문제와 맞물려 한충 치열하게 전개될 것으로 생각된다. 그러므로 이 문제에 대해서는 향후 漢城百濟 지역의 성곽 및 고분 등 다양한 분야의 연구성과가 지속적으로 축적되기를 기다려 보다 複合的인 檢討가 이루어져야 할 것이다.

VI. 맺음말

이상으로 최근 風納土城에서 출토된 百濟土器에 대하여 技術類型別 特徵과 代表的인 器種들의 變遷 過程을 살펴본 후 그간의 百濟土器 硏究에 대한 批判的 檢討를 통해 '漢城百濟土器'의 形成과 時期에 대한 새로운 견해를 제시하였다.

풍납토성 토기에 대한 기초적인 분석 작업과 변화 과정에 대한 고찰은 국립문화재연구소에 의해 이루어진 바 있으며, 이 글에서는 그러한 연구 결과를 바탕으로 風納洞式 無文土器, 軟質 打捺文土器, 軟質 無文土器, 灰靑色 硬質土器의 4개 기술유형을 대표하는 19개 器種을 추출하여 그 특징과 변천 과정 등에 대해 살펴봄으로써 풍납토성 토기의 형성과 발전에 대한 고찰을 대신하였다.

그 결과 기존에 백제토기의 출현 양식으로 규정하였던 신기종의 토기들이 3세기 중후엽~말경에 동시다발적으로 출현한 것이 아님을 알게 되었고, 특히 黑色 磨硏土器와 같은 새로운 양식의 토기는 이미 보편화된 회색 연질토기의 기술유형에서 비롯된 특수한 목적의 토기임이 밝혀지는 등 百濟土器의 成立에 대한 硏究에 일대 修正이 불가피하다는 결론이 도출되었다.

이에 최근 風納土城 및 주변 遺蹟 출토 百濟土器의 연구를 통해 제시된 새로운 주장들을 종합하여 短頸球形壺를 비롯한 打捺文土器가 導入되는 단계와 直口短頸壺와 廣口短頸壺, 뚜껑 등으로 대표되는 軟質 無文土器 출현 단계를 '漢城百濟土器'의 成立期로서의 1차 劃期와 2차 劃期로 볼 수 있다는 의견을 제시하였다. 또한 그 形成 시기는 각각 한강유역에 타날문토기가 도입되는 기원 전후와 서북한 지역의 유민이 대거 유입되는 기원후 2세기 중엽 경으로 볼 수 있다는 결론을 도출하였다.

風納洞式 無文土器의 出現과 消滅, 軟質 打捺文土器의 發展 過程 등에 대한 문제는 향후 지속적인 硏究課題로 삼고자 하며, 특히 軟質 無文土器와 관련된 百濟土器의 中央樣式과 地方樣式에 대한 比較 硏究도 반드시 이루어져야 할 중요한 문제라 판단된다.

'漢城百濟土器'에 대한 提言은 비단 백제토기의 성립과 발전에 대한 새로운 의견의 제시에 국한되는 것이 아니라 나아가 古代國家로서의 百濟의 形成과 연관된 문제로 직결되기 때문에 그만큼 신중한 연구가 요구된다 할 수 있다.

특히 새로운 양식의 토기와 더불어 國家 成立의 指標로 들고 있는 城郭 및 大形古墳의 出現의 문제는 비단 한강유역뿐만 아니라 한반도 남부지방 전체의 상황과도 밀접히 연관된 중대한 문제이기 때문에 각 지역의 특수성과 전체 文化變動의 보편성에 입각한 다양한 考古學的 指標들이 제시되어 고대국가 성립에 대한 합리적인 대안이 제출되어야 할 것이다.[46]

향후 이에 대한 활발한 연구가 진행될 수 있기를 기대한다.

---

[46] 대부분의 연구자들이 국가성립의 지표로서 고총고분의 출현을 들고 있으나 낙동강유역의 경우 4세기 이전의 고총무덤이 확인되지 않는다고 해서 국가가 성립되지 않았다고 보는 것은 타당하지 않으며, 많은 부와 강제적 힘을 가진 강력한 지배자의존재, 군사력과 무기의 대량생산, 3계급 이상의 계층 분화, 분화된 전문 공인집단과 같은 고고학적 지표는 初期國家의 성립의 지표로서 낙동강 유역에서는 낙랑 유민 집단들에 의한 변화로 2세기 중엽경에 초기국가가 성립되었다는 새로운 견해도 제시된 바 있어(朴廣春 2003), 국가 성립과 관련된 보다 다각적인 검토가 이루어져야 할 것으로 생각된다.

《참고문헌》

국립문화재연구소,『風納土城 Ⅰ』,2001.

_____,『風納土城 Ⅱ』, 2002.

경기도박물관,「포천 자작리유적 긴급발굴조사」-지도위원회의 자료-, 2001.

權五榮,「풍납토성 경당지구 발굴조사 성과」,『風納土城의 發掘과 그 成果』, 한밭大學校 開校 第74週年記念學術發表大會論文集, 2001.

畿甸文化財研究院,「華城 發安里 마을遺蹟ㆍ旗安里 製鐵遺蹟 發掘調査」, 現場說明會資料, 2003.

金武重,「百濟 形成과 發展期에 있어서 漢江流域의 樣相」,『삼국의 성립과 발전기의 남부지방』, 제27회 한국상고사학회 학술발표대회, 2002.

金元龍,『風納里包含層調査報告』, 서울大學校 考古人類學叢刊 第3册, 1967.

_____,「深鉢形土器에 대하여」,『考古學』11, 2000.

朴淳發,「百濟土器의 形成過程 -한강유역을 중심으로-」,『百濟研究』23, 1992.

_____,「漢城百濟 基層文化의 性格 -中島類型文化의 歷史的性格을 中心으로-」,『百濟研究』26, 1996.

_____,「漢城百濟의 對外關係-國家成立期 對外交涉의 實狀과 意義-」,『百濟研究』30, 1999.

_____,『漢城百濟의 誕生』, 서경문화사, 2001.

朴漢高ㆍ崔福奎,『中島發掘調査報告書』, 中島先史遺蹟發掘調査團, 1982.

申鍾國,「百濟土器의 形成과 變遷過程에 대한 研究 -漢城期 百濟 住居遺蹟 出土 土器를 中心으로-」, 成均館大學校 大學院 碩士學位 請求論文, 2002.

申熙權,「한강유역 1-3세기 주거지 연구 -'풍납동식 주거지'의 형성과정을 중심으로-」, 서울대학교 대학원 문학석사학위논문, 2001.

_____,「百濟 漢城期 都城制에 대한 考古學的 考察」,『백제도성의 변천과 연구상의 문제점』, 제3회 국립부여문화재연구소 학술대회, 2002a.

_____,「風納土城築造年代試論」,『韓國上古史學報』37, 2002b.

_____,「風納土城 發掘調査를 통한 河南慰禮城 고찰」,『鄕土서울』62, 2002c.

安在晧,「三角形粘土帶土器의 性格과 年代」,『勒島住居址』, 釜山大學校博物館, 1989.

余昊圭,「漢城時期 百濟의 都城制와 防禦體系」,『百濟研究』36, 2002.

李健茂 외,『中島』, 國立博物館 古蹟調査報告 第十二册, 1980.

李盛周,「打捺文土器의 展開와 陶質土器 發生」,『韓國考古學報 42, 2000a.

_____,「打捺文短頸壺의 研究」,『文化財』33, 2000b.

李在賢,「弁ㆍ辰韓 土器의 形成과 展開」,『영남지방의 초기철기문화』, 第11回 嶺南考古學會 學術發表會, 2002.

李亨求,『서울 風納土城〔百濟王城〕實測調査研究』, 百濟文化開發研究院, 1997.

李亨求 편,『風納土城〔百濟王城〕研究論文集』, 東洋考古學研究所. 2000.

李弘種,「中島式土器의 成立過程」,『韓國上古史學報』6, 1991.

林永珍,「百濟初期漢城時代土器研究」,『湖南考古學』4, 1996.

주보돈,「辰 · 弁韓의 成立과 展開」,『진 · 변한사연구』, 2002.

崔聖愛,「風納土城土器의 製作類型과 變化에 대한 一考察」, 漢陽大大學院 碩士學位論文, 2002.

한양대학교 박물관 · 포천군,『영송리 선사유적 발굴조사 보고서』, 1995.

李弘種,「中島式土器의 成立過程」,『韓國上古史學報』6, 1991.

林永珍,「百濟初期漢城時代土器研究」,『湖南考古學』4, 1996.

주보돈,「辰 · 弁韓의 成立과 展開」,『진 · 변한사연구』, 2002.

사진 1. 풍납토성 서벽(삼표산업 사옥부지) 출토 풍납동식 무문토기 대호

사진 2. 풍납토성 서벽(삼표산업 사옥부지) 출토 풍납동식 무문토기 직구호

사진 3. 풍납동식 무문토기 각종

사진 4. 연질 타날문토기 단경 구형호(좌: 가-2호 주거지, 우: 가-1호 수혈)

사진 5. 연질 타날문토기 시루(좌: 가-2호 주거지, 우: 나-8호 주거지)

사진 6. 풍납토성 동벽 출토 타날문 발(좌: A지점 기저부, 우: B지점 기저부)

사진 7. 연질 타날문토기 발(좌 · 우: 가-2호 주거지).

사진 8. 연질 타날문토기 대옹(좌: 가-2호 주거지, 우: 나-1호 주거지)

사진 9. 연질 무문토기(좌: 가-2호 주거지 직구단경호, 우 가T호 수혈 광구단경호)

사진 10. 연질 무문토기 완류 각종

사진 11. 연질 무문토기 뚜껑류 각종

5. 風納洞 百濟王城의 歷史的 性格

李鍾旭(西江大學校教授)

一. 머리말

풍납동(風納洞) 백제왕성(百濟王城) 발견(發見)은 하나의 폭풍(爆風)이다. 그것은 단순히 왕성발견(王城 發見)의 의미만 지닌 것이 아니다. 세기(世紀)의 전환(轉換) 무렵 이루어진 풍납토성(風納土城)에 대한 고고 학적 발굴·조사 결과는 백제의 역사, 나아가 한국고대의 역사에 불어 닥친 패러다임 전환의 출발을 알리는 신호다.

풍납토성에 대한 발굴 자체도 중요하지만, 필자에게는 특히 2000년에 발표된 방사성탄소 동위원소 연대 측정(年代測程) 결과가 의미를 지닌다. 그동안 상대편년(相對編年)에 의존하던 연구관행을 넘어 절대편년 (絶代編年)을 찾아낸 것은 한국고대사 연구를 새로운 차원으로 전환시킨 일이다.

근·현대 한국사학이 만들어 온 백제 역사 속에 풍납토성은 제 자리를 찾을 수 없었다. 그렇게 된 데에는 두 가지 이유가 있다.

첫째, 온조(溫祚)가 십제(卜濟)를 세우며 축조하였다고 하는 하남위례성(河南慰禮城)을 찾는 작업과 관련 된 문제가 있다. 여기서 이형구(李亨求)의 논문을 주목하자.[47] 그에 따르면 이병도(李丙燾)가 풍납토성을 백 제의 사성(蛇城)으로 본 이후 하남위례성을 백제 왕성으로 볼 수 없게 된 것을 알 수 있다. 오히려 백제왕성 을 다른 곳에서 찾는 작업들이 전개되기에 이르렀다.

이형구(李亨求)에 의하여 김원룡(金元龍)이 풍납토성에 대한 견해를 포기한 것도 알 수 있다. 그는 1980 년대에 발굴된 몽촌토성(夢村土城)을 하남위례성으로 비정하는 주장들이 가지는 문제점도 지적하였다. 그 는 백제의 건국과 동시에 축조된 최초의 왕성은 풍납토성이 확실하다고 하였다. 이형구(李亨求)는 일찍부터 풍납토성을 백제왕성(百濟王城)으로 생각하여 왔다. 사실 국립문화재연구소의 발굴을 통하여 풍납토성이

---

47 이형구, 「풍납토성[백제왕성]에 관한 조사연구」, 『풍납토성[백제왕성] 연구논문집』, 2000, pp. 30-35.

하남위례성이었음이 증명되었다.

둘째, 근·현대 한국사학이 발명한 백제 역사에 대한 통설과 관련된 문제가 있다, 통설로는 3세기 이전에 풍납토성을 축조하였다고는 생각할 수 없다. 실제로 1999년 9월 12일 발굴조사 현장설명회에서도 풍납토성이 3세기 이전에 축조되었다고 생각하기는 어려운 상황이었다. 통설(通說)의 백제는 3세기 중반까지 삼한(三韓)의 한 소국(小國)이었을 뿐이다. 만일 삼한의 여러 소국에 풍납토성 같은 규모의 성들이 각기 축조되었다면 삼한의 한 소국이었던 백제에서도 풍납토성을 축조하였다고 할 수 있을 것이다. 그러나 다른 소국 지역에서는 이같이 거대한 城은 찾을 수 없다. 따라서 삼한의 소국 백제로서는 풍납토성과 같은 거대한 성을 축조할 수 없었다고 본 것이다.

풍납토성 발굴결과는 한 마디로 백제의 앞부분 수백 년의 역사에 대한 통설을 뒤엎고 있는 것이다. 필자는 고고학적인 면에서 풍납토성이 백제왕성이었음을 밝힐 준비가 안 되어 있었다. 그것은 이형구(李亨求) 교수의 연구나 국립문화재연구소의 발굴·조사 성과를 따를 뿐이다. 그 와는 달리 필자는 일찍부터 백제 역사에 대한 통설(通說)을 뒤엎는 작업을 하여 왔다. 새로운 백제를 구상하여 온 것이다. 이 글에서는 바로 필자가 구상한 백제 역사를 통하여 풍납토성(風納土城),이 가지는 역사적 성격을 이야기하기로 한다. 이를 위하여 평행선(平行線)을 달리는 두 가지 백제역사, 풍납토성으로 타당성(妥當性)이 증명되는 새로운 역사, 근(近)·현대(現代) 한국사학(韓國史學)이 발명한 백제사와 그 문제점, 새로운 역사로의 전환이 가지는 의의 등에 대하여 차례로 보기로 한다.

二. 평행선을 달리는 두 가지 백제 역사(百濟歷史)

그것은 계란으로 바위 깨기였다. 한국 역사학의 학문권력(學問權力)을 장악한 연구자들이 만들어 온 백제 역사에 대한 통설에 이의를 제기하는 것은 불가능하다고 생각되었다. 그러나 풍납토성의 절대연대(絶代年代)가 찾아진 2000년 이후 통설은 무너지고 새로운 역사로서 백제 역사가 살아나게 되었다. 여기서 평행선을 달리는 두 가지 백제 역사에 대하여 보자.

첫째, 근·현대 한국사학이 만들어 온 백제의 역사가 있다. 그 예를 보자, 국민의 역사지식을 제도화(制度化)·표준화(標準化)하여 온 고등학교 교과서『국사』(7차 교육과정에 의하여 2002년 편찬, p.50)의 백제 건국과 성장에 대한 내용을 주목할 필요가 있다. 그에 따르면 "백제는 고구려 주몽(朱蒙)의 아들로 알려진 온조(溫祚)가 남하(南下)하여 한강 유역의 하남위례성에 정착한 후 마한(馬韓)의 소국 가운데 하나로 발전하였다"고 한다. 이러한 "백제는 한강유역(漢江流域)으로 세력을 확장(擴張)하려던 한의 군현을 막아 내면서 성장하였다. 3세기 중엽 고이왕(古爾王) 때 한강 유역을 완전히 장악하고, 중국의 선진 문물을 받아들여 정치체제(政治體制)를 정비하였다. 이 무렵 백제는 관등제(官等制)를 정비하고 관복제(官服制)를 도입하는 등 지배 체제를 정비하여 중앙집권국가의 토대를 형성하였다"고 한다. 『국사』에 따르면 3세기 중엽 이전 백제는 마한의 한 소국으로 있었던 셈이 된다. 그러한 소국 백제가 거대한 풍납토성을 축조할 수 있었다고는 생각하기 어려웠던 것이다.

1999년 발굴결과 성벽(城壁)의 규모가 폭 43m, 높이 11m, 길이 3.5km에 달하는 것으로 조사된 "풍납토성은 기원전 1세기대에서 기원후 2세기대에 축조되었을 가능성이 높으며, 3세기를 전후한 200년경에는 현재와 같은 모습으로 완성되었을 것으로 추정된다."고 한다.[48] 국립문화재연구소(國立文化財研究所)에서 발표한 성벽축조 연대는『국사』에 나오는 백제의 역사상과 부합(附合)하지 않는다. 오히려 풍납토성 발굴·조사 결과는 백제의 초기국가에 대한 국민적 상식(소위 통설)이 잘못이었음을 증명하고 있다.

둘째, 필자가 구상(構想)하여 온 백제의 역사다.[49] 필자는 1976년「백제의 국가형성」, 1977년「백제왕국의 성장」을 발표하여 100년 통설과 다른 주장을 하였다. 그 후 앞에 발표한 두 논문을 수정·보완한 새로운 논문을 발표하였다. 1994년에는「백제의 건국과 통치채제의 편성」(『백제논총』4)과「백제의 건국설화」(『백제논총』4), 1996년에는「백제 초기국가로서 십제의 형성」(『국사관논총』69)을 발표하였다. 십제(十濟)를 형성한 온조집단이 이주한 것은 한군현(漢郡縣)이 설치되기 이전 위만조선(衛滿朝鮮) 시기였다고 보았다. 그리고 십제가 미추홀(彌鄒忽) 소국을 병합하여 백제로 되고 마한의 소국을 병합하기 시작한 것은 기원전 2세기말 또는 기원전 1세기 초 무렵이었던 것으로 보았다. 미추홀 소국을 병합한 백제는 기원전 1세기 대에 경기도 일원의 소국들을 병합하여 나간 것을 생각할 수 있다. 백제는 기원전 1세기에 낙랑(樂浪)과 원거리교역, 교역관계를 가졌는데 기원후 1세기 전반경에는 전쟁 등의 관계로 변했다고 보았다. 백제는 기원후 1세기 전반경 그 영역을 경기도 일원으로 확장하였다고 하였다. 이와 같은 초기국가 백제의 형성·발전에 대한 이해는 기원전 1세기경부터 풍납토성이 축조되었다는 고고학적 연구성과와 부합하는 것이다.

여기서『국사』로 대표되는 통설의 백제와 필자가 구상한 새로운 역사로서의 백제는 서로 다른 것을 확인하게 된다. 통설의 경우 기원전 1세기 소국 백제의 형성을 이야기하였더라도 그 이후 이어지는 정치발전에 대한 이해를 하지 못했던 것이다. 통설은 3세기 중반까지 백제가 마한의 한 소국으로 있었으며 3세기 중반에 이르러 비로소 경기도 일원의 마한 소국들을 병합한 것으로 이야기하고 있다. 그와는 달리 필자의 새로운 역사는 기원전 2세기 위만조선 시대 언제인가 소국 십제(十濟) 형성 이후 기원전 2세기 말 또는 기원전 1세기 초부터 이웃한 소국들을 병합하여 나간 것으로 이야기하여 왔다. 그 결과 기원 전후한 시기 늦어도 1세기 전반에는 경기도 일원을 지배하는 왕국으로 성장하였음을 밝혔다. 이는 통설과 다른 주장이다. 통설의 백제와 새로운 역사의 백제는 거리를 좁힐 수 없는 평행선을 달리고 있는 것이다.

---

48 국립문화재연구소,『풍납토성 II』동벽 발굴조사 보고서』, 2002, p. 120.
49 필자가 발표한 백제 관련 글들이다.
　「백제의 국가형성」,『대구사학』11, 1976.
　「백제왕국의 성장」,『대구사학』1213합집, 1977.
　「Formation of Paekche State」,『Korea Journal』18-10, 1978.
　「백제초기사 연구 사료의 성격」,『백제연구』17, 1986.
　「백제국가형성사 연구의 동향」,『한국상고사』, 1989.
　「백제 사비시대의 중앙정부조직」,『백제연구』21, 1990.
　「백제 건국과 통치체제의 편성」,『백제논총』4, 1994.
　「백제의 건국설화」,『백제논총』4, 1994.
　「백제 초기국가로서 십제의 형성」,『국사관논총』69, 1996.
　『한국의 초기국가』, 1999.
　『한국 초기국가 발전론』, 1999.
　「풍납토성과『삼국사기 초기기록』,『풍납토성[백제왕성] 연구논문집』, 2000.

三. 풍납토성(風納土城)으로 타당성(妥當性)이 증명되는 새로운 역사

통설의 백제와 새로운 역사의 백제 중 어느 것이 타당한 것일까? 어느 것이 역사적 사실과 가까운 것일까? 풍납토성의 절대연대 측정치(測定値)가 나오기 전까지 한국사학은 필자가 구상한 새로운 역사를 주목하지 않았다. 그러나 절대연대가 나온 이상 새로운 역사를 무시할 수 없게 되었다. 오히려 통설은 설 자리를 잃게 되었다. 그 판정을 고고학적 발굴 · 조사결과가 해주고 있다.

한국고대사 연구에는 많은 문제가 있다. 그 중 하나, 결정적인 문제는 건국신화(建國神話) · 건국설화(建國說話)를 포함한 자료에 나오는 사건들의 연대를 그대로 따를 수 없다는 것이다. 예컨대, 온조(溫祚)가 십제(十濟)를 세웠다고 하는 기원전 18년은 실제의 국가형성연대(國家形成年代)는 아니다. 그러한 사정은 고조선(기원전 2333년) · 고구려(기원전 37년) · 신라(기원전 57년) · 가락국(駕洛國, 기원후 42년)의 경우도 마찬가지다. 절대편년(絶代編年)으로 이루어진 건국연대를 찾지 않고는 한국 초기국가에 대한 연구는 의미가 없다.

건국연대를 찾는 작업은 현재로서는 고고학에 의지할 수밖에 없다. 그러한 면에서 풍납토성 발굴 시료(試料)에 대한 방사성탄소(放射性炭素) 연대측정(시거弋測程)과 토기에 대한 열발광(熱發光)연대측정 결과는 중요한 의미를 지닌다. 그러한 연대측정 결과 국립문화재연구소는 토성 축조가 기원전 1세기부터 기원후 200년 전까지 이루어졌다고 하였다. 이러한 절대연대 측정결과는 통설(通說)로는 상상도 못하던 것이다.

풍납토성의 절대연대 측정치는 두 부류(部類)로 나눌 수 있다. 하나는 성벽과 관련된 자료를 통한 연대측정치다. 다른 하나는 풍납토성 안의 주거지 출토 시료에 대한 연대측정치다. 성벽 자료의 경우 기원전 1세기부터의 연대측정치가 나오고 있다. 그와는 달리 주거지 자료의 경우 그 중심연대가 기원전 199+50, 기원전 184+50, 기원전 60±60, 기원전 14년±60 등으로 나오고 있다.[50] 성벽보다 주거지 시료의 연대가 올라가는 것을 알 수 있다.

여기서 연대측정 결과를 어떻게 읽어야 하는지 볼 필요가 있다. 우선 중심연대(中心年代)는 보정연대(補正年代)로 바꾸어야 한다. 보정연대에 오차범위만한 연수를 ±한 범위에 그 유적이 들어갈 확율은 67%가 된다. 보정연대에 오차범위×2한 연수를 ±한 범위에 그 유적이 들어갈 확율은 95%가 된다. 따라서 풍납토성 성벽 자체도 기원전 1세기 이전에 축조되었을 확률이 없지 않다. 그리고 집자리는 기원전 2세기 또는 이전에 만들어졌을 확률도 있다.

문제는 고고학적으로 최초의 유적을 찾기가 쉽지 않다는 사실이다. 그리고 풍납토성은 온조집단에 의하여 십제가 형성될 때 처음 축조되기 시작하였더라도 그 이후 몇 차례의 수축과정이 있었던 것이 틀림없다. 현재 발굴 · 조사된 장소가 십제 초기에 축조된 유적이라는 증거도 없다. 따라서 풍납토성에 대한 전반적인 연구가 이루어지기까지는 누구도 초축 연대를 자신 있게 말하기 어려울 것이다. 다만 현재 확보한 절대연대 측정결과 만으로도 백제의 초기국가 형성과 발전 과정에 대한 연구는 통설과 달라져야 한다.

구체적으로, 2000년부터 발표된 절대연대 측정결과는 어떤 결과를 가져왔을까? 첫째, 백제 역사 자체를 새롭게 재구성하게 만든다. 3세기 중반까지 마한의 한 소국으로 보는 통설로는 200년 이전에 현재의 모습을 갖추었다고 하는 풍납토성이 축조되었다고 설명할 수 없다. 지난 100년 동안 근 · 현대 한국사학이 발명한

---

50 윤근일, 「풍납토성의 발굴과 그 의의」 『풍납토성[백제왕성] 연구논문집』, 2000, p. 51.

백제의 역사에 문제가 생긴 것이다. 소위 통설이 무너지게 된 것이다. 둘째, 건국설화의 연대를 역사적 연대로 전환 가능케 하였다. 필자는 십제의 건국을 건국설화에 나오는 기원전 18년이 아니라 기원전 2세기로 보았다. 풍납토성 시료로 찾아낸 절대연대가 기원전 2세기까지 올라가기 때문이다. 그러나 이것으로도 대세는 파악할 수는 있지만 정확한 건국연대를 찾았다고는 말할 수 없다. 보다 믿을 수 있는 건국연대는 절대연대를 더 찾은 연후 말할 수 있을 것이다. 여기서 한 걸음 나아가 신라·고구려·가야·고조선의 건국연대도 건국신화(설화)에 나오는 것이 아니라 새롭게 찾는 작업이 잘못이 아니라는 사실을 알게 되었다.

四. 근·현대 한국사학(韓國史學)이 발명한 백제사(百濟史)와 그 문재점

풍납동 백제왕성과 관련하여 근·현대 역사학이 만들어낸 백제 역사의 정체를 밝혀보자. 소위(所謂) 통설의 백제는 몇 단계의 과정을 거쳐 발명되었다. 크게 3단계를 구별할 수 있다. 그 마지막 단계인 3단계를 1974년부터 사용된 국정교과서(國定敎科書) 중·고등학교 『국사』에 나오는 백제 역사로 잡기로 한다. 『국사』의 구체적인 내용은 앞에서 제시했기에 여기서는 생략한다. 2단계는 1945년 해방 이후 최초로 한국사를 구상할 때 주도적 역할을 하였던 이병도(李丙燾)·손진태(孫晋泰)가 만들어 낸 백제 역사다. 그들이 구상한 백제의 역사는 후일 국민적 역사지식을 제도화·표준화한 교과서 『국사』의 백제 역사로 자리 잡았다. 1드十게는, 이병도·손진태가 구상한 백제의 역사를 잉태(孕胎)한 모체가 되는, 쓰다 소키치(津田左右吉) 등 일본인 연구자가 발명한 백제 역사다.

먼저 1단계의 백제 역사를 보자. 근대 역사학의 방법으로 백제 역사를 안출(案出)한 것은 일제의 연구자들이었다. 특히 일제가 식민지 한국에 대한 무단정치(武斷政治)에서 문화정치(文化政治)로 전환하는 초기의 쓰다 소키치를 주목하지 않을 수 없다. 그는 1921년 「백제에 관한 일본서기의 기재」(『만선지리역사연구보고』 8)에 「백제왕실(百濟王室) 계보(系譜) 및 왕위계승 기사」(pp.105~138)라는 항목을 두어 백제 역사에 대한 이야기를 하였다. 그가 이 때 말한 이야기는 이병도·손진태를 거쳐 오늘도 한국의 교과서 『국사』에까지 이어지고 있는 것이다. 한마디로 근·현대 한국사학이 부둥켜안고 있는, 풍납동 백제왕성과 관련된 백제의 역사는 쓰다 소키치가 날조(捏造)해 낸 것이다.

쓰다 소키치가 날조한 것은 무엇일까? 그는 『삼국사기(三國史記)』에 근초고왕(近肖古王)·근구수왕(近仇西王)이라고 나오는 백제의 왕들이 『일본서기(日本書紀)』에는 초고왕(肖古王)·귀수왕(貴須王)이라고만 나오는 사실을 주목하였다. 그는 13대 근초고왕과 14대 근구수왕의 원래 이름은 초고왕·구수왕(仇首王)이고 그들이 역사적으로 존재하였던 왕이고, 『삼국사기』에 나오는 그 이전의 6대 초고왕과 7대 구수왕은 후세 사가(史家)가 조작한 것이라 하였다. 『삼국사기』에 나오는 6대 초고왕과 7대 구수왕은 실제의 초고왕과 구수왕의 이름을 가지고 만들어 낸 설화시대(說話時代)의 국왕이라고 하였다. 그는 실재한 왕은 근(近)자를 붙여 조작된 초고왕·구수왕과 구별하였다고 하였다. 여기서 그의 주장하는 바를 주목할 필요가 있다. 그는 12대 계왕(契王, 344 -346) 이전 백제의 역사는 사실로 믿을 수 없다고 하였다. 쓰다 소키치는 『삼국사기』에 나오는 계왕까지의 역사가 후세의 사가에 의하여 조작되었다고 하였다. 쓰다 소키치 이후 『삼국사기』에 대한 사료 비판이라는 명목으로 계왕 또는 고이왕 이전의 백제의 역사가 말살되었다.

쓰다 소키치는 『삼국사기』에 백제의 건국을 전한(前漢) 홍가(鴻嘉) 3년(기원전 18)이라 한 것도 실제 건국 연대보다 340~350년을 올린 것이라 하였다. 그는 근(近)자를 붙인 왕들은 백제인들은 알지 못했다고 하였다. 그는 후일 신라인들이 계왕까지의 12대 왕들을 조작해 냈다는 근거로 『일본서기』에 근(近)자를 붙인 왕들이 안 나오는 것을 들고 있다. 따라서 원래 근(近)자를 붙인 왕들이 백제에는 없었다는 논리다.

여기서 쓰다 소키치의 주장이 가지는 문제를 찾을 수 있다. 그는 백제 역사를 다룬 사료인 『삼국사기』를 사료비판(史料批判)하는 데 『일본서기』를 근거로 삼았다. 이는 문제가 아닐 수 없다. 『일본서기』는 일본인에 의하여 편찬된 사서로 한국 고대사 특히 백제와 관련된 기록이 적지 않게 나오는 것은 사실이지만 그렇다고 하여 그것이 『삼국사기』를 사료 비판하는 근거는 될 정도로 의미있는 사서는 아니다. 『일본서기』는 일본의 텍스트일 뿐이다. 그것도 사료비판이 필요한 불완전한 사서일 뿐이다. 따라서 쓰다 소키치의 『삼국사기』 백제본기에 대한 사료비판은 그 미숙성만이 아니라 나아가 식민지의 역사를 난도질하여 말살한 악의성까지 보여주는 것이다. 그런가 하면 인류학적인 결과를 보면 여러 왕국에서 후대의 왕들이 전대 왕들의 이름을 따르는 것을 볼 수 있다. 백제에 초고왕·구수왕이 두명이 있다하여 문제될 것이 없다. 후대의 역사편찬 과정에 같은 이름의 왕을 구별하기 위하여 후대의 왕에게 근(近)자를 붙였다 하여 문제될 것이 없다. 다만 쓰다 소키치가 몰랐던 것은 바로 같은 이름의 왕들이 있을 수 있다는 사실이다. 조정

더욱이 쓰다 소키치는 임나일본부(任那日本府)의 존재를 확신하고 있다. 결과적으로 그는 가공의 임나일본부를 지지하기 위하여 『삼국사기』 백제본기의 12대 계왕 이전의 기록이 조작되었다고 한 것이다. 한반도 남부에서 성장한 왕국인 백제와 신라의 역사를 말살함으로써 한반도 남부를 정치적 공백 상태를 설정하고 그 자리에 설치되었다는 임나일본부를 조작해낼 수 있었다. 한편 제국 일본의 역사가들은 『삼국사기』의 기록을 말살한 공백을 『삼국지 (三國志)』 한조(韓條)의 기록으로 채웠다. 그러나 『삼국지』 한조는 일종의 민속지(民俗誌)로 백제의 정치사를 다룰 수 있는 사료는 아니다. 여하튼 임나일본부설을 신봉한 그로서는 『삼국사기』에 나오는 백제왕국의 성장을 인정할 수 없었던 사정을 짐작하기 어렵지 않다. 결국 쓰다 소키치는 일본 고대사를 창출(創出)하는 과정에 한국 고대의 역사를 말살(抹殺)한 것이다. 그런데 쓰다 소키치는 1939년에 『일본서기』의 신대(神代) 및 상대(上代)를 말살했다 하여 비판을 받았고, 결국 1940년에 와세다대학을 사직하였고 그의 저서들이 발금처분(發禁處分)을 받았으며 황실존엄 모독죄로 재판을 받기도 하였다. 이를 근거로 쓰다 소키치가 한국의 역사만이 아니라 일본의 역사까지 엄정하게 사료 비판한 역사학자라고 생각할지 모른다. 그렇기에 『삼국사기』에 대한 사료비판도 타당한 것이라 할지 모른다. 그러나 필자는 달리 본다. 당시 한국의 역사를 다루는 일본 학계의 수준은 저급(低級)하였고, 비교사학적(比較史學的) 관점(觀點)도 없었으며, 한국 역사 발전의 대세를 파악할 능력도 부족하였던 것이다. 또한 사료비판의 방법상 문제도 있었다.[51] 『일본서기』 사료비판의 방법을 『삼국사기』에 그대로 적용한다는 것은 쓰다 소키치를 비롯한 일본인 연구자들의 학문적 수준이 미숙한 것을 의미한다. 그들에게는 한국의 역사는 관심 밖이었던 것만큼 풍납토성과 관련된 백제의 역사를 다루는 수준도 낮았던 것이다. 『삼국사기』는 『일본서기』와 다른 책이다. 두 사서를 같은 차원(次元)에서 사료 비판할 책이 아니다.

---

51 이종욱, 「백제 초기사 연구 사료의 성격」, 『백제연구』17, 1986, p. 17.

여기서 한 가지 질문을 던지지 않을 수 없다. 과연 현재도『일본서기』를『삼국사기』에 대한사료 비판의 근거로 삼을 수 있는가? 그러한 연구 방법은 제국주의 하에서가 아니면 인정할 수 없는 것이다. 재국 일본의 역사가들은 한국사를 위하여 한국사를 다룬 것이 아니라 일본의 역사를 위하여 한국의 역사를 마음대로 조작한 것일 뿐이다. 제국 일본에게 식민지 한국의 역사는 존재할 필요도 또 그럴 까닭도 없었다.

일제의 최고 역사가가 일본의 역사를 발명하기 위하여 한국의 수백 년 역사를 지워버렸던 이

다. 쓰다 소키치의『삼국사기』백제본기에 대한 사료비판은 한국의 역사를 점유(占右)하여 식민지에 대한 문화정책(文化政策)을 구현(具現)하였던 하나의 표상(表象)으로 삼을 수 있다. 의도하지 않았다고 할지 모르나 그의 한국사 연구는 일본 제국주의를 위한 것이고 한국에 대한 식민주의 통치를 강화하는 정치적 목적에 부응(副應)하는 결과를 가져왔다. 결과적으로 백제의 역사 나아가 한국의 역사에 대한 기억을 지워 왜소화시키고 일본의 역사를 강한 것으로 조작한 것이다.

쓰다 소키치는 1908년 4월부터 만철(滿鐵) 동경지사 내에 설치된 만선역사지리조사부(滿鮮歷史地理調査部)의 연구원으로 있었으며, 그 폐쇄 후 만철의 지원으로 동경제국대학 문과대학 내로 이관되며 촉탁(囑託) 연구원으로 1939년 12월까지 종사하였다. 물론 그는 와세다대학 교수로 재직(1920.4~1940.1)하는 등 다양한 활동을 하였다. 만선역사지리조사부는 그 자체가 제국주의와 식민주의를 둘이 아닌 하나로 실현시키기 위한 조직이었다. 스스로 제국주의자 · 식민주의자로 자처하지 않았을지라도 그 자신 제국주의 · 식민주의를 위해 연구 활동을 한 사실은 부인할 수 없다. 그가 안출한 백제, 나아가 한국 고대역사는 결과적으로 식민주의 아래 한국의 역사를 빼앗아 간 것이다. 쓰다 소키치 자체가 당시 표리(表裏)를 이룬 제국주의(帝國主義) · 식민주의(植民主義)의 산물(産物)이었던 것이다.

그의 연구결과는 지금까지 한국의 역사에서는 백제만이 아니라 신라의 역사까지도 그 앞부분 수백 년의 역사를 기억 속에서 지워버리도록 만들었다. 실제로 중요한 문제는 쓰다 소키치가 안출한 백제 역사 나아가 한국 고대의 역사는 그 후 재국 일본의 역사가는 물론이고 식민지 한국의 역사가들까지 그가 발명한 틀 안에 사로잡아 놓았다는 사실이다. 일제시대에 만들어진 삼한론(三韓論)이 그 예다.

3-4세기까지 백제의 성장 · 발전을 무시하고 삼한의 한 소국으로 만들어낸 삼한론은 쓰다 소키치가 날조한 역사의 틀을 발전시킨 것이 아닐 수 없다. 쓰다 소키치가 발명한 백제의 역사는 풍납토성을 3세기 이전에는 축조될 수 없는 것으로 보도록 만든 근본적 원인 또는 출발점이 되었던 것이다.

다음은 1945년 해방 이후 백제 역사에 대한 2단계의 연구를 보자. 이병도와 손진태가 있다. 그들은 1945년 해방(解放)된 공간에서, 한국사 개설 한 권 없는 상황에서 한국의 역사를 구상하였다. 백제의 역사와 관련하여 그들은 쓰다 소키치와 내연관계에 있었다. 그들은 쓰다 소키치가 백제본기의 계왕(契王) 이전 기록이 조작되었다고 한 사료비판의 문제점이 무엇인지 주목하지 않았다. 다만 백제본기의 조작되었다는 시기를 줄였을 뿐이다. 그들은 쓰다 소키치가 발명한 백제 역사에 대하이 다만 약간의 수정 또는 변용을 가하였을 뿐, 그 틀을 그대로 이어 받았다. 그들로서는 쓰다 소키치가 날조한 한국고대사의 틀을 벗어날 수 없는 태생의 문제가 있었던 것이다.

여기서 이병도를 주목하자. 그는 쓰다 소키치 보다 믿을 수 있다고 하는 시기를 끌어올려『삼국사기』백제본기의 고이왕 대부터는 믿을 수 있다고 하였다. 그는『주서(周書)』이역전 백재 조에 나오는 구대(仇台)

를 「삼국사기」에 나오는 고이왕으로 보고 백제의 확실한 건국연대는 고이왕 27 · 28년(260 -261)경으로 잡았다. 그는 온조왕을 부락국가 시대의 시조라면 구대(仇台) · 고이는 국가시대의 태조(太祖)라 하였다. 그는 고이왕 이전 백제본기의 기록을 모두 고이왕(古爾王)-책계왕(責稽王) 이후 백제 발전시대의 사실로 보아야 한다고 하였다.[52] 풍납토성을 백제의 사성(蛇城)이라고한 이병도는 고이왕 이전 백제의 역사를 소국(부락국가)들이 모여 있던 삼한단계로 설정하였던 것이다. 그런데 이병도가 제창한 풍납토성 사성론이나 삼한론 또는 260-261년 백제 건국설 등으로는 풍납토성을 설명할 길이 없다. 이제 이병도의 견해를 벗어나야 한다. 그런데 교과서 『국사』는 지금까지 이병도가 제창한 견해를 따르고 있다.

2단계의 연구자인 이병도나 손진태는 역사가로서 그들을 잉태한 재국 일본의 패러다임을 벗어날수 없었던 것이다. 우리는 일제 식민통치의 잔재를 벗어나야 한다고 이야기는 하면서 실제는 그렇지 못했다고 이야기하여온 것이 사실이다, 한국의 역사라고 예외일 수는 없다. 그 동안 식민사학의 청산을 외쳐왔어도 일제의 태내(胎內)에서 자라났고 일제하에서 활동하였던 연구자들로서는 일제가 발명한 틀을 벗어난다는 일이 천동설(天動說)에서 지동설(地動說)로의 전환과 같이 어려웠던 것은 아닐까? 이것은 포스트식민주의(postcolonialism)의 문제이기도 하다. 식민지 지배를 받은 나라에서 식민주의 시대에 만들어진 틀을 깨기 어려운 바로 그 문제다.

백제 역사에 대한 3단계 연구로서 1974년 이래 국정교과서 『국사』를 만들어 낸 한국사학을 보자. 앞에서 이미 『국사』의 백재 이야기를 제시하였다. 그에 따르면 『국사』로서는 풍납토성을 설명할 수 없다. 『국사』에서도 백제의 소국형성은 그 시기를 기원전으로 보고 있다고 할 수 있다. 그러나 『국사』의 본질적인 문제는 그 이후 백제의 성장 · 발전에 대하여 눈을 돌리지 않았다는 사실이다. 현대 한국사학을 잉태한 이병도 · 손진태의 틀을 『국사』를 만든 한국사학이 당연한 것으로 받아들이고 있는 것을 알 수 있다.

여기서 풍납토성과 관련하여 백제의 역사를 만들고 있는 현재 한국사학이 본질적으로 쓰다 소키치 등 제국 일본의 역사학이 발명한 패러다임을 벗어나지 못하고 있음을 지적하지 않을 수 없다. 2 · 3단계 한국사학은 일제가 발명한 한국사 패러다임을 약간 변용(變容)하여 따르고 있다고 하는 것이 잘못된 주장일까?

五. 새로운 역사로의 전환이 가지는 의의

앞에서 지난 세기 발명된 백제의 역사를 3단계로 나누어 보았다. 그런데 그와 같은 구분은 별 의미가 없다. 쓰다 소키치 등 재국주의 일본의 연구자들이 안출한 『삼국사기』 불신론과 「삼국지」 한조 중심 역사 읽기의 전통을 한국사학이 따랐던 사실을 부정할 수 없기 때문이다. 1945년 해방후 한국사를 새로 구상하는 과정에 학문권력을 장악한 연구자 공동체가 형성되었다. 그들은 일제가 발명한 제국주의와 식민주의가 표리를 이룬 그러한 역사의 패러다임을 버리지 못하고 오히려 부둥켜안고 한국의 역사를 구상하였던 것이다. 그것이 1974년 이후 교과서 『국사』의 내용이 되었고, 학교에서는 아무런 의심 없이 역사적 사실로 배우고 가르쳐 온 것이다. 그 대표적인 예가 삼한론이다.

---

52 이병도, 「삼한문제의 신고찰」(5), 『진단학보』6, 1936, pp.72-84.

여기서 삼한론의 문제를 잠시 보기로 하자. 『삼국지』 한조와 『삼국사기』에 나오는 다음 기록을 검토할 필요가 있다.

1. 부종사 오림은 낙랑이 본래 한국을 통합하였기에 진한의 8국을 분할해 낙랑에게 주었다. 관리가 통역을 해 전하는 데 같지 않아, 신지가 한의 원망을 일으켜 대방군 기리영을 공격했다. 그때 태수 궁준과 낙랑 태수 유무가 군대를 일으켜 쳤는데, 궁준이 전사했다. 마침내 2군이 한을 멸했다. (·삼국지)한조)

2 (고이왕) 13년(246) 가을 8월에 위의 유주 자사 관구검과 낙랑태수 유무, 삭방 태수 왕준이 고구려를 쳤다. (고이)왕이 빈틈을 타서 좌장 진충을 보내어 낙랑의 변민을 습취했다. 유무가 듣고 노했다. 왕은 침략을 받을까 염려해 그 민구를 돌려보냈다. 『삼국사기 고이왕 13년조)

위의 두 기록은 246년에 벌어졌던 하나의 사건을 이야기하고 있는 것이다. 다만 위(魏)의 기록과 백제의 기록이 따로 만들어져 상대방의 사정을 모르는 경우도 있었다. 그러나 그 내용은 분명하다. 백제의 고이왕이 보낸 군대가 대방군을 공격하였고 백제는 그 변민을 습취하였다. 비록 『삼국사기)는 전하지 않고 있으나 그 전쟁에서 대방태수 궁준(왕준)이 전사한 것도 사실이다. 그런데 『삼국지』에는 한이 멸한 것으로 나오나 실제 백제가 망한 것은 아니었다. 이는 중국사서가 가지는 사료로서의 문제점이 아닐 수 없다.

두 사서 중 어떤 사서를 통하여 백제의 정치사를 읽어야 할까? 문제는 한국사학이 위의 기록을 어떻게 보았는가에 있다. 이병도는 246 247년 당시까지만 해도 그 사회가 아직도 부락연맹의 상태를 벗어나지 못하고 있다고 했다. 또한 246년 한(韓)과 위(魏)가 충돌할 때 외부의 압력에 대항하기 위하여 제부락 간에 다소의 단결과 통제가 행하여 졌다고도 하였다.[53] 이러한 부락연맹설은 삼한연 설 그 자체다. 그러나 최근 고고학적 발굴·조사결과 백제는 이미 200년까지 풍납토성과 같은 거대한 성을 축조할 수 있는 왕국으로 성장해 있었던 사실이 확인된다. 이제 백제지역의 경우 3세기 전반까지 소국들의 연맹체로 보는 삼한론은 사라져야 한다. 고고학적 연구성과가 『삼국지』 한조가 아닌 『삼국사기』의 사료적 가치를 증명하여 준 것이다.

그런데 백제·가야·신라의 정치적 성장·발전을 말살한 삼한론은 역사학만이 아니라 고고학까지도 휘어잡았다. 그 결과 세기의 전환점(轉換點)에 발굴·조사된 풍납토성을 통설을 만든 한국의 역사학이나 고고학으로서는 설명할 수 없게 만들었다. 1999년 9월까지만 해도 풍납토성은 3세기 이전에는 축조될 수 없었다고 한 것이 그것이다. 그러나 풍납토성 출토 시료를 통한 연대측정 결과 기원전 2세기 또는 기원전 1세기에 축조되기 시작하여 기원후 200년 이전에 현재의 모습을 갖춘 성으로 백제왕성이 축조되었음을 알게 되었다. 삼한론을 신봉하여 온 현대 한국 역사학과 고고학은 백제의 300~400년 역사를 버려 왔던 것이다. 그것을 국민의 역사지식(歷史知識)으로 만들어 왔던 것이다 1975~1976년 천관우(千寬宇) 선생은 이에 대한 반론을 제기(提起)한 바 있다.[54] 그러나 한국사학은 그를 주목하지 않았던 것도 사실이다. 이제 한국고고학도 변하지 않을 수 없다. 한국의 경우 역사학과 고고학은 둘이 아닌 하나가 되어야 하는 것을 알 수 있다.

풍납토성의 발굴·조사는 새로운 역사로의 전환을 요구하고 있다. 필자는 이미 1976년부터 백제역사를 새롭게 읽어 왔다. 그 후 수정(修訂) 과정을 거쳐 1994년, 1996년에 이르러 백제의 초기국가형성·발전에 대

---

53 이병도, 『한국사』, 1959, pp. 347-348.73 -
54 천관우, 「삼한의 국가형성」 상, 『한국학보』2, 1975, 「삼한의 국가형성」 하, 『한국학보』3, 1976.

한 견해를 제시하였다. 앞에서 언급한 것과 같이 기원전 2세기 위만조선(衛滿朝鮮)이 존재한 시기에 부여계(扶餘系) 고구려 이주민(高句麗移住民) 온조집단(溫祚集團)이 소국 십제(十濟)를 형성하였고 기원전 1세기 말 또는 1세기 초에 비류국(沸流國)을 병합하여 백제(百濟)로 성장하였다. 기원전 1세기대에 경기도 일원의 소국을 병합하여 기원후 1세기 전반에는 경기도 일원을 지배하는 왕국으로 성장하였음을 밝혔다. 이는 지난 세기 백제 역사에 대한 통설과 다른 주장이다.

필자의 백재 초기국가에 대한 주장은 완성된 것도 아니고 또 완성될 수 있는 것도 아니다. 통설과 다른 필자의 백제 역사는 한국사학으로부터 외면당해 온 것이 사실이다. 그러나 풍납토성이 발굴 · 조사되며 필자가 제창(提唱)한 백제 역사는 풍납토성을 잘 설명할 수 있다는 사실이 밝혀진 셈이다. 기원전 2세기말 세기 초부터 소국병합(小國倂合)을 하기 시작한 백제로서는 국력이 중대되어 200년 이전에 풍납토성 같은 거대한 성을 축조하게 되었다고 설명할 수 있다. 이것이 필자가 제창한 새로운 역사가 가지는 강점이 아닐까?

필자는 새로운 역사로 준비하고 있으며 풍납동 백제왕성의 발견을 기다려 온 셈이다. 새로운 역사는 통설과 무엇이 다른가? 첫째, 새로운 역사는 근 · 현대 한국사학이 물신화한 사료비판의 관행(慣行)을 버렸기에 나올 수 있었다. 우선 근 · 현대 한국사학이 사료적 가치를 인정하지 않았던『삼국사기』근초고왕 또는 고이왕 이전의 기록을 역사 읽기의 자료(資料)로 끌어들였다. 나아가 백제의 건국설화인 온조설화까지도 적극적으로 역사 읽기에 이용하였다. 둘째, 역사발전의 대세(大勢)를 통하여 백제를 건국한 온조집단의 이주시기(移住時期)를 찾았다. 그리고 소국 형성 이후의 소국연맹(小國聯盟)-소국병합(小國倂合)으로 이어지는 정치발전 과정을 생각하며 초기 백제의 정치적 성장 · 발전을 구상하여 왔다. 이는 비교사적(比較史的)인 연구방법이라고 할 수 있다.

현재 새로운 역사로는 풍납토성을 잘 설명할 수 있다. 기원전 2세기 언제인가 십제가 형성될 때 축조한 하남위례성(河南慰禮城)은 조그만 성이었을 것이다. 그 후 소국병합 과정을 거치며 동원할수 있는 인력과 물자가 늘어나며 점차 위례성의 수축도 이루어졌던 것이 분명하다, 2세기경 백제는 충청도 일대까지 장악한 왕국으로 성장하였다. 백제의 정복활동(征服活動)은 낙랑(樂浪)등 세력 또는 마한(馬韓) 등 피정복 세력과의 긴장을 초래(招來)했고 그들의 침략을 막기 위해거대한 풍납토성을 축조하게 만들었다고 생각된다. 3세기 중반경까지 마한의 한 소국으로 있었다고 하여온 통설로는 백제가 200년 이전에 거대한 왕성을 축조하였다고 생각할 수 없었던 것이다.

현재로서는 근 · 현대 한국사학이 만들어낸 통설보다 필자가 새로운 역사 읽기로 구상한 백제 역사가 그럴법한 것이 아닌가? 필자가 제창한 틀로 고고학적 유적과 유물을 보아야 편하게 설명되는 것은 아닌가? 절대연대를 찾은 풍납토성이 그 증거가 아닌가? 보다 많은 사실 · 사건을 포괄적(包括的)으로 하나의 틀 속에서 설명(說明)할 수 있을 때 그 학설(學說)이나 이론(理論)은 강해진다.

2003년 현재 필자의 새로운 역사는 그러한 의미를 지닌 것으로 평가되더라도 완성된 것이 아니라는 사실을 분명히 밝혀두지 않을 수 없다. 어느 학실이나 이론도 완성된 것은 없다. 다만 지엽적(枝葉的)인 문제를 찾아내어 필자의 새로운 역사 전체에 문제가 있는 것처럼 만들기보다, 지난 100년 동안 괴물처럼 자라 온 통설의 백제 역사 나아가 한국 고대역사의 패러다임을 필자의 새로운 역사가 바꾸었다는 평을 들었으면 하는 바람이 잘못이기만 할까?

六. 맺음말

이 글을 쓰며 생각한다.

첫째, 한국고대사 나아가 한국사가 가지는 가치(價値)에 대한 문제다. 1960년대 1970년대 전반까지만 하여도 풍납토성은 거의 비어 있었다. 비어 있던 백제 왕성에 그 이후 도시화(都市化)가 이루어졌다. 학자에 의하여, 국가에 의하여 또는 시민단체의 활동에 의하여 언제인가 백제왕성은 제 모습을 찾게 될 것이다., 백제 왕성(百濟王城)을 복원(復元)하기 위해서는 몇조 원의 경비가 들어야 한다. 국민(國民)의 세금(稅金)이 들어 갈 수도 있다. 여기서 한국 역사가 가지는 경제적 가치를 생각하게 된다. 한국의 역사학은 국민총생산(國民總生産)에 기여하는 바는 거의 없다. 그러나 한국의 역사학이 제 길을 찾아 왔다면 수 조원의 국민 세금을 백제왕성 복원에 투입하는 일은 벌어지지 않을 것이다. 그것은 어떤 한 개인의 잘못도 아니다. 일본 제국주의·식민주의의 그늘을 벗어나지 못한 한국사학, 한국인 전체의 문제일 뿐이다. 여기서 제대로 된 한국사학이 가지는 경제적 의미를 생각해보지 않을 수 없다.

둘째, 풍납토성을 보며 역사란 무엇인가를 생각한다. 풍납토성 하나 제대로 설명할 수 없게 만든 오늘의 한국 역사학이란 무엇인가? 풍납토성과 관련하여 한국사학은 아직도 지난 세기 제국주의 - 식민주의의 틀을 깨지 못하고 있는 것이 사실이다. 풍납토성 하나를 설명하거나 못하거나 하는 문제는 한국사 전체에서 지엽적인 문제일 수 있다. 그러나 그 결과 수 조원의 국민 세금이 들어가야 하는 현실의 문제를 어떻게 설명할 것인가? 그리고 일제가 날조(捏造)한 허구(虛構)의 역사의 틀을 못 벗어난 역사를 교과서『국사』에 담아 국민의 역사지식으로 만들어 왔다는 사실을 어떻게 설명할 것인가? 식민사학의 청산(淸算)을 외치기만 한다고 그것이 청산되는 것인가? 지금은 식민사학이 청산되지 않았다는 주장 자체를 금기시 하고 있는 것은 아닌가?

셋째, 풍납토성은 백제(百濟)의 역사만이 아니라 신라(新羅)의 역사도 바꾸는 출발점(出發點)이 된다는 사실이다. 지금까지 백제의 역사와 마찬가지로 신라의 역사 나아가 한국 고대의 역사가 일본 제국주의·식민주의에 의하여 빼앗겨 왔다. 풍납동 백제왕성(百濟王城)의 발견(發見)으로 백제의 역사가 살아나게 된 지금 신라의 역사 나아가 한국고대의 역사도 살려내지 않을 수 없다. 필자는『고조선사연구(古朝鮮史研究)』·『신라국가형성사연구(新羅國家形成史研究)』·『신라의 역사』등으로 이미 한국고대의 역사를 새롭게 재구성(再構成)하여 왔다. 이제 한국 고대의 역사가 달라져야 하지않나?

넷째, 필자 개인으로서는 풍납동 백제왕성(百濟王城) 발견(發見)에 감사드린다. 그리고 오늘이 있음에 감사드린다. 학문권력에 맞서는 필자의 두려움을 줄여 준 분들께 감사드린다. 풍납토성(風納土城)을 백제왕성(百濟王城)으로 발견(發見)한 주역(主役)인 이형구(李亨求) 교수께 감사드린다. 1999년 풍납토성 발굴단장 조유전(趙由典) 전 소장께도 감사드린다. 그리고 절대편년을 찾아낸 국립문화재연구소에도 감사드린다. 풍납동 백제왕성과 그 절대연대는 필자가 구상한 백제의 역사, 새로운 역사가 한국의 역사학계에 설 자리를 마련해 주고 있다.

사진 1. 풍납토성 동남벽 내면의 농작물 경작지(1996년 5월)

사진 2. 풍납토성 동남벽 외면의 농작물 경지지(1996년 5월)

사진 3. 풍납토성 내 경당지구 발굴 후 현황(2003년 5월)

사진 4. 풍납토성 내 미래마을 재건축부지 현황(후면 주차장, 2003년 6월)

사진 5. 풍납토성 내 풍납동 220-3의 시굴 후 건축물(중앙 3층 건물, 2003년 6월)

사진 6. 풍납토성 내 구 외환은행 직원 합숙소부지의 시굴 후 현황(2003년 6월, 사진 이형구 교수)

6. 風納洞 百濟王城의 發見과 保存

一.

1997년 1월 1일은 잊을 수 없는 날이다. 필자는 1996년 내내 鮮文大學校 歷史學科 學術調査팀을 이끌고 風納土城의 城壁을 측량하고 성곽의 보존실태를 파악해 오던 중에 1월 1일 설날에도 풍납토성 안의 풍납 1동 231-3번지 일대를 조사하고 있었다. 이때 현대건설이 5m 높이 이상이나 되는 철판 담장을 두르고 그 안에서 터파기하기 위하여 빔을 박아 놓는 장면을 목격했다. 계속 현장 진입을 시도 하였으나 어려웠고 3일에야 겨우 내부를 살펴볼 수 있었는데 지하 5m아래에 검은 토층이 깔려 있어 황급히 내려가 보니 목탄과 토기 파편들이 수없이 박혀 있는 것을 발견 할 수 있었다. 인부들에게 더 이상 파내는 것을 중지시키고 이튿날(4일) 본격적으로 자세히 살펴볼 수 있었다. 그 순간 風納里 無紋土器와 百濟土器 破片들이 수없이 發見되었다. 이것은 백제의 王京遺蹟이 顯現하는 순간이었다. 風納土城 안에서 百濟初期의 遺蹟·遺物이 發見됨으로서 백재 역사를 3백 년이나 앞당기는 우리 나라 역사에 일대 변화를 가져오게 되었다. 그것은 마치 革命과도 같은 大事件이였다.

이를 두고 어떤 이는 우리나라 考古學의 最大의 發見이라고 한다.

필자는 지금으로부터 꼭 40년 전인 1963년 여름에 전 國立中央博物館長 崔淳雨 선생님(1984년 作故)과 전 東亞日報 編輯局長 金永上 선생님을 따라 風納 土城을 처음으로 답사하였던 당시의 風納 土城은 廣津橋를 건너 廣州 뜰 허허 벌판에 우뚝 선 모습으로 토성의 모습이 장대하게만 보였다.

다음 해, 1964년 6월 20일에는 62일 간의 單獨 全國古蹟踏査 旅行의 長途에 오를 첫 出發地를 바로이 風納土城에서 시작하였다.

漢江河系는 太白山脈의 山谷間의 모진 돌이 兩水(북한강과 남한강)에서 강자갈 돌(姜石, peblle)이 갈리면서 양수리에서 合水하고 나서는 渼沙里 부근에서 큰 모래 톱을 만들고 급한 물살은 渼金·九里 쪽을 후리쳐서 下一洞 부근에 쌓아 올린다.

다시 여울이 阿旦山 아래를 부딪치면서 岩寺洞 강변에 모래언덕(沙丘)를 이루고 그 여파가 千戶. 風納에서 모래밭(沙灘)을 만든다.

고교시절 廣津橋를 건너와 미역감던 필자는 1960년대 초에 대학에 막 들어가 두 분 선생님을 따라 週末마다 서울近郊나 京畿道 일대의 文化遺蹟을 探訪하던 중에 1963년 초여름 풍납토성을 처음 방문했을 때도 아차산 건너편에는 風納土城의 높은 城體말고는 아무것(自然堤防)도 없는 모래밭이였다. 갯벌은 저아래 밀물과 썰물이 드나드는 金浦 쪽에나 가야 있다.

二.

風納土城이 近代에 처음 알려진 것은 1925년 여름, 이른바 乙丑年 大洪水로 漢江이 氾濫하면서 한강에 연해있던 風納土城의 서북쪽 장축 성벽이 쓸려나가면서 風納 上城 내부가 일부 露出되기 시작하였다. 이 무렵 朝鮮總督府 博物館에서는 土城의 남단 土沙中에서 출토되었다고 하는 2점의 靑銅製 錐斗(술을 데워서 盞에 따르는 일종의 祭器)를 비롯하여 금재 귀걸이(金環) 등을 구입 소장하였다. 이후 1936년 2월 21일에는 朝鮮總督府가 京畿道 廣州郡 九川面 風納里 土城을 朝鮮 史蹟 第27號로 지정하고, 朝鮮總督府 告示 제69호와 朝鮮總督府 宮報 제2730호로 告示하였다.

1939년 李丙燾 선생은 風納里 土城을 『三国史記』百濟本紀 責稽王 元年(286)에 보이는 백제시대의 '蛇城'으로 比定하였다.[55] 이병도 선생이 風納土城을 蛇城으로 단정짓는 바람에 풍납토성은 백제왕성으로 비정될 수 있는 가능성을 잃어버렸다. 거기에 더하여 풍납토성은 지금까지 흙(土)으로 만든 城이라는 이유 때문에 등한시 된 바가 많다.

해방 이후 風納土城은 제대로 보존되지 못하고 방치돼 오다가 1961년 6.16 革命직후 文化財 保護法이 재정되고 나서 1963년 1월 21일 大韓民國 史蹟 第11號로 지정되었다. 1964년 10월에는 서울대학교 고고인류학과 金元龍 선생이 風納土城 內 북쪽의 여러 지점을 시굴한바 紀元 전후 시기의 기와를 비롯하여 이른바 風納里 無紋土器라고 하는 硬質 無紋土器가 출토되었다 金元龍 선생은 風納土城을 李丙燾 선생이 주장한대로 百濟의 '蛇城'으로 보는 한편 防禦用城이라고는 하지만 평시에서 많은 일반민이 살고 있었던 半民半軍的 邑城이었다고 하였다.[56] 金元龍 선생이 風納土城을 3세기 이후의 蛇城으로 인식하는 바람에 풍납토성은 한낱 百濟의 '흙성(土城)'으로 방치되고 말았다.

1964년의 서울대학교 고고인류학과에서 시굴 조사한 이후 이렇다 할 관심을 보이지 않는 사이애 방치되고 있다가 1970년대에 와서 서울시의 都市開發과 더불어 風納土城 내부가 시민의 주거지로 변모해 갔다. 1960년대에 풍납동 151번지 일대에는 몇 채의 농가만이 들어섰던 곳인데, 지금은 약 20만 평(토성: 35,350평, 토성 내부: 195,462평)에 달하는 토성 내부에 2, 3층 건물이 즐비한 불록형 住宅地가 되었다. 설상가상으로 1980년 서울대학교 박물관에서 夢村土城을 발굴하면서부터는 夢村土城을 河南慰禮城이라고 하는 바람에 風納土城은 더욱 放置되었다. 이에 대해

> 風納土城이 위치한 帶는 地帶가 너무 낮고, 또 江에 바로 인접해 있어서 都城으로는 부적절한 位置條件을 갖고 있는 것이다, 게다가 『三國史記』에 보이는 蛇城이 지금의 풍납토성임을 인정할 때, 이 土城이 당시의 都城이었을 가능성은 더욱 줄어든다. …따라서 風納洞 土城은 漢城時代 都城애서 일단 세외된다.
>
> 夢村上城의 初期 百濟의 成長過程에서 하나의 중요한 城이었음을 알 수 있고, 따라서 이 城을 河南慰禮城으로 比定하는 것이 가능하다.

55 李丙燾, 「風納里上城과 百濟時代 蛇城」, 『震壇學報』10. 1939. 『韓國古代史研究』1976. pp. 498~506.
56 金元龍, 『風納里包含層調查報告書』 서울대 考古人類學科, 1967. P.9
　　서울大學校 文理科大學 考古人類學科, 「風納里 土城 發掘」, 『韓國考古』1. 서울大學校出版部, 1967, p. 44.

고 하였다.[57]

1990년대 이후에는 남쪽 風納洞 264번지 일대의 과거 우일아파트 단지에는 극동 아파트가 건축하면서도 풍납토성 내부(遺物包含層)의 考古學的 조사도 없이 공사가 진행되었다. 이후로도 동아아파트·미성아파트 등 약 30개 동이 80-90년 대 준공되었고, 1997년에는 문제의 현대 리버빌 아파트신축공사가 풍납1동 231-3번지 일대에서 백제유적을 파괴하고 있었다. 이 때 백제 전기 王京유적이발견되자마자 인멸되고 말았다.

풍납동 154번지 일대는 아직 土城의 痕迹이 조금이라도 남아 있는 곳이라도 있으면 채소나 느티나무, 은행나무 묘목을 심어 놓고, 城體의 좌우는 이미 파손되고 주차장, 야적장 등 잡다한 시설물이 들어서 있다가 최근에는 잔디로 잘 가꾸어 졌다. (사진 1 -2)

한편 영파여중고에서 풍납초등학교 쪽으로 나 있는 東西大路에 잘린 부분은 혹 東門址였는지도 모르겠으나 성벽 안쪽으로 성벽을 따라 성체를 깎아 낸 소로가 나 있고 城體 基底部에 해당하는 곳은 이미 사유지로 불하되어 지하실을 파 낸 콘크리트 건물들이 들어서고 있는 실정이었다. 이러한 상황에서 필자는 일찍이 漢江流域 百濟前期 首都遺蹟의 하나로 風納土城의 중요성을 인식하여, 1980년대 초부터 風納土城의 현장을 실지 답사, 조사하고 그의 보존과 그 대책문제를 다각도로 줄기차게 제기해 왔다.

1983년 7월 6일에는 필자의 주관으로 「漢江流域 百濟前期 首都遺蹟 保存問題」라고 하는 주제의 學術研鑽을 개최한 바 있다.[58] 당시의 江南地區 百濟古墳과 風納土城의 실태를 직시하고 學界와 關係機關에 건의한 建議事項 가운데 "史蹟 第11號로 지정되어 있는 風納里土城은 현재 大路邊의 약 500m의 북쪽과 동북쪽 벽만 복원 보존되고, 동내에 있는 약 L5km에 달하는 동쪽 면은 방치되어 湮滅 위기에 있는데, 이에 대한 保存, 復元策을 강구해야 할 것"이라고 하였다. 이 해애 서울시는 '88올림픽' 개최에 맞추어 서울 성동구 구의동과 송파구 풍납동을 잇는 올림픽대교 기본 계획안의 현상공모작이 당선되어 1985년 10월 28일 着工, 1988년 6월에 완공할 예정이라고 발표하였다. 그러나 이 거대한 紀念橋梁이 풍납토성을 가로지르고 지나갈 뿐만 아니라 풍납동 쪽에 램프가 설치하여 풍납토성을 훼손하도록 설계되었다. 필자는 이에 풍납토성의 파괴, 인멸하는 것을 저지하기 위하여 학계, 언론계에서 많은 호응을 얻어 관계 당국에 줄기차게 노력한 결과 풍납토성 남단을 우회(迂廻)하도록 설계가 변경하기에 이르렀다. 그래서 오늘과 같이 1990년 6월 27일 준공되었다.

1990년대에 와서 일기 시작한 '서울 定都(朝鮮王朝) 600年'을 기념하기 위한 서울特別市의 凡市民的인 행사는 서울 百濟의 歷史를 깡그리 抹殺시킬 위기에 처했다. 서울特別市가 1993年부터 본격적으로 이 행사를 준비하기 시작하여 1994년 8월부터 12월까지 傘下 全假廳 단위로 기념행사를 일부 개최하고 있었다. 그 가운데 필자는 1994년 9월 28일 東洋考古學研究所(代表 : 李亨求)가 주관하여 '서울 百濟首都遺蹟保存會'를 결성하고, 서울 한글회관에서 「서울 百濟首都遺蹟保存會議」를 개최, 풍납토성의 保存對策을 논의하였다. 이는 필자가 주관한 '서울 百濟前期 首都遺蹟 保存問題'에 관련한 학술회의 중 두 번째의 學術討論會를 갖게 된 샘이다.[59] 이에 대한 시정과 保存對策을 즉각 학계와 관계기관에 촉구하는 建議書를 제출하였다. 풍납토성의 보존문제와 관련하여 「建議事項」3.에서

57 崔夢龍·權五榮, 「考古學的 資料를 통해 본 百濟初期의 領域考證 -都城 및 領域問題를 중심으로 본 漢城時代 百濟의 成長過程 -」 『千寬宇先生還曆紀念韓國史論叢』, 1985.
58 李亨求 主篇, 『漢江流域 百濟前期 首都遺蹟 保存問題』, 韓國精神文化研究院, 1984.
59 李亨求 ; 「서울 百濟 首都遺蹟 保存會議」 1994. 9. 28, 한글회관.

〈建設部長官(文書番號 주개 58507-1022, 1994.10.15) 회신 공문 사본〉

민원서류
처리기간 : · · · · ;

건 설 부

우 427-760 경기 과천 중앙 1 / 전화 (02)500-2872 / 전송 (02)500-2919 / 담당 박배근

문서번호 주개 58507-1022

시행일자 1994.10.15

수신 서울특별시 서초구 서초3동 1483-1 .동양고고학연구소

제목 건의에 대한 회신
───────────────────────────────────

  '94.10.12 귀연구소에서 우리부에 제출하신 건의사항에 대한 회신입니다.

   1. 귀연구소의 건의내용은 서울특별시 풍납동소재 사적 11호인 풍납토성은 백제왕릉으로 추정되고 있는 중요한 유적이므로 풍납토성안의 풍납1동.2동에서 주택재개발사업 시행시에는 고고학적인 조사를 거친후 시공하도록 요망하는 내용인 바, 현재 동지역내에는 주택개량재개발사업을 시행하기 위한 주택개량재개발구역으로 지정된 바 없음을 알려 드립니다.

   2. 한편, 동 건의사항에 대하여는 붙임과 같이 당해 지역에서의 주택개량재개발구역 지정입안권자인 서울특별시장에게 업무수행시 참고토록 통보하였음을 알려드립니다.

붙임 : 서울특별시장앞 공문 사본 1부.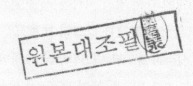

건 설 부 장

풍납토성 안의 풍납 1동, 2동의 주택재개발 시에 거주민의 미파괴지층(백제시대 유불포함층)은 고고학적인 조사를 거친 다음 시공하도록 해야 한다.

고, 분명히 風納土城의 성안에서 있을수 있는 住宅再開發時에 事前 고고학적 조사를 거친 다음에 시공토록 해야 한다고 건의하였다.

그러나 建設部長官(文書番號 주개 58507-1022, 1994. 10. 15)이 東洋考古學硏究所(代表李亨求)에 보내온 회신에 의하면,(어래 문서 참조) "귀 연구소가 風納土城 안의 풍납 1동, 2동에서 住宅再開發事業 시행시에는 考古學的인 조사를 거친 후 시공하도록 요망하는 내용인 바 현재 동지역 내에는 주택개량 재개발사업을 시행하기 위한 주택개량 재개발구역으로 지정된 바 없음을 알려드립니다"라고 풍납토성 내의 "재개발 의사가 없다"고 분명히 밝히고 있다.

한편, "同 建議事項에 대하여는 붙임과 같이 해당 지역에서의 주택개량재개발구역 지정 입안권자인 서울특별시장에게 業務遂行時 참고토록 통보하였음을 알려드립니다."고, 서울특별시장에게 통보한 내용까지도 별첨해서 보내왔다.

그렇지만 건축은 여전히 계속되고 있었다.

이에 대하여 서울특별시장이 동양고고학연구소 대표(이형구)에게 보내 온 회신(文書番號 문재 86700-065, 1994.10.19)은 "토성 내 건축관련 지하층 굴토시 관계관 입회, 유구 발견시 문화재 보호법령에 따라 처리토록 관할 구청에 지시하였습니다." 라고 철저한 '遵法意志'를 밝혀 왔다, 그러나 이때까지 성안에서 수많은 고층건물이 신축되었으나 단 한 건도 이 지시사항이 시행된 바 없었다.

필자는 1996년, 지금까지 한 번도 실측(측량)해 보지 않은 風納土城의 諸元을 밝히는 세부측량조사를 착수하였다. 일찍부터 풍납토성을 百濟前期의 王城으로 믿어온 필자는 이 실측조사를 계기로 다시 한번 풍납토성이 갖는 王城으로서의 歷史的 文化的 의의를 강조하고, 아울러 한시라도 빨리 이 백제왕성을 보존할 것을 촉구하는 뜻에서 실측조사를 실시하게 된 것이다.

1996년 여름방학을 이용하여 풍납토성의 전체 현장상황을 파악할 수 있는 지표조사와 전체규모(성벽의 전체 길이)를 확인할 수 있는 실측조사(平板測量)를 겸행하였다. 그리고 1996년도 겨울방학을 맞이하면서 풍납토성 성벽의 최소한의 현존 높이(現高)를 확인하기 위한 等高線 測量(레벨 측량)을 실시하였다.

이때의 측량조사에서 풍납토성의 전체의 크기(길이)가 3,470m로나 된다고 하는 사실을 밝혔다. 그리고 이미 복원된 북쪽 성벽의 가장 높은 높이만도 現地表로부터 11.1m로 밝혀졌고, 미복원된 지역의 남쪽 성벽의 가장 높은 지역은 地表高 6.5m이고, 동쪽 성벽의 가장 높은 지역의 높이는 지표고 6.2m나 된다. 그리고 성벽의 저부 너비는 가장 넓은 곳인 남쪽 성벽의 너비가 70m에 이르고 있다. 성벽의 너비는 대체로 40~30m 위에 축성되고 있을 것으로 보았다. 원래의 城體의 높이는 15m는 될 것이다. 그 주위에는 넓은 垓子가 둘러 있었을 것이다.

풍납토성 성벽의 등고선 측량을 실시하면서 성벽 주위의 일반 주거 현황과 遊休地 확인 작업을 병행하였는데, 풍납토성의 城壁 外廓에 있을 해자의 遺存 可能한 지역을 더 주의하여 조사하였다. 다행히 서남, 동남 지역 등 몇몇 지역에서 해자의 可能性 與否를 확인할 수 있는 지역이 상당 부분 남아 있는 것을 알게 되었다.

1997년 新正에 풍납토성 현장에서 새해를 맞이하면서 실측조사하는 도중에 필자에 의하여 百濟遺物 包含層을 發見하였다.

풍납 2동 231-3번지 일대에서 現代建設이 시공하고 있는 풍납동 현대아파트 건설공사(시행자: 신우연립 재건축조합 외 5개 주택조합)의 터파기 작업이 시작되어 예정지부터 150m×70m 크기의 면적 가운데 60×30m를 이미 4.5m까지 파 내려갔다. 터파기를 위해 굴삭기로 절토한 벽면에서는 지표하 2.5m부터 지하 4.5m까지 토기 파편이 다량으로 박혀 있는 것을 확인하고 서둘러 몇 가지 수습한 토기들은 모두 백제 초기의 토기 편들이었다. 사진

이때 조사한 기록을 1997년 8월 30일, 『서울 風納土城[百濟王城]實測調査研究』라고 하는 연구보고서에 담아 놓았다.[60]

三.

앞에서 먼저 밝혔던 바와 같이 1997년 1월 1일에는 오늘의 風納土城이 있게 한 歷史的인 一大事件이 發生하였다. 풍납토성의 실측조사를 실시하던 풍납동 231-3번지 현대아파트 신축 공사현장에서 필자가 風納里 無紋土器 파편과 百濟土器 파편 다수를 發見하였다.

당시 500여 평에 대한 터파기공사가 이루어져 지표하 4~5m정도까지 除土가 완료된 상태였고, 벽 단면상에는 지표하 2.5m 정도까지 기존 건축물(신우연립)의 基礎部가 드러나 있었으며, 그 밑으로 百濟時代의 遺物包含層이 1.5m 이상 계속되는 것을 볼 수 있었다.

국립문화재연구소가 터파기 구간에 대한 수습 조사(이른바 緊急救濟發掘)를 실시하여 초기 백제시대 집자리 3기와 토기 가마 1기, 기타 竪穴遺構와 기원 전후로 추정되는 三重의 環壕遺構를 확인하였다. 그중 5호 집자리는 장축 길이 10.7m, 단축 폭 7.3m의 대형으로 마치 鐵成分이 깔린 듯 단단하게 바닥을 다졌다. 특히 상부에서 수막새 2점 내부에서 암키와 편 2점이 출토됨으로서 초기 한성 백제시대에 실제로 기와를 사용하였던 것으로 추정된다.

이번 발굴조사에서 발굴된 집자리는 총 19기이다. 이하에서는 가 지구에서 조사된 11기와 나 지구에서 조사된 8기의 집자리는 평면형태와 출입시설, 수혈의 깊이와 규모, 벽체, 노지 등을 갖추고 있다.

현대아파트 터파기공사에서 기원 전후 시기의 黑陶 磨硏土器, 赤色 無紋土器, 粗質 有文土器, 灰靑色 硬質土器, 三足土器, 筒形 器毫 등 백제토기류와 魚網錘 그리고 소수의 철기 편 등 100여 점 이상의 유물이 출토되었다. 이에 대해 보고자는 "이 지역은 풍납토성과 관련된 성 내부의 住居施設이 밀집돼 있는 것으로 추정되고, 출토유물로 보더라도 百濟初期에 해당하는 다소 이른 시기의 토기 편들이 두드러 진다."고 하였나.[61] 이美을 發掘하였던 國立文化財硏究所가 "考古學的으로 뿐만 아니라 古代史的으로도 初期 漢城百濟의

---

60 李亨求,『서울 風納土城 [百濟王城] 實測調査研究』百濟文化開發硏究院, 1997.
61 國立文化財硏究所 :『風納土城 1』國立文化財硏究所, 2001.
　國立文化財硏究所 ;「風納土城內 試掘調査 指導委員會 資料」, 國立文化財硏究所, 1997. 2. 21.

實體를 밝힐 수 있는 거의 唯一한 遺蹟으로 評價된다."고 하는 데도,[62] 당국자는 이를 받아들이지 않고 百濟 前期 王京遺蹟은 세상에 나오자마자 보존되지 못하고 현대 리버빌아파트가 세워졌다.

이를 두고 필자는 '千秋의 恨'이라고 하였다.

풍납동 122-1 남양빌라 재건축부지에는 「風納地區 緊急發掘調査團」이 (주)신성으로부터 의뢰받아 1997년 7월 26일에서 같은 해 7월 30일까지 시굴조사를 실시하였다. 전체면적 약 1,500평 가운데 유구 확인에 필요한 약 300평에 대해 실시되었다. 성벽이 관통하거나 성벽의 바로 안쪽일 것으로 추정되는 지점이므로, "조사단은 조사대상 구역의 층위와 평면 상황을 고려할 때, 이 지점은 성벽이 관통하거나 그 내부에 속하였더라도 성벽은 축조된 지 얼마 되지 않아 유실되었고, 그 후에는 한강의 배후습지로 장기간 존속된 것으로 보이며, 결론적으로 한강 하상의 주기적인 범람과 후퇴 활동 과정에서 유구와 유물은 모두 파괴·소실된 것으로 보인다. 그 후 堤防이 축조되고 나서는 대규모 홍수 시 많은 양의 모래가 유입되어 퇴적되는 과정을 거친 것으로 보인다."고 결론지었다.[63]

1998년 3월 사업부지에 추가된 230여 평에 대해서도 3개소에 대한 시굴조사를 실시하였으나, 유구나 유물, 문화층의 흔적을 발견하지 못하였다. 그 후 2000년에 2개 동 236세대의 노바빌 신성아파트가 준공되었다. 아쉽고 미심적은 발굴이었다.

韓信大學校 博物館이 삼화연립 재건축조합으로부터 조사를 의뢰받아 1997년 8월 12일부터 9월 1일까지 발굴조사를 실시하였다. 풍납1동 172번지 외 2필지의 면적 1,000여 평 가운데 200여 평에 대하여 실시하였다.

발굴조사 결과, 초기 백제의 水路와 초기 백제의 가마 유구 등이 확인되었다. 유물로는 다수의 경질 무문토기와 백제토기, 유구석부, 어망추 등이 출토되었고, 이 외에 철부 편, 철편 등도 소량 확인되었다.

이와 같이 백제의 유물과 유구가 다수 발견되었음에도 불구하고, 現地保存은 이루어지지 않았고, 1999년 1월 1개 동 93세대의 대동아파트가 준공되었다.[64]

1999년 9월부터 2000년 5월까지 한신대학교 박물관은 풍납토성 내 경당지구에 대한 발굴조사를 진행하였다. 2,390평에 달하는 경당연립지구에 대한 재건축사업이 진행되면서 발굴조사가 가능한 1,200여 평에 대한 조사가 진행되었다.[65] 그러나 조사를 완료하지 못한 채 현장은 복토되었으며 현재는 史蹟으로 指定되어 保存되고 있다. 확인된 유구는 220여 기로서 대부분의 유구가 심하게 중복되어 구조를 완전히 파악할 수 있는 예가 드물다. 특히 전면 넓이가 16m나 되는 대형 건물지를 비롯하여 백제초기의 祭祀遺蹟, 주거지 등 종전 유적과 주춧돌, 벽돌, 기와, 와당 등 건축물 재료가 다량으로 출토되었다. 말머리를 묻은 제사갱에서는 백제초기의 토기 항아리가 발견되었는데, 어깨 면에 '大夫'라고 하는 官職名을 새긴 명문이 있다.[66] 이는 백제초기의 국가조직을 짐작할 수 있는 매우 중요한 金石文이다.

1997년부터 2000년 초까지 있었던 풍납토성 안의 재개발사업으로 빚어진 각종 建築工事는 계속 백제왕성을 破壞·湮滅시키고 있는 중에 필자는 2000년 5월 8일 세 번째로 「서울 백재 수도유적 보존회의」를 서울

62 國立文化財研究所 : 「風納土城內 緊急發掘 調査中間結果報告」, 國立文化財研究所, 1997. 4.
63 최선주; 『풍납토성 지역 장기 보존방향에 관한 연구』, 서울시정개발연구원 2002. P.37
64 李南珪 등; 『風納土城 III 一삼화연립 재건축 사업부지에 대한 조사보고一, 한신대학교 박물관. 2003.
65 權五榮, 「風納土城 경당地區 發掘調査 의 成果」, 『風納土城의 發掘과 그 成果』, 한밭大學校 鄕土文化研究所, 2001.
66 한신대학교 박물관, 『風納土城 IV』, 2004.

한글회관에서 개최하였다. 각계로부터 참가한 학계, 언론, 문화계 원로들의 의견을 모아 건의서를 작성, 金大中 大統領에게 보냈다. 그 후 발표논문과 토론회의 내용은 단행본으로 출판하였다.[67]

2000년 6월 28일부터 8월 5일까지 국립문화재연구소에 의하여 외한은행합숙소에 대한 시굴조사가 실시되었다. 합숙소 건물 및 부속건물을 제외한 대상지역의 1/3정도 공터에 대하여 시굴 트렌치를 11개 설치하여 조사를 실시하였다. 출토 유물로는 경질 무문토기, 숭석 타날문토기, 동체 편, 대옹 편, 격자 타날문토기 편 등이다. 트렌치 조사에서 회색.연질계의 뚜껑류, 타날문이 시문된 심발형 토기류, 광구 단경소호, 회청색 경질 단경호 등 다양한 토기류와 어망추, 숫돌, 철기 편 등이 출토되었다.[68]

풍납동 197번지 일대의 단독주택지와 도로변 상가가 조성된 미래마을 재건축부지, 6,400여 평을 국립문화재연구소가 2000년 8월 10일부터 9월 18일까지 시굴조사를 실시하였다. 시굴조사는 철거가 이루어진 다음 8개의 시굴 트렌치를 설치하였다. 조사 결과 유물로는 직경 1m 정도의 원형 범위 내에서 수키와 암키와가 각각 10여 점 이상씩 밀집 폐기된 기와무지, 백제토기 편 등이 출토되었다.[69]

미래마을 재건축 예정지역(6,400평)은 조사 후 외환은행 재건축 조합부(5,061평)와 함께 사적 제11호에 추가로 지정되었다. (사진 3)

2001년 2월 8일, 문화재위원회 1 · 3 · 6분과 합동위원회 의결사항에

서을 풍납동 풍납토성 내 외환은행과 미래마을 재건축부지에 대한 시굴조사 결과, 전반적으로 백제시대 문화층이 남아 있을 뿐 아니라 풍납토성이라는 단일유적의 중요성을 감안하여 사적으로 지정하기로 했다.

고 하였다. 그리고 2001년 5월 26일, 문화재위원회에서는 경당연립 재건축 아파트 부지 2.390평을 사적 제11호 추가 지정하였다. (사진 4)

四.

문화재청과 서울시는 단계적으로 추진 중인 風納土城의 복원사업계획에 따라 부분적인 성 벽 발굴을 국립문화재연구소가 1999년 6월부터 실시하였다. 이번 발굴조사는 행정구역상으로 풍납 2동 235번지~241번지에 이르는 동벽 약 400m 구간에 실시되었다.[70] 조사결과 확인된 성벽의 축조방법을 보면, 우선 가장 하단에 뻘을 깔아 기초를 다지고 하부 폭 7m, 높이 5m정도의 사다리꼴 모양 中心土壘를 쌓았다. 그리고 나서 안쪽으로 사질토와 모래, 점토 다짐 흙과 뻘 흙을 위주로 한 版築 土壘를 비스듬하게 덧붙여 쌓았다. 그중 마지막 土壘 基底部 상면에는 강자갈 돌(姜石)을 한 겹씩 깔아 3단으로 만들고, 그 안쪽으로는 割石을 L5m 이상 쌓아 마무리하였다. 이러한 石列 및 石築은 土沙의 흘러내림과 안쪽으로 밀리는 것을 방지하는 한편 排水의

67 東洋考古學硏究所(代表 ; 李亨求) ; 『風納土城[百濟F.城]硏究論文集』 東洋考古學硏究所, 2000.
68 앞의 주 63), p.40.
69 앞의 주 64), p.41.
70 國立文化財硏究所, 『風納土城 Ⅱ』 國立文化財硏究所, 2002.

기능도 겸했던 것으로 추정된다.

한편 A지점의 경우에는 뻘 흙으로 이루어진 토루에 나뭇잎이나 나뭇가지 등의 植物有機體를 얇게 간 것이 10여 겹 이상이 확인되는데, 뻘 흙을 10cm 정도 두께로 갖다 부은 후 植物有機體를 얇게 깔고, 다시 뻘 흙을 끼는 과정을 10여 차례 이상 반복하여 토루를 쌓아 올린 것이다.

또한, 식물유기체 4~5겹에 한 번씩 3단에 걸쳐 성벽의 橫方向으로 각 材木을 놓고 垂直木을 結構시켜 지탱한 구조물도 확인되었는데, 종(縱) 간격 110cm 정도로 8열이 출토되었다. 이러한 목재는 후대는 판축 틀과도 유사한 구조로 보이나 현 상태로서는 木芯의 역할 정도로 보인다.

中心土壘 외벽으로는 경사지게 떨어지는 자연층 위에 판축벽으로 토루를 쌓고 내벽과 마찬가지로 상부에 割石 또는 강자갈 돌을 깔아 마무리하였다. 내벽과 외벽의 석열은 중심토루로부터 거의 동일한 거리에 축조되어 있어 당시의 계획된 축성 의도를 볼 수 있다- 성벽의 폭이 약 40m, 높이가 9m가 넘는 규모이다.

출토유물은 성벽 하단부에서 출토된 古式의 深鉢型 土器를 비롯하여 版築土 內部에서 출토된 경질무문토기, 타날문토기, 회색 무문토기, 그리고 토루 상단부와 퇴적토와의 경계에서 출토된 長卵形 土器, 동이 편 등이 있다.

풍납토성 初築은 풍납리 무문토기가 매립된 기원전·후 시기로 추정되며 늦어도 3세기 이전 늦어도 기원후 200년 전후에 이미 축조가 완료된 성으로 판단된다.[71]

풍납토성 서벽 지역은 (주)삼표산업에서 추진 중인 사옥 신축부지로 풍납토성 서남벽 殘存區間 북편 외부 지역에 해당되며, 2002년 10월 14일부터 11월 6일까지 실시한 시굴조사 결과,[72] 토성벽 바깥에서 垓子로 추정되는 유구가 발견됨에 따라 文化財委員會(제6분과)에서 현장보존을 결정한 바 있다. (2002. 11. 22)

성벽의 중심구간은 약 3m 두께의 매립토 하층에서 다소 불규칙한 양상의 黃褐色系 沙質土와 粘土層이 확인되고, 지표에서 4m 정도부터 1m 두께로 沙質土와 粘質土가 교대로 성토된 수평층이 확인되었다. 이 층의 상면인 灰色 沙質土와 明黃褐色 沙質土에서는 다수의 風納里 無紋土器片을 비롯하여 대형의 風納里 無紋土器壺 3점, 風納里 無紋土器片 外反口緣小壺 1점, 灰黃色 軟質 格子打捺紋 短頸壺 1점, 黑褐色 軟質 交差 繩紋 打捺 長卵形壺 1점 등의 토기가 집중적으로 출토되고 있다.

그 아래층으로는 암회색 개흙(뻘)층을 포함한 약 L3m 정도 두께의 회황색계 점토층이 외벽 경계부까지 수평으로 깔려 있으며, 그 밑으로도 소량의 토기 편과 木炭이 혼입된 회황색계 사질토가 계속되고 있다.

위의 점토 다짐층을 따라 바깥쪽으로 경사져 내려가는 성벽의 끝자락에서는 지표하 7m 깊이부터 10cm 내외의 강자갈 돌(姜石)이 균일하게 깔려있는 敷石遺構가 확인되었는데, 이러한 부석유구는 두께가 10cm 미만의 얇은 암갈색계 점토띠층 속에 박혀 있으며, 1999년 동벽 발굴조사에서도 동일한 양상으로 발견된 바 있다,

성벽의 끝자락 상면에는 점토로 피복된 부석을 시설하여 성벽 구축토의 흘러내림을 방지하는 한편 防水 및 排水 등의 기능까지 겸한 것으로 이해된다.

또한, 敷石遺構는 성벽의 바깥쪽으로도 연결시켜 垓子의 바닥시설로 이용한 듯하며, 해자는 출토유물로

---

71 위의 주, p.119.
72 國土文化財研究所遺蹟調査室,「風納洞三標産業社屋新築敷地發掘調査」, 國在文化財研究所, 2003. 3. 12.

미루어 볼 때 성벽과 동시에 축조되어 조선시대까지 존재하였던 것으로 판단되며, 크게 2차례 정도 수위 변동이 있었던 것으로 추정된다.

혹자는 풍납토성의 성벽을 自然堤防 퇴적층으로 착각하고 있다. 자연제방은 뻘 흙이 쌓여야 형성되는 이곳은 모래언덕이다. 더구나 강자갈 돌은 兩水 그 위쪽으로 나가야 있다. 그리고 성채의 하부에서 출토된 토기의 의미를 축성 이전의 취락 유적이라고 하는데 設使, 자연제방이라 하더라도 제방 밖 물길에는 들짐승도 굴을 파지 않는다. 1960년대까지만 해도 廣津橋 부근에는 풍납토성의 성체 이외는 沙灘과 砂丘가 형성되어 있었다. (1960년대 항공사진 참조)

풍납토성 서벽 중심부 하단의 개흙층과 점질토·사질토 교대 성토층 및 외벽 점토 다짐층 등에서 다량의 風納里 無紋土器가 출토되고, 소량의 연질 타날문토기가 출토되는 것으로 보아 본 성벽의 축조 시점이 풍납리 무문토기가 주로 사용되던 기원전 2세기 전후에 속할 가능성이 높다고 추정되며, 동벽 과 마찬가지로 3세기 중반 이후의 토기류가 전혀 출토되지 않고 있어 늦어도 3세기(200년)를 전후한 時點에는 築城이 완료된 것으로 판단하고 있다. 풍납토성 성벽 외부의 가장 깊은 곳에서 風納里無紋土器인 硬質無紋土器가 출토되고 있기 때문에 풍납토성의 初築 시기는 기원 전후 시기로 추정된다, 이 연대는 바로『三國史記』百濟 溫祖王條에 보이는 河南慰禮城 築造時期와 一致하는 연대이다. 河南慰禮城은 곧 풍납토성일 것이다.

(주)삼표삼업 사옥 신축 예정부지 내에서 발굴 조사된 풍납토성 서벽과 해자 유적은 2003년 5월 23일 문화재위원회 3분과 위원회의 심의 의결을 거쳐 사적으로 지정 예고되었다.

五.

平地城은 自然地勢를 적절히 이용하여 쌓은 丘陵城이나 山城과는 달리 엄청난 人爲的인 공력을 기울여 쌓아야만 한다. 특히 풍납토성은 이른바 版築技法으로 기저 폭 40m 내외, 높이 15m 이상이나 되는 성체를 흙으로 수 십 층을 다져가며 장장 3.5km나 쌓아 올린 성이기 때문에 상상을 초월하는 인력과 물자가 동원되었으리라는 추측은 그리 어렵지 않을 것이다. 한마디로 말해서 王城이 아니고서는 도저히 상상할 수 없는, 백제의 국력을 총동원하다시피 해야만 가능했던 성이다.

최근 풍납토성 내에서 이루어지고 있는 일련의 고고학 발굴에서 발견되고 있는 각종 柱礎石을 비롯해서 기와와 전돌 그리고 타다 남은 기둥, 서까래 등의 유물에서 보는 건축자재들이 풍납동 현대아파트 부지는 물론 경당연립부지, 외환은행 주택조합 부지, 미래마을 재개발 예정부지 등 풍납동 전역에서 출토되고 있다. 이와 같이 宮城 내에 기와집을 잇대어 지은 것은 王宮임이 틀림없다.

이들 기와는 모두 백제에 佛敎가 들어오기 이전의 기와이다.『三國史記』권33 雜誌 屋舍條에 보면, "진골은 방의 길이와 넓이看 24자를 넘지 못하여, 당기와를 잇지(覆蓋) 못 한다. (眞骨 室長 廣不得過二十四尺 不覆唐瓦)고 하였다. 新羅에서 聖骨만이 기와를 얹었음을 알수 있다.『三國史記』百濟本紀 溫祚王 15년 (기원전 4)조의 "봄 정월 새 궁궐을 지었는데 검소하되 누추하기 않고 화려하되 사치하지 않았다. (春正月 作新宮室 儉而不陋 華而不侈)"고 하였다. 이 곳(풍납동)에 건축된 왕궁이 이와 같지 않았나 생각한다. 또 辰斯王 7

년(391)에 궁실을 중수할 때 궁성 안에 "연못을 파고 산을 만들었다.(穿池造山)"고 하였다. 이 기록을 보면 平地城임을 알 수 있다. 물론 이 時期의 宮城도 風納土城이었을 것이다.

그래서 風納土城은 王城일 수 밖에 없다.

서울 송파구 풍납토성[백제왕성]은 일반적으로 흙으로 만든 土城이라는 단 한 가지 이유 때문에 우리의 관심에서 등한시 된 바가 많았다. 그뿐만 아니라, 우리 학계에서 『三國史記』百濟本紀 初期記錄을 日本學者들이 부정했던 것처럼 백제초기 역사를 인정하지 않고, 백제의 건국을 3세기 중반 이후로 보았다.[73] 이와 같은 풍토 속에서 풍납토성을 백제의 기원 전후 건국시기의 왕성으로 인식하지 않고, 일개 흙으로 만든 토성에 불과한 것으로 看做했기 때문에 가볍게 취급되었고, 심지어 무시되기도 하였다. 그러나 풍납토성의 성벽은 기저 너비 70~40m, 높이 15m, 전체 둘레 3.5km나 되는 거대한 規模의 평지성은 웬만한 석성보다 훨씬 장대한 성이다.[74]

또한, 풍납토성의 축조연대를 뒷받침할만한 과학적인 자료들이 분석 · 보고되었다. 국립문화재연구소에서는 1997년 1월~11월에 걸쳐 풍납동 231번지 현대아파트 부지에서 발굴한 집자리와 1999년 6월~9월에 풍납토성 동벽에서 발굴된 목탄과 목재 등 9점의 시료를 방사성 탄소14 연대측정 결과, 풍납토성의 축조연대는 기원 전후 시기로 나왔다.[75]

『三國史記』의 역사적 사실을 과학적으로 증명해 주었다.

1999년 풍납토성 성벽의 하부에서 이른바 풍납동식 무문토기가 발굴되었는데, 같은 층의 C14 측정연대가 기원 전후 시기의 것으로 측정되었다, 이는 온조왕 13년(기원전 6)에 하남위례성에 遷都하였다고 하는 『三國史記』의 기록과 대체로 일치하고 있다.[76] 2003년에는 풍납토성 서벽의 기저부에서도 풍납동식 무문토기가 발굴되었다. 기원 전후 시기에 이와 같은 거대한 토성을 갯벌과 고운 모래와 흙만으로 10cm 정도 두께로 폭 40m 내외에 15m 높이로 한층 한층 판축법으로 무려 3.5km를 축조할 수 있었다는 것은 참으로 놀라운 일이다.[77]

특히 풍납토성의 기저부를 1m 이상 다지고 있는 뻘 층의 갯벌을 한문에서 운반해 온, 선박을 이용한 수송력은 더욱 이를 증명하고도 남는다고 하겠다. 이는 백제가 中央集權的 國家가 아니고서는 도저히 상상할 수, 없는 인력과 자원이 동원되었을 것이다. 이 점이 바로 백제가 기원 전후 시기에 이미 중앙집권국가로 성장하였을 것으로 보는 증거이다.

『三國史記』百濟本紀에는 溫祚王이 13년 (기원전 6)에 신하들과 함께 서울 부근을 순시하다가 漢水(오늘의 한강) 남쪽의 땅이 매우 넓고 기름져서 이곳에 도읍을 정하기로 하고, 그 해 가을에 이곳에 성을 쌓고 천도 준비를 갖추고, 이듬해 (기원전 5) 봄에 궁궐을 새로 지었다고 한다. 이 궁성이 바로 河南慰禮城이다.

지난 1997년 필자가 1월 1일, 현대아파트 터파기 공사장에서 백제유물을 처음 발견한 이후 국립문화재연구소에서 주관하여 계속된 고고학적 발굴조사 결과, 한성백제의 都邑期(기원전 18-475)인 하남위례성의 유

73 국사편찬위원회, 『고등학교 국사』, 교육인적자원부, 2002, p. 50.
74 앞의 주 60), p.64.
75 尹根一, 「風納 I:城 發掘의 意義」, 『風納土城 [白濟 £城] 硏究論文集』, 東洋考占硏究所, 2000. p.51.
76 李鐘旭, 『歷史衝突』, 김영사, 2003, p.24.
77 앞의 주 60), p.64.

적과 유물들이 속속 발굴되고 있어 정부는 점차 關査範圍를 擴大시키고 있다. 아울러 史蹟指定 範圍도 擴大 整備해 나가고 있다.

2000년 5월 26일 문화재위원회 3·6분과 위원회에서 議決된 풍납토성 관련 사항을 보면,[78]

> 토성 내부 전체를 보존하는 것을 원칙으로 하되, 훼손된 경당지구의 사적 지정 예고하고, 아파트 재건축 예정인 외환·미래마을 두 곳은 발굴 후 보존여부를 결정하며, 서울시에 토성 내부 전체의 문화지구 지정 권고

토록 하였다.

그리고 2001년 4월 12일에 개최된 문화재위원회 1·3·6분과 합동위원회에서 의결된 사항 중에는 토성 내의 건축행위에 대해서 최소한의 가이드라인을 정했다.

> 가. 풍납토성 내부 지역은
> 소규모 건축물 신축의 경우, 건물의 높이는 지상 15m 이내(옥탑 포함)에서 건축할 수 있으나 단, 터파기 공사는 지하 2m 내외로 하며, 문화재 전문 공인기관(국립문화재연구소)의 조사를 거쳐서 실시하여야 하며, 유구가 확인될 시, 공사를 금지하며, 파일 박기를 금하라고 하였다. 그리고 기존 건물 중·개축의 경우, 15m 이하 건축물은 15m까지(옥탑 포함), 15m 이상의 건축물은 기존 건물 높이 범위내에서 개축 할 수 있다. 그러나 대규모 아파트 재건축은 불허한다.

> 나. 풍납토성 외부 지역은
> 토성 보호구역으로부터 100m 이내 지역에는 보호구역 경계 지상 7.5m 지점에서 앙각 27·선 이내로 건축을 제한한다.

고 하였다.

이와 같은 의결사항에 따라 국립문화재연구소가 2001년 9월부터 실시된 풍납토성내 풍납동 단독주택지 재개발지구 시굴조사를 실시하기 시작하여 2003년 5월 말 현재 토성 외부 3개소를 포함하여 풍납토성 안에서 모두 70개소를 발굴하였는데, 이들 70개소 가운데 단 한 美도 빠짐없이 지하 1~3m 내에서 백제유물층이 발견되었다. (조사 및 발굴 현황표 참조)

기적처럼 20만 평에 달하는 풍납토성 전역에서 百濟王京遺蹟이 발견되고 있는 것이다.

풍납토성 안에서 小規模 建築物을 新築할 경우 터파기는 지하 2m 이내로 除限하되 터파기 작업은 事前에 專門公認機關의 조사를 거처 유구가 확인되면 工事를 禁止하며 기존건물의 增改築도 지상 15m 이하의 건물은 屋塔을 포함 지상 15미터까지만 허용하고 15m 이상의 旣存建物은 기존건물 높이 範圍內에서 개축을 許容하도록 했다. 이것은 근본적인 해결책은 되지 않고 臨時方便에 지나지 않는다.

이 가운데 풍납동 154번지를 비롯하여 10개소는 사적으로 추가 지정 고시되었다. 그러나 그 외 60개소에 달하는 모든 지역은 15m 높이의 지상 5층 연립주택으로 변했다. (사진 5 - 6)

---

78 金台植, 『風納土城-500년 백제를 깨우다』, 김영사, 2001, pp. 543~544.

참으로 아이러니가 아닐 수 없다. 금후에는 이와 같은 '先發掘 後建築' 措置를 廢止하고 풍납토성 내 전 지역을 國家史蹟으로 확대 指定하여 保全하여야 한다.

그러기 위해서는 가장 이상적인 방법은 一括報償해서 인근 그린벨트 지역으로 集團移住를 하는 것이지만 당장은 현실적으로 어려운 일이다. 다만 新市街地 造成槪念으로 풍납토성 버금가는 臺地를 찾아 조성하는 방법을 생각할 수 있겠지만 이것 역시 현실적으로 간단히 해결될 문제가 아니다. 현재의 여건하에서는 조사시 백제시대 유구가 확인되면 즉각 사적으로 지정하여 보존지구를 擴大해 나가면서 이전 및 신축하고자 하는 臺地는 신속히 구입해 점진적으로 이주 할 수 있도록 民願人의 피해를 막아야 할 것이다.

풍납토성 내외에서의 신축은 억제하고 다만 개축 예정지의 事前調査를 할 수 있을 것이다. 조사와 발굴 및 정비까지도 할 수 있는 風納土城 發掘調査 專擔機構가 반드시 필요하다. 전담기구에서 풍납토성은 물론 토성안의 王京遺蹟이나 토성 주변의 垓子遺蹟 부근지역까지 필요에 따라서 고고학 조사를 거쳐 보존하고 이를 세계적인 史蹟公園으로 정비해야 할 것이다.

더욱이 2004년에는 서울의 國立文化財硏究所가 大田으로 이전하게 되면서 자칫 空洞化現像을 빚어질 우려가 있을 풍납토성에 국립문화재연구소의 分所格인 '國立서울文化財硏究所'를 신설해서 일찍이 慶州 지역에 國家가 세운 史蹟管理事務所(지금은 국립경주문화재연구소로 승격)가 있어서 新羅 王京遺蹟을 발굴하고 보존하며 정비했던 것처럼 풍납토성 내외의 크고 작은 民願性 조사는 물론 종합적인 학술조사를 전담하고, 보전ㆍ정비하고 출토유물의 전시까지도 할 수 있는 國立硏究所가 마련되어야 할 것이다.

국립문화재연구소가 2002년 3월부터 6월까지 풍납동 단독 주택지 시굴조사에서 확인된 風納土城 西壁 강변현대아파트 부근의 풍납동 298-14에서는 지하 90~250cm 깊이에서 西壁의 中心土壘 및 內壁土壘가 발견되고, 291-171819에서는 지하 90cm 깊이에서 百濟遺物層과 城壁의 石列이 발견되었다. 그리고 292-15와 203-5에서는 지하 110~150cm 깊이에서 城壁의 版築土가 발견되었다. 이 城壁을 따라 北上하여 北壁에 이르는 풍납토성의 서벽의 서북부 약 800m가 '올림픽大路' 깔려 있음을 알 수 있다. (풍납동 관내도 참조)

이로 미루어보아 1925년 이른바 乙丑年 大洪水 때 쓸려나간 風納土城 西壁 위에 1990년에 '올림픽大路'가 지나가고 있는 城壁의 基底部를 발굴조사 할 수 있는 장기적인 대책을 수립해야 할 것이다. 풍납토성 西壁의 原型을 확인ㆍ복원하는 사업은 최근 京釜高速道路의 永東區間 直線化工事 못지않은 중요한 과제이다.

그래서 지금이라도 우리가 日本의 文化財 保存政策을 他山之石으로 삼아 風納洞 百濟王城과 王京遺蹟 그리고 垓子遺蹟을 保存하는데 努力을 傾注해야만 할 것이다.

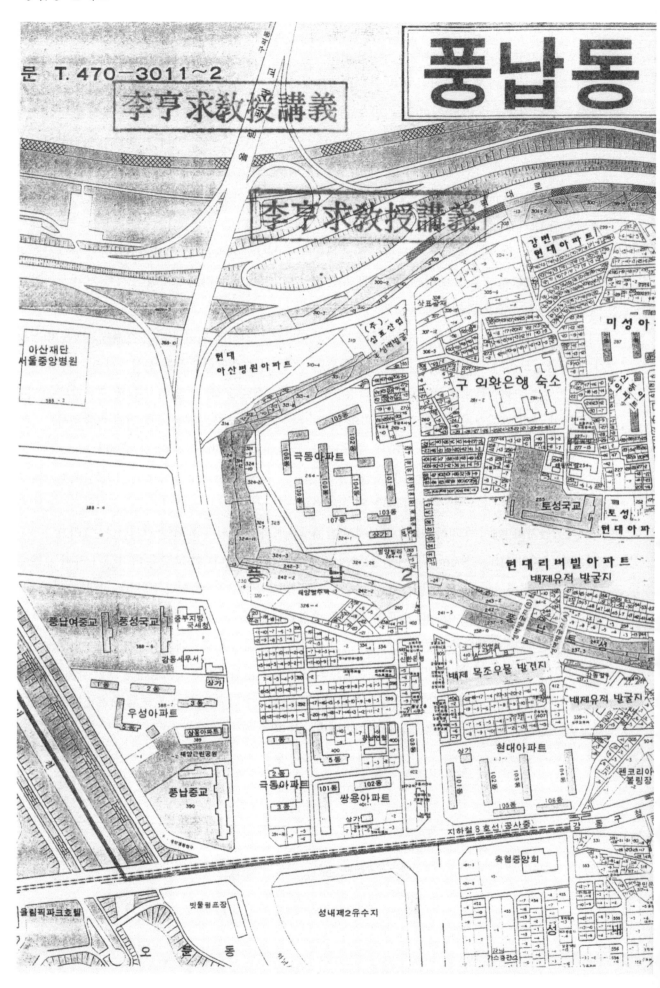

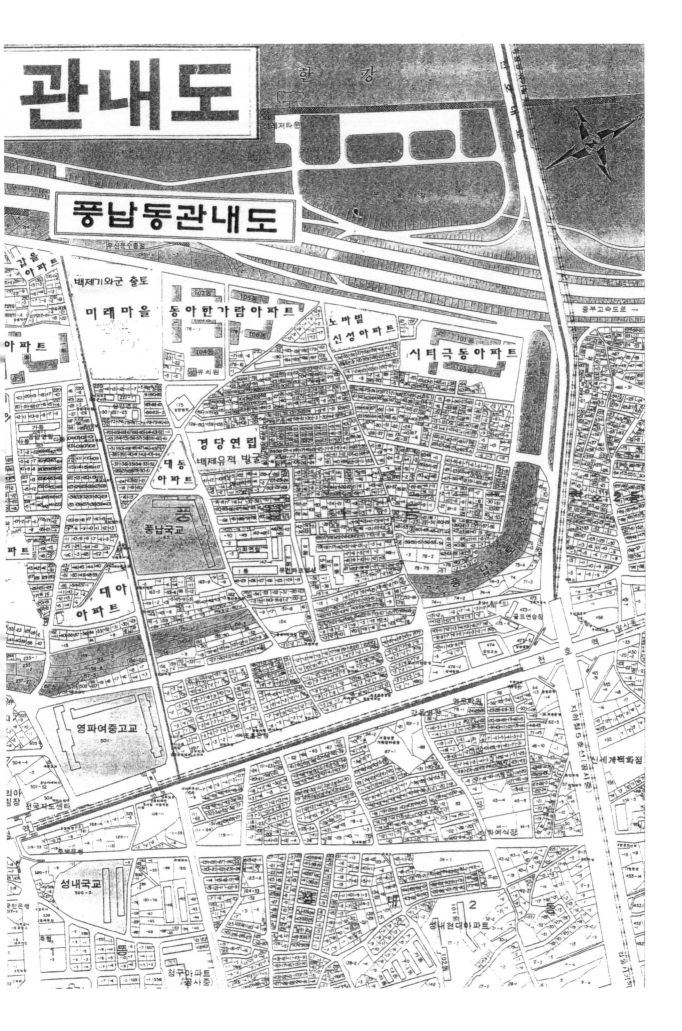

〈풍납토성내 조사 및 발굴(시굴) 현황표〉

조사 년도	조사 및 발굴 단체	조사 및 발굴시점	조사 및 발굴기간	출토유물	유구	비고
1964	서울대고고인류학과 (김원룡)	풍납토성 북벽 하단	64.10.19- 64.11.04	풍납리 무문토기 등	주거면 2개층	「풍납리포함층 조사보고」 (1967)
1996	1996 한양대박물관 (김병모)	풍납동 388 현대중앙병원 기숙사부지	96.05.22- 96.06.05	백제토기, 조선자기 등	기타	「풍납토성 인접 지역 시굴조사」(1996)
1996~ 1997	선문대지표조사 (이형구)	풍납토성 성벽 세부측량 및 유적보존 실태조사, 현대아파트 공사현장에서 백제토기발견	96.07.01- 97.01.07	풍납리 무문토기, 백제토기	성벽	「서울 풍납토성 〔백제왕성〕 실측조사연구」 (1997)
1997	국립문화재연구소 (홍성 빈)	풍납2동 231-3번지 외 39필지 신우연립 재건축부지	97.01.16- 97.09.05	삼족배, 수막새 등	주거지11기, 3종환호, 요지 등	「풍납토성 I」 (2001)
1997	풍납지구긴급 발굴조사 (한병삼, 서울대)	풍납동 122-1 번지 남양연립 재건축부지	97.7.21-9 7.7.30	없음	기타	행정보고
1997	풍납지구긴급 발굴조사 (한병삼, 한신대)	풍납동 172번지 외 2필지 삼화연립 재건축부지	97.08.12- 97.09.01	유구석부, 어망추 등	토기요지, 구상유구 등	보고서준비 중
1997	풍납지구긴급 발굴조사 (한병삼, 국립문화재연구소)	풍납동246-3번지 외 122필지 제1지구 재건축부지	97.10.13- 97.11.30	수막새, 기와 등	주거지 8기, 3중환호 등	「풍납토성 I」 (2001)
1999	국립문화재연구소 (조유전)	풍납동 236 외 15필지 풍납토성 동벽	99.06.07- 99.10.06	발,난형호 등	성곽	「풍납토성 II」 (2002)
1999~ 2000	한신대박물관 (유봉학)	풍납동 136번지 외 경당연립 재건축부지	99.09.14- 00.05.	'大夫'명 토기 등	건물지, 주거지 등	사적지정
2000	국립문화재연구소 (조유전)	풍납동281-1 외환은행직장 조합아파트 신축부지	00.06.28- 00.08.05	삼족배, 대옹편등	소토유구 등	사적지정
2000	국립문화재연구소 (조유전)	풍납동 197번지 외 143필지 미래마을 재건축조합부지	00.08.10- 00.0918	고배, 기와편 등	기와 무지	사적지정
2002	국립문화재연구소 (김봉건)	풍납동 309-6번지 외 5필지 삼표산업 사옥 신축부지 시굴 발굴조사	02.10.14- 11.06, 03.01.20- 03.15	풍납동식 무문토기, 대호 등	성곽 및 해자추정	사적지정예고
2001~ 2003	국립문화재연구소 (김봉건)	풍납동 154번지 외 70필지 소규모 건축예정지 구제발굴	01.09.18- 03.05.23	백제유물층 발견	주거지 및 유구	10곳사적지 정, 60곳 5층이내 건축

대통령께 드리는 건의서

풍납동 백제왕성 보존을 위해
대통령께 드리는 건의서

이번에 개최된 '서울 풍납동 백제왕성(百濟王城) 연구 국제 학술세미나'를 통해 둘레 3.5㎞, 폭 40m, 높이 15m의 거대한 풍납토성을 쌓기 위한 토목공사에 필요한 물량과 인적 동원력으로 볼 때 백제(百濟)는 기원전후 시기에 강력한 국가 권력을 동원할 수 있는 중앙 집권적인 국가였음이 고고학 및 역사학적으로 입론되었습니다. 그러나 날로 파괴되어 가고 있는 풍납동 백제왕성[풍납토성]을 보존하고 성안의 왕경(王京)유적이 더 이상 훼멸되지 않도록 하기 위하여 풍납토성의 성벽 및 성내 왕경유적 그리고 풍납토성의 바깥 둘레에 존재하고 있는 해자(垓子) 유적을 모두 사적(史蹟)으로 지정하여 국가와 학계, 그리고 시민 모두가 이를 보존할 수 있도록 힘써야 할 것이라고 의견을 모았습니다. 이에 우리는 풍납토성의 성안이나 성 밖에서 행해지고 있는 신축 및 개축 등 재개발사업을 일체 중지하도록 새로운 조치가 취해지길 바라며, 아울러 풍납토성 안팎의 사적지 안에 거주하고 있는 시민들의 재산권을 보호하기 위한 특별법(特別法)을 제정해 주길 청원하는 바입니다.

1. 2001년 4월에 지하 2m 이내, 지상 높이 15m 이내의 건축물을 '선발굴 후건축' 하도록 조치가 나온 이후 2003년 5월 말 현재 풍납토성 안에서 모두 70개소를 발굴 조사한 결과 한 곳도 빠짐없이 지하 1~2m 내에서 백제유물층이 발견되었습니다.

2. 풍납동 291-17,18,19, 동 298-14번지 일대의 '先發掘 後建築' 조치에 의해 건축물 신축을 위한 터파기 공사장의 발굴에서 풍납토성의 서벽의 석력과 토루 유구가 발견되어 서벽의 기저부가 살아있음을 확인하였다.

3. 풍납토성의 4개 지점에서 성벽 유구가 발견된 것으로 보아 서북쪽으로 연장된 성벽이 약 800m가 '올림픽대로'에 깔려 있는 서벽 기저부를 발굴조사 할 수 있는 장기적인 대책을 수립해야 할 것이다. 그것은 최근 경부고속도로의 영동 구간 직선화 공사 못지않은 중요한 과제이다.

4. 풍납토성 안의 왕경유적은 물론 토성 주변의 해자 유적까지 필요에 따라서는 고고학 조사를 거쳐 보존하고, 이를 풍납토성이나 왕경유적과 함께 일본의 나니와노미야(難波宮)처럼 세계적인 사적공원으로 정비해야 할 것이다.

5. 풍납토성 안의 전 지역에서 백제유물층이 확인되고 있는 점으로 미루워 보아 백제 초기에 축성된 백제왕성임을 재확인하였기 때문에 건축물이 신축됨으로써 왕경유적이 파괴·인멸되는 것을 막아 국가가 토성 내의 전 지역을 중요 사적으로 지정하는 적극적인 보존정책(保存政策)이 필요할 것이다.

6. 풍납토성 안의 주거지역에서 조사가 이루워질 경우 백제시대 유구가 확인되면 즉각 이를 중지하고 보존지구를 확대해 나가면서 기존 주거지를 신축하고자 하는 대지는 이전하도록 유도하여 국가나 서울시가 구입해 점진적으로 이주할 수 있도록 입법화(立法化)하여 주민의 피해를 막아야 할 것이다.

7. 금년 말, 서울의 국립문화재연구소가 대전(大田)으로 이전하게 되면 자칫 공동화(空同化) 현상을 빚어질 우려가 있는 풍납토성에 '國立서울文化財研究所'를 반드시 신설하여 풍납토성을 비롯하여 서울·경기지역 문화재의 보전·관리하며 학술조사 및 연구를 전담하고, 문화재의 복원·정비는 물론 출토유물까지도 전시할 수 있도록 해야 할 것이다.

2003년 6월 20일
서울백제수도유적보존회

盧武鉉 대통령님께

盛夏之節에 안녕하십니까?

多事多難한 국정을 펼치시느라 얼마나 노고가 많으십니까?

저희 동양고고학연구소와 서울백제수도유적보존회에서는 사계의 여러 선생님들의 도움으로「한강유역 백제전기 수도유적 보존문제」제기 20주년 기념하기 위한 학술회의를 지난 6월 20일 오후 1시부터 8시까지 서울 경희궁내에 소재하고 있는 서울역사박물관에서『서울 풍납동 백제왕성연구 국제 학술세미나 - 서울 풍납동 백제왕성의 발견과 보존』이란 제목으로 개최하였습니다.

학계 원로님, 문화·언론계 원로님들을 모시고 풍납토성 [백제왕성] 보존 문제를 심도 있게 논의하고 많은 고견을 청취한 결과를 종합하여 건의서를 올립니다.

대통령님의 적극적인 노력으로 백제초기 수도유적인 서울 풍납동 백제왕성의 보존문제가 불원간 해결되길 기원합니다.

감사합니다.

모쪼록 건강하시길 빕니다.

붙 임 : 1)서울 풍납동 백제왕성연구 국제 학술세미나 논문집(2003)
　　　　 2)풍납토성 [백제왕성] 연구논문집(2000)
　　　　 3)일본 오사까 나니와노미야 한글판 소개문
　　　　 4)김대중 전 대통령께 드렸던 참고서류

2003년 6월 20일

동 양 고 고 학 연 구 소

소장 이 형 구 올림

서울 송파구 풍납동 백제왕성 보존을 위해 대통령께 드리는 청원서

이번에 개최된 '서울 풍납동 백제왕성(百濟王城) 연구 국제 학술세미나'를 통해 둘레 3.5km, 폭 40m, 높이 15m의 거대한 풍납토성을 쌓기 위한 토목공사에 필요한 물량과 인적 동원력으로 볼 때 백제(百濟)는 기원전 후 시기에 강력한 국가 권력을 동원할 수 있는 중앙 집권적인 국가였음이 고고학 및 역사학적으로 입론되었습니다. 그러나 날로 파괴되어 가고 있는 풍납동 백제왕성 [풍납토성]을 보존하고 성안의 왕경(王京)유적이 더 이상 훼멸되지 않도록 하기 위하여 풍납토성의 성벽 및 성내 왕경유적 그리고 풍납토성의 바깥 둘레에 존재하고 있는 해자(垓子)유적을 모두 사적(史蹟)으로 지정하여 국가와 학계, 그리고 시민 모두가 이를 보존 할 수 있도록 힘써야 할 것이라고 의견을 모았습니다.

이에 우리는 풍납토성의 성안이나 성밖에서 행해지고 있는 신축 및 개축 등 재개발 사업을 일체 중지하도록 새로운 조치가 취해지길 바라며, 아울러 풍납토성 안팎의 사적지 안에 거주하고 있는 시민들의 재산권을 보호하기 위한 특별법(特別法)을 제정해 주길 청원하는 바입니다.

1. 2001년 4월에 지하 2m이내, 지상 높이 15m이내의 건축물을 '선발굴 후건축' 하도록 조치가 나온 이후 2003년 5월 말 현재 풍납토성 안에서 모두 70개소를 발굴 조사한 결과 한 곳도 빠짐없이 지하 1~2m 내에서 백제유물층이 발견되었습니다.

2. 풍납동 291-17,18,19, 298-14번지 일대의 '선발굴 후건축' 조치에 의해 건축물 신축을 위한 터파기 공사장의 발굴에서 풍납토성의 서벽의 석력과 토루 유구가 발견되어 서벽의 기저부가 살아있음을 확인 하였다.

3. 풍납토성의 4개 지점에서 성벽유구가 발견된 것으로 보아 서북쪽으로 연장된 성벽이 약 800m가 '올림픽대로'에 깔려 있는 서벽 기저부를 발굴조사 할 수 있는 장기적인 대책을 수립해야 할 것이다. 그것은 최근 경부고속도로의 영동구간 직선화 공사 못지않은 중요한 과제이다.

4. 풍납토성 안의 왕경유적은 물론 토성 주변의 해자유적까지 필요에 따라서는 고고학 조사를 거쳐 보존하고, 이를 풍납토성이나 왕경유적과 함께 일본의 나니와노미야(難波宮)처럼 세계적인 사적공원으로 정비해야 할 것이다.

5. 풍납토성 안의 전 지역에서 백제유물층이 확인되고 있는 점으로 미루워보아 백제 초기에 축성된 백제왕성임을 재확인하였기 때문에 건축물이 신축됨으로써 왕경유적이 파괴·인멸되는 것을 막아 국가가 토성 내의 전지역을 중요 사적으로 지정하는 적극적인 보존정책(保存政策)이 필요 할 것이다.

6. 풍납토성 안의 주거지역에서 조사가 이루워질 경우 백제시대 유구가 확인되면 즉각 이를 중지하고 보존지구를 확대해 나가면서 기존 주거지를 신축하고자 하는 대지는 이전하도록 유도하여 국가나 서울시가 구입해 점진적으로 이주할 수 있도록 입법화(立法化)하여 주민의 피해를 막아야 할 것이다.

7. 금년 말, 서울의 국립문화재연구소가 대전(大田)으로 이전하게 되면 자칫 공동화현상을 빚어질 우려가 있는 풍납토성에 '국립서울문화재연구소'를 반드시 신설하여 풍납토성을 비롯하여 서울·경기지역 문화재의 보전·관리하며 학술조사 및 연구를 전담하고, 문화재의 복원·정비는 물론 출토유물까지도 전시할 수 있도록 해야 할 것이다.

2003년 6월 20일
서울백제수도유적보존회

2003년 6월 노무현 대통령께 〈건의서〉 7항의 "풍납토성에 '國立서울文化財研究所'를 반드시 신설하여 풍납토성을 비롯하여 서울·경기지역 문화재의 보전·관리하며 학술조사 및 연구를 전담하고, 문화재의 복원·정비는 물론 출토유물까지도 전시할 수 있도록 해야 할 것이다"라고 건의하였다.

노무현 대통령께 보낸 풍납동 백제왕성 보존을 위한 건의서에 대한 문화재청장의 답변

문 화 재 청
(www.ocp.go.kr)

우 302-701 / 대전 서구 선사로 139(둔산동 920) /전화(042)481-4832 /전송(042)481-4859
사적과 과 장 박영근   사무관 윤순호   담당자 박상범(bmpark@ocp.go.kr)

문서번호 사적86743-17

시행일자 2003.08.29   (5년)

공개여부   공개

수 신 서울백제수도유적보존회
       대표 이형구 귀하
참 조

선람			지시		
접수	일자		시		
	시간		결재·공람		
	번호				
처리과					
담당자					
심사자			심사일		

제 목 민원회신

　　　　1. 대통령비서실 참여 07000-127('03.8.7) 및 문화관광부 감사 07000-197
('03.8.20)의 관련입니다.

　　　　2. 귀하께서 대통령비서실과 문화관광부에 제출하신 민원사항에 대하여 다음
과 같이 검토·회신하오니 양지하여 주시기 바랍니다.

　　　　　가. 우선 귀하의 백제문화사 연구와 문화재 보존에 대한 애정 어린 제의에
감사드리면서, 귀하께서 잘 아시는 바와 같이 '97~'02년에 실시된 풍납토성 내부지역
재건축부지에 대한 문화재조사(시·발굴조사)에서 대부(大夫)명 토기, 여(呂)자형건물지
등 백제초기의 역사를 재조명할 수 있는 유구와 유물이 다량 출토되어, 풍납토성에 대한
역사적·학술적 재평가가 이루어지고 있습니다.

　　　　　나. 귀하께서 제기하신 풍납토성 전 지역에 대한 사적지정 및 사적공원 조성,
유적보존과 사유재산권 보호를 위한 특별법 제정, 풍납토성내에 '국립서울문화재연구소'
설립 등에 대해서는 원칙적으로 긍정적인 방향으로 검토될 수 있는 사안이나 동 유적의
가치뿐만 아니라 국가 재정여건 등을 종합적으로 고려해야 하는 사안이므로 장기적·
단계적으로 검토·추진해 나갈 과제임을 이해하여 주시기 바랍니다.

　　　　　다. 다만, 우리청에서는 동 유적의 효율적인 보존·관리를 위해서 지난해에
서울시 및 국립문화재연구소와 협의, 문화재위원회 심의를 거쳐 성벽구간 및 토성 내·
외부에 대한 장기 보존관리 방안인 '풍납토성 보존관리 및 활용에 관한 기본계획'을
수립('02.11)하여 서울시에 통보하였으며, 서울시(송파구)에서는 동 계획에 대한 세부
실천계획을 수립('03.5), 추진하고 있음을 말씀드립니다.

라. 또한 풍납토성에 대한 역사적 가치를 보다 명확히 규명하기 위하여 종합적이고 체계적인 발굴조사가 필요하게 됨에 따라, 국립문화재연구소에서 '풍납토성 발굴조사계획'을 수립하여 우선 1차로 '03~'12년까지 10개년에 걸쳐 성벽구간, 토성 내·외부지역, 기타 긴급발굴지역 등을 대상으로 조사를 해 나갈 계획으로 있음을 알려 드리고, 동 계획의 실효성 확보에 필요한 재원 및 직제확충을 위해서 서울시 및 기획예산처, 그리고 행정자치부 등 관계부처와 긴밀하게 협의해 나갈 계획으로 있음을 함께 이해하여 주시기 바랍니다. 끝.

문 화 재 청

전결 사적과장

수신처

노무현 대통령께 보낸 〈거의서〉 7항에 대해서 문화재청장은 "풍납토성 내에 '國立서울文化財硏究所' 설립 등에 대해서는 원칙적으로는 긍정적인 방향으로 검토될 수 있는 사안"이라고 했는데, 드디어 금년(2023년) 1월에 서울 경복궁 내에 '國立서울文化財硏究所'가 설립, 오랜 소망이 실현되었다.

제 5 집

風納土城 內 百濟王京 遺蹟 發見
10周年 紀念 學術 세미나

日時 : 2007年 6月 8日(金) 13:00~18:00

場所 : 서울歷史博物館 大講堂→프레스센터 19층 국제기자클럽으로 이동

主催 : 東洋考古學研究所

主管 : 서울百濟首都遺蹟保存會

風納土城 內 百濟王京 遺蹟 發見
10周年 紀念 學術 세미나

日時 : 2007年 6月 8日(金) 13:00~18:00

主催 : 東洋考古學研究所
主管 : 서울百濟首都遺蹟保存會
後援 : 서울歷史博物館

"풍납토성 내 백제왕경 유적 발견(發見) 10주년 기념 학술세미나" 논문집 표지-당일 풍납동 주민들이 발표장인 서울역사박물관을 점거 농성으로 장소를 태평로 프레스센터 19층 외신기자회의장으로 급히 변경.

風納土城 內 百濟王京 遺蹟 發見
10周年 紀念 學術 세미나 日程

日時：2007年 6月 8日(金) 13:00~18:00
場所：서울歷史博物館 大講堂→프레스센터 19층 외신기자클럽으로 변경
主催：東洋考古學研究所
主管：서울百濟首都遺蹟保存會

第 1部 登 錄. 開 會(13:00~13:20)
司　　會：金瑛洙(東洋考古學研究所 研究幹事)
登　　錄：13:00~13:20
開　　會：13:20~14:20
開會辭：李亨求(東洋考古學研究所 所長)

祝辭：柳承國(前 韓國精神文化研究院 院長 · 學術院 會員)

基調講演：趙由典(韓國土地公社 土地博物館 館長)
- 休息 (10分) -

第 2部 學術會議(14:30~16:50)
司會：孫秉憲(成均館大學校 史學科 敎授)
1. 「風納土城 內 百濟王京 遺蹟 發見과 歷史的 意義」, 李亨求(鮮文大學校 歷史學科 敎授)
　　討論：李鍾旭(西江大學校 史學科 敎授)
2. 「風納土城 內 京堂遺蹟 發掘과 그 意義」, 權五榮(韓神大學校 史學科 敎授)
　　討論：尹根一(畿甸文化財研究院 院長)
3. 「古代 中國 都城의 出現과 그 特徵 -二里頭遺蹟과 風納土城과의 比較를 中心으로-」, 申熙權(文化財廳 學藝官)
　　討論：沈正輔(한밭大學校 敎授)
4. 「日本 古代 都城의 調査와 保存現況」, 瀨川芳則 (關西外國語大學 敎授)
　　飜譯：宋錫範(前 關西外國語大學 敎授) · 討論：李南珪(韓神大學校 國史學科 敎授)
　　- 休息 (10分) -

第 3部 綜合 討論(17:00~18:00)
司會：申瀅植(前 梨花女子大學校 史學科 敎授)
參加者：發表者와 討論者
特別招待：金起燮(서울歷史博物館 研究員), 金台植(聯合뉴스 文化部 文化財 專門記者), 愼亨浚(朝鮮日報 文化部 文化財팀장), 崔孟植(國立文化財研究所 遺蹟調査室長), 黃平祐(文化連帶 文化遺產委員會 委員長)

風納土城 內 百濟王京 遺蹟 發見 10周年 紀念 學術세미나
開會辭

오늘 6월 8일에 서울역사박물관에서 "풍납토성 내 백제왕경 유적 발견(發見) 10주년 기념 학술세미나"를 개최하게 되어 참으로 감개무량하지 않을 수 없습니다. 바로 올해가 풍납토성 내에서 백제왕경(百濟王京)유적이 발견 된지 10년이 되는 해이기 때문입니다. 1997년 1월 1일 설날에 서울 송파구 풍납동소재 풍납토성의 현황을 실측조사 하던 중 토성 내 아파트 신축공사현장을 목격하고 수차 진입을 시도한 끝에 드디어 백제초기 토기(土器)와 백제유적의 흔적을 발견하였습니다. 이를 곧바로 국가기관인 문화재청에 보고하여 공사가 중단되고 국립문화재연구소가 1년 가까이 발굴하여 백제 초기의 왕궁터로 추정되는 유적·유물이 대량으로 출토되어 지금은 한성백제(漢城百濟)의 왕경유적(王京遺蹟)으로 밝혀졌습니다.

『삼국사기』에 "백제 위례성(慰禮城)은 삼국의 지명 가운데 이름만 있고 그 위치를 알지 못하는 곳"이라 했고, 최근에 국가연구기관에서 편찬한 『민족문화대백과사전』에는 '풍납토성(風納土城)' 항목이 아예 없습니다. 그러나 풍납토성은 이제 백제 하남위례성(河南慰禮城)으로 밝혀져 영원히 보존되게 되었습니다. 이를 기념하기 위해 국내학자들과 일본학자도 초청하여 학술회의를 마련하였습니다.

오늘 저의 동양고고학연구소에서 이와 같은 뜻깊은 학술회의 행사를 개최하게 되어 더욱 감개가 무량합니다.

지난 10년 동안 풍납동 주민들이 제게는 물론 가정이나 학교까지 찾아와 시위、항의해도 절대 뒤로 물러서지 않고 학문적 견지를 지켜왔기 때문에 오늘날과 같이 풍납토성이 국가 사적으로 되살아나고 백제전기 역사도 500년이나 복원돼 가고 있다고 확신합니다. 풍납토성은 지난 수년 동안 발굴과 연구를 통하여 이제는 백제 건국시기의 도성(都城)으로 확실시되고 있습니다. 어느 누구도 이를 부정할 수 있는 사람은 없을 줄 압니다. 다만 일부 학자들이 과거의 백제건국을 부정적으로 보던가 아니면 늦은 시기로 보아 왔던 학자도 이제는『삼국사기』의 백제건국 시기와 점점 접근해가고 있다고 하는 고고학적 사실을 수긍하는 경향입니다. 10년이면 강산도 변한다고 했는데 바로 서울의 역사가 10년 만에 '서울 정도 600년'에서 '서울 정도(定都) 2000년'으로 달라졌습니다.

이는 엄청난 혁명적 변화(革命的 變化)입니다.

오늘 이 학술회의를 통하여 백제건국의 후진성을 주장하는 일본(日本)의 식민사관(植民史觀)이 더 이상 발을 들여놓지 못하게 될 것으로 믿습니다.

그동안 5만 명 가까이 사는 도시화된 풍납토성 안에서 백제왕경 유적을 지키기란 지옥과도 같은 일이었습니다. 그러나 한 번도 포기하지 않고 그들을 설득하고 이해시키면서 오늘까지 굳게 지켜 왔습니다. 이번 학술회의를 계기로 학술적으로 정립하고 한편, 풍납동 주민들의 고통을 공유하면서 보존 대책과 보상 문제를 논의하고자 또 자력(自力)으로 일을 벌렸습니다. 그래서 미흡한 점이 많은 줄로 압니다. 그나마 이 만큼까지의 성과가 있기까지는 박노희(朴魯姬) 씨의 희생적인 믿음과 성원이 있었기에 가능했다는 사실을 고백합니다.

이 자리에는 25년 전에 서울 백제수도 유적을 보존하기 위하여 겁없이 뛰어들던 때의 저의 소속 연구원의 수장으로 동양철학계의 원로이신 도원(道原) 류승국(柳承國) 박사를 모셨습니다. 당시 류 원장님의 적극적인 지지와 격려로 1983년 6월 20일 첫 번째 학술세미나를 개최할 수 있었습니다. 당시는 군사정권 시기였기 때문에 정부 시책을 거슬리는 일을 하기가 그리 쉬운 일이 아니었습니다.

류승국 원장님의 크신 용단으로 성공적으로 학술회의를 개최했었습니다. 훗날 20년이 되는 2003년, 이를 기념하기 위하여 이곳 서울역사박물관(풍납동 주민의 방해로 프레스센터로 이동)에서 한·중·일 국제 학술세미나를 개최했었습니다. 이번에 특별히 류승국 박사님을 모시고 학술세미나를 축하하는 말씀을 듣게 되어 또 한 번 감개가 무량합니다.

그리고 우리나라 문화재를 조사·연구·보존·활용 등 모든 문제를 총괄하시는 문화재청 이성원(李成元) 차장님을 모시고 축사를 듣게 되어 더욱 감격스럽습니다. 이번 학술세미나를 위하여 훌륭한 시설을 갖춘 대강당을 대여해 주신 서울역사박물관 김우림(金右臨) 관장님의 후원에 깊이 감사드립니다. 특별히 오늘 학술세미나를 위하여 기조연설을 맡아주신 조유전(趙由典) 박사는 제가 풍납토성을 공부하고 보존하는데 절대적인 지지와 성원을 아끼지 않은 분입니다. 재삼 감사드립니다.

매번 저의 학술세미나를 위해 사회를 맡아주신 손병헌(孫秉憲) 교수님께 먼저 감사드리고 오늘 이 학술세미나를 위하여 좋은 논문을 발표해 주실 권오영(權五榮) 교수님, 신희권(申熙權) 학예관님, 그리고 멀리 일본에서 오신 세가와 요시노리(瀨川芳則) 교수님의 훌륭하신 논문도 듣게되어 대단히 기쁘게 생각합니다. 특히 세가와 교수님을 통하여 일본의 선진적인 문화재보존과 활용에 대하여 타산지석(他山之石)이 되는 교훈적인 말씀을 듣게 될 것으로 기대되며 이를 주선하시고 우리에게 번역을 맡아주실 송석범(宋錫範) 교수님께 감사드립니다. 한편 발표논문에 대해 논평해 주실 이종욱(李鍾旭) 교수님을 비롯하여 심정보(沈正輔) 교수님, 윤근일(尹根一) 원장님, 그리고 이남규(李南珪) 교수님께 감사드립니다. 이분들께는 더욱이 충분한 논평을 준비할 시간을 드리지 못하여 매우 죄송스럽게 생각합니다.

오늘 학술세미나는 특별한 토론시간을 마련하였습니다. 원로 사학자 신형식(申瀅植) 교수님을 좌장으로 모시고 발표자와 토론자 이외에 특별히 종합토론을 위하여 김기섭(金基燮)·김태식(金台植)·신형준(愼亨浚)·최맹식(崔孟植)·황평우(黃平祐) 다섯 분의 젊은 학자·언론인·문화운동가를 모셨습니다.

우리가 오늘 이 학술세미나를 개최하는 목적의 하나인 풍납토성과 백제왕경 유적의 보존으로 인하여 여러 가지로 고통을 받고 있는 주민(住民)들의 입장에 서서도 허심탄회한 논의가 있었으면 합니다. 부디 좋은 성과가 있기를 바랍니다.

풍납동 일부 주민들의 성토에도 불구하고 끝까지 참여해 주신 발표자 토론자분들께 감사한 마음 그지없습니다. 오늘 여기 나오신 분들께도 건강하시길 빕니다.

감사합니다.

2007년 6월 8일

東洋考古學研究所 所長 李亨求

{도판 1} 풍납토성 내 풍납동197번지 미래마을 재건축부지 발굴(2003.12.21.)

{도판 2} 풍납토성 내 풍납동197번지 미래마을 재건축부지 발굴 현장설명회(2003.12.21.)

{도판 3} 풍납토성 내 미래마을 재건축부지 발굴 백제 궁경도로(동→서, 2006.6)

{도판 4} 풍납토성 내 미래마을 재건축부지 발굴 백제 궁경도로(남→북, 2006.10)

{도판 5} 풍납토성 내 미래마을 재건축부지 발굴 백제 토기와 손절구(우, 2004.8))

{도판 5} 풍납토성 내 미래마을 재건축부지 발굴 백제 와당과 전돌(우, 2004.12.9.)

{도판 7} 풍납토성 동문 밖 한진아파트부지 발굴 백제 목조우물(2004.9)

{도판 8} 풍납토성 동문 밖 한진아파트부지 발굴 백제 목조우물 토기 두래박(2004.9)

풍납토성 내 백제왕경(王京) 유적 발견
10주년 기념 학술 세미나

차례

인사말

金右臨(서울歷史博物館 館長)

1997년 1월 서울 송파구 풍납토성의 아파트 공사현장에서 목탄층과 한성백제시기의 토기 등 각종 유물을 발견한지 10주년을 맞이하게 되었습니다. 이 역사적 발견은 이후 한성백제 연구에 급진전을 가져와 다양한 연구 성과가 이루어져 왔습니다. 오늘 풍납토성 유적 발견 10주년을 기념하여 열리는 학술세미나는 그 동안의 성과와 의의를 살펴보는 소중한 자리가 될 것으로 확신합니다.

이 학술세미나의 주최자이신 동양고고학연구소의 이형구 교수님은 10년전 풍납토성 유적의 발견자이시자 이 분야에 남다른 애정을 가지시고 연구하신 학자이십니다. 그러나 불행히도 풍납토성 내에 거주하셨던 주민들이 아파트 개발이 중단됨으로써 끼치게 된 재산권의 손실과 불편이 뒤따르게 되었습니다. 이에 "2006년 8·31 부동산 대책"이 발표되자 이형구 교수님은 "송파구 거여동 일대의 국공유지에 풍납동 내 주민 이주지역을 마련하는 계획안을 포함하는 획기적 결단"을 내려주기를 바라는 건의서를 여러 곳에 제출하기도 하였습니다. 이 부분은 발견자 개인의 문제가 아니라 거국적인 관심과 정책으로 해결될 문제라고 생각하고 있습니다.

서울특별시에서는 서울의 2,000년 역사 정립을 위한 기초연구작업으로서 한성백제박물관 건립의 필요성을 다양한 측면에서 검토하고 건립에 필요한 건립예정부지의 적정성 검토 및 기본구상안의 도출과 건립계획의 확립, 그리고 사업시행 절차에 관한 <한성백제박물관 건립 타당성 조사 및 기본계획연구>를 2007년 4월에 완료하였습니다. 이 연구 성과는 민선 4기 시장님께 보고를 통하여 서울시의 사업으로 확정되어 2011년 개관을 목표로 사업을 진행하고 있습니다. 이러한 시점에서 열리는 학술세미나이기에 더욱 의미가 있는 자리가 될 것으로 확신합니다.

서울역사박물관은 "시민에게 사랑받는 박물관"을 목표로 다양한 활동을 벌리고 있으며, 특히 서울의 역사와 문화를 주제로 하는 각종 학술세미나를 적극 지원하고자 합니다. 아무쪼록 이 학술세미나가 훌륭한 성과를 거두기를 바라며, 앞으로 전개될 한성백제박물관 건립에 여러분의 많은 조언과 협조가 있기를 부탁드립니다.

이번 학술세미나를 주최하신 이형구 교수님, 기조연설을 맡아주신 조유전 교수님, 그리고 발표와 토론, 사회와 진행을 맡아주신 많은 분들께 깊은 감사를 드립니다.

2007년 6월 8일

祝 辭

柳承國(前 韓國精神文化研究院 院長·學術院 會員)

돈이 없으니까 막대한 비용을 들여서 이주시킬 수 도 없고, 그리고 파헤치면 안 되고, 그래서 이런 문제가 지속되어 오는 거예요. 오늘날도 오늘 할 것도 또 여러 사람들이 와서 주민들이 여길 반대하는 그 이유가 그 겁니다. 그러면 우리는 국민들의 생활도 보장해야 하는 게 국가정부의 책임이고, 또 나라의 유일무이한 민족의 문화재를 훼손하지 않고 보전한다고 하는 절대명령이 나라의 책임이고, 그걸 둘을 다 이행해야 되는데, 지금 나라의 그런 국고가 넉넉하지 못하니까 줄 수 없는 상황에 있고, 또 파괴시켜서는 않되는 그러한 당위성이 있고, 이런 모순관계에 있는 겁니다. 그러니까 이것은 누구를 잘못했다 잘했다 할 수가 없어요.

어째든 현 상태로 보존을 하고 돈 주는 대로 옮겨가면서 거기를 살살 보존, 발굴보존 할 수 있도록 점진적으로 해 나아갈 수 없지 않나 이런 생각이 듭니다. 어째든 고고학적 발굴이라고 하는 것은 우리 민족만의 문제가 아니고, 여기서 나오는 출토품이라고 하는 것은 그 형식이나 여행이나 유적지에 있어서 이 국제문화 인류문화에 공통된 형식과 내용이 있습니다. 그래서 여기에는 그 발굴이 된다고 함은 아시아문화의 공통성, 세계문화의 유사성 이런 걸 다 발굴하는 것이기 때문에 단순한 한국역사에 관한 것만은 아닙니다.

그러니까 이거는 오늘날도 아마 일본서 전문 관서대학 교수님이 오시고 또 중국에서 공부한 중국에 그 여러 가지 고고유적 발굴할 수 있는 전문가가 한국의 토성과의 관계를 설명하는 이게 어떻게 보면 국제학술대회라고 할 수가 있는데, 상황이 이러니깐 극히 전문 다시는 소수가 모여서 이렇게 하지만 이 뜻은 굉장히 크다고 생각을 합니다.

특히 백제문화에 대해서는 특별히 중국하고 관계가 많고, 또 일본하고의 관계가 많은 거예요. 일본문화와 백제문화는 떼일 수가 없어요. 관계가 큰 겁니다. 백제문화를 모르곤 일본문화를 모를 정도에요. 일본으로 건너간 왕인박사 (와니하가세라(日名)) 그런 분들도 일본에 문화와 학문을 전한 백제사람인데 그 연구가 잘되어있지 않고, 일제시대에는 다들 배웠어요. 근데 해방 후에 안 가르쳐요. 일본서도 안가리키고 한국서도 안 가르쳐요. 왜 그러냐 하면은 거기에 역시 정치적인 요소가 있는 겁니다.

일본에서는 왕인박사는 중국서 왔지, 백제를 거쳐서 왔지 중국사람이지 백제사람 아니다 이런 비를 우에 노공원에다 새웠어요. 그건 허위의 비에요. 내가 그 왕인박사를 고증하는 한국의 자료를 발굴했어요. 중요한 문젭니다. 그러기 때문에 일본사람들은 오늘날 가르치지도 않고, 한국사람들은 실증이 없으니까 역사적 사실이 증명되지 않기 때문에 실증사학에서 말할 수 없다 이렇게 또 핑계를 하고 안 가르쳐요. 그리고 이러한 것은 대단히 우리 민족문화와 인류문화에 중요한 이러한 자료와 우리가 참고해야 할 내용을 다 버리고 있는 거라고 생각합니다.

그래서 이 연구는 단순하게 소수의 문제가 아니라 우리 민족문화 전통하고 관계있고 이 문화가 인류문화에 연관되어있고, 더 나아가서 우리가 새로운 세계문화 창조에 있어서 세계민족이 하나로 모이지만 그 민족 그 곳과 그 족속이 가지고 있는 풍속과 신앙과 사상과 문화를 100% 인증하면서 세계화가 이루어져야 하는 겁니다.

통제해서 힘으로 경제나 어떠한 권력에 힘으로 세계화가 되는 건 절대 아니라고 생각할 때, 오늘날 이런 특수한 고고학적 유물은 역사학에만 관계있지 않아요. 이건 예술·정치·사회 무슨 이런 저 공학 자연과학에도 관계있어요. 이 공학 건축학 전체를 관계, 인문과학, 사회과학, 인류학 전체로 관계있는 것입니다.

여기서 무슨 유물이 나왔다 할 때 그 전문가가 모두 같이 연구해야 할 종합된 학문입니다. 고대에는 이게 없었지만 근대로 내려오면서 이러한 고고학적 유물을 유적을 연구한다고 하는 것은 단순한 한 민족에 국한된 것이 아니라 인류문화의 발전에 흔적을 알고 우리가 새롭게 나가는 기틀을 만드는데 중요한 계기를 이루는 거라 생각합니다.

그런 의미에서 다시 한번 멀리서 오셔서 오늘 발표하시는 분들에 대해서 감사의 말씀을 드리고 특별히 이형구 교수가 독불장군으로 혼자했어요. 혼자. 지금도 이 지금 시민들하고 싸운 것도 같이 대화하고 왔어요. 그런 애국자는 없다고 생각하고 같이 협력해 주시길 바랍니다.

감사합니다.

基調講演

-風納土城 學術會議에 臨하면서-

趙由典(韓國土地公社 土地博物館長)

우리나라 고대 3국에 있어서 백제만큼 찬란했으나 비극적으로 끝난 파란만장의 역사를 간직하지는 않았을 것이라고 누구도 부인하지 못할 것입니다. 그런데 안타까운 현실은 지금까지 연구되고 밝혀진 백제의 역사는 한성에서 공주로 그리고 부여로 수도를 옮겨가면서 700년 가까운 역사를 마감한 것으로 알고는 있지만 그나마 오늘 날에 있어서도 백제는 공주와 부여의 지역역사로 이해되고 있는 현실이라 할 것입니다. 왜 이러한 인식이 조금도 불식되지 않고 우리 국민의 뇌리에 각인되어 있을까? 의문이 아닐 수 없습니다.

오늘날 우리 나라의 인구가 4분의 1이상 살면서 대한민국의 수도로 세계에서도 1천만이 넘는 대도시로 잘 알려져 있는 서울이 조선의 서울이 아니라 백제의 서울이었다는 사실을 망각함으로써 벌어진 역사의식에 있다고 감히 말 할 수 있을 것입니다. 왜냐하면 백제의 700년 역사에 있어서 500년의 역사가 바로 우리가 오늘날 살고 있는 수도 서울을 중심한 경기지역이 바로 초기 한성백제의 고토이며 중심이었기 때문입니다.

그러나 500년을 버틴 백제가 고구려의 남침정책에 밀려 공주로 옮겨 간 후 다시는 빼앗긴 땅을 수복하지 못하고 다시 부여로 수도를 옮겨 결국 소멸된 역사를 지니게 되었던 것입니다. 한성백제가 사라진 그 중심 땅이 900여 년이 훨씬 지난 후 조선의 수도가 됨으로써 서울하면 이제는 조선을 생각하게 되었고 심지어 1994년에는 서울을 수도로 정한 소위 정도(定都) 600년 기념 이벤트까지 있었으니 이로 보더라도 서울은 오로지 조선의 수도로 굳어져 한성백제는 역사 속에서 조차 망각되는 결과를 가져왔던 것입니다. 돌이켜보면 조선 인조가 청나라의 침공으로 남한산성에서 결사 항전하다 결국 삼전도에 나아가 굴욕적인 조약을 맺음으로써 전쟁이 끝난 아픔이 있었지만 인조가 직산에 있던 백제시조 온조사당(溫祖祠堂)을 남한산성으로 옮기도록 한 사실은 우리에게 시사하는 바가 크다고 할 것입니다. 이 사실은 아마도 인조가 조선의 뿌리 즉, 정체성을 백제에서 찾고자 한 것으로 미루어 짐작할 수 있을 것입니다. 이로 보아도 수도 서울의 역사가 얼마나 오래 전부터 이었던 가를 말해 주고 있다고 해도 지나친 말이 아닐 것입니다. 그런데 오늘날 수도 서울은 날로 발전하는 현대화와 개발에 의해 그나마 땅속에 남아있을 한성백제의 자취는 물론 조선의 자취마저 없애고 있는 현실이 이미 오래전부터 계속되어왔습니다.

오늘 동양고고학연구소(소장 : 선문대 이형구 교수)에서 "풍납토성 내 백제왕경(王京) 유적 발견 10주년 기념 학술세미나"를 주최하면서 자격도 없는 이 사람을 기조강연을 하게 한 것은 저로서는 분에 넘치는 일로 받아들이지 않을 수 없습니다. 어디까지나 주최 측의 배려라 여겨지지만 마음 한구석으로는 두려우면서도 한편으로는 왜 일찍 이 풍납토성이 백제의 도성으로서의 연구가 되지 않았을까 의문을 품어보고 아울러 일찍이 연구가 진행되어 왔다면 풍납토성이 오늘날의 모습으로 변하지 않았을 것이라고 막연하게나마 생각되기도 합니다.

제가 풍납토성과 맺은 인연은 자그마치 43년 전으로 올라갑니다. 말하자면 대학 3학년 시절인 1964년 고고학실습을 위해 4학년과 합동으로 풍납토성 내에 5~6개의 핏트(pit) 작업에 참여한 것이 최초의 인연이었습니다. 당시만 해도 풍납토성 내는 물론 주변에도 집들은 거의 찾아볼 수 없었고 몽촌토성 · 방이동 · 석촌동이 잠실벌 일대와 함께 백제유적 벨트를 형성하면서 전형적인 농촌의 목가적 풍경을 이루고 있었습니다. 서울 중심에서 풍납토성으로 가기 위해서는 경기도 광주행 시외버스를 이용해야 했고 구 천호다리를 건너 내려서 풍납토성으로 걸어 들어와야만 했습니다. 이 시절 풍납토성의 중요성을 생각해서 사적(11호)으로 지정할 때 성벽뿐 아니라 내부 전체를 지정구역으로 확대 보호했다면 하는 후회가 됩니다. 물론 일대가 지금과 같이 개발되지 않았다면 보존에 크게 문제가 되지 않았겠지만 아시다시피 70년 대부터 불기 시작한 개발의 삽날은 삽시간에 일대의 유적을 파괴하는 데 앞장섰고 더구나 역사적인 88올림픽개최로 말미암아 눈 깜짝할 사이 이 일대가 개발로 인해 급속적인 변화를 가져와 결국 오늘과 같이 거대한 도시로 변모하고 말았습니다.

돌이켜 보면 백제성곽으로 알려져 온 이 풍납토성은 1962년 재정 공포된 문화재보호법에 의해 일제강점기 시대 지정 보호되었던 그대로 겨우 성벽의 일부만 지정되었을 뿐 오늘 날 같이 완전한 도시화가 되어 가는 과정에서도 아무런 손을 쓸 수 없는 지경에 이르렀습니다. 그나마 지정보존 되었던 성벽의 일부 구간을 주민의 편의를 위해 해제까지 한 사실은 한 마디로 그간 문화유적 보존의 현주소였음을 여실히 증명해 보였던 것입니다.

그런데도 보존을 위해 노력해 온 동양고고학연구 소장이자 선문대학교 역사학과 이형구 교수의 끈질긴 노력으로 그나마 풍납토성 보존에 새로운 계기를 마련하게 한 것에 대해 우리 모두 감사를 드려야 할 것입니다. 왜냐하면 아무런 지원없이 오로지 자신 홀로 풍납토성 보호에 목숨을 걸다시피 한 결과이기 때문입니다. "저 사람 교수가 맞느냐? 왕성의 증거가 어디 있느냐? 이런 정도의 유물은 어디에서나 있는데 무슨 증거로 왕성이라고 하느냐?" 등등 입에 담지 못할 온갖 욕설과 심지어 가정에까지 협박전화를 받아야 했고 현장에서는 주민들로부터 테러 위험까지 당하면서도 끝까지 주장을 굽히지 않고 지금까지 버티어 오고 있는 모습을 옆에서 지켜본 한 사람으로 정말 부끄럽기 짝이 없습니다. 유적은 보호해야 한다고 입으로만 떠들어 왔지 이 교수처럼 행동으로 보여준 고고학자나 그 흔한 어떤 학회도 앞장서 보호를 외친 적이 있는지 묻고 싶습니다. 저 자신 명색이 고고학을 전공하고 문화유산 관련 업무에 평생을 지내오면서도 무엇 하나 떳떳하게 유적 보존에 앞장섰는지 반성하면 부끄러워 할 말이 없습니다. 뿐만 아니라 이 자리에 설 자격도 없는 사람으로서 오히려 주최 측에 누를 끼치지 않을까 걱정이 아닐 수 없습니다. 앞에서도 말씀드렸습니다만 이 교수 혼자서 그 어디에서도 한 푼의 지원없이 오로지 지원받았다면 부인의 지원을 받아 이제 10회째 백제왕경(王京)유적 학술세미나를 개최한다는 것은 정상적인 생각으로 과연 가능한 것인지! 이러한 열정과 희생없이는 불가능한 일이라 하지 않을 수 없고 이러한 불굴의 의지가 오늘 날 이 정도나마 풍납토성의 중요성을 일깨우고 보존하는데 원동력이 되었다고 해도 아무도 의의를 달지 못할 것입니다.

풍납토성은 일찍이 일제강점기 시절 우리나라 국사학의 태두로 추앙받고 있는 두계 고 이병도 선생께서 『삼국사기』 백제본기 책계왕(責稽王) 원년인 서기 286년 기록에 "위례성(慰禮城)을 수리하고 아차성(阿且城)과 사성(蛇城)을 수리하고 고구려의 침입에 대비했다."고 한 내용을 분석해서 이 풍납토성을 책계왕 때 수축한 백제사성(百濟蛇城)으로 비정했습니다. 이 사성이 풍납토성이 된 것은 사성이 우리말로 '배암들이' 성이었는데 이 '배암들이'가 '바람들이'로 변하고 나아가 '바람들이'의 한자표기가 풍납(風納)이 되었다는 주장이었는데 결과적으로 풍납토성이 되었다고 주장했던 것입니다. 광복 후에도 그러한 주장은 변함이 없이 그렇게 비정(比定)되어 왔던 것입니다. 그런데 만약 광복 후 이 풍납토성이 백제사성으로 유적의 지정 명칭이 되었다면 오늘의 주제로 토론이 될 수 없었을 것입니다. 왜냐하면 풍납토성은 3세기 후반에 백제가 쌓은 기록에 보이는 성(城)으로 치부되고 그것을 도성인 위례성으로 볼 일은 없었을 것이기 때문입니다. 그러나 무엇보다도 이 풍납토성이 왕성이 분명하던 아니면 사성이던 간에 한성백제 유적으로서 그 중요성은 누구도 부인하지 못할 것입니다.

그렇다면 도시화되어 있는 풍납토성 안을 앞으로 어떻게 보존해야 할지에 대해 활발한 논의와 아울러 근본적인 대책이 마련되어야 할 것입니다. 현재 서울시가 한성백제박물관 건립을 추진하고 있는 것으로 알고 있습니다. 그러한 계획의 일환으로도 풍납토성의 보존문제를 고려해 볼 필요가 있을 것으로 여겨집니다. 도시를 어떻게 옮겨야 되는가 걱정만 한다고 될 일이 아닐 것입니다. 정부든 지방자치 단체든 하고자 하는 의지만 있다면 불가능한 것이 아니라 합리적인 방안을 찾아내게 될 것이라 생각합니다. 어쨌든 더 이상의 파괴를 막고 시급히 보존대책을 세워야 할 것입니다.

마지막으로 오늘 "풍납토성 내 백제 왕경유적 발견 10주년 기념 학술세미나"를 위해 발표와 토론에 기꺼이 참여한 여러분들에게 먼저 감사를 드립니다. 그리고 이 학술세미나에 참석하신 모든 분들에게도 감사를 드립니다. 아울러 앞으로도 이 번과 같이 이 풍납토성이 한성백제의 도성 즉, 왕성으로써의 연구와 논의가 활발히 진행되어 명실공이 왕성으로서의 재위치를 찾게 되기를 기대하고자 합니다. 끝으로 오늘 이 세미나에 참여한 모든 분의 건강과 안녕을 기원하면서 기조연설에 가름하고자 합니다.

감사합니다.

2007년 6월 8일

學術會議

논문발표

1. 「풍납토성 백제왕경(王京) 유적 발견과 역사적 의의」

발표 : 이형구(선문대학교 역사학과 교수)

토론 : 이종욱(서강대학교 사학과 교수)

2. 「풍납토성 경당유적 발굴과 그 의의」

발표 : 권오영(한신대학교 국사학과 교수)

토론 : 윤근일(기전문화재연구원장)

3. 「고대 중국 도성의 출현과 그 특징

-이리두(二里頭) 유적과 풍납토성과의 비교를 중심으로-」

발표 : 신희권(문화재청 학예연구관)

토론 : 심정보(한밭대학교 교수)

4. 「일본 고대 도성의 조사와 보존현황」

발표 : 세가와 요시노리(瀨川芳則, 日本 關西外國語大學 國際言語學部 교수)

번역 : 송석범(전 日本 關西外國語大學 교수)

토론 : 이남규(한신대학교 국사학과 교수)

1. 風納土城 內 百濟王京 遺蹟 發見과 歷史的 意義

李亨求(鮮文大學校 歷史學科 敎授)

1. 풍납토성 내 백제왕경(王京) 유적 발견
2. 백제왕성 풍납토성의 발굴성과
3. 문헌기록에 보이는 백제 왕경유적
4. 초기 한성백제사에 대한 왜곡(歪曲)

1. 풍납토성 내 백제왕경(王京) 유적 발견

올해가 꼭 10년이 되는 해다.

1997년 1월 1일, 필자는 영원히 잊지 못하는 날이다. 신정(新正)에도 풍납토성 현장에서 새해를 맞이하면서 꾸준히 조사활동을 실시하는 노력 끝에 역사적인 발견을 하게 되었다.

발견 당시의 상황을 이렇게 기록하고 있다.

 1996년 봄 학기에 선문대학교(鮮文大學校)에 역사학과가 개설되고 필자가 선문대학교에 부임하면서 곧바로 풍납토성의 실측조사 작업에 들어가기에 앞서 막 선발된 학생들을 훈련시키면서 여름방학을 이용하여 풍납토성의 전체 상황을 파악할 수 있는 지표조사와 전체 규모를 확인 할 수 있는 실측조사(평판측량)를 겸행하였다. 그리고 1996년도 겨울방학을 맞이하면서는 오늘날까지 남아 있는 풍납토성 성벽의 최소한의 높이를 확인하기 위한 등고선 측량(레벨측량)을 실시하였다.

 풍납토성 성벽의 등고선 측량을 실시하면서 성벽 주위의 일반 주거 현황과 유휴지(遊休地) 확인 작업을 병행하면서 풍납토성의 성벽 외곽에 있을 해자(垓字)의 유존 가능한 지역을 더 주의하여 조사토록 하였다. 다행히 몇 몇 지역에서 해자의 가능성 여부를 확인할 수 있는 지역이 상당 부분 남아 있는 것을 알게 되었다. 그리고 풍납토성 안의 주거지역에도 계속 백제 왕성의 유구가 존재할 수 있는 지역을 조사하는 것을 철저히 독려하였다. 이와 같은 조사를 계속하던 중 선문대학교 역사학과 풍납토성 학술조사단이 1997년 1월 1일 신정(新正)에도 풍납토성 현장에서 새해를 맞이하면서까지 꾸준히 조사활동을 실시하는 노력 끝에 1월 3일(금)에는 풍납동 231-3번지 일대에서 대형 빔을 박는 소리가 나서 문제의 공사장을 확인하려고 하였으나, 현대건설측에서 높은 가리개 벽을 쳐놓고 일반의 접근을 금지하고 있어서 내부조사가 어려웠다. 다음날(4일)에 재차 공사현장을 진입을 시도하여 간신히 공사장 내부를 조사할 수 있었다.

 현대건설이 시공하고 있는 풍납동 현대아파트 건설공사(시행자 : 신우연립 재건축조합의 5개 주택조합)의 기초가 되는 터파기 작업이 시작되어 예정부지 150m×70m 크기의 면적 가운데 60×30m를 이미 지하 4m까지 파내려 갔다. 터파기한 벽면에는 지표하 2.5m부터 지하4m까지 토기파편이 다량으로 박혀 있는 것을 확인하고 서둘러 몇 가지 토기편을 수습하여 공사장을 나올 수 밖에 없었다. 그러나 깜짝 놀랄 일은 수습한 토기들이 모두 백제시대의 토기편들이라는 사실이다. 필자가 오랫동안 풍납토성에 쏟아 놓은 정성이 현신(現身)하는 순간이었다.

그래서 1월 4일 오후 서둘러 국립문화재연구소에 이와 같은 사실을 알리고 차후 국가가 조치하도록 당부하였다. [조선일보(朝鮮日報) 1997년 1월 6일(월)자 사회면에 보도]

이러한 점들을 종합해 볼 때 풍납토성은 한성(漢城)시기 백제 전기의 왕성으로 백제의 정치, 문화를 비롯하여 백제인의 생활사 파악할 수 있는 매우 중요한 유적이다. 지금가지 발견된 백제 유적 가운데 최고(最古) 최대(最大)의 유적이라고 할 수 있는 유적이 햇빛을 보자마자 인멸(湮滅)시키게 되었으니 그야말로 '문화재의 해'에 걸맞는 대사건(大事件)이다. 1

백제의 왕경유적이 현현(顯現)하는 순간이었다.

풍납토성 안에서 백제초기의 유적·유물이 발견됨으로서 백제 역사를 3백년이나 앞당기는 우리나라 역사에 일대 변화를 가져오게 되었다. 2 그 것은 마치 혁명(革命)과도 같은 대사건이었다.

그러나 혹자는 1964년 서울대학교 고고인류학과에서 풍납토성 내에서 실시한 시굴조사를 거처 바로 1997년 국립문화재연구소의 발굴조사에서 백제 유적이 확인된 것처럼 기술하고 있으면서, 1997년 1월 1일, 풍납토성 내 아파트 신축 공사장에서 백제왕경유적을 발견한 역사적인 사실은 배제(排除)시키고 있다. 3

필자는 일찍이 한강 유역 백제전기 수도유적의 하나로 풍납토성의 중요성을 인식하여, 1981년부터 풍납토성의 현장을 비롯하여 풍납토성 인근의 백제 고분군을 실지 답사·조사하고 그의 보존과 정책문제를 다각도로 줄기차게 제기해 왔다.

필자는 1981년, 대만(臺灣) 유학에서 돌아온 직후부터 한강유역의 백제전기수도 유적을 보존하기 위하여 깊은 관심을 갖고 노력한 끝에, 1983년에 첫 번째 한강유역 백제수도 유적보존 학술회의를 개최하여 서울 강남(江南)지구의 풍납토성을 위시하여 몽촌토성·아차산성(阿且山城), 그리고 석촌동(石村洞), 가락동(可樂洞), 방이동(芳荑洞) 등 백제고분을 집중적으로 조사, 재조명함으로써 도시개발로부터 파괴, 인멸되어 가고 있는 서울 백제수도유적(百濟首都遺蹟)을 보존하는데 앞장서왔다. 4

4년 여의 노력 끝에 1985년 7월 1일, 정부로부터 서울 백제수도유적 보존종합개발계획(519억원 사업)을 끌어내 우선 강남(현 송파구)의 몽촌토성과 석촌동·방이동 백제 고분을 정비, 사적공원으로 조성하는 데 성공하였다.

1983년 5월에는 한성백제 시기의 왕경유적[풍납토성]내 부근 서울 송파구 석촌동에 있는 한성백제 시기

1 李亨求: 『서울 風納土城[百濟王城] 實測調査研究』, 百濟文化開發研究院, 1997, pp. 23~25.
2 김태식: 『풍납토성 - 500년 백제를 깨우다』, 김영사, 2001, p. 175.
  당시 『연합뉴스』 문화부 김태식(金台植) 기자의 증언을 들어 보자.
  역사에는 가정이 없다 했다. 하지만 잠시 아찔한 상상을 해 본다. 신정 연휴 그 때 만약 이형구가 현장에 없었더라면 풍납토성에 묻힌 백제 역사는 1,500년이란 기나긴 잠에서 잠시나마 깨었다가 굴삭기에 깨지고 망가져 영원히 사라졌을지 모른다.
3 최몽룡: 「풍납토성의 발굴과 문화유적의 보존」, 『흙과 인류』, 주류성, 2000, pp. 277~278.
  최몽룡: 「한성시대 백제와 풍납동토성」, 『한국고고학·고대사의 신연구』, 주류성, 2006, P. 325.
4 이형구: 「한강유역 백제수도유적의 현황과 보존문제」, 『한강유역 백제전기수도 유적 보존문제』, 한국정신문화연구원, 1983; 『정신문화연구』 1984년 여름호, pp. 121~148.

의 왕릉급 고분군인 석촌동 고분군의 남쪽(석촌동 240번지 일대)에서 도로공사가 진행되면서 백제시대 건물지가 훼손되었다. 이때 많은 격자문 및 사선문 적갈색 기와파편이 출토되었는데, 이 가운데 '고덕(高德)'이라고 세긴 기와가 발견되었다. '고덕사(高德寺)'가 아마 침류왕 2년(385) "봄 2월에 한산에 절을 창건하고 중 10명에게 도첩(度牒)을 주었다"고 하는 바로 그 불사(佛寺)가 아닌지 모르겠다.[5] 지금도 '고덕(高德)'이라는 이름을 가진 동네(서울 강동구 고덕동)가 있다. 이 밖에도 대형 건물지 부근에서 타날문 연질 토기편들이 수습되었다. 그러나 곧 바로 도로가 개설되고 건물이 들어서면서 모두 인멸되고 말았다.[6]

1983년 7월 6일에는 필자의 주관으로 「한강유역 백제전기 수도유적 보존문제」라는 주제로 학술세미나를 개최한 바 있다.[7] 당시의 강남지구 백제 고분과 풍납토성의 실태를 직시하고 대통령과 학계와 관계기관에 건의한 건의사항 가운데 "3. 사적 제11호로 지정되어 있는 풍납토성은 현재 대로변의 약 500m의 북쪽과 동북쪽 면만 복원 · 보존되고, 내부에 있는 약 1.5㎞에 달하는 동쪽은 방치되어 인멸 위기에 처해있는데, 이에 대한 보존 · 복원 대책을 강구해야 할 것"이라고 하였다.

필자는 1994년 9월 28일 동양고고학연구소(대표: 이형구)가 주관하여 '서울 백제 수도유적 보존회'를 결성하고, 서울 한글회관에서 서울 백제 수도유적 보존회의를 개최, 풍납토성의 보존 대책을 논의하였는데, 이는 서울 백제전기 수도유적 보존 문제에 관한 필자가 주관한 두 번째의 학술토론회였다. 즉시 대통령과 학계와 관계기관에 이에 대한 시정과 보존 대책을 촉구하는 건의서를 제출하였다.

필자는 1996년 선문대학교 역사학과로 자리를 옮기면서 아직까지 한 번도 실시해보지 않은 풍납토성의 제원(諸元)을 밝히는 측량조사를 착수하였다. 일찍부터 풍납토성을 백제 전기의 왕성으로 보아온 필자는 이 실측조사를 계기로 다시 한번 풍납토성이 갖는 왕성으로서의 역사적 · 문화적 의의를 강조하고, 아울러 한시라도 빨리 이 백제왕성을 보존할 것을 촉구하는 뜻에서 실측조사를 실시한 것이다.

1996년 여름방학을 이용하여 풍납토성의 전체 현장상황을 파악할 수 있는 지표조사와 전체규모를 확인할 수 있는 실측조사(평판측량)를 겸행하였다. 그리고 1996년도 겨울방학을 맞이하면서 풍납토성 성벽의 최소한의 현존 높이를 확인하기 위한 등고선 측량을 실시하였다. 이때 조사한 기록을 1997년 8월 30일 『서울 風納土城[百濟王城] 實測調査研究』라고 하는 연구보고서에 담아 놓았다.

이때 측량조사에서 풍납토성의 전체의 크기가 3,470m로 밝혀졌고, 이미 복원된 북쪽 성벽의 가장 높

---

5 『삼국사기』 백제본기 침류왕 2년(385)
　　春二月 創佛寺於漢山 度僧十人
6 경향신문사: 『경향신문』, 1983. 6. 30.
　　발견 당시 『경향신문』 이용(李傭) 기자의 기사를 보면,
　　백제시대 건물터 도로공사로 훼손
　　백제시대 것으로 추정되는 건물지가 도로개발공사로 훼손되고 있다. 한국정신문화연구원 이형구(李亨求) 교수는 삼국시대 건물지로 추정되는 서울 강남구 석촌동 240번지 일대의 200여 평이 서울시의 도로개설공사로 파괴되고 있다고 지적하고 그 시정을 촉구했다.
　　지난 5월 도로공사로 파괴돼 문제가 됐던 사적 243호에서 700m 떨어진 곳에서 드러난 이 건물지에는 기와파편과 석축 등이 그대로 버려졌고 아직도 그 잔해가 그대로 방치되어 있다.
　　이번에 발굴된 건물지는 백제초기의 수도였던 한성의 유적일 가능성이 높아 백제사 복원에 귀중한 자료가 될 것 같다.
　　이형구 교수는 "이 지역에 보존되고 있는 백제문화층이 아무런 대책없이 파괴되는 것은 백제사연구에 커다란 손실이 아닐 수 없다"고 지적했다.
　　라고 하였다.
7 李亨求: 「漢城百濟 百濟前期 首都遺蹟 保存問題」, '83제3회學術硏鑽, 韓國精神文化研究院, 1983.

은 높이만도 현 지표로부터 11.1m나 된다.[8] 복원되지 않은 지역의 남쪽 성벽의 가장 높은 지역은 지표 높이 6.5m이고, 동쪽 성벽의 가장 높은 지역의 높이는 지표 높이 6.2m나 된다. 그리고 성벽의 저부 너비는 가장 넓은 곳인 남쪽 성벽의 너비가 70m에 이르고 있다. 성벽의 너비는 대체로 40~30m 위에서 축성되고 있다. 원래의 성체(城體)의 높이는 아마 15m는 될 것이다. 그리고 성벽 밖 주위에는 넓은 해자(垓子)가 둘러 있었을 것이다.

풍납토성 성벽의 등고선 측량을 실시하면서 성벽 주위의 일반 주거현황과 유휴지(遊休地) 확인작업을 병행하고 풍납토성의 성벽외곽에 있을 해자의 유존(遺存) 가능한 지역을 더 주의하여 조사하였다. 다행히 몇몇 지역에서 해자의 가능성 여부를 확인할 수 있는 지역이 상당부분 남아있는 것을 알게 되었다.

이 과정에서 필자는 1980년대 초부터 줄기차게 풍납토성의 보존 문제를 행정부에 건의하였으나 정책에 반영되지 않고 백제왕성이 잊혀질 위기에 직면해 있었다. 그러던 중에 1997년 1월 1일, 필자의 풍납토성 내에서 백제왕경 유적의 발견을 계기로 지금은 2003년부터 국립문화재연구소가 현장에 서울·중부권 문화유산조사단을 개설 상주하면서 발굴을 실시하고 있을 뿐만 아니라 보존에도 힘쓰고 있다.

2. 백제왕성 풍납토성의 발굴성과

현재까지 확인된 풍납토성 성벽의 규모는 전체 길이가 3.470m로 실측되었으며, 너비는 40m 정도로 추정되고, 높이는 15m 정도에 이를 것으로 조사되었다. 그러나 해자(垓子)의 잔존 양상 및 규모 등은 아직 확인되지 못하였다.

초기 백제의 왕성은 평지성인 풍납토성에 비정하는 것이 합리적인 판단이다. 초기 백제의 도성[왕성]은 한성(漢城)이라 불렀고[9], 그곳은 지금의 풍납토성으로 보는 것이 옳을 것이다. 그리고 한성이란 명칭은 백제시대에는 오늘날의 서울과 같은 의미로 쓰였던 것으로 보인다.

이와 같은 사실은 바로 1997년 1월 1일에 필자에 의하여 서울 송파구 풍납동 231-3번지 일대의 현대아파트 터파기 현장에서 백제유물과 유적을 발견함으로써 사실로 드러났다.[10]

이 해 국립문화재연구소에 의하여 풍납토성 내부에서 초기 한성 백제시대의 주거유적과 유물이 발굴되었는데, 이들 유적과 유물은 기원(0)을 전후한 시기에 이미 풍납토성에 상당한 규모의 집단이 존재하고 있었음을 보여주는 자료다. 또한 그러한 집자리들의 평면 형태와 규모로 볼 때, 지금까지 확인된 한강유역의 어떤 주거지보다 발달된 형태와 큰 규모여서 거주민들이 상당히 높은 계층의 사람이었을 것으로 추정되고 있다. 여기서 출토된 와당과 기와편·전돌·초석 등은 이러한 사실을 방증할 수 있는 결정적인 자료라고 할 수 있다.[11]

지난 1999년의 경당연립 재건축부지 발굴조사에서 배수로로 둘러싸인 폭 16m의 대형 건물지와 '대부(大

8 이형구:『서울 풍납토성〔백제왕성〕실측조사연구』, 백제문화개발연구원. 1997, p.64.
9 한성(漢城)이란 명칭은『삼국사기(三國史記)』백제본기(百濟本紀) 第1 온조왕(溫祚王)조 14년(기원전 5)조에 처음으로 보인다.
10 이형구:『서울 풍납토성〔백제왕성〕실측조사연구』, 백제문화개발연구원, 1997, pp.23~25.
11 국립문화재연구소:『풍납토성』I , 2002,『풍납토성』II, 국립문화재연구소, 2001.

夫)'명이 새겨진 토기 편, 말 뼈가 다량 출토된 제사유구, 그리고 220여 기의 유구가 발견됨으로서 풍납토성이 초기 한성백제의 왕성일 것이라는 가능성이 높아 졌다.[12] 그중에서도 16m의 대형 건물지는 하남위례성의 중요 궁전건물일 가능성이 높다.

한성백제기의 왕성[풍납토성]의 조사 · 발굴결과[13]를 보면, 중국[서한시기] 고제(古制)를 따라 왕궁 [풍납토성] 내의 중앙에 궁전건물이 배치되고 이를 중심으로 남면에 관아(官衙)가 있고 북쪽에 후시가 배치(面朝後市)되는 궁전의 남쪽으로 대로[주작대로]를 중심으로 좌우에 종묘 · 사직이 도로를 끼고 배치되었을 것으로 보이며 [『주례(周禮)』고공기(考工記)], 궁성의 남쪽에는 공방(工房)과 양고(糧庫)와 무고(武庫)가 자리잡은 것으로 추측된다. 그리고 남벽 가까이에는 궁남지(宮南池)가 있었을 것으로 추정된다. 서쪽에 사대(射臺)가 설치되고 성곽의 사면 모서리에는 적대(敵臺)를 두어 주변 상황을 감시하도록 하였다. 이러한 풍납토성의 성내 시설과 건물지의 양상(樣相)은 풍납토성이 왕성으로서의 기본구조를 충분히 갖추고 있으며, 따라서 풍납토성이 왕성임을 다시 한번 입증해주고 있다.

최근에 풍납토성 성곽외 동쪽에서 지금까지 알려진 가장 이른 우물(井)이 발견되었다. 이를 미루어 보면 풍납토성의 동문 밖의 동쪽 너른 대지에도 도시가 형성되었을 것으로 추측된다.

풍납토성 내 현대아파트 부지 발굴조사에서 발굴된 집자리는 총 19기이다. 4m이하 지하에서는 가 지구에서 조사된 11기와 나 지구에서 조사된 8기의 집자리는 평면형태와 출입시설, 수혈의 깊이와 규모, 벽체, 노지 등을 확인할 수 있었다.

현대아파트 부지에서 출토된 토기 유물로는 풍납토성 Ⅰ문화층에서 풍납동식 무문토기 유형이 다수를 점하며, 연질 타날문토기와 연질 무문토기는 소수에 불과하다. Ⅰ층에서 출토된 유물은 대체로 한강유역의 초기 삼국시대 이른 시기의 토기문화의 양상과 비슷한 상태를 보이고 있다.

Ⅱ문화층은 Ⅰ층의 양상과 달리 풍납동식 무문토기가 거의 소멸하고 연질 타날문토기와 연질 무문토기가 대부분을 차지하며, 회색 경질토기도 소량 출토되고 있다. Ⅰ층과 Ⅱ층에서 보이는 토기 문화의 단절성은 두 층 사이의 시간적 공백이나 새로운 토기문화의 혁신적 도입 가능성을 상정해야 할 만큼 크다고 할 수 있다.

Ⅲ문화층에서는 기본적으로 Ⅱ층 단계에 이루어진 토기문화와 연속성을 보이는 가운데 기존의 연질 타날문토기와 연질 무문토기 중 일부가 경질화, 도질화되고 있으며, 특히 고배 · 삼족배 · 삼족반 · 광구 장경호 · 장란형 옹 등 연질 무문토기 · 회색 경질토기 · 회청색 도질토기 등 유형에 따라 제작되는 새로운 기종이 출현한다. 이러한 양상은 지속적으로 발전해온 토기 제작기술의 바탕 위에 새로운 토기 제작 전통이 도입된 결과에서 비롯된 것으로 생각된다.

Ⅳ문화층에서는 Ⅲ층시기까지 이루어진 토기문화를 바탕으로 보다 다양한 형태와 기종들이 등장하나 이전 시기에 비해 큰 변화는 보이지 않는다.

풍납토성 내 출토 백제토기는 Ⅰ문화층에서 Ⅳ문화층의 4개 유형으로 나눌 수 있다. 풍납토성 Ⅰ문화층은 대체로 기원전 1세기~기원후 1세기 경이고, Ⅱ문화층은 2세기~3세기 경이며, Ⅲ문화층은 3세기 후반~4

12 한신대학교 박물관:『풍납토성』Ⅲ · Ⅳ, 한신대학교 박물관, 2003 · 2004.
13 이형구:『서울 풍납토성[백제왕성]실측조사연구』백제문화개발연구원, 1997.
　국립문화재연구소:『풍납토성』Ⅰ · Ⅱ, 국립문화재연구소, 2001 · 2002.
　한신대학교 박물관:『풍납토성』Ⅲ · Ⅳ, 한신대학교 박물관, 2003 · 2004.

세기 후반 경, IV문화층은 4세기 후반에서 5세기 후반 경으로 편년된다. 풍납동식 무문토기는 풍납토성을 비롯한 한강유역의 거의 대부분 유적에서 초기 철기시대부터 초기 삼국시대에 이르기까지 공통적으로 사용되었다. 이와 같이 뚜렷한 기술유형의 토기임에도 불구하고 여전히 그 출현 배경과 시점, 발전과정, 소멸에 대해서는 아직 정확히 밝혀지지 않았다. 그러나 현 상황에서 볼 때 풍납동식 무문토기는 전형적인 백제토기 성립 이전의 기술유형에 의해 제작된 토기로서, 출현 시점은 대체로 연질 타날문토기와 무문토기가 보편화되기 이전의 기원전 어느 시점 정도로 보는 편이 타당할 것으로 생각된다.

보고자인 국립문화재연구소는 중심부 하단의 개흙층과 점질토·사질토 교대 성토층 및 외벽 점토 다짐층 등에서 다량의 풍납동식 무문토기가 출토되고, 소량의 연질 타날문토기가 출토되는 것으로 보아 본 성벽의 축조시점이 풍납동식 무문토기가 주로 사용되던 풍납 1기(기원전 2세기 전후)에 속할 가능성이 높다고 추정되며, 동벽과 마찬가지로 3세기 중반 이후의 토기류가 전혀 출토되지 않고 있어 늦어도 3세기(200)를 전후한 시점에는 축성이 완료된 것으로 판단하고 있다.

국립문화재연구소에서 1997년 1~11월에 걸쳐 발굴한 풍납동 신우연립·풍납 1지구 집자리와 1999년 6~10월에 발굴한 풍납토성 동벽에서 수습한 목재(목탄) 9점의 방사성탄소( ) 연대측정을 실시하였다.

출토지	시료	방법	방사성탄소연대 (BP)	중심연대 (B.C./A.D.)	보정연대 (B.C./A.D.)
풍납 신우 집자리 2호	목탄	C-14	2190±50	B.C. 199	B.C. 380~90B.C.
풍납 신우 집자리 3호	목탄	C-14	1980±50	A.D. 40	B.C. 70~140B.C.
풍납 신우 집자리 4호	목탄	C-14	1850±50	A.D. 160	A.D. 70~220A.D.
풍납 1지구 집자리 1호	목탄	C-14	2030±60	B.C. 14	B.C. 180~90A.D.
풍납 1지구 집자리 3호	목탄	C-14	2150±50	B.C. 184	B.C. 360~40B.C.
풍납 1지구 집자리 8호	목탄	C-14	2080±60	B.C. 60	B.C. 200~70A.D.
풍납토성 B지구 내벽 탐색 Tr.1	목탄	C-14	1820±50	A.D. 231	A.D. 90~340A.D.
풍납토성 A지구 내벽 V토루	목탄	C-14	2110±50	B.C. 109	B.C. 10~20A.D.
풍납토성 B지점 내벽 4단 석축 하부	목탄	C-14	2080±50	B.C. 58	B.C.200~50A.D.
풍납토성 B지점 내벽	토기	TL	1997±70	A.D. 3	B.C. 70~70A.D.

[표 1] 풍납토성 출토 시료 방사성탄소( ) 연대측정 결과[14]

위의 연대측정의 보정연대가 대부분 기원(0)을 전후한 시기로 측정되었음을 알 수 있다. 위의 연대를 실제 발굴조사 결과와 비교해 볼 때 풍납토성 내부에는 기원전 2·3세기에도 이미 사람들이 정착하여 살고 있었고, 특히 기원(0)을 전후한 시기에 성곽을 축조하기 시작하여 늦어도 3세기 이전에는 모든 성벽의 축조가 완료되었다고 볼 수 있다.[15] 특히 풍납동 신우연립 집자리·풍납 1지구의 목재(목탄) 시료 6점의 보정연대를 살펴보면 연대 범위가 대부분 기원(0) 전후로 나타나 있는 것을 알 수 있다.

풍납토성의 중심연대가 기원전 1세기부터 기원후 3세기에 걸쳐 있어 토성 축조시기를 연구하는데 좋은 자료가 될 것으로 판단되며, 동일 지점(B Tr.1, 남벽 토층에서 15m)에서 입수한 토기(Kcp 99 TLfg 23)의 열

---

14 국립문화재연구소:『풍납토성』II, 국립문화재연구소, 2002.
15 윤근일:「풍납토성 발굴과 그 의의」,『풍납토성[백제왕성]연구논문집』, 동양고고학연구소, 2000, p.52.

발광 연대는 목탄(Kcp 400)의 탄소연대와 오차 범위에서 잘 일치하고 있어 절대연대측정 결과의 신뢰성을 높일 수 있는 계기가 되었다.[16]

풍납토성 내부 발굴조사에서 풍납동식 무문토기로부터 연질 타날문토기, 연질 무문토기, 회색 경질토기, 회청색 도질토기 등이 확보되었다. 층위상으로나 유물상으로 볼 때, 백제토기는 기원(0) 전후 시기로부터 형성되기 시작하여 2세기 대에서 3세기 대에 집중되고 있다. 그리고 토기 산포 유구와 폐기 유구 등은 4세기에서 5세기 대 정도로 편년되고 있다. 풍납토성 내의 왕경유적의 C14 측정연대도 기원(0) 전후 시기로 검정되어 『삼국사기』 백제본기의 한성백제 시기의 하남위례성의 궁궐 축조시기와 대체로 일치하고 있다. 또 1999년대 보도한 풍납토성 동쪽 성벽의 외부의 가장 깊은 곳에서 풍납동식 무문토기인 경질 무문토기가 출토되었는데, 이 곳에서 검출된 목제의 C14 측정연대가 기원(0) 전후 시기로 검정되었다. 이 년대는 바로 『삼국사기』 백제본기 온조왕조에 보이는 하남위례성 축성시기와 일치하는 연대이다. 따라서 하남위례성이 풍납토성일 것이다.

최근 2·3년 사이에 한성백제 왕성인 풍납토성 동벽 밖 송파구 풍납동 일대에서 아파트 터파기 건축 전에 문화재 시굴조사가 이루어졌는데, 풍납동 150번지 일대의 강동빌라 자리에서 건물지가 발견된 바 있다. 2004년에는 풍납동 410번지 일대 대진연립 자리에서 목조 우물(井)이 발견된 바 있다. 특히 지하 4m 깊이에서 비교적 잘 보존된 상태였으며, 당시 남아있는 부분의 크기는 높이 2.5m, 너비 1.6m였다.

우물 안에서는 수점의 두레박용 토기 항아리를 비롯하여 뚜리, 목제 두레박, 두레박 걸이용 삼지형(三枝形) 목제품들이 출토되었다. 모두 한성백제시기의 유물들이다.

이와 같은 발굴을 통하여 도성[풍납토성]의 동쪽 밖에도 도시가 형성되었음을 알 수 있게 한다. 특히 정교한 목조우물은 이 일대에 대단히 잘 정비된 건물들이 있었을 것으로 추측하게 한다. 그러나 아쉽게도 발굴 완료 후 아파트가 신축되면서 유적은 모두 인멸되고 겨우 목조우물의 목제 구조물과 유물들만이 수습되었다.[17]

풍납토성에서는 기원전 1세기부터 한성백제의 멸망 시점인 5세기 후반까지 유물이 고르게 출토된 것으로 밝혀져 풍납토성의 연대는 대체로 문헌 기록상의 한성백제 존속 기간(기원전 18~기원 475)과 거의 일치하고 있다. 토성의 성벽 자체의 연대에 대해서도 전체 성벽에서 출토된 토기 가운데 3세기 이후에 출현하는 것으로 알려진 기종이 출토되지 않았고, 판축 부재[목재·목탄]의 연대측정() 결과 대부분 기원후 1~2세기 대를 보이고 있으므로 늦어도 3세기 이전 시기에는 풍납토성의 축조가 완료되었다고 보고 있다.

3. 문헌기록에 보이는 백제 왕경유적

풍납토성은 일찍부터 학자들이 주목했던 성이다. 일부 일본은 백제 초기 왕성을 풍납토성에 비정하기도 하였다. 그러나 이병도(李丙燾)의 설에 묻혀 주목을 받지 못했다.[18] 이병도는 풍납토성을 『삼국사기』 「백제본

---

16 강형태·나경임:「풍납동 유적의 절대연대측정」,『한국상고사학보』34, 2001, p.91.
17 국립문화재연구소:「한성백제 학술조사단 고고자료」, 국립문화재연구소 한성백제 학술조사단, 2004.
18 이병도:「풍납리토성과 백제시대의 사성(蛇城)」,『진단학보』10, 1939, pp.145~158;『한국고대사연구』, 박영사, 1976, p.501.

기」에 보이는 '사성(蛇城)'에 비정하였고, 그 설은 오랫동안 정설처럼 행세해 왔다. 이병도의 주장은 어원 추적에 근거한 것이기 때문에 처음부터 많은 문제점을 안고 있었고 특히 사성과 관련하여 근거로 제시한 기록이 단 두 군데라는 것도 문제가 아닐 수 없다.

그 중에서도 책계왕 원년(286) 조의,

> 고구려가 대방을 정벌하자 대방이 우리(백제)에게 구원을 청했다. (중략) 그리하여 군사를 이끌고 대방을 구원하니 고구려가 원한을 품었다. 왕은 고구려가 침략해 올 것을 염려하여 아차성과 사성을 수리하여 대비했다.[19]

고 하는 이 기록은 사성이 아차성과 함께 왕성방어를 위한 성이라고 하였다.

이병도가 풍납토성을 사성으로 단정짓는 바람에 풍납토성은 왕성으로 비정될 수 있는 가능성을 잃어버렸다. 이병도는 다산(茶山) 정약용(丁若鏞)이『아방강역고(我邦疆域攷)』의「위례고(慰禮攷)」에서 하남위례성의 위치를 온조왕 13년(기원전 6)에 천도한 "한수지남(漢水之南)"을 "금광주고읍(今廣州古邑)"이라 한 것을 오늘 날의 광주군 춘궁리로 해석하고 있는데, 다산이 말한 광주고읍은 다산 생시(1762~1836) 의 광주부 치인 남한산성 성내가 아니라 현읍에서 떨어진, 말 그대로 어느 고읍에 있었는데 그것을 오늘의 춘궁리라고 임의 해석했던 것이다.

'80년 대에 몽촌산성[몽촌토성]이 발굴됨에 따라 백제 도성으로서의 하남위례성을 몽촌산성으로 보려는 주장들이 나타났다.[20] 김원룡도 몽촌산성을 백제 하남위례성의 주성(主城)으로 보았다.[21] 그러나 몽촌산성은 자연구릉을 이용하여 일부 구간만 판축법으로 쌓은 성으로, 성으로서의 규모도 작고 큰 건물지도 없는 보조적인 성격을 띤 산성이다. 지금까지의 자료로 보아 몽촌산성은 축조 연대가 3세기 후반으로, 기원(0) 전후에 초축된 풍납토성과는 상당한 거리가 난다.『삼국사기』초기 기록을 대체로 인정하는 한 백제가 건국과 동시에 쌓은 최초의 왕성은 문헌기록으로나 고고학적으로나 풍납토성이 확실하다.

풍납토성을 처음 발굴한 김원룡이 풍납토성을 두고, "이 토성이 단순한 방위를 위한 군사 건축물이 아니라 다수 주민의 주거지였을 것이라는 추측을 할 수 있게 되고", "방위용성이라고는 하지만 평시에는 많은 일반민이 살고 있었던 반민반군적 읍성(半民半軍的邑城)이었다고 생각되는 바이다. 위례성 과거의 동시에 축성된 초기 것임은 틀림없을 것이다"[22]고 한 것은 풍납토성의 기능을 잘 말해주는 대목일 수 있다. 그리고 '읍성'이라는 것이 무엇인가? 백제의 중심부에 위치한 지역의 읍성 정도라면 도성 즉, 왕성일 수 있지 않은가? 그러나 김원룡은 그것을 일반인이 살고 있었던 일개 '사성(蛇城)'으로 보고 방기하였다.

이제 왕성으로서의 풍납토성에 대한 이해의 폭을 넓히기 위해 우선 한성시기의 백제도성과 관계된 문헌기록을 검토해 보면,『삼국사기』백제본기의 기록에서 백제 초기 한성시대 도성 및 그와 관계되는 기록을 보

19『三國史記』百濟本紀 · 책계왕 원년조 (286)
　高句麗伐帶方 帶方請救於我 (中略) 遂出師救之 高句麗怨 王慮其侵寇 修阿且(旦)城蛇城 備之.
20 성주탁:「한강유역 백제초기 성지연구」,『백제연구』14, 충남대학교 백제연구소, 1983, p. 134.
　최몽룡 · 권오영:「고고학적 자료를 통해 본 백제초기 강역」,『천관우선생환력기념 한국사논총』, 1985, p. 97.
21 동아일보, 1985. 9. 25: '서울대 김원룡교수팀 3차발굴 중간발표' "서울 몽촌토성 백제위례성의 주성(主城)". 최몽룡 등:『한강유역사』, 민음사, 1993, p.228.
22 김원룡:『광주 풍납리 토성 내 포함층 조사보고』, 국립서울대학교 고고인류학총간 제 3책, 서울대학교 고고인류학과, 1967, p.9

면 아래와 같다.

1) 마침내 한산에 이르러 부아악에 올라 살 만한 곳을 내려다 보았다. 비류는 바닷가에 살고 싶어 했다. 이에 10신들이 "하남의 땅은 북으로는 한수를 두르고 동으로는 높은 산에 의지하고 있으며 남으로는 기름진 땅을 바라보며 서로는 대해로 막혀 있습니다. 이처럼 천연의 지리적 이점은 얻기 어려운 지세로 이 곳에 도읍을 정하는 것이 마땅하지 않을까 생각합니다"라고 아뢰었다. 비류는 듣지 않고 백성을 나누어 미추홀로 가서 살았다. 온조는 하남 위례성에 도읍을 정하고 10신의 보좌를 받으며 나라 이름을 십제라 하니 그 때가 전한 성제 홍가 3년이었다.[23]

2) 온조왕 8년 봄 2월 3천의 말갈이 위례성을 포위했으나 왕은 문을 닫고 나오지 않자 10여 일만에 식량이 떨어져 돌아갔다.[24]

3) 온조왕 13년 여름 5월 왕이 신하들에게 "우리 나라의 동쪽에는 낙랑이 있고 북쪽에는 말갈이 있어 국경을 침략하니 편안한 날이 드물다. 하물며 지금 불길한 징조가 자꾸 나타나고 국모가 돌아가니 스스로 안정될 수 없는 정세라 도읍을 옮겨야만 하겠다. 내가 일전에 순시를 하다가 한수 남쪽의 땅을 보니 땅이 기름진 것이 그 곳에 도읍을 정하고 오래 안정할 수 있는 대책을 꾀하는 것이 옳을 것 같다"라고 말했다. 7월에 한산에 책(柵)을 세우고 위례성의 백성을 옮겨 살게 하였다. 8월에는 마한에 사신을 보내 천도를 알리고 강역을 확정하니, 북으로는 패하에, 남으로는 웅천에, 서로는 대해에, 동으로는 주양에 이르렀다. 9월에는 성궐을 세웠다.[25]

4) 온조왕 14년 봄 정월 도읍을 옮겼다. 가을 9월 한강 서북에 성을 쌓고 한성의 백성을 나누어 살게 했다.[26]

5) 온조왕 15년 봄 정월 새 궁궐을 지었는데 검소하되 누추하지 않고, 화려하되 사치하지 않았다.[27]

6) 온조왕 17년 봄 낙랑이 쳐들어와 위례성에 불을 질렀다.[28]

7) 온조왕 41년 2월 한수 동북 여러 부락 사람 중 15세 이상을 뽑아 위례성을 수리했다.[29]

8) 왕이 장정을 징발하여 위례성을 고쳤다. 고구려가 대방을 정벌하자 대방이 우리(백제)에게 구원을 요청했다. 이에 앞서 왕은 대방 왕의 딸 보과를 부인으로 얻었다. 이 때문에 "대방은 장인의 나라니 요청을 들어 주지 않을 수 없지 않은가"라고 말하며 마침내 병사를 내어 대방을 구원했다. 고구려가 원한을 품자 왕은

---

23 『三國史記』百濟本紀·溫祚王 원년 (기원전 18) :
遂至漢山 登負兒嶽 望可居之地 沸流欲居於海濱 十臣諫曰 惟此河南之地 北帶漢水 東據高岳 南望沃澤 西阻大海 其天險地利 難得之勢 作都於斯 不亦宜乎 沸流不聽 分其民 歸彌鄒忽 以居之 溫祚都河南慰禮城 以十臣爲輔翼 國號十濟 是前漢成帝 鴻嘉 三年也

24 『三國史記』百濟本紀·溫祚王 8년 (기원전 11) :
春二月 靺鞨賊三千 來圍慰禮城 王閉城門不出 經旬 賊糧盡而歸.

25 『三國史記』百濟本紀·溫祚王 13년 (기원전 6) :
夏五月 王謂臣下曰 國家東有樂浪 北有靺鞨 侵軼疆境 少有寧日 況今妖祥屢見 國母棄養 勢不自安 必將遷國 予昨出巡觀 漢水之 南土壤膏腴 宜都於彼 以圖久安之計 秋七月 就漢山下立柵 移慰禮城民戶 八月 遣使馬韓 告遷都 遂畫定疆場 北至浿河 南限熊川 西窮大海 東極走壤 九月 立城闕

26 『三國史記』百濟本紀·溫祚王 14년 (기원전 5) :
春正月 遷都 秋七月 築城漢江西北 分漢城民

27 『三國史記』百濟本紀·溫祚王 15년(기원전 4) :
春正月 作新宮室 儉而不陋 華而不侈

28 『三國史記』百濟本紀·溫祚王 17년 (기원전 2) :
春 樂浪來侵 焚慰禮城

29 『三國史記』百濟本紀·溫祚王 41년 (23) :
二月 發漢水東北諸部落人 年十五歲以上 修營慰禮城

고구려가 침략해 올 것을 염려하여 아단성과 사성을 수리하여 대비했다.[30]

9) 근초고왕 26년 겨울 왕은 태자와 함께 정예병 3만을 이끌고 고구려 평양성을 공격했다. 고구려왕 사유가 힘껏 싸우며 저항하다 화살에 맞아 전사했다. 왕은 군대를 이끌고 되돌아와 한산으로 도읍을 옮겼다.[31]

10) 진사왕 7년 봄 정월에 궁실을 중수하였으며 못을 파고 산을 만들어서 기이한 새를 기르고 특이한 화초를 심었다.[32]

11) 아신왕은 침류왕의 맏아들로 한성 별궁에서 태어났다.[33]

12) 한성 사람 해충이 와서 "대왕이 돌아가시자 동생 설례가 형을 죽이고 자기가 왕이 되었으나 태자께서는 함부로 들어가시지 마십시오"라고 말했다.[34]

13) 전지왕 2년 가을 9월 해충을 달솔로 삼고 한성의 세금 1천석을 주었다.[35]

14) 개로왕 21년 가을 9월 고구려 왕 거련이 3만 군대를 이끌고 쳐들어 와 왕도 한성을 포위 했다. 왕은 성문을 닫은 채 나가 싸우질 못했다. 고구려는 사방으로 나누어 협공을 가했다. 또 바람을 이용해 불을 놓으니 성문이 타버렸다. 사람들은 불안해하며 나가 항복하자는 사람도 있었다. 왕은 어찌 할 바를 모르다가 기병 수 십을 거느린 채 서쪽 문을 나와 달아났으나 고구려 군사가 추적해 와 왕을 해쳤다.[36]

와 같은 기록을 볼 수 있다.

이상의 사료에서 가장 주목되는 것은 역시 온조왕 즉위조인 1)번 사료와 13년 조인 3)번 사료다. 이 두 기사는 여러 학자들에 의해 같은 해의 일을 나누어 기술한 것으로 고증된 바 있기 때문에 온조가 처음 도읍한 곳은 즉위조에 의거해 하남위례성으로 보아도 괜찮을 것이다. 그렇다면 하남위례성이 지금의 어디에 해당하느냐가 문제로 되고, 앞서 말한 바와 같이 그 위치에 대해서는 대체로 몽촌산성과 풍납토성으로 압축되어 왔다.

그리고 4)번 기록의 한강 서북에 성을 쌓고 한성의 백성들을 나누어 살게 한 것으로 보아 하남위례성을 이 때부터 이미 한성으로 불렀던 것으로 생각된다. 11)번 기록으로 보아 한성에는 별궁도 딸렸던 것 같은데 언제 축조했는지는 알 수 없다.

8)에 온조왕 41년(23) 한수[한강]동북의 여러 부락사람 가운데 15세 이상의 청년들을 뽑아 위례성을 수리하였다고 하는 것을 보면, 하남위례성을 처음 쌓고(6년) 난 후 17년 만에 위례성을 수축한 것을 알 수 있다. 그리고 9)에 이르기를 책계왕 원년(286년)에 왕이 장정들을 징발하여 위례성을 고쳤다고 하였다. 이를 보면

---

30 『三國史記』百濟本紀・責稽王 원년 (286) :
　　王徵發丁夫 葺慰禮城. 高句麗伐帶方 帶方請救於我. 先是 王娶帶方王女 寶菓爲夫人 故曰 帶方我舅甥之國 不可不副其請. 遂出師救之. 高句麗怨 王慮其侵寇 修阿旦城蛇城備之

31 『三國史記』百濟本紀・近肖古王 26년 (371) :
　　冬 王與太子帥精兵三萬 侵高句麗 攻平壤城. 麗王斯由 力戰拒之 中流矢死. 王引軍退 移都漢山

32 『三國史記』百濟本紀・辰斯王 7년 (391) :
　　春正月 重修宮室 穿池造山 以養奇禽異卉

33 『三國史記』百濟本紀・阿莘王 원년 (392) :
　　枕流王之元子 初生於漢城別宮

34 『三國史記』百濟本紀・腆支王 원년 (405):
　　漢城人解忠來告曰 大王棄世 王弟碟禮 殺兄自立 願太子無輕入

35 『三國史記』百濟本紀・腆支王 2년 (406):
　　秋九月 以解忠爲達率 賜漢城租一千石

36 『三國史記』百濟本紀・盖鹵王 21년 (475):
　　秋九月 麗王巨璉帥兵三萬 來圍王都漢城. 王閉城門 不能出戰 麗人分兵爲四道夾攻. 又乘風縱火 焚燒城門. 人心危懼 或有欲出降者 王窘不知所圖 領數十騎 出門西走 麗人追 而害之

처음 위례성을 쌓고 난 후 280년 후가 되는데, 그 안에 온조왕 41년(23) 말고도 여러 차례 수축이 있었을 것으로 보인다.

9)번의 또 한 기록은 얼핏 보면 근초고왕이 한산으로 도읍을 옮긴 것처럼 보이나 '천도(遷都)'와 '이도(移都)'의 의미는 조금 다른 것 같다. 다만 그 이후의 기록으로 보아 혹 근초고왕 때 위례성보다 더 북쪽으로 수도를 옮겼을 가능성을 배제할 수는 없을 것 같다. 고구려 국왕을 전사시킨 백제의 입장에서는 고구려의 반격에 대비하지 않을 수 없었을 것이기 때문에 임시로 보다 북쪽인 한산(북한산) 쪽으로 수도를 옮겨 고구려의 반격에 대비한 것으로 보인다.

백제의 초기 도성의 후보가 몽촌산성과 풍납토성으로 압축된다면 기록으로는 결국 1)번 사료의 지리, 형세의 설명에 의거해 도성을 판단할 수밖에 없을 것이다. 이 사료에 묘사된 지리, 형세대로라면 한수(한강) 이남의 비옥한 땅은 '광주(廣州)' 평야인 오늘날의 강남지구가 사료와 일치하고, 이 평야에 성을 쌓았다면 평지성인 풍납토성일 수밖에 없다. 물론 사료상의 혼란으로 개로왕대의 한성이 초기 한성(하남위례성)과 어긋나 보이기도 한다. 김정학은 풍납토성을 초기 한성으로 보고 개로왕대의 한성은 한성시대 후기 한성으로 보아 이 성이 몽촌산성이나 다른 성일 수 있다고 했다. 그러나 김정학은 백제의 왕권국가 형성시기를 4세기로 보고 있다.

[표 2] 백제 전기 도성(하남위례성) 위치 비정표

	저자	지명	문헌
1	일연(一然)	직산	「王曆」, 『三國遺事』卷一, 1281~83
2	정약용(丁若鏞)	광주고읍	「慰禮考」, 『與猶堂全書』第六集 第三, 1811
3	야유까이(鮎貝房之進)	풍납토성	「백제고도안내기」, 『조선』제 234호, 1924
4	윤무병(尹武炳)	이성산성	「한강유역에 있어서 백제문화연구」,제 2회 백제연구국제학술대회, 1974
5	이기백(李基白)	몽촌토성	「백제문화학술회의록」,『백제문화』7·8합집, 1975
6	천관우(千寬宇)	광주고읍	「삼한의 국가형성」(하) 『한국학보』제 3집, 1976
7	이병도(李丙燾)	광주춘궁리	『한국고대사연구』, 1981
8	김정학(金廷鶴)	풍납토성	「서울근교의백제유적」,『향토서울』제 39집, 1981
9	차용걸(車勇杰)	몽촌토성	「위례성과 한성에 대하여(1)」,『향토서울』제 39집, 1981
10	김용국(金龍國)	광주춘궁리	「하남위례성고」,『향토서울』제 39집, 1983
11	성주탁(成周鐸)	몽촌토성	「한강유역 백제초기성지연구」,『백제연구』제 14집, 1983;『백제성지연구』,2002
12	김원룡(金元龍)	몽촌토성	『한강유역사』, 1993
13	최몽룡(崔夢龍)	몽촌토성	「한성시대 백제의 도읍지와 영역」,『진단학보』60, 1985
14	이형구(李亨求)	풍납토성	「서울백제유적보존현황」,『서울 백제 수도유적 보존회의』, 1994 『서울 풍납토성[백제왕성] 실측 조사연구』,1997

풍납토성을 발굴 보고한 김원룡은 "풍납리 토성의 실연대에 대해서는 『삼국사기』의 기록대로 그 초축은 1세기경으로 보고, 475년 공주 천도까지 전후 약 5세기로 추정"한 바 있으나, 이후 이병도의 사성설[37]을 좇아 3세기 후반의 사성(蛇城)으로 인식하였다.[38]

---

37 이병도:「풍납리토성과 백제시대의 사성」,『진단학보』10, 1939, pp.145~158;『한국고대사연구』, 박영사, 1976, p.501.
38 김원룡:『한국고고학 개설』개정판, 일지사, 1986, p.176.

한편 풍납토성이 평지성이고 우리 나라 성이 대개 산성이라는 이유를 들어 풍납토성이 도성일 수 없다는 견해도 보인다. 이는 바꾸어 말하자면 평지성의 유례가 없기 때문이라는 것인데, 이는 평지성은 여러 원인으로 오늘날까지 남아있을 가능성이 거의 없다는 근본적인 한계를 무시한 주장이라 하지 않을 수 없다. 산성에 대한 선입견이 너무 앞서 있기 때문이기도 하다.

풍납토성을 초기 백제의 왕성〔도성〕으로 볼 수 있는 이유는 이 밖에도 몇 가지가 더 있다.

우선 평지성이라는 점을 들 수 있다. 여기에 왕궁, 관청 및 주거지가 함께 조성된 도성이다. 이는 풍납토성이 그 규모만으로 보아도 충분히 납득할 수 있을 것이다.

다음으로 축조기법인 '판축법(版築法)'을 들 수 있는데, 이 기법은 중국 전국시대와 한대의 왕성과 제후성에 적용되고 있다. 제 나라의 수도인 산동 임치(臨淄), 노 나라의 수도인 곡부(曲阜) 등지의 발굴 결과 이들 도성은 모두 하천을 끼고 평지에 축조된 평지성으로 판축기법으로 축조되었음이 밝혀졌다. 하천을 낀 판축 평지성은 풍납토성과 관련하여 시사하는 바가 적지 않다.[39]

또 풍납토성은 높이 15m 이상에 둘레 약 3.5 km의 규모를 물론 해자(垓子)를 파 낸 흙으로 성벽을 쌓아 올렸겠지만 뻘흙과 황토를 상당히 먼 곳에서 운반해 와서 수십 층 다져 쌓은 엄청난 역사였다. 이는 왕성〔도성〕을 상정하지 않고는 불가능한 대역사라 할 수 있다. 초기백제의 국력이 총동원되다시피 했을 것이다.

이 왕궁은 위의 『삼국사기』예문 3)에서 말한 것처럼 "검소하되 누추하지 않고, 화려하되 사치하지 않은(儉而不陋 華而不侈)" 많은 건물들이 형성되어 있었을 것이다. 이와 같은 사실은 바로 1997년 1월 1일에 필자에 의하여 발견된 풍납동 231-3번지 일대의 현대아파트 터파기 현장에서 사실로 드러났다. 분명 풍납토성은 백제 전기의 왕성이다.

사서에서 일컫기를 백제는 고구려의 한 갈래라고 한다. 거기에서 갈라져 나와 새로운 나라를 세우고자 할 때 고구려의 문물제도에 영향을 받지 않을 수 없었을 것이다. 이런 점에서 풍납토성과 그 주변의 백제 유적들은 고구려 수도인 국내성과 그 주변 유적과 좋은 비교가 된다. 즉, 도성을 중심으로 왕릉급에 해당하는 고분군들이 흩어져 있고, 방어용이자 비상시 대피할 수 있는 산성들이 주위에 존재하고 있는 상황이 고구려의 경우와 거의 일치하고 있다. 그리고 국내성 역시 평지성이다.

서강대학교 이종욱 교수는,

> 풍납토성의 발굴은 『삼국사기』초기 기록에 근거한 발표자의 한국고대사의 새로운 체계에 힘을 실어 주고 있다. 기원전 2세기 위만조선시 십제가 형성되었고, 기원전 2세기 말 또는 1세기 초 이웃한 소국을 병합한 백제는 기원전 1세기 전반 경 경기도 일원의 소국들을 병합한 왕국으로 성장하였다고 보아 왔다. 이와 같은 백제의 초기 국가 형성발전에 대한 이해체계는 위례성이라고 생각되는 풍납토성의 존재를 설명하는 가설로 타당한 것이 아닌가 생각해 본다.
>
> …
>
> 지난 100년 동안 이루어진 발굴 중 풍납토성에 대한 발굴은 가장 의미있는 것이 아닌가 한다. 그 것은 고고학 만의 성과가 아니라 역사를 위한 성과도 되기 때문이다. 그 동안 통설의 기세는 매우 컸다. 그런데 풍납토성의

---

39 이형구:『서울 풍납토성〔백제왕성〕실측조사연구』백제문화개발연구원, 1997, p.67.

조사 결과는 통설의 문제점을 한 순간 들어내어 주었다. 이제『삼국지』한전에 근거한 삼한론, 연맹왕국은 그 문제점을 심각하게 재검토할 때가 되었다.『삼국지』한전에 대한 사료비판을 할 때가 되었다. 그리고『삼국사기』초기기록의 사료적 가치를 인정할 때가 되었다.

고 하였다.[40]

이러한 점들로 미루어 보아 초기 백제의 왕성은 풍납토성에 비정하는 것이 합리적이라는 판단이다. 초기 백제의 도성〔왕성〕은 한성(漢城)이라 불렸고, 그곳은 지금의 풍납토성으로 보는 것이 옳을 것이다. 그리고 한성이란 명칭은 백제시대에는 오늘날의 '서울'과 같은 의미로 쓰였던 것으로 보인다.

4. 초기 한성백제사에 대한 왜곡(歪曲)

1964년 10월 서울대학교 고고인류학과에서 3학년생 전원에 대한 야외 고고학 실습의 일환으로 실시한 풍납토성 내에 7개의 피트(pit)를 넣은 시굴조사에서 이른바 풍납동식 무문토기 · 경질무문토기, 그리고 기와 등의 존재가 확인되면서 이 유적의 연대가 백제건국 초기부터 5세기까지의 백제전기 유적일 것으로 추정되었으나, 당시 발굴자(김원룡)는 풍납토성을 백제시대에 하나의 '반민반군사적 읍성'이라 하였다.[41]

나는 삼국사기의 소전을 가능한 한 액면대로 받아들이자는 것이며 따라서 이 토성의 초축 년대도 서기 제1세기경까지 올릴 수 있다는 것이다. 그러나 여기서 나온 개와나 초석 따위가 이 초축 당시 것인지 또는 286년의 대대적인 수리 당시의 것인지에 관해서는 지금 무어라고 단언을 내릴 수 없다. 그러나 아무리 늦게 보아도 서기 200년대의 풍납리인들이 개와집에 살고 있었음은 분명하다.

이 성이 언제 포기되었는가 하는 것에 관해서도 정확히 단을 내리기에는 자신이 없으나 백제의 한성이 고구려군에게 함락하고 백제가 웅진으로 떠나간 475년까지는 단속(斷續)은 있었을지 모르나 풍납리토성은 고구려와의 관계상 수성(守城)으로서 형속(形續)하였다고 보아야 할것이다.

결국 풍납리토성의 시대는 서기 1세기 경부터 5세기경까지 전후 5백년이 아닌가 생각된다.[42]

고 하였다.

이병도 선생은

사성(蛇城)은 한강 남안에 있어 강북의 아차성과 병출됨을 보면, 이것이 바로 풍납리토성에 상당한 것을 암시하여 준다.『삼국사기』중의 "수아차성(修阿且城) 사성(蛇城) 비지(備之)"의 구는 자못 주의를 요할 것이니, 아차성과 사성이 당시 광진(廣津)방면을 방술(防戍)하는 중대한 임무와 의의를 가졌던 것을 더욱 알 수 있는 동시

---

40 이종욱:「풍납토성과『삼국사기』초기기록」,『풍납토성[백제왕성]연구논문집』, 동양고고학연구소, 2000, pp. 73~74.
41 김원룡:『풍납리 토성 내 포함층 조사보고』, 서울대학교 고고인류학과, 1967, p. 45.
42 위의 주, p. 41.

에 사성이 평고성(坪古城) 즉, 풍납리토성의 원명인 것을 명시할 수 있다. …

사성은 방언으로 「배암다라」「바암드르」인 것이 의심없다. 요컨대 「바람드리(風納)」는 「배암드르」 혹은 「배암드리」의 와전인 동시에 사성은 바로 후자의 역명이며, 백제당시에는 한자로는 사성이라 썼지만, 속칭으로는 흔히 방언을 사용하였던 모양이다.[43]

고 하였다.

그 후 김원룡 선생은 1973년에 나온 『한국고고학개설』에서 삼국 초기의 역사를 '원삼국시대(原三國時代)'로 규정함으로써 백제 초기의 역사는 사라져 버리고 만다.

김원룡 선생은

원삼국시대라는 것은 남한에서는 김해 패총의 퇴적층의 문화로써 대표시킬 수 있는 단계이며, 청동기의 소멸, 철생산의 성행, 도작(稻作)의 발전, 지석묘의 소멸, 타날문 경도(김해토기)의 출현 등으로써 특색 지어진다. …

이것은 '철기문화 Ⅱ기'이며, 선사와 삼국고분군를 이어 주는 과도기이기도 하다. 이 시대를 종래 고고학에서는 김해시대라 불러 왔고, 역사에서의 삼한시대가 이에 해당되지만 원초(原初)삼국시대라해서 原(프로토)三國時代라고 명명해 본 것이다. 이 시대의 실년대는 서력기원 직후의 2세기 또는 2세기반(즉, A. D. 0~250)에 해당되며, 김해 패총에서 발견된 왕망(王莽)시대 화천(貨泉, A. D. 14)은 김해시대의 상한을 표시한다고 하겠다.[44]

고 하였다.

그리고 개정판(1986)에서는 백제가 기원 300년경에야 비로소 실질적 왕권국가를 세웠다고 주장[45]하는 바람에 역사 왜곡(歪曲)은 물론 풍납토성을 보전할 수 있는 기회마저도 잃어버렸다.

원삼국시대라는 것은 서력기원 개시 전후부터 서기 300년경까지의 약 3세기를 말하며, 이 시기는 국사에서는 삼한시대, 부족국가시대, 성읍국가시대 등 여러 가지 이름으로 불려 왔고, 고고학에서는 김해시대, 웅천기(熊川期), 또는 초기 철기시대등 이름으로 불리는 시기이다. … 필자는 삼국시대의 원초기, 또는 원사 단계의 삼국시대라는 뜻으로 원삼국시대(Proto-Three Kingdoms Period)라는 이름으로 부르기를 주장하여 온 것이며, 이것은 문헌사, 고고학에서 모두 함께 쓸 수 있는 합리적인 이름이라고 생각하는 것이다. … 300년 경에는 신라·백제라는 실질적 왕국으로 발전, 삼국을 형성하게 된 것이다. … 이 연대는 국사학에서 실질적인 삼국시대의 시작을 서기 300년으로 보는 것과도 합치된다.[46]

따라서 김원룡 선생은 풍납토성과 관련해서 이병도 선생의 '사성설(蛇城說)'[47]에 동조하게 된다.

---

43 이병도: 「광주풍납리토성과 백제시대의 사성」, 『진단학보』10, 1939, pp. 145~153; 『한국고대사연구』, 박영사, 1976, pp. 498~506.
44 김원룡: 『한국고고학개설』, 일지사, 1973, p. 109.
45 김원룡: 『한국고고학개설』개정판, 일지사, 1986, p. 129.
46 김원룡: 『한국고고학개설』개정판, 일지사, 1986, pp. 128~130.
47 앞의 주 43).

풍납토성은 한강 남안 강가에 있으며, 평면은 강과 평행하는 긴 장방형으로서 장변이 1.5Km, 단변이 300m 정도 된다. 성벽은 모래와 진흙층을 판축법(版築法)으로 두들겨서 층층이 쌓았으며, 높이는 원래 지면에서 4~5m쯤 되었을 것이다. 1966년(실제로는 1964, 10)의 성내의 부분적 발굴에 의하면, 현재 지표 밑 2~3m 깊이에서 초석, 기와 등 당시의 주거면이 나오고 있으며, 성의 규모나 위치로 보아 중요한 거성(居城)·술성(戌城)이었다고 믿어지며, 『삼국사기』에 나오는 사성(蛇城)으로 비정(比定)되고 있다.[48]

고 하였다.

그런데 김원룡 선생의 원삼국시대론은 이와 비슷한 일본 학계가 견해는 대두된 시기와 매우 근접하고 있어서 솔직히 말해서 묘한 느낌을 준다.

김원룡 선생의 '원삼국시대'와 비슷한 개념으로 우리나라의 삼국시대 초기를 '원시국가(原始國家)'라고 한 일본 역사서가 김원룡 선생의 『한국고고학개론』과 비슷한 시기에 출현했기 때문이다.[49] 일본 동북대학(東北大學) 교수 이노우에 히데오(井上秀雄)의 『古代朝鮮』(일본 방송출판협회가 간행한 「NHK 북」 시리즈 172로 간행)은 김원룡 선생의 『한국고고학개론』 초간본이 일본 동경(東京)에서 처음 나온 1972년 4월보다 약간 늦은 1972년 11월에 출판된다.[50] 이노우에는 목차에서 Ⅰ항에 '초기의 조선'을 설정하고 1. 원시시대, 2. 고조선, 3. 한인(漢人)지배와 자립에의 길, 4. 고구려의 발전을 다루고, Ⅱ항에서는 '원시국가의 형성'이라는 제목으로 그 안에 1. 소국가군-마한·변한·진한, 2. 낙랑·대방 2군의 멸망, 3. 고구려의 남하와 광개토왕릉비를 포함하고 있다.

여기에서 우리의 시선을 자극하는 것은 바로 삼한시대와 삼국시대 초기의 역사를 '원시국가'로 규정하고 있다고 하는 사실이다.

이노우에가 설정한 '원시국가'와 김원룡 선생이 설정한 '원삼국시대'가 어떤 의미를 갖는지는 분명하다. 모두가 김원룡 선생이 "原(프로토)三國時代라고 命名해 본 것"이라고 프로토(Proto)라고 "해 본 것"은 아직 국가 성립 이전의 미개한 '원시'부족사회 정도로 가볍게 취급 "해 본 것" 같다.

이것은 바로 이노우에가 삼한이나 삼국 초기를 "3세기의 한족(韓族) 사회는 아직 권력지배를 모르는 농촌공동체의 사회"를 뜻하는 '원시국가'라고 한 것과 그 선후를 알지 못하겠으나 그 의미는 일맥상통한다고 하겠다. 결국 식민사관으로 귀납(歸納)된다. 근래 원삼국시대론에 대한 폐기론(廢棄論)이 대두되고 있으나 일부

48 김원룡: 『한국고고학개설』개정판, 일지사, 1986, p. 176.
49 金元龍: 「原三國時代에 대하여」, 『考古學誌』11, 한국고고미술연구소, 2000, pp. 141~146. 이 글은 1992년 4월에 탈고한 글로 '원삼국시대'에 대한 개념을 시간대별로 잘 설명해 주고 있다.

   "원삼국시대라는 필자의 새 용어가 가장 먼저 쓰인 것은 1972년 4월에 동경에서 간행된 『한국고고학개론』에서였다. 이 책은 1966년에 필자가 200부 한정으로 사간한 동명의 책을 西谷正교수가 역주하였고 그것을 필자가 교정하는 과정에서 다시 보정한 것인데, 이 때에 목차나 본문에 초기 철기시대Ⅱ 또는 김해시대 대신 원삼국(原三國)이라는 신조어를 써 넣은 것이다. 그리고 원삼국이란 조어를 생각해 낸 것은 그 해 2월이나 3월인 듯하며 1972년 1월 16일자의 『독서신문』에 실린 졸고, 「낙랑문화의 역사적 위치」에서는 김해시대명을 쓰고 있다.
   국내 간행물에서 원삼국을 처음 쓴 것은 『고고미술』113·114합집(1972년 6월)에 실린 졸고 「석촌동 발견 원삼국시대의 가옥잔구」라는 소문이었고, 그 용어에 대해서 주를 달아 그 배경을 설명하였다. 일본학계에 내 놓은 개론에서 그 용어를 쓰거나 논문 속에서 시대명의 일안으로 제출하는 것은 별로 부담이 가지 않았으나, 1973년에 나온 우리말판 『한국고고학개설』의 초판에서는 오만이라는 비판을 들을 것 같아 얼마간 망설이다가 쓰기로 한 것이다. "
50 이노우에 히데오(井上秀雄): 『古代朝鮮』 NHK Book 172, 日本放送出版協會, 1972. 첫 쇄(刷)이후 지금까지 매년 2쇄 이상씩을 메트로 판으로 간행하는 일본의 대표적인 스테디셀러의 하나이다.

맹신론자들은 그 用語가 부적절한 말이라 하더라도 별 뾰족한 대안이 없는 한 잘못된 그 자체로서 용납하자는 말들이 있으나 이는 어디까지나 억지다.

"야마토조정(大和朝廷)의 남한 침략을 인정하지 않으면 안 되는 근거는 없다"[51]고 말하면서도 이노우에는 『고대조선』에 실린 여러 장의 지도에 한반도의 남부를 '倭'로 표시하고 있다. 이는 아마 '임나일본부'(任那日本府)를 의식해서 반복적으로 작성한 것으로 보인다. 〈삽도 1〉

한강 이북 서북 경기·황해 일대는 대방(帶方)으로 표시하고 평안도는 낙랑을 설정한 지도는 결국 고대 한국은 기원전 108년 한사군이 설치된 이후부터 낙랑이 망한 313년까지 한(漢)의 지배하에 있었던 것으로 인식하고, 4~6세기는 '임나일본부'가 한반도의 남부를 장악한 것처럼 기술하고 있다.

우리 학계의 초기 백제사 인식이 이런 상황하에서 일본에서는 서울에 있는 풍납토성을 대방군(帶方郡)의 치소(治所)로 보고 있다.[52] 우리나라에도 잘 알려진 일본 구주대학(九州大學) 교수 니시다니 다다시(西谷正)의 「帶方郡에서 倭國으로」라는 글에서,

帶水를 한강으로 비정하고, 帶方郡을 서울 부근으로 보는 견해가 있다. 이 경우, 서울특별시 강동구(지금은 송파구)에 남아있는 풍납토성이 주목된다. (괄호 안은 필자)

고 하였다.

풍납토성을 황해도 지탑리토성(智塔里土城)과 함께 중국 한나라 때 동방에 설치한 한사군(漢四郡)의 하나인 대방군의 성곽으로 보고 있다. 본문에 삽입된 「동아시아의 지도」에는 한반도의 아산만(牙山灣) 부근까지 대방군을 표시해 놓았다.[지도 2] 한성백제의 강역이 중국의 식민지로 변한 것이다. 〈삽도 2〉

니시다니는 정년후 일본고고학회장을 맡고 있으면서 2005년에는 서울 아차산 '보루'발굴에 지도위원으로 초대되어 참가하였다. 심지어 작년에는 우리 나라의 모(某) 국립대학에서 교수 생활까지 한 속칭 지한파(知韓派) 학자다. 그는 김원룡의 『한국고고학개론』(1972년 초간본)과 『한국고고학개설』(1984년 증보 개정판)을 일본에서 번역 출간한 장본인이다.

이 같은 상황은 종래의 일본학자의 견해나 그들의 식민주의 사관에서 완전히 벗어나지 못한데서 초래되었지만 이러한 그릇된 인식이 일본 후소샤(扶桑社)가 발행한 『새로운 역사교과서』에서도 그대로 반영되어 역사 왜곡(歪曲)이 계속 진행되고 있다.[53] 〈삽도 3〉

니시다니의 '서울 帶方說'은 일본의 극우 단체인 '새로운 역사교과서를 만드는 모임'에서 발행한 2006年度版 『새로 쓰는 역사 교과서』(扶桑社刊)에 그대로 반영되고 있다. 이 교과서에는 니시다니가 「帶方郡에서 倭國까지」라는 글에서 대방의 강역을 황해도에서 충청남도 아산·천안선까지 확대시킨 지도를 그대로 옮겨 한(漢)의 영토를 표시하고 있다. 그리고 본문 대방군(帶方郡)의 주(注)에 "대방군은 중국의 왕조가 조선반도에

51 위의 주. p.62.
52 西谷正:「帶方郡から倭國へ」『吉野ケ里遺跡展』佐賀縣教育委員會·日本放送協會·朝日新聞社, 1989, p.106.
53 새로운 역사교과서를 만드는 모임: 2006年版『中學社會-新しい歷史教科書』扶桑社, 2005, p.27.

설치한 郡으로, 그 중심지는 현재의 서울 부근이다"고 하였다.

　1989년 니시다니가 주장한 내용 그대로다.

　일본인의 한국사 왜곡(歪曲)은 다시 역(逆)으로 우리나라에 전해져서 더 큰 역사왜곡을 낳는다. 최근 한·일 양 정부가 지원한 전국역사교사모임(한국)과 역사교육자협의회(일본)가 공동으로 집필한『화해와 공존을 위한 첫 걸음-마주보는 한일사Ⅰ-선사시대~고려시대』(사계절, 2006)의 제 1부 아주 오래된 이웃 편의 중국의 역사서로 보는 동아시아 장에 보면, "낙랑군의 남부를 분할해서 대방군을 두었다"고 하고「3세기의 동아시아」지도를 삽입하였는데, 우리나라 황해도·경기도·충청남도 북부지방까지를 '대방'의 강역으로 표시해 놓았다.[54] 〈삽도 4〉

　이는 마치 일본 후소샤의『새로 쓰는 역사 교과서』의 지도를 방불케 한다.

　이 지역은 분명 한성백제의 강역이다.

　그리고 권두의 '역사 년표'에는 기원전 300년부터 기원후 313년 낙랑군 멸망까지 모두 600여 년간이나 공백으로 두어 이 시기에는 우리나라에 역사가 없는 것으로 만들어 놓았다. 그러나 이 시기는 분명 한성백제의 역사라는 것을 풍납토성에서 찾았다.

　우리 스스로 우리 역사를 왜곡(歪曲)하고 있는 실정이다.

---

54 전국역사교사모임(한국)·역사교육자협의회(일본):『화해와 공존을 위한 첫 걸음 -마주 보는 한일사Ⅰ-선사시대~고려시대』, 사계절, 2006, p.43.

II　原始国家の形成

「東夷伝」による諸民族の地理的位置

している。弁辰の瀆盧国は倭と境を接している」といっている。なお濊伝に「濊は南方で辰韓と接している」ともある。これら「東夷伝」の各条の地理的位置を図示すると上の地図のようになる。

ちなみに『魏志』の編者が考えている倭の地理的位置は二様あって、一つはこの図にみられるように朝鮮半島南端部であり、これとは全く史料系統の違うものが倭人伝にいう海島の倭である。倭人伝は韓伝以上に混乱しており、その地理的位置も五つの史料系統を異にする記事を併記している。

多くの倭人伝研究者が史料系統を異にする記事を合理的に解釈しようとしているが、東夷伝全体の中でこの問題を解明する必要があろう。

魏時代の東方諸民族でいちおう統一国家の形態をとっていたのは扶余と高句麗のみで、他は部落連合国家ないしは地域別の小国家の段階であった。朝鮮半島東北部の沃沮族や東部の濊族は、高句麗の支配下に属することもあって、共同体を基盤とする社会組織が強固であるが、政治的な統一国家を形成するにいたっていなかったのである。

57

〈삽도 1〉 이노우에 히데오(井上秀雄):『古代朝鮮-NHK Book 172, 日本放送出版協會, 1972, p.57.

大量の副葬品を出土したが、星雲鏡・五銖錢・柄筆な
どに、中国の前漢の色彩を濃厚に感じる。茶戸里遺跡
は、「狗邪韓国」に属するか、それとも隣接する別の「国」
に属するか、こんごの検討を要するが、いずれにして
も、王墓クラスに匹敵することはまちがいなかろう。

（九州大学文学部教授）

右から
三角縁神獣鏡
鶏形土器

在銘塼の拓本
飛鳥人物紅陶罍
楯を持つ武人陶俑

東アジアの地図

　いまから1750年ほど前、日本列島内に形成されていた地域的政治集団のうち、邪馬台国をはじめとする30国は、魏王朝に朝貢した。当時、中国大陸では、魏は、呉や蜀とともにその勢力圏を三分していた。そこで、三国時代といわれる。魏は、呉・蜀を牽制するためにも、朝鮮半島と日本列島を直接・間接に支配下に収める必要があった。そこで、朝鮮半島の北部に楽浪・帯方の二郡を経営し、南部と日本列島では韓や倭の諸王国を認めた。

帯方郡　土城

　智塔里土城は、平面台形の土塁をなし、総延長が2㎞を超える。内部には礎石建物跡があり、また、漢式の瓦塼や鉄器・青銅製品などが見つかっている。一方、風納洞土城は、漢江左岸の沖積地に立地し、南北に長く長方形に近い平面をもった土塁が、約2250㍍にわたって現存する。洪水による消滅部分を復元すると、本来の土塁の総延長は、約3500㍍と推定される。内部から銅鏡・鉇斗・弩機などの中国製品も出土している。

107

〈삽도 2〉 西谷正：「帶方郡から倭國へ」、『吉野ケ里遺跡展』、佐賀縣敎育委員會・日本放送協會・朝日新聞社、1989, p.107.

第2節 古代国家の形成

←西方の民族にはらくだの形の印があたえられた。(福岡市博物館蔵)

↓南方の民族には蛇の形の印があたえられた。

(中国歴史博物館蔵)

高句麗

黄河

洛陽

長江

漢

倭(日本)

2世紀ごろの東アジア

1000km

万里の長城

↑金印 「漢委(倭)奴国王」と書かれている。

(福岡県志賀島出土 福岡市博物館蔵)

5. 中国の歴史書に書かれた日本

♣古代中国の歴史書には,日本はどのような国として書かれていたのだろうか。

↑3世紀ごろの東アジア

小国が分立した紀元前後の日本　日本が弥生時代のころ,すでに中国では,秦や漢のように,皇帝をいただく強大な国家が広い地域を支配していた。その中国の歴史書には,日本の弥生時代のようすを記録したものがいくつか残されている。

そのうち,漢の歴史書には,紀元前後のころの日本について,...5 「倭人(日本人)が100あまりの小国をつくっており,なかには中国へ使いを送る国もある」と書かれていた。また,同じく漢の歴史を記した別の書には,1世紀の中ごろ,「倭の奴国王が漢に使いを送り,皇帝が金印を授けた」と記されていた。この金印は,のちの江戸時代に,福岡県の志賀島で発見された。　...10

「倭」も「奴」も見下した意味をふくんだ文字だった。中国の歴史書では,皇帝の権威を示すために,周辺の国を野蛮な国としてあつかったのである。

邪馬台国と卑弥呼　3世紀に入ると,中国では漢がほろび,魏・蜀・呉の3国がたがいに争う時代になった。当時の...15 中国の歴史書には,3世紀前半ごろまでの日本について書かれた「魏志倭人伝」とよばれる記述がある。

そこには,「倭の国には邪馬台国という強国があり,30ほどの小国を従え,女王の卑弥呼がこれを治めていた」と記されていた。

26

〈삽도 3〉 새로운 역사교과서를 만드는 모임: 2006年版『中學社會-新しい歴史教科書』, 扶桑社, 2006, p.26.

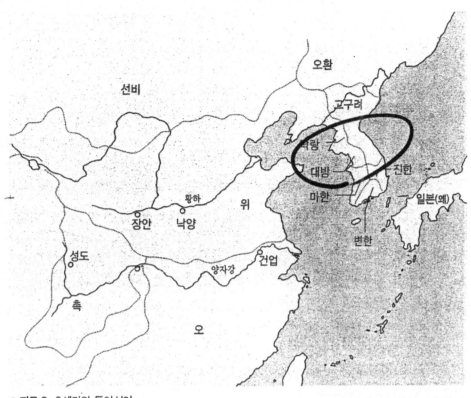

● 자료 2. 3세기의 동아시아

도 있었지만 국교를 회복하고 나서 120년에는 조공하고 인수를 받았다.

120년 부여 왕은 왕자를 후한의 궁정에 파견했다. 안제는 왕자에게 인수와 금 비단을 수여했다.

1958년 낙랑군의 관청이 있던 평양시 장백동의 널무덤에서 '부조예군(夫租濊君)'이라 새겨진 은도장이 출토되었다. 1961년에도 그 가까운 곳의 덧널무덤에서 '부조장인(夫租長印)'이라고 새겨진 은도장이 발견되었다. 또 낙랑군 관청 유적지에서 출토된 봉니에는 '부조승인(夫租丞印)'이라는 글자가 새겨져 있었다. '승'은 장관을 보좌하는 관리이다. 봉

중국의 역사서로 보는 동아시아 | 43

〈삽도 4〉 전국역사교사모임(한국)・역사교육자협의회(일본): 『화해와 공존을 위한 첫 걸음-마주 보는 한일사 I -선사시대~고려시대』, 사계절, 2006, p.43.

어느 모델이 그럼직한가?
-「風納土城 內 百濟王京 遺蹟 發見과 歷史的 意義」에 대한 討論-

李鍾旭(西江大學校 史學科 敎授)

현재 백제의 초기국가형성·발전에 대한 세 가지 모델이 있다.

모델①은『삼국사기』·『삼국사절요』 등 사서를 통하여 고려·조선 시대에 이어진 이야기로 기원전 18년 십제가 건국되었고 곧 이어 미추홀 소국을 병합하여 백제로 되었고 이어 마한의 소국들을 병합한 것으로 보는 것이다.

모델②는 현재『한국사신론』이나 국정 교과서『국사』(2007)에 나오는 삼한론을 중심으로 하며 고이왕 (234~286) 이전의 역사를 은폐하고 있는 이야기로 1921년 이래 지금까지 이어지는 것이다.

모델③은 1994년 이래 발표자가 주장한 것으로 백제의 모체가 되는 십제는 위만조선 시기(기원전 190년 대~기원전 108)에 형성되었고 그 얼마 안 된 시기에 미추홀 소국을 병합하여 백제로 되었고 기원전 1세기 대에 현재 경기도 일원의 소국을 정복하였으며 기원후 1~2세기에 충청도 일대의 마한 소국을 병합하여 나 간 것으로 보는 주장이다.[55]

이 같은 세 모델 중 어떤 것이 백제의 역사를 그럴듯하게 그려낸 것일까? 풍납토성의 연대측정결과가 그 답을 말해준다. 국립문화재연구소의 풍납토성에서 출토된 시료를 가지고 방사성탄소연대 측정한 결과의 중 심연대를 보면 기원전 199±50, 기원전 184±50, 기원전 109±50 등의 연대 측정치가 나왔다. 기원전 2세기대 의 이 같은 연대측정결과는 모델③만으로 설명할 수 있다. 이는 모델③이 다른 두 모델보다 강력한 힘을 가 진 것을 뜻한다.

---

55 이종욱, 「백제 건국설화」,『백제논총』4, 1994.
　　이종욱, 「백제의 건국과 통치체제의 편성」,『백제논총』4, 1994.
　　이종욱, 「백제 초기국가로서 십제의 형성」,『국사관논총』69, 1996.
　　이종욱, 『한국의 초기국가』, 1999.
　　이종욱, 「『삼국사기』에 나타난 초기 백제와 풍납토성」,『서강인문논총』, 2000.
　　이종욱, 「풍납토성과『삼국사기』초기기록」,『풍납토성[백제왕성]연구논문집』, 동양고고학연구소, 2000.
　　이종욱, 『민족인가, 국가인가?』, 2006.

그러면 다른 모델들은 어떤 문제가 있는 것일까? 이는 백제 건국설화의 사건과 시간을 역사적 사건과 시간으로 전환하는 문제와 관련되어 있다. 모델①은 백제인들의 건국설화를 전하는 데 그쳤기에 설화를 역사화하는 데 실패했다고 볼 수 있다. 설화 속의 연대를 그대로 따를 수는 없는 일이다. 모델②는 그 출발점이 일제 식민사학에 있다.[56] 일제의 한국 강점 통치 시기의 역사가들은 학문적 진리가 아니라 그들의 국가인 일본과 그 국민(민족)을 위해 봉사했다. 그 예가 한국의 역사를 말살하며 일본의 역사를 강한 것으로 만들고 그러한 역사조작을 통하여 일본의 고대사를 만들어 냈던 것이다. 그와 같은 일본 고대사는 일본 국민의 자긍심을 불러오고 국민(민족)을 만드는 장치로 작동하였다. 이를 위하여 일제의 역사가들은『삼국사기』에 나오는 근초고왕(346~375) 이전의 기록이 허구라고 하고,『삼국지』한 조를 사료로 인정하는 역사하기를 했다. 쓰다 소키치(津田左右吉) 같은 역사가들은 소위 실증사학을 표방한 그 같은 방법으로 백제의 역사를 말살하고 임나일본부설(任那日本府說)을 날조해낼 수 있었다. 이것을 모델②를 만든 식민사학이라 부를 수 있겠다.

1945년 해방 후 한국사학은 어떤가? 일제 식민사학으로부터 자유로울 수 있었던가? 그렇지 않다. 해방 후 손진태·이병도와 같은 관학파 역사가들이 한국사학의 학문권력을 장악하고 한국사를 만들어냈다. 그 중에는 백제의 역사도 있다. 이병도는 쓰다 소키치와는 달리『삼국사기』에 나오는 고이왕 이전의 기록을 허구라고 했다. 대신『삼국지』한 조의 기록을 이용하여 삼한론을 폈다. 이 같은 연구 모델은『한국사신론』·『한국고고학개설』로 이어져 왔다. 1974년 이후에는『한국사신론』을 대본으로 한 국정교과서『국사』가 탄생해 국민의 역사지식을 공급하고 있다. 그 결과 한국인들은 일제가 발명한 한국고대사 체계를 따르고 있는 것을 부인할 수 없다. 이것이 한국사학에 이어지고 있는 모델②의 정체다. 해방 후 관학파들이 이끌어온 한국사학을 식민사학이라 할 수는 없다. 이를 식민사학을 부둥켜안고 있다는 의미에서 후식민사학(post-식민사학)이라 부르자는 것이다. 풍납토성의 연대측정결과를 설명할 수 없는 모델②는 존폐의 기로에 있는 것이라 하겠다.

이형구 교수의 발표를 통하여 알게 된 사실이지만 모델②는 또 다른 괴물로 이어지고 있는 것을 볼 수 있다. 풍납토성이 대방군(帶方郡)의 치소(治所)라는 니시다니 다다시(西谷正)의 주장(1989), 일본 부상사(扶桑社)판『새로 쓰는 역사교과서』(2006)의 서울 대방설, 한국의 전국역사교사모임과 일본의 역사교육자협의회가 쓴『화해와 공존을 위한 첫 걸음-마주보는 한일사 I』(2006)의 경기도·충청도 북부까지를 대방 강역으로 표시한 지도 등이 그것이다. 이 같은 주장들은 20세기에 정치의 시녀 역할을 수행한 일본의 역사가들이 만들어낸 모델②를 따르지 않았다면 나올 수 없는 주장들이라 하겠다. 기원전 2세기로 그 편년이 올라가는 풍납토성은 기원전 108년에 설치된 낙랑군이나 기원후 3세기 초에 설치된 대방군과는 관계를 찾을 수 없기 때문이다. 풍납토성은 백제의 왕성이 아닐 수 없다.

한편 풍납토성이 기원전 1세기 대에서 기원후 2세기 대에 축조되었을 가능성이 높으며, 3세기를 전후한 200년 경에는 현재와 같은 모습으로 완성되었을 것으로 추정한『풍납토성 II』(2002)는 기원전 2세기의 연대측정결과를 은폐하고 있는 것을 보면 모델①의 영향을 받은 것을 생각할 수 있다. 그러나『풍납토성 II』는 모델②가 존재할 수 없는 증거를 제시한 작업이 아닐 수 없다. 모델②를『국사』의 내용으로 삼는 문제를 심각하

---

56 津田左右吉,「百濟の關する日本書紀の記載」,『滿鮮地理歷史研究報告』8, 1921.

게 따지지 않을 수 없게 되었다.

여기서 이형구 교수께 감사드리지 않을 수 없다. 타인의 연구업적을 훔쳐가거나 동학들의 업적으로 둔갑시키는 한국사학의 풍토 속에서 꿋꿋이 풍납토성이 백제왕성임을 밝혀 낸 이형구 교수의 업적이 아니었다면 조선시대까지 이어진 모델①을 넘어 모델③의 정당성을 구하기는 쉽지 않았을 것이다. 또한 20세기에 식민사학과 후식민사학이 발명해 낸 모델②의 문제점을 말하기 어려웠을 것이다.

한 마디로 이형구 교수의 연구업적은 한국사학의 패러다임을 바꾸는 출발점을 마련했다고 하겠다.

2. 風納土城 京堂地區 發掘調査의 過去와 未來

權五榮(韓神大學校 國史學科 教授)

Ⅰ. 머리말

1997년부터 시작된 풍납토성의 발굴조사는 막대한 자료와 숱한 일화를 만들어내면서 벌써 10년의 세월이 경과하였다. 현장에서의 발굴조사와 정리실에서의 보고서 발간작업은 지금도 계속되고 있다. 풍납토성의 발굴조사는 우리 학계의 해묵은 논쟁거리를 해소시켜주기도 하였고, 또 새로운 과제를 만들어내기도 하였다. 풍납토성의 조사와 연구는 앞으로도 계속 진행될 것이며 계속하여 많은 정보를 쏟아낼 것으로 예상된다.

토성 내부의 정중앙에서 약간 북으로 치우친 지점에 위치한 경당지구 발굴조사는 1999년부터 2000년에 걸쳐 진행되었는데 발굴조사 과정에서 시공사의 부도사태와 재건축 조합장의 유적 훼손행위 등 많은 문제점을 노출시키며 결국 강제로 복토된 미완의 발굴이다. 따라서 이 유적의 성격을 제대로 이해하는 데에는 많은 어려움이 있지만 이미 조사된 내용만으로도 수많은 정보를 제공하였다.

II. 경당지구 발굴조사의 개관

1. 층위

경당지구의 퇴적양상은 전체적으로 현 지표면 아래의 교란층과 두터운 모래층을 4m 정도 제거하면 갈색 사질 점토층이 나타나는 형태이다. 모래층은 자연퇴적층으로 여러 번에 걸친 홍수로 인해 형성된 층이다. 갈색 사질 점토층은 '원삼국(편집자: 풍납리식 무문토기시기)'~백제문화층으로서 150cm~200cm 정도의 두께로 퇴적되어 있다. 이 층은 세부적으로 2~3개의 층으로 나뉘며 그 아래로는 생토인 황색 모래층이 이어진다.

갈색 사질 점토층은 대체로 수평한 퇴적양상을 보여서 레벨의 차이에 따라 시차가 인정되며 유구의 종류도 약간씩 다르다. 즉 상층에서는 廢棄場과 소형 竪穴 등이 확인되며 한 단계 하강하면 住居址, 溝, 대형 貯藏庫 등의 유구가 확인되기 시작한다(중층). 각 시기의 유구들은 여러 차례에 걸친 축조와 폐기로 인해 중복이 매우 심하여 조사구역 전역에 거의 빈 공간을 남기지 않고 있으며, 심지어는 동일 평면에서 상·하로 중첩되어 있는 경우도 많다. 문화층의 가장 아래는 '원삼국기의 문화층(편집자: 철기시대 풍납리식 무문토기층)'으로서 주로 주거지가 확인되었다(하층).

이렇듯 경당지구의 문화층은 상·중·하로 삼분되며 대체로 상층과 중층이 한성기 백제 문화층, 하층이 원삼국기 문화층에 해당된다.

2. 중요유구 개관(그림 1)

풍납토성 경당지구에 대한 발굴조사는 완료되지 못한 상태인데 조사가 총 확인된 유구의 수는 220여 기에 달한다. 대부분의 유구는 극심하게 중복되어 그 구조를 완전히 파악할 수 있는 예가 드물다. 이러한 중복은 이미 당대에 진행된 것으로서 제한된 지역 내에서 유구의 축조와 폐기가 수차례에 걸쳐 이루어진 것으로 판단된다.

1) 주거지

조사된 주거지는 대략 20여 기에 달하지만 극심한 중복과 파괴로 인해 평면 형태를 파악하기 곤란하다. 부뚜막시설과 바닥면 일부만 남아 있어 구조를 확인하기 어려운 경우가 대부분이다.

비교적 상태가 양호한 99호는 장방형, 130호는 방형의 평면 형태를 취하고 있다. 국립문화재연구소가 조사한 지구에서 확인된 평면 육각형의 주거지는 거의 확인되지 않았다. 26호 주거지는 평면 형태를 분명히 알기는 어려우나 장축 10m 이상의 대형으로 판단되며, 25호 주거지는 수혈의 어깨가 완파되어 원래의 구조를 파악하기 곤란하다. 30호 주거지 역시 부뚜막과 바닥면 밖에 남지 않았으나 원통형 기대, 대형 옹, 원저 소호, 유개 고배 등 각종 토기류와 꺾쇠, 숫돌 등의 유물이 원래의 형태를 유지한 채 발견되었다.

부뚜막 시설은 각각 돌과 점토만을 이용하여 축조한 것들과 양자를 혼용한 것들이 확인되었다. 주로 상층의 것들이 돌을 이용한 데에 비해 하층으로 내려가면서 점토만으로 축조한 비율이 압도적으로 높아진다. 원삼국기 주거지에서는 점토 부뚜막이 일반적이다.

2) 폐기장

상층에서 집중적으로 발견되었는데 평면은 楕圓形, 抹角方形, 圓形, 不定形 등으로 일정치 않다. 각종 토기류, 瓦塼類, 소토와 목탄을 폐기한 것으로 판단되는데, 그중에는 극히 미량이나마 骨片이 확인되는 경우도 있다.

127호 폐기장은 평면 타원형의 수혈 내에 다량의 壺類가 集積되어 있었는데 소형의 황색 유리구슬과 청색의 管玉도 각각 1점씩 출토되었다. 호류는 목이 긴 부류가 다수이며 5세기 중·후반대에 해당된다.

3) 저장고

저장고로 추정되는 평면 원형의 수혈이 다수 확인되었는데 중층에 집중되는 경향을 보인다. 직경 5m, 깊이 1.2m 이상의 대형과 직경 1.2~2.0m 정도의 소형으로 양분된다. 바닥면은 평탄한 것과 바닥 중앙에 凹部를 갖춘 것으로 나뉘며 단면형은 上廣下狹式과 上狹下廣式(플라스크, 혹은 복주머니형)이 공존한다.

4) 溝

조사구역의 중앙에서 남북방향을 장축으로 한 溝가 3기 확인되었는데, 1기는 상층, 2기는 하층에 해당된다. 단면은 U자형을 이루는데 장기간 물이 흘렀던 것으로 보이지는 않는다.

5) 제사유구

(1) 神殿 44號 遺構(그림 2)

조사구역의 북측 경계에 걸쳐 있어 전모는 파악되지 않았으나 동서 16m, 남북 14m 이상의 평면(주공간) 남측에 한 변 3m 정도의 평면(보조공간)이 연결된 몸자형의 대형 구조물이다. 북쪽의 주공간은 'ㅁ'형의 溝가 감싸고 있는데 그 폭은 1.5~1.8m, 깊이는 1.2m 정도로 일정하며 바닥에는 2열, 또는 3열의 대형 판석이 깔려 있다. 그 위에는 불순물이 거의 섞이지 않은 고운 목탄이 빽빽하게 충전되어 있었다. 주공간과 보조공간이 이어지는 부위는 구의 함몰양상을 고려할 때 木橋가 있었을 가능성이 높고 보조공간의 기능은 출입시설로서 외곽에 판석을 세워서 구획하고 있다.

축조방법은 ①대상 부지에 대한 전면 굴토, ②정지작업 및 溝 설치, ③건물지 내부시설 축조, ④출입시설 완성의 순서로 진행되었다. 溝는 주 공간의 외곽 굴광선과 사질토로 이루어진 대지의 사이에 위치하는데 兩岸에는 붕괴를 방지하기 위한 판재가 남아 있으며 바닥에 판석을 깔았다. 한편 주 공간의 내부에는 벽의 안쪽을 따라 주공과 판재를 세워 놓았던 흔적이 확인되고, 출입부도 양 측면에 대칭된 위치에 판석을 세우고 나무기둥을 세웠던 것으로 확인되었다.

출토유물은 매우 적어서 溝 내부에서 鐵鎌 1점, 용도미상의 철편, 구슬 1점이, 주공간 내부에서 불에 심하게 타서 변형된 토기 盌 1점이 출토되었을 뿐이다.

이 유구는 치밀한 설계와 많은 공력이 투입된 대형 구조물이란 점에서 특수 공공시설일 가능성이 매우 높다. 출입을 극도로 통제한 점, 건물의 내부와 외부를 溝로 차단한 점, 溝의 바닥에 판석과 정선된 숯을 깐 점, 심한 화재로 폐기된 점 등을 고려할 때 모종의 제의와 관련되었을 가능성을 상정해 볼 수 있다. 출토 유물이 극히 빈약한 까닭은 폐기되기 전에 지속적으로 청소가 이루어졌기 때문인데, 이는 이 건물이 신성시되었음을 의미한다.

(2) 대형 제사갱 : 9호 유구(그림 3~5)

경당지구 최상층에 위치하는데 길이 13.5m, 폭 5.2m, 깊이 2.4m의 타원형 구덩이이다. 2,000점에 달하는 유물, 특히 최고급 제기류, 말과 소의 뼈, 매실과 운모 등 다량의 유물이 출토되었다. 제사행위가 진행되는 과정, 혹은 종료된 후 희생, 祭需品과 祭器를 폐기, 投棄하였던 시설로 이해된다. 31호는 9호보다 규모만 작을 뿐 평면 형태나 퇴적양상이 유사하며 유물의 출토양상도 고배, 직구호, 盤形 삼족기, 동물뼈 등이 주류를 이루는 공통성을 보인다. 9호 유구의 특징을 정리하면 아래와 같다.

* 비교적 오랜 기간에 걸친 사용과 퇴적.
* 말(馬)의 희생 : 10마리 정도의 말과 소머리 출토.
* 馬形 土製品과 소형 模造品의 문제.
* 雲母와 梅實, 그리고 炭精.
* 人爲的 毁器 : 打缺은 모종의 제의와 관련.
* '大夫'와 '井'명 직구 단경호.

(3) 백제 최초의 문자전 출토 : 101호 유구

중층의 101호 유구는 마름모꼴에 가까운 부정형의 수혈로서 길이 10m에 달한다. 3세기 후반 경에 해당되는 500여 점의 토기류와 각종 동물뼈, 오수전, 문자전 등이 출토되었다. 五銖錢, '直'으로 보이는 문자를 음각한 전돌, 동물뼈 등이 출토되었다. 토기류 중에는 고배나 삼족기, 보주형 꼭지가 달린 뚜껑 등이 전혀 보이지 않는데, 한성 1기에서도 가장 이른 단계의 전형적인 조합상을 보여 준다.

(4) 기타 : 이밖에 규모는 작지만 각종 파수만 떼어 내어 수혈 내에 매납한 204호 유구도 모종의 제사와 관련되었을 가능성이 아주 높다.

6) 저수시설 : 206호 유구

남북 12m, 동서 10m 이상, 깊이 3m 정도의 초대형 유구가 확인되었지만 본격적인 조사를 진행하지 못한 채 복토되었다. 전술한 44호 건물지와 동일한 남북축에 위치하는데 연못일 가능성이 높다.

7) 기타

(1) 옹관묘 : 상층에서 장란형토기와 호를 결합한 소형의 합구식 옹관 1기가 조사되었다.

(2) 토기 제작장 : 상층에서 토기제작과 관련된 것으로 보이는 정선된 회백색 점토덩어리를 모아 놓은 시설이 확인되었다.

(3) 중국 도자기 창고 : 196호 유구(그림 6)

서진대의 것으로 추정되는 완형의 시유도기 6개체 이상과 백제토기 대옹이 공반된 유구이다. 일종의 창고로 판단되는데 화재로 폐기된 듯 소토와 목탄층이 유물을 두껍게 덮고 있다.

(4) 창고 : 46호 유구

평면 방형의 수혈로서 내부에서는 주공이나 부뚜막 시설이 확인되지 않은 채 다량의 피뿔고동과 동물뼈가 출토되었다. 음식물을 저장하던 창고일 가능성이 있으며 서해안에서 서식하는 피뿔고동이 다량 발견된 것은 한강을 따라 서해안의 해산물이 한성지역으로 이입되었음을 보여주는 중요한 증거이다.

Ⅲ. 조사 성과와 의미

1. 백제 왕성 논쟁의 종지부

전통적으로 백제 왕도를 직산, 혹은 익산에서 구하려는 시도가 있었지만 다산 정약용 이후 현재의 서울 일원으로 고정된다. 그 후에는 다산이 생각한 하북위례성과 하남위례성의 구체적인 위치를 둘러싸고 지루한 논쟁이 지속되었다. 1980년대 서울올림픽 준비의 일환으로 몽촌토성이 발굴조사되면서 이 성곽을 도성으로 보는 견해가 유력하게 제기되었지만 1997년 이후 풍납토성이 조사되면서 전세는 다시 바뀐다. 현재는 풍납 토성과 몽촌토성이 북성과 남성으로서 보완적인 도성체제(즉 넓은 의미의 한성)를 이루었던 것으로 이해되고 있다. 이러한 이해를 가능하게 했던 조사는 국립문화재연구소에 의한 동벽의 절개조사와 한신대 박물관의 경당지구 조사였다.

2. 백제사의 출발시점에 대한 재논의

고대국가로서의 백제가 등장한 시점에 대한 해묵은 논쟁의 와중에서 중국 동진과의 교섭을 중시하면서 근초고왕(4세기 중반 설)대를 주목하는 견해가 유력하였다. 하지만 풍납토성의 발굴조사 결과 이러한 통설적인 견해는 무너지게 되었고, 지금은『삼국사기』백제본기 초기기사를 그대로 수용하여 기원 전후를 주목하는 견해와 3세기 중-후반을 주목하는 견해로 정리되고 있다.

3. 백제의 물질문화에 대한 재인식

몽촌토성이나 석촌동고분군에서 많은 양의 백제 유물이 출토되었지만 풍납토성에서 출토된 막대한 유물들은 기존 백제의 물질문화에 대한 인식을 완전히 바꾸게 된다.

* 銅器 · 磁器 모방 토기의 등장

* 와전 문화의 조숙성 : 5세기, 혹은 4세기 후반으로 간주되어 오던 백제 기와의 출현 시점이 3세기 후반으로 상향 조정됨.

* 철기류, 유리 등 다양한 유물 출토.

4. 백제인의 정신세계를 이해

경당지구 9호 유구 조사의 최대 성과는 국가적인 제사체계와 그 내용을 이해하는 데에 필요한 자료를 제공하였다는 점이다. 그 결과 도교적 내용이 포함되어 있음이 추정되기에 이르렀다.

* 銘文土器의 존재 : '大夫'와 '井'.

* 다양한 형태의 제사행위 : 말의 희생, 토기의 인위적 훼손 등.
* 전문도기와 전문와당 : 錢神崇拜 사상의 유입?

5. 백제인의 토목기술

* 평면 육각형 주거지와 벽주건물의 발생문제.
* 토성 축조에 동원된 최신 공법 : 판축과 부엽공법.

6. 생활상의 복원

* 식생활 : 다양한 동물유체(소, 말, 곰, 멧돼지, 사슴, 피뿔고동, 도미 등).
* 문자생활 : 3세기 후반으로 소급된 백제인의 문자생활.
* 차문화 : 백제인들이 중국 도자기를 선호한 이유를 해명해 줄 열쇠.

7. 외부와의 교섭

* 백제 지방 토기의 존재
* 가야 : 서부 경남산 가야토기의 이입.
* 중국 : 낙랑토기의 이입, 수백 개체에 달하는 도자기의 수입(서진 · 동진 · 송)

Ⅳ. 앞으로의 과제

이렇듯 풍납토성의 발굴조사로 인하여 막대한 양의 중요 정보를 획득할 수 있었지만 경당지구에 대한 조사는 미완의 상태이다. 따라서 조속한 기일 내에 추가발굴조사가 이루어져서 백제사와 백제문화를 이해하는 데에 필요한 "잃어버린 고리"들을 찾아야 할 것이다. 1500년이 넘는 세월을 흙 속에 덮힌 채 인위적, 자연적 재앙을 버텨낸 풍납토성이 우리에게 주는 소중한 선물을 헛되이 낭비할 수는 없지 않는가!

그림 1 경당지구 전경

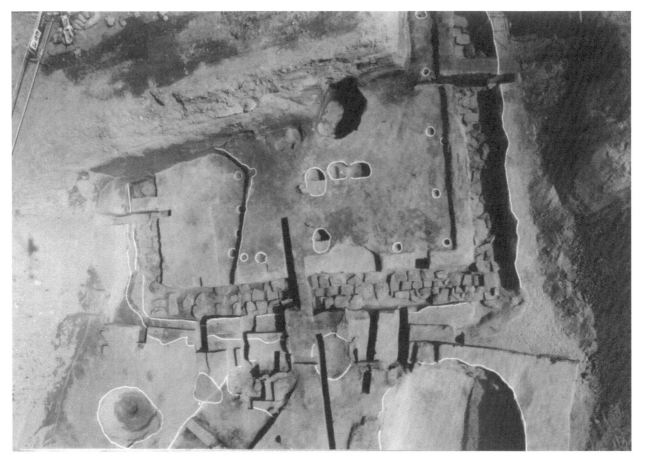

그림 2 경당 44호 신전

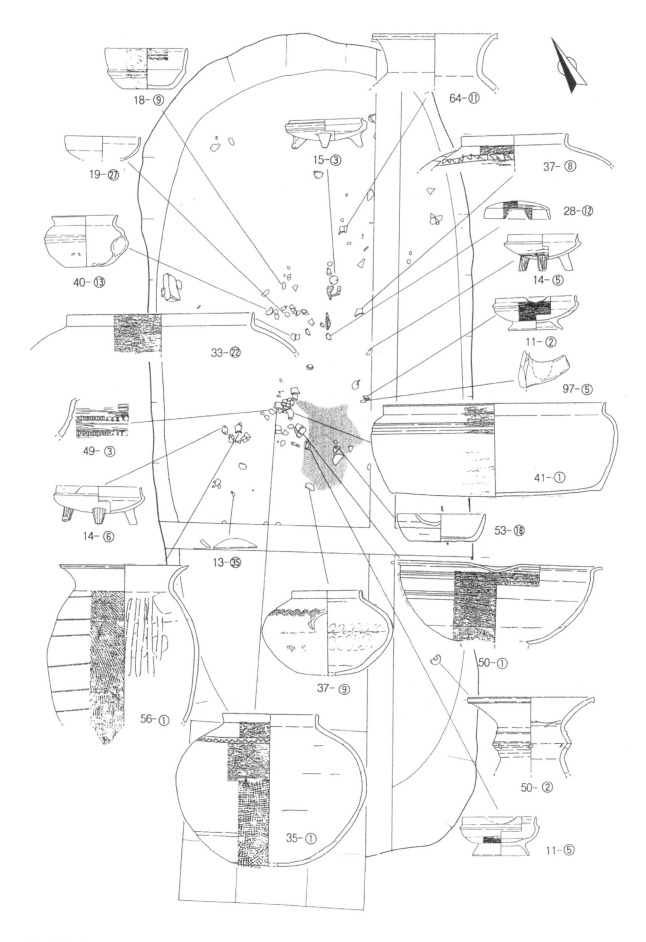

18-⑨
19-㉗
40-⑬
33-㉒
49-③
14-⑥
13-㉟
56-①
37-⑨
35-①
15-③
64-⑪
37-⑧
28-⑫
14-⑤
11-②
97-⑤
41-①
53-⑱
50-①
50-②
11-⑤

그림 3 경당 9호 A

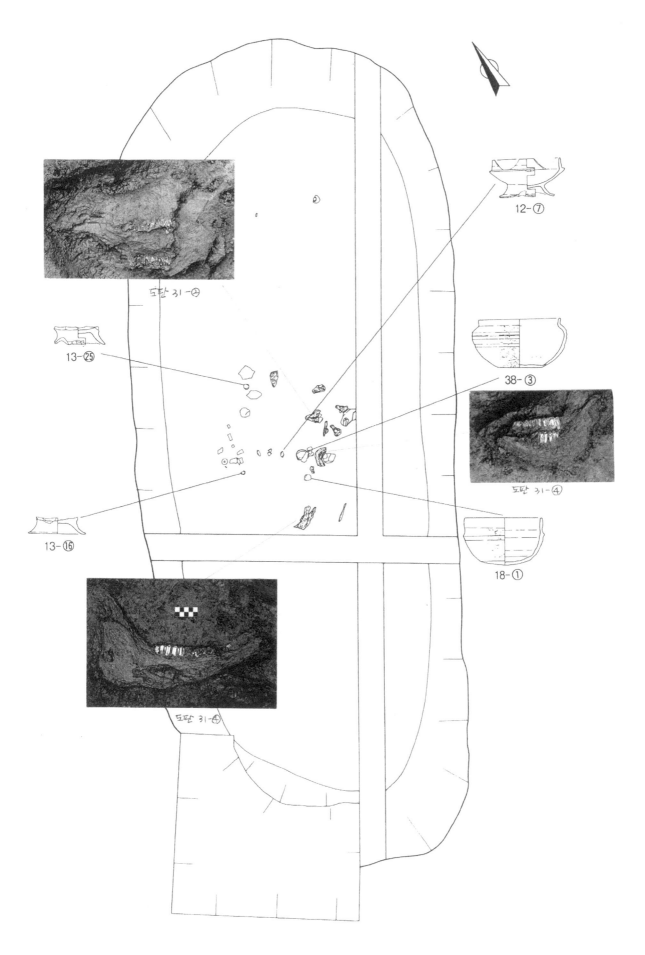

12-⑦

38-③

도판 31-㉯

13-㉕

도판 31-④

13-⑯

18-①

도판 31-㉱

그림 4 경당 9호 B

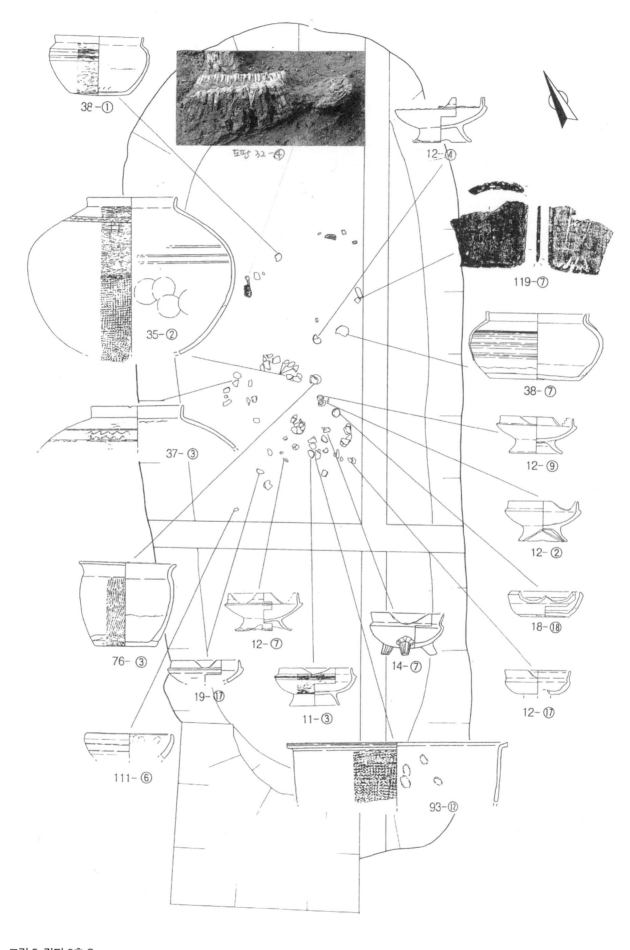

도판 32-④

38-①

35-②

37-③

76-③

111-⑥

12-④

119-⑦

38-⑦

12-⑨

12-②

18-⑱

12-⑰

12-⑦

14-⑦

19-⑰

11-③

93-⑫

그림 5 경당 9호 C

그림 6 경당 196호 유구

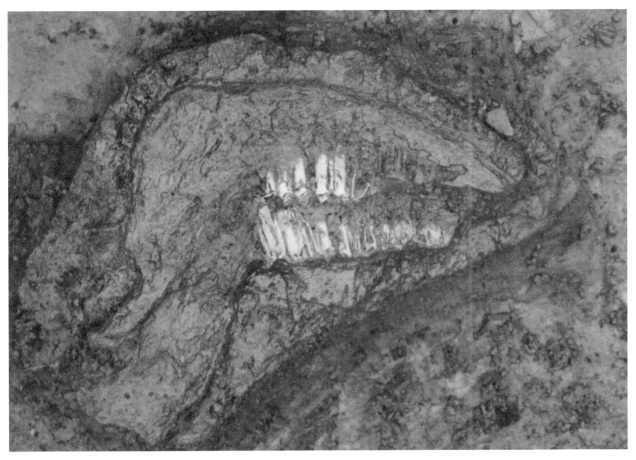

그림 7 9호 유구 출토 밀뼈(2000.1.12)

'風納土城 京堂地區 發掘調査의 過去와 未來'에 대한 論評

尹根一 (畿甸文化財研究院 院長)

1. 풍납토성 발굴의 발굴사적 의의

풍납토성 발굴은 풍납토성에 대한 역사적, 문화재적 가치에 대한 인식의 전환점이 된 것은 물론이고 현시점을 살아가는 우리들이 문화재를 어떻게 인식하고 대해야 하는가에 대해서도 많은 시사점을 던져주었다는 점에서 그 의미가 매우 크다고 할 수 있다.

그동안 풍납토성에 대한 학술적 인식은 을축년 대홍수로 말미암아 성벽 일부가 파괴되면서 그 곳에서 출토된 유물에 대한 보고를 시작으로, 1936년 조선총독부가 사적 제 27호로 지정하고, 1963년 대한민국 사적 제11호로 지정된 이 후에도 유적의 내용은 거의 알려지지 않고 있다가 선문대학교 학술조사단(단장: 이형구 교수)에 의하여 1997년 1월 성내 아파트 신축공사장에서 백제시기 유물을 발견함으로서 국립문화재연구소에서 발굴조사를 실시하게 되면서 그 백제 유적의 중요성과 보존의 필요성이 심각하게 제기되었다.

이후 수차례에 걸친 발굴에서 유적에 대한 인식을 바꾸게 되고 유적의 중요성의 결정적 단서를 제공한 것은 한신대학교 박물관에서 실시한 경당지구 발굴조사와 국립문화재연구소에서 행한 성벽 절개조사라 할 수 있다.

조사결과 경당지구 발굴조사는 유구와 유물의 내용면에서, 성벽 절개조사는 그 규모와 축조방법 등에서 서로 합치하는 결론을 이끌어 냈으며, 그 결론은 풍납토성의 하남위례성 가능성에 대한 확신이었다.

그 가운데 경당지구 발굴조사는 비록 조사가 완결되지는 못하였지만 고대국가로서의 백제에 대해 유구와 유물로서 수많은 증거와 과제를 남긴 조사로 여러 가지 면에서 형용할 수 없는 가치를 가지고 있다고 할 수 있다.

2. 경당지구 조사성과의 의의

풍납토성은 한강변의 충적지에 일정 기간 동안 인위적으로 조성한 구조물이지만 그 이전의 선사시대에도 비옥한 토양과 수계를 바탕으로 하는 생산과 교역의 중심지였을 수 있으며, 주변으로부터 다양한 문화요소를 통합하고 새로운 문화를 발생시킬 수 있는 좋은 조건을 가지고 있는 곳이다. 그러한 여러 가지 조건은 역사적으로 맞물려 일정 시점에 고대국가의 탄생으로 이어질 수 있는 계기가 될 수 있음은 충분히 짐작 가능한 일일 것이다.

그동안 조사된 경당지구의 발굴성과는 가능성으로 남아있던 백제의 실체를 고고학적으로 규명하는데 중요한 단서들을 제공하였다는 것에 큰 의의를 둘 수 있다.

앞서 권오영 교수님께서 조사 내용과 의미에 대해 자세히 언급하였기에 부가적인 설명이 불필요하다고 생각되지만 덧붙여 정리해 보면, 풍납토성 경당지구 발굴조사는 고고학적으로 고대국가로서의 백제에 대한 실체적 인식의 기반이 확대되었다는 점이 가장 큰 성과라고 볼 수 있을 것이다.

그동안 한성백제에 대한 정보는 문헌에 보이는 사실과 발굴에서 확인된 지역적, 단편적 정보의 종합을 통해 여러 가지 사실을 추측하는 과정에 있었지만 그 중심지의 실상을 확인하지 못하였기에 전체적인 백제의 실상에 대한 인식에는 많은 한계가 있었다. 이러한 궁금증을 풍납토성 경당지구 발굴조사 자료가 제공됨으로써 많은 부분이 해결되었다고 생각되며, 비록 현재까지 확인된 것이 전부는 아닐지라도 적어도 핵심적인 부분에 대한 실마리는 얻었다고 생각된다.

3. 향후 과제

풍납토성 발굴조사는 그동안 여러 가지 악조건 속에 조사를 진행하면서도 많은 학술적 성과를 얻었지만 또한 많은 과제를 남기기도 하였다. 이후에 어떤 조사가 어떻게 이루어지고, 유적의 보존문제는 어떻게 해결하여야 하는 지에 대해서는 충분한 시간을 두고 논의하여야 하겠지만 다음과 같은 몇 가지는 반드시 고려되었으면 하는 바램이다.

첫째로, 향후 이루어지는 발굴조사는 철저한 계획하에 이루어져야 할 것이다. 경당지구에 대한 조사가 미완의 상태이기에 우선 해당지역에 대한 발굴조사를 마무리하고, 동시에 풍납토성 전체에 대한 조사와 보존 계획을 수립하여야 할 것이다.

둘째로, 성의 범위 변화 가능성에 대한 조사가 필요한 것으로 생각된다. 현재의 토성은 최후의 결과물로 볼 수 있기 때문에 이전에 다른 형태로 성이 존재하였을 가능성도 배제할 수 없으므로 이에 대한 확인이 필요할 것이다. 이를 위해서는 전면적이지는 않더라도 일정한 조사계획을 가지고 단계적 시굴조사가 필요한 것으로 생각된다.

셋째로, 발굴조사시 상-하 문화층의 문화적 연결관계를 파악해야 할 것이다. 이는 현재 경당지구 등에서 백제문화층 하부에 철기시대 문화층(풍납리식 무문토기문화)이 존재하는 것이 밝혀진 상태로, 그 이전 시기의 문화층은 논외로 하더라도 지금까지 다른 지역의 조사에서는 철기시대와 백제와의 연결관계에 있어 불분명한 부분이 있기 때문에 풍납토성에서는 그러한 관계를 보다 명확히 보여주는 자료가 확인될 가능성이 높다고 생각된다.

3. 中韓 古代 都城의 出現과 그 特徵

- 二里頭 유적과 風納土城의 對比를 중심으로 -

申熙權(文化財廳 學藝研究官)

Ⅰ. 序論

최근 대량의 도성 관련 유적들이 발견됨에 따라 중국의 도성 고고학은 비약적인 발전을 이루어 가고 있다. 1928년 安陽 殷墟 유적의 발굴 이래 도성 유적에 대한 전면적이고 지속적인 발굴 조사와 연구를 진행하여 가히 괄목할 만한 성과를 거두었다 할 수 있다. 특히 최근 종료된 "夏商周斷代工程"과 현재 진행 중인 "中華文明探源工程"은 중국 문명의 발생과 국가의 출현에 관한 종합적인 연구 프로젝트로 이른바 도성 고고학을 중국 고고학에서 가장 비중있고 핵심적인 분야로 자리매김하게 하였으며, 그 성과 또한 세계의 이목을 집중시키기에 조금도 부족함이 없다고 할 수 있다.

일반적으로 '都市' 혹은 '城市'의 기원은 국가와 문명 기원의 중요 표지의 하나로 인정되고 있다. 특히 '都城'은 한 국가의 정치, 경제, 종교, 문화의 중심지로서 일반적인 도시와는 큰 차별성을 띠고 있기 때문에 도성 유적에 대한 해석은 각별한 주의를 요할 뿐만 아니라 물질문화로 대별되는 고고학적인 증거로써 그 성격을 규정하는 데도 신중한 접근이 필수적이다.

대다수 학자들은 중국의 도시 기원을 신석기시대 만기 이래의 대형 聚落 유적 혹은 城址 유적에서 찾고 있으며, 夏商代에 이르러 비로소 都城으로 대표되는 진정한 고대 도시가 형성된 것으로 이해하고 있다. 특히 궁전건물을 비롯한 건축 유구는 당시 인류 활동의 중요 장소로서 당시 건축물의 구조, 배치, 규모 및 건축 유구간의 관계 분석을 통해 고대 도성의 형성 조건과 사회 조직의 발전 정도 등을 밝혀내는 중요한 고고학적 자료로 인정되고 있다.

이 글의 목적은 우선 지금까지 발견된 중국 최고의 도성 유적으로 평가되는 二里頭 유적을 중심으로 당시 도성의 구조와 특징 등을 살펴본 후, 비록 시간적인 괴리가 크다고 할지라도 이리두 유적의 연구 성과를 백제 최초의 도성인 風納土城에 대비해 봄으로써 우리나라 도성의 특징과 의의를 짚어 보고, 나아가 우리나라 도성 고고학의 연구를 심화시키는 계기를 마련하고자 하는 데 있다.

따라서 이하에서는 최근 보고된 이리두 유적과 풍납토성의 고고학적 성과를 개괄적으로 정리하고 각각 그 특징과 의의 등을 살펴보고자 한다.

II. 二里頭유적

1. 발견 경위 및 조사 경과

1959년 여름, 저명한 역사학자 徐旭生 선생이 조사단을 이끌고 豫西, 晉南 일대의 '夏墟' 유적을 찾아다니던 중 이리두 유적을 답사한 후, 이 유적의 출토유물이 풍부하고, 면적이 광대할 뿐만 아니라 문헌 기록상의 상나라 도읍인 "西亳"의 소재지에 위치하고 있는 것을 들어, "商나라 湯王의 도성일 가능성이 매우 크다"고 함으로써 학술계의 지대한 관심을 끌게 되었다. 그해 가을 하남성 문화국 문물공작대와 중국과학원(현재의 중국사회과학원) 고고연구소 낙양 발굴대가 각각 발굴조사를 실시한 이후, 줄곧 중국사회과학원 고고연구소가 발굴조사를 진행해 오고 있다.

二里頭 유적은 1965년~1971년 사이 몇 년간 발굴이 중단된 것을 제외하고 60여 차례의 발굴이 실시되어 일련의 중요한 성과들을 얻어 내었다. 대규모의 판축 건물 부지와 궁성의 성벽 및 종횡으로 교차하는 도로유구 등을 발견하여, 여러 기의 대형 궁전 건축, 대형 청동 제련 유구 1기와 製陶, 製骨, 製綠松石器 공방 등의 유구, 종교 제사와 관련된 유구, 청동 예기와 옥기를 부장한 무덤을 비롯한 중소형 무덤 400여 기, 중소형 주거지, 저장구덩이, 우물 등의 유구를 발굴하였다. 여기서 출토된 유물은 대량의 토기, 석기, 골각기, 동기, 옥기, 칠기와 주동도범(鑄銅陶范) 등이 있다. 이로부터 중국 고대 문명과 초기 국가 형성기의 대형 도읍 유적으로 인정되며, 이리두 유적의 학술적 중요성이 학계의 공인을 얻게 되었다.

2. 유적 개관

이리두 유적은 낙양 평원 동부에 위치하는데, 북으로 邙山에 의지하고, 남으로 嵩岳을 바라보며, 伊河와 洛河 사이에 자리하고 있고, 뒤로는 黃河가 흐르고 있는 천혜의 요충지로서의 지리 환경을 보유하고 있다(圖 1).

1959년 이래 유적의 정확한 범위와 규모에 대한 논란이 끊이지 않았으나, 최근 이 일대에 대한 전면적인 측량과 탐침 조사를 실시하여 유적의 외곽 범위를 확정하였는데, 방향은 서북-동남향이고, 동서 2,400m, 남북 1,900m, 현존 면적 약 300만 제곱미터에 달하는 것으로 밝혀졌다.

이리두 유적의 연대에 대해서 학계에서는 시종 商代 早期 문화보다 늦지 않거나 혹은 夏代 晚期에서 商代 早期에 걸치는 것으로 여겨 왔다. 절대연대는 일찍이 기원전 1,900년에서 1,500년 사이로 측정되었으나, 최근 실시한 "하상주단대공정" 결과 그 연대는 기원전 1,880년에서 1,521년간으로 검출된 바 있으며, 이에 중국 고고학계에서는 잠정적으로 기원전 19세기 중엽에서 기원전 16세기 중엽으로 연대를 비정하고 있다.

이리두 유적은 지금까지 발굴된 자료로부터 도성의 대체적인 구조와 평면 배치의 파악이 가능하게 되었는데, 크게 중심구와 일반 거주 활동구의 양대 구역으로 구분할 수 있고, 무덤과 도요지 등도 여러 지점에서 고르게 발견되고 있다.

3. 宮城 및 宮殿宗廟區

도성의 중심구에서 가장 중요한 구역은 궁전구로서 밝혀진 궁성의 면적이 10.8만 제곱미터에 달하고, 유적의 동남부(V구)에 위치한다. 여기서는 이미 30여 기의 판축 건축 부지가 발견된 바 있는데, 중국에서 발견된 가장 이른 시기의 궁전 건축군이다. 그 가운데 가장 큰 2기에 대해 정식 발굴조사가 실시되었다.

거대한 1호 궁전 건축의 평면형태는 정방형이고, 동서 길이 108m, 남북 너비 100m, 높이 0.8m, 면적 1만 제곱미터에 달한다. 1호 궁전 건축의 主殿은 '四阿重屋' 식의 전당으로 추정되고, 사방에는 회랑이 돌려져 있다. 대문은 남쪽 담장의 중앙에 있고, 3개의 門道가 드러났다(圖 3). 이렇듯 이리두 유적의 궁전 건축은 정전이 남쪽을 향하고 있고, 그 양측의 상방은 동서 대칭을 이루고 있어 가히 중축선 이념의 조형을 엿볼 수 있는 등 그 형식과 구조면에서 상당히 완비되었음을 알 수 있다.

1호 궁전 건축의 동북쪽 150m 거리에 위치한 2호 궁전 건축은 1호 궁전 건축의 1/2 가량의 면적으로 1개의 문도와 문 양측에 방[塾]을 갖추고 있다. 2호 궁전 건축 내에는 동시기의 대형 무덤이 위치하고 있는데, 무덤의 남북 중축선과 궁전 남문의 중축선이 일치하는 것으로 보아 이 大墓가 2호 궁전 건축의 한 조성 부분으로 이해된다. '墓와'殿'이 동시에 존재한다고 할 때, 이 건축은 가히 제사 기능의 예제건축으로 추정 가능하다. 따라서, 1호 건축은 조정의 궁전 건축으로, 2호 건축은 종묘 건축으로 추정하는 견해도 있다(刘庆柱 2000).

한편, 2001년부터 궁전구 주위의 도로 분포 상황에 대한 탐색 조사를 실시하고, 궁전구 동부에 대한 발굴조사를 실시한 결과(中国社会科学院考古研究所二里头工作队 2004; 2005), 궁전구의 외곽에 수직으로 교차하는 대로가 건설되었으며, 만기에는 담장을 두른 궁성을 축조하였던 것으로 밝혀졌다(圖 4). 궁전구 외곽 4방의 도로는 수직으로 교차하고, 그 방향은 1,2호 궁전 기초의 방향과 기본적으로 일치하여, 대략 '井'자형의 규격화된 배치를 보여주고 있으며, 도로의 너비는 보통 12~15m, 가장 넓은 곳은 20m에 달한다(许宏 外 2004).

궁성은 장방형이고, 담장은 이미 밝혀진 4방의 대로를 따라 그 안쪽에 축조되었다. 대로 및 궁성으로 둘러싸인 공간은 1,2호 궁전 부지를 비롯한 대형의 판축 건축 부지가 분포하고 있다. 궁전구에 대한 최근의 탐침 조사에서는 대규모의 도로 유적, 자갈이 깔린 수 백㎡의 활동면(광장?), 소형의 도로 및 판축 부지 등이 확인되었다. 새로 발견된 소형 도로는 너비가 보통 5~6m인데, 어떤 것은 자갈을 깔아 만들기도 하였다(许宏 外 2004).

4. 기타 유구

이밖에 유적의 동부, 동남부와 중부(Ⅱ-Ⅸ구), 즉 궁성 주위에 위치하는 귀족 거주구가 있는데, 20~400㎡ 면적의 중소형 판축 부지가 주로 이 구역에서 발견되고 있다. 유적의 남부에서 약간 동쪽으로 치우친 지점에서는 면적 10,000㎡ 이상의 鑄銅 공방이 발견된 바 있으며, 궁전구의 북부와 서북부 일대(Ⅵ, Ⅸ구 남부)에는 종교 제사와 관련된 건축과 기타 유구가 집중 분포하고 있다. 대표적으로 원형의 지상 건축과 장방형의 반지하 건축 및 이 건축에 부속된 무덤이 포함된다. 이미 파악된 제사 활동구의 범위는 동서로 2~3백m가량 이어지고 있다. 일반 거주 활동구는 유적의 서부와 북부에 위치하는데, 소형의 지상식과 반지하식 주거지 및 토기를 주로 부장하는 소형 무덤이 흔히 보인다. 이 구역의 문화 퇴적층은 그다지 풍부하지 않으며, 파괴도 심하여 유적의 중심구 바깥에 위치한 일반 거주 활동 구역으로 추정된다. 이미 발표된 자료에 의하면, 지금까지 이 유적에서 발견된 이리두문화 시기의 무덤은 약 400여 기인데, 유적의 각처에서 발견되고, 거주구와의 엄격한 구분은 이루어지지 않았다. 토기 요지 역시 비교적 산발적으로 분포하며, 골기 제작 관련 유구도 도처에서 발견되나, Ⅲ구와 Ⅳ구 양 구역에 가장 밀집되어 있다. 최근, 궁전구 남부에서 녹송석이 폐기된 구덩이가 발견되기도 하였는데, 당연히 녹송석기 제조 공방과 관련이 있을 것으로 판단된다(許宏 外 2004).

Ⅲ. 風納土城

1. 발견 경위 및 조사 경과

풍납토성이 학계의 주목을 받기 시작한 것은 1925년(乙丑年) 대홍수로 서벽이 유실될 당시 중국제 청동 초두를 비롯하여 이식금환, 동노, 백동경, 과대금구, 紫紺色 유리옥, 4구획 원문수막새 등 중요 유물이 다량 출토되면서부터라고 할 수 있다.[57]

성 내부에서 이렇듯 중요한 유물이 출토됨으로 해서 당시의 日本人 학자들은 일찍부터 풍납토성을 백제 한성시대의 왕성으로 주목하게 되는데, 그중에서 특히 鮎貝房之進은 풍납토성을 그 입지상 『三國史記』「百濟本記」온조왕조의 作都 기록에 견주어 '河南慰禮城'으로 비정하기도 하였다(鮎貝房之進 1934).

그러나 이후 李丙燾 선생이 풍납토성의 지명을 근거로 하남위례성이 아닌 『三國史記』「百濟本紀」責稽王 元年條의 '蛇城'으로 비정함에 따라(李丙燾 1939), 우리 학계에서는 그다지 큰 주목을 받지 못한 채 최근까지 蛇城으로 인정하는 경향이 우세하게 되었고, 1964년 서울대학교 金元龍 선생에 의해 실시된 토성 내부 포함층에 대한 조사 결과 역시 위례성과 거의 동시에 축성되어 475년까지 존속된 반민반군적 읍성으로 보고된 이후(金元龍 1967), 어떠한 조사도 이루어지지 않은 채 서울시의 대규모 성장과 함께 급속한 개발의 시련을 겪게 된다.

---

57 을축년 홍수로 출토된 유물에 대해서는 다음과 같은 글들에 부분적으로 기록되어 있다.
　　朝鮮總督府, 『博物館陳列品圖鑑』제4집
　　鮎貝房之進, 1934, 「百濟古都案內記」, 朝鮮 234號, p. 115
　　京城電氣株式會社, 1937, 『京電ハイキングコース』, p. 19
　　龜田修一, 1987, 「考古學から見た百濟前期都城」, 朝鮮史研究會論文集 24, 朝鮮史研究會
　　京畿道誌編纂委員會, 1957, 『京畿道誌 下卷』, p. 806

그러나 급기야 1997년 선문대학교 李亨求 선생이 풍납토성 실측조사 도중 토성 내부 아파트 재건축 공사 현장에서 백제토기 등 유물을 발견(李亨求 1997)하여 국립문화재연구소에서 긴급 발굴조사를 실시한 것을 계기로 수 차례의 발굴조사를 통해 풍납토성에서는 백제 한성시대의 역사를 새로 장식할만한 중요한 사실들이 속속 밝혀지게 되었고, 중요 지점들이 국가 사적으로 지정되면서 현재 국립문화재연구소에서 이 일대에 대한 연차적인 학술 조사를 진행하고 있다(圖 5).

2. 유적 개관

서울시 松坡區에 위치한 風納土城(사적 제11호)은 서북쪽으로 漢江을 끼고 약간 동쪽으로 치우친 남북 長橢圓形의 평면형태를 띠고 있으며, 현재 한강 변에 연접한 서벽 일부를 제외하고 북벽과 동벽, 남벽 등이 잔존해 있다. 북벽 446m는 복원 · 정비가 완료되었고, 나머지 동벽과 남벽 등은 토성잔벽(土城殘壁)의 모습을 유지하고 있다(圖 6).

풍납토성은 동성벽 2개 지점에 대한 발굴조사 결과 그 기초부의 너비가 43m, 높이가 11m가 넘는 대규모의 토성으로 확인되었다. 성벽의 축조에는 체성 중심부 하단에 뻘흙을 깔아 기초를 다진 후 그 안팎으로 점토와 사질토를 이용한 판축 토루를 비스듬하게 잇대어 나가며, 일부에 식물 유기체를 깔거나 자갈과 할석을 이용하여 토루를 보강하는 등 독특한 축성 기술을 동원하였다(申熙權 2001 ; 국립문화재연구소 2002). 한편 토성의 외곽에는 성벽을 방어할 목적의 垓子가 존재하였을 것으로 추정되는데, 발굴조사 결과 한강에 연한 서쪽 성벽의 바깥쪽에 한강의 자연 지류를 이용하여 해자를 조성했던 것이 밝혀졌다(국립문화재연구소 2005).

결과적으로 風納土城은 현재 약 2.1km 정도가 남아 있으며, 유실된 서쪽 성벽까지를 포함한다면 전체 길이 3.5km에 달하는 거대한 규모였을 것으로 생각된다.(李亨求 1997) 면적으로 따지면 현재 남아 있는 성벽만 약 3만 6천평, 내부 면적은 총 23만5천 평 정도에 이르는 초대형의 판축(版築) 토성이다.

3. 宮殿 宗廟區域

1999년~2000년 풍납토성 내부 중앙에서 약간 북쪽으로 치우친 소위 '경당연립' 재건축부지에 대한 발굴조사가 한신대학교 박물관에 의해 이루어졌다. 발굴조사는 출토 유구와 유물의 과다로 이듬해인 2000년 5월까지 실시되다가 시행자와의 마찰로 인해 중단되고 현재 이 곳은 사적지로 지정 보호되고 있다.

발굴조사에서 확인된 유구는 주거지, 저장공, 구상유구, 폐기장 등 220기에 달했는데, 그 가운데 조사지역 북측 경계지점에서 발견된 대형의 석조 건물지와 그 남쪽에 인접해 있는 대형의 제사용 수혈유구가 단연 주목된다.

대형 건물지(44호 유구)는 현재 동-서 16m, 남-북 14m 이상의 방형 평면에 남측으로 한 변 3m 정도의 입구부가 연결된 '몸'자형의 평면형태를 띠고 있다. 북쪽 건물의 외곽은 'ㅁ'형의 溝가 감싸고 있는데 폭 1.5~1.8m, 깊이 1.2m 정도로 일정하며 바닥에 2-3중의 대형 판석이 깔려 있다. 발굴조사단은 이 유구가 치밀한 설계와 공력이 투입된 대형 구조물이란 점에서 특수 공공시설로 보고 있으며, 출입을 극도로 통제한 점, 건물의 내부와 외부를 溝로 차단한 점, 溝의 바닥에 판석과 정선된 숯을 간 점, 화재로 폐기된 점, 유물이 거의 전무한 점 등을 들어 제의와 관련된 것으로 이해하고 있다(權五榮 2001).

한편 이 건물지와 인접한 남쪽에서 대형의 수혈(9호 유구)이 발굴되었다. 길이 1350cm, 폭 520cm, 깊이 300cm 이상의 장타원형인 이 수혈은 수 차례의 퇴적이 이루어지면서 내부에서 실로 엄청난 양의 유물이 출토되었다. 대표적인 유물로는 인위적인 폐기 흔적이 보이는 수십 개체 이상의 고배, 삼족기, 뚜껑을 들 수 있다. 이 밖에 발, 완, 뚝배기, 직구단경호, 기대 등의 다양한 토기 편이 출토되었는데, '大夫'와 '井'자가 새겨진 직구단경호 편이 가장 특징적이라 할 수 있다. 토기 편 외에 12마리 분의 말 하악골과 다량의 유리구슬 등도 주목할 만하다(韓神大學校博物館 2004).

보고자는 다음과 같은 이유에서 이 구덩이가 국가의 제사와 관련된 유구로 추정하고 있다. 첫째, 고대사회에서 소와 함께 제천 행사에 희생물로 바쳤던 말의 머리가 12개체나 출토된 점, 둘째, 토기 표면에 새겨진 '大夫'와 '井'자의 해석에 있어서, '大夫'는 제사를 담당하던 관직명이고, '井'자는 빗물 또는 벽사와 관련된 것으로, 말을 희생한 제사의 목적이 祈雨라고 추정하고 있다. 셋째, 출토된 토기의 기종이 소형 제기의 비중이 월등히 높은 데다 인위적으로 깨트린 흔적이 역력하다는 점, 넷째, 불로장생의 효력을 지닌 것으로 알려진 운모가 대량으로 출토된 점은 당시 중국과의 교류를 통해 유행한 종교적 요소를 반영한 것으로 보고 있다. 결론적으로 이 구덩이 유구는 제사와 관련된 것이고, 제사의 주체는 국가 또는 왕실이며, 제사의 목적은 祈雨였을 가능성이 높다는 것이다(權五榮 2002).

이상 대형 건물지와 제사 유구는 둘 다 국가적인 중대 祭儀 또는 祭祀와 관련된 것임을 추정할 수 있는데, 이와 관련하여『三國史記』溫祚王條에서는 다음과 같은 제사 관련 기록들을 접할 수 있다.

元年 夏五月 立東明王廟(원년 여름 5월에 동명왕묘를 세웠다)
十七年 夏四月 立廟以祀國母(17년 여름 사월에 사당을 세우고 왕의 어머니에게 제사를 지냈다)
二十年 春二月 王設大壇 親祠天地.(21년 봄 이월에 왕이 큰 제단을 설치하고 친히 천지에 제사를 지냈다)

이상의 기사에서는 백제가 건국 시조인 온조왕대부터 祠堂을 세우거나 또는 祭壇을 설치하여 先王과 天地에 극진히 제사지냈음을 알 수 있는데, 풍납토성에서 발견된 대형 건물지와 제사 유구가 바로 이러한 제사을 입증하는 유구로 볼 수 있겠다.

최근 풍납토성의 중앙 서편지구의 발굴조사에서는 직경 16m, 깊이 1.2m의 원형 수혈이 발견되었다(圖 7~8). 수혈 내부에서는 5천여 점이 넘는 기와편과 30여 점의 와당, 4점의 십각형 토제초석 및 도관 등의 중요한 건축 재료가 집중 출토되었다(국립문화재연구소 2006). 발굴자는 수혈 바닥이 불규칙하고, 인공의 흔적이 발견되지 않는 점을 들어 대형의 폐기장으로 보고한 바 있다(국립문화재연구소 2004).

그러나 필자가 보건대 수혈의 평면형태가 완전하고, 규모가 대단히 크며, 특별히 내부에서 출토된 유물 대부분이 건축 재료라는 점 등으로부터, 이 유구는 궁전종묘구 내의 독립된 원형 건축이거나 혹은 그 건물의 폐기와 관련된 유구일 가능성이 높다고 판단된다. 원형 수혈의 주변에서 발견된 山水石 모양의 자갈 또한 이러한 추론을 뒷받침하고 있다.

4. 기타 유구

2006년 국립문화재연구소에서 실시한 발굴조사 결과 앞서 설명한 원형 수혈의 북편에서 한성백제시대 최고의 도로가 발견되었다. 남북방향의 도로에 'T'자형으로 연결되는 동서방향의 도로가 확인되었는데 도로의 너비는 약 8m이고, 중앙부에 약 5m 너비로 자갈을 깔아 노면을 조성하였다(圖 9). 동서도로에서는 일부 박석을 깐 구간도 발견되어 이 도로의 위상이 대단히 높았음을 보여주고 있다. 지금까지 발견된 도로의 길이 남북 41m, 동서 22m 정도인데, 최근 실시한 물리탐사 결과 북쪽으로 계속 연장되는 것으로 확인되어 정확한 규모는 추후 발굴조사를 통해 밝혀질 것으로 기대한다. 이번에 발견된 도로는 지금까지 경주의 신라 왕경이나 백제 사비기의 부여·익산지역에서 조사된 도로(6세기 이후)보다 적어도 200~300년 이상 빠른 시기에 축조된 것이며, 한성기의 것으로는 처음이라는 점에서 특히 주목할 만하다. 도성제 연구의 핵심 중 하나라고 할 수 있는 도로가 이번에 조사됨으로써 백제 한성시기 도성제 연구에 중요한 자료를 확보했다는 데 큰 의의를 둘 수 있을 것이며, 도로의 노면을 자갈을 두껍게 다져 축조한 것은 지금까지 백제 도로에서 보이지 않았던 것으로 축조시 들였던 공력을 감안할 때 풍납토성의 위계를 다시 한번 실감할 수 있는 자료라 할 수 있다.

이상의 발굴조사 결과를 통해 볼 때, 풍납토성 내부에서 계획적인 공간 분할이 이루어졌음을 추정할 수 있는데, 즉 토성의 중앙부에는 왕궁 또는 종묘·사직 등과 관련된 중요 건물이 자리하고 있을 가능성이 높은 반면 점차 외곽으로 가면서는 관청 건물 내지 고위 관직자들의 주거 단지가 조성되어 있을 가능성이 높다고 판단된다. 1997년 현대아파트 재건축부지에 대한 발굴조사 결과 이미 성벽 축조 이전에 조성된 것으로 추정되는 3중 환호와 소위 '풍납동식 주거지'로 대별되는 한성백제 시대의 전형적인 6각형 주거지가 다수 발굴, 보고된 바 있다(국립문화재연구소 2001).

한편 문헌 기록에 의하면 왕궁의 남쪽으로는 정원과 연못 등이 조성되어 있을 가능성이 높은데,『三國史記』百濟本紀에 등장하는 "穿池造山"[58], "宮南池"[59] 등의 기록과 연관지어 보면 토성 내부 서남쪽에 위치한 외환은행 직장주택조합 재건축부지의 시굴조사에서 일정 범위에 걸쳐 발견된 두터운 뻘 층이 왕성 내부에 조성된 인공 연못지의 흔적일 가능성도 상정해 볼 만하다(申熙權 2002a).

IV. 中韓 兩國 最古 都城의 意義

이리두 유적은 규모가 거대하고, 구조와 배치가 구획성이 있으며, 유구 및 유물이 풍부하여 중국 고고학의 성지로도 여겨지는 중요한 유적이다. 이 유적에서는 지금까지 알려진 중국 최초의 궁성과 궁실 건축군, 청동 예기군과 청동기 제조 공방 등이 발견되었다. 이리두 유적은 당시 중국 내지는 동아시아 지역 최대의 취락 유적인 동시에 현재로서 확인 가능한 중국에서 가장 이른 시기의 왕국 도성 유저이기 때문에 '華夏第一都'로 불리고 있다. 이리두 유적은 가히 학계에서 인정하고 있는 夏왕조 후기의 도성 유적으로, 중국 초기 국가와 문명의 형성을 연구하는 중요한 대상이 되고 있다(杜金鵬 2005).

---

58 辰斯王 七年 春正月 重修宮室 穿池造山以養奇禽異卉(7년 정월에 궁실을 중수하였으며 못을 파고 산을 만들어서 기이한 새를 기르며 색다른 화초를 가꾸었다).
59 毗有王 二十一年 夏五月 宮南池中有火(21년 여름 5월 궁궐 남쪽 연못에 화재가 있었다).

이리두 유적의 일련의 중요한 발견, 특히 중국 최고의 궁성의 출현, 중축선 이념의 형성과 궁전 봉폐 구조 등은 당시의 도시화 및 왕권과 국가의 발전이 이미 새로운 단계에 접어들었음을 보여주고 있다(王巍 2007). 즉, 궁성을 둘러싼 성벽과 대형의 궁전 건축은 대량의 노동력을 장악한 통치자만이 건설할 수 있는 것으로, 당시의 생산력 수준이 상당한 정도에 이르렀음을 반증하는 것이다. 아울러 중심구를 둘러싼 종횡 교차의 도로망, 사방에 회랑을 갖춘 '四合院' 구조의 궁전구로 조성된 네모반듯한 궁성, 순서있게 배열된 건축 기초 등의 증거는, 이리두 유적이 치밀하게 계획된, 엄정한 배치의 대형 도읍임을 증명하고 있다. 뿐만 아니라 여기서 출토된 대량의 아름다운 청동기, 옥기, 골기, 도기 등의 유물은 학술적 가치만 아니라 하대 예의 제도를 밝혀줄 수 있는 귀중한 자료로 평가되고 있다.

한편 풍납토성은 1997년 토성 동성벽의 안쪽에 해당하는 지점에서 백제 한성기의 고위 신분 계층이 거주하였을 것으로 추정되는 대형의 풍납동식 주거지가 다량 발견된 이래 1999년의 동성벽에 대한 발굴조사, 2000년의 경당지구 발굴조사를 거치면서 한성 백제시대의 첫 도읍인 '河南)慰禮城'일 가능성이 제기되었다. 이후 사적지로 지정된 197번지(소위 '미래마을 재건축부지') 일대에 대한 국립문화재연구소의 발굴조사가 이어지면서 풍납토성이 백제의 최초 도성이었음을 부정하는 의견은 거의 없는 상태에 이르게 되었다.

백제의 첫 도성으로서의 풍납토성의 조건을 살펴보면 다음과 같은 몇 가지 요인을 꼽을 수 있다. 풍납토성은 우선 판축 공법을 동원하여 총 둘레 3.5km에 달하는 거대한 토성을 쌓았다는 점에서 당시의 도성이 가능성이 높다고 할 수 있다. 성벽 자체가 곧 도성 또는 왕성임을 단정지을 수 있는 절대적인 지표가 될 수는 없다 하더라도 당시 이러한 규모의 성벽을 쌓을 수 있는 권력은 왕권 외에는 상정하기가 곤란하기 때문에 풍납토성이 곧 왕으로 대표되는 국가에 의해 축조되었다고 볼 수 있는 것이다.

둘째, 풍납토성에서는 최근 경당지구의 대형 '呂'자형 건물지 및 그 남편의 제사 유구와 같은 국가적 규모의 공공시설 또는 제사와 관련된 유구가 속속 발견되고 있다. 이러한 유구는 도성 내에서도 중심에 해당하는 궁전종묘구 내에 위치한 시설일 가능성이 높은데, 발견된 지점이 풍납토성 내에서도 가장 중앙부의 약간 북쪽에 치우친 위치라는 점에서 상당한 설득력을 가진다고 할 수 있다. 아울러 2004년 이후 실시된 197번지에서 발견된 대형의 기와 출토 유구와 그 북편의 도로 유구는 이 일대가 바로 궁전구 또는 궁전과 함께 중시되었던 제사구였을 가능성을 한층 높여주고 있다. 다만, 현재 조사된 부분이 한정적이고 관건이 될만한 경당지구의 발굴이 중단된 상태여서 이에 대한 보다 확실한 증거의 제시가 아쉬운 형편이다.

한편, 현재까지 발견된 풍납토성 내부의 구조와 배치 상황을 보면 당시 이미 상당한 수준의 도시 구획이 이루어졌음을 추정할 수 있다. 앞서 살펴본 궁전종묘구가 중앙부의 서편에 이르기까지 연장되고 있으며, 그 주변을 둘러싸고 있을 것으로 추정되는 남북 교차 도로가 발견된 점, 동성벽에 연하여 고위 관료들의 대형 주거지가 밀집 분포하고 있는 점, 서남부에 도성내 정원 및 연못지로 추정되는 유구의 흔적이 발견된 점 등은 가히 당시의 도성 구조를 추론할 수 있는 충분한 자료로 평가할 만하다.

이 밖에 풍납토성에 발견된 출토 유물은 가히 풍납토성이 당시 다른 지역의 백제 유적과는 비교할 수 없을 정도의 핵심적인 유적임을 증명하고 있다. 풍납토성의 발견 이전까지 소위 백제시대의 기와가 출토된 유적은 몽촌토성과 석촌동고분 등 손에 꼽을 정도였으며, 그 수량 또한 대단히 미미하였다. 그러나 1997년 이래 풍납토성에서 발견된 기와류는 그 유례를 찾아볼 수 없는 다양한 문양의 와당을 비롯하여 수백 점이 넘는 방대한 양이었으며, 특히 최근 발견된 원형의 기와 수혈 유구에서는 30여 점의 와당을 비롯한 5,000여 점의 평기와류가 출토되고 있어 풍납토성의 위상을 실감하게 하고 있다.

이렇듯 풍납토성은 지금까지 발견된 백제시대 최고의 도성 유적으로, 비록 시공상(時空上)으로 중국 최고의 도성인 이리두 유적과 직접적인 비교는 불가능하다 할지라도, 각각 중국과 한국에서 발견된 최고의 도성 유적이라는 측면에서 상당한 유사성을 보여주고 있다. 즉, 성벽을 축조하여 궁성 내지는 도성의 범위를 획정하고, 내부에 궁전 건축과 제사 건축을 건설하였으며, 그와 관련된 도로도 조성하였다. 뿐만 아니라 각각의 구역을 분할하여 귀족과 일반인의 거주 지역, 수공업 공방구를 두고 있는 등 당시 도시 구획이 상당한 수준으로 이루어져 있었음을 볼 수 있다. 비록 풍납토성에서는 전문 수공업 공방 지역이 발견된 바 없으나, 토기와 철기 등을 생산하는 것과 관련된 소형의 수혈 유구가 다수 발견되고 있기 때문에, 향후 이에 대한 보완 자료가 발견될 수 있을 것으로 기대한다. 한편, 이리두 유적에서는 아직까지 별도의 무덤 구역이 조성되지 않고 다소 무차별적으로 무덤을 축조한 것으로 보이는데, 풍납토성에서는 이와 달리 내부에서 무덤 유구가 발견되지 않는 것으로 보아 성 바깥에 전용 무덤군을 조성하였을 것으로 추정된다. 이러한 추론은 풍납토성 주변의 방이동 고분군, 석촌동 고분군, 가락동 고분군 등 대형의 고분군의 존재로 입증할 수 있다.

이렇듯 이리두 유적과 풍납토성은 서로 유사한 측면과 각각의 독자적인 측면을 모두 보유하고 있다. 그러나 가장 중요한 사실은 두 유적이 현재까지 발견된 양국 최고의 도성 유적으로서 각각 양국의 문명 출현과 고대 국가 형성 과정을 가장 잘 보여주는 중요한 유적이며, 각각에서 드러난 특징들은 둘 다 이전과는 완전히 차별화된 새로운 단계에 진입하였음을 잘 보여주고 있다는 사실이다. 이에 비록 지리적으로나 시간적으로 상당한 차이가 있는 두 유적이지만, 향후 지속적인 발굴조사와 상호 비교 연구를 통하여 양국의 문명 출현과 고대 국가 형성 과정을 밝히고 도성 고고학을 발전시키는 데 결정적인 역할을 지속할 수 있기를 기대하는 바이다.

<참고문헌>

[국문]

京畿道誌編纂委員會, 1957, 『京畿道誌 下卷』

국립문화재연구소, 2001, 『風納土城Ⅰ-현대연합주택 및 1지구 재건축 부지-』

국립문화재연구소, 2002, 『風納土城Ⅱ-동벽 발굴조사 보고서-』

국립문화재연구소, 2004, 『風納土城 發掘調査 지도위원회 회의자료』

국립문화재연구소, 2005, 『風納土城Ⅴ-삼표산업 사옥 신축 예정부지 발굴조사 보고서-』

국립문화재연구소, 2006, 『한국고고학저널』

權五榮, 2001, 「풍납토성 경당지구 발굴조사 성과」, 『風納土城의 發掘과 그 成果』, 한밭大學校 開校 第74週年 記念 學術發表大會 論文集

權五榮, 2002, 「경당지구 발굴조사에서 드러난 풍납토성의 풍경」, 『風納土城』, 서울역사박물관

金元龍, 1967, 『風納里土城內包含層調査報告』, 서울大學校考古人類學叢刊 第3册

東洋考古學研究所, 2000, 『風納土城〔百濟王城〕研究論文集』

申熙權, 2001, 「風納土城의 築造技法과 性格에 대하여」, 『風納土城의 發掘과 그 成果』, 한밭大學校 開校 第74週年記念 學術發表大會 論文集

申熙權, 2002a, 「百濟 漢城期 都城制에 대한 考古學的 考察」, 『백제도성의 변천과 연구상의 문제점』, 국립부여문화재연구소 제3회 문화재연구학술대회 논문집

申熙權, 2002b, 「風納土城 발굴조사를 통한 河南慰禮城 고찰」, 鄕土서울62, 서울特別市史編纂委員會

申熙權, 2005, 「중국 고대도성의 연구현황과 과제」, 『중국 고대도성 조사보고서』, 국립문화재연구소

李丙燾, 1939, 「廣州風納里土城과 百濟時代의 蛇城」, 震檀學報 10號

李亨求, 1997, 『서울 風納土城〔百濟 王城〕實測調査研究』, 百濟文化開發研究院

韓神大學校博物館, 2004, 『風納土城Ⅳ-慶堂地區 9號 遺構에 대한 發掘報告-』

[일문]

鮎貝房之進, 1934, 「百濟古都案內記」, 朝鮮 234號

京城電氣株式會社, 1937, 『京電ハイキングコース』

朝鮮總督府, 『博物館陳列品圖鑑』제4집

龜田修一, 1987, 「考古學から見た百濟前期都城」, 朝鮮史研究會論文集 24, 朝鮮史研究會

[중문]

杜金鵬, 2005, 「前言」, 『偃师二里头遗址研究』, 科学出版社

杜金鵬·许宏·, 2006, 『二里头遗址与二里头文化研究』, 科学出版社

刘庆柱, 2000, 「中国古代都城考古学研究的几个问题」, 『古代都城与帝陵考古学研究』, 科学出版社

王巍, 2007,「中华文明探源工程(第一阶段：2004-2005年)"研究报告」,『中国社会科学前沿报告 2006』, 中国社会科学出版社

夏商周断代工程专家组, 2000,『夏商周断代工程1996-2000年阶段成果报告·简本』, 世界图书出版公司北京公司

许宏·陈国梁·赵海涛, 2004,「二里头遗址聚落形态的初步考察」,『考古』2004年 11期

中国社会科学院考古研究所二里头工作队, 2004,「河南偃师市二里头遗址宫城及宫殿区外围道路的勘查与发掘」,『考古』2004年 11期

中国社会科学院考古研究所二里头工作队, 2005,「河南偃师市二里头遗址中心区的考古新发现」,『考古』2005年 7期

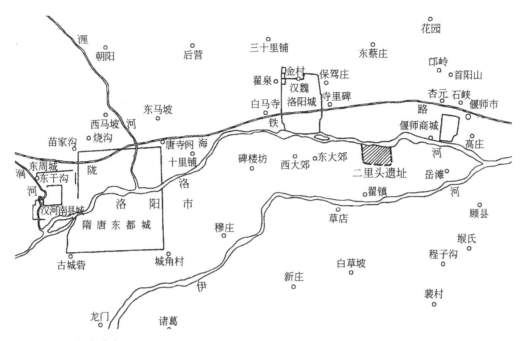

圖 1. 二里頭 유적 위치도

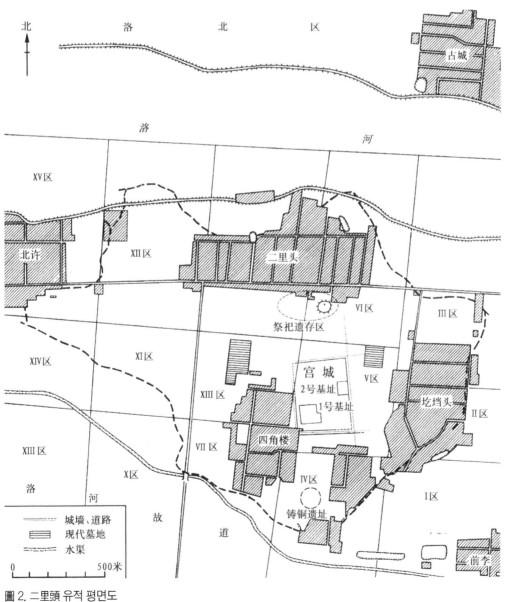

圖 2. 二里頭 유적 평면도

圖 3. 二里頭 유적 1호 궁전 건축 복원도

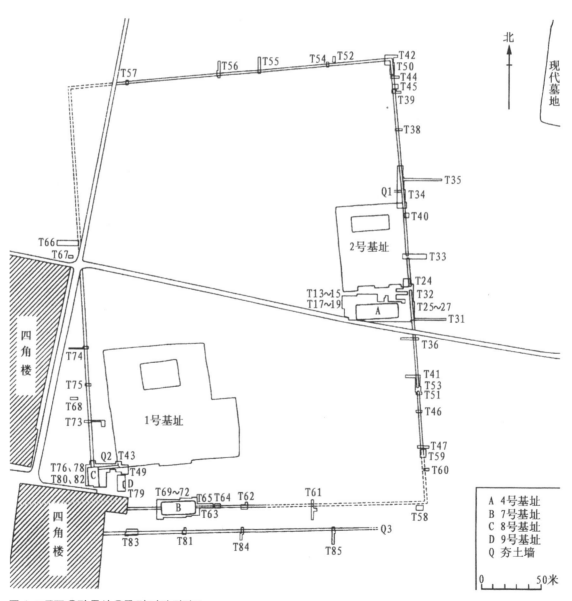

圖 4. 二里頭 유적 궁성 유구 및 담장 평면도

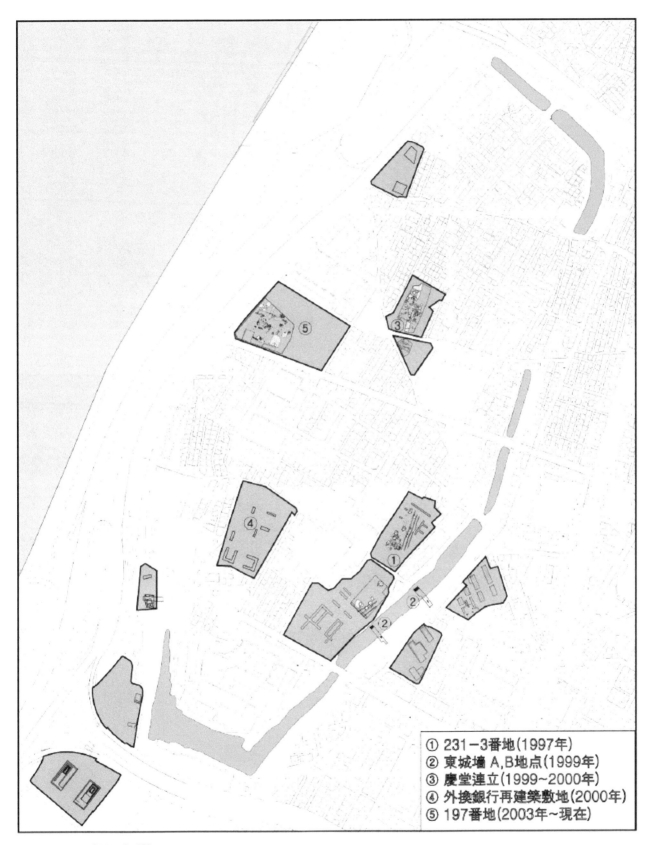

① 231-3番地(1997年)
② 東城墻 A,B地点(1999年)
③ 慶堂連立(1999~2000年)
④ 外換銀行再建築敷地(2000年)
⑤ 197番地(2003年~現在)

圖 5. 風納土城 발굴조사 현황도

圖 6. 風納土城 전경

圖 7. 기와 수혈 전경

圖 8. 기와 수혈 출토 와당

圖 9. 도로 유구(남-북) 전경

中國 古代 都城의 出現과 그 特徵

-「二里頭 遺蹟과 風納土城과의 比較를 中心으로」에 對한 討論文-

沈正輔(한밭大學校 敎授)

이 발표문은 도성의 원류에 대하여 추적해 보고자 시도된 것이라 하겠다. 그리하여, 지금까지 발굴조사 결과 확인된 중국 최고의 도성 유적으로 평가되는 二里頭 遺蹟을 중심으로 당시 도성의 구조와 특징 등을 살펴보고 이를 백제 최초의 도성인 風納土城과 대비하고 있다. 이제까지 성벽을 중심으로 논의가 이루어지고 있었던 데에서 벗어나 건축물과 도로 등 성내시설을 주제의 핵심으로 끌어올려 제시하였다는데 큰 의의가 있다.

河南省 偃師 이리두 유적은 이제까지 60여 차례의 발굴조사가 진행되어 대규모의 판축(版築) 건물 기초로 이루어진 여러 기의 대형 궁전 건축과 궁성의 성벽, 종교 제사와 관련된 유구, 대형 청동 제련 유구 등 공방유구, 중소형 주거지, 저장구덩이, 우물 등의 유구, 종횡으로 교차하는 도로유구 등이 확인되었다. 특히 궁전지는 동서 길이 108m, 남북 너비 100m에 0.8m 높이의 견고하게 다져진 판축기단 위에 정면 8間, 측면 3間 규모로 건축되었다. 이 궁전 건축의 특징은 平柱 1本에 처마받침 기둥 2本이 배치된 양식을 보여주는 것이라고 하겠다. 이러한 기둥을 배치하고 있는 건물지로는 湖北省 黃陂縣 盤龍城 궁전지가 있다. 이리두 유적에서 확인된 궁전지는 목조건축 유구로서는 가장 오래된 것으로서 그 시기는 대체로 商代 초기로 보고 있으나, 夏王朝 말기로 보는 설도 있다.

또한, 이 궁전지의 동북쪽 150m 거리에 위치한 건축유구는 종묘 건축으로 추정하고 있는데, 이와 같이 궁전과 종묘를 배치하는 중국의 궁궐 배치 규범은 周나라 때 간행된『주례(周禮)』고공기(考工記)에 잘 정립되었다고 하겠다.『주례』고공기에는 9리 사방의 도성을 9등분하고 그 중앙 구획에 왕궁을 배치하고, 또한, 國都의 구체적인 구성 원리로서 전조후시(前朝後市), 좌묘우사(左廟右社), 전조후침(前朝後寢), 3문3조(三門三朝) 등을 설정하고 있다.

이와 같은 궁궐배치 규범은 북송대의『영조법식(營造法式)』으로 이어지고 있으며, 이에 따라 淸代에 이르기까지 국도를 조영하는데 활용하고 있다.

발표자는 발굴조사 결과 확인된 언사 이리두 유적의 궁전지를 비롯한 건물 배치와 도로 유구 등을 풍납토성에서 발굴조사 결과 드러난 건축 유구 및 도로 유구와 대비하여 고찰하고 있다. 몇 가지 질문을 통하여 이해를 돕고자 한다.

첫 째, 풍납토성과 이리두 유적은 시간적으로 공간적으로 많은 차이를 보이고 있다. 구태어 시기 차이가 많이 나는 이리두 유적을 택한 특별한 이유는 무엇인지?

둘 째, 풍납토성은 성벽에 대한 설명이 있는데, 이리두 유적에 관한 내용에는 이 부분이 누락되어 있다. 이리두 유적의 성벽 유구에 대한 설명이 있으며 도움이 될 것 같다.

셋 째, 발표문 전문을 받아보지 못해서 이 질문을 하게 되었는데, 이리두 유적의 공간배치와 풍납토성의 공간배치, 그리고 궁전지 조성에 있어서 공통점은 무엇인지 궁금하다.

넷 째, '大夫'를 제사를 담당하던 관직명으로 파악하고 있는데, 중국이나 우리 나라에서 이와 같은 예가 있는지?

4. 日本古代都城의 調査와 保存의 現況

瀨川芳則(세가와 요시노리) 關西外國語大學 國際言語學部 教授

1. 難波宮(나니와노미야)

1913년 陸軍被服廠 倉庫用地에서 置塩 章(오지오 아끼라) 技師가 天平軒丸瓦를 발견하였다.

1954年 山根德太郎(야마네 도꾸다로) 이래의 조사에서 谷狀의 지형이 많고, 동서폭이 좁은 上町台地 北緣部의 최고위치에 宮城이 자리하고, 상하 이층으로 겹쳐진 두 시기의 宮殿遺構를 발견하였다.

1) 前期 難波宮

大化 2年(646) 봄 1월1일 京師創設의 詔 → 子代離宮 → 大化 3年(647) 小郡宮

白雉 3年(652) 봄 3월 孝德天皇 歸宮(難波 長柄豊碕宮) 가을 9月 難波 長柄豊碕宮의 조영을 끝냈는데 보기드문 훌륭한 궁전이다.

白雉 4年(653) 天皇의 동의없이 皇太子(中大兄)·皇極上皇·皇后이하 百官에 이르기까지 飛鳥 河邊行宮에 옮겼다.

白雉 5년(654) 겨울 11월 10일 天皇이 難波 長柄豊碕宮에서 승하 → 齊明 元年(655) 皇極上皇 飛鳥 板蓋宮에서 重祚, 齊明天皇. 겨울에 飛鳥 板蓋宮에서 火災, 飛鳥 川原宮에 옮기다.

天武 8年(679) 難波에 羅城을 쌓다.

天武 12年(683)의 詔, 都城은 二·三個所 있어야 하고, 먼저 難波에 서울을 정비하다.

朱鳥 元年(686) 1월 14일 難波의 大藏省으로부터 失火해, 兵庫職을 빼서 宮室이 모두 불에 탔다.

9월9일 天武天皇 飛鳥 淨御原宮에서 승하하였다.

遺構 : 모두 掘立柱建築·木製基壇.

瓦를 사용하지 않음.

中心部의 東西에 樓閣風의 八角殿院.(他에 類例 없음. 大陸의 영향)

內裏와 朝堂院은 分離않음.

內裏 남문의 北에 가장 중심적인 內裏 前殿.(前出의 正寢)

內裏 남문과 八角殿院의 남쪽에 14-16동의 朝堂으로 이루어진 넓은 朝堂院.

宮城 북변의 골짜기로부터 "戊申年"(648)墨書名木簡-造京工事中 出土.

宮城 서남역의 골짜기로부터 최고의 万葉仮名墨書木簡-造京공사를 종료하기 직전 출토.

東方 官衙地域으로부터 塀修路로 면하여 回廊을 두르게 한 내부에, 주위를 小石으로(폭 5~10m)깔린 樓閣風의 高床建物 2동.

西方에 難波의 海, 東方의 눈 아래 펼쳐지는 고대 강 內湖를 사이에 두고 生駒山 地를 조망.

宮城 외에 미치는 조성공사

헐어진 주거·고분 등, 造成工事 흔적은 동서 약 1km, 남북 약 1.5km에 工房 흔적·水邊의 祭祀場 등 외에는 도시의 條坊구획의 단서가 될만하다고 보기에는 곤란(短命했던 孝德정권) 하지만, 궁터의 남동 약 1km에 지형을 무시해서 동서에 파헤쳐진 도로 측구(側溝)의 가능성이 있는 평행한 溝 2개를 발견.

2) 後期 難波宮

神龜 3년(726) 知造難派宮事 임명.

天平 16년(744) 윤정월 1일 恭仁과 難波의 2京 어느 곳을 서울로 할 것인가를 百官에 물었다.

2월 26일에 難波宮을 皇都로 삼다.

遺構 : 궁지 남서변의 남 약 1.5km에서, 자연지형을 무시해서 동서방향으로 파낸 8세기 전반의 1개의 溝(京의 유구). 8세기 중엽에 매립하고 그 위에 건물을 짓다. 도랑속으로는 兵庫·山口·福岡 등지의 제염토기도 있음.

기와를 얹은 지붕 凝灰岩 단상에 쌓은 基壇의 大極殿은 內裏와 분리.

內裏의 건물은 掘立柱, 회피(檜皮)로 지붕을 이었다.

2. 藤原京(후지하라쿄) 유적

大和 3山(동에 香久山, 서에 畝傍山, 북에 耳成山) 그리고 남쪽은 飛鳥 甘樫丘(떡갈나무언덕)로 에워 싸여 있다.

持統紀 8년(694) 遷都→平城 遷都(710)까지 持統·文武·元明의 3代 16년의 皇都.

1933년 경에 鴨公小學校 교사증축을 계기로 1934~1944년의 조사에서 藤原宮의 위치 확정.

1952년(昭和 27년) 藤原宮 유적을 특별사적으로 지정.

1966년(昭和 41년) 국도 165호 바이패스 개설 때문에 22년 만의 발굴 재개.

1973년(昭和 48년) 奈良국립문화재연구소 내에 飛鳥 藤原 宮유적 발굴조사부 설치.

2007년(平成 19년) 橿原市에 飛鳥 藤原宮 발굴 조사부 자료실. 다목적 광장구상으로 활용을 꾀하다.

岸俊男의 復原想定 - 京域 동서 4리(약 2km), 남북 6리(약 3km)내에 12條 8坊의 條坊制.(宮域은 약 1km 서방. 남북은 2-6조, 동서는 동2방 · 서2방)

天武 13년(684) 京師 巡行하여 宮地 결정.

持統 6년(692) 鎭祭. 2월 10일 造京司에 詔해 造京공사에서 파낸 시체를 다른 장소에 매장하였다.

持統 8년(694) 12월 6일 遷都.

遺構 : 1979년(昭和 54년) 想定의 京外 2유적에서 京內 와 동일 규격의 건축유구.

秋山日出夫의 大藤原京論등-岸은 말하기를 京域외 유구 검출이 증가하여 京域은 岸俊男說 등의 약 4배로 平城京에 匹敵.

京內와 주변에 많은 불교가람.(大官大寺 · 本藥師寺 · 紀寺 …)

宮域건물은 기와를 얹었고, 기단이 붙어 있음.

宮域 주위의 大担 (1本柱의 담도 기와를 얹었고, 大担의 밖에 폭 7.1m의 外濠와 大担의 內側은 폭 2.1m의 內濠이다.

天皇의 거주 구역에는 內裏와 公務의 장소로서 大極殿이 分離.

大極殿院과 回廊 그리고 大極殿 閣門을 사이에 두고 남측에 朝堂院(12개의 朝堂)

大極殿 규모 : 正面 9間(45m) · 측면 4間(20m)

최근 검출된 朝堂院 東 제 4朝堂터 - 남북 63m, 동서 11.5m의 기와 초석 건물, 건설도중에서 동서 폭을 약 3m축소.

3. 平城京(헤이죠규) 유적

元明(聖武의 조모) 和銅 元年(708) 造平城京司의 인사발령. 和銅 3년(710) 遷都.

奈良분지 북변. 암북 약 5km · 동서 약 6km, 奈良市域 平野部 거의 전역과 주변 구릉을 점하고 있다. 궁성남부를 近畿日本鐵道奈良線이 통과함.

1910년 (明治 43년) 遷都 1200년 기념식전. 朝堂院의 일곽을 有志가 나라에 기부→ 사적지정 → 1936년 (昭和 11년) 추가지정.(『宮域 약 1km 사방+동 약 250m의 내어 붙임 부분』의 약 3분의 2가 지정지로 됨)

1952년(昭和 27년) 平城宮 유적을 특별사적으로 지정.

궁지(宮址) 북변 도로 정비에 따른 개발 규제 완화요구주민대회. 宮域 서방부 3분의 1의 미지정지에 近鐵 車両의 검차기지 건설계획 → 1962년(昭和 39년) 궁지보존전국운동 · 정부에 의한 토지매수경비의 예산화. 1964년(昭和 39년) 궁지유적 동부에 국도의 바이패스 계획 → 노선변경.

1965년(昭和 40년) 宮域 서방의 사적 추가지정

1970년(昭和 45년) 東院 지구 사적 추가지정

1977년(昭和 52년) 平城宮지 박물관 구상(문화청)

1978년(昭和 53년) 특별사적 平城宮지 보존정비 기본구상

1979년(昭和 54년) 宮域 남변의 남쪽 2 대로부분 사적 추가지정 - 朱雀門 등의 남반 해명, 宮域 전체의 보존.

2010년의 遷都 1300년 기념사업에 맞추어 平城宮 유적 전체를 유적박물관. 제 1차 大極殿 正殿 복원 공사중.

遺構 : 궁지 유적은 藤原宮의 정방형 구획과 다르다. 내어 붙임을 가지고 거기에 못을 심으로 한 庭園건축 - 遠遊적 공간.

제1차 平城宮은 朱雀門의 정면에 높은 台上 의 大極殿 - 朝堂院과 壬生門 정면의 동측 연접지에 掘立柱 건축의 궁전이 있고 그 공지에 大嘗祭用의 가설의 궁전유적이 3回.

4. 恭仁京(교진규)

단기간의 정도(定都).

聖武 天平 12년(740) 平城京을 떠나 12월 山城國 남부에 恭仁京 조영 개시.

天平 13년(741) 8월 平城京 동서의 市를 恭仁京에 이축. 9월 賀世山의 서쪽의 길로부터 동을 左京, 서를 右京으로 함.

天平 15년(743) 12월 조영 정지. 平城宮 大極殿 · 步廊을 이축 완료하였으나 4년을 요했다.

天平 16년(744) 2월 難波京 遷都.

天平 18년(746) 9월 恭仁宮의 大極殿을 山城國 國分寺에 施入.

遺構 :

京都府相樂郡加茂町 恭仁小學校 연접지에 大極殿터. 건물규모는 平城宮 제1차 大極殿과 일치. 大極殿 근변의 內裏 내에는 대규모의 掘立柱 건물터가 있음.

2006년도 발굴조사로 大極殿 回廊 유구 검출됨.

5. 끝맺으면서

국가적 프로젝트로서 대대적으로 항구적으로 조사연구와 보존이 조치되어져 가고 있는 奈良縣의 平城京 · 藤原京에 있어서도 그것이 오늘처럼 될 때까지의 발자취는 대단한 일이었다고 생각되어진다. 예를 들면

平城宮 유적은 1922년(大正 12년)에 사적으로 지정되었지만 그것은 궁지 전체가 아니고 土壇狀의 지형을 남긴 장소뿐이었다. 또한 喜田貞吉과의 논쟁으로도 알려져 있는 關野貞이 대학을 졸업해서 이윽고 奈良縣技師로 착임 한 것은 1897년(明治 30년), 29세 때 였지만, 1890년 년초의 『奈良新聞』에 平城宮 유적에 관한 연구성과를 기술해 보존의 중요성을 알리고 있다. 關野의 강연에 촉발되어진 植木職人 棚田嘉十郎들이 궁지 유적의 보존운동을 시작하였다.(高瀨要一 : 「平城宮跡의 인식과 大極殿의 복원」, 『作賓樓』, 奈良문화재연구소, 2006). 획기적인 일이었다. 이것은 백년 이상의 옛 사건이기 때문에 平城宮 유적의 경관은 오늘과는 전혀 다르다. 궁지 유적과 보존에 대한 사고방식도 크게 다른 것이었다고 보아진다. 그러나 이 백년의 세월을 사이에 두고 역시 연구와 고고학조사의 성과를 아주 부지런하게 하고, 방송활동을 통하여 사람들의 관심을 높이는 노력을 하는 일도 주민에 대한 유적 보전에 대한 이해와 행동의 중요성이 새삼스럽게 느껴진다.

平城宮·藤原宮에서는 광대한 사적지정지 내를 역사라고 하는 이미지하고는 조금 다른 게이트볼 연습장·축구장 등 다목적으로 시민광장으로서 활용을 꾀하고 있다. 이제는 여러 가지 사람들이 다목적으로 사적공원에 모여 여러 가지의 모임에 참가하도록 하는 集客 때문에 온갖 노력이 추구되고 있다.

유구의 면적인 보존에 요하는 공적자금의 투입에 대하여 유적은 사적지정이 이루어져 公有化 되어지는 것이다. 폭 넓은 활용과 집객의 대책이 필요하다. 難波宮 유적에 세워진 大阪市역사박물관의 10층에는 수많은 奈良시대 宮廷婦人들의 等身大人形을 늘어 놓아서 포인트랠리에 빠지는 小學生들에게 호감을 얻고 있다.

이것에 대해 이미 거대한 시가지로 변해 버리고 있는 大阪市의 難波宮 유적·京都市의 平安京의 보존은 곤란을 더 없이 하고 있다. 거기는 함께 古來의 대도시로서 숙명적으로 낡은 도시를 파괴하고 그 위에 다시 새로운 도시를 되풀이 쌓아 올리고 왔다. 素人의 눈에는 거기에 유적이 아직도 숨 쉬고 있다고 믿을 수가 없는 것이다. 패전후의 平安京의 조사활동은 민간의 연구자들이 그룹을 짜서 유적 패트롤·유물채집을 행하면서 平安京 유적의 중요성을 알리고 있었다. 또 몇 개의 임의의 연구조사단체가 개발극화의 속에서 고투하고 있었다. 1976년(昭和 62년) 설립의 財團法人 京都市埋葬文化財研究所는 이들을 종합 한 것으로 以來 平安京 유적의 발굴조사의 중심이다.

大極殿 유적 조차 잃어버리고 있는 平安京 내의 개발공사는 모두 사전의 1. 입회조사, 2. 시굴조사, 3. 발굴조사의 어느 것을 행하나 많은 해에는 1,000건에 가까운 개발신청이 있다. 그 긴급조사의 결과로서 平安京 고고학은 두드러진 연구업적을 올리고 있다. 중요한 발견도 잇따랐으나, 양호한 유구가 발견되어지는 일이 있어도 그 보존은 절망적이다. 급속한 시가지화, 地價高昇 속에서 통계적으로는 2012년에 平安京 유적은 모두 소멸한다고 말한다.(山中章·山田邦和 : 『京都 2』, 일본의 고대유적 28, 1992) 천년의 都, 京都는 都省 유적의 보존은 점적인 규모에 불과할 것이다. 게다가 발견 되어지는 점적인 유구는 이 대도시가 갖는 숙명적인 파괴와 소멸로부터 운 좋게도 기적적으로 피하였다. 그러한 대도시의 중요 유적은 어떠한 물건하고도 바꿀 수 없는 가치가 있어 많은 사람에게 이를 알릴 수 있는 숙지가 있으면 좋겠다.

「日本 古代 都城의 調査와 保存의 現況」에 대하여 論評

李南珪(韓神大學校 國史學科 教授)

세가와 요시노리(瀨川芳則) 先生의 發表文은 難波宮, 藤原京 및 平城京의 沿革 乃至 史蹟指定 內譯 등을 記述한 후 保存과 關聯된 일부 事項만을 言及한 것이어서 그것을 討論의 對象으로 삼기에는 적절하지 않아 보이며, 代身 그와 關聯된 몇 가지 補完 說明을 付託한 후 本人이 나름대로 갖고 있는 疑問點에 대해 質疑하고자 한다.

日本의 오사카(大阪)에는 難波京이 位置하고 나라(奈良) 地域에는 藤原京, 平城京, 恭仁京, 長岡京 및 平安京 등 古代의 都城 등이 다수 分布하고 있는 점이 特徵으로서, 長期間에 걸친 發掘調査를 통해 그 性格들이 상당히 밝혀지고 疑問點들이 解消되기도 하였으나 同時에 많은 問題點들이 새롭게 提起되고 있는 狀態라고 할 수 있으며, 또한 都市 내의 넓은 範圍를 차지하고 있어 開發過程에서 住民들의 民怨과 相衝되는 要素가 많은 점은 風納土城이 안고 있는 問題와 類似하여 많은 參考가 된다.

우선, 다음의 事項들에 대한 補完 說明을 먼저 付託하고자 한다.

첫째, 이들 都城 遺蹟은 時差的으로 築造됨에 따라 일정한 變遷과 發展이 있었던 것으로 밝혀져 있다. 먼저 이에 대하여 아래의 部分들에 대하여 詳細히 言及해 줄 것을 付託드린다.

1) 規模의 變遷,
2) 條坊制를 中心으로 한 構造의 發展的 樣相
3) 機能上의 變遷
4) 其他 追加 確認이 要望되는 部分들

둘째, 이들 각 都城에 대한 發掘과 調査研究를 長期間 進行하는 데 있어 어떠한 調査體制를 갖추었고, 그 性格과 規模는 어떠한 것이었는지를 보다 詳細히 言及해주었으면 한다.

셋째, 이러한 大規模의 都城들에 대한 調査를 進行하는 데 있어 擡頭되었던 問題點들 중 重要한 몇 가지 事例를 提示해주었으면 한다.

그리고 다음과 같은 問題點들에 대하여 現在 日本 考古學界에서는 現在 어떠한 見解를 갖고 있는지에 대해서도 答辯을 付託드린다.

첫째, 上記의 日本 古代 都城들은 그 構造面에서 西洋 古代의 都市와는 다른 性格인 것으로 말해지고 있다. 그 가운데 특히 都市의 經濟的 技能과 關聯된 生産과 流通의 樣相에 대하여 어느 程度 밝혀지고 있는지 알려주었으면 한다.

둘째, 예를 들어 藤原京의 경우 16年밖에 使用하지 않고 平城京으로 遷都한 後 廢絶되고 말았으며, 以後도 몇 번의 遷都가 斷行되었다. 이러한 遷都의 原因에 대한 그간의 研究들이 있어왔는데, 이에 대해 最近에는 어떠한 見解가 有力한지에 대한 說明을 付託드린다.

그리고 風納土城에 대한 向後의 對策 樹立은 어떠한 方向으로 나아가야 할지가 問題인데, 日本의 事例들이 參考가 될 것 같다. 다음과 같은 事項들에 대해 意見이 있으면 具體的으로 말해 주었으면 한다.

1. 國家가 取해야 할 保存과 調査의 對策은 어떠한 方向으로 나아가야 할 것인가?
2. 住民들의 不滿과 被害를 어떻게 解消시키는 것이 合理的일까?
3. 長期間의 發掘調査를 위하여 어떠한 調査體制가 가장 바람직할까?

綜合討論

司會：申澄植(前 梨花女子大學校 史學科 教授)

論文發表 特別討論 招待者

特別討論 招待

金起燮(서울歷史博物館 研究員)

金台植(聯合뉴스 文化部 文化財 專門記者)

愼亨浚(朝鮮日報 文化部 文化財팀장)

崔孟植(國立文化財研究所 遺蹟調査室長)

黃平祐(文化聯隊 文化遺産委員會 委員長)

特別招請

李基永(風納洞文化財對策委員會 委員長)

漢城百濟博物館 建立 推進問題

金起燮(서울歷史博物館 研究員)

　　최근 서울시에서는 송파구에 한성백제박물관을 건립하기로 최종 결정하고 구체적인 추진작업에 착수하였다. 1980년대 초부터 학계에서 「한강유역 백제전기 수도유적 보존문제」가 제기되면서 서울시에 백제박물관이 필요하다는 의견을 처음 제출한 해로부터 따지면 무려 20여 년만의 일이다.

　　1981년에 서울이 제24회 올림픽대회 개최지로 결정되자, 당시 정부와 서울시는 방이동 일대에 대규모 체육공원을 조성하기로 결정했다. 그리하여 1983년부터 몽촌토성 발굴조사가 시작되었다. 발굴 동기가 공원 조성이었으므로 대체적인 윤곽만 확인하였는데도 중요한 유구와 유물이 속속 발견되었다. 1983년 한강유역 백제유적 학술세미나에서 '위례성박물관(慰禮城博物館)'안이 제기되기도 하였다.

　　1985년도 조사에서는 金銅銙帶裝飾片과 灰釉錢文陶器片 등 최고급 백제 유물이 다량 출토되었다. 이에 몽촌토성을 백제의 왕성으로 보는 견해가 많아졌다. 그러자 정부와 서울시는 체육공원 안에 백제박물관도 함께 짓겠다는 계획을 서둘러 발표하였다. 1985년 6월에 세운 이른바 서울古都綜合復元計劃이다. 그러나 이는 서울시립미술·박물관을 짓겠다는 계획과 일정부분 충돌하였으므로 논란이 일었다. 그 결과 1987년에 서울시는 500평 내외의 (가칭)백제역사관을 세우기로 계획을 변경하였다. 그리고 체육공원을 정비하고 백제역사관에 전시할 유물을 확보하기 위해 몽촌토성 내부 발굴에 본격 착수하였다. 그리하여 1987~1989년의 발굴 조사를 통해 4천여 점의 각종 유물이 출토되었는데, 그 사이 서울올림픽이 끝나버렸으므로 유물 대다수는 발굴기관인 서울대학교 박물관과 국립중앙박물관으로 넘겨지고, 극히 일부만 1992년에 문을 연 몽촌역사관에 대여 형태로 전시되었다. 애초 백제박물관 건립으로 향하던 사업이 전시실 226평 규모의 전시관이 된 것이다.

　　1997년 1월에는 한국의 역사학계와 고고학계를 뒤흔드는 큰 사건이 터졌다. 선문대학교 이형구 교수에 의해 風納土城 내 신축아파트 터파기 공사장에서 백제 유물을 발견함으로서 지하 4m 깊이에 백제 유구가 온존한다는 사실이 알려졌다. 그 해 2월부터 국립문화재연구소가 풍납토성의 내부 7천여 평을 발굴 조사해 다수의 백제 주거지와 3중 환호를 확인한 것이다. 이후 1999년과 2000년에는 풍납토성 동쪽 성벽 절개조사, 풍납토성 내부 경당지구 발굴조사를 통해 풍납토성의 역사적 위상이 재확인되자, 막대한 분량의 출토유물 관리·활용 문제가 불거졌다.

　　이에 서울시 행정당국은 서울지역의 백제 유적·유물을 효율적으로 관리해야 한다는 막중한 책임감을 새삼 인식하고, 유적·유물의 조사·관리뿐 아니라 한성백제사를 깊이 연구함으로써 서울이 고대국가 백제의 수도였으며 2,000년 역사의 古都임을 재조명할 방법을 모색하기 시작했다. 그리고 학계의 요구를 받아들여 유적·유물의 조사와 관리, 百濟史 究明을 통한 서울의 역사·문화적 정체성 확립, 서울지역 역사의 체계적 전시·교육·홍보 등을 두루 만족시킬 전문 박물관을 세우는 일이 시급하다고 결론지었다.

2004년 2월, 서울시에서는 박물관 건립이 필요하다는 내부 방침을 세웠다. 3월에는 역사·고고학계의 전문가 7명을 포함한 자문위원회를 구성하여 (가칭)한성백제박물관의 건립에 관한 문제를 본격 논의하였다. 이후 9차에 걸친 자문회의 결과 2005년 5월 모임에서 올림픽공원 지구촌광장에 약 3,200평 규모로 짓는 것이 좋겠다는 데 합의하였다. 서울역사박물관 내에 한성백제박물관 건립추진반도 구성되었다. 그동안 추진반은 박물관 건립부지·전시구성·유물확보 등의 문제 해결방안을 모색하면서 합리적인 행정절차를 차분히 밟아왔다.

2007년 5월 2일, 서울시에서는 그간 제기된 각종 문제들에 대한 다각적 검토를 끝내고 박물관건립을 적극 추진하기로 최종 결정하였다. 이때 임나일본부설 등의 역사분쟁에 주도적으로 대비하고 '고구려 보루군'에 대한 연구·전시에도 소홀함이 없어야 한다는 방침을 세웠다. 이에 따른다면 한성백제박물관은 서울의 백제 역사를 중심으로 그 이전의 선사문화와 그 이후의 고구려·신라문화를 아우르는 선사·고대 전문박물관이 될 것이다.

신석기인은 서울의 강동구 암사동에 대규모 마을유적을 남겼고, 청동기인들은 강남구 역삼동, 강동구 명일동, 송파구 가락동 등에 여러 모습의 집터를 남겼다. 삼국시대의 백제인들은 송파구 풍납동(풍납토성)·방이동(몽촌토성)·석촌동(고분군) 등지의 여기 저기에 다양한 흔적과 물건들을 남겨놓았다. 백제의 뒤를 이어 서울지역을 차지한 고구려인들은 광진구의 아차산 줄기에 크고 작은 군사시설을 남겼다. 송파구 방이동의 돌방무덤은 백제 때 처음 만든 무덤이라고도 하고 서기 553년 이후 서울의 새 주인이 된 신라인들의 무덤이라고도 한다. 이처럼 다양한 흔적들은 서로 많이 다르지만, 한가지 큰 공통점이 있다. 모두 한강 바로 옆에 있다는 것이다. 신석기·청동기시대의 유적이든 삼국시대의 유적이든 한강변을 벗어나지 않는다. 특히, 백제유적은 잠실지구를 개발하고 한강 둔치를 정비하기 전까지만 해도 한강물이 바로 옆까지 넘나들었다. 선사·고대의 사람들도 지금의 우리와 크게 다르지 않았다는 사실을 유적들이 생생하게 보여주고 있는 것이다. 그런 점에서 고대 백제유적의 보존은 백제의 해양문화를 오늘에 되새기는 길이기도 하다.

한성백제박물관은 송파구 방이동의 올림픽공원 안에 세워질 예정이다. 바로 옆에는 소마미술관이 있고, 그 너머에 올림픽기념관이 있다. 전시실 창문을 통해 몽촌토성과 아차산을 바라보고, 전시실을 관람한 뒤에는 풍납토성·석촌동고분군·방이동고분군으로 금새 걸어가 볼 수 있다. 암사동 선사주거지 전시관과는 지하철 세 정거장 거리이다. 박물관 주변에는 드넓은 잔디밭과 조각공원이 있고 푸르디 푸른 수풀이 있다. 고대유적과 함께 있는 현장박물관, 다양하고 풍부한 유물로 고대문화에 대한 식견을 높일 수 있는 전문박물관, 전시실·세미나실·카페 등에서 선사·고대 이야기와 한강이야기를 도란도란 나누고 체험할 수 있는 재미있는 박물관. 지금 서울시가 꿈꾸는 한성백제박물관이다.

保存을 넘어 活用으로

- 風納土城의 10年을 反芻하며 -

金台植(聯合뉴스 文化部 文化財 專門記者)

풍납토성이 지금과 같은 대규모 주거지구로 변모한 것은 그 역사가 1세기는 커녕 반세기가 채 되지 않는다. 1960년에 발간된『한국고적연람』에 수록된 풍납토성 내부 사진을 보면, 갈대 무성한 황무지나 습지에 지나지 않는다. 1964년 10월16~31일, 김원룡이 서울대학교 고고인류학과 고고학 실습현장으로 이곳을 잡아, 북쪽 내부 구역 일부에 대한 시굴조사를 실시했을 때에도 인가는 몇 채에 지나지 않았다. 1997년 이후 발굴성과를 보아도, 지금의 풍납토성 일대는 475년 한성백제 멸망 이후 근 1천500년가량이나 無主地였음이 드러난다.

이런 역사적 관점에서 묻는다. 풍납토성 주인은 누구인가?

1999년 동벽 두 군데를 절개 조사하고, 그와 동시에 성벽 내부 경당지구 발굴이 한창 진행되던 무렵, 나아가 그에 덩달아 풍납토성 보존운동이 격렬하게 제기될 때, 그에 회의적인 많은 이가 '현실론'을 내세웠다. 성벽 내부 구역 기준 19만 평, 4만여 명이라는 거대 주거지구인 이런 곳을 어떻게 보존하겠느냐는 게 회의론의 주류이자 골자였다. 당시만 해도 풍납토성 중 사적 제11호로 지정 고시된 곳이라곤, 현존 성벽 구역에 지나지 않았다.

10년이 지난 지금 풍납토성 일대 지도를 펼쳐놓고, 사적지가 되어있는 곳을 10년 전의 그것과 비교해 보면, 격세지감이라는 말이 이럴 때 맞아떨어짐을 알 수 있다. 아직 가야 할 길은 머나, 나아가 산적한 현안 또한 말 그대로 산처럼 첩첩하나, 지난 10년이란 세월이 풍납토성에는 결코 헛되지 않았음을 보여준다.

10년 전 풍납토성 풍경의 단면을 떠올려 본다. 남쪽 성벽과 동벽 곳곳은 파밭과 같은 채소밭이었고, 또, 묘   장이었는가 하면, 김칫독을 묻는 곳이 있었다. 그런 곳이 지금은 올림픽공원 내 몽촌토성처럼 잔디밭으로 변모되어 산책로로 이용되고 있다.

주민생존권 혹은 재산권을 침해한다는 비난이 압도적이었던 풍납토성, 지난 10년은 이렇게 우리도 모르는 사이에 많은 변화를 동반했다. 나는 이 자리에서 그것을 부정하고서 풍납토성 지난 10년은 이렇게 '축복'이었다고 말하고픈 생각은 추호도 없다. 그런 '축복'을 거론하기에는 풍납토성은 오로지 고통의 근원이었노라는 반론이 너무 크기 때문도 아니다. 하지만 그럼에도 잊지 말아야 할 것은 그렇게 격렬하게 부딪치면서 풍납토성은 우리도 모르는 사이에 변모의 옷을 갈아입었다는 것이다.

이런 '변화'를 위해 얼마나 많은 '투쟁'과 '인내'와 '감수'가 필요했는지는 이 자리서 새삼 되풀이할 필요는 없다.

앞으로 풍납토성은 어떻게 나아야야 하는가? 이를 나는 다음과 같은 말로 대치한다.

풍납토성 지난 10년의 남긴 가장 큰 유산은 무엇인가?

말한다. 풍납토성 영어마을이다.

내 기억으로 한시적이라는 전제를 달기는 했으나, 사적 풍납토성에 추가된 옛 외환은행 합숙소 부지와 건물은 서울시가 운영하는 영어마을로 전용되었다. 묻는다. 영어마을을 염두에 두고 그 많은 논란을 뒤로 하고, 이곳을 보존했던가? 이곳이 보존될 때는 영어마을의 '영'자도 고려되지 않았다.

그럼에도 왜 우리는 풍납토성이 영어마을화(化)함을 방치할 수밖에 없었는가?

활용방안이 동반되지 않았기 때문이었다. 발굴에 정신이 팔렸고, 보존에 정신이 팔렸고, 그에 따라 보상비를 마련하는 데 정신이 팔려 그렇게 우여곡절 끝에 보존된 곳을 어떻게 활용하는가 하는 문제는 지금 생각하면 차라리 '사치'라고 불러도 좋을 만큼 많은 일이 급박하게 돌아갔다.

당시에도 외환은행 합숙소 부지는 풍납토성 전문박물관 혹은 전시관으로 활용해야 한다는 목소리가 없지 않았으나, 경기도를 진원지로 하는 영어마을 바람이 들이쳐 지금은 주객이 전도된 꼴이 빚어지고 말았다. 풍납토성 발굴성과를 홍보하며 출토유물을 전시하는 공간이 되어도 시원치 않았을 곳에는 '영어 망령주의'가 출몰하는 곳이 되어 버렸다.

뿐만 아니다. 경당지구를 비롯한 1999년 이후 추가 사적지는 대부분 공용주차장으로 변해 버렸다. 아무리 임시변통이라 하지만, 묻거니와 주차장 부지 마련을 위해 그 막대한 국민세금과 시민세금을 들여가며 풍납토성을 보존했던가? 이제는 보존이 시급한 것이 아니라 그 성격에 걸맞는 시설로의 활용이 시급한 것이다.

風納土城 內 住民財産의 國家報償

愼亨浚(朝鮮日報 文化部 文化財팀장)

앞에서 쟁쟁한 전문가님들이 풍납토성의 학술적인 가치 등을 언급하셨기에 저는 그저 편하게 제 개인적인 경험과 느낌을 풀어가겠습니다. 그저 편하게 회상기 하나를 읽는다는 심정으로 들으셨으면 합니다.

1997년 1월 4일은 토요일이었습니다. 서울 낮 기온은 영상 1도로, 포근한 편이었지요. 당시 모든 신문사는 일요일자가 있었기에, 토요일에도 근무를 했습니다. 오후 1시쯤 됐을까? 어느 고고학자가 저에게 전화를 했습니다.

> "풍납토성에서 아파트 터파기 공사를 하고 있는데, 백제 토기가 나오나 봐. 정말 중요한 유적인데. 이형구 선생이 현장에서 아무리 막으려고 해도 잘 안되나 본데, 이 선생한테 전화해서 기사로 써요."

솔직히 당시 저는 풍납토성이 뭔지 잘 몰랐습니다. 이형구 선생에게 전화를 드렸더니 그는 무척 흥분한 상태였습니다. 부리나케 회사 차로 조선일보 사진부 조인원 기자와 현장으로 갔습니다.

이형구 선생께 상세한 설명을 들은 뒤, 현장 관계자와는 싸우듯이 취재했고, 그렇게 조선일보 1997년 1월 6일자 39면에 "서울 풍납토성 내 아파트 공사-백제 유물이 사라진다."라는 단독 기사를 썼습니다. 이후 발굴이 이어졌고, 풍납토성은 대부분의 고고학자들에게 '백제의 왕성'으로 인정받게 됐습니다.

이 기사는 지금껏 저에게 '자랑'으로 남아있습니다. 아마 제가 기자를 그만두게 될 때 떠오르는 기사 중의 하나가 될 것 같습니다. 동시에 이 기사는 배의 '닻'과 같은 무게로, 저를 내내 짓누르고 있습니다.

1997년, 저는 문화재 보존이 최선이라고 생각했습니다. 1997년 1월 6일자 풍납토성 기사가 나간 이후 풍납토성 주민들에게 항의 전화를 수십 통 받았지만, 그때마다 "국가에 항의하실 것을 왜 저에게 항의하십니까"라고 당당하게 답했습니다.

그런 생각은 2000년 이후 서서히 바뀌게 됐습니다. 그것은 '형평성'의 문제에 대해 생각하면서부터였습니다. 물론 결국은 '돈'의 문제입니다.

예를 들겠습니다. 한강 변에 바로 붙어 있고, 지하철도 5호선과 8호선이 집중돼 살기도 좋은 풍납토성 안에 있는 동아한가람아파트 일반거래가가 얼마인지 아십니까? 부동산과 관련해서 신뢰도가 가장 높은 국민은행 '부동산' 사이트에 따르면 5억~5억3,500만 원입니다. 한데 지하철과도 어느 정도 거리가 떨어진 송파구 방이동 대림아파트 31평형은 7억5,000만 원입니다. 왜 일까요?

명색이 강남구와 쌍벽을 이루는 고가 아파트 밀집 동네인 송파구에서 유독 풍납토성 안의 아파트 가격이 떨어지는 이유는 "재개발과 재건축이 불가능한 곳"이기 때문입니다. 다 아시듯, 지난 2000년 문화재위원회는 풍납토성 안에서는 4m 이하의 터파기가 불가능하도록 만들었습니다.

자, 이제 입장을 바꾸어 놓고 생각해봅시다. 이제 우리는 풍납토성 안에서 40평형 대의 단독주택을 가지고 있는 주민이 됐습니다. 힘들게 돈 모아서 지난 1990년대 중반쯤, 혹은 그 이전에 샀습니다. 한데, 문화재인지 뭔지 때문에 재개발이 사실상 불가능하게 됐습니다. 아파트 개발이 불가능한 땅이니 집값이 오를 리가 없죠. 송파구의 다른 곳은 평당 2000만원 이상인 곳이 수두룩한데, 이곳만은 1,000만 원대에 그치고 있습니다. 속된 말로 열이 받치지 않을 수 없습니다.

지난 해 우리나라에서 가장 오래된 1800여 년 전 백제 도로가 풍납토성 안에서 발굴됐다고 해서 지도위원회가 열렸을 때의 풍경을 저는 잊지 못합니다. "어디가 왕궁터냐"며 삿대질하던 분들, 바바리를 입고 오셨던 이형구 선생님께서 주민들에게 떠밀리다가 발굴단 컨테이너에 들어가 문을 잠그고 수 시간 동안 나오지 못하셨던 것, "어이, 바바리맨"하며 이형구 선생님을 조롱했던 사람들.(다들 아실 것입니다. '바바리맨'이 무슨 뜻인지.) 한데, 솔직히 말하면 저라도 그랬을 것 같습니다. 돈 앞에서 양반이란 없지요.

자, 이제 머리를 맞대야 할 시점입니다. 해결책은 무엇일까요?

돌아가신 한병삼 선생님은 "국가가 사적지나 그 주변 땅을 사야 한다"고 여러 번 말씀하셨습니다. 사적지 혹은 그 주변 땅이 제대로 보존되려면 국가 소유가 돼야 한다는 뜻입니다. 개발하면 돈 벌 수 있는데, 누가 개발을 원치 않습니까? 제가 개인적으로 알고 있는 문화재 관계자가 한 분 있습니다. 이름만 대면 다 아는 사람입니다. 그분은 북촌 한옥마을 보존에 앞장서고 있는 분입니다. 한데, 그분은 그 몇 년 전, 자기가 살고 있던 잘생긴 한옥을 부수고 현대적인 큰 건물을 지었습니다. 다시 말씀드리지만, 돈 앞에서 양반되기는 참으로 힘듭니다.

너무 이상적인 이야기인지는 모르지만, 결국 국가 예산으로 풍납토성 내부의 땅을 사야 한다고 봅니다. 어찌됐든 국가가 개발을 어렵게 만들었으니, 국가가 책임져야겠죠.

이 장면에서 토지 보상의 선후 관계를 따져야 합니다. 저는 풍납토성 내부 토지를 무조건 다 사들여야 한다고 생각하지는 않습니다. 2000년 6월, '4m 이하 터파기 금지 조치'를 내린 이후에 풍납토성 내부 토지를 아파트든 단독주택이든 취득하신 분들에게는 토지 보상을 우선적으로 할 필요가 없습니다. 하더라도 '최하위 순위'로 미뤄야 합니다. 개발이 않되는 곳임을 알고도 땅을 샀다고 볼 수밖에 없기 때문입니다. 만약 이런 분들의 토지까지 보상해야 한다면, 사적지 주변 땅을 싼값에 일부러 사들여 보상받는 신종 '알박기'가 등장할 수 있을 것입니다.

토지 보상 방식을 더 세분한다면, 앞으로 풍납토성에서 개발 행위가 쉽지 않음이 공개적으로 드러난 1997년 상반기 이전에 토지를 취득한 사람을 최우선 순위로 삼고, 2차로는 1997년 하반기 이후~2000년 6월, 문화재위원회가 '4m 이하 터파기 금지 조치'를 내리기 전 시점에서 토지를 산 사람의 땅을 매입하는 것입니다.

매입 비용 역시 고려할 점입니다. 현시가 보상에는 반대합니다. 현시가는 "풍납토성 내부가 재개발되기 힘들다"는 점이 고려된 가격이기에 저평가된 상태입니다. 합리적으로 도출돼야겠지만, 저평가된 현재 시세가로 하는 것은 특히 1997년 상반기 이전에 풍납토성에 땅을 샀던 분들에게는 너무나도 억울한 일이 될 것입니다.

물론 비용은 천문학적 액수가 되겠지요. 하지만 경주에 2030년까지 30조 원 이상을 들여 '경주역사도시'를 만들겠다거나, 아무런 근거도 없이 백제역사재현단지를 만들겠다며 2조 4천억 원을 쏟아부었던 예산 같은 것을 아끼면 된다고 봅니다.

일부에서는 '세금 감면' 등을 이야기하는데 저는 '격화소양(隔靴搔癢)'이라고 생각합니다. 끽해야 기십만 원 하는 게 세금 감면인데, 풍납토성 때문에 수억 원 손해 보았다고 생각하는 분들이 납득할 수 있을까요?

문화재가 진정으로 국민의 사랑을 받으려면, 문화재 때문에 통곡하는 사람이 최소화돼야 합니다.

風納土城 保存 整備·管理 및 活用에 관하여

崔孟植(國立文化財研究所 遺蹟調査室長)

풍납토성은 ´63년 사적으로 지정된 이후, ´99~´02년에 걸친 풍납토성 재건축 및 소규모 주택 건축을 위한 문화재조사에서 백조 초기의 유적으로 확인되었다. 이 유적은 백제 초기의 사료를 규명할 수 있는 주요 유적으로 인정되어 역사적·학술적으로 재평가의 필요성을 인식하게 된 계기가 되었다.

이 조사를 계기로 하여 ´00~´02. 7월까지 4회에 걸쳐 16,971평에 대한 추가 사적이 지정되었고, 이 과정에서 사적지정과 보상·관리 등의 문제를 우선 선결하기 위하여 ´01. 4월 문화재위원회 심의 의결을 통해 풍납토성 내·외부지역 보존 관리지침을 정하게 되었다. 주변의 지속적인 소규모 건축에 따른 문제는 동 지침에 의거하여 관리되어 오고 있다.

그렇지만 풍납토성에 관한 장기적인 보존·관리 및 활용에 대한 기본방향(안)의 마련 필요성이 요구되고 있다. 이를 토대로 문화재보호법(제13조 2; 문화재의 보존 관리 및 활용계획의 수립)에 의거하여 문화재청에서는 지방자치단체장과의 협의를 거쳐 국가지정문화재의 보존 관리 및 활용에 관한 기본계획을 다음과 같은 목표로 세우게 되었다.

□ 사안별 보존방향

○풍납토성의 가치규명 및 보존을 통한 정체성 확립
○예측 가능한 문화재의 보존을 통해 주민 사유재산권 침해 최소화 도모
○풍납토성의 정비 활용을 통한 국민의 문화 향유권 신장
이러한 계획에 따라, 기본원칙과 사안별 보존방향을 설정하여 다음과 같은 보존 관리의 지침을 마련하였다.
-성벽구간은 현재 사적지로 지정 보호되고 있는 지역에 대해서는 조사 정비를 실시하고,
-추정되는 잔존 성벽지역에 대해서는 매입·정비를 실시한다.
-성벽내부는 사적으로 지정된 구역은 발굴조사를 통해 사적공원화 한다.
-해자 추정지역은 학술조사를 통하여 보존가능 범위를 설정하고 매입·정비

□ 보존 관리 및 활용 기본방향

○토성 성벽
-잔존한 동벽과 서남벽 일대는 장기적 학술조사를 통하여 복원 정비
-서벽과 동벽 일대의 추정 성벽 잔존 지역은 학술조사를 통하여 점진적 매입 및 복원·정비

○내부지역

-보상완류 후, 학술조사를 통하여 야외유적과 또는 유적공원 등을 조성하여 주민과 활용연계방안 강구

-외환은행 합숙소 건물 등은 종합전시관이나 연구 활동을 위한 활용을 통하여 일반인, 주민들의 홍보, 교육자료, 관광자원 등으로 활용

-소규모 단독주택부지에 대하여는 조례개정을 통하여 문화자원보존지구 또는 문화재 주변경관지구로 지정하여 보존 근거 마련

-실제, 소규모 단독주택 등은 간단한 시굴조사를 통하여 200㎝ 내외까지 확인하고, 유적이 훼손되지 않는 범위 내에서 설계와 건축을 허가함으로서 현실적인 주민들의 사유재산권 피해를 최소화 도모

○토성 외부 및 추정 해자 유적

-매입된 지역에 대한 학술조사, 재건축 증개축 및 신축 시, 발굴조사를 통하여 유적확인과 이에 대한 보존 가치가 인정되면, 동 지역에 대해서는 복원 정비를 실시

-동 지역에 대한 조사를 통하여 보존할 만한 유적 확인이 되지 않을 시, 조사지역에 대한 기록을 유지하고 문화재 보호구역의 경관을 저해하지 않는 범위 내에서 건축

□ 풍납토성 보존관리 활용 관련 계획수립

-추진 방향은 현실적으로 토성 내·외부 지역 전체를 매입 보존하는 것은 현실적으로 어려움.

-따라서 성벽구간 및 내부, 외부 해자 추정 지역 등 사안별로 단계적 보존 정비방안 마련필요

-중·단기적으로 토성 연결구간 및 내·외부 지역 사적 추가지정 및 매입 정비와 기매입된 경당 미래마을 외환은행숙소부지에 대한 사적공원화 등 추진

○사업기간; '03~'12(10년간)

○사업비; 5,080억 원(국비 2,540, 지방비 2,540)

○사업 추진내용

-토성 연결구간 및 유실 지역 사적 추가지정(내부) 매입, 정비

-외부(해자)지역 사적 추가지정, 매입

-사적공원 조성, 기념관 건립 등 교육, 관광, 자원화 사업추진

□ 풍납토성 중장기 학술조사 ; 보존 관리 및 활용의 기본계획 범위 내에서 학술조사실시

○목적

-풍납토성의 역사적 학술적 가치 규명

-유실된 토성의 구간, 문지, 해자 등 성 관련 시설 및 내부 유적구조 확인

○기본방향

-토성 내부 및 성벽,해자 등 기매입지를 중심으로 연차조사 실시

-풍납토성 및 한성백제 관련 학술대회 개최 및 보고서 발간

-소규모 재건축부지, 토성 인접 지역 내 재건축 부지조사

○선결(병행)과제

-유적 복원 정비에 관한 마스터플랜 제시

-주민재산권 손실에 관한 적극적, 합리적 보상방안 마련

-미 매입지에 대한 구역별 매입

-풍납토성에 대한 교육 및 관광자원 활용 방안 마련

○조사 현장 상시 공개 ; 현실적 필요성과 현안 과제

-풍납토성 전시관 등과 연계하여 발굴조사 현장 공개 필요 · 덧집 설치 등 현실적 과제

-조사 현장 안내 관광코스 개발 등은 지자체와 긴밀한 협조체제 등

□ 선결과제 및 향후 방향

○ 2002년 풍납토성 보존관리계획에 의거 토성 내부에 대한 적극적인 토지매입에 따른 정비필요

○중 장기 마스터플랜 제시 필요

-매년 200억 내외의 예산투입에도 체계적 매입과 정비에 어려움 잔존

-매입, 매입지 활용방안에 따른 역사 공원화 및 관광자원화 학술조사 계획에 한계성

-현재 매입 필요지역에 비하여 매입예산의 부족과 매입 장기화에 따른 주민 불만 증가예상

○주민재산권 피해에 대한 합리적 보상방안 구역별 토지매입 수행

-대규모 재건축 불가, 소규모 재건축 규모 제한에 따른, 지가의 상대적 하락 등으로 주민불만 가중

-소규모 재건축이 줄고, 국가에 대한 사적지정 신청에 의한 매입요청 증가

□ 풍납토성 발굴조사 실시

○발굴조사

-토성 보존정비 활용방안 계획의 일환으로 유적발굴조사 실시 및 정비 기초 자료 제공

-풍납토성 내외부 지역의 보존 관리지침을 정하여 시발굴조사를 실시, 성곽 건물지 등 매장문화재가 지속적으로 확인되고 있음.

-국립문화재연구소 중부권발굴조사단에서는 이러한 계획과 연계, 사적공원화사업 기본작업의 일환으로 사적지로 지정된 지역을 중심으로 1차 10개년 중장기 발굴계획을 수립, 조사진행중임.

-발굴방향은 앞서 설명한 바와 같이 성벽구간, 토성 내부지역 및 외부 지역을 중심으로 진행되고 있으며, 필요에 따라 민원 해결을 위한 단독주택지 시굴 및 외부재건축사업 관련 긴급발굴조사를 진행; 현재는 미래마을(6,500여 평)을 ´04~´10까지 계획을 수립 진행 중

-미래마을 이외의 지역별 및 구간별 조사는 보존 정비계획에 따른 발굴진행 예정

○현안사항

-전면 발굴 완료 예정인 ′10년 이후 복원 정비에 따른 장기간 소요 등으로 유적훼손 위험 및 각종 민원 발생

-현재 지역 주민의 각종 민원 제기

-이를 해결하기 위하여 발굴을 진행하면서, 발굴 완료 지역에 대해서는 단계별로 사적공원화 사업추진 협의 진행예정(문화재청과 서울시의 적극적인 협의 및 추진 등)

風納土城 保存·發想의 轉換

黃平祐(文化聯隊 文化遺産委員會 委員長)

2000년에 이어 2006년 역시 풍납토성으로 인한 불미스러운 사태가 발생했다. 아래 글은 풍납토성 주민이 공개적으로 필자가 활동하는 연구소로 보내온 내용이며 그에 대한 답변이다. 아마도 풍납토성 주민의 생생한 현장 목소리이니만큼 소개할 필요가 있을 것이다.

□ 풍납토성 개발(안), 어떻게 생각하십니까? - 풍납동 주민 허□□

정부와 문화재청은 풍납토성을 사적 제11호로 지정한 이후 풍납토성 안쪽의 소규모 건축행위에 대하여 인가를 해주고 있으나, 이 경우에도 문화재가 출토될 경우 그 재건축을 중지시키고 사적으로 지정한 다음 적정한 보상이 아닌 극히 적은 보상금을 지급하고 있습니다. 풍납동민은 굴착공사에 대한 엄두를 못 내고 이로 인해 풍납동은 20년 내지 30년이 지난 건축물만이 즐비한 낙후지역으로 전락을 하였습니다. 풍납동민의 재산권과 문화재보호라는 측면으로 문제점에 관하여 살펴보고 이에 대한 해결안을 제시해 봅니다.

□ 문제점

풍납토성 안쪽의 부지를 매입비용은 약 15조 원으로 예상되고 이를 발굴 보존하는 비용역시 수천 억 원이 소요될 것으로 보이며, 이로 인하여 문화재발굴을 하고 있다는 생색만을 내고 있는 상태임. 현재 문화재발굴 지연으로 인하여 20년 내지 30년이 된 건물만이 풍납동에 남아 있는 낙후지역으로 남아 있고, 일부 사적으로 지정된 건물에는 밤늦게 불량청소년들이 들어가 술을 마시고 고성방가를 하는 우범지대로 변해가고 있는 상태임.

□ 풍납동민의 원성

반만년의 역사를 가진 한반도에 문화재가 출토되지 않는 땅이 과연 어디에 있을까.

서울은 조선의 600년 도읍지로서 모든 지역이 문화재적인 가치가 있음에도 고궁을 제외하고는 모두 개발되었다 하여 과언이 아닌데 왜 풍납동은 개발을 할 수 없다고 하는가.

풍납동민은 "문화재는 안중에도 없는 사람"으로 낙인찍혀가고 있는 상황에서 정부와 문화재청은 왜 수수방관만을 하고 있는가.

문화재발굴을 한다고 하고 있으나 1년 발굴예산 1억원 내지 2억원이고 매일 6·7명의 인원이 동원되어

붓으로 발굴을 하고 있는데, 44만 평에 이르는 풍납동 부지의 문화재를 언제 어느 세월에 마친다는 말인가.

문화재청은 문화재발굴 이후에도 흙으로 덮어버리고 주차장을 만드는 데 과연 이것이 문화재보호란 말인가.

□ 해결방안

1. 풍납동 전 지역에 대한 지표조사를 실시한 다음 이 중 중요한 문화재적인 가치가 있는 곳을 제외하고 나머지 부분에 대한 개발을 하자는 방안.

풍납동의 부지는 약 44만 평에 이릅니다. 한성백제에 도읍이 풍납동이라는 가설이 맞다하여도 그 당시 토성 안의 거주민은 그리 많지 않았을 가능성이 농후하므로, 전면적인 지표조사를 하여 가치 있는 문화재 출토 지역과 비출토 지역을 나누고 문화재 출토 지역은 문화재 보호구역으로 영구히 보존하고 나머지 비출토 지역은 지구 지역을 재조정을 하고 개발을 하여 모든 풍납동민이 거주할 수 있는 거주지로 만들자는 것입니다.

2. 대토(代土)를 하는 방안

풍납토성 안쪽의 문화재가 극히 중요하여 보상밖에 길이 없다 건물에 대한 현시가로 보상을 하고 인근의 국·공유지를 개발하여 선분양권을 지급하는 방법입니다.

□ 풍납동민은 6·7명이 장난하듯이 문화재 발굴하는 모습, 쓸어질 것 같은 낙후된 건물 및 불량청소년의 온상이 되어 버린 동네를 지켜보면서 한숨으로 세월을 보내고 있는데, 정부와 문화재청의 책임전가만을 일삼고 있고, 복지부동의 공무원들은 틀에 박힌 답변(예, 해결방안을 모색하고 있습니다. 관계부처와 협의 중에 있습니다)만을 늘어놓고 있습니다.

풍납동민은 우리 선조의 문화유산을 사랑하고 풍납토성과 풍납동을 사랑하는 사람들임을 알아주시기 바랍니다. 풍납동민은 몇백 년 아니 몇천 년이 지나도 문화재발굴이 제대로 될지에 대한 의문과 문화재 발굴 후에도 콘크리트포장을 하여 주차장으로 만들어 버리는데 이것이 과연 문화재당국의 문화재 보호인지에 대한 의문을 가지고 있습니다.

풍납동민은 전 지역의 개발이 아닌 대부분의 토지는 문화재 지역으로 영구보존하고 나머지 일부부지에 대한 개발을 하던가, 적정한 건축물보상을 받고 인근 지역으로의 대토를 원하고 있는데 한국문화유산정책연구소의 의견을 어떠하신지 궁금합니다.

[답변]
분명한 것은 오늘 이형구 교수님께 행하신 행동은 어떠한 명분으로도 용서받을 수 없는 것입니다. 이 교

수님은 학자입니다.

자 …. 다시 말씀드리면 집값 오르는 것에 대한 개발에 대한 책임.

개발 욕구에 대한 책임.

풍납토성의 경우 정부도 욕할 수 없고, 지역 주민도 욕할 수 없는 사항입니다.

모든 것을 거두고 2000년으로 돌아가면 당시 우리 시민단체는 '대토'에 대해 적극 고려하라고 했지요.

정부가 미적거리는 차에 땅값은 다시 오르고,

만약 이번 일이 처음이라면 "조금 참고 해보자"라고 할 수 있으나, 6년이 지난 지금 또 다시,.,

정부의 책임이 1차입니다.

지금이라도 '대토'에 대해 매우 속도있게 진행되길 바랍니다

지난 김대중 정부는 규제개혁철폐라는 명분을 내세워 우리나라에서 가장 훌륭한 정책으로 평가받는 그린벨트를 풀어 버렸다. 그러나 그린벨트를 풀면서 당연히 야기될 문제인 개발욕구에 대한 대책이 없었던 것이 가장 큰 문제였다.

또한 김대중 정부는 문화재행정과 환경부 행정을 '규제행정'이라 칭하며 '규제개혁철폐'를 이행하라고 압박이 대단했었다. 결국 정부 기관 중 환경부와 문화재청은 「문제아 부서」가 되고 있었다. 심지어 문화 마인드가 높다는 손학규 경기도지사는 덕은리 고인돌을 지칭하며 문화재 때문에 경제가 죽고 있다는 망언을 했으며, 중앙 정부 다음으로 큰 규모의 지자체인 이명박 전 서울시장은 청계천 매장문화재를 보고 "돌덩어리 가지고 웬 난리냐"라는 식의 망언을 했었다.

지난 2007년 5월 15일, 대한상공회의소는 기업들이 공장을 짓기 위한 '입지선정'에서 '설립승인'까지 적용규제수가 '35개'이며 수도권의 경우 4개가 더 추가된다고 하였다.

대한상공회의소 보고서는 공장설립 과정에서 현실에 맞지 않거나 모순적인 제도가 존재하고 있으며, 지자체 조례와 국토계획법 등의 법제도상의 충돌이 있다고 지적했다.

또한 공장설립 시 각종 영향평가제도 등 관련부처와 협의가 필요한 부분에서 명확한 기준이 없다보니 담당자의 주관에 따라 시간이 달라지며, 사전환경성검토 인허가 기일이 '30일'로 규정되어 있지만 거듭된 보완요청으로 몇 개월씩 걸리는 경우도 있다고 강변했다.

또 비슷한 내용을 두 개의 위원회에서 따로 심의하거나, 하나의 위원회가 사안별로 몇 번의 심의를 거치는 등 중복된 절차를 지적하며 대기업이 수도권 성장관리권역에 공장을 짓기 위해서는 수도권정비위원회 심의일정에 맞춰 몇 번씩 심사를 기다려야 한다고 하며 마치 문화재나 환경이 사회악이라는 개념을 심어주려고 혈안이 되어있다.

전문가의 판단이 존중되어야 할 문화재 조사에 대해서는 객관적인 기준 없이 조사자의 주관적 판단에 맡김으로써 사업 장기화 및 용역비 증가요인이 되고 있으며, 15만㎡ 이상은 환경영향평가를 받아야 하는데 보고서 제출 후 협의완료까지 6~12개월이 걸리고 있다고 하면서 억지를 부리면서 문화재와 환경 전문가를 마치 용역비만을 받아 챙기는 업자로 취급하는 만행을 부리고 있다.

심지어 역사문화 유적의 기본 조사인 '문화재 지표조사'를 불필요한 제도가 기업의 발목을 잡고 있다는 등의 주장을 했는데 이는 대한상공회의소의 몰역사성·몰문화성·반환경성을 그대로 보여주고 있으며, 공장을 짓고 난 후 엄청난 이익을 보는 것은 감추면서 문화재발굴조사비용을 기업이 부담한다며 이를 시정해야 한다고 억지를 부리고 있다.

또 풍납토성뿐만 아니라 전국에 산재한 주요 문화재 조사 현장이 있는 곳의 지자체는 앞 다투어 문화재 보존구역 축소를 요구하고 있으며, 지자체 의회는 거리제한 철폐를 결의하고 있는 실정이며, 서울 역시 종묘 앞에 122m 높이의 건물 군들을 남산 밑에까지 짓겠다고 발표까지 하고 있다.

그러나 문화재와 환경에 대한 정책과 행정은 「규제」가 아니라 "미래에 대한 보험성 정책"이다. 문화재 보존과 환경 보전 행정이 어떻게 규제라는 용어로 해석되는가? 더욱 답답한 것은 다른 기관이나 사람들은 그렇다 치더라도 문화재청과 문화재관련 종사자들까지 규제라는 용어를 그대로 사용하고 있는 것은 심각한 문제이다.

문화재청과 문화재학계는 지금부터라도 「문화재 행정은 규제행정」이라는 말은 사용하지 말아야 하며, 우리 스스로 문화유산행정에 대한 의식의 전환이 필요하다.

학계와 문화재청은 최근 문제가 되는 문화재보호구역 내 재산상 피해를 보고 있는 주민에 대한 보상대책에 힘을 모아야 하는데 문제를 해결하는 방식으로 예산(돈)으로 해결하려 한다.

물론 문제를 해결하는 가장 쉬운 방법은 직접화폐(현금)를 지원하는 방식이지만 전 국토가 문화재인 현실에서 모두에게 현금보상을 하기에는 우리 나라 국가예산 규모로는 한계가 있으며 반드시 현금보상이 최선의 방법은 아니다. 국가 정책은 긴 호흡으로 이루어져야한다. 즉 간접화폐 지원 방식인 제도나 법률을 개선해서 해결할 수 있어야 한다.

발굴 후 문화재 보호구역으로 결정되거나 문화재 주변의 개발제한, 천연기념물 보호구역내에 있으면서 경제적인 피해를 보는 주민들에 대한 제도적 지원을 강구해 보아야 한다.

즉 문화재보호구역, 천연기념물 보호구역 및 기타 국가가 정하는 개발제한 구역이나 보존지역에 거주하고 있는 사람들에 대해 '(가칭)국가유공자'에 준하는 혜택(간접화폐)을 주자는 것이다.

미래의 국가유공자는 전쟁이나 스포츠에서 승리자가 아니다. 한 국가의 문화정체성을 지키기 위해 불이익과 고통을 받는 사람들도 엄청나게 훌륭한 국가유공자이다.

이러한 「문화보존 국가유공자」에게 일반 국가유공자와 마찬가지로 자녀학자금면제, 차량구입 시 특소세 할인, 항공료, 철도 등 교통비 면제, 주민세, 재산세 면제 등 직접 직접화폐(현금) 지원보다 문화재구역에 살면서 고통받는 것을 자긍심으로 전환해 주는 간접화폐(법률적 제도) 지원 제도를 만들어야 한다.

그래서 오히려 고통을 받아도 문화재보호구역 내로 이주를 하겠다는 사람이 늘어나는 즐거운 고민을 하는 정책을 만들어보는 것이 어떨까 한다.

중앙 정부나 국회, 문화재청, 학계는 지금부터라도 반목과 내분을 떨쳐내고, 합리적인 대안을 마련할 때이다. 간접화폐 지원제도를 만드는 것에 대해 막연하게 어렵다고 할 것이 아니라 발상의 전환을 통해서 상생의 기틀을 마련해보아야 할 것이다.

풍납동 사적지 지정에 따른 주민의 의견

풍납동은 1997년 경당, 미래. 외환은행 부지에서 유구 및 유물이 발견되면서 2000년 5월 16일 박지원 장관이 풍납토성 보존 필요성을 국무회의에 제기하여 김대중 대통령께서 하남위례성이라면 보존비용과 관계없이 보존하라는 지시에 따라 2001년 경당, 미래, 외환은행 부지가 사적 제11호로 지정되면서 풍납토성 내, 외부 지역에 대하여 소규모 건축행위만을 허용하는 문화재청 현상변경지침에 따라 지상 15m 지하 2m까지의 건축행위(제2종 주거지역)를 규제당하게 되었습니다.

이로 인하여 풍납동 주민은 기본재산권의 침해와 모든 기본권리를 박탈당하였고 사적지와 똑같은 피해를 보면서 지금까지 보상을 전혀 받지 못하고 있는 실정입니다.

이에 우리 풍납동 주민은 재산권을 침해당한 재산의 재산세 면제를 요구하며 문화재 보호구역 즉, 사적지는 보호하고 그 외 지역은 해제를 희망합니다.

만일 그러하지 못한다면 같은 권역의 송파신도시에 대토를 주어 집단이주를 통한 문화재와 주민이 윈윈하는 정책이 조속히 필요하다고 생각합니다.

2007.6.8
풍납동 문화재 대책위원회
(위원장 이기영)

풍납동 문화재 대책위원회 의견 사본

풍납동 사적지 지정에 따른 주민의 의견

풍납동은 1997년 경당, 미래. 외환은행 부지에서 유구 및 유물이 발견되면서 2000년 5월 16일 박지원장관이 풍납토성 보존 필요성을 국무회의에 제기하여 김대중 대통령께서 하남위례성이라면 보존비용과 관계없이 보존하라는 지시에 따라 2001년 경당, 미래, 외환은행 부지가 사적 제11호로 지정되면서 풍납토성 내, 외부지역에 대하여 소규모 건축행위만을 허용하는 문화재청 현상변경지침에 따라 지상 15m 지하 2m까지의 건축행위(제2종 주거지역)를 규제 당하게 되었습니다.
이로 인하여 풍납동 주민은 기본재산권의 침해와 모든 기본 권리를 박탈당하였고 사적지와 똑같은 피해를 보면서 지금까지 보상을 전혀 받지 못하고 있는 실정입니다.
이에 우리 풍납동 주민은 재산권을 침해당한 재산의 재산세 면제를 요구하며 문화재 보호구역 즉, 사적지는 보호하고 그외 지역은 해제를 희망합니다.
만일 그러하지 못한다면 같은 권역의 송파신도시에 대토를 주어 집단이주를 통한 문화재와 주민이 원원하는 정책이 조속히 필요하다고 생각합니다.

2007. 0. 0.

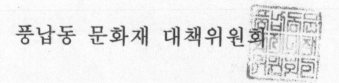

풍납동 문화재 대책위원회

附 論

송파구 석촌동 240번지 건물지 출토 "고덕(高德)"명기와 편 탁본(1983.5)

風納土城과 百濟王京 遺蹟의 保存과 그 對策

李亨求(東洋考古學研究所 所長)

1. 백제전기 수도유적의 보존운동과 전개

필자는 한강 유역 백제전기 수도유적의 하나로 풍납토성의 중요성을 인식하여, 1980년대 초부터 풍납토성의 현장을 실지 답사 · 조사하고 그의 보존과 정책문제를 다각도로 줄기차게 제기해 왔다.

1983년 5월, 한성백제 시기의 왕경유적[풍납토성]내 부근 서울 송파구 석촌동에 있는 한성백제 시기의 왕릉급 고분군인 석촌동 고분군의 남쪽(석촌동 240번지 일대)에서 도로공사가 진행되면서 백제시대 건물지가 훼손되었다. 이때 격자문이나 사선문 적갈색 기와 파편이 많이 출토되었는데, 이 가운데 '고덕(高德)'이라고 새긴 기와가 발견되었다. [앞 간지 도면]

'고덕사(高德寺)'가 아마 침류왕 2년(385) "봄 2월에 한산에 절을 창건하고 중 10명에게 도첩(度牒)을 주었다" 고 하는 바로 그 불사(佛寺)가 아닌지 모르겠다.[60] 지금도 '고덕(高德)'이라는 이름을 가진 동네(서울 강동구 고덕동)가 있다. 이 밖에도 대형 건물지 부근에서 타날문 연질토기 편들이 수습되었다. 그러나 곧바로 도로가 개설되고 건물이 들어서면서 모두 인멸되고 말았다.[61]

1983년 7월 6일에는 필자의 주관으로 「한강유역 백제전기 수도유적 보존문제」라는 주제로 학술세미나를 개최한 바 있다.[62] 당시의 강남지구 백제 고분과 풍납토성의 실태를 직시하고 대통령과 학계와 관계기관에 건의한 건의사항 가운데 "3. 사적 제11호로 지정되어 있는 풍납토성은 현재 대로변의 약 500m의 북쪽과 동북쪽 면만 복원 · 보존되고, 내부에 있는 약 1.5㎞에 달하는 동쪽은 방치되어 인멸 위기에 처해있는데, 이에 대한 보존 · 복원 대책을 강구해야 할 것"이라고 하였다.

1990년대에 와서 일기 시작한 '서울 정도(定都) 600년'을 기념하기 위한 서울특별시의 범국민적인 행사로, 서울 백제의 역사가 깡그리 말살될 위기에 처했다. 서울특별시가 1993년부터 본격적으로 이 행사를 준비

---

60 『삼국사기』 백제본기 침류왕 2년(385):
　春二月 創佛寺於漢山 度僧十人
61 경향신문사: 『경향신문』 1983. 6. 30.
　발견 당시 『경향신문』 이용(李備) 기자의 기사,

백제시대 건물터 도로공사로 훼손 :
백제시대 것으로 추정되는 건물지가 도로개발공사로 훼손되고 있다. 한국정신문화연구원 이형구(李亨求) 교수는 삼국시대 건물지로 추정되는 서울 강남구 석촌동 240번지 일대의 200여 평이 서울시의 도로개설공사로 파괴되고 있다고 지적하고 그 시정을 촉구했다.
지난 5월 도로공사로 파괴돼 문제가 됐던 사적 243호에서 700m 떨어진 곳에서 드러난 이 건물지에는 기와파편과 석축 등이 그대로 버려졌고 아직도 그 잔해가 그대로 방치되어 있다. 이번에 발굴된 건물지는 백제초기의 수도였던 한성의 유적일 가능성이 높아 백제사 복원에 귀중한 자료가 될 것 같다. 이형구 교수는 "이 지역에 보존되고 있는 백제문화층이 아무런 대책없이 파괴되는 것은 백제사연구에 커다란 손실이 아닐 수 없다"고 지적했다.
62 李亨求: 「漢城百濟 百濟前期 首都遺蹟 保存問題」, '83 제3회 學術研鑽, 韓國精神文化研究院, 1983.

하기 시작하여 1994년 8월부터 12월까지 서울시 산하 전구청 단위로 하나 둘 기념행사를 개최하고 있었다.

필자는 1994년 9월 28일 동양고고학연구소(대표: 이형구) 가 주관하여 '서울 백제 수도유적 보존회'를 결성하고, 서울 한글회관에서 서울 백제 수도유적 보존회의를 개최, 풍납토성의 보존 대책을 논의하였는데, 이는 서울 백제전기 수도유적 보존 문제에 관한 필자가 주관한 두 번째의 학술토론회였다. 그리고 즉시 대통령과 학계와 관계기관에 이에 대한 시정과 보존 대책을 촉구하는 건의서를 제출하였다.

건의사항

1. 서울 송파구 풍납동 소재 사적 제 11호인 충납토성은 백제왕성으로 추정되고 있는 중요한 사적이므로 최소한 현 상태를 유지하도록 최선을 다하여 보존한다.

2. 충납토성 주위의 미개발 상태의 유휴지는 철저히 보호구역으로 확대 설정하여 보존되도록 한다.

3. 풍납토성 안의 풍납 1동, 2동의 주택 재개발시에 거주민의 미파괴지층(백제시대 유물포함층)은 고고학적인 조사를 거친 다음 시공하도록 한다.

4. 지금까지 풍납토성의 성곽 하부기석으로부터 외향과 내향 20m~50m 이내는 아무런 시설물을 설치 못하도록 법률(문화재보호법)로서 보호구역을 설정하였으나 제대로 지켜지지 않고 있으므로 장래 법률이 정한대로 사적 보호구역을 확보하여 명실상부한 사적공원으로 조성하도록 한다.

5. 그리고 사적 제 234호인 성동구 광장동 소재의 아차산성은 그 보호구역이 대부분 민간기업의 소유지로 편입되었으므로 해당 기업으로 하여금 철저히 원상을 회복 시키도록 촉구할 것이며 장차 정부가 매입하도록 한다.

6. 서울시가 「서울정도 600년」에 즈음하여 막대한 예산으로 서울 주변의 성곽과 서울성곽을 정비 복원하고 있는 것과 아울러 서울의 백제 수도유적도 함께 보존될 수 있도록 획기적인 배려가 있기를 희망한다.

7. 건설부가 1조 5천억원의 예산으로 금강 유역의 백제문화개발을 추진하고 있는데, 인멸위기의 한강 유역의 백제전기 문화유적에 대한 개발이나 보존에도 정부당국의 적극적인 대책을 촉구한다.

8. 이상과 같은 여러 조항이 실현되도록 우선적으로 전면조사가 이루어 질 수 있게 하기 위하여 행정당국의 관심과 지원이 있어야만 할 것이다.

1994. 9. 28
서울백제수도유적보존회(대표: 이형구)

풍납토성의 보존 문제와 관련하여 위의 「건의사항」3에서 분명히 풍납토성의 성안에서 있을 수 있는 주택 재개발 시에는 사전 고고학적 조사를 거친 다음 시공토록 해야한다고 건의하였다. 그러나 건설부장관(문서번호 주개 58507-1022, 1994. 10. 15) 이 동양고고학연구소(대표: 이형구) 에 보내온 회신에 의하면, "귀 연구소가 풍납토성 안의 풍납 1동, 2동에서 주택 재개발사업 시행 시에는 고고학전인 조사를 거친 후 시공하도록 요망하는 내용인 바, 현재 동 지역 내에는 주택개량 재개발사업을 시행하기 위한 주택개량 재개발구역으로 지정된 바 없음을 알려 드립니다" 하고 풍납토성내의 재개발 의사가 없다고 분명히 밝혔다.

그리고 "한편, 동 건의사항에 대하여 해당 지역에서는 주택개량 재개발구역인 지정입안권자인 서울특별시장에게 업무수행시 참고토록 통보하였음을 알려드립니다"고 서울특별시장에게 통보한 내용까지도 첨부로 보내왔다.

이에 대하여 서울특별시장이 동양고고학연구소에 보내온 회신(문서번호 문재 86700-065, 1994. 10. 19)은 "土城內 建築關聯 地下層 掘土時 關聯官 入會 遺蹟 發見時 文化財 保護法令에 따라 처리토록 관할구청에 지시하였습니다"라고 철저한 '준법의지(遵法意志)'를 밝혀 왔다. 그러나 아쉽게도 수년 동안 성 안에서 수많은 고층건물이 신축되었지만 이 지시사항이 단 한 건도 시행된 바 없었다.

다행히 서울특별시가 이와 같은 소수의 의견을 수렴했음인지 '서울 정도 600년' 사업만은 취소되었다.

2. 풍납토성 내 백제왕경(王京) 유적 발견

필자는 1996년 선문대학교 역사학과로 옮기면서 아직까지 한번도 실시되지 않은 풍납토성의 제원(諸元)을 밝히는 측량조사를 착수하였다. 일찍부터 풍납토성을 백제 전기의 왕성으로 보아온 필자는 이 실측조사를 계기로 다시 한번 풍납토성이 갖는 왕성으로서의 역사적·문화적 의의를 강조하고, 아울러 한시라도 빨리 이 백제왕성을 보존할 것을 촉구하는 뜻에서 실측조사를 실시한 것이다.

1996년 여름방학을 이용하여 풍납토성의 전체 현장상황을 파악할 수 있는 지표조사와 전체규모를 확인할 수 있는 실측조사(평판측량)를 겸행하였다. 그리고 1996년도 겨울방학을 맞이하면서 풍납토성 성벽의 최소한의 현존 높이를 확인하기 위한 등고선 측량을 실시하였다. 이 때 조사한 기록을 1997년 8월 30일 『서울 風納土城[百濟王城] 實測調査研究』라고 하는 연구보고서에 담아 놓았다.[63]

이 때 측량조사에서 풍납토성의 전체의 크기가 3,470m로 밝혀졌고, 이미 복원된 북쪽 성벽의 가장 높은 높이만도 현 지표로부터 11.1m나 된다.[64] 복원되지 않은 지역의 남쪽 성벽의 가장 높은 지역은 지표높이 6.5m이고, 동쪽 성벽의 가장 높은 지역의 높이는 지표높이 6.2m나 된다. 그리고 성벽의 저부 너비는 가장 넓은 곳인 남쪽 성벽의 너비가 70m에 이르고 있다. 성벽의 너비는 대체로 40~30m 위에서 축성되고 있다. 원래의 성체(城體)의 높이는 아마 15m는 될 것이다. 그리고 성벽 밖 주위에는 넓은 해자(垓子)가 둘러져 있었을 것이다.

풍납토성 성벽의 등고선 측량을 실시하고 성벽 주위의 일반 주거현황과 유휴지(遊休地) 확인작업을 병행(竝行)하면서 풍납토성의 성벽외곽에 있을 해자의 유존(遺存) 가능한 지역을 더 주의하여 조사하였다. 다행히 몇몇 지역에서 해자의 가능성 여부를 확인 할 수 있는 지역이 상당부분 남아있는 것을 알게 되었다.

1997년 1월 1일, 필자는 영원히 잊지 못하는 날이다. 신정에도 풍납토성 해장에서 새해를 맞이하면서 꾸준히 조사활동을 실시하는 노력 끝에 역사적인 발견을 하게 되었다.

발견 당시의 상황을 이렇게 기록하고 있다.

---

63 李亨求:『서울 風納土城[百濟王城] 實測調査研究』, 百濟文化開發硏究院, 1997.
64 위의 주, p. 64.

1996년 봄 학기에 선문대학교(鮮文大學校)에 역사학과가 개설되고 필자가 선문대학교에 부임하면서 곧바로 풍납토성의 실측조사 작업에 들어가기에 앞서 막 선발된 학생들을 훈련시키면서 여름방학을 이용하여 풍납토성의 전체 상황을 파악할 수 있는 지표조사와 전체 규모를 확인할 수 있는 실측조사(평판측량)를 겸행하였다. 그리고 1996년도 겨울방학을 맞이하면서는 오늘날까지 남아 있는 풍납토성 성벽의 최소한의 높이를 확인하기 위한 등고선 측량(레벨측량)을 실시하였다.

풍납토성 성벽의 등고선 측량을 실시하면서 성벽 주위의 일반 주거 현황과 유휴지(遊休地) 확인 작업을 병행하면서 풍납토성의 성벽 외곽에 있을 해자(垓字)의 유존 가능한 지역을 더 주의하여 조사토록 하였다. 다행히 몇 몇 지역에서 해자의 가능성 여부를 확인할 수 있는 지역이 상당 부분 남아 있는 것을 알게 되었다. 그리고 풍납토성 안의 주거지역에도 계속 백제 왕성의 유구가 존재할 수 있는 지역을 조사하는 것을 철저히 독려하였다. 이와 같은 조사를 계속하던 중 선문대학교 역사학과 풍납토성 학술조사단이 1997년 1월 1일 신정(新正)에도 풍납토성 현장에서 새해를 맞이하면서까지 꾸준히 조사활동을 실시하는 노력 끝에 1월 3일(금)에는 풍납동 231-3번지 일대에서 대형 빔을 박는 소리가 나서 문제의 공사장을 확인하려고 하였으나, 현대건설측에서 높은 가리개벽을 쳐놓고 일반의 접근을 금지하고 있어서 내부조사가 어려웠다. 다음날(4일)에 재차 공사현장을 진입을 시도하여 간신히 공사장 내부를 조사할 수 있었다.

현대건설이 시공하고 있는 풍납동 현대아파트 건설공사(시행자 : 신우연립 재건축조합의 5개 주택조합)의 기초가 되는 터파기 작업이 시작되어 예정부지 150m×70m 크기의 면적 가운데 60×30m를 이미 지하 4m까지 파내려 갔다. 터파기한 벽면에는 지표하 2.5m부터 지하4m까지 토기파편이 다량으로 박혀 있는 것을 확인하고 서둘러 몇 가지 토기편을 수습하여 공사장을 나올 수 밖에 없었다. 그러나 깜짝 놀랄 일은 수습한 토기들이 모두 백제시대의 토기편들이라는 사실이다.[조선일보(朝鮮日報) 1997년 1월 6일자 사회면에 보도] 필자가 오랫동안 풍납토성에 쏟아 놓은 정성이 현신(現身)하는 순간이었다.

그래서 1월 4일 오후 서둘러 국립문화재연구소에 이와 같은 사실을 알리고 차후 국가가 조치하도록 당부하였다.

이러한 점들을 종합해 볼 때 풍납토성은 한성(漢城)시기 백제 전기의 왕성으로 백제의 정치, 문화를 비롯하여 백제인의 생활사 파악할 수 있는 매우 중요한 유적이다. 지금가지 발견된 백제 유적 가운데 최고(最古) 최대(最大)의 유적이라고 할 수 있는 유적이 햇빛을 보자마자 인멸(湮滅)시키게 되었으니 그야말로 '문화재의 해'에 걸맞는 대사건(大事件)이다.[65]

이것은 백제의 왕경유적이 현현(顯現)하는 순간이다.

풍납토성 안에서 백제초기의 유적·유물이 발견됨으로서 백제 역사를 3백년이나 앞당기는 우리나라 역사에 일대 변화를 가져오게 되었다.[66] 그것은 마치 혁명(革命)과도 같은 대사건이었다.

그러나 혹자는 마치 1965년(실은 1964년) 서울대학교 고고인류학과에서 실시한 시굴조사를 거쳐 바로

---

65 이형구:『서울 풍납토성〔백제왕성〕실측조사연구』 백제 문화 개발 연구원. 1997. p23~25.
66 김태식:『풍납토성 - 500년 백제를 깨우다』 김영사, 2001, p.175.
   당시『연합뉴스』문화부 김태식(金台植) 기자의 증언을 들어 보자.

   역사에는 가정이 없다 했다. 하지만 잠시 아찔한 상상을 해본다. 신정 연휴 그 때 만약 이형구가 현장에 없었더라면 풍납토성에 묻힌 백제 역사는 1,500년이란 기나긴 잠에서 잠시나마 깨었다가 굴삭기에 깨지고 망가져 영원히 사라졌을지 모른다.

1997년 문화재연구소의 발굴조사에서 백제왕경 유적이 확인된 것처럼 기술하고 있으나, 1997년 1월 1일, 풍납토성에서 백제왕경유적을 발견한 역사적인 사실은 배제(排除)하였다.[67]

이 과정에서 필자는 1980년대 초부터 줄기차게 풍납토성의 보존 문제를 행정부에 건의하였으나 정책에 반영되지 않고 백제왕성이 잊혀질 위기에 직면하고 있었다. 그러던 중에 1997년 1월 1일, 필자의 풍납토성 내에서 백제왕경 유적의 발견을 시작으로 지금은 2003년부터 국립문화재연구소가 현장에 서울·중부권 문화유산조사단을 개설 상주하면서 발굴을 실시하고 있을 뿐만 아니라 보존에도 힘쓰고 있다.

3. 풍납토성 내의 백제 왕경유적 보존을 위한 노력

1997년 1월 풍납토성 안에서 백제왕경 유적이 발견된 직후 국립문화재연구소에 의한 현대아파트 신축 예정 부지의 발굴조사는 그 해 9월 초에 완료되었으며, 이어서 서울대 조사단에서 주관한 남양연립 재건축조합 지역 내 유적발굴은 1주일 만에 완료되었고, 삼화연립 재건축조합 지역 내의 유적발굴 조사는 한신대 박물관에서 주관하여 한 달여 만에 완료되었다. 이로 인하여 풍납토성 내의 발굴에 따른 공사의 지연으로 재개발 사업이 차질이 생기면서 지역주민 및 개발사업자의 민원이 발생하기 시작하였다. 이의 보존을 주장하는 필자에 대한 이들의 강렬한 저항과 폭언은 심지어 야밤에 집으로까지 이어졌다.

풍납토성 안에서 백제 왕경유적이 발견되고나서 이에 대한 중요성을 인식하고 즉각 현대 리버빌아파트 신축공사를 중지하고 백제 왕경유적을 보존할 것을 관계요로에 건의하였다. 그러나 문화재 관리 당국은 막세상에 드러난 백제 왕경유적을 의도적으로 폄하(貶下) 혹은 과소평가하면서 기왕에 건축허가가 난 11개 동 지상 6~20층의 현대 리버빌아파트 신축을 용인해 주었다. 1999년 11월 준공되면서 백제 왕궁유적은 인멸되고 말았다. 천추(千秋)의 한(恨)이다.

그 뿐만 아니라 아파트 공사가 늦어지는 원인이 필자에게 있다고 전해들은 성난 재건축 주택조합원들이 직장으로, 심지어는 집으로 내자에게까지 쏟아내는 폭언과 협박을 견디어내면서 백제 왕경유적을 지키려고 하였다. 그러나 당국자들은 문제가 시끄러워지자 유물만 수습하는 긴급 구제 발굴 선에서 오히려 풍납토성 내 현대아파트 터파기 현장에서 발견된 유적이 백제 왕경유적임을 증명하는 중대한 역사적 유적이라고 주장하는 필자를 조롱이라도 하듯이 폄하하고, 결국은 파괴·인멸돼가도록 방치하고 있었다.

필자는 향후 대책으로 풍납토성 내 재개발 지역에 대한 원활한 발굴조사를 위해 공권력을 갖춘 '풍납지구 긴급발굴 조사단'을 구성, 운영해야하고 재개발지구에 대하여는 반드시 공사 전 시굴 또는 발굴조사를 선행토록 하는 조치를 취해야 하며, 풍납토성 내 소규모 재건축에 대하여는 국가의 관계 전문기관에 의한 유적 조사를 실시해야 한다고 하였다. 그러나 관계부처에서는 풍납토성 내 전 지역의 보존 요구가 현실적으로 수용 불가하므로, 서울특별시 도시계획 구역의 재조정을 통해 풍납토성 내부의 개발을 일부 제한하는 조치가 필요하다고 하였다.

---

67 최몽룡:「풍납토성의 발굴과 문화유적의 보존」,『흙과 인류』, 주류성, 2000, pp. 277~278.
    최몽룡:「한성시대 백제와 풍납동토성」,『한국고고학·고대사의 신연구』, 주류성, 2006, P. 325.

1997년 9월에는 신한국당 정책위원회[문광위 간사: 이경재 의원] 제185회 정기 국회상임위에 활동자료로 제출된 풍납토성 재개발지역 내 문화재조사에 대한 안건이 상정되었다.

그러나 별 다른 대책없이 현대아파트는 완공되고 백제 왕경유적은 인멸되고 말았다. 필자는 1998년 12월 26일, 김대중(金大中) 대통령에게 직접 청원하였다.

1999년 2월 5일, 또다시 대통령에게 서울백제 수도유적 보존을 위한 건의서를 제출하였다.[68]

서울 백제수도유적 보존문제 건의의 건

1999년에도 국사에 다망하신 대통령님께 서울백제수도유적보존에 관하여 재차 간곡한 건의를 올립니다.

본인은 1998년 12월 26일, '서울백제수도유적보존회' 대표 명의로 서울 송파구 풍납동 백제왕성[풍납토성]을 비롯한 한강유역의 백제전기 수도유적 보존을 위하여 대통령님께 청원한 바, 본인이 제출한 민원이 문화관광부로 이첩·직접처리·회신토록 조치하였다는 내용을 문화재관리국으로부터 서신을 받고 알았습니다.

하오나 본 건은 일개 시민의 하소연이 아님을 양지해 주시기 바랍니다. 십 수년 동안 서울 백제 수도유적 보존을 위해서 학계, 정부요로에 정당한 절차를 밟아 수를 헤아릴 수 없을 정도로 건의해 왔습니다. 마지막으로 우리 민족을 사랑하시고 우리 문화를 존중하시는 김 대통령님께 간곡히 청원하는 것입니다. 본인은 어릴적부터 백제유적 뿐만 아니라 우리 문화유산에 대한 애착과 열정으로 보존과 연구에 근 40년 간 남다른 관심을 가지고 오늘의 교직(선문대학교 역사학과)에까지 이르고 있습니다.

··· (중략) ···

우리가 그토록 정권수립의 정통성 문제로 매도하고 있는 군사정권시절에도 본인의 4년 여의 노력이 헛되지 않고 마침내 당시 대통령의 특별지시로 서울백제수도유적인 송파구 석촌동 적석총·방이동고분을 보존·복원을 위하여 당시로서는 천문학적인 예산인 5백 19억원을 책정하였습니다.

본인은 수 십년을 하루와 같이 서울 백제수도유적 보존을 위하여 아무런 지원도 받지 않고 자력으로 오직 우리 문화와 역사를 사랑한다는 마음 하나로 공부하고 연구하고 한편으로 보존을 위해서는 민주투쟁하듯이 정열을 바쳐 왔습니다.

만의 하나 이번에도 言路에 지장이 있게 된다면 公開的으로 김 대통령님께 質疑할 생각임을 양지해 주시기 바랍니다.

1999. 2. 5.

서울백제수도유적보존회 대표 이형구

서울 백제 수도유적을 보존하기 위해 국가 최고 책임자인 대통령의 결단을 촉구하는 한편, 학계와 일반 시민의 이해와 호응을 얻기 위하여 필자는 2000년 5월 8일, 서울 한글회관에서 「풍납토성〔백제왕성〕보존을 위한 학술회의」를 개최하였다. 학술회의의 내용은 『풍납토성[백제왕성] 연구논문집』으로 한데 묶어 내 놓았다.[69]

---

68 이형구:『서울 백제수도유적 보존문제 건의의 건』, 1999. 2. 5.
69 동양고고학연구소(대표: 이형구 편):『풍납토성〔백제왕성〕연구논문집』, 동양고고학연구소, 2000.

서강대 이종욱(李鍾旭) 교수는,

여기서 이형구(李亨求) 교수의 풍납토성에 대한 연구를 주목할 필요가 있다. 1997년 이형구 교수는 모래뻘 흙과 황토로 판축을 하여 축조한 풍납토성의 전체길이는 3,470m 대략 3.5㎞이고, 백제 당시의 높이는 15m 까지 되고, 그 밑변은 30~40m 나 된다는 사실을 밝혔다. 평지성인 풍납토성은 왕궁, 관청, 거주지가 함께 조성되었고, 성벽 밖에는 해자가 있었다고 하였다. 그리고 풍납토성을 하남위례성을 비정하였다. 이와 같은 이형구 교수의 조사결과는 풍납토성의 실체와 규모를 밝힌 것으로 백제의 초기 국가형성과 발전에 대한 연구에 새로운 길을 열어 준 것이 분명하다.

고 하였다.[70]

한편, 학술회의에서 제기된 문제점들을 정리하여 곧 바로 당시 김대중 대통령에 게 건의하였다.[71]

풍납토성[백제왕성] 보존을 위해 대통령께 드리는 건의서

정되는 성 안 부분과 해자(垓子, 일명 溝池) 부분은 지정에서 제외되었습니다. 최근 20년 동안 지표조사와 시굴조사 등을 통한 연구 결과는 물론, 성 안에서 백제 초기 문화재가 다량으로 발굴되어 이를 방사성 탄소연대 측정한 결과 기원 전후로 밝혀졌습니다.

이러한 귀중한 문화유적이 김 대통령의 재임기간 중에 훼손되거나 파괴되는 것은 있을 수 없는 일이며, 우리 후손에게 잘 보존된 백제의 역사와 문화를 전해 주어야 합니다. 국가 사적 제 11호인 풍납토성은 1963년, 토성(土城) 부분만 지정하고 왕궁으로 추

남북 영수회담이 이루어지게 되는 이 마당에 잃어버린 우리의 역사를 되살려 국민 모두의 노력으로 보존·보전·복원될 수 있도록 김 대통령의 지도하에 국민운동을 일으켜 과거 일본인들이나 했던 우리 문화재의 인멸행위를 중지시키시고 우리 겨레의 문화재를 지키는데 앞장 서시도록 아래와 같이 건의드립니다.

1. 우리 나라 고대 국가인 백제의 초기 왕성으로 추정되는 국가사적 제 11호인 서울 송파구 풍납동 소재 풍납토성의 역사적·문화적 가치에 대하여 학계 문화계 원로들의 중지를 모아 재천명하는 바입니다.

2. 풍납토성은 근 20년간의 학술조사를 통하여 백제 초기에 축성된 거대한 왕성으로 추정되고 있기 때문에 현 시점에서 국가 중요유적으로 적극 보존되어야 한다고 결의하는 바입니다.

3. 풍납토성은 최근 수차례의 구제발굴결과 백제건국시기인 기원 전후시기의 유적과 유물이 다량 발견됨으로서 백제왕성으로 추정되기 때문에 성내부도 사적으로 확대지정, 보호되어야 합니다.

4. 풍납토성 외부를 두르고 있는 해자 지역도 보호구역으로 지정하여 보존될 수 있는 방법을 강구해 주시기 바랍니다.

5. 이와 같은 귀중한 백제 초기 수도 유적을 보존하기 위하여 정부가 더 이상의 증·개축을 불허하고 현 상태

---

70 이종욱:「풍납토성과『삼국사기』초기기록」,『풍납토성[백제왕성]연구논문집』, 2000, p. 65.
71 이형구:「풍납토성[백제왕성] 보존을 위해 대통령께 드리는 건의서」, 2000. 5. 8.

를 유지시켜 단계적으로 매입·이주시키는 적극적인 보존내책을 마련해야 할 것입니다.

6. 풍납토성과 성내부를 보존하기 위하여 필요한 재정적인 비용은 시민모금운동을 전개하는 방법도 있으나 정부와 지방자치단체가 협력하여 장기적인 보존 계획을 세워 점진적으로 마련하여 사유지를 보상, 매입하여야 합니다.

7. 풍납토성 내부를 사적으로 지정함으로써 불이익을 당하게 되는 성내 거주주민들의 권익을 보호하고 이로 인한 불편을 보상하기 위해서 대통령의 특단의 배려(이주·보상·대토 등)가 필요하다고 사료됩니다.

2000년 5월 8일

서울백제수도유적보존회(대표; 이형구)

이 시기에 경당 연립지구를 비롯해서 외환은행 직원합숙소, 미래마을 재건축지구 주민 대표 40여 명이 필자가 소속해 있는 선문대학교를 찾아와 총장실(총장: 이경준)에서 여러시간 시위·항의하는 사태까지 벌어졌다.

2000년 5월 12일 선문대학교를 항의 방문했던 풍납동 주민대표 40여 명이 막 상경하고 난 다음 날(5월 13일) 오전에는 경당연립 재건축 아파트 조합의 일부 조합원들이 포크레인을 앞세워 경당연립 재건축 부지 내 발굴현장에 들어가 발굴중에 있는 유구(9호)를 파괴하는 기상천외한 문화재 훼손 사고가 발생하였다.

이때의 절박한 상황을 『연합뉴스』 문화부 김태식 기자는 이렇게 말하고 있다.

이들은 재건축 아파트를 위해 시공사가 보증을 서는 조건으로 1가구당 대략 8천만원씩 은행빚을 지고 있었다. 이런 가운데 당초 예상했던 것보다 발굴 기간이 훨씬 늘어나자 이에 따라 은행빚은 많아지고, 더구나 아파트가 선다는 희망까지 점점 멀어져 갔으니 감정이 예민해질 수 밖에 없었다. 재 건축조합원들은 특히 언론 보도와 보존을 입에 달고 다니는 이형구에 대한 불만이 많았다. 아니, 폭발 일보직전이었다고 해도 과언이 아니다. 그들의 불만은 발굴 결과 이곳이 하남위례성이나 백제왕성, 혹은 왕궁이라는 증거는 어디에도 없는데 언론과 이형구 (李亨求)가 자꾸만 백제왕성으로 몰아가고 있으며 또 보존운동도 벌이고 있다는 것이었다.

비단 아파트 조합원들뿐만이 아니라 풍납토성 주민들도 대체로 여기에 동조했다. 풍납토성 보존은 경당지구에만 그치는 문제가 아니었다. 그 안쪽에서는 경당연립 아파트 조합처럼 재건축을 추진하는 곳이 한 두 군데가 아니었다. 이들 중에 외환은행 직장주택조합과 미래마을 재건축조합이 경당연립 재건축조합에 적극 동조했다.[72]

직후, 2000년 5월 16일(화) 청와대 공보수석실에서 발표한 '청와대 소식'에 의하면, 당일 오전 국무회의 석상에서 박지원(朴智元) 문화관광부장관은 최근 문제가 되고 있는 풍납토성 유적현장에 두 개의 조합이 아파트를 건설하고 한신대학교 박물관이 문화재를 발굴하고 있으나 비용 8천 8백만 원을 주택조합이 부담하지 못하겠다고 나서 논란이 되고 있기 때문에 기관 간에 협의해 마련하겠다고 보고하였다.

이에 김대중 대통령(당시)은,

문화재 문제는 매우 신중히 검토해야 한다. 특히 그 지역이 백제위례성의 성지라고 하면 역사적으로 대단히

---

72 김태식: 『풍납토성-500년 백제를 깨우다』, 김영사, 2001, pp. 502~503.

가치있는 것이다. 1,500년 전 시대의 역사 고증이 될 수도 있고, 『삼국사기』등과 대조할 때 참고 자료가 될 수 있다. 후손들이 조상들의 귀중한 유산을 훼손시켜서는 안된다. 백제가 남쪽으로 이동하기 전에 자리 잡은 근거지 였는지는 확실히 파악해 후손들이 후회하지 않는 처리를 하라.

고 지시하였다.[73]

참으로 역사적인 결단이 아닐 수 없다. 일국의 국가 원수가 사라져 가는 역사유적을 보존하기 위하여 내린 훈령은 다른 나라에서는 흔한 일이 아니다. 대통령의 지시대로 관계부서에서 하나도 후회되는 일이 없도록 백제 위례성의 성지(聖地)를 훼손하지 않는 최선의 방법을 강구해야한다고 하였다.

박지원 장관이 전한 바에 따르면,

　　　김 대통령은(국무회의에서) "풍납토성 보존여부를 빨리 결정해야 하며 만약 보존 가치가 있다고 판단되면 돈은 문제가 아니다"고 말했다고 한다. 1997년 신정 연휴 기간동안 이형구가 풍납토성에서 실측조사를 하고 있던 중 공사장을 넘어 온 빔 박는 소리를 듣고 그 단초를 잡은 백제왕성이 대통령의 말 한마디로 드디어 3년 5개월만에 보존이라는 결과를 따낸 역사적인 순간이었다.

고 한다.[74]

그해(2000) 10월 20일, '문화의 날'을 맞이하여 정부는 필자에게 문화훈장(文化勳章)을 서훈하였다. 이는 풍납토성의 중요성에 대한 국가의 인식이 반영된 것이라고 생각한다.

4. 풍납토성 내 주민의 보상 문제

풍납토성과 왕경유적을 보전하기 위해서는 주민들의 이주와 보상문제이다. 가장 이상적인 방법으로 일괄 보상해서 국유지(그린벨트 등) 지역으로 집단이주를 하는 것이지만 당장은 현실적으로 어려운 일이다. 다만 신시가지 조성개념으로 풍납토성 버금가는 대지를 찾아 조성하는 방법을 생각할 수 있겠지만 이것 역시 현실적으로 간단히 해결될 문제가 아니다. 현재의 여건하에서는 조사시 백제시대 유구가 확인되면 즉각 사적으로 지정하여 보존지구를 확대해 나가면서 이전 및 신축하고자 하는 대지는 신속히 보상 구입하면서 점진적으로 이주할 수 있도록 하여 민원인의 피해를 막아야 할 것이다.

국립문화재연구소가 2002년 3월부터 6월까지 풍납동 단독 주택지 시굴조사에서 확인된 풍납토성 서벽 강변 현대아파트 부근의 풍납동 298-14에서는 지하 90~250㎝ 깊이에서 서벽의 중심 토루 및 내벽 토루가 발견되고, 291-17 · 18 · 19에서는 지하 90㎝ 깊이에서 백제유물층과 성벽의 석렬이 발견되었다. 그리고 292-15와 203-5에서는 지하 110~150㎝ 깊이에서 성벽의 판축토가 발견되었다. 이 성벽을 따라 북상하여 북벽에 이르는 풍납토성의 서벽의 서북부 약 800m가 풍납동 외곽도로와 '올림픽大路'의 기저부에 깔려 있음을 알 수

73　이형구: 「서울 풍납동 백제왕궁 발굴의 역사적 의의」, 『풍납토성[백제왕성]연구논문집』, 동양고고학 연구소, 2000, p. 15.
74　김태식: 『풍납토성-500년 백제를 깨우다』, 김영사, 2001, p. 504.

있다.

풍납토성 내·외에서의 신축은 억제하고 다만 이전 지역은 정비하여 사적으로 지정 보존해야 할 것이다. 그러기 위해서는 조사와 발굴 및 정비까지도 할 수 있는 풍납토성 발굴조사 전담할 국립기구가 반드시 필요하다. 그러나 이에 앞서 더욱 큰 문제는 이미 풍납토성에 거주하고 있는 약 5만 명의 주민들의 재산권에 대한 보상문제를 해결하는 것이다. 마침 정부는 2005년 정부정책인 '8·31 부동산 대책'의 일환으로 송파신도시 건설이 발표됐다.

이를 계기로 필자는 풍납토성 보존과 주민 재산권 문제 해결을 위해 2005년 9월 4일, 이해찬 국무총리에게 내용증명 우편(등기번호 3333701000815)으로 건의문을 보낸 바 있다.[75]

필자는 풍납토성 내의 주민의 재산권 보호를 위하여 행정부와 법적대응까지도 불사하고 '내용증명'으로 국무총리에게 건의서를 제출했다.

---

75 이해찬 국무총리께:

仲秋佳節에 안녕하십니까?
昨今의 정치·경제·외교 등 다난한 국사문제들을 풀어나가시느라 여념이 없으실 줄 압니다.
특히, 최근의 국민적 관심사가 부동산 대책인 것 같습니다. 그 중에서도 8월 31일 발표된 서울 송파구의 '강남대체 신도시 건설'인 것 같습니다.
이 총리님께서 지대한 관심을 가지고 서울의 주택난 해소를 위하여 수립한 부동산 정책이라서 많은 관심을 갖지 않을 수 없습니다.
하오나, 본인은 물질적 관심사보다도 우리 민족 앞에 역사를 바로 세울 절호의 기회라고 생각되기 때문에 지대한 관심을 가지고 있습니다.
그것은 다름아니오라, 지난 수 년동안 우리 정부와 우리 국민 모두가 관심을 가지고 주목하고 있는 서울 송파구 풍납동에 있는 백제(百濟) 건국 이후 500년 동안의 왕도였던 풍납토성을 보존할 수 있는 절대절명의 기회라고 믿고 있기 때문입니다.
본인은 일찍이 서울의 도시 계획으로부터 풍납토성과 풍납토성 안의 백제왕경(王京)유적이 전부 인멸되어가는 현상을 직시하고 역대 정부에 건의하길 무지기수였습니다. 그 가운데 가장 아쉬웠던 일은 풍납토성 안에 신도시가 한창 진행중이던 1990년대 초, 당시 국가의 건설 정책 주무부서인 건설부(오늘의 건설교통부)의 미온적인 태도였습니다.
본인은 1994년 9월 28일 東洋考古學研究所(代表:李亨求) 주관으로 '서울百濟首都遺蹟保存會'를 결성하고, 서울 한글회관에서 『서울百濟首都遺蹟保存會義』를 개최, 풍납토성의 보존문제와 관련하여 "풍납토성 안의 풍납 1동, 2동의 주택개발시에 거주지의 비파괴지층(백제시대 유물포함층)은 고고학적인 조사를 거친다음 시공하도록 해야 한다."고 건의한 바 있었습니다.
그러나 建設部長官은 동양고고학연구소 대표인 본인에게 보내온 공문에서, "귀 연구소가 풍납토성 안의 풍납 1동, 2동에서 住宅 再開發事業 시행시에는 고고학적 조사를 거친후 시공하도록 요망하는 내용인 바, 현재 동 지역내에는 주택개량 재개발사업을 시행하기 위한 주택개량 재개발구역으로 지정된 바 없음을 알려드립니다."고 분명히 풍납토성내의 '재개발 의사가 없다'고 하였습니다. 그러나 실제로는 공문내용과 달리 풍납토성 안에서 계속 대형아파트가 신축되고 있었습니다. 그런 가운데 1997년 1월 본인에 의하여 현대아파트 신축현장에서 백제왕경(王京)유적과 백제유물이 발견되었습니다.
이후 정부당국의 많은 이해 속에서 학계와 언론계, 일반 시민들의 노력으로 간신히 대형아파트 건설은 중지되었으나 지하 2m, 지상 15m의 4·5층 건물은 신축이 허용되고 있는 가운데 풍납토성 안의 전역에서 백제 유적이나 유물이 발견되고 있어 이에 대한 유적보전이 절대적으로 시급한 처지에 이르고 있습니다.
본인은 1983년에 서울 백제수도유적 보존문제를 처음 제기한 후 2003년, 20주년을 맞아 이를 기념하기위하여 2003년 6월에 서울 역사박물관에서 自費로 국제학술세미나를 개최한 바 있습니다. 이 때, "풍납토성 안의 주민들을 그린벨트지역으로 집단이주하는 것은 당장은 현실적으로 어려운 일인지 모르지만 신시가지 조성 개념으로 풍납토성에 버금가는 대지를 찾아 풍납토성을 대체할 수 있는 신도시를 조성하는 방법을 생각해보자"고 주장한바 있습니다.
이 총리님! 마침, 이번 '8·31 부동산 대책'이 송파구 관내의 거여동 일대의 국공유지(그린벨트) 200만평에 신도시를 건설하는 계획으로 알고 있습니다. 천만다행으로 이번 계획안에 풍납동 주민(약 5만명)들을 보상차원에 이주시켜, 정부가 풍납동 백제왕성 보존을 위하여 송파구 거여동 일대의 국공유지에 풍납동 내 주민 이주지역을 마련하는 계획안을 포함하는 획기적인 결단을 내려주시기 바랍니다. 그래서 명실상부한 정도(定都) 2000년의 세계적인 역사도시 서울을 재창조해야 할 것입니다.
이와 같이 거국적으로 잃어버린 백제 역사를 되찾을 수 있는 백제 왕경 유적의 보존·복원 정책이 이루어질 때만이 이른바 한·중 역사논쟁, 한·일 역사왜곡 등 주변국과의 '역사전쟁'에서 우위를 점할 수 있다고 확신합니다.
여론화되기 앞서 이 총리님의 크신 용단을 촉구합니다.
감사합니다.

2005년 9월 4일
서울 백제수도유적 보존회 대표 (선문대학교 대학원장)
이형구 올림

이와 같이 건의문을 발송했음에도 불구하고 정부의 특별한 정책적인 반영이 없었다.

지금도 같은 생각이다.

이렇게 풍납토성 보존에 따른 보상이 없자 주민들의 불만이 크게 쌓여 있었음이 지난 2006년 11월 21일 확인되었다. 국립문화재연구소 서울·중부권문화유산 조사단의 초청으로 그 동안 발굴한 풍납동 197번지 일대(구 미래마을) 3차 발굴조사 현장 지도위원회에 참석한 필자에게 주민들이 달려들어 "풍납토성은 왕궁이 아니라고 말하라"고 강요하면서 폭언과 구타를 가한 후 발굴단 컨테이너박스 안에 혼자 감금상태로 있다가 4시간 여만에 필자가 112로 요청한 기동경찰의 보호하에 감금에서 풀려나 간신히 현장을 빠져나왔다.

풍납토성 안의 주민들의 불이익에 대한 해결책(보상문제)를 정부당국에 여러 경로로 요청하고 있다고 말하는데도 주민들의 화살은 여전히 최초로 백제 왕경유적을 발견하고 이를 보존하자고 주장한 필자에게 향한 것이다.[76]

---

76 연합뉴스 문화부 김태식 기자의 당시(2006년 11월 21일) 기사:

〈2000년으로 회귀한 풍납토성〉 "문화재에 못살겠다" 험악한 분위기

2000년 11월 16일 서울 송파구 풍납토성 안 외환은행 합숙소 부지와 인근 미래마을은 하루 종일 소란스러웠다. 주민 수백 명이 몰린 현장에는 마침 비까지 내리고 있었다.

이날 국립문화재연구소는 각각 아파트 재건축이 계획된 외환은행 합숙소 부지와 미래마을 부지에 대한 시굴조사 설명회를 개최하려 했다. 그러나 오전 11시에 시작된 설명회는 이내 어수선해졌다. 처음에는 발굴단 설명을 경청하는 듯하던 주민들이 이윽고 '시위대'로 돌변하면서 설명회장은 아수라장이 되었다.

이런 와중에 주민 중 누군가가 "저기 이형구가 있다"고 외치기가 무섭게, 주민들은 풍납토성이 백제 왕성임을 줄곧 주장하던 이형구 교수를 향해 달려들었다. 이들은 "풍납토성이 무슨 왕성이냐? 돌멩이밖에 안 나오는데 이게 무슨 왕성이냐?"고 외치면서 폭력을 행사했다.

이와 중에 주민들을 제지하려던 칠순이 다 된 원로 미술사학자 정영호 단국대 명예교수는 주민들에 떠밀려 땅바닥에 몸을 나뒹굴기도 했다. 취재기자 또한 주민들의 분노 표출 대상이 되기도 했다.

6년이 흐른 2006년 11월 21일 같은 미래마을 부지. 이번에도 국립문화재연구소는 미래마을 부지에 대한 2006년도 발굴성과를 설명하는 자리를 마련했다. 이날 고대 도로유적이 공개될 예정이었으므로 많은 취재진이 몰렸다.

하지만 발굴장 주변은 수백 명으로 불어난 주민에 휩싸였다. 연구소는 확성기를 이용해 발굴성과를 설명하려 했으나, 주민들의 고함소리에 이내 묻혀버리고 말았다.

주민들은 각종 피켓을 들거나 띠를 두르고 나왔다. "생존권 보장하라" "경당연립 왕궁터 확인하라" "풍납토성 주민도 국민이다. 생존권 보장하라"는 등의 문구가 피켓에서 발견됐다. "이게 무슨 왕궁이냐"는 소란이 이어졌다.

이 때까지는 그다지 불미스런 일은 발생하지 않을 듯했다. 하지만 어떤 주민이 현장에서 선문대 이형구 교수를 발견하고는 "이형구다"라고 소리치자 상황이 돌변했다.

주민 수십 명이 이 교수를 향해 달려들면서 사태(심한 폭언과 폭행을 가함)는 걷잡을 수 없이 변하는 듯 했다. 발굴단 조사원 몇 명이 겨우 이 교수를 호위해 발굴단 사무실로 '대피'시킬 수 있었다. 하지만 주민들의 분노는 잦아들지 않고 1시간(실제로 4시간 동안 구금상태로 있다가 기동경찰에 의해 구출됨) 이상을 발굴단 사무실 앞을 진치면서 "이형구 나오라"고 외치는 사태가 계속됐다.

2000년을 최대 고비로 이후 잠잠해지는 듯하던 풍납토성 분위기가 급랭하게 된 이유에 대해 문화재청 관계자는 "문화재로 재산권 행사에 피해를 보는 주민들이 최근에는 인근 지역에 송파 신도시가 추진되고, 그 지역 땅값이 천정부지로 치솟게 되자 상대적 박탈감을 느끼게 된 듯하다"고 말했다. (괄호안은 필자)

제6집

풍납토성 사적지정 50주년 기념 학술세미나

-겸 「한강유역 백제전기 수도유역 보존문제」제기 30주년 기념-

일시 : 2013년 10월 25일(금) 13:00~18:00

장소 : 한성백제박물관 대강당(서울 송파구 올림픽공원 내)

주 최 : 선문대학교

주 관 : 선문대학교 고고연구소 · 동양고고학연구소

화보 1. 〈풍납토성 사적지정 50주년 기념 학술세미나〉 발표장 전경

화보 2. 이형구 선문대학교 석좌교수 개회사

화보 3. 손대오 선문대학교 부총장 환영사

화보 4. 조유전 경기도문화재연구원 원장 축사

화보 5. 서정배 전 문화재청장 축사

화보 6. 내빈 및 참여 인사(앞줄 우로부터 최맹식 소장 이종욱 교수 손대오 부총장 서정배 전 청장 손병헌 교수 이종철 전 관장)

풍납토성(風納土城) 사적지정 50주년 기념 학술세미나

-兼「한강유역 백제전기 수도유역 보존문제」제기 30주년 기념-

일시 : 2013년 10월 25일(금) 13:00~18:00
장소 : 한성백제박물관 대강당(서울 송파구 올림픽공원 내)
주최 : 선문대학교
주관 : 선문대학교 고고연구소 · 동양고고학연구소

개회(13:00~14:20)

사 회 : 김도훈(서해문화재연구원 조사실장)
1. 개회사 : 이형구(선문대학교 석좌교수)
2. 환영사 : 손대오(선문대학교 부총장)
3. 축   사 : 조유전(경기문화재연구원장)
　　　　　　서정배(전 문화재청장)

기조강연 이형구(선문대학교 석좌교수)
풍납토성 한성백제 왕궁유적의 보존과 연구

논문발표(14:30~16:40)

사회 : 손병헌(성균관대학교 사학과 명예교수)
Ⅰ. 한성백제 왕궁(풍납토성)유적 발견의 역사적 의의 : 이종욱(전 서강대학교 총장)
Ⅱ. 풍납토성 내 미래마을부지의 발굴 성과 : 최맹식(국립경주문화재연구소 소장)
Ⅲ. 백제 왕성(王城)의 어정(御井) : 권오영(한신대학교 국사학과 교수) · 박지은(한신대학교 박물관 연구원)

- 휴식(15:30~15:40) -

Ⅳ. 풍납토성 성벽의 축조기법 : 신희권(국립해양문화재연구소 연구과장)
Ⅴ. 일본의 고대왕궁유적의 발굴과 보존 : 사도고지(전 일본 나라문화재연구소 연구실장)
Ⅵ. 풍납토성을 어찌할 것인가 -풍납토성과 왕궁유적의 보존과 대책 - : 김태식(연합뉴스 문화부 기자)

종합토론(16:40~17:40)

좌장 : 손병헌(성균관대학교 사학과 명예교수)
토론초청자 : 노중국(계명대학교 교수), 김기섭(한성백제박물관 전시과장), 신종국(국립해양문화재연구소 연구관), 이성준(국립문화재연구소 연구사), 특별초청: 김홍제(풍납토성주민대책위원회 위원장)

폐회(18:00)

개회사

이형구(선문대학교 석좌교수 · 고고연구소장)

금 년이 풍납토성이 국가사적으로 지정된 지 50년이 되는 해입니다. 50년이란 숫자는 별의미가 없을 수 있습니다. 그러나 우리가 역사의 유산인 사적을 사회적 규범 안에서 인류의유산으로 애끼고 보존하려는 생각을 가지고 국가가 그것을 이른바 문화재보호법을 만들어 법으로 보호한 것이 50년이 된 것은 큰 의미가 있다고 생각합니다.

1945년 해방이 되고 1948년에 대한민국이 성립되고 제헌국회가 국민의 기본법령을 제정하였습니다만 문화재에 대한 법령은 그로부터 16년이 지난 1962년에 제정되었습니다. 이 법령에 의거하여 1963년 1월 과거 일제강점기인 1933년에 제정된 「조선 보물, 고적, 명승, 천연기념물보호령」에 의거 국가지정문화재를 정하고, 그중에 인류의 역사유산을 사적으로 분류하여 모두 125건이 지정하였는데, 이해 1월 21일 조선총독부가 고적 제 27호를 지정했던 '광주풍납리토성'을 제11호로 지정하였습니다.

저는 '광주풍납리토성'이 막 사적으로 지정된 해인 1963년 여름에 은사 최순우 선생님과 동아일보 편집국장을 지내신 김영상 선생님을 따라 '광주풍납리토성'을 답사하였습니다.

그때의 감개와 현묘함을 지금도 잊을 수 없습니다.

그런 '광주풍납리토성'이 잠시 세상에 알려졌다가 이 해에 서울시 성동구로 편입되고 나서 이내 현대도시로 개발되기 시작하여 지금에 이르고 있습니다. 그 사이 풍납토성 안은 모두 주택과 건물이 꽉 들어차서 가장 많이 거주할 때는 근 5만 명이 살고 있었습니다. 그런 현대도시에 그 어느 누가 백제 왕궁유적이 있을 것이라고 생각이나 했겠습니까? 그래서 저는 수 십 년을 미친 사람 취급받았지요. 그러나 지난 9월 27일 바로 이 자리에서 개최되었던 "한성백제의 왕궁(王宮)은 어디에 이었나"를 주제로 한 '쟁점백제사'집중토론 학술회의에서 모두의 의견 일치로 풍납토성이 한성백제 왕궁유적인 하남위례성이라고 결론을 내기에 이르렀습니다.

1963년 사적지정 당시에는 풍납토성을 백제의 일개 토성(土城)으로 보고 성벽 일부만 사적으로 지정하고 풍납토성 내부는 제외되었습니다. 그뿐만 아니라 토성 자체도 대부분 사유지라서 집을 짓는다던가 수목원을 만들거나 심지어는 분묘가 여러 기 있었습니다. 이를 조사하는 과정에서 1997년 정초에 풍납토성 안의 건설공사장에서 백제왕궁유적을 발견하게 되었던 것입니다. 이 역사적인 현정을 주도했던 선문대학교가 이를 기념하는 뜻에서 "풍납토성 사적지정 50주년 기념 학술세미나"를 개최하게 되었습니다. 마침 올해는 풍납토성이 국가사적 제11호로 지정된 지 50주년이 되는 아주 뜻깊은 해입니다. 오늘의 풍납토성이 있기까지 많은 분들의 도움을 받았습니다.

금년에 유명을 달리하신 윤세원 전 총장님의 필자에 대한 믿음과 지원이 없었으면 오늘날의 이 풍납토성이 가능했을까 생각이 듭니다. 윤 총장님은 저에 대한 깊은 신뢰로 백제문화개발연구원의 풍납토성 실측조사연구 프로그램을 신청하여 실행할 수 있게 하셨습니다. 또한, 지금 이 자리에서 환영사를 해 주실 선문대학교 부총장이신 손대오 박사님의 오랜 성원과 결단이 없었으면 오늘의 이 뜻깊은 세미나가 이렇게 성황을 이룰 수 없었을 것임을 솔직히 고백합니다. 오늘 이 학술세미나를 주최해 주신 선문대학교 총장 황선조 박사는 해외 출장 중이시라 참석을 못하셨지만 오늘 학술세미나를 위해 참여하신 모든 분들께 감사의 말씀을 전해 달라고 하셨습니다.

이 학술세미나를 기념하기 위한 축사를 해 주실 서정배 전 문화재청장님은 바로 제가 풍납토성 안에서 백제왕궁유적을 처음 발견할 당시에 초대 문화재청장(1999.6~2001.4)을 맡고 있으면서 풍납토성을 행정적으로 보호하는 데 많은 노력을 해 주셨던 분입니다. 그리고 오늘 또 한 분의 축사를 해 주실 조유전 경기문화재연구원장님과 오늘 논문발표의 사회와 종합토론의 좌장을 맡아 주실 손병헌 성균관대학교 명예교수님 이 두 분은 저의 동료이기보다는 학문적 선배로서 제가 '풍납토성 왕궁설' 주장에 대해 많은 의혹을 받으면서 학술세미나를 열 때 마다 기조연설이며 논문발표며 학술세미나를 이끌고 가는 사화자의 역할을 맡아 주면서 저를 격려하고 지도 편달해 주셨습니다. 그래서 더욱 강한 의지와 신념을 가지고 백제왕궁유적을 지켜낼 수 있었습니다.

오늘 이 학술세미나에서 논문발표와 토론을 해 주실 여러 학자님들은 오늘의 주인공일 뿐만 아니라 풍납토성을 지킨 주인공이십니다. 오늘 첫 발표를 해 주실 이종욱 전 서강대학교 총장님은 저와는 오랜 학문적 지교를 맺고 있는 동지로 학술세미나를 열 때마다 좋은 논문을 발표해 주셨습니다. 역시 저의 학문적 동지인 계명대학교 노중국 교수님도 오늘 학술세미나 토론을 위해 멀리 대구에서 상경하셨습니다.

국립문화재연구소의 최맹식 소장님과 신희권 과장님 토론을 맡아 주실 신종국 이성준 연구원도 멀리 경주와 목포에서 학술세미나를 위해서 올라 오셨습니다. 오늘을 위해 논문을 준비 하신 권오영 한신대학교 교수는 일본 출장으로 자리를 못하고 대신 경당유적을 발굴에 참여했던 박지은 한신대학교 박물관 연구원께서 발표하게 되었습니다.

지난 1990년대 말부터 오늘까지 풍납토성 보존을 위해 동분서주하고 있는 연합뉴스 김태식 부장이 풍납토성 주민을 위해 좋은 대책을 내놓을 예정인 것으로 알고 모두가 큰 기대를 하고 있습니다. 그러나 일본 고대왕궁유적을 발굴하고 보존과 연구에 오랫동안 경험을 쌓아 오신 일본 나라문화재연구소 사또고지(佐藤興治) 연구실장은 부득이 논문만 내놓았습니다. 아쉽지만 좋은 선험적 논문으로 타산지석으로 삼을 수밖에 없습니다.

오늘 특별히 풍납토성주민대책위원회 김홍제 위원장님과 주민들을 모셨습니다. 김 위원장님께서 오늘 학술세미나에서 허심탄회한 토론을 해 주실 것으로 믿고 있습니다. 어려운 걸음 하셨습니다. 이 기회에 최근에 발표된 '풍납백제왕성공원'에 대해서도 논의해 주시지요.

이 뜻깊은 행사를 잘 거행할 수 있도록 훌륭한 장소를 제공해 주신 한성백제박물관 이인숙 관장님과 관계자 여러분들께 감사드립니다. 특히 토론자로 참석하신 김기섭 전시과장은 좋은 토론을 해 주실 것을 믿어마지 않습니다만 김 과장은 오늘 학술세미나를 물심양면으로 협력해 주셨습니다. 그리고 이 자리를 빛내 주시기 위해 참석해 주신 여러분들에게 감사드립니다. 아울러 이 행사를 준비하고 진행을 도와준 서해문화재연구원 김도훈 연구실장과 선문대학교 고고연구소와 역사학과 학생들에게도 수고하였다는 말을 전합니다.

오늘 이 자리에 함께하신 모든분들 그리고 비록 이 자리를 함께하지는 못했으나 저를 성원해 주신 분들, 한성백제유적 보존을 위해 협력해 주신 언론계 인사, 그리고 행정적으로 협력해 주신 관계기관 여러분들께도 깊은 감사의 말씀을 드리며 끝으로 풍납토성 주민들께 심심한 위로의 말씀을 드립니다.

환영사

손대오(선문대학교 부총장)

안녕하십니까?

올림픽공원 안으로 들어오면서 주변을 둘러보니 나무들이 단풍으로 물들어가고 있는 가을임을 완연히 느낄 수 있었습니다. 이처럼 아름다운 환경 안에 있는 한성백제박물관에서 "풍납토성 사적지정 50주년 기념 학술세미나"를 개최하게 된 것을 매우 기쁘게 생각합니다.

본인은 문학과 고전문학을 공부한 사람으로 우리나라 전통문화에 대하여 남다른 관심을 가지고 있었습니다. 과거 고려대학교 민족문화연구소에서 홍일식 교수님을 모시고 한국민속대관이나 한국문화사대계, 그리고 중한대사전 등을 편찬하는데 조금이나마 관여하기도 하고 나름대로 협력한 경험이 있어서 오늘 이 자리에 선 것이 그리 낯 설기만 한 것은 아닌 것 같습니다.

오늘 특별히 생각나는 것은 저의 선문대학교 역사학과 이형구 교수님이 이끄시는 고고연구소에서 지난 2000년 봄 강화도 내가면 오상리 고인돌무덤을 발굴할 당시 제가 그 발굴현장을 방문하고 고고학 발굴 장면을 목격하면서 뜻깊은 하루를 보낸 경험을 한 바 있었다는 사실입니다. 그때 고려산 동록 낮은 구릉 위 고인돌무덤 주위에 진달래꽃이 만발한 참나무숲 속에서 고인돌무덤을 찾아내서 발굴하던 이형구 교수님을 비롯하여 선문대학교 역사학과 학생들이 땀 흘리면서 발굴을 하는 모습은 무슨 선경을 본 것 같이 지금도 뇌리에 남아 있습니다.

그 후로부터 우리 선문대학교 고고연구소가 학생지도와 문화재 조사 그리고 발굴활동은 물론 역사와 고고학 등 여러 분야에 관심을 가지고 연구하여 나름대로 성취를 이루고 있는 것을 지켜봐 왔습니다. 그중에는 특히 오늘 주제로 다루고 있는 서울 풍납토성에 대해서도 유적보존과 연구진척에 대해 늘 주의 깊게 관심을 가지고 관찰해 오고 있었습니다.

오늘 이 행사를 주최한 선문대학교 고고연구소는 1996년과 1997년에 사적으로 지정된 백제의 풍납토성에 대한 제원(諸元)을 밝히기 위한 측량과 실태조사를 실시한 바 있습니다. 그 후 계속적인 학술조사와 연구활동을 통하여 풍납토성이 한성백제의 수도인 하남위례성(河南慰禮城)이란 사실을 밝혀내었으며 지금까지도 풍납토성의 보존과 연구를 계속해 오고 있습니다.

이로 인해 풍납토성 내부에서 백제 하남위례성의 유적과 유물이 발견되어 국가사적으로 추가 지정되고, 국가가 문화재로 보존하게 되었습니다. 반면에 풍납토성 안에 거주하는 주민들은 일상적인 생활과 재산권 보전의 어려움을 겪어 왔습니다.

풍납토성 안은 이미 현대적 도시가 형성되었고 그 빌딩 숲 아래에서 왕궁유적을 찾아낸다는 것은 기적과도 같은 일입니다. 그래서 이를 두고 "한국판 폼페이 발견"이라고 하지 않습니까? 그러나 그 기적 같은 발견 이후 풍납토성이 오늘 이만큼까지 온 것은 여기 계신 여러 관계 학자님들, 교수님들 그리고 무엇보다도 주민들이 불편함에도 고통을 참아 내면서 지켜낸 보람이라고 생각합니다.

오늘 이 학술세미나를 통해 국가사적으로 지정된 지 50주년을 맞아 풍납토성과 한성백제 왕궁유적에 대한 지금까지의 연구와 발굴조사에 대한 회고와 전망을 발표하고 토론하는 자리를 마련하였습니다. 그 뿐만 아니라 풍납토성 안의 풍납동 주민들의 향후 대책 문제를 진지하게 토의하며 함께 바람직한 미래를 모색하고자 특별히 저의 선문대학교가 이 자리를 마련한 것입니다. 그래서 풍납토성에 대한 진지한 토의가 진행되길 진심으로 기원합니다.

끝으로 오늘 이 학술세미나가 소기의 성과가 이루어지기를 기원하며, 이 자리를 통해 풍납토성과 한성백제 왕궁유적에 대한 보존뿐만 아니라 우리나라 역사 연구와 고고학 연구에 더 많은 관심을 가지고 적극 지원할 것임을 약속드립니다.
감사합니다.

2013년 10월 25일

축사

- 풍납토성 사적지정 50년을 축하하면서 -

조유전(경기문화재연구원 원장)

경기문화재연구원 원장 조유전입니다.

오늘 "풍납토성 사적지정 50주년 학술세미나"를 개최하게 된 것을 진심으로 축하합니다. 아울러 이렇게 뜻깊은 자리를 마련하고 초청해 주신 선문대학교 손대오 부총장님과 오늘 이 학술세미나에 기조강연을 할 이형구 석좌교수님을 비롯한 관계자 모두에게 깊은 감사의 말씀을 드립니다.

잘 아시다시피 서울특별시 송파구 풍납동에 자리하고 있는 풍납토성은 사적 제 11호로 지정 보호받고 있는 백제시대 유적입니다. 광복되고 1962년에 와서야 문화재보호법이 공포되고 이듬해인 1963년 1월 21일 우리나라 중요유적에 대한 사적 일괄지정 때 이 풍납토성도 함께 지정되어 오늘날에 이르고 있어 벌써 50년을 맞이했습니다.

이 풍납토성은 일제강점기인 1925년 을축년(乙丑年) 대홍수시 한강의 범람으로 성벽 서남 벽의 일부가 쓸려 나가면서 그 속살을 드러내었고 당시 청동제의 자루솥인 초두를 비롯 많은 유물이 발견되어 세상을 놀라게 했던 것입니다. 그래서 당시 조선총독부에서 즉각 전문가를 파견하여 현장을 둘러보게 하여 이곳이 백제와 깊은 관련이 있는 중요 토성이라는 나름의 결론을 내고 남아 있는 성벽만을 대상으로 고적 제27호로 지정했던 것입니다. 그 후 방치된 체 세월이 흘러오다 1963년에 일제강점기에 지정되었던 고적을 사적으로 명칭을 바꾸고 지정해서 오늘에 이르고 있습니다.

저는 이 풍납토성과의 인연이 대학 학부시절로 올라가 거의 반세기가 되었습니다. 즉 1964년 가을 발굴실습장으로 택해서 성벽 내부 4-5곳에 핏트(pit) 발굴을 하게 되어 참여했습니다. 당시의 풍납토성의 행정구역은 경기도 광주군 구천면 풍납리였습니다. 그 후 언제 어떤 경로로 사람들이 성내로 들어와 살게 된 것인지 모를 순간에 지금은 4만 명이 넘는 인구가 보금자리를 틀고 있는 실정이었습니다.

정부에서는 이 풍납토성에 대해서 잔존하고 있는 성벽에만 신경을 썼지 성벽 내부에는 관심이 없었고 더구나 내부는 이미 교란 멸실 되었을 것이라고 지레 짐작하고 있을 사이에 사람들의 생활공간으로 급속히 변해왔던 것입니다. 학부시절 핏트 발굴을 통해 땅속 3-4미터 아래에 백제시대의 유물이 발견되고 있어 지하에 백제의 역사가 잔존하고 있을 것이라는 생각은 했지만 이를 확대 지정할 생각을 하지 못하고 있는 사이 서울시가 팽창되면서 경기도의 일부를 시로 편입하는 등 인구의 유입이 늘어나게 되었고 아울러 이곳 역시 삶의 터전으로서 건물이 들어서기 시작했던 것입니다.

이렇게 빠르게 변화되는 풍납토성에 대해 관심을 쏟은 사람이 바로 오늘 기조강연을 할 선문대학교 교수 (현 석좌교수) 이형구였습니다. 이형구 교수는 88올림픽 주경기장인 잠실운동장에서 방이동에 이르는 도로

공사(백제고분로)시 석촌동백제고분이 피해를 입고 사라질 위기에 처하자 요로에 진정서를 내는 등 보존을 위해 동분서주한 결과 오늘날과 같이 만족할 만하지는 않지만 그래도 무덤의 일부는 보존되고 도로는 지하로 마련되도록 했던 것입니다. 남달리 잠실일대의 백제유적에 관심이 많은 이 교수는 풍납토성이 나날이 훼손되어 가는 것이 늘 안타까웠으나 도시화된 풍납토성을 어쨌든 더 이상의 개발은 막고 보존해야 된다는 철학을 가지고 동분서주 애써 오면서 우선 지정된 토성 벽만이라도 정확하게 실측을 해 두어야 한다는 일념으로 일관해 왔던 것입니다. 지성이면 감천이란 말이 이 경우를 두고 하는 말이 될지는 모르겠습니다만 드디어 실측조사에 필요한 예산을 마련하고 1997년 신정도 잊고 학생들과 작업을 하고 있었습니다.

이형구 교수가 1997년 풍납토성 벽 실측작업을 시행하기 전 풍납토성 내부에는 재개발이 진행되고 있었습니다. 그런데 파일 박는 소리가 들렸지만 접근할 길이 없었습니다. 왜냐하면 재개발을 하기 위한 현대가 맡은 구역에 공사관계자 외는 출입을 통제하기 위해 주위로 높은 차단벽을 둘러쳐서 공사관계자 외에 일반인들의 접근을 막고 있었습니다. 그래서 터파기 공사를 하는 곳의 접근은 불가능했습니다. 1997년 1월 3일 신정 연휴에 공사가 일시 중단되고 관계자들이 모두 휴가를 떠나 공사현장에는 공사관계자들이 자리를 비우고 없었습니다. 이 때 주변에서 실축작업을 하고 있던 이형구 교수가 차단막 안으로 들어가 터파기 공사현장을 보게 되었던 것입니다. 그런데 터파기공사가 진행된 현장의 흙벽 속에 백제토기편이 무수히 박혀있는 광경에 자신의 눈을 의심할 정도로 경악했던 것입니다.

당시 저는 국립문화재연구소 유적조사실장으로 근무하다 국립민속박물관장으로 옮겨 근무한지 4년차에 들어가고 있었습니다. 그때 이형구 교수가 저에게 유선상으로 이러한 사실을 알려주면서 어떻게 처리해야 하는가를 물어왔습니다. 저는 업무가 유적발굴조사 업무가 아닌 민속박물관장인 관계로 우선 국립문화재연구소 유적조사실 윤근일 연구관에게 연락해서 조언을 얻도록 하고 한 편 아무래도 이러한 사실은 언론의 도움을 받아야 되기때문에 언론사에 그 사실을 알리도록 한 것입니다. 결국 조선일보 신형준 기자가 풍납토성 재개발지역에서 백제시대의 유구와 유물이 출토되었다고 보도함으로써 일이 복잡하게 돌아가게 되었습니다. 우선해야 할 일이 재건축을 하기 전 먼저 발굴조사가 필요하게 되었습니다. 이때 발굴조사를 담당한 기관이 국립문화재연구소 유적조사연구실이었습니다. 간단하게 끝 날줄 알았던 발굴조사는 발굴이 진행됨에 따라 2.5~4m에 이르는 깊이에서 백제시대의 집터와 방어시설인 환호, 토기 가마 흔적을 비롯 많은 백제시대 유물이 출토 수습되었다. 이때는 그야말로 구제발굴조사의 성격을 띠고 발굴조사를 진행했기 때문에 조사 완료와 더불어 계획했던 아파트는 건립되었던 것입니다.

이 후 국립문화재연구소에서 토성 벽의 해부 조사를 통해 또 한 번의 세상을 놀라게 했습니다. 그것은 다름 아니라 성벽의 규모는 현존하고 있는 토성의 규모로 보아 폭 10여 m에 높이 5~6m 정도로 추정해 왔습니다. 그런데 막상 발굴을 진행하면서 그러한 추정이 잘못되었다는 것을 알게 되었던 것입니다. 토성 벽은 폭이 최소 40m 이상에 성벽의 높이는 거의 15m에 도달했을 것으로 추정이 가능하게 되었던 것입니다. 그렇다면 지금 남아 있는 성벽의 길이가 3.5㎞에 이르고 있어 이 길이를 폭 40m에 높이 15m로 쌓아 올린다면 당시 어마어마한 토목공사가 이루어졌을 것임을 알 수 있어 풍납토성의 성격에 대한 의문을 더 하게 된 것입니다. 뿐만 아니라 2000년 또 다른 재개발지역인 경당연립주택부지 내에서 발굴조사 하던 한신대학교 발굴현장에서 신전 터를 비롯 특이 형태의 집 자리, 제사 터는 물론 중국에서 수입된 것으로 여겨지는 도자기 파편 등 새로운 유구와 유물이 쏟아져 나와 발굴조사가 언제 끝이 날까를 가름하기 어려웠고 연장발굴조사에 필요한 경비를 개발조합에서 마련해야 했던 것입니다. 그렇다 보니 재개발 때문에 마련된 경당연립조합으로서는 감당하기에는 무리였던 것입니다. 급기야 발굴조사단과 계속되는 추가 발굴예산 문제로 조합측과 이견을 보여오다 이 문제가 해결될 때까지 발굴조사가 잠정 중단된 상태에 잠간 휴식을 위해 현장을 비운 사이 조합장의 지시로 포커레인을 사용 발굴 노출해 놓은 유구의 일부를 파괴 시키는 사건이 발생했던 것입니다. 이로 말미암아 급기야는 여론이 들끓기 시작했고 경당연립 재개발지역의 보존 문제가 크게 대두되었던 것입니다.

아울러 경당연립부지 내에서 발견된 유구와 유물은 백제에 있어서 이 풍납토성이 가지는 위상에 대해 왕성일 가능성에 주목하기 시작했고 특히 이형구 교수는 왕성임을 주장하기에 이르렀든 것입니다. 일제강점기 두계 이병도 박사는 『삼국사기』기록에 보이는 사성(蛇城)을 풍납토성이라고 비정했기 때문에 광복 후 누구 한 사람 이 풍납토성에 대해 백제왕성을 주장하는 학자는 없었습니다. 오직 이형구 교수만이 줄기차게 풍납토성이 백제의 임금들이 정사를 본 왕성이라고 주장해 왔던 것입니다.

발굴유구의 일부 파괴는 결과적으로 풍납토성에 대한 종합보존대책을 수립하는 계기가 되었던 것입니다. 당시 문화체육부 박지원 장관의 보고를 받은 김대중 대통령은 풍납토성이 백제유적이라면 후손들에게 후회 없도록 하라는 당부가 있었기 때문에 재건축이 불가능하게 되었고 보존의 가닥이 잡혔던 것입니다.

그간 몽촌토성 내 한성백제박물관이 건립되어 2년 차를 맞이하고 있고 한성백제에 대한 활발한 연구가 계속되고 있습니다. 더구나 풍납토성이 백제왕성으로서의 자리를 대부분 학자들이 긍정적으로 생각하기에 이르렀습니다. 물론 반대의견을 가진 학자들도 있지만 대세는 사성이 아닌 백제왕성인 셈입니다.

그래서 오늘 이 자리에서 꼭 하고 싶은 말은 한 사람의 집념이 낳은 결과라는 사실입니다. 바로 이형구 교수를 말하지 않을 수 없습니다. 풍납동 거주민들의 비난은 그렇다 해도 심지어 테러까지 당할 위기에 처했을 때도 있었고 심지어 이형구가 학자냐? 현수막까지 붙어 풍납동 방문이 어렵고 살벌하기 까지했던 것입니다. 오히려 이 교수에게 고맙다는 말을 드리고 싶습니다. 이러한 이형구 교수의 열정에 나는 풍납토성 보존에 무슨 일을 도왔는가 생각하면 부끄럽기만 합니다. 그러나 아직까지도 완벽한 보존대책은 마련되지 않았고 가이드라인을 정한 상태에서 부분 개발이 진행되고 있기도 합니다. 이제 사적 지정 50주년을 맞아 다시 통 큰 보존대책과 주민 피해보상이 동시에 이루어지기를 기대해 봅니다.

끝으로 오늘 풍납토성 사적지정 50주년 기념 학술세미나를 위해 발표와 토론에 기꺼이 참여하신 여러분들에게 먼저 감사드립니다. 아울러 이 세미나에 참석하신 모든 분들에게도 감사드립니다. 감사합니다.

2013년 10월 25일

축 사

서정배(전 문화재청 청장)

오늘 이 자리는 우리나라 문화유산 정책에 큰 획을 긋고 일대 전기를 마련한 것으로 평가받는 풍납토성 사적지정과 왕궁유적이 발굴조사 연구되어 가는 역사적 과정을 밝혀주는 매우 뜻 깊은 행사로서 크게 축하 드리며 오랜 기간 한성백제 유적조사 연구에 온갖 심혈을 쏟아 오신 선문대학교 이형구 교수님을 비롯한 학계 여러분께 깊은 경의를 표합니다.

2001년 2월 풍납토성 내 재건축 부지를 사적으로 지정 시 문화재청에서 관련 업무를 수행하던 당사자로서의 감회는 이 자리에서 더욱 새로워집니다. 한성백제의 소중한 유적지로 확인된 풍납토성은 도시개발 우선 논리에 의해 사라진 수많은 문화재의 상징적 존재였을뿐만 아니라 오랜동안 개발과 보존문제가 첨예하게 맞서왔기 때문에 이 문제가 어떻게 해결되느냐는 곧, 우리나라 문화재 보존정책의 흐름을 좌우할 것이라는 상징성을 갖고 있었습니다.

아시다시피, 풍납토성은 1963년 사적 재정비 당시 성곽만 사적으로 지정되었고 이천년 전의이 고성은 주거공간으로 개발되어가는 과정이었음으로 이러한 시대적 상황에서 문화재보존이라는 정책과 상충된 갈등은 설명과 표현이 불가능할 정도로 심각하였던 것입니다. 문화재보존정책 업무를 수행 함에 있어 각각의 문화재가 처한 환경과 성격이 다르고 관리 분야의 대상과 수가 막대하기 때문에 이에 따른 여러 고민을 피할수 없겠으나 급증하는 각종 개발공사, 열악한 국가재정과 사유재산권 보호의 한계, 일부 국민의 몰이해와 동조심리의 부족 등은 특히 어려운 과제라고 할 수 있습니다.

특히 언제나 국가재정이 못 미치는 현실에서는 정도의 차이는 있을지라도 사유재산권 보호문제와 갈등이 발생하기 마련이며 풍납토성 사적지정 문제도 국가 보상대책과 방안이 큰 쟁점으로 부각된 것입니다. 이러한 쟁점과 갈등을 극복할 수 있는 방안은 현실의 환경과 여건에 부합되는 방향으로 결정되어야 한다는 여론도 적지 않았습니다.

풍납토성 사적지정 과정에서 사회, 학계, 문화계, 언론계 등에서 보존 분위기에는 동조하고 있었으나 보상 문제와 관련된 민원사항을 감안하면 심각한 현실을 외면할 수 없었고, 문화재위원회 회의에서도 한 차례 심의결정이 유보되는 상황을 피할 수 없었습니다. 문화재 보존입장을 실현하기 위해서는 문화재 관련 학계의 강력한 주장과 지원은 필수불가결한 여건이었고 이를 위한 환경조성은 큰 힘이 되었습니다.

특히, 그 와중에 풍납토성 발굴과 보존에 앞장서서 많은 곤혹스러운 환경을 감수하고 극복해 오신 선문대학교 이형구 교수님을 잊을 수 없습니다. 이 교수님이 수 많은 원성과 비난을 감수할 수 있었던 것은 학자로서의 학문적 양심을 거부할 수 없었거나 중단할 수 없는 연구의욕을 학문적 지조로 품고 있는 학자이기 때문이 아닌가 생각이 듭니다. 이 교수님이 봉직하고 있는 대학교도 당시의 환경으로는 고심거리를 안고 오는 교수를 원망하거나 불이익을 주기보다는 학문적 주장과 학구적 열망을 실현할 수 있도록 이해하고 지원해 준 것은 참 상아탑의 입지를 보여 준 모습이라고 생각됩니다.

풍납토성 유적지 보존 결정은 문화재 보존정책의 이정표가 되는 기념비적 사건이었습니다. 당시로서는 문화재보존은 단 한 번도 개발에 앞서 우선 결정된 적이 없었음으로 개발논리에 수세를 면치 못했던 문화재 보존정책에 일대 전기가 되었기 때문입니다.

풍납토성 유적 보존문제는 아직 끝난 것이 아니고 이 유적이 하남위례성으로서 백제왕궁터로 복원될 수 있는 기틀을 마련하기 위한 학술적 조사연구는활발하게 지속되어야 할 것입니다. 이를 위해서 십 수 년간 어려운 환경을 극복하면서 이 현장에서 발굴조사 연구를 수행함으로서 이 유적의 역사적 배경과 학술적 가치를 실증해 온 선문대학교 고고연구소의 각고의 노력은 더욱 기대되는 것입니다.

이 국가적 대역사를 성취해 나가는 과정에서 많은 어려운 과제는 계속될 것임으로 정부와 학계를 비롯한 국민 모두의 뜻을 모을 수 있는 여건과 환경을 가꾸어 나가는 노력도 소홀히 할 수 없다고 생각합니다.

오늘 이 자리에 함께하신 모든 분들은 바로 문화재관련 과제를수행하고 계시거나 천년만년 대계를 꾸려 나갈 학문적 기틀을 닦기 위해 연구현장에서 온갖 심혈을 기울이고 계신 분들일 것입니다. 존경합니다.

진정 그 노고는 우리 문화재역사에 기록되고 우리 모두 함께 오래 기억되기 바랍니다.
감사합니다.

2013년 10월 25일

기조강연

풍납토성 한성백제 왕궁유적의 보존과 연구

이형구(선문대학교 석좌교수)

1. 한성백제 왕궁유적 발견 이전의 풍납토성

풍납토성(風納土城, 혹칭 풍납리토성이라고도 함)이 근대에 처음으로 알려지기 시작한 것은 1925(乙丑)년 7월의 대홍수시, 한강의 범람으로 풍납토성의 서벽이 무너지고 토성내부가 휩쓸려 나가면서 백제시기유물이 노출되었다고 한다. 그 후, 일본인 아유가이(鮎貝房之進)가 풍납토성을 답사하다가 한 노파가 토성 내에서 수습하였다고 말하는 자감색의 유리옥 10 수 개를 사서 일행과 나눠 가졌다고 한다.[1] 그리고 전년에 총독부박물관(일제강점시)에서 풍납리 아래쪽의 토사중에서 발견하였다고 전하는 한식(漢式)의 초두(鐎斗) 2점을 구입하여 소장한 것이 알려졌다. 아유가이는 백제시기의 유물이 출토된 풍납리토성을 위례성(慰禮城)이라고 추정하였다. 1936년 2월 21일에는 조선총독부가 경기도 광주군 구천면 풍납리토성(오늘의 서울특별시 송파구 풍납동)을 '조선고적(古蹟) 제27호 광주풍납리토성(廣州風納里土城)'으로 지정한 바 있다.[2] 이후, 1962년 1월에 대한민국정부는 문화재보호법을 공포하였으며, 그 이듬해인 1963년 1월 21일에는 풍납리토성의 성곽부분 121,325㎡만을 '대한민국 사적(史蹟) 제11호'로 지정고시하였다.[3] 풍납토성이 사적으로 지정된 지 금년이 50년이 된다.

필자는 지금으로부터 50년전, 풍납토성이 사적으로 지정된 해인 1963년 여름에 최순우(崔淳雨, 전 국립

---

1 아유가이(鮎貝房之進); 「백제고도안내기」, 『조선』234, 1934. 아유가이는 1922~39년까지 총독부박물관협의회 협의원으로 있었다.

2 조선총독부; 『관보(官報)』 제2730호, 1936.

3 문교부; 『고시(告示)』 제174호, 1963. 사적지정 당시에는 '廣州風納里土城'이라고 하였으나 지금은 통칭 '風納土城'이라 부른다. 본문에서는 풍납토성이라 부른다.

중앙박물관장). 김영상(金永上, 전 동아일보 편집국장) 두 선사(先師)가 풍납토성을 탐방하는 길에 어린 학동을 불러 따라나선 것이 처음으로 풍납토성을 답사를 하게 되었다. 이보다 수년 전, 고등학교 학생시절 하절에 광진교하에서 수영하고 젖은 옷을 말리던 곳이었다. 새삼 감개하였다. 두 선사의 예지(叡智)가 필자와 풍납토성의 오늘이 인연이 있게 하지 않았나 하는 상념은 필자의 뇌리에 항상 남아 있다.[4] 이 시기의 풍납토성 내에는 농가가 몇 채 있는 전형적인 농촌풍경이였다. (圖版 1)

이병도(李丙燾) 선생은 백제의 건국연대를 고이왕 27. 28(260. 261)년 경으로 보았다.[5] 그리고 『삼국사기(三國史記)』백제본기 책계왕 원년(286)조에 "백제가 고구려의 내침을 염려하여 아차성과 사성(蛇城)을 수축하여 왕성을 방어하려고 하였다."고 하는 기사를 근거로 사성을 풍납토성으로 비정하였다.[6] 그러나 이병도 선생은 어원을 추적하여 '바람드리(風納)'는 '배암드리'의 와전[7]인 동시에 사성은 바로 '배암드리'의 역명이라고 주장하였지만 이 지방 촌민이 속명으로 부르는 '바람드리(風納)'를 곧, '배암드리'라고 억측하고 있기 때문에 이는 처음부터 많은 문제점을 안고 있다.

김원룡(金元龍) 선생은 1964년 10월에 풍납토성 내부의 여기저기에 8개의 탐색갱(Pit)을 넣고 고고학적 발굴을 실시하여 기원(0) 전후의 유물들을 수습하고,[8] 풍납토성이 역사상의 백제 건국시기 하남위례성임을 밝힐 수 있는 기회가 있었음에도 불구하고 이병도 선생의 '풍납토성=사성'이라고 하는 주장을 추종하였기 때문에 고고학적으로 백제사를 복원할 수 있는 기회를 잃어버렸다. 거기에 더하여 풍납토성은 흙으로 만든 土城이라는 선입견 때문에 일반의 관심에서 도외시된 바가 많다. 그뿐만 아니라, 한국의 학계가 풍납토성을 백제건국이래의 주요 도성으로 인식하지 않고 백제전기의 일개 토성으로 간주했기 때문에 비교적 가볍게 취급되었다. 이때 김원룡이 고고학적 성과를 조금만이라도 중요시했더라면 국가사적으로 지정 보호를 받을 수 있었던 시절이다. 그러나 실제 발굴조사자는 물론, 학계의 무관심과 유적의 방치는 결과적으로 정부와 서울시 당국의 도시개발정책으로 풍납토성 내부는 도시화돼 가고 있었다.

김원룡 선생은 "풍납리토성의 실연대에 대해서는 『삼국사기』의 기록대로 그 초축을 제1세기경으로 보고 475년 공주천도까지 전후 약 5세기로 추정하였다."고 하는 역사적인 발굴을 해 놓고, 역사학적인 사실은 이병도 선생의 3세기 건국설을 추종하여 백제초기의 역사를 삭제해 버렸다.[9] 또한, "이 토성지의 본격적인 발굴은 장차 더 큰 규모와 계획해서 이루어져야 할 것이다."라고 단단히 각오를 해 놓고도 '본격적인 발굴'은 커녕 풍납토성 내부를 문화재로 지정하여 보존하려고 하는 대책도 세우지 않고 보고서 하나만 남겨 놓고 결국, 풍납토성 내부의 유적은 방기해 버렸다. 이것은 한국고고학계의 일대 치욕적인 사건이다. 그 많은 후학 어느

---

4 필자는 1964년 6월 20일에 단독전국고적답사여행의 장도에 오르기 위한 첫 출발지를 바로 이 풍납토성에서 시작하였다. 이 여정은 62일간 실시되었다.
5 이병도; 「백제의 건국문제와 마한중심세력의 변동」, 『한국고대사연구』, 1976. "나는 백제의 엄밀한 의미의 건국년대를 이『삼국사기』의 고이왕 27. 28년경(서기260~261)으로 본다."고 하였다. (p.475)
6 이병도; 「풍납리토성과 백제시대의 사성(蛇城)」, 『진단학보』10, 1939.
7 '바람'은 바람풍(風)의 속명이고, '배암'은 뱀사(蛇)의 속명이기 때문에 '바람'과 '배암'이 서로 통하기가 어렵다.
8 김원룡; 『풍납리포함층조사보고』, 서울대학교 고고인류학과, 1967. 최몽룡(편집인) 「풍납리토성발굴」, 『한국고고』1(창간호), 서울대학교 고고인류학과, 1967. 이 글에 의하면, 1964년 10월, 서울대학교 고고인류학과3 학년 전원(고고인류학과개설과 동시에 입학한 첫 학생)이 야외고고학실습의 일환으로 풍납리토성 내에서 8개 pit를 파고 지하1~3m에서 주거면과 풍납리무문토기를 비롯하여 조질유문토기, 김해식유문토기, 한식토기, 흑도,등유물을 수습하였다고 한다.
9 김원룡; 『한국고고학개설』, 일지사, 1973. 김원룡은 첫 판에서 백제한성시대를 4세기초~475년으로 설정하였고, (p.128) 1986年 제3판에서는 "풍납리토성의 발굴결과는 그 年代를 뒷받침하고 있어 백제건국집단의 한강하류진출은 최소 서기3세기까지는 올라간다고 생각된다."(p.176)고 하였다.

누구도 풍납토성을 주의조차 해 볼 생각을 가진 적이 없이 745,800㎡나 되는 풍납토성 내에 풍납1.2동 주민 58,762명(「2000년도 송파구 기획예산과 통계」)이 거주하는 인구밀집도시로 변해 가는 것을 수수방관하였다. 아예 보존이 우선이라는 고고학의 본질도 망각하였다.

설상가상으로 1980년대에 서울대학교 박물관 발굴조사팀은 풍납토성으로부터 700m거리에 있는 몽촌산성 (夢村山城, 토성이라고 하나 산 구릉 상에 일부분 토축된 산성임)을 발굴하면서부터는 몽촌산성을 하남위례성 이라고 잠시 인식[10]하였기 때문에 풍납토성은 일반으로부터 더욱 관심 밖으로 멀어져 가고 방치되었다. 그래서 한국정부의 문화재 담당부서에서 마저도 풍납토성의 존재는 물론, 그 보존에 대한 관심이 소홀해 졌다.

1975년 2월, 필자가 국립대만대학 고고인류학과에 유학하게 되면서 오래 동안 풍납토성을 찾을 수 있는 기회가 없었다.

2. 군사정권하의 문화재보존운동

1980년 신정부가 들어서고, 1981년 10월에 귀국한 필자는 오래만에 다시 서울의 백제유적에 다시 돌아 왔다. 귀국하던 해(1981)에 연세대학교 국학연구원(원장; 李鍾英) 초청을 받아 「고구려 향당(享堂)제도 연구」라는 제목으로 논문을 발표할 기회가 있어 이 논문과 관련[11]이 있는 자료를 준비하기 위해 서울 강남구(현 송파구)석촌동 백제적석총을 다시 찾았다.[12] 이 유적은 1974년에 서울대학교 박물관과 고고학과가 합동으로 발굴조사를 마치고 난 후 학계의 주목을 받아 왔었다.[13] 석촌동 백제 계단식적석총은 남한 지역에서는 보기 드문 돌로 한 층 한 층 쌓은 계단식적석총으로 피라밑(Pyramid)식 고분이다. 그래서 1975년 5월, 이 유적은 국가사적 제243호로 지정받았다. 석촌동은 백제 적석총의 돌들이 흩어져 있어서 돌마리 돌마을 이라 불렀다. 그래서 석촌동(石村洞)이 된 것이다. 그러나 적석총의 적석 들은 민가의 담이나 장독대, 주춧돌 등으로 쓰고 신천(新川)을 메꿀때도 이 적석 들을 실어다 썼다. 필자가 석촌동 백제초기 적석총을 다시 찾아 갔을 때 는 적석총 위에 민가 여러 채 있었고 적석총 남쪽 상당 부분은 이미 도로개설(백제고분로)로 많이 파괴돼 가고 있었다. (圖版 2) 역사적. 학술적 가치를 인정받아 국가사적으로 지정받고도 국가 중요 문화재로 보호받지 못하고 도시개발에 밀려 반 토막 나고 말았다. 백제왕릉으로 추정되는 적석총은 거의 반쪽이 잘려 나가고 주변의 유적들은 아예 인멸되고,(圖版 3) 백제의 옹관묘가 반쪽으로 잘리고, 심지어 백제의 어느 왕족의 묘일 지도 모르는 무덤이 무참히 굴착기에 찍혀 잘려나가 인골이 교란되는 지경에 까지 이르고 있는 현장을 목격하였다. (圖版 4) 이 장면은 고고학이 무너지는 것이 아니라 인륜(人倫)이 처절하게 붕괴되고 있구나 하는 심경이었다. 상황이 이런데도 "백제 국왕의 묘가 틀림없다"[14]고 한다.

10 최몽룡; 「한성시대의 백제의 도읍지와 영역」, 『진단학보』60, 1985.
　　성주탁; 「위례성」 『한국민족문화대백과사전』16, 한국정신문화연구원,1990.
11 반영환; 「고분 위에 집을 짓고 살다니‥」 『고분 위에 집을 짓고 사는 나라』다인 미디어, 2003, p.108.
12 이형구; 「고구려향당(享堂)제도연구」 『동방학지』32, 연세대학교 국학연구원,1982.
13 서울대학교 박물관.고고학과; 『석촌동적석총발굴조사보고』서울대학교 고고인류학총간6집, 1975.
　　임효재; 「석촌동파괴분」 『고고미술』129. 130합집, 1978.
14 김원룡 등; 『석촌동3호분(적석총)발굴조사보고서』석촌동유적발굴조사단, 1983. p.27. "백제 최고(最古)의 치자(治者) 즉, 국왕 (國王)의 묘(墓)가 틀림없다고 보여 진다. 시기적으로 보면 3c중엽(中葉)을 넘지 않을 것으로 판단된다."고 하였다.

1981년 귀국 이후, 본격적으로 한강유역 백제전기 수도유적과 그 보존문제에 대해 관심을 가졌다. 백제 왕릉으로 추정되는 '석촌동 백제적석총'(제3호분)이 파괴되는 현장을 목격하고 백제유적을 살리기 위해 정부 와 서울시청 그리고 문화재관리국 등 관계기관에 건의서를 내고 직접 찾아가서 설명하고 이해시키려고 온갖 노력을 다하였으나 정부의 강남개발시책으로 설득이 어려움에 봉착되고 날로 공사는 진행되었다. 그래서 일 방, 여론화하면서 일방, 학계의 이해를 촉진시키는 일을 계속하였다. 이의 보존을 위한 문제점과 그 대책을 학계와 정부에 끊임없이 제기했다. 그러나 이런 상태로 2년여가 지날 즈음 드디어 정부 고위 당국자(허문도 문공부 차관)에게 불려가 "정부시책에 따를 것이냐 아니면 공직(당시 한국정신문화연구원 교수)을 내놓고 보존운동을 할 것이냐"라고 물을 것으로 짐작하고 방문해서묻기도 전에 중대 결정을 내려야 하는 절박한 상 황에서 준비해 간 답변으로 천만다행으로 정부 당국자가 필자의 의지를 십분 이해함으로서 공직을 유지하면 서 보존운동을 계속할 수 있었다. 이 순간이 또한 오늘이 있게 하였다.

1) 첫 번째 학술회의

대명천지(大明天地)에 서울에서 굴착기에 찍혀 인골이 교란되는 일이 일어나는 것은 잘못된 인류라고 생각하고, 1983년 봄에 '서울백제수도유적보존회'를 결성하고 동료교수, 학자 그리고 언론인들과 함께 정부 와 관계기관에 건의하고 여론화하는 등 보호운동을 계속 전개해 왔다.

정부 고위 당국자와 '담판'하는 자리애서 필자는 "만일 서울의 백제 수도유적이 없어지면 일본의 소위 임 나일본부의 '한반도남부지배설'을 부정할 역사적 근거를 우리 손으로 말살시키는 것"이라고 설파하였다. 이 시기는 '극일(克日)' 운동이 한창일 때이다. 그래서 '임나일본부설'의 비역사성을 주장하는 성토가 비등했던 시기이기도 하였다. 1983년 봄, 늘 이 순간을 감사하고 있다.

이를 계기로 필자는 1983년 7월 6일, "한강유역백제전기수도유적보존문제"를 주제로 한국정신문화연구 원(현 한국학중앙연구원)에서 학술연찬을 개최하였다.[15](圖版 5) 이 토론회에는 이형구가 「한강유역백제수 도유적의 현상과 보존문제」에 대하여 발표하였으며, 김병모(金秉模)는 「한강유역고분의 고고학적가치」, 차 용걸(車勇杰)은 「한강유역백제도성유적보존문제」에 대하여 발표하였다. 발표 후, 이 연찬에 참석한 황수영 동국대 총장, 이숭녕 백제문화개발연구원장, 김원룡 문화재위원장, 정중환 동아대 교수, 안승주 공주대 교 수, 주남철 고려대 교수 등 40여 명의 고고 미술사학자, 역사학자들의 토의 내용과 건의사항을 종합하여 이 에 대한 건의문을 작성하여 대통령을 위시하여 국무총리, 국회의장 등 관계기관에 건의서를 제출하고 적극 적으로 보존운동을 계속 펄 처 나갔다.[16] 이 토론회가 얼마나 중요했는지는 2003년, 이 학술연찬의 20주년을 맞이해서 "한강유역 백제전기 수도유적 보존문제 제기 20주년기념 서울 풍납동 백제왕성 연구 국제학술 세 미나"를 개최[17]할 정도인 것으로 보면 알 수 있을 것이다.

마침내 1985년 7월 1일, 전두환(全斗煥) 대통령의 특별지시로 정부는 519억 원이라는 천문학적인 액수의

---

15 이형구; 「한강유역백제전기수도유적보존문제」, 『정신문화연구』통권21호, 한국정신문화연구원, 1984.

16 1983년 4月, 정부 당국자와의 담판성공으로 이 학술토론회를 개최할 수 있었기 때문에 백제유적보존운동을 계속할 수 있었다. 그래서 이를 기념하기 위해 2003년 6월 『한강유역백제전기수도유적보존문제제기20주년기념 서울풍납동백제왕성연구국제학 술 세미나』를 개최하였다. (동양고고학연구소 주최. 주관) 무엇보다도 이 일은 참으로 잊을 수 없다.

17 동양고고학연구소; 『한강유역백제전기수도유적보존문제제기20주년기념 서울풍납동백제왕성연구국제학술세미나논문집』, 2003.

보존복원정비비가 책정되어 서울송파구석촌동과 방이동한성백제고분군은 사적공원으로 조성되었다. 도로 개설시 반파된 백제왕릉(圖版 6)은 보호면적이 50,000㎡로 12배나 늘어나 지하도를 개설하여 왕릉을 복원하였다.(圖版 7) 그리고 방이동고분군(사적 제270호)도 도시계획으로 4기가 삭평될 위기에서 살아났다. 이는 앞서 담판시에 필자의 의지를 찬동해 준 정부 고위 당국자의 음덕이라고 아니 할 수 없다. 당시 이 계획에는 풍납토성 보존안은 미미했다. 그러나 필자는 더 큰 홍역을 예견하면서 풍납토성 내부가 이미 도시화가 진행되면서 풍납토성과 토성내의 문화재가 파괴돼 가고 있는 것을 주시하면서 저지하기 위한 풍납토성 보존운동을 본격적으로 전개하였다. 이어서 정부가 풍납토성을 관통하는 올림픽대교를 건설하는 계획안을 변경하기 위한 운동을 전개하였다.

2) 두 번째 학술회의

서울특별시가 1994년 초부터 '서울정도(定都)600년기념사업'을 기획하고 '10월 28일 서울시민의 날'을 기해 대대적으로 개최하겠다고 홍보하였다. 그러나 필자는 오늘의 수도 서울은 백제가 오늘의 서울에서 건국한 때부터 시작되어야 한다고 생각하였다. 그래서 필자는 1994년 9월 23일에 서울백제수도유적보존회의 이름으로 "서울백제수도유적보존을 위한 학술회의"를 서울 광화문 한글회관강당에서 개최하였다.[18] 손병헌(孫秉憲, 성균관대교 교수)의 사회로 진행된 발표내용은 이형구가 「서울백제수도유적보존회의 결성에 대한 경과보고」, 성주탁(成周鐸)이 「서울소재백제성지고」, 김정학(金廷鶴)이 「위례성과 한성(백제)」, 이형구가 「서울백제유적보존현황」을 발표하였다.

이 학술회의를 통하여 백제가 하남위례성으로 천도한 후로부터 서울이 백제의 수도로 정도하였기 때문에 실제로 1994년이 '서울정도(定都) 2000년'이 되는 해임을 주창하고, '서울정도600년기념사업'을 중단할 것을 촉구[19]하는 한편, 서울백제 수도유적을 도시계획으로부터 보존하자고 서울백제 수도유적 보존운동을 결의하였다. 학술회의 종료 후, 서울백제 수도유적 보존회의 건의사항을 정리하여 청와대를 비롯하여 건설교통부. 문화관광부. 서울시청과 관계기관 등 8개 처에 건의서를 제출하였다. 건의서를 제출하고 나서 얼마 안 있어 서울시의 '서울정도600년기념사업'은 중지되었다.[20] 이를 계기로 서울백제수도유적보존활동을 지속하기 위하여 필자는 서울 사가에 '동양고고학연구소'라는 이름으로 개인연구소를 개설하여 연구와 보존활동을 계속하고 있다.

3. 1997년, 백제유물의 발견에서 한성백제 왕궁유적이 현현하기까지

필자는 1996년 3월, 선문대학교 역사학과로 직장을 옮기자마자 학술조사단을 조직하고 지금까지 한 번

---

18 서울백제수도유적보존회; 『서울백제수도유적보존회의』, 동양고고학연구소, 1994.
19 『삼국사기』백제본기 온조왕 13년(기원전5년)조; "九月立城闕". 동 14년(기원전5년)조; "春正月遷都"
20 서울시는 이 해(1994) 10월 24일 '서울기념일'을 기념하기 위하여 많은 예산을 투입하여 '서울정도(定都)600년기념사업'을 추진하고 있었는데, 10월 21일 아침, 서울의 강남과 강북을 잇는 성수대교가 붕괴되는 사고가 발생하였다. 그 사고로 등교하던 많은 남녀학생이 목숨을 잃었다. 그래서 시장(이원종)이 물러나고 기념사업은 취소되었다.

도 시도해 보지 않은 풍납토성(사적 제11호)의 실측조사를 실시해 제원(諸元)을 밝히고, 풍납토성 내. 외부의 현황 실태를 파악하기 위하여 정밀측량 조사에 착수하였다.[21] 이 조사를 계기로 일찍부터 풍납토성을 백제전기 왕성으로 믿어 오던 필자는 풍납토성이 갖는 왕성으로서의 역사적 의의를 규명하고 문화적 중요성을 인식하고, 백제왕성과 왕궁유적이 존재되어 있을 풍납토성 내부를 보존하기 위한 뜻에서 실측조사를 실시한 것이다.(圖版 8)

1996년 하계방학을 이용하여 풍납토성의 전체 현황을 파악할 수 있는 지표조사와 풍납토성의 제원을 확인하는 측량조사를 겸행하였다. 그리고 1996년 동계방학을 맞이하면서 풍납토성 성벽의 현존의 높이를 확인하기 위한 등고선 측량조사를 실시하였다. 이 때 조사한 기록을 1997년 8월『서울풍납토성[백제왕성]실측조사연구』라고 하는 연구보고서에 담아 出刊하였다.[22]

이때의 측량조사에서 풍납토성의 전체의 크기가 3,470m로 밝혀냈고, 이미 복원된 북쪽 성벽의 가장 높은 곳의 높이는 현지표로부터 11.1m나 된다는 사실을 확인하였다. 이밖에 복원되지 않은 지역의 남쪽 성벽의 가장 높은 지역은 지표로부터 높이 6.5m이고, 동측 성벽의 가장 높은 지역의 높이가 지표로부터 높이 6.2m나 된다. 그리고 성벽의 저부 폭은 대체로 40~30m이고, 성벽의 가장 넓은 곳의 저부 폭은 동남측 성벽의 폭이 70m에 이르고 있다는 사실을 알게 되었다. 원래의 성체의 높이는 아마 15m 정도 될 것이다. 그리고 성벽 외 주위에는 넓은 해자(垓子)가 둘러져 있었을 것으로 추정하였다. 이 조사에서 확인된 실제 제원은 1999년의 풍납토성 동벽 절개 발굴조사에 거의 동일한 수치로 확인되었다.[23]

풍납토성 성벽의 등고선 측량을 실시하면서 성벽 주위의 일반 주거 현황과 유휴지 확인 작업을 병행하면서 풍납토성의 성벽 외곽에 있을 해자(垓子0의 현존 가능한 지역을 더 주의하여 조사하였다. 다행히 서남, 동남 지역 등 몇몇 지역에서 해자의 가능성을 확인 할 수 있는 지역이 상당 부분 남아있는 것을 알게 되었다.

1997년 1월 1일은 필자로서는 영원히 잊을 수 없는 날이다. 신정(新正)에도 풍납토성 현장에서 신년을 맞이하면서 꾸준히 조사활동을 실시하는 노력 끝에 백제왕궁유적을 발견할 수 있었다.(圖版 9)

필자는 풍납토성의 실측조사를 실시하던 中, 서울 송파구 풍납2동231-3번지에서 현대아파트 신축 기초공사를 하기 위해 굴착기로 현지표하 4m까지 굴토한 바닥과 퇴적층에서 백제토기편 다수를 발견하였다. 이것이 한성백제의 왕궁유적이 현현하는 역사적 순간이었다.(圖版 10)

금일까지 5만여 명이 거주하고 있는 풍납토성 내에서 왕궁유적이 출현하리라고는 필자 이외는 어느 누구도 짐작하지도 않았다. 현대아파트 신축부지 150×70m 크기의 면적 중에 60×30m를 이미 지표하 4m 정도까지 굴토가 완료된 상태였고, 지표하 2.5m 정도까지 기존 신우연립주택 건물의 기저부가 드러나 있었으며, 그 밑으로 1.5~2m 두께로 유물포함층에서 목탄과 백제시대 토기 편들이 계속되고 발견되고 있었다.(圖版 11)

필자는 파괴현장을 파악한 직후, 문화재관리국(현 문화재청)에 보고하고, 백제 왕궁유적을 파괴되는 것을 중지하고 발굴조사를 실시할 것을 촉구하였다. 문화재관리국은 긴급 발굴조치를 취하여 국립문화재연구소가 9개월간의 발굴을 실시하였다. 백제 왕궁유적으로 추정되는 유적이 발굴되었다. 그러나 발굴자 측에서

---

21 1969년 6월 28일에는 성벽 구간 중, 토성의 동북벽 일부가, 지금 시장화된 지역은 사적지에서 지정해제되었다. 그리고 1925년 대홍수시 유실되고 남은 유실부 5,409평도 사적지에서 지정해제되었다.
22 이형구;『서울풍납토성[백제왕성]실측조사연구』, 백제문화개발연구원,1997.
23 국립문화재연구소;『풍납토성 Ⅱ』동벽발굴조사보고서, 1999. p.119.

는 백제 왕궁유적으로 보는 것을 망설였다.

1997년 3월 12일, 풍납토성 내 발굴조사 첫 자문위원회 회의 자료에서, "풍납토성과 관련된 성 내부의 주거시설이 밀집돼있는 것으로 추정되고, 출토유물로 보더라도 원삼국기에서 백제초기에 해당하는 다소 이른 시기의 토기 편들이 두드러진다고 볼 수 있다"고, 백제초기의 이른 시기의 토기 편들이 '두드러진다'고 하면서도 향후 조사계획에서는 "발굴조사가 완료된 지역부터 부분적으로라도 공사가 재개될 수 있도록 하라."[24]고 결론을 내려 '아파트 신축 기초공사가 재개'되게 될 수 있도록 공사를 맡은 측의 편의를 봐주고 있다. 참으로 어처구니없고 허탈한 조치다. 이로써 1500여 년 만에 세상에 현현(顯現)한 백제의 왕궁유적이 사라지고 아파트촌으로 변신하게 되었다.

1997년 11월 25일 발굴을 종료하고 개최된 2차 자문위원회의에서는 "이전의 발굴 조사성과와 비교 고찰한다면 백제시대 주거지 등 전체적인 유구를 밝히는데 귀중한 자료가 될 것으로 사료 된다."고,[25] 간략하게 소결을 남겨 놓고 있다. 결국은 1500여 년 만에 되살아난 백제 왕궁유적은 발굴보고서 1권만을 남겨 놓고 인멸되고 그 자리에 현대 리버빌 아파트단지가 신축되었다. 당시의 필자의 소회는 "천추의 한(千秋之恨)이 되는 일을 저지르고 말았다"고 하였다.

이에 말할 수 없는 안타까움을 참을 수 없어 다음에 닥쳐올 더 큰 어려움을 방지하기 위해 더 큰 용기를 갖고 국가의 최고책임자인 대통령에게 직소하기로 결심하였다. 1999년 2월 5일, 서울백제수도유적보존회 대표 이형구 명의로 "김대중 대통령 귀하-서울 백제 수도유적 보존에 관한 건의서"를 '내용증명(內容證明)' 우편물형식을 취해 청와대로 발송하였다.[26] 지금에도 불경스러운 마음 금할 수 없다.

---

24 국립문화재연구소;『풍납토성내시굴조사자문위원회의자료』, 1997.
25 국립문화재연구소풍납동제1지구발굴조사단;『풍납동제1지구발굴조사지도위원회의자료』, 1997.
26 천안우체국 등기번호 No. 026283, 특급, 2000. 5. 15.
  풍납토성[백제왕성] 보존을 위해 대통령께 드리는 건의서

  국가 사적 제 11호인 풍납토성은 1963년, 토성(土城)부분만 지정하고 왕궁으로 추정되는 성 안부분과 해자(垓字, 일명) 부분은 지정에서 제외되었습니다. 회근 20년 동안 지표조사와 시굴조사 등을 통한 연구 결과는 물론, 성 안에서 백제 초기 문화재가 다량으로 발굴되어 이를 방사성 탄소 연대 측정한 결과 기원 전후로 밝혀졌습니다.
  이러한 귀중한 문화유적이 김 대통령의 재임기간 중에 훼손되거나 파괴되는 것은 있을 수 없는 일이며, 우리 후손에게 잘 보존된 백제의 역사와 문화를 전해 주어야 합니다.
  남북 영수회담이 이루어지게 되는 이 마당에 잃어버린 우리의 역사를 되살려 국민 모두의 노력으로 보존·보전·복원될 수 있도록 김 대통령의 지도하에 국민운동을 일으켜 과거 일본인들이나 했던 우리 문화재의 인멸행위를 중지시키고 우리 겨레의 문화재를 지키는데 앞장 서시도록 아래와 같이 건의드립니다.
  1. 우리나라 고대 국가인 백제의 초기 왕성으로 추정되는 국가사적 제 11호인 서울 송파구 풍납동 소재 풍납토성의 역사적·문화적 가치에 대하여 학계 문화계 원로들의 중지를 모아 재천명하는 바입니다.
  2. 풍납토성은 근 20년간의 학술조사를 통하여 백제 초기에 축성된 거대한 왕성으로 추정되고 있기 때문에 현 시점에서 국가 중요유적으로 적극 보존되어야 한다고 결의하는 바입니다.
  3. 풍납토성은 최근 수차례의 구제발굴결과 백제건국시기인 기원 전후시기의 유적과 유물이 다량 발견됨으로서 백제왕성으로 추정되기 때문에 성내부도 사적으로 확대 지정, 보호되어야 합니다.
  4. 풍납토성 외부를 두르고 있는 해자 지역도 보호구역으로 지정하여 보존될 수 있는 방법을 강구해 주시기 바랍니다.
  5. 이와 같은 귀중한 백제 초기 수고 유적을 보존하기 위하여 정부가 더 이상의 중·개축을 불허하고 현 상태를 유지시켜 단계적으로 매입·이주시키는 적극적인 보존대책을 마련해야 할 것입니다.
  6. 풍납토성과 성 내부를 보존하기 위하여 필요한 재정적인 비용은 시민모금운동을 전개하는 방법도 있으나 정부와 지방자치단체가 협력하여 장기적인 보존 계획을 세워 점진적으로 마련하여사 유지를 보상, 매입하여야 합니다.
  7. 풍납토성 내부를 사적으로 지정함으로써 불이익을 당하게되는 성내 거주주민들의 권익을 보호하고 이로 인한 불편을 보상하기 위해서 대통령의 특단의 배려(이주·보상·대토 등)가 필요하다고 사료됩니다.
                                                                    2000년 5월 8일
                                                            서울백제수도유적보존회 대표: 이형구

4. 백제 왕궁유적 보존 학술회의

1) 세 번째 학술회의

동양고고학연구소(대표: 이형구)는 2000년 5월 8일, "풍납토성[백제왕성] 보존을 위한 학술회의"를 개최하였다.[27] 이 학술회의는 손병헌의 사회로 조유전(趙由典, 전 국립문화재연구소장)이 기조연설을 맡고, 논문발표는 이형구가 「풍납토성[백제왕성]에 관한 조사연구 및 그 보존문제」에 대해서 발표를 하였으며, 윤근일(尹根一, 국립문화재연구소 연구관)이 「풍납토성발굴과 그 의의」를, 이종욱(李鍾旭, 서강대학교 교수)이 「풍납토성과 『삼국사기』초기기록」을 발표하였다. 그리고 학술회의에는 원로학자 정영호(鄭永鎬, 전 단국대학교 교수) 박사가 축사를 맡아 주었다. 이밖에 한국학계의 김삼룡(金三龍, 전 원광대학교 총장), 김영상(金永上, 전 동아일보 편집국장), 맹인재(孟仁在, 전 문화재위원), 박동백(朴東百, 전 창원대학교 교수), 손보기(孫寶基, 전 연세대학교 교수), 이종선(李種宣, 전 서울시립박물관장), 정명호(鄭明鎬, 전 원광대학교 교수), 최재석(崔在錫, 전 고려대학교 교수) 많은 원로인사들이 토론자로 참석하여 풍납토성[백제왕성]보존을 위한 훌륭한 의견을 개진하였다. 그 토의내용을 7개항으로 정리하여 김대중(金大中) 대통령에게 건의서를 제출하였다.

이 건의서가 제출된 1주 후인 2000년 5월 16일, 김대중 대통령은 국무회의에서 풍납토성과 풍납토성 내의 한성백제유적을 보존하기 위한 '대통령령(大統領令)'을 특별제정하였다. 2000년 10월 20일, 필자가 그 동안 풍납토성 내 한성백제 왕궁유적 발견과 한성백제 유적 보존에 공로가 많았다고 인정하여 '대한민국문화훈장(大韓民國文化勳章)'을 수여하였다.[28]

2) 네 번째 학술회의

동양고고학연구소(대표:이형구)는 2003년 6월 20일에 서울역사박물관 대강당에서 "한강유역 백제전기 수도유적 보존문제 제기 20주년 기념 -서울 풍납동 백제왕성 연구 국제학술 세미나 -서울 풍납동 백제왕성의 발견과 보존"이라고 하는 긴 주제를 가지고 학술회의를 개최하였다.[29] 먼저 기조강연을 조유전이 「풍납토성과 하남위례성」을 맡았다. 이어서 학술발표회는 손병헌. 김영수(金瑛洙)의 사회로, 백운상(白雲翔, 중국사회과학원 고고연구소 부소장)이 「중국의 한대성시(漢代城市)와 한국의 풍납토성」, 다이쯔까야마각구인(帝塚山學院)대학의 나가오(中尾芳治)가 「일본의 나니야노미야(難波宮) 발굴조사와 보존·환경정비에 대하여」를 심정보(沈正輔, 한밭대학교 교수)가 「풍납동 백제왕성의 축성기법에 관한 고찰」을 발표하였다. 또 신희권(申熙權, 국립문화재연구소 연구사)이 「풍납동 백제왕성 백제토기의 형성과 발전-한성백제토기에 대한 제언」, 이종욱(서강대학교 교수)이 「풍납동 백제왕성의 역사적 성격」, 이형구가 「풍납동 백제왕성의 발견과 보존」을 발표하였다. 그리고 송석범(宋錫範, 간사이외국어대학 교수), 최맹식(崔孟植, 국립문화재연구소 연구관), 김무중(金武重, 기전문화재연구원 연구원), 김영하(金映河. 성균관대학교 교수), 이용(李傭, 『경향신문』 부국장), 김태식(金台植, 『연합뉴스』문화부 기자)이 토론자로 나왔다. 당시 문화재청 노태섭(盧泰燮) 청장과 대한

---

27 동양고고학연구소;『풍납토성[백제왕성]연구논문집』, 2000.
28 "백제 유적보존 문화훈장 받은 이형구 선문대 교수", 세계일보 2000년 10월 23일.
29 동양고고학연구소;『한강유역백제전기수도유적보존문제제기20주년기념 서울풍납동백제왕성연구국제학술세미나논문집』, 2003,

민국학술원 회원인 전 선문대학교 총장 윤세원(尹世元, 2013년 3월 작고) 박사가 축사를 맡아 주어 대사회적(對社會的) 인식을 높여 주는 계기가 되었다. (圖版 12)

특히 일본의 원로고고학자로 나니야노미야(難波宮址)를 직접 발굴한 경험이 있는 나가오 교수가 일본의 나니야노미야(難波宮) 발굴조사와 보존·환경정비에 대하여 발표하여 '한국의 나니야노미야(난파궁)'이라고 칭하기도 하는 풍납토성의 보존과 정비문제에 대해서 타산지석(他山之石)으로 삼을 만한 훌륭한 논문을 발표하였다. 그리고 중국의 백운상이 중국 한대성시의 발원과 한국 백제 풍납토성의 건축기술의 발원을 심도있게 비교 탐구하는 논문을 제출하였다.

3) 다섯 번째 학술회의

동양고고학연구소(대표: 이형구)는 2007년 6월 8일에 서울역사박물관 대강당에서 "서울 풍납동 백제왕성의 발견과 보존"이라는 주제로 "풍납토성 내 백제왕경유적 발견 10주년 기념 국제학술 세미나"를 개최하려고 하였으나 풍납동 주민 300여 명이 세미나 개최사실을 미리 알고 경희궁(慶熙宮) 내에 있는 서울역사박물관에 몰려와서 농성하는 바람에 발표자나 청중이 강당에 진입할 수 없어 부득이 인근 중구 태평로에 있는 Press center의 19층 '국제기자Club'이라고 하는 연회식(宴會式) 회의장을 거금으로 긴급 임차하여 국외에서 온 발표자나 국내발표자 그리고 내빈들을 모시고 건물의 주변을 경찰이 에워싼 긴장된 분위기에서 학술세미나를 개최할 수밖에 없었다.[30]

이 학술발표회는 손병헌·김영수의 사회로, 이형구가 「풍납토성 내 백제왕경유적 발견과 역사적 의의」, 권오영(權五榮)이 「풍납토성 내 경당유적 발굴과 그 의의」, 신희권이 「고대중국도성의 출현과 그 특징-이리두(二里頭)유적과 풍납토성과의 비교를 중심으로-」, 세가와(瀨川芳則)가 「일본고대도성의 조사와 보존현황」을 발표(통역; 송석범)하였다. 그리고 론평자로 이종욱, 윤근일, 심정보, 이남규(李南珪, 한신대학교 교수)가 참석하고, 김기섭(金起燮, 서울역사박물관 연구원), 김태식, 신형준(愼亨浚, 『조선일보』 문화부 기자), 최맹식, 황평우(黃平宇, 문화연대 문화유산위원회 위원장) 등이 토론에 참여하였으며, '풍납동주민대책위원회' 이기영(李基永) 회장이 특별초대되었다. 이에 앞서 원로학자로 대한민국학술원 회원인 원한국정신문화원장 류승국(柳承國, 2011년 3월 작고) 박사가 축사를 맡아 주었다.

이 학술회의에는 일본의 저명한 고대성곽전문가인 간사이(關西)외국어대학 세가와 교수가 특별히 초대되어 학술발표를 할 예정이었으나 풍납동주민들의 저지로 장소를 옮기는 황당 중에도 세가와 교수는 준비해 온 일본의 고대도성의 조사연구 성과와 일본의 문화재보존에 관한 선험적 연구를 발표하여 풍납토성 보존뿐만 아니라 한국의 고대도성연구에 큰 교훈을 주었다.

필자는 풍납토성과 백제왕궁유적을 보존하고 연구하기 위한 국내외 학술 세미나(Semina)를 5번이나 개최하였는데, 제1차를 제외하고 2번의 국내 세미나와 2번의 국제세미나의 모든 경비는 정부의 도움이나 어떤 기관의 도움을 받지 않고 동양고고학연구소(대표: 이형구)가 전담하였다. 이어서 이번 여섯 번째 학술회의까지 이르게 되었다.

---

30 동양고고학연구소; 『풍납토성내백제왕경유적발견10주년기념국제학술세미나논문집』, 2007.

5. 한성백제 왕궁유적을 도시개발로부터 지켜내다

필자가 1997년 1월 풍납토성 내에서 한성백제 왕궁유적을 발견한 이후 3월부터 국립문화재연구소의 주관으로 긴급구제 발굴조사를 시행하였다. 그 결과, 백제초기의 삼중환호유구(三重環濠遺構)와 백제주거지 19기가 확인되었다. 이 과정에서 백제토기 그리고 백제와 등 많은 유물이 출토되었다. 이 무렵 서울시는 풍납토성정비계획을 수립하고, 풍납토성의 성벽을 차지하고 있는 사유지를 매입하는 계획을 세웠으나 재원확보의 한계로 단계적인 사유지 매입 방향으로 재조정하였다. 그러나 풍납토성 내부에 대해서는 여전히 문화재로 지정되지 않고 일반 도시개발지역으로 고시되었기 때문에 서울시는 이 지역에 건물신축을 계속 허가해 주고 있었다.

필자는 도시개발로부터 백제유적을 보존하기 위하여 1998년 12월, '서울백제수도유적보존회의'라는 제하의 유적보전을 위한 건의서를 김대중 대통령에게 제출하였으며, 이듬해인 1999년 2월에도 대통령에게 재차 건의서를 제출하였다. 그 다음해(2000)에 '대통령령(大統領令)'으로 풍납토성 내에 고층아파트신축은 금지되고, 5층 이내의 재건축 신청시에만 허용하되 선발굴(先發掘) 후결과(後結果)에 따라 지하 2m 이내에서 유물이나 유구가 발견되면 건축을 불허하기로 하였다.

1999년 6월에는 국립문화재연구소에 의해 동측성벽의 2개(A. B) 지점에 대한 발굴조사를 실시하였으며 이후, 2003년부터 2011년까지 국립문화재연구소에 의해 풍납동197번지 풍납토성 내 미래마을에 대한 발굴조사가 연차적으로 실시되었고, 여기에서 수혈주거지, 대형건물지, 도로유구, 우물터 등 한성백제의 왕도의 위용을 나타내는 유적과 유물들이 드러났다. 1999~2008년에는 한신대 박물관에서 경당연립주택 부지에 대한 발굴조사를 실시하였다.

1997년 1월의 왕궁유적 발견 이후, 최근까지 풍납토성과 풍납토성 내부에서 근 20차의 대형발굴과 200여 차의 소형발굴이 시행되고 있는 동안 주민들의 계속되는 저항을 이겨 내면서 발굴지도위원을 맡아 학술과 보존방면에 매진해 왔다.

2000년 5월 8일, 필자가 주관한 "풍납토성을 보존하기 위한 학술회의"가 끝난 5일 후인 2000년 5월 12일, 오전에 대전시에 있는 문화재청을 항의 방문했던 풍납토성 내 주택조합원 40여 명이 버스 한 대에 타고 필자가 봉직하고 있는 충청남도 아산시 소재 선문대학교 총장실을 방문하여 총장에게 "이형구 교수가 자꾸 풍납토성을 한성백제의 왕성(王城)이라고 주장하는 바람에 주민들이 아파트건축을 하지 못하고 주택도 짓지 못하니 이 교수를 해직시키라"고 2시간 여 항의 농성하다가 별 소득 없이 서울로 돌아갔다. 그러나 다음날(5월 13일) 이들 조합원들은 풍납토성 내 경당지구 발굴현장에 진입하여 굴착기로 한성백제 유구를 훼손하는 사건이 벌어졌다. 이 충격적인 문화재훼손사건 직후, 당시 박지원(朴智元) 문화관광부장관은 풍납토성 내의 한성백제 왕궁유적 훼손사건의 진상을 김대중 대통령에게 보고하게 되면서 2000년 5월 16일 국무회의에서 풍납토성과 풍납토성 내의 한성백제유적에 대한 보존대책을 마련하도록 '대통령령(大統領令)'으로 특별조치되어 오늘애 이르고 있다.

이런 와중에 특별히 힘들었던 일은 현지 재개발조합 구성 주민(조합원)들의 거센 반발은 필자 본인은 물론 야밤에 전화로 가족에게 폭언하는 행위와 현장에서 개최되는 발굴지도회의 때마다 발굴지도위원자격으로 현장에 나오는 필자에게 항의. 구타. 감금, 심지어는 '화형식(火形式, 2001.3.21)'까지 자행하는 일이 벌어지기까지는 참아 낼 수 있었으나, 일부학계와 관계당국이 필자의 풍납토성 백제왕궁 주장을 묵살하고 유적까지 폄훼하는 작태를 참아내기가 더 어려웠다. 그러나 국립문화재연구소. 한신대학교 박물관의 발굴관계자와 발굴지도위원 그리고 사적지정에 참여한 문화재위원들의 노력과 언론종사자들의 성원으로 오늘날의 풍납토성이 있을 수 있었다. 그래도 무어니 무어니 해도 가장 큰 공신은 인고(忍苦)를 견뎌 낸 주민들이다.

6. 풍납토성 내 주민의 보상 문제

풍납토성과 왕경유적을 보전하기 위해서는 주민들의 이주와 보상문제이다. 가장 이상적인 방법으로 일괄 보상해서 국유지(그린벨트 등) 지역으로 집단이주를 하는 것이지만 당장은 현실적으로 어려운 일이다. 다만 신시가지 조성개념으로 풍납토성 버금가는 대지를 찾아 조성하는 방법을 생각할 수 있겠지만 이것 역시 현실적으로 간단히 해결될 문제가 아니다. 현재의 여건하에서는 조사시에 백제시대 유구가 확인되면 즉각 사적으로 지정하여 보존지구를 확대해 나가면서 이전 및 신축하고자 하는 대지는 신속히 보상 구입하면서 점진적으로 이주할 수 있도록 하여 민원인의 피해를 막아야 할 것이다.

국립문화재연구소가 2002년 3월부터 6월까지 풍납동 단독주택지 시굴조사에서 확인된 풍납토성 서벽 강변 현대아파트 부근의 풍납동 298-14에서는 지하 90~250cm 깊이에서 서벽의 중심 토루 및 내벽 토루가 발견되고, 291-17ㆍ18ㆍ19에서는 지하 90cm 깊이에서 백제 유물층과 성벽의 석렬이 발견되었다. 그리고 292-15와 203-5에서는 지하 110~150cm 깊이에서 성벽의 판축토가 발견되었다. 이 성벽을 따라 북상하여 북벽에 이르는 풍납토성의 서북부 약 800m가 풍납동 외곽도로와 '올림픽大路'의 기저부에 깔려 있음을 알 수 있다.

풍납토성 내ㆍ외에서의 신축은 억제하고 다만 이전 지역은 정비하여 사적으로 지정 보존해야 할 것이다. 그러기 위해서는 조사와 발굴 및 정비까지도 할 수 있는 풍납토성 발굴조사 전담할 국립기구가 반드시 필요하다. 그러나 이에 앞서 더욱 큰 문제는 이미 풍납토성에 거주하고 있는 약 5만 명의 주민들의 재산권에 대한 보상문제를 해결하는 것이다. 마침 정부는 2005년 정부정책인 '8ㆍ31 부동산 대책'의 일환으로 송파신도시 건설이 발표됐다.

이를 계기로 필자는 풍납토성 보존과 주민 재산권 문제 해결을 위해 2005년 9월 4일, 이해찬 국무총리에게 내용증명우편(등기번호 3333701000815)으로 건의문을 보낸 바 있다.[31]

---

31 이해찬 국무총리께:
　　중추가절에 안녕하십니까?
　　昨今의 정치ㆍ경제ㆍ외교 등 다난한 국사문제들을 풀어나가시느라 여념이 없으실 줄 압니다. 특히, 최근의 국민적 관심사가 부동산 대책인 것 같습니다. 그 중에서도 8월3일 발표된 서울 송파구의 '강남대체 신도시 건설'인 것 같습니다.
　　이 총리님께서 지대한 관심을 가지고 서울의 주택난 해소를 위하여 수립한 부동산 정책이라서 많은 관심을 갖지 않을 수 없습니다.
　　하오나, 본인은 물질적 관심사보다도 우리 민족 앞에 역사를 바로 세울 절호의 기회라고 생각되기 때문에 지대한 관심을 가지고 있습니다.
　　그것은 다름이 아니오라, 지난 수 년동안 우리 정부와 우리 국민 모두가 관심을 가지고 주목하고 있는 서울 송파구 풍납동에 있는 백제(百濟) 건국 이후 500년 동안의 왕도였던 풍납토성을 보존할 수 있는 절대절명의 기회하고 믿고 있기 때문입니다.
　　본인은 일찍이 서울의 도시 계획으로부터 풍납토성과 풍납토성 안의 백제왕경(王京) 유적이 전부 인멸되어가는 현상을 직시

필자는 풍납토성 내의 주민의 재산권 보호를 위하여 행정부와 법적대응까지도 불사하고 '내용증명'으로

하고 역대 정부에 건의하길 무지기수였습니다. 그 가운데 가장 아쉬웠던 일은 풍납토성 안에 신도시가 한창 진행중이던 1990년 대초, 당시 국가의 건설 정책 주무부서인건설부(오늘날의 건설교통부)의 미온적인 태도였습니다.

본인은 1994년 9월28일 東洋考古學硏究所(代表;李亨求) 주관으로 '서울백제수도유적보존회'를 결성하고, 서울 한글회관에서 『서울백제수도유적보존회의』를 개최, 풍납토성의 보존문제와 관련하여, "풍납토성 안의 풍납1동, 2동의 주택개발시에 거주지의 비파괴지층(백제시대 유물포함층)은 고고학적인 조사를 거친 다음 시공하도록 해야 한다"고 건의한 바 있었습니다.

그러나 건설부장관은 동양고고학연구소 대표인 본인에게 보내온 공문에서, "귀 연구소가 풍납토성 안의 풍납 1동, 2동에서 주택재개발사업 시행시에는 고고학적 조사를 거친후 시공하도록 요망하는 내용인 바, 현재 동 지역내에는 주택개량 재개발사업을 시행하기 위한 주택개량 재개발구역으로 지정된 바 없음을 알려드립니다."고 분명히 풍납토성내의 '재개발의사가 없다'고 하였습니다. 그러나 실제로는 공문내용과 달리 풍납토성 안에서 계z 대형아파트가 신축되고 있었습니다. 그런 가운데 1997년 1월 본인에 의하여 현대아파트 신축현장에서 백제왕경(王京)유적과 백제유물이 발견되었습니다.

이후 정부당국의 많은 이해 속에서 학계와 언론계, 일반 시민들의 노력으로 간신히 대형아파트 건설은 중지되었으나 지하 2m, 지상 15m의 4·5층 건물은 신축이 허용되고 있는 가운데 풍납토성 안의 전역에서 백제 유적이나 유물이 발견되고 있어 이에 대한 유적보전이 절대적으로 시급한 처지에 이르고 있습니다. 본인은 1983년에 서울 백제수도유적 보존문제를 처음 제기한 후 2003년, 20주년을맞아 이를 기념하기 위하여 2003년 6월에 서울 역사박물관에서 로 국제학술세미나를 개최한 바 있습니다. 이 때, "풍납토성 안의 주민들을 그린벨트지역으로 집단이주하는 것은 당장 은 현실적으로 어려운 일인지 모르지만 신시가지 조성 개념으로 풍납토성에 버금가는 대지를 찾아 풍납토성을 대체할 수 있는 신도시를 조성하는 방법을 생각해보자"고 주장한 바 있습니다.

이 총리님! 마침, 이번 '8·31 부동산 대책'이 송파구 관내의 거여동 일대의 국공유지(그린벨트) 200만 평에 신도시를 건설하는 계획으로 알고 있습니다. 천만다행으로 이번 계획안에 풍납동 주민(약 5만명)들을 보상차원에서 이주시켜, 정부가 풍납동 백제왕성 보존을 위하여 송파구 거여동 일대의 국공유지에 풍납동 내 주민 이주지역을 마련하는 계획안을 포함하는 획기적인 결단을 내려주시기 바랍니다. 그래서 명실상부한 정도 200년의 세계적인 역사도시 서울을 재창조해야 할 것입니다.

이와 같이 거국적으로 잃어버린 백제 역사를 되찾을 수 있는 백제 왕경 유적의 보존·복원 정책이 이루어질 때만이 이른바 한·중 역사논쟁, 한·일 역사왜곡 등 주변국과의 '역사전쟁'에서 우위를 점할 수 있다고 확신합니다.

여론화되기 앞서 이 총리님의 크신 용단을 촉구합니다.

감사합니다.

건강하십시오.

2005년 9월 4일

서울 서초구 서초동 1483-1

서울백제수도유적보존회 대표

이형구(선문대학교 대학원장)

연합뉴스 문화부 김태식 기자의 2006년 11월 21일자 기사,

"2000년으로 희귀한 풍납토성 "문화재에 못살겠다" 험악한 분위기"

2000년 11월 16일 서울 송파구 풍납토성 안 외환은행 합숙소 부지와 인근 미래마을은 하루 종일 소란스러웠다. 주민 수백 명이 몰린 현장에는 마침 비까지 내리고 있었다.

이날 국립문화재연구소는 각각 아파트 재건축이 계획된 외환은행 합숙소 부지와 미래마을부지에 대한 시굴조사 설명회를 개최하려 했다. 그러나 오전 11시에 시작된 설명회는 이내 어수선해졌다. 처음에는 발굴단 설명을 경청하는 듯하던 주민들이 이윽고 '시위대'로 돌변하면서 설명회장은 아수라장이 되었다.

이런 와중에 주민 중 누군가가 "저기 이형구가 있다"고 외치기가 무섭게, 주민들은 풍납토성이 백제 왕성임을 줄곧 주장하던 이형구 교수를 향해 달려들었다. 이들은 "풍납토성이 무슨 왕성이냐? 돌멩이밖에 안 나오는데 이게 무슨 왕성이냐?"고 외치면서 폭력을 행사했다. 이와중에 주민들을 제지하려던 칠순이 다된 원로 미술사학자 정영호 단국대명예교수는 주민들에 떠밀려 땅바닥에 몸을 나뒹굴기도했다. 취재기자는 또한 주민들의 분노표출대상이 되기도했다.

6년이 흐른 2006년 11월 21일 같은 미래마을 부지. 이번에도 국립문화재연구소는 미래마을부지에 대한 2006년도 발굴성과를 설명하는 자리를 마련했다. 이날 고대 도로유적이 공개될 예정이었으므로 많은 취재진이 몰렸다. 하지만 발굴장 주변은 수백 명으로 불어난 주민에 휩싸였다. 연구소는 확성기를 이용해 발굴성과를 설명하려 했으나, 주민들의 고함소리에 이내 묻혀버리고 말았다.

주민들은 각종 피켓을 들거나 띠를 두르고 나왔다. "생존권 보장하라" "경당연립 왕궁터 확인하라" "풍납토성 주민도 국민이다. 생존권 보장하라"는 등의 문구가 피켓에서 발견됐다. "이게 무슨 왕궁이냐?"는 소란이 이어졌다.

이 때까지는 그다지 불미스런 일은 발생하지 않을 듯했다. 하지만 어떤 주민이 현장에서 이형구교수를 발견하고는 "이형구다"라고 소리치자 상황이 돌변했다.

주민 수십 명이 이 교수를 향해 달려들면서 사태(심한 폭언과 폭행을 가함)는 걷잡을 수 없이 변하는 듯 했다. 발굴단 조사원 몇 명이 겨우 이 교수를 호휘해 발굴단 사무실로 '대피'시킬 수 있었다. 하지만 주민들의 분노는 잦아들지 않고 1시간 이상(실제로 4시간 동안 구금상태로 있다가 기동경찰에 의해 구출됨)을 발굴단 사무실 앞에 진을치면서 "이형구 나오라"로 외치는 사태가 계속됐다. (괄호 안은 필자 가주)

2000년 최대 고비로 이후 잠잠해지는 듯하던 풍납토성 분위기가 급랭하게 된 이유에 대해 문화재청 관계자는 "문화재로 재산권 생사에 피해를 주민들이 회근에는 인근 지역세 송파 신도시가 추진되고, 그 지역 땅값이 천정부지로 치솟게 되자 상대적 박탈감을 느끼게 된 듯하다"고 말했다.

국무총리에게 건의서를 제출했다.

이와 같이 건의문을 발송했음에도 불구하고 정부의 특별한 정책적인 반영이 없었다. 지금도 같은 생각이다. 이렇게 풍납토성 보존에 따른 보상이 없자 주민들의 불만이 크게 쌓여 있었음이 지난 2006년 11월 21일 확인되었다. 국립문화재연구소 서울·중부권문화유산 조사단의 초청으로 그 동안 발굴한 풍납동 197번지 일대(구 미래마을) 3차 발굴조사 현장 지도위원회에 참석한 필자에게 주민들이 달려들어 "풍납토성은 왕궁이 아니라고 말하라"고 강요하면서 폭언과 구타를 가한 후 발굴단에서 회의장으로 마련된 컨테이너 박스 안에 혼자 감금상태로 있다가 4시간여 만에 필자가 112로 요청한 기동경찰의 보호하에 감금에서 풀려나 간신히 현장을 빠져나왔다. 풍납토성 안의 주민들의 불이익에 대한 해결책(보상문제)를 정부당국에 여러 경로로 요청하고 있다고 말하는데도 주민들의 화살은 여전히 최초로 백제 왕경유적을 발견하고 이를 보존하자고 주장하는 필자에게 향한 것이다.[32]

7. 여언(餘言)

1997년 1월, 현대아파트 신축공사장에서 한성백제 왕궁유적이 발견된 이후, 풍납토성 내부에서 백제초기의 왕궁유적과 유물이 발견됨으로서 지금까지 인식되고 있던 백제역사[33]를 3백년이나 앞당겨 한성백제의 역사를 복원하고 백제사를 정립하는데 공헌할 수 있는 일대사건이다. 그래서 한국의 언론들은 풍납토성 내의 한성백제 왕궁유적의 발견을 '한국판 폼페이(Pompeii)의 발견'이라고 대서특필하였다.

1997년 발견 이후, 계속된 발굴에서 분명히 확인된 것은 백제왕궁유적의 실체가 사실로 들어난 것이다. 그래서 지난 100년간의 한국고고학계의 가장 의미있는 발굴로 평가되고 있다.[34]

조유전은 "잃어버린 한성백제의 한(恨)은 그다지도 깊었나 보다. 1996년 동계방학을 이용해 학생들과 함께 풍납토성의 정밀실측을 하던 선문대학교 이형구 교수가 다시 백제의 혼(魂)을 부활시켰다." 이어서 "1997년 1월초, 이형구는 아무도 접근하지 못하게 방호벽을 치고 기초공사가 한창인 현대아파트 재개발부지에 들이닥쳤다. 그는 공사현장의 지하 벽면에 백제토기 파편들이 금맥이 터진 듯 무수히 박혀 있는 것을 목격했다. 지하 4m이하까지 파여진 지점이었다. 기존 주택건물은 파 봐야 2m 정도였기에 깊숙이 박혀 있던 백제유물층을 발견하지 못했던 것이다."고 증언하고 있다.[35]

김태식은 "신정 연휴에 만약, 이형구가 현장에 없었더라면 풍납토성에 묻힌 백제역사는 1,500년이란 기나긴 잠에서 잠시나마 깨었다가 굴착기에 깨지고 망가져 영원히 사라졌을지도 모른다."고 보도하였다.[36]

국립문화재연구소는 2005년 3월 22일 서울 송파구 풍납2동 281-1 영어체험마을 내에 '서울 및 중부권문

---

32 국사편찬위원회;『고등학교국사』, 교육과학기술부, 2011, "백제는. 고이왕(234~285)때 중앙집권국가의 토대를 형성하였다."고 하였다.
33 이종욱;「풍납토성과『삼국사기』초기기록」,『풍납토성[백제왕성]연구논문집』동양고고학연구소, 2000.
34 조유전;「풍납토성발굴조사, 그 회고와 전망-도시개발 틈새의 유적보존운동을 중심으로-」,『한국의 고고학』2008-9, 주류성출판사.
35 김태식;『풍납토성, 500년백제를 깨우다』, 김영사, 2001,
36

화유산조사단'을 발족하고, 다음해 2006년 2월 24일에는 조사단건물(전 외환은행 연수원) 일부를 이용하여 '풍납토성유물전시실'을 개관하였다.

문화관광체육부는 2007년 10월 29일, '풍납토성 보존관리 및 활용을 위한 TF(Task Force) 팀'을 구성하고 풍납토성 보존 및 활용 대책수립, 지역주민의 사유재산권을 최대한 보장하기 위한 범정부적 대책 등 안건을 중점토의하고 정책에 입안할 수 있도록 하는 협의체를 구성하고 2008년까지 운영하였다. 필자는 이 TF 팀의 위원으로 계속 참여하였다. 한편, 2008년 1월 23일, 문화재청 문화재위원회(사적분과)에서는 "풍납토성을 훼손하는 건축행위는 중지되어야 합니다."라고 하는 슬로건을 내세운 건의문과 '우리의 요구 5개항'을 작성하여 정부 당국에 제출하였다. 필자는 문화재위원으로 적극 참여하였다.

서울특별시사편찬위원회는 그동안 '朝鮮600年史' 중심으로 서술되었던『서울6백년사』(전10권)를 1997년 한성백제 왕궁유적 발견 이후, 한성백제 493년간의 역사를 포괄하는 '서울2000년사'의 복원을 위한『한성백제사(漢城百濟史)』(전5권)를 2008년에 간행, 대단원의 한성백제 500년역사를 완성하였다. 필자는『한성백제사』집필위원으로 참여하여 일정 부분을 서술하였다.

서울특별시는 2004년 2월 5일, "한성백제사연구의 중추적 역할을 담당하고, '2000년 서울역사'를 효율적으로 전시. 교육하고, 서울을 찾는 내.외국인에게 서울의 다양한 역사를 재조명할 목적으로 '한성백제박물관(漢城百濟博物館)'을 건립"하기로 하고, 서울시장방침제90호(시장: 李明博)로 발표하였다. 필자는 한성백제박물관건립 추진위원으로 참여하였다. 그 해 9월 9일, 이명박 시장의 명의로 '한성백제의 역사와 문화'라는 타이틀로 한성백제 관련 학술대회를 처음으로 개최하였다. 이 학술대회는 한영우(韓永愚, 서울대학교 교수), 이종욱, 이형구, 임영진(林永珍, 전남대학교 교수)이 발표자로 나섰다.

2007년 6월 27일에는 서울시장방침제353호(시장: 吳世勳)로 '한성백제박물관건립추진계획'을 수립하였다. 2012년 4월 30일, 서울시(시장: 朴元淳)는 서울송파구 올림픽(Olympic)공원 내에 풍납토성에서 발굴된 한성백제 왕궁유적 출토유물을 중심으로 전시하는 '한성백제박물관'을 건립 개관하였다. 그러나 한성백제박물관 내의 전시내용을 보면, 현대도시화된 풍납토성 내부의 지하에서 한성백제 왕궁유적이 발견되고 나서 우여곡절을 끝에 오늘 날과 같이 백제왕궁으로 보존ㆍ정비돼가는 역사적인 사실을 부각시키지 못하고 있다.[37]

이와 같은 풍조는 이미 국립문화재연구소에서 14차에 걸쳐 출판한 풍납토성 발굴조사보고서에 한결같이 "풍납토성 내외지역의 발굴조사는 1964년 서울대학교 고고인류학과에 의한 최초의 발굴조사 이후로 2011년까지 총 26차례에 걸친 시굴조사가 이루어 졌다"[38]면서 매 보고서마다 빠트리지 않고 〈풍납토성 연도별 조사현황표〉 하나를 제시하고 있다. (표 참조) 풍납토성 '조사' 현황이라고 하면서 왕궁유적을 발견한 사실과 1997년 8월에 간행된『서울풍납토성[백제왕성]실측조사연구』[39]는 늘 빠트리고 있다. 특히 한성백제 왕궁유적을 발견한 역사적 사실과『서울풍납토성[백제왕성]실측조사연구』는 풍납토성 연구에 '고전적(古典的)' 자료로 평가받고 있다. 1964년에 일부 시굴로 잠시 나타났다가 서울시의 도시개발로 모두 현대식 건물이 들어서

---

37 경기도 연천군 '전곡선사박물관'에는 1978년 전곡리 구석기의 최초 발견자인 미군 보웬(G. Bowen)에 대해서 특별전시실까지 마련 돼 있으며, 충청남도 공주시 석장리 '석장리박물관'에도 1964년 석장리 구석기를 처음으로 발견한 미국인 알버트 모어(Albert Mhor)에 대한 특별 부스가 마련돼 있다.
38 국립문화재연구소;『풍납토성 XIV』풍납동197번지(구 미래마을)발굴조사보고서 3-, 2012. p.038.
39 이형구;『서울풍납토성[백제왕성]실측조사연구』백제문화개발연구원,1997,

• 풍납토성 연도별 조사현황표

일련번호	조사년도	조사기관	조사지역	조사기간	면적(㎡)	보고서
1	1964	서울대고고인류학과	풍납토성 북벽 인접지 등	'64.10.19.~11.4.		『風納里包含層調査報告』
2	1996	한양대박물관(김병모)	풍납동 388 서울중앙병원 사원복지시설부지	'96.5.22.~6.26.		『風納土城 隣接地域 試掘調査 報告書』
3	1997	국립문화재연구소	풍납2동 231-3번지 외 39필지 (신우연립 재건축부지)	'97.1.16.~9.5.	10,707	『風納土城 I』
4	1997	풍납지구긴급발굴조사단 (한병삼,서울대)	풍납동 122-1번지 (남양연립 재건축부지)	'97.7.21.~7.30.	4,810	약보고서 대체
5	1997	풍납지구긴급발굴조사단 (한병삼,한신대)	풍납동 172번지 외 2필지 (삼화연립 재건축부지)	'97.8.12.~9.1.	3,323	『風納土城 III』
6	1997	풍납지구긴급발굴조사단 (한병삼,국립문화재연구소)	풍납동 246-3번지 외 122필지 (제1지구 재건축부지)	'97.10.13.~11.30.	20,988	『風納土城 I』
7	1999	국립문화재연구소	풍납동 236번지 외 15필지 (풍납토성 동벽)	'99.6.7.~10.7.		『風納土城 II』
8	1999	한신대박물관	풍납동 136번지 외 (경당연립 재건축부지)	'99.9.14.~'00.5.	5,483	『風納土城 IV』 『風納土城 VI』 『風納土城 VII』 『風納土城 IX』 『風納土城 X』
9	2000	국립문화재연구소	풍납동 281-1번지 (외환은행직장조합아파트신축부지)	'00.6.28.~8.5.	16,733	『風納土城 VIII』
10	2000	국립문화재연구소	풍납동 197번지 외 143필지 (미래마을 재건축조합부지)	'00.8.10.~9.18.	20,955	『風納土城 XI』
11	2002	국립문화재연구소	풍납동 309-6번지 외 5필지 (삼표산업사옥신축부지)	'02.10.14.~11.6.	5,667	『風納土城 V』
12	2003	국립문화재연구소	풍납동 309-6번지 외 5필지 (삼표산업사옥신축부지)	'03.1.20.~3.15.	5,667	『風納土城 V』
13	2003	국립문화재연구소	풍납동 197번지 서편 일대	'03.10.15.~12.30.	1,097	『風納土城 XI』
14	2004	국립문화재연구소	풍납동 197번지 '가' 지구 상층	'04.5.3.~12.29.	3,300	『風納土城 XI』
15	2004	국립문화재연구소	풍납동 336-1번지외 18필지	'04.3.25.~5.11.	8,955	『風納土城 VIII』
16	2004	국립문화재연구소	풍납동 410번지외 15필지	'04.7.26.~10.19.	5,698	『風納土城 VIII』
17	2005	국립문화재연구소	풍납동 197번지 '가' 지구 상층	'05.4.11.~12.1.	3,300	『風納土城 XI』
18	2005	국립문화재연구소	풍납동 388-1번지 일대	'05.2.28.~3.25.	21,931	약보고서 대체
19	2006	국립문화재연구소	풍납동 197번지 '가' 지구 중·하층	'06.3.2.~12.30.	5,940	『風納土城 XI』
20	2007	국립문화재연구소	풍납동 197번지 '가' 지구 일부, '나' 지구 상층	'07.2.21.~12.22.	3,900	
21	2008	국립문화재연구소	풍납동 197번지 일대 '나' 지구 중·하층, '다' 지구	'08.3.18.~12.	3,200	
22	2008	한신대학교박물관	풍납동 136번지 외 (경당연립, 44호, 101호, 196호, 206호 등)	'08.2.25.~7.	1,000	
23	2009	국립문화재연구소	풍납동 197번지 일대 '다', '라' 지구	'09.3.9.~12.	5,000	

[위표는 원래 국립문화재연구소에서 작성할 때 선문대학교 학술조사단(단장; 이형구)이 1997년 1월 초 풍납토성 실측조사 시에 왕궁유적을 발견한 사실은 표에서 빠져있으나 '한국판 폼페이 발견'이라고 하는 역사적 발견을 풍납토성 '조사'현황에 마땅히 포함돼야 할 것임]

고 5만여 명이 거주하는 현대도시로 변하면서 잊혀져 있던 풍납토성에서 1997년 1월에 한성백제 왕궁유적이 발견된 사실을 기록한 것이다.[40]

국가나 지방자치단체[41]의 모든 간행물의 간행사, 발간사, 머리말에서 이와 같은 엄연한 사실이 누락되던가 다른 사항으로 대치되고 있다. 이와 같은 왜곡은 이미 서울대학교 고고학과 소속의 교수에 의해서 자초(自招)되고 있었다.[42] 역사적인 사실을 '우연(偶然)'이라고 지울 수 있을까? 고고학의 정의는 잊었던 사실을 찾아서 복원하는 학문이다. 그것이 곧, 역사이다.

끝으로 국가나 지방자치단체의 연구기관의 단독연구를 지양하고 국가나 지방자치단체의 연구기관이 주도적인 역할을 하되 학계 일반이 함께 참여하여 학문적 연구를 수행하는 길이 국가나 지방자치단체에 더 큰 성과를 올리는 길이라는 것을 다시 한 더 상기시키고자 한다. [2013. 10. 25]

---

40 "백제 왕성 '풍납토성' 사적 지정 50년, 문화재 보존ㆍ주민 재산권 갈등 16년"-25일 학술세미나…갈등 논의도- (경향신문 도재기 선임기자, 2013. 10. 23.)
　　서울 풍납토성(사적 제11호)은 지역 개발과 문화재 보존이 날카롭게 부딪쳤던 대표적인 공간이다. 주민들이 재건축을 위해 땅을 파자 풍납토성이 그저 토성이 아니라 한성백제(BC. 18~AD. 475)의 왕성임을 보여주며 백제사를 다시 쓰게 한 유물들이 쏟아졌고, 주민들은 재산권 제한을 받아야만 했다. 벌써 10여 년이 지났지만 아직도 갈등은 이어지고 있다.
　　풍납토성이 사적으로 지정된 지 50년을 맞아 선문대가 오는 25일 서울 송파구 올림픽공원 내 한성백제박물관에서 '풍납토성 사적지정 50주년 기념 학술세미나'를 연다. 선문대가 주최가 된 것은 이 대학 이형구 석좌교수가 1997년 풍납토성을 조사하던 중 아파트 공사현장에서 백제 유물을 확인, 발굴조사 계기를 마련했고 풍납토성의 중요성을 강조하는 글을 잇달아 발표했기 때문이다.
　　학술대회에서는 이형구 교수가 기조강연을 하고, 이종욱 전 서강대 총장과 최맹식 국립경주문화재연구소장, 신희권 국립해양문화재연구소 연구과장, 사도 고지 전 일본 나라문화재연구소 연구실장 등이 논문을 발표한다. 이형구 교수는 "사적 지정 당시 성벽만 문화재로 지정하고 내부는 지정하지 않음으로써 오늘날의 비극이 초래됐다."며 "풍납토성 발굴의 의미, 주민 생활권 보호와 문화재 보존 사이에 일어나는 대립을 논의해 보자는 취지에서 학술대회를 마련했다."고 밝혔다.
41 서울역사박물관 편;『한성백제박물관 건립을 위한 기초연구』, 서경, p.24.
42 서울역사박물관 한성백제박물관;『한성백제박물관』한성백제박물관, 2012, p.003.
　　서울대학교 고고학과 최몽룡은 「한성시대 백제와 풍납동토성」(『최근의 고고학자료로 본 한국고고학. 고대사의 신연구』, 주류성출판사, 2006, p.325)에서 "1965년 서울대학교 박물관(필자주; 실제로는 1964년 서울대학교 고고인류학과)에서 실시한 시굴조사에서 風納里式無文土器의 존재가 확인되면서 이 유적의 연대가 백제건국초기까지 올라갈 가능성이 있음이 확인되었고, 1997년2~4월 현대아파트 건립을 위한 국립문화재연구소의 발굴조사에서 문화층이 확인된 바 있다."라는 식으로 '한국판 Pompeii의 발견'이라고 말하는 한성백제 왕궁유적 발견 사실을 전혀 밝히지 않고 생략돼 있다. 우연 이였을까?

두판 1-① 풍납토성 동쪽 성벽 전경. 멀리 이화인와벽돌공장(현 영파여중고) 굴뚝이 보인다.(1958, 사진 김영상 회장)

도판 1-② 풍납토성 동북 성벽으로 추정된다.

도판 1-③ 풍납토성 동벽 절단면을 개간 농작물을 심었다.

도판 1-④ 풍납토성 동남벽 외벽에 다리와 이화연와 굴뚝이 보인다.

도판 2 도로개설(백제고분노)로 사적 제243호(1975년 지정) 석촌동백제초기적석총(왕릉추정)이 절단되어 나갔다.(우측,1982)

도판 3 도로와 인도 개설작업으로 잘려 나간 백제초기적석총(사적제243호)의 단면

도판 4 도로와 인도 개설작업으로 잘려 나간 백제초기고분의 인골(人骨)을 확인하는 필자(1983)

漢江流域 百濟前期 首都遺蹟 保存問題

도판 5 한국정신문화연구원에서 처음 개최(1983.7.6.)된 "한강유역백제전기수도유적보존문제" 학술연찬에서 주제발표하는 필자(좌). 우에서 두 번째가 류승국 원장

도판 6 백제초기적석총(사적 제243호)가 도노와 인도 개설작업으로 잘려 나갔다(1982)

도판 7 지하도(백제고분로) 개설로 사적 제243호 석촌동 백제초기 적석총이 복원된 모습(1991)

도판 8 선문대학교역사학과학술조사단이 풍납토성을 측량실측하는 광경(1996년 12월, 가운데가 단장 이형구 교수, 좌측 황용주 건축사 우측 두 번째 최성준 측량사와 보조(이왕호)

도판 9 1997年1月1日,風納土城內現代Apart.新築工事現場

도판 10 1997年1月初 風納土城內 現代Apart.新築工事場에서 發見한 百濟前期 土器片을 照査하고 있는 筆者(朝鮮日報 提供)

도판 11 풍납토성 내 현대Apart.신축공사장에서 발견된 백제토기 편-Ⅰ

도판 12 풍납토성 내 현대 Apart.신축공사장에서 발견된 백제토기 편-Ⅱ (사진 이형구 교수)

논문발표

(14:30~16:40)

사 회 : 손병헌(성균관대학교 사학과 명예교수)

1. 한성백제 왕궁유적 발견의 역사적 의의 : 이종욱(전 서강대학교 총장)

2. 풍납토성 내 미래마을부지의 발굴 성과 : 최맹식(국립경주문화재연구소 소장)

3. 풍납토성 내 경당지구의 발굴 성과 : 권오영(한신대학교 국사학과 교수)

- 휴 식(15:30~15:40) -

4. 풍납토성 성벽의 축조기법 : 신희권(국립해양문화재연구소 연구과장)

5. 풍납토성과 왕궁유적의 보존과 대책 : 김태식(연합뉴스 문화부장)

6. 일본의 고대왕궁유적의 발굴과 보존 : 사도고지(전 일본 나라문화재연구소 연구실장)

도판 13 동양고고학연구소 주최로 서울역사박물관에서 개최된 '서울풍납동백제왕성의 발견과 보존 학술Seminar'에서 주제발표하는 필자(2003.6.20. 후열 좌로부터 조유전 원장, 윤세원 총장, 노태섭 청장)

Ⅰ. 한성백제 왕궁(풍납토성)유적 발견의 역사적 의의

이종욱(서강대학교 석좌교수 · 전 서강대학교 총장)

1. 머리말

2. 풍납토성 왕궁유적과 백제사

3. 백제사의 네 가지 모델

4. 〈모델 3〉으로 재구성한 풍납토성 시기 백제사의 전개

5. 맺음말

1. 머리말

현재 풍납토성이 백제 왕성이라는 사실은 누구도 부정할 수 없는 상황이 되었다. 이 같은 인식의 변화는 이형구 교수의 끊임없는 분투와 1999년 6월부터 10월까지 국립문화재연구소(당시 소장이자 발굴단장 조유전)에서 시행한 풍납토성(사적 11호) 동벽 발굴을 통해서였다.[43] 지난 100여 년 동안 한국에서 이루어진 발굴 중 풍납토성 동벽 발굴만큼 20세기에 만들어진 역사를 새롭게 보게 만드는 예도 찾기 어렵다고 생각한다.

1999년의 발굴이 이루어지기 전까지 풍납토성을 백제왕성이라 생각하는 연구자를 찾기는 어려웠다. 그 결과 1970년대 초까지만 해도 거의 비어 있던 풍납토성이 개발되어 도시화가 이루어진 것이 사실이다. 동 발굴 이후 풍납토성이 백제왕성이라는 사실을 이끌었던 작업이 있다.[44] 이형구 교수가 편찬한 『풍납토성(백제 왕성) 연구논문집』(2000)과 김태식 기자의 『풍납토성, 500년 백제를 깨우다』(2001)가 대표적인 예다.

풍납토성은 백제의 하남위례성이다. 이와 관련된 백제건국설화를 볼 수 있다. 『삼국사기』「백제본기」백제시조 온조왕 즉위 조에 나오는 백제건국설화에 따르면 졸본부여로부터 이주한 온조 집단은 하남위례성에 도읍을 정하고 기원전 18년에 십제(十濟)를 형성하였는데, 함께 이주했던 온조의 형 비류는 미추홀에 나라를 세웠는데 땅이 습하고 물이 짜서 편히 살 수 없었기에 위례성으로 돌아와 보니 온조는 도읍을 막 정했는데 백성들이 편히 살므로 뉘우쳐 죽자 그 백성들이 모두 위례성으로 왔다고 한다. 바로 이 위례성이 풍납토성인 것이다.

이 같은 십제(十濟, 백제의 모체)의 건국설화에 나오는 사실과 시간은 설화적인 것으로 역사적인 사건과 시간으로 전환하는 작업이 필요하다. 우선 기원전 18년이 온조가 십제를 세운 시기가 맞는가 하는 문제가 있다. 분명히 말하지만 십제의 건국 시기는 건국설화의 시기를 따를 수는 없다. 그 시기는 풍납토성의 발굴을

---

43 국립문화재연구소, 『풍납토성 Ⅱ』(동벽발굴조사 보고서), 2002.
44 이형구 편, 『풍납토성(백제 왕성) 연구논문집』, 2000.
　김태식, 『풍납토성, 500년 백제를 깨우다』, 2001.

통해 얻은 방사성 탄소동위원소 연대측정치가 중요한 단서를 제공하는 것이 틀림없다. 다음은 비류가 세웠던 미추홀 소국의 운명에 대한 의문이다. 나는 이를 십제가 미추홀 소국을 병합한 것으로 보아왔다.[45] 십제의 미추홀 소국 병합 시기도 풍납토성 발굴 결과를 통해 어느 정도 짐작할 수 있다고 본다.

풍납토성의 발굴 결과는 백제사 연구의 중요한 단서를 제공해주는 것이 분명하다. 그 중에는 백제의 모체로서 십제의 건국시기와 십제의 미추홀 소국 등 이웃한 소국들에 대한 병합의 문제 등을 생각할 수 있게 만들어주는 것이 있다. 그런데 한국의 연구자들은 백제의 초기국가 형성과 발전에 대한 강력한 선입관을 갖고 있는 것이 사실이다. 풍납토성의 동일한 유적층에 대한 편년의 차이를 보이는 것도 그 증거라 하겠다.

이 글에서 나는 잘못 만들어진 백제사가 풍납토성을 바로 볼 수 없게 만드는 이유를 밝힐 것이다. 나아가 백제사를 새롭게 재구성하는 예를 제시하겠다. 이 같은 백제사 재구성의 변화는 풍납토성에서 찾아진 새로운 연대관에 큰 힘을 얻고 있음을 밝힌다. 백제왕성 풍납토성의 발굴은 지난 100여 년 동안 이루어진 백제사 연구의 근본적 문제를 한 번에 드러내 주는 결과를 가져왔다. 한국의 역사학계는 이제 백제사 연구를 원점에서 다시 시작해야 할 것이다.

2. 풍납토성 왕궁유적과 백제사

1) 풍납토성의 발굴과 방사성탄소동위원소 연대측정결과

1999년 6월부터 10월까지 국립문화재연구소는 풍납토성(송파구에 위치, 사적 제11호)의 동벽을 발굴·조사했다. 그 결과 풍납토성은 기원전 1세기대에서 기원후 2세기대에 축조되었을 가능성이 높으며, 3세기를 전후한 200년 경에는 현재와 같은 모습으로 완성되었을 것으로 추정하고 있다.[46] 그런데 백제의 왕성으로 인정되기 시작한 풍납토성에 대한 미스터리는 여전히 남아 있다.

여기서는 풍납동식 무문토기에 타날문토기의 기술이 도입된 유물을 출토하는 층위에 대한 두 가지의 엇갈린 견해를 볼 수 있다. 국립문화재연구소에서는 『풍납토성 I』에서 고고학적으로 네 개의 층을 구분하고 그 중 I기에 해당하는 층의 연대를 기원전 1세기에서 기원후 2세기를 전후한 시기로 비정했다.[47] 그런데 한신대학교 박물관에서는 삼화연립 재건축부지에 대한 발굴·조사 결과 같은 층을 3세기 중반에서 후반으로 편년하여,[48] 최소 150년의 연대 차이를 보이고 있는 것이 사실이다.[49] 그런데 이 같은 연대비정 차이를 다시 보면 크게는 3세기에서 짧게는 150년 정도의 차이가 나는 것을 알 수 있다.

풍납토성의 동일한 문화층에 대해 발굴단에 따라 이 같은 차이가 나는 것은 무슨 까닭인가? 이에 대한 답을 하기에 앞서 풍납토성 발굴에서 나온 자료를 가지고 방사성탄소동위원소 연대 측정을 한 결과를 주목할 필요가 있다. 풍납토성의 밑바닥에서 나온 자료를 가지고는 기원전 109±50의 연대가 측정되었다. 그리고 성

---

45 이종욱, 「백제의 국가형성」, 『대구사학』 11, 1976, pp. 35~65.
46 국립문화재연구소, 『풍납토성 II』, 2002, p. 120.
47 국립문화재연구소, 『풍납토성 I』, 2001, pp. 589~593.
48 한신대학교박물관, 『풍납토성 III』, 2003.
49 국립문화재연구소, 『풍납토성 V』, 2005, p. 132.

안의 주거지에서 나온 자료로는 기원전 199±50, 기원전 184±50, 기원전 60±60, 기원전 14±60 등의 측정치가 찾아졌다.[50]

현재 이와 같은 연대측정치를 주목하는 연구자는 찾기 어렵다. 그 이유는 방사성탄소동위원소 연대측정 방법에 대한 이해의 부족에서 온 것이라 본다. 위의 연대측정치는 절대연대가 아니다. 확률의 문제인 것이다. 예컨대, 성벽 밑바닥에서 나온 자료를 가지고 측정한 결과는 오차범위를 더하고 뺀 범위인 기원전 159년에서 기원전 59년 사이에 들어갈 확률은 68%가 된다. 오차범위를 두 배로 한 기원전 209년에서 기원전 9년 범위에 축조되었을 확률은 95%가 된다.[51] 이 같은 연대측정 방법을 인정하면 풍납토성의 축조연대는 한국의 연구자들이 생각해온 것보다 올라갈 확률이 있다는 사실을 알 수 있다. 그리고 이 같은 연대 측정의 확률을 높이기 위해서는 더 많은 측정결과를 축적해야할 것이다.[52]

그런데 백제사를 연구하는 한국의 역사학자나 고고학자들은 풍납토성의 축조연대에 대해 방사성탄소동위원소 연대측정치를 무시하는 것일까? 이는 풍납토성의 동일한 문화층에 대한 편년에서 국립문화재연구소와 한신대학교 박물관의 차이가 3세기에서 150년에 이른다는 것과 같은 맥락에서 파악할 필요가 있다.

그러면 무엇이 문제일까? 그 답은 지난 100년 동안 근현대 역사학의 방법을 도입한 백제사 연구가 잘못되었기 때문이라 하겠다. 백제의 건국연대, 정치발전의 실체에 대해 잘못 만들어진 백제사를 진실 또는 사실로 받아들여 온 한국의 연구자들이 풍납토성에 대한 올바른 이해를 할 수 없게 된 것이다.

지난 100년 동안 백제사는 왜, 어떻게 잘못 만들어진 것일까? 이와 관련하여 백제사에 대한 네 가지의 모델을 볼 수 있다. 〈모델 1〉은 고려와 조선의 역사가들이 남긴 사서에 나오는 백제의 역사다. 현재 우리는 〈모델 1〉에 들어가는 『삼국사기』등의 기록을 통해 백제역사를 재구성하는 것이다.

한편 한국을 강점 통치한 일본의 연구자들이 만든 〈모델 2〉와 1945년 해방 후 이병도가 있던 서울대를 중심으로 한 관학파 연구자들이 만들어낸 〈모델 2.5〉를 잘못 만들어낸 역사의 예로 들 수 있다.

그와 달리 〈모델 3〉은 본 발표자를 중심으로 만들어낸 것이다. 이제 네 가지 모델이 어떤 것인지 보도록 하겠다.

2) 백제사를 다시 보게 만든 풍납토성

20세기 근대 역사학의 의한 한국의 역사 연구는 한국을 강점 통치하던 일본인들에 의하여 시작된 것이 사실이다. 고구려, 백제 그리고 신라의 역사도 그러한 예에 들어간다. 그 중에도 쓰다 소키치(津田左右吉) 같은 사람은 한국고대사를 망친 장본인이다. 한국의 연구자 중에는 그를 대단히 훌륭한 역사가로 보는 이도 있으나, 분명히 말하지만 그는 제국 일본의 한국 강점통치 시기에 일본의 역사를 위해 한국의 역사를 희생으로 삼은 자였다.

느닷없이 쓰다 소키치를 문제 삼는가 할지 모른다. 분명한 사실은 뒤이어 보려는 것과 같이 그가 만든 백제사를 비롯한 한국고대사의 틀이 이병도, 손진태, 『한국사신론』, 교과서 고등학교 『한국사』등으로 끈질기게

---

50 윤근일, 「풍납토성의 발굴과 그 의의」, 『풍납토성(백제 왕성) 연구논문집』, 2000, p. 51.
51 Frank Hole and Robert F. Heizer, 『An Introduction to Prehistoric Archaeology』, 1973, pp. 251~258.
52 현재 방사성 탄소동위원소 연대측정결과는 더 나왔다. 최근의 자료로 『풍납토성 XIII』, 2012, p. 698, 『풍납토성 XIV』, 2012, p. 530 등이 있다.

이어지고 있기 때문이다. 특히『삼국사기』초기기록에 대한 그의 조작설은 한국의 역사가들이 지금도 잇고 있는 것이 사실이다. 현재는『삼국사기』초기기록에 대한 절충론이라는 것이 나와 있지만, 그러한 절충론도 쓰다 소치치의 주장이 없었다면 나올 이유가 없는 것이다.

역사학자들은 시대의 산물이라고 한다. 쓰다 소키치는 제국 일본을 위해 연구한 학자였다. 한국의 역사를 위해 연구한 학자가 아니었다. 그는『삼국사기』에 나오는 신라의 내물왕, 백제의 근초고왕 이전 역사를 침묵시키고 그 시간과 공간에 임나일본부설을 상상해내는 데 동참했던 것이다.

해방 후 임나일본부설을 따르는 한국의 연구자는 없다. 그러나 쓰다 소키치가 임나일본부설 등 일본 역사를 강한 것으로 만들기 위해 희생시켰던 한국사의 틀을 한국의 연구자들이 스스로 벗어나지 않고 있는 것이다. 여기서 풍납토성이 백제 왕성으로 있던 한성백제의 역사에 대한 네 가지의 모델을 보기로 한다.

3. 백제사의 네 가지 모델

1) 〈모델 1〉, 백제 멸망 후 조선까지 만들어진 백제사

백제사의 〈모델 1〉은『삼국사기』·『삼국유사』·『삼국사절요』 등 고려와 조선 시대에 편찬된 백제관련 사서에 나오는 역사를 가리킨다. 현재 우리들은 〈모델 1〉에 속한 사서를 통해 백제의 역사를 재구성할 수 있는 것이 사실이다. 그런 의미에서 〈모델 1〉의 사서들은 비록 1차 사료는 아니지만 백제의 역사를 재구성하는 소중한 사료들이라 할 수 있다.

여기서 주목할 기록이 있다.『삼국사기』2,「백제본기」2에는 근초고왕 30년(375) 11월에 왕이 세상을 떠났다는 기사에 이어『고기』에 백제는 나라를 세운 이후 아직 문자로 사실을 기록한 것이 없었는데 이때에 이르러 박사 고흥을 얻어 처음으로『서기(書記)』를 갖게 되었다고 나온다. 근초고왕 대 언제인가 고흥이『서기』를 저술한 방법은 무엇이었을까? 당시 문자로 된 역사책은 없었다고 하지만 백제역사를 서술할 문자로 된 다양한 자료들은 있었을 것이다. 또한 구전을 통해 전해지는 백제의 역사도 분명 있었다고 본다. 문자로 된 백제의 역사가 없어도 구전을 통해 백제 왕의 정통성을 부여해온 것은 사실일 것이기 때문이다. 나는 그와 같은 왕국의 구전의 전통을 인정하는 연구자다. 국가는 왕을 세움으로 형성되고 왕은 그 정통성을 갖춘 후에야 왕으로서 존재할 수 있기 때문이다.

일단 근초고왕대 이전 왕을 중심으로 하는 백제 역사에 대한 구전의 전통을 인정하면 〈모델 1〉의 사서에 나오는 백제 건국설화(또는 신화)부터 백제인들이 인정하던 백제의 역사라는 사실을 받아들일 수 있는 것이다. 바로 그러한 까닭에 현재 우리들은 〈모델 1〉의 사서들을 가지고 백제의 역사를 재구성할 수 있는 것이다.

2) 20세기에 잘못 만들어진 두 가지 모델

(1) 〈모델 2〉: 쓰다 소키치(津田左右吉) 등 제국 일본의 사학자들이 잘못 만들어낸 백제사

제국 일본의 한국 강점 통치는 한국·한국인 전체의 불행이었다. 그러한 불행 중에는 한국사 전체도 포함되는 것이다. 1910년 한국을 강점통치하기 시작한 일본의 연구자들은 한국사 자체를 밝히는 데 관심이 없었

다. 그들 일본의 역사가들은 일본사를 강한 것으로 만드는 데 한국사를 희생으로 삼았던 것이다. 특히 왜(일본)과 관계가 컸던 백제사는 예외가 될 수 없었다.

여기서 일본 와세다 대학의 교수였던 쓰다 소키치의 만행(?)을 주목하지 않을 수 없다.[53] 그를 주목하는 이유는 그로 인해 현재 백체 초기 수백 년의 역사가 왜곡되어왔고, 나아가 그로 인해 풍납토성을 옳게 바라볼 수 없기 때문이다.

그는 한국사를 위하여 백제, 신라, 고구려의 역사에 대한 논문을 쓴 사람이 아니다. 그는 일본의 역사를 위하여 한국의 역사를 희생시킨 자임은 이미 밝혔다.[54] 그는 한국사와 한국 역사 속의 한국인들에 대해서 멸시한, 전형적인 한국 강점통치 시기 일본인 역사가 중 한 사람이었다.

그는 백제에 관한 『일본서기』의 기록들을 검토하는 중에 백제 왕실의 계보와 왕위계승 기사를 다루었다. 그는 『삼국사기』에 보이는 계왕(契王, 344~346) 이전의 백제 기록은 모두 사실이라고 믿기 어려운 것이고, 그것이 후세 역사가에 의하여 조작·구성된 것으로, 그 안에 포함된 초고왕, 구수왕의 이름도(개로왕 포함) 실재하는 초고왕, 구수왕(및 개로왕)의 이름을 옛날로 거슬러 올려 설화시대의 국왕으로 만들고 실재하였던 왕은 여기에 근(近) 자를 더하여 근초고왕, 근구수왕으로 만들어 구별했던 것이라 하였다. 이 같은 왕명 조작은 백제가 망할 때까지는 없었으나 백제가 망한 후 신라인의 조작으로 이루어진 것으로 보고 있다.

이 같은 쓰다 소키치의 주장은 『삼국사기』「백제본기」에 나오는 12대 계왕까지의 기록 즉 13대 근초고왕(346~375) 이전 왕의 계보는 전부 신라인의 조작에 의하여 만들어졌다는 것이다. 그는 백제의 건국설화도 조작되었다고 하며 그 증거를 대고 있다. 나아가 그는 『일본서기』의 기록 들 중 두 가지의 착오를 제외하고는 전부 『삼국사기』「백제본기」의 기록보다 정확하다고 보고 싶다고 했다. 그러므로 『일본서기』가 백제사 연구에 대해 중요한 자료를 공급하는 것이 명확하다고 했다.

쓰다 소키치는 어떤 이유로 『삼국사기』에 나오는 계왕 이전의 기록을 조작된 것이라 했을까? 그는 왜가 임나에 일본부를 두고 가야의 여러 나라를 속국으로 삼았다는 주장을 한 연구자였다. 만일 『삼국사기』의 기록대로 계왕 이전의 백제 역사를 인정하면 우선 왜가 백제를 신민으로 삼았다는 임나일본부설은 성립할 수 없다. 이미 백제는 커다란 왕국으로 성장했고 왜의 신민이 될 정도로 약한 나라가 아니었기 때문이다. 당시 일본이 연구자들이 주장하던 임나일본부설은 존재할 수 없는 것이 사실이다. 쓰다 소키치는 그러한 이유로 『삼국사기』의 신라 내물왕 이전 기록을 조작된 것이라고도 했다. 조작된 이유로 든 것 중의 하나가 임나일본부의 왜병들이 신라를 침공한 기록이 없다는 것이 있다.[55] 존재하지 않았던 임나일본부를 존재한 것으로 보고 그곳의 왜병들의 활동이 안 나온다고 하여 내물왕 이전의 기록은 조작된 것이라 한 것이다. 그 같은 사정은 백제의 경우도 마찬가지다.

또한 그가 『삼국사기』「백제본기」중 계왕 이전의 기록이 조작되었다는 증거도 잘못된 것이다. 초고왕, 구수왕(및 개로왕)의 이름이 근초고왕 이후의 왕명을 끌어올려 조작하고 실재한 왕들에게는 근(近) 자를 더한 것이라는 주장도 잘못된 것이다. 왕국에 따라서는 전왕의 이름을 후대의 왕들이 따르는 경우들이 있었다. 영

53 津田左右吉,「百濟に關する日本書紀の記載」,『滿鮮地理歷史硏究報告』8, 1921, pp. 105~138.
54 이종욱,「쓰다 소키치의 한국사 말살」『민족인가, 국가인가?』, 2006, pp. 48~55.
55 津田左右吉,「三國史記の新羅本紀について」『古事記及び日本書紀の硏究』, 1919, pp. 545~564.

국 여왕 Elizabeth I, Elizabeth II 등의 이름이 그 예라 하겠다. 이 경우 근초고왕, 근구수왕 등의 왕명은 백제 시대에는 초고왕, 구수왕으로 있었으나 후대 역사가들이 근 자를 더하여 앞선 왕들과 구별했다고 생각할 수도 있는 것이다. 쓰다 소키치보다 후에 이마니시 류(今西龍)도 『삼국사기』「백제본기」에 대한 사료비판을 했다. 그는 9대 책계왕(286~298)부터 역사의 서광이 비치기 시작했으나, 12대 계왕까지의 기록을 전적으로 불신했다. 그는 근초고왕대에 이르러 그 왕명이 『진서』나 『일본서기』와 같은 중국·일본의 사서에 나오는 것을 근거로 삼고 또한 근초고왕대에 고흥이 『서기』를 편찬했다는 이유로 그 때부터의 기록을 신빙할 수 있다고 한 것이다. 그는 『삼국지』「한조」에 나오는 백제국(伯濟國)은 『삼국사기』에 나오는 백제(百濟)와 다른 나라로 마한의 한 나라였다고 했다. 백제의 건국세력은 주몽·동명을 시조로 하는 부여 종족으로 보고 기원전 2세기와 3세기의 교체기 늦어도 3세기 초에 마한에 들어왔다고 하였다.[56]

제국 일보의 연구자들은 『삼국사기』「백제본기」와 『삼국지』「한조」가 시간적으로 겹치는 부분에서 후자를 신빙하고 전자를 조작된 것으로 보는 사료비판을 처음 시작하였다. 그러나 분명히 말하지만 두 사서의 저술 목적이 다른 것이었다. 따라서 두 사서는 백제의 역사를 보는 부분이 다른 뿐 모두 백제사 연구에 없어서는 안 되는 사료들이다.

그런데 쓰다 소키치의 주장은 그 후 이마니시 류 등 백제사를 연구하기 위한 자료를 보는 눈의 출발점이 되었던 것이다. 그런데 이 같이 잘못 만들어진 백제의 역사를 보는 눈으로 재구성해낸 백제의 역사 또한 잘못된 백제사가 된 것은 물론이다. 더욱 커다란 문제는 1945년 일제가 물러난 후 한국 역사학계가 쓰다 소키치가 잘못 만들어낸 백제를 보는 눈을 그대로 따르며 잘못된 백제사를 만들어내고 있다는 것이다. 이 같은 일본인들의 주장은 현재 한국의 연구자들에게 피할 수 없는 깊은 영향을 주고 있는 것이 사실이다. 백제국(伯濟國)과 백제(百濟)를 구별한다든지 백제 왕실 교체론의 출발점이 여기에 있는 것이다. 이것이 잘못 만들어낸 백제사의 〈모델 2〉의 정체이다.

(2) 〈모델 2.5〉: 해방 후 한국의 관학파가 잘못 만든 백제사

1945년 해방 후 한국 역사학계를 장악한 것은 일본 와세다 대학을 졸업한 이병도와 손진태 같은 서울대 교수 자리에 있던 연구자들이었다. 그들은 제대로 된 한국사 개설서 한권 없던 당시 한국인의 정체성과 자긍심을 부여하기 위한 한국사를 만들어내는 작업을 주도했던 것이다. 한국 실증사학의 태두라고 하는 이병도와 민족·민족사·신민족주의사학을 외친 손진태는 한국사, 그 중 한국고대사를 만들어 한국인의 정체성과 자긍심을 만들고자 했고, 그렇게 만들어진 역사를 국민의 역사지식과 역사의식으로 주입시킨 장본인들이다. 그런데 이들의 연구는 〈모델 2〉의 그것을 벗어나지 않았다는 데 문제가 있다. 그렇기에 이들이 만든 역사 모델을 〈모델 2.5〉라 하는 것이다. 이는 사실 한국사를 위해 불행한 일이었다.

여기서 백제사 그리고 풍납토성과 관련하여 이병도를 주목하지 않을 수 없다. 와세다 대학을 1919년에 졸업한 이병도는 와세다 대학 교수였던 쓰다 소키치의 그늘을 벗어나지 않았던 것을 알 수 있다. 그는 『삼국사기』「백제본기」 기록 중 고이왕 27·28년(260·261)부터 믿을 수 있는 자료로 보았다. 이는 쓰다 소키치가

56 今西龍, 『百濟史研究』, 1933, pp. 9~69.

계왕(344~346)까지의 기록을 조작된 것이라고 한 것보다 80여년의 기록을 올려 믿을 수 있다고 한 것이다. 그 이전의 역사는 『삼국지』「한조」를 근거로 삼한단계로 설정했다. 그것이 이병도가 주장한 소위 삼한론이다. 삼한론은 제국 일본의 연구자들과 마찬가지로 『삼국사기』와 『삼국지』「한조」가 겹치는 시기에 대한 이해에서는 전자를 불신하고 후자를 택하는 방법을 취한 것이다.

문제는 풍납토성을 사성(蛇城)으로 본 이병도의 삼한론으로는 1999년 이래 발굴·조사되고 있는 풍납토성을 설명할 수 없다는 것이다. 3세기 백제를 삼한의 한 소국으로 보는 삼한론으로는 풍납토성을 잘못 해석할 수밖에 없는 것이다. 최근의 조사에서 나온 방사성탄소동위원소 연대측정 결과에 따르면 풍납토성의 축조연대는 기원전 2세기까지 올라갈 확률이 높기 때문이다. 그리고 백제는 삼한의 다른 소국들과 달리 일찍부터 거대한 성(풍납토성)을 축조하였던 이유를 삼한론으로는 설명할 수 없는 것이다. 백제는 삼한론과는 달리 일찍부터 소국정복을 벌인 왕국으로 성장하여 있었던 것을 생각할 필요가 있는 것이다.

한편, 1988년부터 『삼국사기』 초기기록에 대한 절충론 또는 수정론이 나오기 시작했다. 노중국은 『삼국사기』 초기기록을 신빙하고자할 때 가장 큰 문제는 『삼국지』「동이전」의 내용과 상치되는 점이라 했다. 『삼국지』「동이전」의 경우 3세기 중엽까지 백제는 마한의 한 소국에 불과한데, 『삼국사기』 기록에는 온조왕대에 백제가 마한을 멸망시키고 3세기 고이왕대에는 잘 짜인 국가체제를 갖춘 것으로 나온다는 사실을 문제로 들었다. 그는 제3의 결정적인 자료가 나오지 않는 한 두 사서 중 어느 하나를 전폭적으로 취할 수는 없다고 했다.[57]

노중국이 말한 것처럼 『삼국사기』와 『삼국지』 두 사료 중 하나를 택할 수 있는 자료는 나올 수 있을 것인가? 이미 그러한 자료가 나온 것이 사실이다. 다름 아니라 1999년 이루어진 풍납토성 동벽 발굴이 그것이다. 특히 그 발굴에서 얻은 자료로 나온 방사성탄소 동위원소 연대측정 결과는 두 사서를 어떻게 보아야 하는지 말해주는 결정적 자료가 된다. 윤근일이 제시한 풍납토성 시료 연대측정결과[58]는 백제의 초기국가 형성과 발전에 대한 역사재구성에서 『삼국지』가 아니라 『삼국사기』「백제본기」의 기록을 택하지 않을 수 없게 만드는 것이다.

그런데 한국의 역사가들은 쓰다 소키치의 주장을 이어받은 이병도의 그늘을 벗어날 수 없는 사람들이라 하겠다. 노중국은 『삼국사기』「백제본기」 초기기록과 『삼국지』「동이전」의 기록을 보완관계의 자료로 보아, 통일왕국 성립 이전의 일반적 정치상황 설정은 『삼국지』「동이전」을 중심으로 하고, 그 구체적인 전개는 『삼국사기』 초기기록으로 재구성할 수 있다고 했다. 이는 기본적으로 제국 일본의 쓰다 소키치 등 역사가들이 만들었고, 한국의 이병도가 추종한 것으로, 그들이 만들어낸 역사가 얼마나 큰 영향을 미치고 있는지 말해준다. 풍납토성의 시료로 방사성탄소 동위원소 연대측정을 한 결과마저 무시하게 만들고 있는 것이다.

앞에서 말한 것과 같이 『삼국사기』「백제본기」 초기기록과 『삼국지』「동이전」의 기록은 저작 목적이 다른 것이다. 백제의 정치적 성장에 대해서는 『삼국사기』「백제본기」 초기기록을 이용할 필요가 있다. 그리고 『삼국지』「동이전」의 기록을 통해서는 중국 그리고 낙랑군이나 대방군 등 중국 군현과 관계를 그것도 중국인의 관점에서 정보를 구하여 편찬한 사료라는 사실을 생각할 필요가 있다. 이 경우 『삼국지』「동이전」의 자료는 백제의 성장을 이야기할 주 자료가 될 수 없는 것이다. 그런 면에서 『삼국사기』 초기기록에 대한 수정론, 절충론 또는 분해론을 주장하는 연구자들은 〈모델 2〉의 그늘에 머물러 있는 것이 사실이다.

---

57 노중국, 『백제정치사연구』, 1988, pp. 23~25.
58 윤근일, 「풍납토성 발굴과 그 의의」, 『풍납토성[백제왕성] 연구논문집』, 2000, p. 51.

〈모델 2.5〉의 문제는 여기서 그치지 않는다는 데 있다. 〈모델 2.5〉는 고구려의 태조대왕, 백제의 고이왕, 신라의 내물왕부터 고대국가가 형성된 것으로 보아왔다. 백제의 경우『삼국사기』에 나오는 고이왕 이전의 기록을 불신해 온 때문에 고이왕 대에 비로소 고대국가가 형성되었다고 해온 것이다. 이병도가 펼쳤던 그러한 틀이 지금도 국민 교육용 콘텐츠로 되어 있는 것을 볼 수 있다. 예컨대, 교과서 고등학교『한국사』(법문사, 2011년 초판발행)에서는 3세기 중엽 고이왕 때에 영토를 더욱 확장하고 국가통치조직을 갖추어 중앙집권국가의 기틀을 마련했다고 한 것을 들 수 있다(p. 25). 그 동안 말해온 고대국가를 중앙집권국가로 대체한 것이다. 그리고 이 책의 p. 48에 나오는 도표(삼국의 성립과 발전)에는 고구려의 태조왕, 백제의 고이왕, 신라의 내물왕이 등장하는 것을 볼 수 있다. 또 다른 교과서인 고등학교『한국사』(비상교육, 2011. 3 초판발행)에서는 고대국가의 성립이라는 항에서 백제 고이왕 때 중앙집권국가의 기틀을 마련했다고 나온다(p. 24). 이 같은 내용들은 〈모델 2.5〉의 틀을 잇고 있는 것을 뜻한다.

이 같은 주장을 펴는 〈모델 2.5〉에 속한 연구자들로서는 풍납토성에 대한 방사성 탄소동위원소 연대 측정결과를 인정할 수 없는 것이다. 그것을 인정하는 순간 〈모델 2.5〉는 무너지기 때문이다. 다시 확인하지만, 나는 풍납토성에서 나온 연대측정결과는 노중국이 말한 제3의 자료 자체라고 본다. 〈모델 2.5〉를 만들어온 한국의 연구자들은 〈모델 2〉와 달리 임나일본부설을 인정하지 않는다. 그러나 임나일본부설을 만들기 위해 행해진『삼국사기』「백제본기」고이왕 이전 기록 조작설을 따르는 것이 사실이다. 그렇기에 〈모델 2〉와 무관하지도 않다는 의미에서 〈모델 2.5〉라고 하는 것이다. 그리고 한 가지 더하자면 1945년 이후 한국에서 백제사에 대한 〈모델 2.5〉를 만들어온 이병도의 백제사에 대한 학문적 수준이 한계가 있다는 사실을 지적하여 두고자 한다.

보다 구체적으로『삼국사기』「백제본기」의 내물왕 이전 기록을 조작된 것으로 보는 〈모델 2.5〉 재구성한 고이왕 이전 백제의 역사를 주목해 보겠다. 〈모델 2.5〉에 속한 연구자들은『삼국사기』「백제본기」의 기록이 아니라『삼국지』「동이전」의 기록을 근거로 백제의 국가형성과 발전에 대하여 다루어온 것이 사실이다. 그 결과 백제의 모체로서 십제(十濟)의 형성시기와 고이왕 이전 백제 왕실의 교대론을 펴온 것을 볼 수 있다.

우선 백제의 소국형성과 소국연맹단계로의 발전에 대한 견해들을 보기로 한다. 이병도는 백제의 건국연대를 고이왕 27·28년(260·261)으로 보았다.[59] 노중국은 위만조선 멸망 전후에 있었던 유이민 파동으로 진국이 무너지고 한강 유역에 미추홀 소국, 십제 등 새로운 소국이 형성된 것으로 보고 있다. 1세기 말~2세기 초에 미추홀 소국과 위례 세력이 소연맹체를 형성했고, 미추홀의 비류집단에서 위례집단으로 왕실이 교체된 것은 초고왕대(166~214)였다고 했으며 백제가 목지국을 병합한 시기는 고이왕대인 3세기 중엽이라고 했다.[60] 이기동은 백제의 성읍국가로서 백제국(伯濟國)의 형성 시기는 대략 기원전 1세기로 소급해 볼 수 있고, 백제가 미추홀 지방의 정치세력과 연맹관계를 맺은 것은 2세기 후반 초고왕대라 했고, 온조왕 13년에 마한에 천도를 고하고 강역을 획정한 것은 고이왕대(234~286)의 사건이고, 온조왕이 마한을 정복했다는 기사는 근초고왕대(346~375)의 사건으로 보아『삼국사기』온조왕 27년 조에 나오는 백제의 마한 정복에 대한 기록은 사실

---

59 이병도,『한국사』고대편, 1959.
60 노중국,『백제정치사연구』, 1988, pp. 49~94.

은『일본서기』신공기의 기사보다 360년이 가상 소급된 것이라고 하였다.[61] 이기동은 위례성 지역의 돌무지무덤을 근거로 온조 집단의 남하 이동시기가 빨라야 3~4세기의 교체기, 어쩌면 4세기 전반기였다고 하며, 백제국(伯濟國)은 늦어도 3세기 중엽에는 마한 50여 국 한 나라로 존재했음은『삼국지』「동이전」한조에 나타나 있다고 했다. 그는『삼국사기』온조왕 조의 기사와는 달리 온조 집단이 남하했을 무렵 한강유역에는 마한족이 세운 백제국(伯濟國)이 한창 발전 도상에 있었고, 온조 집단은 그들 마한족의 백제국을 정복한 것이라 했다.[62]

〈모델 2.5〉에 속한 연구자들에게는 한 가지 고민이 있다. 1980년대 이후 학계에서는『삼국사기』불신론을 극복하고 긍정론과 절충론으로 나뉜다는 생각을 하고 있다.[63] 그런데 절충론은『삼국사기』「백제본기」의 고이왕 이전 기록과『삼국지』「동이전」한조의 기록을 저울질하여 후자를 무시하지 않고 따르는 것을 알 수 있다. 그러한 경향은 교과서 고등학교『한국사』에도 드러난다. "한강유역의 토착 세력과 고구려 계통의 유·이민 세력이 결합하여 세운 백제는 고이왕 때 한강 유역을 완전히 장악하면서 한반도 중부 지역을 확보하였다"는 것이 그 예다.[64]

다음은 백제왕실 교대론을 볼 수 있다. 백제국의 시발이 기원전 1세기였다고 보는 천관우는『삼국사기』온조왕 즉위조의 기록을 통하여 주몽-온조계전승(위례성)과 우대-비류계전승(미추홀)로 나누어 보고 두 지배세력이 왕위계승을 두고 오랫동안 경쟁적 위치에 있었다고 했다. 그는 8대 고이왕을 5대 초고왕의 모제라고 하는『삼국유사』의 기록을 모의 제로 해석하여 고이왕과 초고왕을 별개의 세력으로 보았다. 나아가 고이왕계와 초고왕계가 왕위계승에서 경쟁적 관계에 있었다고 했다. 그 결과 1대 온조왕에서 7대 사반왕까지는 주몽-온조계 부여씨였고, 8대 고이왕에서 12대 계왕까지는 우대-비류계 우씨였다고 했다(단 11대 비류는 온조계).[65] 이기동은 사반왕에서 고이왕으로 왕위가 넘어간 것은 주몽-온조계 내부에서 방계로 왕위가 넘어간 것이 아니라 우대-비류계로 왕실이 교체된 것이라 했다.[66]

노중국은 백제 왕계를 2원적인 것으로 파악했다. 그는 부여족내 해씨집단 출신 왕명의 말자가 루(婁)·류(留)·류(流)라고 추정하여 2대 다루왕, 3대 기루왕, 4대 개루왕을 해씨라 했다. 나머지는 온조계의 부여씨라 했다. 나아가 부여족의 일파인 비류국 계통의 일분파가 남하하여 비류를 시조로 하는 집단을 이루었는데, 이들은 주몽과 연결되는 온조 집단보다 이른 시기에 정착하여 나라를 세웠다고 했다. 그는 비류가 연맹장의 자리를 먼저 차지했으나 초고왕에 이르러 해씨(비류계)에서 부여씨로 왕실의 교체가 이루어졌다고 했다. 그런가 하면 근초고왕이 부여씨이기에 초고왕도 부여씨이고 초고왕은 부여씨로서 연맹장의 위치에 오른 최초의 왕이라고도 했다.[67]

그런데 〈모델 2.5〉는 백제의 소국형성 시기는 기원전 2세기말 또는 1세기로 보는 견해들을 가지고 있지만, 십제가 미추홀 소국을 병합한 시기를 3세기 정도로 보는 주장들을 하고 있는 것이다. 이 같은 국가형성·발전에 대한 주장과 백제 왕실교체론은『삼국사기』「백제본기」의 건국신화에서부터 고이왕 이전까지의

61 이기동, 「백제의 성장과 마한병합」,『백제논총』4, 1990, pp. 50~63.
62 이기동, 「제2장 백제의 건국」,『백제의 역사』, 1995, p. 80.
63 한국고대사학회,『한국고대사 연구의 새 동향』, 2007, pp. 54~55.
64 도면회 등, 고등학교『한국사』, 2011, p. 24.
65 천관우,『고조선 삼한사연구』, 1989, pp. 325~328.
66 이기동, 「백제왕실 교대론에 대하여」,『백제연구』12, 1981, p. 16.
67 노중국,『백제정치사연구』, 1988, pp. 65~78.

기록과『삼국지』「한조」의 기록을 저울질 하는 과정에『삼국사기』고이왕 이전의 기록은 사료로서의 가치를 옳게 인정하지 않았기에 나온 주장들이다. 멀게는 쓰다 소키치가 근초고왕 이전의 기록을 조작된 것이라 한 것에서 출발하고 보다 직접적으로는 이병도가 고이왕 26·27년 이전 기록을 조작된 것이라 한데서 출발한 견해들이 학계를 장악하고 있는 것이다.

만일 풍납토성에서 출토된 자료를 가지고 방사성탄소동위원서 연대측정을 한 결과를 인정하면 우리는 『삼국사기』「백제본기」의 고이왕 이전 기록과『삼국지』「동이전」 한조의 기록을 저울질하여 절충론을 펼치고, 백제의 국가형성·발전단계와 왕위계승에서 교대론은 생각할 수 없게 된다.『삼국사기』「백제본기」의 고이왕 이전 기록은 백제의 국가형성과 국가발전에 대한 결정적인 자료가 되고,『삼국지』「동이전」 한조의 기록 중국군현 나아가 중국과의 관계를 이해하는 데 중요한 자료가 되는 것을 알 수 있을 것이다. 그리고 백제의 왕실은 교대된 것이 아니라『삼국사기』「백제본기」의 기록에 나오는 자료를 사료비판하여 인정해야 한다. 여하튼『삼국지』한조의 기록은 백제의 국가형성과 정치적 성장에 대한 자료가 될 수 없는 것이다.

3) 〈모델 3〉: 〈모델 1〉을 넘어 재구성해 내는 백제사

〈모델 3〉의 백제사는 〈모델 2〉나 〈모델 2.5〉가 재구성해낸 백제사와 무대를 달리하여 재구성해낸 백제사라 하겠다. 우선 백제의 모체가 되는 십제의 형성시기를 기원전 2세기까지 올려보는 것이다. 이 같은 국가형성 시기에 대한 주장은 풍납토성 자료를 가지고 방사성 탄소연대측정결과가 나오기 전에 이루어진 것이다. 십제가 미추홀 소국을 병합한 시기도 기원전 언제로 보며 백제가 경기도 일원의 소국들을 병합한 시기를 기원전후한 시기로 보고 있다.[68] 보다 구체적인 내용은 다음 장에서 보기로 한다.

4. 〈모델 3〉으로 재구성한 풍납토성 시기 백제사의 전개

일본의 쓰다소키치가 만들었고, 한국의 이병도가 국민의 역사지식으로 만들어낸『삼국사기』「백제본기」의 고이왕 26·27년 이전 기록 조작설을 버리고 나면 백제의 역사는 새롭게 재구성된다. 이것이 쉬운 일이 아니라는 사실은 잘 안다. 왜? 그렇게 배워왔고 그것을 정답으로 삼아왔기 때문이다. 한번 만들어진 역사체계를 바꾸는 것은 쉬운 일이 아니라는 사실을 확인하게 된다.

그러나 나는 백제사를 연구하기 시작한 처음부터 주저하지 않고『삼국사기』「백제본기」 초기기록과『삼국지』「한조」의 기록을 서로 다른 면을 전하는 자료로 보아왔다.[69] 그렇기에 두 사료 모두 버릴 수 없는 것이다.

68 이종욱, 「백제의 건국과 통치체제의 편성」,『백제논총』4, 1994, 35~46.
　　이종욱, 「백제의 건국설화」,『백제논총』4, 1994, 135~158.
　　이종욱, 「백제 초기국가로서 십제의 형성」,『국사관논총』69, 1996, pp. 3369.
　　이종욱, 「풍납토성과『삼국사기』초기기록」,『풍납토성(백제왕성) 연구논문집』, 2000.
69 이종욱, 「백제의 국가형성」,『대구사학』11, 1976, pp. 35~65.
　　이종욱, 「백제왕국의 성장」,『대구사학』12·13합, 1977, 55~86.
　　이종욱, 「백제초기사연구 사료의 성격」,『백제연구』17, 1986, pp. 9~33.
　　이종욱, 「백제국가형성사 연구의 동향」,『한국상고사』, 1989, pp. 212~218.
　　이종욱, 「백제의 건국과 통치체제의 편성」,『백제논총』4, 1994, 35~46.
　　이종욱, 「백제의 건국설화」,『백제논총』4, 1994, 135~158.

이것이 <모델 3>이다. 그러면 <모델 3>은 어떤 것이고, <모델 2>나 <모델 2.5>와는 어떻게 다른 것일까? 이에 대해 밝히기로 한다.

『삼국사기』「백제본기」의 고이왕 이전 기록을 백제사 재구성 자료로 삼아 발표한 논문들을 통해 <모델 2.5>와 달리 재구성해낸 백제 역사를 볼 수 있다. 우선 백제의 건국시기에 대해 말할 수 있다.

이와 관련하여 건국신화에 대한 일반적인 특성을 생각할 필요가 있다. 첫째, 신화는 구전을 통해 발전하고 성장해 왔다는 사실을 들 수 있다. 구전을 통해 신화가 전해지는 과정에 후대 사람의 필요에 따라 그 내용과 양식이 조정되는 일이 벌어지기도 한다는 것이다. 둘째, 신화는 자연과 인간, 신과 인간을 구분하지 않는다. 그 때문에 과학적 기준을 가직 신화를 해석하고 진위를 판단하는 일은 의미가 없는 것이다. 그러나 신화는 과거에 있었던 사실이나 사건들이 구전을 통해 전해지는 과정에 과학을 넘어 직관이 확대되고 상상력이 발휘된 결과 나타난 산물이라고 이해해야 한다. 셋째, 신화는 시간적인 변화를 인정하지 않는다. 신화에 나오는 주인공의 생존기간과 통치기간은 시간적인 변화를 무시한 경우들이 있다.

이 같은 건국신화의 특성을 보면 한 왕국의 형성세력과 형성시기가 구전 과정에 신화속의 시간으로 전환되는 것이라 하겠다. 따라서 우리는 건국신화에 나오는 건국세력이나 건국시기를 역사적 인물이나 역사적 시간으로 전환하는 작업을 거쳐야 역사재구성의 자료로 삼을 수 있는 것을 알 수 있다.

백제의 경우 온조는 자연이나 신과 구별되는 존재로 나오고 있는 것이 사실이다. 알에서 나왔다고 하는 고구려의 시조 주몽이나, 신라의 시조 혁거세의 탄생과 달리 백제의 시조 온조는 주몽의 아들로 나오고 있다. 어떤 면에서 온조의 출생은 신화적인 요소가 덜 더해진 것을 생각할 수 있다. 그런 이유로 나는 백제의 경우 건국신화가 아니라 건국신화라 불러온 것이다.[70]

백제의 건국을 전하는 기록은 여러 가지가 있다. 『삼국사기』「백제본기」온조왕 즉위 조에 나오는 건국설화가 있고, 동 즉위조의 협주에 나오는 건국설화가 있다. 그런가 하면 중국 사서인『주서』,『북사』,『수서』에도 백제의 건국신화(설화)가 나오고 있다. 그 중 나는『삼국사기』「백제본기」온조왕 즉위조의 설화를 가지고 백제의 초기국가 형성과 발전에 대한 역사를 재구성해 왔다.

먼저 백제의 건국시기를 볼 수 있다. 『삼국사기』「백제본기」온조왕 즉위 조에는 기원전 18년에 십제를 세운 것으로 나오고 있다. 그러나 기원전 18년이라는 연대는 건국설화 속의 연대로 실제 십제의 건국시기와 미추홀 소국을 병합한 시기를 역사적 시간으로 전환해야 한다. 나는 십제의 형성과 관련하여 위만조선이 존속하던 기원전 2세기에 부여계 고구려 이주민인 온조집단이 소국으로서 십제를 세웠고, 기원전 1세기말 또는 기원후 1세기 초에 비류국을 병합해 백제로 성장했다고 보았다. 비류국을 병합한 이후 1세기 전반에는 경기도 일원을 지배하는 왕국으로 성장했다고 보았다.[71]

이 같은 백제의 모체가 되는 십제의 건국연대에 대한 <모델 3>의 주장은 <모델 2.5>의 절충론자들이 바라보는 소위 긍정론과는 다른 것이다.[72] 내가 보는 백제의 소국형성 시기는 <모델 2.5>와 비슷한 것이지

이종욱, 「백제 초기국가로서 십제의 형성」, 『국사관논총』 69, 1996, pp. 3369.
이종욱, 「풍납토성과『삼국사기』초기기록」, 『풍납토성(백제왕성) 연구논문집』, 2000.
70 이종욱, 「백제의 건국설화」, 『백제논총』 4, 1994.
71 이종욱, 「제2절 백제 왕성 발굴과 본연의 역사의 타당성」, 『민족인가, 국가인가?』, 2006, p. 268.
72 『삼국사기』「백제본기」고이왕 이전 기록에 대한 절충론자들은 이종욱을 긍정론자라고 하며 비판을 한다. 송호정의 비판을 볼 수 있다. 그들은『삼국사기』기록에 나오는 연대를 무비판적으로 수용하는 태도를 보인다고 한다. 또한 고고학적 자료에 대해

만 그 이후 소국을 병합하는 시기는 크게 다른 것이다. 그 결과 1999년 9월에 있었던 풍납토성 발굴 지도위원회에서 다른 분들이 풍납토성의 축조연대를 4세기로 보거나 아무리 올려보아도 3세기 중반 이전으로는 절대로 올라갈 수 없다고 했을 때, 나는 역사발전의 대세로 볼 때 십제의 형성이 기원전 2세기로 올라간다고 헤아려지기에 풍납토성도 기원전 2세기경 조그만 성을 축조하였고, 소국을 병합하며 동원할 수 있는 인원과 물자가 늘어나며 몇 차례의 수축을 거쳐 거대한 왕성으로 만들어졌다고 하였다.

이 같은 나의 풍납토성에 대한 견해는 백제가 『삼국지』한조에 나오는 것과 같이 백제가 3세기 중반까지 마한의 한 소국이었다는 〈모델 2.5〉로서는 받아들일 수 없는 것이었다고 본다. 한 마디로 〈모델 2.5〉로서는 실재하던 풍납토성을 설명할 수 없는 것이 사실이라 하겠다. 그와 달리 풍납토성에서 나온 시료들을 가지고 방사성 탄소동위원소 연대측정을 한 결과 나의 주장이 타당하다는 것을 알 수 있게 된 것이다.

다음은 〈모델 2.5〉가 말해온 백제왕실 교대론의 문제를 볼 수 있다. 이는 〈모델 2.5〉가 『삼국사기』「백제본기」온조왕 즉위 조에 나오는 건국설화와 동 즉위조의 협주에 나오는 건국설화의 성격을 구분하지 못한 결과 나온 것이라 할 수 있다. 본문의 온조설화는 십제의 형성설화이고, 협주의 설화는 비류국의 설화라 할 수 있다. 이 같은 구별을 하면 백제의 왕실은 교체된 것이 아니라 온조의 계통으로 이어진 것을 알 수 있다. 〈모델 2.5〉는 고이왕 이전의 기록을 기본적으로 불신하고 있기에 왕실교체론을 들고 나온 것이다. 백제 온조 이후의 왕위계승과 관련하여 종족(宗族)의 문제 등으로 풀어나가야 할 것이다.

그런데 한 가지 십제의 형성이 기원전 2세기로 올라 갈 경우 온조왕이라는 왕의 재위기간에 문제가 생긴다. 이는 단군의 지위기간과 생존연대를 생각하면 설명할 수 있는 대목이다. 온조라는 한 사람의 왕의 재위기간은 설화화 된 것으로 실제는 한 명의 왕이 아니라 여러 명의 왕이 있었는데 온조 한 사람으로 조정된 것으로 볼 수 있다는 것이다.

〈모델 3〉은 『삼국사기』근초고왕 또는 고이왕 이전의 기록을 조작되었다거나, 절충론의 대상으로 받아들이지 않는 것이다. 〈모델 3〉은 『삼국사기』의 건국설화부터 모두 역사 재구성의 자료로 인정하는 것이다. 다만 모든 다른 사료가 그렇듯 백제 건국설화부터의 모든 기록은 사료비판의 대상이 되어야 한다는 것이다. 이렇게 만들어진 백제의 역사는 〈모델 2.5〉가 만들어낸 역사와 전혀 다른 것이며 대화를 나눌 수 없는 평행선을 달리고 있는 것이 되었다. 〈모델 2.5〉와 다르다고 하여 〈모델 3〉이 틀린 것은 아니다. 오히려 〈모델 2.5〉가 〈모델 2〉의 그늘을 벗어나지 않았기에 백제의 역사를 잘못 만들고 있는 것이라 하겠다.

5. 맺음말

역사가들도 두 개의 눈을 가지고 있다. 그런데 역사가들의 두 눈은 한 곳만 바라보는 것이 아니라 서로 다른 곳을 바라본다는 데 문제가 있다. 하나의 눈은 자신이 살고 있는 현실을 바라본다. 현실에 문제가 있을 때

서도 자의적인 해석이 대부분이라고 한다. 또한 긍정론은 3세기 중엽의 백제국(伯濟國)과 4세기 이후의 백제 관계를 연속선상에서 본다고 한다. 그러면서 절충론에서는 『삼국사기』 기록의 대략적인 추세는 인정하나 구체적인 왕실계보에는 문제가 있는 것으로 보는 것이라 하고 있다. 고구려계 이주민들이 늦어도 3세기 붕엽에는 본격적인 고대국가를 출발시켰다고 본다. (송호정, 「제2절 고고헉 자료를 통해 본 백제의 기원」, 『백제의 기원과 건국』, 2007, p. 163).

또 다른 눈을 돌려 과거 역사로 간다. 역사 속에서 현실의 문제를 해결할 수 있거나 설명할 수 있는 이야기를 만들어내고 그것을 가지고 현실의 문제를 해결하는 방안을 찾게 된다. 한국고대사를 희생으로 삼은 이러한 역사연구는 문제가 아닐 수 없다.

제국 일본의 역사가였던 쓰다 소키치는 분명 그의 한 눈은 일본사를 위해 움직였다. 특히 임나일본부설을 따른 그는 임나일본부설을 포함하여 일본의 역사를 강한 것으로 만들어 만세일계 천황중심의 역사를 완성하려 했다. 그러기 위해 그는 그의 또 다른 눈을 한국사에 돌렸던 것이다. 그리고『삼국사기』에 나오는 신라의 내물왕(356~402), 백제의 근초고왕(346~375) 이전의 기록은 창작된 것이라 하고 4세기 후반 임나일본부가 한반도 남부의 백제, 신라, 가야를 지배했다는 일본사를 조작해 내는 데 동참한 것이다. 이것이 백제나 신라 사에 대한 <모델 2>다. 쓰다 소키치에게는 한국사를 객관적·과학적으로 재구성해낸다는 의무도 사명감도 없었다. 그는 마음껏 한국의 역사를 난도질하고 한국사 속에 살았던 한국인들을 멸시했던 것이다.[73]

와세다대학 교수였던 쓰다 소키치의 이 같은 한국사 말살은 1945년 해방 후 와세다대학을 졸업한 이병도 와 손진태에 의해 이어졌다. 이들은 해방 후 한국사를 새롭게 만들어 내는 작업을 했고, 전국의 교사를 양성 했고, 교과서를 편찬하는 작업을 했고, 한국사의 연구를 이끌어 나가는 위치에 있었다. 그 과정에 이들은 임나일본부설은 받아들이지 않았지만,『삼국사기』에 나오는 백제 고이왕 27·28년(260·261) 이전의 기록과 신라 내물왕 이전의 기록은 믿을 수 없다고 하며 백제와 신라의 역사를 재구성해낸 것이다. 그러한 연구는 『한국사신론』을 거쳐 교과서 고등학교『한국사』로 이어지고 있는 중 이다. 얼마 전부터는『삼국사기』고이왕 이전 기록에 대한 절충론이 나와 유행하고 있지만 이는 백제사에 대한 <모델 2>가 아니었다면 나올 필요도 나올 수도 없는 것이다. 이것이 <모델 2.5>다. <모델 2.5>는 <모델 2>가 벌였던 백제사에 대한 마당을 벗어나지 못한 것이기에 <모델 2.5>라 하는 것이다.

풍납토성의 발굴은 <모델 2>나 <모델 2.5>를 받아들일 수 없다는 증거가 되고 있다. 특히 풍납토성에 서 발굴된 시료로 이루어진 방사성 탄소동위원소 연대측정결과는 <모델 3>의 연구가 타당하다는 증거가 되고 있다.『삼국사기』고이왕 이전의 기록은 불신론이나 절충론의 대상이 아니라 사료비판의 대상이 되어야 하는 것이다. 그리고 한국고대사를 구상할 수 있는 역사가에 의해 그 의미가 제대로 살아나야 하는 자료들이 다. 백제의 건국신화에 나오는 사실, 사건, 시간은 역사적 사실, 사건, 시간으로 전환되어야 한다. 그 과정에 풍납토성에 대한 발굴결과는 신화적인 내용을 역사적인 내용으로 전환하는 결정적인 열쇠가 되는 것이다. 『삼국사기』고이왕 이전의 기록에 대한 불신론이나 절충론의 무대를 떠나야 제대로 된 백제의 역사를 읽어낼 수 있는 것이다. <모델 2>는 물론이고 <모델 2.5>의 그늘을 떠나야 <모델 3>의 세상을 볼 수 있는 것이 다. 그런 면에서 백제왕성 풍납토성의 발굴이 갖는 역사적 의의를 분명히 할 수 있는 것이다.

마지막으로, 한국의 역사학계는 <모델 2>가 만들었고, <모델 2.5>가 추종해 온 한국고대사의 틀 즉, 모 델을 버리지 않으면 풍납토성을 비롯한 새로운 고고학적 자료를 새롭게 읽어낼 수 없다. 새로운 이론의 발전 을 위해서는 과거 잘못 만들어진 이론을 버리는 것이 필요한 때문이나.

---

73 이종욱,「쓰다 소키치의 한국사 말살」『민족인가, 국가인가?』, 2006, pp. 48~55.

Ⅱ. 풍납토성 내 미래마을부지의 발굴 성과

崔孟植(國立慶州文化財研究所長)

Ⅰ. 들어가는 말

풍납토성은 백제 전기의 가장 대표적인 유적으로 백제 왕성으로 보아도 손색이 없다. 적어도 지금까지 조사된 이 시기 유적 중에서 백제 초기를 대표할만한 어떠한 유적도 아직까지는 발견되지 않고 있다. 이에 앞서 한 왕조의 가장 대표적인 유적을 꼽는다면 아마도 왕궁(궁성), 왕궁과 직접 관련된 왕경도시유적, 왕(비)과 직접 관련된 고분 등을 서슴없이 내놓을 수 있지 않을까. 이렇게 볼 때 백제 전 기간을 700여년으로 보면, 가장 중요한 시기인 초기부터 중반기를 넘어선 ⅔내외를 이곳 한성을 도읍으로 했던 것으로 나타났다.

고고학에서 우리가 지금까지 접해온 유적을 종합해 볼 때, 한 왕조를 이야기하자면 유적의 내용으로 보아 위의 세 가지 유적에서 확인 출토된 것들을 시·공간적으로 분석 검토하면 또 다른 내용들을 산출할 수 있을 것으로 판단된다. 물론 이러한 유적 유물과 맞물려 역사적인 기록이 맞아 떨어지면 내용을 더욱 풍성해질 수 있고, 더욱 폭넓은 연구자들의 참여가 가능해질 수 있을 것이다.

이러한 풍납토성의 제반 조건임에도 불구하고 풍납토성을 떠올리면, 항상 마음 한구석에는 어두운 그림자의 잔영이 남는다. 거주 주민들의 처음 희망과 이를 뒷받침할 수 없는 여러 여건 사이의 큰 틈은 발굴성과를 이야기하기 전에 다시 한번 추스릴 수밖에 없는 마음의 끈이 자꾸 당기는 것을 느끼기 때문이다. 그럼에도 불구하고, 발굴성과는 그 결과 내용이 제대로 알려지고, 전달될 수 있어야 이러한 고통의 그 값어치를 치를 수 있을 것이라는 인식이다.

분위기를 바꾸어 필자가 맡은 풍납토성 발굴내용을 정리하기로 한다. 필자는 공직의 대부분을 지방연구소에서 지내다가 2006.9월부터 당시 국립문화재연구소 유적조사연구실을 맡게 되었다. 당시는 풍납토성을 2차에 걸친 시굴조사를 마친 후, 본격적인 발굴조사에 착수한 3년차에 해당하는 시기였다. 이 시기는 비교적 초기 발굴예정 지역을 정밀조사하거나, 초기 발굴지역에 접한 주변 지역 조사였기 때문에 적어도 이 지역 발굴조사에 관련하여 직접적인 관여를 한 셈이다.

이후 2009년부터는 약 2년 반정도의 공백기간을 거친 후, 2011.2월부터 다시 동 연구실에서 미래마을부지 발굴조사를 마무리할 수 있었다. 이러한 발굴조사결과에 관한 내용을 담은 보고서는 2012년까지 총 14권이 발간되었다. 이 중에서 미래마을 부지에 관한 내용은 발굴보고서 XI, XII, XIII, XIV권에 실렸다.

이 발표문에서는 보고서에 담긴 내용 중 미래마을부지 내에 한하여 가장 대표적인 유적과 유물을 정리 소개하여 그 의의를 간단하게 짚어보는 것으로 소임을 대신하고자 한다. 또한 본 학술발표는 풍납토성 사적지정 50주년을 기념하는 자리일 뿐만 아니라, 이미 동 지역에 대한 발굴조사를 모두 마무리한 시기이다. 아울러 2012년에는 지금까지 시·발굴했던 모든 내용을 담은 보고서발간까지 종료되었기 때문에 구간별 조사시기를 간단하게 정리한 경과를 조사내용편에서 소개하므로서 전체적인 조사내용을 이해하는데 도움이 될 수 있도록 했다.

Ⅱ. 발굴조사

1. 시굴조사

《경과》

이른바 미래마을 조성예정부지는 지번으로는 풍납동197번지 일대로서, 발굴전에는 단독주택과 상가로 이루어진 곳이었다. 동 지역은 1999년 이 지역 주민들이 미래마을 재건축조합을 결성하여 아파트신축을 계획하였다. 이 과정에서 2000년 3월 사업승인을 신청하였다.

이 즈음 미래마을 조성부지의 동북편에 위치한 이른바 경당지구연립부지 내에서는 대형건물지가 확인되는 등 예상치 못한 사안이 발생하게 되었다. 이에 따른 조치로서, 문화재청 문화재위원회 합동분과 회의에서는 2001.4.12일자로 풍납토성 내외부조사 지역에 대한 보존지침을 확정하였다. 이 내부지침으로 말미암아 풍납토성 내부에서는 대규모 아파트재건축을 할 수 없게 되었다. 다만 소규모 주택신축공사는 지하2m, 지상15m 범위내에서 할 수 있도록 결정되었다.

이러한 내부지침으로 문화재청은 2003년 풍납토성보존 관리 및 활용에 대한 기본계획을 수립하였다. 이 기본계획의 수립을 시행하는 과정에서 국립문화재연구소는 이와 연계하여 사직공원사업의 일환으로 추가 사석지정 구역을 중심으로 10개년 종합학 조시 추진계획을 마련하였다.

이로서 미래마을 부지에 대한 본격적인 시 발굴조사작업을 시행할 수있는 토대는 마련된 셈이 되었다.

이러한 과정에서 미래마을 조성관련 주민들은 동 부지에 대한 사전 발굴조사를 강력하게 요구하여 국립문화재연구소에서 시굴조사를 실시하게 되었다.

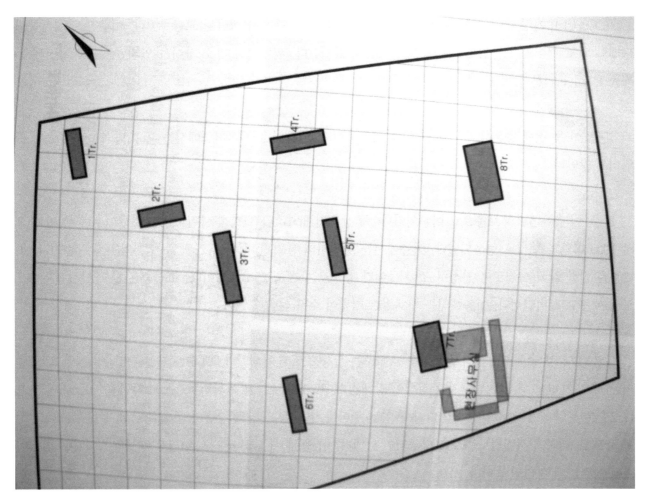

시굴조사 탐색갱 표시도

《시굴조사》

첫조사는 2000년 8월 10일부터 9월18일까지 풍납동197번지 일대에 대한 1차 시굴조사를 실시하게 되었다. 1차 시굴조사는 8개소에 대한 탐색 트렌치를 넣었는데, 이 8개소의 모든 탐색 트렌치에서 백제 문화층이 확인되었다. 이러한 8개소의 전체 탐색갱의 시굴조사에서 백제 문화층의 발견은 2001년 2월 8일 문화재위원회 1·3·6분과의 합동회의에서 사적지정을 의결하게 되는 계기가 되었다.

이로서 미래마을 197번지 일대는 동년 4월 28일자로 사적으로 추가로 지정됨과 동시에 대상부지는 매입 보존되는 조치가 이루어졌다.

2차 시굴조사는는 2003년 10월15일부터 동년 12월30일까지 이루어졌다. 풍납1동 197번지 서편지역을 대상으로 시행된 이 2차 시굴조사는 서성벽의 연결여부와 본격적인 발굴조사를 위한 기초자료를 수집하기 위한 목적이었다.

시굴조사에서 확인된 이 지역 백제 문화층은 지역마다 약간의 토층상태와 두께나 깊이 차이는 인정되지만 표토층부터 중간의 여러 문화층, 생토층간은 대체적으로 연장선상에서 유사한 층위를 형성하고 있었다. 이러한 층위확인 이후 발굴조사에 중요한 단서를 제공해주는 것이었다.

시굴조사과정에서 나타난 가장 보편적인 층위는 다음과 같다.

표토층(Ⅰ); 가장 최근 단독주택의 기초부를 조성하는 과정에서 형성된 교란층이다. 이층은 갈색계통의 모래와 점토 덩어리가 혼입된 최근의 매립토로 추정되었다. 위치마다 다소 차이는 있지만, 이 층의 전체 두께는 1.4m에 이른다.

Ⅱ층; 이 두 번째 층은 홍수 등으로 인한 퇴적층이다. 미래마을 서편지역에서는 홍수 퇴적층인 Ⅱ층이 확인되지 않았다.

Ⅲ층; 이 층은 3개의 토층으로 이루어졌다. 즉 상층인 Ⅲ-1층은 회갈색 사질토에 잔자갈이 소량 섞인 층으로 10㎝ 미만의 두께로 형성되었다. 이층에서는 조선시대 옹기편, 백제 토기편 등이 혼입된 교란층이다. Ⅲ-2층은 진한 갈색 사질토로 점성이 조금 들어간 층으로 두께는 25㎝내외이다. Ⅲ-3층은 갈색 사질점토층으로 두께는 20㎝미만이다. 이층에서는 백제의 토기편이 소량 섞여 있었다.

Ⅳ층; Ⅳ층부터 백제시대의 유물만을 보여주는 토층으로 확인되었다. 백제 토기편들이 출토되었고, 토층의 아래로 가면서 색조가 짙어지고 점성이 강해졌다. Ⅳ-1층은 갈색 사질점토층으로 두께는 40㎝내외였다. Ⅳ-2층은 목탄과 소토의 알갱이가 다량 혼입된 층이다. Ⅳ-3층은 바로 상층과 동일한 층에 부분적으로 형성된 층으로, 적갈색 사질점토층으로 형성되어 있었다. 이 층에서는 목탄과 소토, 황색 점토알갱이가 혼입되어 보다 단단하게 형성된 층이다.

위의 전면적인 시굴조사를 통하여 지역마다 약간의 깊이와 각 토층의 두께, 토층의 양상 등의 차이는 존재함에도 불구하고 전체 부지 내의 백제 문화층과 전체적인 토층의 흐름은 읽을 수 있었다.

시굴조사를 통하여 부분적이나마 확인된 유구는 원형 또는 장타원형의 수혈의 존재가 확인되었다. 한편 출토된 유물은 삼족토기류, 고배, 뚜껑, 완, 병,호, 기대,발,어망추. 기와류, 석제품 등이다.

2. 발굴조사

처음 계획된 발굴조사는 2003~2007년 까지 5년에 걸쳐 조사를 마무리 지을 예정이었다. 그러나 주변에 대한 기초자료 확보를 위한 첫 해에는 시굴조사를 실시하게 되었다. 따라서 본격적인 발굴조사는 2004년에야 착수할 수 있게 되었다.

발굴 첫해에는 대형 수혈에서 5,000여점의 백제 초기 기와들이 폐기된 채 출토되었고, 백제 문화층이 두텁게 형성된 채 여러 시기의 유구들이 중첩되어 드러났다. 이로 인하여 조사기간이 뜻하지 않게 길어지게 되는 요인이 되었다.

또 2005년에는 그 동안 매입되지 못한 일부지역(352㎡)에 대한 추가 매입과 주변 주택 철거작업이 이루어졌다. 이 지역은 다음 해인 2006년에 이르러서야 조사를 실시하게 되어 전체 조사기간을 연장할 수밖에 없는 상태에 이른 것이었다. 이에 따라 발굴조사의 전체 기간은 마무리 되는 시점을 2007년에서 2010년으로 재조정하게 된 것이다[74].

　이 일대에 관한 발굴조사는 백제 초 중반기의 유적과 유물의 존재와 그 가치 등에서 그동안 다루어왔던 많은 백제에 관련 내용을 전반적으로 재검토해야 할 정도로 풍부하고, 확인시켜주는 것이었다. 특히 이 과정 중에서 확인된 대표적인 유적으로는 주거지(건물지), 수혈유적, 석축시설, 도로 등을 꼽을 수 있겠다.

《발굴조사 토층》

　발굴조사 토층 상태는 크게 보아 앞서 시굴조사에서 밝혀진 층위와 대체적으로 유사하다. 토층에 관련한 내용은 유적간 상하층에 따른 유적의 편년의 참고와, 이들 간 유적 간의 비교를 용이하게 하기 위하여 정리하기로 하였다. 여기서 설명되는 토층은 2006년에 조사된 가지역을 중심으로 한 것이다. 이 지역은 가장 잘 남아 있어 주변유적을 비교하는데 가장 용이한 상태를 보여줄 수 있을 것으로 판단된다.

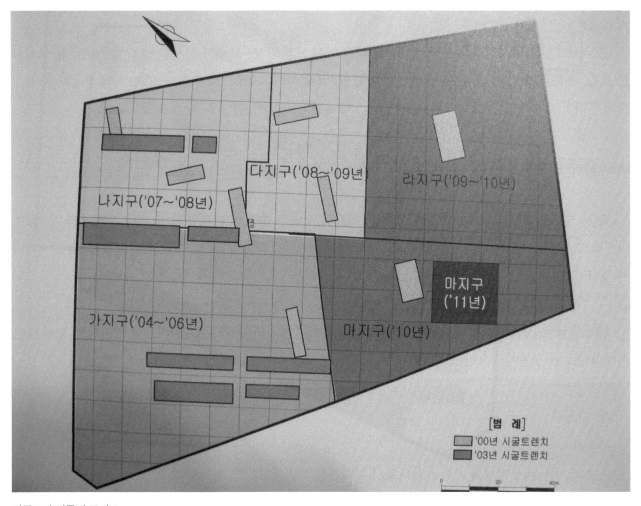

발굴조사 지구별 표시도

　Ⅰ층; 현대 교란층, 건물기초층 하부 매립층(1.5~1.8m), 현대 건물의 기초부분이 깊은 층은 3m까지 교란되었음.

---

74 발굴 조사계획은 유적의 뜻하지 않은 밀도와 유물의 출토 상황은 다시 한번 수정할 수 밖에 없는 상황으로 치달아 결국 실제 발굴조사는 2011년 상반기 경 즈음에야 겨우 종료할 수 있게 되었다.

Ⅱ층; 근세의 경작층 추정(백자편, 옹기편 출토), 홍수에 의한 퇴적 모래층, 근대 건물지의 지하 시설로 인한 훼손이 심함. 지역에 따라서는 이 모래층의 바로 아래층까지 포함하는데, 이 층은 회청색 뻘층(가지구 전지역 분포).

Ⅲ층; 백제 이후에 형성된 명갈색 사질점토층(10~20㎝), 유물의 거의 포함되지 않음. 가지구에서는 비교적 얇게 형성되었으나, 다른 지구에서는 두께 40㎝ 정도로 몇 개의 층으로 구분되기도 함.

Ⅳ층; 백제 문화층, 3개층으로 구분됨.
① Ⅳ-1층(상층부터); 갈색 사질점토층(30~40㎝, 백제 토기편이 소량 출토)으로 동편에 비하여 서편으로 가면서 레벨이 낮아진다. Ⅲ층도 서편으로 가면서 레벨이 낮아진다.
②Ⅳ-2층; 회갈색 사질토층으로 모래가 많이 혼입됨. 토층에 물결모양의 결이 많이 형성됨(유물은 발견되지 않음).
③Ⅳ-3층; 암갈색 사질점토층, 백제유물을 가장 많이 포함된 층. 토층의 분포가 넓고 많은 유구를 포함하는 토층. 부분적으로 목탄과 소토 알갱이 다량 포함, 백제 자연퇴적층으로 추정, 고배류, 광구장경호 등 한성백제 후기의 토기류, 지형상 동고서저(東高西低)의 지형적 차이가 심함.

Ⅴ층; 흑갈색 사질점토층. 동서로 총 약20m내외 층만 존재. 경질무문토기 편, 회색 타날문 토기편이 출토.

Ⅵ층; 생토층, 황색 점토층, 회백색 모래층, 적갈색 모래층 순으로 퇴적됨. 동편으로 가면서 점토층없이 회백색 모래층과 적갈색 사질토층이 교호로 퇴적된 층이 있음. 동서 44m구간에서 최고 2m내외의 고저차이가 형성됨.

위의 발굴토층은 가장 잘 남아 있는 일반적인 토층이지만, 유구 내부토로 확인된 층 중에는 별도의 다른 형태의 층으로 구분이 필요한 곳이 있다.

가. 주거지
①주거지 1(가-1호주거지)
이 주거지는 거의 방형에 가까운 형태로서 어깨선은 파손되었지만, 바닥층의 주거지 윤곽선과 내부의 잔존 상태로 보아 실제 크기는 그대로 파악이 가능하였다. 주거지의 규모는 4.7×4.4m로서 내부에는 목탄과 소토 알갱이가 거의 전면을 덮은 상태였다. 탄화목은 주거지 안쪽에 정연하게 드러났다. 가장 상태가 좋은 것은 건물지 동편에서 탄화목간의 간격이 각 35㎝, 60㎝, 40㎝내외로 4개가 조사되었다. 이 탄화목의 너비는 10㎝정도여서 충분한 지지목이나 건축 목재로서 기능을 할 수 있는 것으로 판단되었다.
한편 서편에서는 2.1m나 되는 탄화목이 노출되었고, 주변에 몇 개가 더 확인되었다. 이들 탄화목은 일정한 간격으로 최고 5개가 바닥에서 드러난 점과 이들과 함께 드러난 판재형태의 탄화목의 존재 등은 써까래를 사용했던 목조 건물지였을 가능성을 더욱 높게 하는 것으로 믿어진다.

주거지 바닥면은 그 흔적으로 보아 당시 사용되었던 층이 그대로 남아 있는 것으로 추정되나, 노지나 부뚜막시설 등의 시설이 확인되지 않아 건물지의 기능에서는 확실하게 단정하기는 한계가 있었다.

주거지 내부에서 노지나 부뚜막의 존재는 확인되지 않았지만, 바닥층과 직상층에서는 직구소호, 완형의 유개반, 대형 옹류, 석재품으로는 정교하게 다듬은 소형 절구형 유물, 방추차형태의 석제품, 철제로는 꺽쇠형 유물등이 다양하게 출토되었다.

② 주거지 2(가-2호 주거지)

주거지의 잔존 형태는 동서로 장축인 말각장방 형태를 띠었다. 주거지에는 불에 탄 목재 기둥과 벽면에 목탄 판재형의 존재로 보아 기본 구조는 위에서 소개한 건물지와 비슷한 형태의 재료와 구조를 가진 것으로 추정되었다. 주거지 바닥면의 어깨선 일부는 훼손되었지만, 잔존한 바닥층 등의 상태로 보아 동서 길이4.15m, 남북길이 2.05m, 최고 깊이는 30㎝정도이다.

주거지 내부 북서 모퉁이에서는 부뚜막이 설치되었는데, 길이 103㎝, 너비55㎝ 내외의 크기였다. 아궁이와 연도부의 바닥은 불기운으로 인하여 검붉게 소토형태로 굳어 있는 모습이었다. 부뚜막은 판석 5매를 세워 벽의 골조로 만들고, 이들 돌 사이는 점토를 발라 보강한 것이다. 주거지 내부 바닥면에는 탄화목과 토기 등이 다량 출토되었다. 부뚜막 주변에는 토기호류가 출토되었다. 북벽 중앙부에서는 삼족배, 고배, 등의 소형토기류가 출토되었고, 동벽 주변에서는 곡물이 담긴 직구단경호와 원저 단경호 등이 출토되었다.

③주거지 3(가-3호주거지)

이 주거지는 는 말각방형 모양의 주거지로서 동서 5.95m, 남북 5.15m, 최대깊이74㎝내외의 규모를 가지고 있다. 주거지의 내부면적은 약30.6㎡정도이다. 주거지 내부 바닥에는 사방 벽쪽을 중심으로 완형의 토기와 탄화된 목부재들이 잘 드러났다.

탄화목 중에는 두께 4㎝내외의 원목과 두께 10㎝정도의 角材 木, 너비 35~40내외의 판재 등이 노출되었다. 이들 판재에 섞여 출토된 꺽쇠는 당시 건물 축조중에 판재들을 이용하여 건립했던 가능성을 높여준다.

주거지 내부 동북 모퉁이에서는 ㄱ자형의 연도가 확인되었다. 이 연도의 잔존 길이는 양면 모두 각 180㎝에 이른다. 연도의 너비는 100㎝정도이다. 그동안 풍납토성내에서 조사된 노지시설은 一자형이나 八자형으로 조사되었으나, ㄱ자형이 처음으로 드러난 셈이다. 이 시설은 크기와 내부에 한 개의 세워진 봇돌석의 존재로 보아 부뚜막에 관련된 연도 시설등과 연계될 수 있을 것으로 판단되었다. 다만, 이 연도시설의 형태는 내부의 흙을 연도의 벽선에 맞추어 파내고, 벽면에 강돌이나 할석을 올리거나 세워 조성하였다. 또 가장 내측의 연도 선상은 마무리되는 석재가 꺽여 나타나고 이 부분의 내측 중앙에 돌 하나를 세워 놓았는데, 검붉게 탄 불먹은 흔적이 완연하다. 이러한 시설로 보아 이 가장 내측에는 솥의 기능을 가진 용기를 놓고 취사기능을 했을 가능성이 높다. 또한 꺽여진 연도의 가장자리는 주거지 북편 벽면까지 접하여 시설되어 연장되고 있다. 이러한 시설은 취사와 온돌시설의 기능을 함께 갖춘 기능의 부뚜막과 연도시설로 보인다. 이러한 유형의 시설은 백제 故地 내 타지방에서도 전, 중반경의 주거지에서 종종 발견되기도 한다.

유물은 벽체에 접한 가장자리 쪽에서 많이 출토되었다. 장란형토기와 원저 단경호, 소호, 유개삼족반, 발 등의 토기류와 꺾쇠와 같은 금속류도 함께 출토되었다.

④ 주거지 4(대형 수혈건물지); 남북 잔존길이 20.2m, 동서너비 17.5m, 깊이 1.28m

《건물지 유적》

건물지의 평면 상태는 북단이 돌출된 육각형으로 추정되었다. 건물지의 남단의 일부는 부분적으로 발굴 이전의 상가건물지의 기초부로서 훼손되었을 가능성이 있고, 규모로 보아 남안의 일부는 부지의 남쪽에 위 치한 도로하부에 묻혀 있을 것으로 추정된다.

벽체로 보이는 시설은 유구의 가장자리를 따라 구축되었다. 이 주거지의 가장자리는 주거지를 따라 넓고 깊게 굴광하여 내부의 흙은 필요한 바닥면을 기준하여 모두 제거한 것이다. 또한 외벽의 굴광은 외벽면을 따 라 좀 깊게 파내어 溝를 조성하였다. 다만 잘 남아 있는 면을 관찰하면, 주거지 내부 바닥면과 구의 바닥면과 외벽면은 되메움을 실시하였다.

주거지 내부의 생활 바닥면은 두께 30~40㎝로 되메워 사용했던 것으로 보인다. 또 가장자리의 구의 바닥

가-3호 대형 6각형 주거지

면 역시 10~30㎝내외의 두께로 되메운 후 자갈로 작은 강자갈로 덮었는데, 이 강자갈로 덮인 면은 구의 외벽면까지 강자갈을 깔았던 것으로 보인다.

주거지 내부 시설은 건물지의 뒷면쪽에 배치된 부뚜막 관련 시설로서 관련된 연도와 연도벽 등이 남아 있다. 부뚜막 관련 시설은 아궁이부분에서 연도가 북편의 벽체 부분까지 연장되어 굴뚝은 건물지 밖으로 빼내었을 것으로 추정된다. 그 전체 길이는 5.46m, 아궁이부분 너비 1.44m, 연도시설 너비 0.9m 내외이다. 연도는 1조로서 일직선 형태를 보이는데, 최고 높이는 45㎝내외이다. 이 연도시설은 아궁이부분은 넓고 벽체 쪽으로 가면서 점차 좁아지는 형태로 조성한 것이다. 연도를 조성했던 재료는 주로 점토를 이용하였다.

아궁이 부분은 할석으로 골조를 세우고, 점토로서 덧대어 만들었다. 이 연도의 상태가 좋은 동편쪽에는 강돌을 올려 놓았던 점으로 보아 점토층으로 골조를 덧씌운 후, 강돌로서 막음처리를 했는지 모르겠다. 연도의 덮개석은 벽체쪽에 1매가 원 위치에 덮여 있는 점으로 보아 처음 연도를 만들면서 이러한 판석형태의 돌로서 덮었을 가능성을 시사해 주었다.아궁이 바닥면에는 강돌이 골고루 덮여 있는 부분이 노출되어 당시에는 바닥면에 강돌을 깔았을 가능성도 있겠다. 그렇지 않다면 연도의 상면에 올려놓은 강돌이 연도가 훼손되면서 아궁이 바닥에 흩어졌는지는 확실하지 않다.

아궁이의 동편으로는 아궁이와 접하여 1.9m범위에 넓은 재층으로 덮여 있었다. 특히 아궁이 동편쪽 60㎝지점에서는 불을 땐 흔적이 50×70㎝ 내외의 둥근 형태로 남아 있었다. 아마도 취사에 관련된 시설이었을 것으로 판단된다.

이 건물지의 구조의 특징은 벽면 쪽에 벽과 연접하여 溝를 돌려다는 점이다. 그 너비는 1.1~2.2m, 깊이 0.9~1.04m내외이다. 이러한 구의 너비와 깊이가 일정하지 않고 많은 차이를 보이는 점은 건물이 파손된 이후 훼손과정에서 변화가 이루어졌을 것으로 추정된다. 이 구의 외측 벽면과 바닥면은 강돌이 채워져 있었다. 이들 강돌의 일부는 주변이 훼손되면서 구 안쪽으로 휩쓸려 채워졌는지 알 수 없다.

구의 안쪽면에는 3~4m간격으로 굴광선이 반듯하지 않고 볼록하게 파고 들어간 패인 흔적이 관찰된다. 아마도 이러한 흔적들은 대형 건물지의 기둥을 박았던 흔적으로 판단되었다. 이들 구멍 형태의 흔적은 각 면에 드러난 상태가 대칭을 이루지 않았지만, 간격과 위치로 보아 기둥을 세웠던 흔적으로 생각된다. 또한 건물의 기초부는 모래층을 생토로 하고 있어 이를 보강하기 위한 조처를 시행했을 가능성도 있다. 여기서 확인된 구와 벽면 주변의 강돌은 기둥을 보강하는 데에 보다 효과적인 재료로 사용되었을 것으로 보인다. 구와 주변에서 드러난 많은 강돌의 상태로 보아, 기둥이 들어선 곳만을 한정하여 강돌로 보강하기 보다는 보다 넓게 강돌과 다른 흙 등을 다져 구나 벽체등을 보강했을 가능성도 있다. 이렇게 함으로서 벽체나 내벽 주변을 보다 강화함으로서, 보강시설 한 이후 기둥을 세웠다면 보다 효과적인 보강시설을 마련할 수 있게 되었을 것이다.

《출토유물》
유물은 건물지의 바닥면에서는 거의 확인되지 않았다. 아궁이 부분에 박혀 출토된 소량의 타날문 토기만 남아 있는 상태였다. 서편의 구 내부에서는 중국제 도기 저부편이 출토되었다. 이밖에 건물지 내부의 퇴적토층에서 토기편들이 일부 출토되었다.

이 대형건물지 내부의 출토유물 상태와 소토층과 목탄 흔적이 거의 없거나 미미하였다. 이러한 건물지 내의 여러 정황 등으로 보면, 확실하지는 않지만 불에 타지 않고, 훼손되었는지 명확하지 않다.

⑤지상건물지(라-1호 건물지; 정면(동서 8칸) 21.6m, 측면(남북 5칸)11.2m)

지상건물지는 그 규모와 내부 적심석등의 잔존상태가 어느 정도 알 수 있는 것으로는 모두 6기가 조사되었다. 여기서는 가장 잘 남아 있는 유구 1기를 정리해보기로 한다[75].

이 건물지의 기단부는 어떤 시설물도 확인되지 않고 평면상에서 토층으로 확연하게 구분된다. 이 토층은 기단내부 토층과 외부의 구지표층 형태와 구분하는 정도로 비교적 명확한 토층상에서 구분이 되었다. 특히 기단내부는 부분적으로 ㄴ자형으로 굴착하여 기단내부를 성토하여 조성했던 것으로 나타났다. 즉 원삼국시대 토층으로 확인된 흑갈색 점토층(Ⅱ층)과 생토층인 황색 점토층(Ⅴ층)을 깊이 90㎝깊이로 굴광한 후, 단단하게 성토했다. 성토층은 사질점토층을 공통으로 하여, 목탄과 황색점토 알갱이가 혼입된 토층을 사용 성토한 것이었다. 이러한 성토층은 건물 중앙부분부터 남단까지 포함되었다. 이 건물지의 북편은 모두 자연 퇴적

미래마을 부지 내 건물지의 조감도

---

75 다지구에서 1기, 라지구 2기, 마지구에서 3기가 조사되었지만, 라지구 2호가 비교적 잘 남아 있는 상태였다. 이들 중에는 呂자형 내부에 적심석이 배치된 것과, 기단부는 최고 4단의 석축으로 구축된 사례가 조사되기도 하였다.

층으로서 9층 또는 10여개의 토층으로 구성되었다.

건물의 정면 주칸은 동서 2.36m로 거의 같은 간격을 유지하였으나, 양 단의 끝칸은 적심석 중심기준으로 각 3.72m로 같았다. 남북인 측면 칸은 적심 중심 기준으로 각 2.24m로 모두 동일한 간격을 유지하였다.

이 지상건물지는 초석이나 적심석이 남아 있지만, 출토유물이나 잔존상태로 보아 뚜렷한 기능을 확인할 만한 자료는 얻기 어려웠다[76].

나. 도로유적

(1) 남북도로; 길이 110m, 너비 6.5~8m

남북 방향의 도로유적은 삼국 초기시대의 문화층인 흑갈색 사질점토층(V층)을 파고 조성하였다. 도로유적은 단면상 마치 볼록렌즈처럼 중앙은 자갈, 왕모래 등을 중심으로 적갈색의 사질점토층과 섞어 단단하

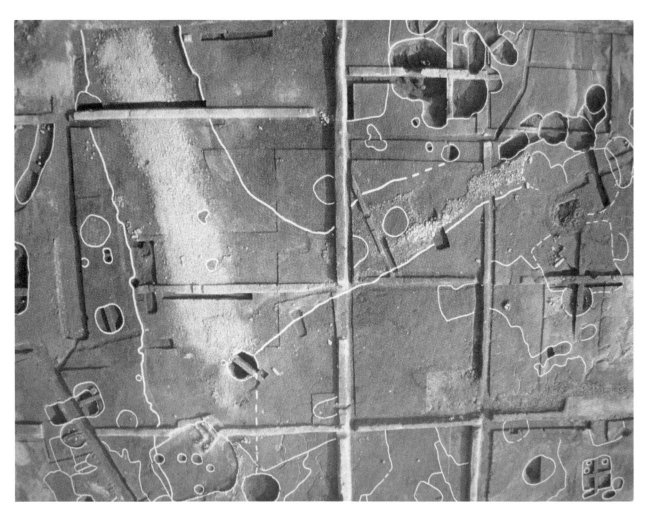

남북도로 및 동서도로 노출 상태

---

76 보고서에서는 창고 기능 또는 관청의 기능을 담당했을 것으로 기술하였다. 吕자형 건물지 중에는(마-1호) 초석을 지하 밑에 두고 기둥자리는 세로로 불에 탄 흔적이 단면상에서 그대로 드러났다. 그러나 그동안 조사된 백제 굴립주(굴건주)와는 다르다. 일반 굴건주는 풍화암반층에 구덩이를 파서 기둥을 세우고 작은 돌과 점토층으로 다져 메웠다. 이에 반해 마-1호는 성토층을 길게하고, 다시 깊이 70㎝ 정도까지 굴광하여 위가 반반한 넓은 초석(너비 70~80㎝, 두께 15~20㎝내외)을 놓고 그 위에 기둥을 세운 것이다. 초석은 축기부의 깊숙한 지점인 지하에 묻히게 된다.

동서도로 세부

게 다진 일종의 포장형태를 띤 것이다.

　즉 이 다짐층은 중앙을 두텁게 다지고 양 측면으로는 점차 얕게 다진 형태로 구축되었다. 평면상태에서 보면 북쪽으로 가면서 도로의 높이는 미미하게 높아지게 조성한 것이다. 이 도로의 내면 다짐층의 아래 토층은 동서편이 다소 상이한 흙으로 구성되었다.

　이는 다짐층의 아래에서 형성된 이전의 퇴적된 상태의 흙이 보여주는 단면에 불과하다. 서편쪽은 회갈색, 암갈색의 사질점토층으로 구성되었고, 동편은 회백색의 모래와 회갈색의 모래성분이 강한 사질토로 형성된 상태였다. 이 아래층을 형성하고 있는 토층의 두께는 80~110㎝ 내외로서 주변의 토층상태가 일정하게 나타나고, 일정 구간 아래 토층을 형성하고 있는 곳은 목탄층과 사질점토층의 교차 성토상태, 정연하게 토층을 이루고 있는 점으로 보아 자연적인 토층이 아닌 인위적으로 성토층을 이루고 있음을 확인할 수 있었다.

　도로의 일정구간 단면조사에서는 도로유적의 西端部에서 側溝가 노출되었다. 이 측구의 하부는 회갈색의 점토에 목탄이 다량 혼입된 것이었다. 결과적으로 갈색 사질점토층을 내부토로 하는 부분적으로 확인된 바 있는 도로유적의 측구로 추정할 수 있는 것이었다.

도로와 직접관련된 유물은 발견하지 못하였고, 자갈층과 혼입된 적갈색 사질점토층내에서 부서진 토기편 등이 산재된 사례는 있었다. 다만 이 토기편 등은 잔파편이어서 기형 등을 파악하는 데에는 한계가 있었다.

　　잔존한 남북도로 유적의 중간 지점 남쪽부분은, 도로유적이 폐기되면서 대부분 원형 수혈유적, 주거지, 등에 의하여 직접 훼손되었던 것으로 나타났다.

(2) 동서도로; 길이 22m

　　동서 도로유적은 남북 도로가 위치한 동편에서 발견되었다. 이 동서 도로의 잔존상태는 심하게 훼손되어 전체 길이나 너비를 파악하기는 어려웠다. 특히 이 동서 도로가 위치한 선상에서는 많은 수혈유적들이 확인 되었다. 이러한 상태로 보아 동서 도로는 후대 수혈유구 등에 의하여 직접적인 훼손이 이루어 졌던 것으로 보인다.

　　동서 도로 유적의 특징은 30~40cm 내외의 넓적한 돌과 좀 더 작은 돌 등을 정연하게 놓아 바닥면으로 이용하였다. 동서 도로는 넓적한 돌 이외에도 부분적으로는 자갈이나 잔 토기편등을 혼입하여 다져진 지점이 확인되기도 하였다.

　　남북도로는 모래층(Ⅴ)을 도로면을 따라 굴광하고 일정한 두께로 다지고, 도로면은 자갈층으로 포장형태

동서도로 세부, 널판형 석재 부석(敷石) 상태

로 조성한 점에 비하면, 동서 도로는 IV-3층에서 조성되었던 것으로 조사되었다. 이러한 두 도로 조성면이 토층상 상하층에서 각각 구축된 점은 두 도로의 조성 시기가 다르다는 점을 시사하는 것이다. 다만 두 도로간의 연접부분은 토층이 훼손되어 뚜렷한 연계선을 찾기 어렵다. 두 도로가 조성시점의 차이는 인정되지만, 잔존한 높이와 주변의 토층을 연계하면, 선행하는 남북도로와 후에 조성된 동서 도로유적은 결국 동시에 사용 가능성도 인정할 수 있다. 이 동서도로 유구에 사용되었던 토층에서 출토된 유물 중에는 배류의 파편과 직구단경호편, 발, 장란형토기, 옹 편 등이 확인되었다.

다. 수혈유적

(1)수혈 1 (가-1호 수혈; 최대 직경16m, 최대 깊이 1.2m)

수혈의 바닥층은 북편으로는 경사가 약간 심하고, 동편은 완만한 편이다. 동서 양변은 경사져 내려가다가 다시 경사면을 형성하면서 가장자리를 이루고 있다. 경사면이 잘 남아 있는 북동편은 바닥층이 황갈색 점토층으로 형성되어 있다. 단면조사에서 이 유구는 여러 층의 성토층을 절개하여 인위적으로 조성했던 흔적을 보인다.

바닥층이 전반적으로 고르거나 일정한 정형성을 두루 갖추지는 않았다. 그렇지만, 부분적으로는 일정한 곡면을 그리면서 형성된 적지 않은 바닥면과 전체적인 형태에서 원에 가깝고, 중간 부분 주면에서 대체적으로 가장 깊은 곳이 마련되어 있다. 이러한 점을 종합적으로 관찰하면 단순한 폐기장으로 단정하기 보다는 좀 더 시간을 두고 검토할 필요성도 제기된다. 바닥층에는 고르지는 않지만 자갈이나 할석편 등이 유물과 함께 섞여 깔려있다.

출토유물은 수 십점의 와당과 평기와편, 토관, 토제 기둥 장식품 등이 다량 매몰된 상태였다. 내부의 동편에서는 경사진 사면의 황갈색 점토층에 중국제 시유도기, 백제 토기편과 동물뼈, 강자갈이 목탄편과 같이 노출되었다.

내부 북편의 벽면쪽에서는 기와를 다량 매몰했던 것으로 드러났다. 이는 많은 기와를 북쪽사면 쪽에서 쌓듯이 폐기하면서 기와가 수혈유구의 경사면을 따라 수혈의 중심 쪽 방향으로 흘러내린 듯한 모습도 보인다. 유물중 기와를 폐기한 지점에는 수혈바닥을 인위적으로 절개하여 버린 듯한 흔적도 확인되었다. 이러한 흔적은 확실하지는 않지만, 수혈유적의 처음 기능을 상실하면서 이러한 여러 유물을 폐기하면서 발생한 흔적일 가능성도 상정해 볼 수 있겠다.

이 수혈 바닥면에 버린 유물은 대부분 건축부재와 관련된 것과 수혈을 파서 버린 기와편은 약 5000여점에 이른다. 이러한 다량의 기와는 지금까지 출토된 한성백제 기와를 모두 합한 수량보다 더 많은 것이어서 이 풍납토성내에 건립되었던 건축물의 위상을 직 간접적으로 혜량할 수 있는 것이다. 이들 평기와와 함께 출토된 수막새는 30여 점을 상회하였다. 이곳에서 출토된 수막새의 문양의 종류는 다른 한성백제 유적에서 확인된 모든 수막새의 수량을 웃돈다.

이 수혈유적에서 출토된 수막새는 전문수막새 류가 대부분을 차지하고, 점열문, 기하문, 포목문 등 지금까지 거의 발표되지 않은 문양이 출토되었다.

(2)수혈 2(가-2호 수혈; 남북 길이 1.4m, 동서 너비 1.35m, 깊이 0.2m)

1호 수혈에서 동편으로 8m지점에서 노출되었다. 수혈의 형태는 평면상 원형이다. 그 깊이는 얕지만, 주변의 층위와는 판이하게 유물의 출토 양상등에서 현저하게 다르게 나타나 확인된 것이다.

내부에서는 목탄과 패각류, 동물뼈와 토기편들이 폐기된 듯하다. 토기와 기와편들이 내부에서 조사되었는데 처음 확인 당시 이들 유물들이 마치 구덩이에 함몰된 것처럼 노출되었다. 유물의 분포 상태를 보면, 가장 상면에는 이형토제품, 직구호, 완, 동물뼈가 출토되었다. 그 아래층에서는 동이와 대형 뚜껑, 적갈색 연질호, 조개, 고둥등이 겹겹이 출토되었다. 이들과 아울러소, 돼지의 하악골, 다리뼈, 늑골, 닭뼈, 생선 지느러미, 골각기등이 노출되었다. 내부에서 조사된 각 유물은 정형성은 없어 인위적 폐기장으로 믿어진다.

(3)수혈 3(가-21호 수혈; 입구 너비 2.1~2.2m, 깊이 0.75m, 바닥 너비 2.15m)

평면상 원형수혈로서 바닥의 생토층인 황갈색 사질점토층 파고 조성한 것이다. 입구 부분은 바닥과 비슷한 너비를 가지고 있지만, 일견 상협하광 형태로 관찰된다.

내부의 토적토층은 3개층으로 구분된다. 1층은 암갈색 사질점토층과 갈색사질점토층으로 목탄과 소량의 토기편이 혼입되었다.

2층은 암갈색 사질점토층과 목탄층으로 이층의 상면에 대형 할석(70×30㎝), 강돌외에 병, 장란형 토기 등이 드러났다. 이들이 놓인 상태로 보면 바닥면 층이 쌓인 이후 이들을 이곳에 폐기했던 것으로 추정된다.

3층은 수혈의 바닥면에 쌓인 층으로 모래가 우세한 암갈색 사질점토층에 소량의 목탄이 혼입되었다. 바닥에서는 발의 구연부편, 소량의 강돌이 발견되었다. 바닥층에서는 병, 장란형토기, 뚜껑등이 2층의 할석과 접하여 출토되었는데 토기류는 완형에 가깝다.

(4)수혈 4(가-62; 남북길이 2.55m, 동서 너비1.88m, 길이 0.8m)

평면상의 입구 형태는 약간의 장타원형이다. 수혈의 내부 충진토는 암갈색 사질점토층 단일층이다. 수혈 단면은 상협하광으로 이른바 플라스크 형태를 가졌다.

수혈바닥면에서는 서벽과 동벽에 접하여 유물이 집중 출토되었다. 동벽을 따라 장란형토기, 어망추, 삼족배, 발형토기 등 많은 유물이 집중되었다.

라, 토기 매납 유구

매납 유구는 엄격한 의미에서 단일 유물을 지칭하기 때문에 매납된 토기가 매납된 상태에서 어떤 기능이나 목적성이 있을 때 가능한 명칭이라고 할 수 있겠다[77]. 여기서는 한 개체 또는 함께 매납한 몇 개의 개체를 편의상 유구로 보고 설명키로 한다.

이 매납유구의 유물은 가지구 생토층을 제외한 가장 아래층인 흑갈색 사질점토층(Ⅴ층)에서 출토되었다.

---

77 여기서는 어떤 목적성이나 구체적인 유구의 흔적으로 단정할 수는 없지만, 보고서내용을 존중하여 그대로 칭하기로 하였다. 보고서에서는 경질무문토기 매납유구로 통칭하여 설명하고 세항에서 유물별로 구분하여 설명을 하고 있다(국립문화재연구소, 2009, 풍납토성Ⅺ(풍납동 197번지(구 미래마을)시굴 및 발굴조사 보고서1), p638).

매납유물 출토 상태

이 층에는 경질무문토기와 함께 청동기 시대 유구석부, 석검 등이 노출되는 층이기도 하다. 따라서 이 유적에서는 가장 이른 시기의 유물이 출토되는 층에 해당한다.

또 이층은 높이가 낮은 서편지역에서 남북도로를 따라 주변에 형성된 토층이기도 하다.

생토층 직상층인 Ⅴ층에 원형으로 굴광을 한 후, 완형에 가까운 경질문문 토기를 거꾸로 뒤집어 안치하는 사례와 반듯하게 안치하는 사례가 확인되었다. 토기를 매납하는 방법에서 인위적으로 구덩이를 판 흔적이 뚜렷하게 나타나고 있어 매납유물로 판단된다.

매납유물은 1기씩 매납하는 경우가 대부분이나, 5호 매납유구는 3점을 나란히 매납한 사례도 조사되었다. 특히 반듯하게 매납한 토기는 어깨나 목부위의 위쪽은 결실된 경우가 많았다. 거꾸로 매납한 심발형토기는 노출 당시 완형이 적지 않았으나, 저부가 파손된 채 출토된 사례도 있었다.

Ⅲ. 유구 및 유물에 관한 검토 -맺는말을 겸하여-

풍납토성내에서 조사된 유적과 유물로 본 단계 설정은 크게 네 단계의 변화를 거친 것으로 설명하고 있다

1단계는 呂(凸)요자형 주거지가 조성되는 시기이다. 이들 유적은 북동편에서 주로 확인되었다. 이 시기는 기원 전후 어느 기간에 해당한 것으로 보인다. 2단계는 도로 유구를 중심으로 한 육각형 주거지 등이 조성되는 시기이다. 3단계는 초석과 적심석이 남아 있는 지상건물이 들어서는 시기에 해당한다. 4단계는 대형의 원형 수혈이 조성되는 시기로서 기존의 건물지 등을 파괴하면서 들어서는 시기로 보고 있다.

《유구》

풍납토성 내 미래마을 부지에서 조사된 유구는 크게 나누면, 수혈유적, 주거지, 도로유구, 매납유구, 구상유구 등으로 분류할 수 있다.

수혈유구는 외형상 모양으로 보아 원형과 타원형, 직사각형, 대형 저장고 형태의 수혈 등이 있으나, 이 중에는 흔적으로 보아 단순한 폐기 구덩이와 같은 기능을 했던 것으로 보이는 것도 있다.

수혈 중, 장방형 수혈은 일정한 방향으로 일직선상에 축조되거나, 군집을 이루면서 조성되기도 한다. 이들 수혈은 바닥이나 측면 등에 특별한 시설물 없이 바닥은 편평하고, 측면의 벽 역시 대체로 수직에 가깝다.

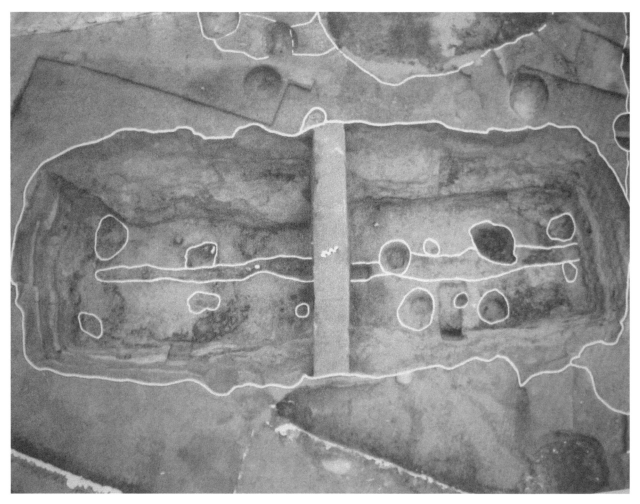

직사각형 수혈유구

78 국립문화재연구소, 2012,풍납토성14-풍납동 197번지(구 미래마을)발굴조사 3(본문)- p,488

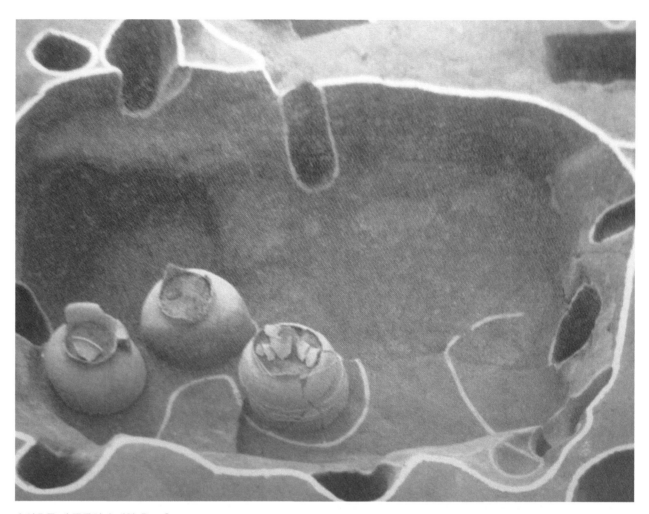

수혈유구 내 목주혈과 대형 옹 노출

　대형의 원형 수혈중에는 바닥면 토층상에서 목곽시설을 했을 가능성을 시사하는 형태도 발견되었다. 그렇지만 실제 목곽흔적은 확인되지 않았다. 실제 후대의 목곽고가 확인되는 사례는 공산성과 부소산성 앞 관북리, 대전 월평산성 등에서 확인되는데, 이들 유적의 공통적인 특징 중의 하나는 굴광후 바닥면과 측면에 회청색계의 찰흙을 바닥면과 벽면에 일정한 두께로 두껍게 바르는 것이 보통이다. 따라서 풍납토성에서의 이러한 구조는 좀 더 조사 연구의 여지를 남기고 있다고 판단된다.

　장방형 수혈중에는 수혈벽면에 주혈을 마련하여 기둥 시설은 갖춘 것도 발견되었다. 이러한 유구는 구체적인 저장고로서의 기능의 가능성이 높다고 볼 수 있다. 또 그 내부에는 다짐토를 채우고 대옹을 안치하기위하여 대옹을 놓기 위한 되파기 흔적이 관찰되기도 한다. 이러한 저장용 수혈내에서는 직경 1.2m에 이르는 대형옹 3개체분이 출토되기도 하였다.

　가장 늦은 시기의 대형의 수혈유구는 어느 시기에 건축물 폐기물을 버리기 위한 용도로 사용되었을 것으로 추정하였다. 그렇지만, 잔존한 형태상 처음부터 폐기용으로 구덩이를 조성했는지는 좀 더 검토해볼 여지를 남기도 있다고 판단된다.

주기지는 여러 가지 형태가 조사되었다[79]. 呂자형 주거지, 육각형주거지, 지상건물지로 크게 분류할 수 있다. 육각형주거지의 경우 잔존 장축방향의 길이가 20여m를 상회하여 조사된 가장 대규모의 것으로 확인된다. 내부시설은 아궁이와 연도시설이 남아있고, 벽체와 그 내측의 구, 구에 잔존한 추정 주공흔적이 남았다. 아궁이의 잔존 상태로 보면 취사흔적과 연도의 덮개돌의 유존은 부분적이기는 하지만, 처음 조성 시, 온돌기능을 함께 고려했음을 짐작할 수 있다. 또한 벽체부분과 구내의 일정한 간격에 배치된 구멍 흔적, 많은 자갈의 존재는 기둥을 세우고 벽체부의 강화를 위한 용도로 사용했을 가능성도 있다. 이는 점토질과 자갈을 섞어 다져 벽체로 이용하여 기둥을 세우면 보강기능을 보다 높일 수 있는 여건을 조성할 수있을 것으로 보인다.

지상 건물지중에는 할석으로 구축한 기단의 존재와, 초석을 성토한 축기부 내부에 되파기 한 후, 다시 넣어 굴립주 형식의 구조를 조성했던 흔적이 관찰되었다. 특히 굴립주 건물형태는 구조상 웅진사비기의 그것과 차이는 있지만, 지반이 모두 모래라는 약점을 보다 보강하기위한 조처로서 사용되었던 기법으로 판단된다. 이러한 점에서 굴립주의 원형이 한성백제시기에 좀 더 구체적으로 조성되었음을 확인할 수 있게 되었다.

또 呂자형 건물지에 조성된 토적심의 구조는 기단토를 성토 후, 적심을 구축하기 위하여 재굴착하고 점토층과 잔 목탄이 혼입된 흙을 교호로 다져 조성하였다. 이러한 토적심의 존재는 백제 지역에서 부소산과 왕궁리 백제유적, 부여 동남리 건물지, 부여 능사지 중문지 등에서 이미 확인된 바 있다. 이러한 토적심의 존재는

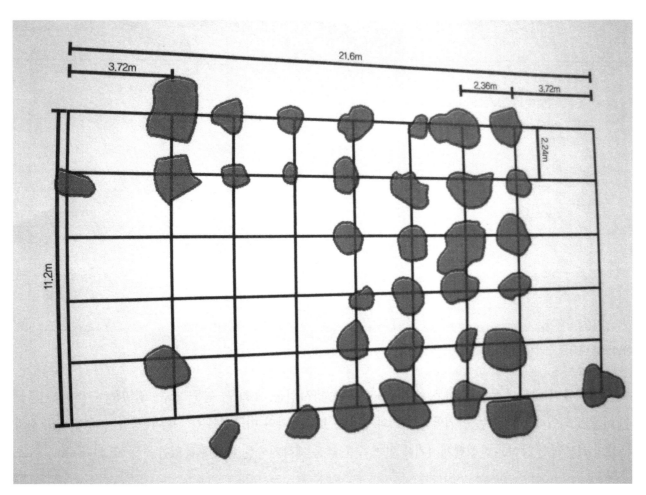

지상 건물지 라-1호 적심 배치도

---

79 여기서는 편의상 수혈 형태의 굴광을 갖춘 경우는 주거지, 수혈을 조성하지 않는 경우는 건물지로 기술하였다.

풍납토성에서 확인됨으로서 웅진 사비기의 백제 건물지에서 그대로 연계되는 전통을 읽을 수 있게 되었다.

《유물》

풍납토성내에서 출토된 유물은 토기류, 도기류, 중국계자기, 건축부재로는 다량의 수막새, 평기와류, 철제품인 꺽쇠, 불에 탄 써까래와 각목, 판재, 어업용으로는 어망추 등이 출토되었다. 또 방직용인 석제방추차, 의술용 또는 음식조리용 등으로 보이는 소형 석제 절구 등이 출토되었다.

특히 토기류는 유개 삼족배, 뚜껑, 완, 옹, 경질무문토기, 시루, 기대, 장란형토기, 발, 단경호, 직구호, 광구장경호, 병 등 다양하다.

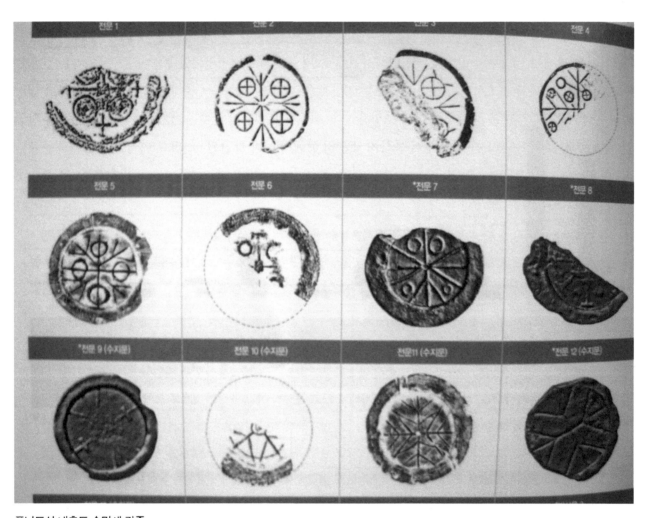

풍납토성 내출토 수막새 각종

수막새류의 내림새 문양은 전문, 수목문＋수목문, 방사선문, 초화문, 원문, 소문, 점열문, 수면문, 연화문 등 이 출토되었다. 평기와는 암기와와 수키와 중에는 토수기와와 미구기와 등 기와의 종류와 제작기법, 질과 문양의 기본적인 양식은 한성백제시기에 이미 수준 높은 제작기술을 습득하고 있음을 알 수 있다.

풍납토성은 발굴 성과에서 보여주었듯이, 역사적으로 백제의 초기 왕성으로 손색이 없다. 성벽의 구축시기와 방법, 내부의 유적과 유물의 종류와 질적인 문제, 유적의 축조 시기와 유물의 제작 시기 등에서 많은 연

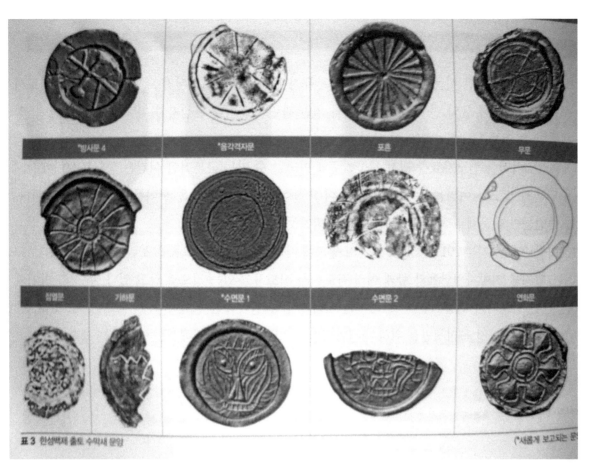

표3 한성백제 출토 수막새 문양

풍납토성 출토 수막새 각종

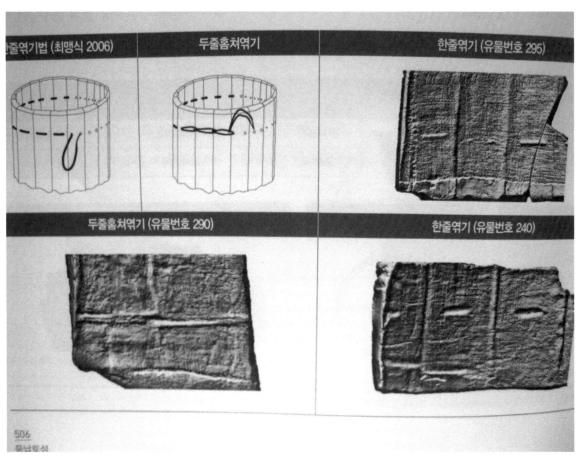

풍납토성 암기와 내면 통쪽흔적 및 통쪽 엮기 흔적과 복원도

구가 추진되고 있다.

2012년도에는 그동안 시굴과 발굴을 시행했던 유적에 대한 발굴보고서가 모두 간행되었다. 이로서 지금까지 조사된 유적과 유물의 연구 자료는 학계와 일반 관련 전문가나 관심자가 자료를 쉽게 접할 수 있는 기회를 제공할 수 있는 토대를 마련하였다.,

그렇지만, 이러한 연구자료를 직접 제공해주고 연구할 수 있는 근본적인 여건은 풍납토성내에 거주하는 많은 주민들의 노고와 어려움이 가려져 있다. 아직 풀어내지 못한 어려움은 이를 시행하는 당국이나, 직접 접하는 주민들만의 문제로 치부하기에는 너무나 벅찬듯이 보인다.

미래마을 조성부지는 2011년 중반, 발굴의 종료에 따라, 국가에서는 그동안 조금이나마 이러한 문제를 풀어내려는 의지를 지방자치단체와 함께 여러 각도에서 시도하고 있는 것으로 알고 있다. 유적의 범위와 층위에 따른 관련 전문가와 전문기관 역시 최대한 이러한 점을 인식하면서 노력하는 것으로 알고 있다. 다만 이러한 좋은 노력이 특정 목적성만을 위하여 편파적으로 치달리는 우를 범해서는 안된다는 생각이다.

<〈참고자료〉

국립문화재연구소,『풍납토성 ⅩⅠ』풍납토성197번지 (구 미래마을), 2009 - 본문, 도판.

국립문화재연구소,『풍납토성 ⅩⅢ』풍납토성197번지 (구 미래마을), 2012

국립문화재연구소,『풍납토성 ⅩⅣ』풍납토성197번지 (구 미래마을), 2012 -, 본문, 도판

이형구,『서울백제왕성 풍납토성』, 한성백제연구총서2, 송파문화원, 2003.

이형구,「서울 풍납동백제왕성의 역사적인식」,『풍납토성의 발전과 그성과』, 한밭대학교향토문화연구소, 2001

권오영,「백제문화의 이해를 위한 중국육조문화탐색」,『한국고대사연구』37, 한국고대사학회, 2005

신희권,「풍납토성축조연대시론」,『한국상고사학회』37, 2002

조유전,「방이동유적발굴보고」,『문화재』9, 1975

국립공주박물관외,『대전월평동유적』, 1999

신종국,「백제지하저장시설의 구조와 기능에 대한 검토」,『문화재』38호, 국립문화재연구소, 2005

한성백제박물관, 한신대학교박물관,『풍납토성ⅩⅡ』-경당지구196호유구에 대한 보고-, 2011

Ⅲ. 백제 왕성(王城)의 어정(御井)

권오영(한신대학교 한국사학과 교수)

박지은(한신대학교 박물관 연구원)

1. 서언

한신대학교 박물관은 1999-2000년의 1차 조사에 이어 2008년 경당지구 2차 조사를 실시하였다. 그 내용은 일부 공개되었고 앞으로도 순차적으로 발굴내용에 대한 정식보고가 이루어질 예정이다.

널리 알려진 바와 같이 경당지구(도 1)는 풍납토성 내부 중앙에서 약간 북쪽으로 치우친 지점으로서 일반적인 수혈 주거지보다 제의관련 시설, 창고 등이 높은 비중을 차지하는 특이한 성격을 띠고 있다. 1차 조사에서 마무리짓지 못하여 2차 조사시 주요 발굴대상이었던 206호 유구는 특이한 구조의 우물로서 한성기 백제의 우물은 물론이고 왕성 내부에서 전개된 제의에 대해서도 중요한 정보를 제공하고 있다. 이 글은 206호 우물의 구조와 기능에 대한 현재까지의 지견을 정리한 글이다.

2. 206호 유구의 구조

206호 유구는 方形의 거대한 基礎部, 그리고 중앙에 平面 圓形의 적석부가 확인된 특이한 구조이다.[80] 방형의 기초부는 동서 10.5m, 남북 11m, 깊이 3m에 달하는데 연약한 사질토를 파고 그 내부에 점성이 강한 토양과 사질토를 交互로 쌓아 다진 형태이다(도 2). 永定柱나 橫長板, 달구질 흔적 등이 없기 때문에 整然한 版築은 아니지만 上部에 세워질 건물의 하중을 버티기 위한 交互版築層으로 보인다. 서남 모서리 부근에서 기둥을 세운 흔직이 확인되기 때문에 대형 건축물의 기초부일 가능성이 높다.

---

80 권오영·한지선, 2008 「베일 벗는 백제왕성의 문화상」, 『한국의 고고학』가을호(통권 9호) 주류성

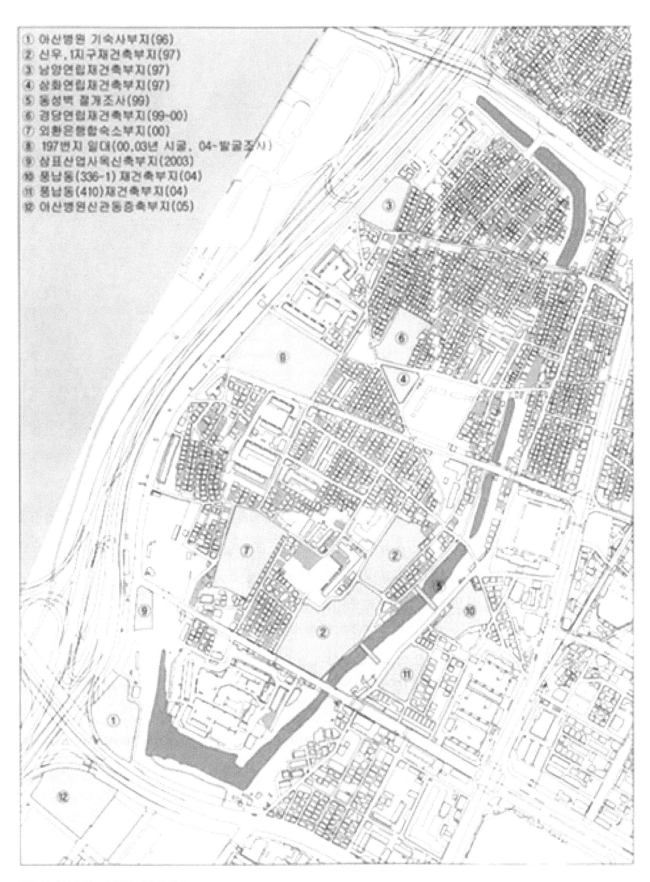

① 아산병원 기숙사부지(96)
② 신우, 1지구재건축부지(97)
③ 남양연립재건축부지(97)
④ 삼화연립재건축부지(97)
⑤ 동성빌 철거조사(99)
⑥ 경당연립재건축부지(99~00)
⑦ 외환은행합숙소부지(00)
⑧ 197번지 일대(00.03년 시굴, 04~발굴조사)
⑨ 삼표산업사옥신축부지(2003)
⑩ 풍납동(336-1)재건축부지(04)
⑪ 풍납동(410)재건축부지(04)
⑫ 아산병원신관동증축부지(05)

〈도 1〉 풍납토성 내 경당지구의 위치

〈도 2〉 풍납토성 경당지구 206호 유구 전경

　　기초부의 중앙에 위치한 평면 원형 적석부는 우물의 상부를 파괴하고 그 벽석을 쌓아 놓은 것으로 확인되었다. 적석부를 제거하자 활석으로 쌓은 우물이 확인되었는데 上部를 덮은 적석부(도 3) 역시 우물 벽석으로 판단되기 때문에 원래의 깊이는 더 깊었던 셈이며 구지표면보다 돌출된 형태였을 것이다.

　　우물의 깊이는 약 3m로 상부는 활석, 하부는 판자로 결구되어 있다. 바닥의 평면은 方形(120×120cm)인데 고운 사질토 위에 자갈을 이용하여 수평을 맞추면서 판자를 4단에 걸쳐 쌓아 올렸고 그 위는 활석을 이용하여 모를 줄여나가 최종적으로는 약간 찌그러진 원형의 평면(120×90cm)을 띠고 있다. 석축부는 총 27단이 확인되었으며, 그 안에 납작한 활석과 강돌이 빽빽이 채워진 상태였다. 이 돌들은 우물을 폐기할 때 벽석을 헐어내어 인위적으로 충전한 것으로 보이며 그 내부에서도 상당량의 토기편이 확인되었다.

　　우물 내부에는 총 5층에 걸쳐 200 여 점의 토기류가 쌓여 있었는데(도 4, 5) 대개 호와 병이며 그 중에는 내부에서 복숭아 씨앗이 발견된 것도 있다.[81] 토기들은 예외 없이 인위적으로 구연부를 깨거나 표피를 뜯어내었고 차곡차곡 쌓은 점에서 사용 중 떨어뜨린 것이 아니라 인위적 매납의 결과임이 분명하다.

---

81 복숭아의 존재는 제사, 특히 물의 제사와 관련되었을 가능성을 보여준다.
　　坂靖・青柳泰介, 1997「南郷大東遺蹟」『王權祭祀と水』帝塚山考古學研究所
　　奈良縣立橿原考古學研究 祭祀考古學會, 2004『シンポジウム みたび, 水邊の祭祀』
　　奈良縣立橿原考古學研究所附屬博物館, 2005『水と祭祀の考古學』

〈도 3〉 적석부의 內部

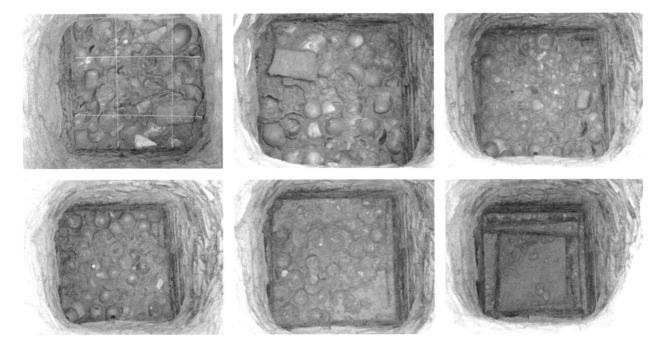

〈도 4〉 206호 내부 토기 출토 상태

　　방형의 기초부는 우물의 축조와 동시에 이루어졌기 때문에 양자는 별개의 시설이 아니라 하나의 연결된 구조로 보아야 한다. 이런 점에서 성 외부에서 발견된 우물과 근본적으로 다르며 우물을 보호하는 커다란 상부구조가 존재하였을 가능성이 높다. 우물의 서편에는 자갈을 깔았던 흔적이 일부 확인되었는데 우물 주변에 鋪石한 시설로 추정된다. 우물에서 물을 긷고 버리는 행위가 반복되면 주변이 질퍽거리기 때문에 자갈을 깔아 놓은 것이다. 우물의 서남편에서 깨진 채 발견된 대형 토제품은 우물의 최상단을 구성한 부재로 추정된다. 中國 江南에서 현재도 이러한 형태의 우물 上段 裝飾이 사용되고 있으며 隋代 우물에서도 유사한 형태가 보이기 때문이다.[82] 그렇다면 이 토제품은 우물이 폐기될 때 버려진 것일 가능성이 있다.

　　우물의 북편에는 동서방향의 溝가 여러 줄 돌아가고 있다. 일부 溝는 내부에 木桶의 흔적일 가능성이 있는 木皮가 확인되며 일부 溝는 굽이치며 커다란 판석으로 만든 시설을 통과하도록 설계되어 있다. 우물과 자갈 鋪石, 溝, 板石 등을 종합적으로 고려할 때 우물을 중심으로 주변에 여러 시설물이 배치된 것으로 판단된다. 이러한 양상은 水邊祭祀와 유사한 모습을 보인다.[83]

82　楊鴻勛, 2008『建築考古學論文集』增訂版 淸華大學出版社
83　岐阜縣博物館, 1999『水とまつり』

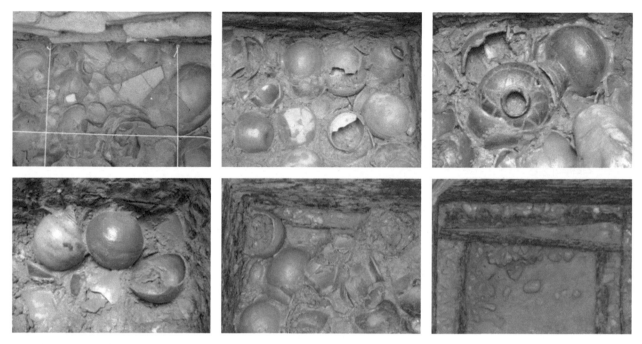

〈도 5〉 206호 우물 출토 토기 및 바닥 세부

3. 206호 출토 유물

유물은 압도적인 다수가 토기류라는 점에서 금속기나 동물유체의 비중이 높은 국립경주박물관 부지 내 신라 王京의 우물과는[84] 다르고, 일본 大阪府 羽曳野市 野々上우물과[85] 상통한다. 토기류는 상층의 평면 원형 적석부 및 그 아래에서 발견된 것들(A군), 우물의 석재 충전층에서 다량의 할석·갈돌과 함께 발견된 것들 (B군), 그리고 바닥에 포개어 놓은 완형의 토기류(C군)로 삼분된다. C군 토기류는 대부분 완형으로서 壺나 瓶이 주류를 이루지만 有孔장군이 1점 발견되었으며(도 6), 線刻하여 형상을 표현한 것도 2점 확인되었다. 완형 토기의 개체수는 총 200여 점에 달하는데(도 7) 모두 예외 없이 口緣部를 인위적으로 깨거나 뜯어내었 다. 이러한 흔적은 대형 제사유구인 9호 출토 祭器類에서도 확인된 바 있다.[86] 이 토기들은 기형, 소성상태 등 을 고려할 때 전형적인 중앙양식(도 8)과 지방양식(도 9)으로 나눌 수 있다.

A군 유물 중에는 古墳時代 전기의 하니와로 추정되는 토제품과 어망추, 각종 토기류가 섞여 있다. 하니와 형 토제품은 표면에 빗질정면 흔적이 선명히 남아 있다. A군에서 발견된 토기류는 대개 경질 壺와 瓶의 구연 부편인데 B군·C군의 토기류와 결합되는 것은 단 하나의 예에 불과하다.

橿原考古學研究所附屬博物館, 2003『カミよる水のまつり』

84 國立慶州博物館, 2002『國立慶州博物館敷地內 發掘調查報告書 -美術館敷地 및 連結通路敷地』
국립경주박물관, 2011『우물에 빠진 통일신라 동물들』

85 羽曳野市遺蹟調查會, 1996『野々上Ⅲ -野々上遺蹟平成7年度調查報告書』

86 權五榮·權度希·韓志仙, 2005『風納土城』Ⅳ ハンシン大學博物館

〈도 6〉 206호 출토 유공장군

〈도 7〉 206호 출토 토기류

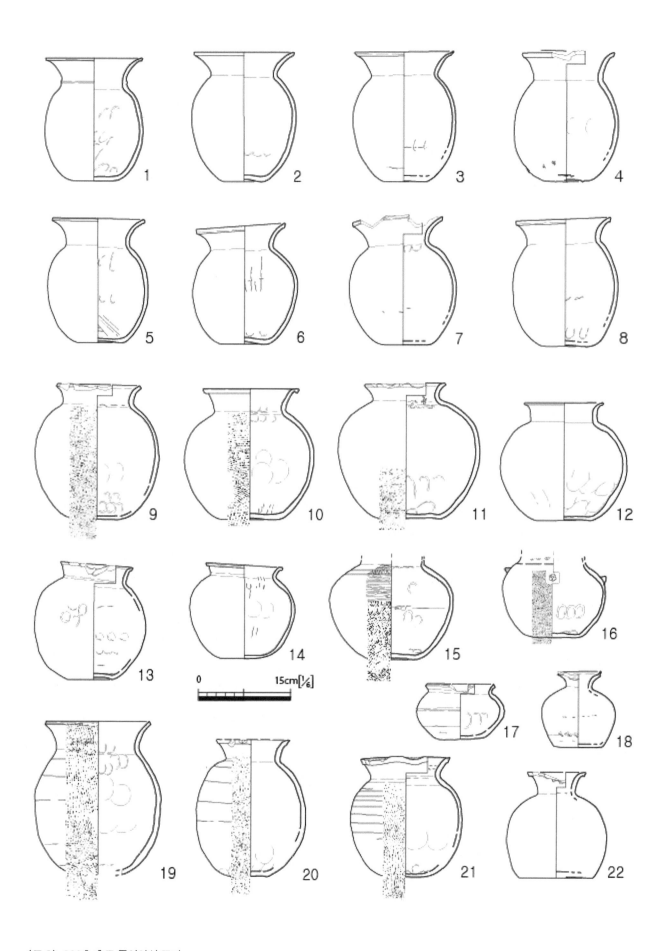

〈도 8〉 206호 출토 중앙양식 토기

〈도 9〉 206호 출토 지방양식 토기

4. 206호 유구의 성격

1. 시기: 206호 유구(우물)의 폐기는 200여 점의 토기류의 인위적인 埋納과 동시에 이루어진 것으로 판단되는데 토기의 연대는 대개 5세기 전반 경으로 판단된다.

2. 위치: 경당지구는 풍납토성 내 중앙에 해당되며 일반적인 가옥보다는 종교, 제의 등 특수 목적의 시설이 집중되어 있다. 이런 곳에서 발견된 우물이기 때문에 일상적인 식수를 얻기 위한 우물로 보기 어렵다.

3. 기획성: 약간의 시차가 있지만 경당지구에서는 한성 1기에 속하는 44호 대형건물(제의용), 196号 대형창고(왕실식료저장용), 206호 우물이 모두 中軸線을 따라 정연하게 배치되어 있다.

4. 기능: 우물 내부에 매납된 200여 점의 토기 중 상당수가 백제 지방양식임을 고려할 때, 중앙과 지방 세력이 함께 참여한 모종의 의례가 이 우물에서 치러졌을 가능성을 보여준다.[87] 지방세력 중에는 영산강유역의 세력이 포함되어 있다.

5. 구조의 특이성과 大形 건물의 존재: 일상적인 우물과는 다른 구조, 주변을 감싼 溝, 우물을 보호하는 대형 건물의 존재 등을 고려할 때, 206호 유구는 왕성 내에 위치한 御井으로 추정된다.[88]

● 이 글은 2013년 9월 14-15일 일본 나라현 나라국립문화재연구소에서 매장문화재연구회 주최로 진행된 제62회 일본 매장문화재연구집회에서 발표한 "百濟王城の井戸"란 글에 약간의 수정을 가한 것임을 밝혀둔다.

---

87 권오영, 2008 「성스러운 우물의 제사」, 『지방사와 지방문화』11-2 역사문화학회
88 권오영, 2011 「풍납토성에서 발견된 백제의 御井」, 『신라 우물의 구조와 사회생활』제39회 신라문화제 학술심포지움

〈參考文獻〉

羽曳野市遺蹟調査會, 1996,『野々上Ⅲ -野々上遺蹟平成7年度調査報告書』

坂靖 · 靑柳泰介, 1997,「南鄕大東遺蹟」,『王權祭祀と水』, 帝塚山考古學硏究所

岐阜縣博物館, 1999『水とまつり』

國立慶州博物館, 2002,『國立慶州博物館敷地內發掘調査報告書-美術館敷地 및 連結通路敷地』

橿原考古學硏究所附屬博物館, 2003,『カミよる水のまつり』

奈良縣立橿原考古學硏究 祭祀考古學會, 2004,『シンポジウム みたび, 水邊の祭祀』

權五榮 · 權度希 · 韓志仙, 2005,『風納土城』Ⅳ, ハンシン大學博物館

奈良縣立橿原考古學硏究所附屬博物館, 2005,『水と祭祀の考古學』

楊鴻勛, 2008,『建築考古學論文集』增訂版, 淸華大學出版社

권오영 · 한지선, 2008,「베일 벗는 백제왕성의 문화상」,『한국의 고고학』가을호(통권9호), 주류성

권오영, 2008,「성스러운 우물의 제사」,『지방사와 지방문화』11-2, 역사문화학회

국립경주박물관, 2011,『우물에 빠진 통일신라 동물들』

권오영, 2011,「풍납토성에서 발견된 백제의 어정」,『신라 우물의 구조와 사회생활』, 제39회 신라문화제 학술
　　심포지움

IV. 풍납토성 성벽의 축조기법

신희권(국립해양문화재연구소 연구과장)

1. 머리말

1999년 서울 풍납토성의 동성벽 2개 지점에 대한 발굴과 2011년 동남벽에 대한 발굴조사가 이루어지면서 풍납토성의 성벽 축조에 이용된 다양한 방법들이 보고되었다. 이 조사를 통해 그동안 알려지지 않았던 특징적인 고대 성벽의 축조기법들이 소개됨은 물론, 각각의 방법에 대한 초보적인 연구가 진행되어 왔고, 나아가서는 이전에 발굴되었던 토성과 산성 등의 축조방법에 대해서 새롭게 해석할 수 있는 중요한 단서도 제시되었다. 그러나 개별 축조방법의 원리와 기능, 연원 등에 대한 연구는 아직 미진한 편이다.

최근에는 풍납토성 외에도 김해 봉황토성, 함안 성산산성, 화성 길성리토성 등 각지의 중요 유적에 대한 발굴이 이루어졌고, 이 같은 관방 유적 외에도 제천 의림지, 상주 공검지, 김제 벽골제 등의 제방 유적들에 대한 조사도 급격히 늘어나면서 삼국시대 이래 토성 내지는 제방의 축조기술에 대한 연구가 활발해지고 있다. 이 과정에서 축조기법 등에 대한 개별 유적간의 비교 연구가 시작되었고, 나아가 이웃한 중국의 토성 유적과의 비교 연구 성과도 제출되기에 이르렀다(신희권 2008 ; 2012b).

실제로 풍납토성에서는 우리나라 성벽에서는 볼 수 없었던 다양한 축조기법이 확인되었고, 이러한 기법들은 우리나라 도성제도의 연원이 그렇듯이 중국의 여러 성지에서 유사한 방법을 찾을 수 있다. 비록 시간적으로 2천년~3천년 이상의 커다란 차이가 있긴 하지만 중국의 신석기시대 이래의 토성 축조기법은 풍납토성의 구조와 축조방법을 이해하는 데 도움을 줄 수 있을 것이다.

흔히 얘기하는 판축법은 성벽, 담장, 건물의 기단 등을 조성하기 위해 판으로 틀을 만들어 그 안에 흙이나 모래 등을 층층이 부어 방망이 등으로 찧어서 단단하게 쌓아 올리는 대표적인 고대 토목기법 또는 건축 기법으로 알려져 있다. 중국에서는 이를 "夯土"라고 하는데, 흙을 단순히 쌓아올리는 성토법과는 달리 일정한 두께의 사질토와 점질토 등을 교대로 반복해서 쌓기 때문에 훨씬 견고한 구조물을 만들 수 있다. 또한 판축법을 이용하면 수직에 가까운 성벽을 높게 축조할 수 있는 장점이 있으므로 성벽과 같은 방어용 시설을 축조하는 데 가장 보편적으로 이용되어 왔다. 이와 같은 판축법에도 체성부를 쌓고 보강하는 방식에 따라 다양한 방법들이 존재한다.

이에 본 발표에서는 중국의 판축법 등을 참고하여 풍납토성에 이용된 각종 축조기법에 대하여 그 기술적 원리와 특징들을 살펴보고자 한다.

2. 풍납토성에 이용된 각종 축조기술

1) 기초다짐과 지정공법

토성을 축조하기 위해서는 가장 우선적으로 토성을 축조할 지점을 택하여 땅을 고르고 견고한 기초를 다져야 한다. 건축에서는 이러한 작업을 일컫는 말로 지정공법(地定工法)이란 용어를 사용하고 있다. 지정은 어떠한 구조물의 기초 전에 높은 곳은 삭토하고 낮은 곳은 성토하여 대지를 조성하는 것이며, 구체적으로 지반을 보강하기 위하여 잡석다짐 또는 말뚝 등을 설치하는 공법을 말한다. 궁궐이나 성곽과 같은 대단위 건축에서는 기초에 앞서 지정작업을 수행하는데, 특히 평탄지나 강변에 석성을 축조할 때에는 성벽의 침하를 방지하기 위해 성벽의 기단부와 기반암 사이에 점토질이나 말뚝지정을 설치한 후 잡석지정을 시행하는 게 일반적이다. 그밖에 지반 전체를 굴착한 후 모래를 채워 다지는 입사지정공법과 흙을 층층이 채워 다지는 판축지정공법 등이 알려져 있다(국립문화재연구소 2011).

(1) 기조(基槽)

토성 축조의 역사가 우리나라보다 수천년을 상회하는 중국에서는 신석기시대 이래 성벽의 기초를 조성하는 방법 중의 하나로, 우선 성벽을 축조하고자 하는 곳에 커다란 구덩이를 파고, 그 구덩이를 다시 판축과 같은 공법으로 메꾸어 다짐으로써 기초를 마련하는데, 이러한 구덩이를 기조라 한다. 즉, 오늘날 건축 공사로 비교하면 일종의 메트리스 기초 방식이라 할 만하다.

기조를 제대로 이해하기 위해서는 풍납토성의 기저부 조성과정을 면밀히 살펴볼 필요가 있다. 풍납토성은 한강변의 충적대지상에 위치한 평지토성으로, 우선 성벽 하부의 정지 작업을 거쳐 성벽의 기초를 형성한 후 그 위에 판축 성토하는 방식을 띠고 있다. 풍납토성은 한강의 남안에 형성된 자연사구 위에 성벽을 축조하였는데, 이는 사구지형이 주변의 저지대보다 고도가 높다는 사실을 감안할 때, 최소의 노력으로 최대의 효과를 거두기 위한 불가피한 선택이라 판단된다. 다만, 자연사구를 택해 성벽을 축조하기 위해서는 연약 지반을 보강하기 위한 기초다짐이 대단히 중요할 것으로 생각된다.

A지점 중심토루의 가장 하층에는 생토인 황갈색 모래가 퇴적돼 있고, 그 윗층에 유물이 출토되지 않는 갈색 사질토층과 점토층이 발견되었다. 성격상 이 층까지는 기저부 조성을 위한 정지 작업의 일환으로 이루어진 것으로 볼 수 있으며, 분명한 성토층은 그 위층부터라고 할 수 있다. 갈색 사질토층과 점토층 바로 위에는 암갈색 또는 암청색 뻘이 50cm 내외의 두께로 깔려 있다. B지점 조사 결과 이러한 뻘층이 내벽 V토루 하단까지도 확인되어 체성 중심부의 정지 작업 내지는 기초 보강 작업의 일환으로 의도적으로 깐 것으로 추정된다. 그 윗층에는 다시 얇은 점토를 깐 후 토루의 바깥쪽부터 안쪽으로 번갈아 가며 점성이 강한 덩어리흙을 사다리꼴 모양으로 두껍게 쌓아 올려 체성의 중심토루를 구축하였다. 따라서 이러한 성벽 축조의 기저부를 이루는 성토층을 중국의 고대 성벽 축조에 이용되는 '기조'의 기능과 유사한 것으로 보고자 한다.

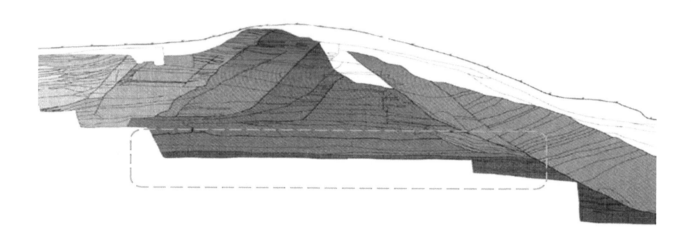

도면 1. 풍납토성 A지점 북벽 중심부 기초

(2) 지정목(地釘木) 박기와 잡석 다짐

풍납토성은 내벽 마감 석축의 하단에서 V토루에 연결되는 뻘흙이 1m 정도의 두께로 고르게 발견되었다. 이 층 또한 한꺼번에 가져다 부은 것이 아니라 여러 차례에 걸쳐 반복해서 깐 것으로 보이는데, 뻘층 내부에서는 두께 10cm 미만의 나뭇가지를 뾰족하게 깎아 수직으로 박은 지정목 3개가 나란히 발견되었다. 이렇게 지정목을 박는 방법은 주로 교량의 하부나 저습지, 제방과 같이 지반이 연약한 곳의 기초를 보강하기 위해 보편적으로 이용하는 방법이다. 풍납토성 역시 내벽을 마감하는 석축 하단의 뻘층에 지정목을 박음으로써 성벽 전체의 안정화를 꾀한 것으로 생각된다.

한편 위의 석축이 시작되는 지점에서도 뻘층을 파내고 만든 U자형의 구(溝)가 확인되었는데, 도랑 한 가운데에도 약 15cm 두께의 정방형 각재 기둥이 수직으로 박혀 있으며, 이러한 각재가 성벽의 종방향을 따라 85cm 간격으로 3개 확인되었다. 좁은 규모의 트렌치에서 이러한 각재가 등간격으로 발견된 것을 보면 풍납토성의 성벽 축조에 전체적으로 적용된 특징적인 방법의 하나로 판단된다. 이 기둥 역시 석축 하단에서 지정목의 역할을 수행함은 물론일 것이다. 그러나 각재 기둥이 확인된 위치상 비단 지정목의 기능 뿐 아니라 성벽 축조와 관련된 일종의 구획선 역할도 겸했던 것으로 판단된다. 다시 말하면 이 기둥이 성벽을 마감하는 석축이 시작되는 지점에 성벽의 종방향을 따라 일정하게 박혀 있는 것을 볼 때, 기둥이 박힌 도랑을 경계로

도면 2. 풍납토성 석축 하단 지정목

도면 3. 중국 절강성 良渚古城 서벽 잡석 다짐층

성벽의 중심쪽으로는 토사를 이용한 판축을 하고, 그 바깥쪽으로는 석축을 하여 공사를 완료하도록 하는 일종의 표시 역할을 하였던 것으로 추정된다.

　최근 중국 절강성의 대표적인 신석기시대 유적으로 알려진 양저고성(良渚古城)의 서성벽 발굴조사 결과 항토 축성한 성벽의 기초에 정연하게 잡석을 깐 층이 확인되었는데, 무려 그 너비가 64미터에 이른다. 이러한 예는 기초를 마련함에 있어 토성에 일반적으로 이용되는 기조와는 다르게 잡석을 깔아 기조의 역할을 대신하였던 것으로 볼 수 있다. 이러한 예를 볼 때, 토성의 축성에도 잡석 지정과 유사한 의미의 전면적인 잡석 기초가 행해졌던 것을 알 수 있으며, 우리나라의 경우에도 향후 유사한 발견이 있을 것으로 기대된다.

2) 판괴연접법(版塊連接法)

풍납토성의 축조방법을 보면 일차적으로 마름모꼴의 중심토루를 만든 연후에 그것에 기대어 비스듬하게 내벽과 외벽의 토루(혹은 판괴)를 여러 차례 덧붙여 나간 형태를 취하고 있는데, 이를 개념상 판괴연접법이라고 부르고자 한다.

중심토루에서 내벽쪽으로는 크게 5차례에 걸친 성토가 이루어졌는데, 중심쪽에서부터 차례로 II토루~VI토루로 명명하였다. II토루~V토루까지는 정선된 점토 및 사질토, 모래 등을 교대로 사용하여 판축 성토한 것에 반해 제일 안쪽의 VI토루 상면에는 강돌을 한 겹 깔고 다시 여러 겹의 석축으로 보강한 것이 확인되었다. 외벽의 성토 상태는 내벽에 비해 상대적으로 단순한 편이고, 적어도 3개의 토루가 덧붙여진 것으로 보인다. A지점의 경우 중심토루 하단부에서 약간 경사지게 떨어지는 자연 모래층 위에 황색 점토알갱이가 섞인 암갈색 계통의 다짐 점토가 중심토루쪽으로 역경사를 이루며 약 2~2.5m 폭으로 성토된 것이 특이하다. B지점의 외벽은 전체적으로 내벽보다 훨씬 견고한 성분으로 축조된 것으로 밝혀졌는데, II′토루와 III′토루는 갈색계통의 사질토에 황색, 암갈색, 회색의 점토알갱이가 균일하게 혼합된 다짐흙이 10cm 미만의 얇은 띠모양으로 정연하게 판축되어 있다. IV′토루는 가파른 외벽의 경사를 따라 상면에 강돌렬이 폭 4m 남짓 깔

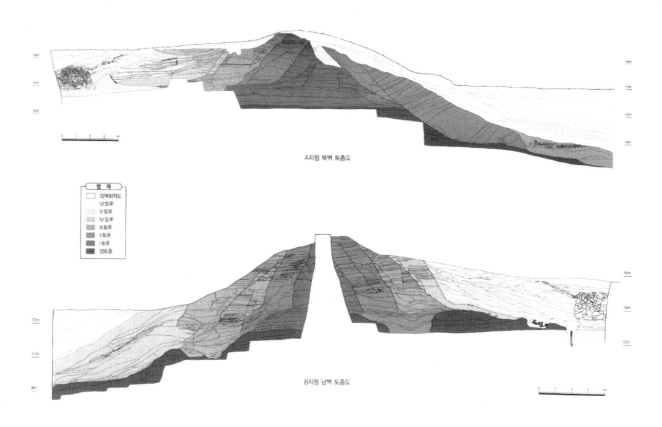

도면 4. 풍납토성 판괴연접법

려 있는데, A지점에서 완만하게 단이 지는 것과는 양상이 다르다. 이 석렬 역시 A지점과 마찬가지로 적갈색 점토가 덮여 있어 돌이 외부에 노출되지 않았던 것은 물론 토사가 유실되지 않도록 고정시킨 기능을 하였던 것으로 추정된다.

이처럼 여러 겹의 판괴를 연접하여 전체 성벽을 완성한 방법이야말로 풍납토성의 성벽 축조방식에서 가장 특징적인 점이라 할 수 있다. 그러나 각각의 판괴를 비스듬하게 경사진 상태로 연접하는 방법은 정상적인 판축공법의 관점에서 볼 때는 상당히 불합리한 방식이다. 즉, 평면 정사각형의 네모반듯한 판축틀을 짜고 그 내부에 흙을 붓고 다져 올리는 것이 정상적인 판축법이라고 본다면, 풍납토성과 같은 경우는 중심부의 첫 판괴를 수평, 수직으로 판축한 후, 거기에 판괴를 덧붙이기 위해 의도적으로 첫 판괴의 양 바깥쪽을 절토해 낸 것인지, 아니면 처음부터 판축틀 자체를 비스듬하게 설치한 것인지 의문이다. 다만, 발굴조사 과정에서 드러난 양상으로는 일부 판괴 간 경계면이 칼로 잘라낸 듯 날카로운 것으로 볼 때, 후자의 방식에 의해 축조된 것으로 보기에는 무리가 있다고 판단된다. 따라서, 풍납토성의 판괴를 연접함에 있어서는 수평 판축 후 절토하는 방식을 채용했다고 보는 것이 타당할 것이다.

3) 호성파(護城坡) 및 역경사 판축법

호성파는 토성을 쌓을 때 중심토루의 성벽이 무너지는 것을 방지하고 빗물 등으로부터 성벽의 중심부를 보호하기 위하여 중심토루에 덧대어 쌓은 외피 부분을 말한다. 풍납토성에서도 이러한 구간이 명확히 관찰되는데, A지점 중심토루의 외측 성벽이 그러하다. 즉 이 구간은 그 두께가 약 2~2.5m 내외의 판괴로서 기능상으로 성벽 외측을 보호하기 위해 덧붙인 호성파로 판단된다. 다만, 여기서 특이한 점은 이 판괴가 다른 판괴들과는 달리 중심토루에 기대어 역경사를 이루며 판축되어 있다는 것인데, 어떠한 이유에서 이렇게 역경사 판축법을 채용하였는지는 명확치 않으나, 중심토루 외곽으로 당토장(擋土牆)을 설치한 후 그 내부에 퇴축

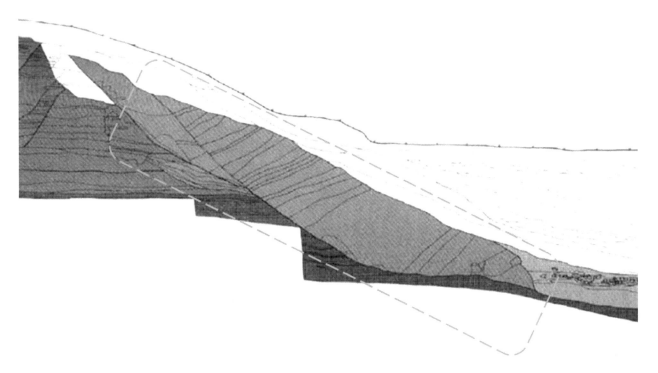

도면 5. 풍납토성 동벽 A지점 외벽 역경사 판축법

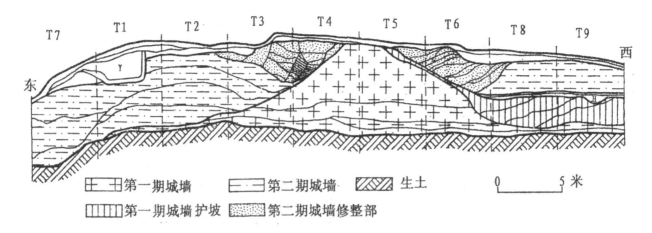

도면 6. 중국 호북성 陰湘城 동벽 단면도

하듯이 흙을 가져다 부으면서 형성된 것으로 판단된다.

이렇게 특정 구간이 역경사를 이루며 축조된 예는 중국 호북성 荊州 陰湘城 유적의 제1기 성벽과 제2기 성벽의 수축한 부분에서도 발견된다. 제1기 성벽은 생토 위에 우선 평평하게 기초층(基脚)을 깔고 그 위에 층층이 성토하였는데, 성벽 하부의 경사도는 완만하고 그다지 가지런하지 못한 편으로, 당토퇴축의 방법을 채용한 것으로 보인다. 제2기 성벽은 제1기 성벽의 기초 위에 너비와 높이를 더해 만든 것이다. 체성부는 분층 퇴축하였는데, 층차가 뚜렷하나 고르지는 않고, 墻心을 향해 경사져 있다. 제2기 성벽은 1기 성벽 정상부의 내외 양측에 기대어 수축한 것으로 분명한 항축과 판축의 흔적이 발견된다. 특히 제1기 성벽을 보호하기 위한 경사진 판축 구간과 제2기 성벽의 수축 부분은 풍납토성 A지점의 중심토루 외측 성벽을 보호하기 위해 역경사지게 판축한 구간의 축조방법과 거의 차이가 없다.

4) 판구(版具)의 이용

풍납토성 동벽 A지점의 경우 V토루의 뻘흙 내부에는 잘 다듬어진 각목이 성벽의 횡방향으로 가지런히 놓여 있으며, 대부분이 수직의 각목과 결구된 상태 혹은 지탱을 받는 상태로 짝을 이루고 있다. 이러한 목재들은 성벽 종방향을 따라 약 110cm 정도의 동일한 간격으로 8렬이 확인되었다. 뻘흙은 적황색 모래를 끼고 크게 3층에 걸쳐 확인되었는데, 각 층마다 동일한 성격의 횡방향 목재가 발견되었다. 이러한 양상을 볼 때, 수직으로 박힌 목재는 특정 판괴를 판축하기 위한 목재틀 가운데 협판을 고정시키기 위한 기둥일 가능성이 높다. 한편 동일한 거리를 두고 성벽의 횡방향으로 확인된 목재는 협판을 받치기 위해 걸쳐 놓았던 목재일 가능성도 배제할 수 없다. 다만, 동일 평면에서 종방향으로 놓인 목재가 확인되지 않는 이유에 대해서는 후속 연구가 불가피하나 인접한 트렌치의 제일 아랫단에서도 동일한 성격의 종방향 목재가 발견되는 것으로 보아 목재들이 일정한 틀을 이루었던 것은 분명하다 할 수 있다.

아울러 이러한 목재들이 원형을 상실하지 않고 원래의 모습대로 양호하게 보존되어 내려오는 것을 보면, 판축 후 협판만을 빼내고 그 기둥은 그대로 희생시킨 경우가 아닌가 추정된다. 또한 이러한 이유는 후술할 부엽층의 기능과 마찬가지로 본 판괴의 판축층이 점성이 아주 강한 뻘흙 위주로 되어 있기 때문에 판괴 내 판축토 사이의 결합력을 높이기 위한 목적 내지는 판괴의 유동성을 확보하여 전체 판괴의 정형성이 틀어지

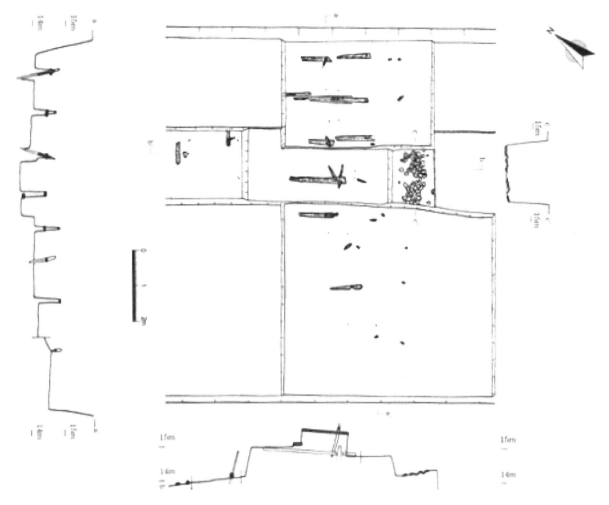

도면 7. 풍납토성 동벽 A지점 판축 목재

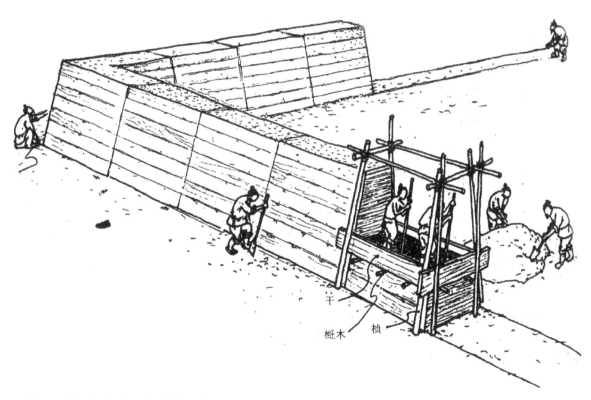

千

桯木 楨

도면 8. 중국 고대성지 판축법 모식도(楊鴻勛 案)

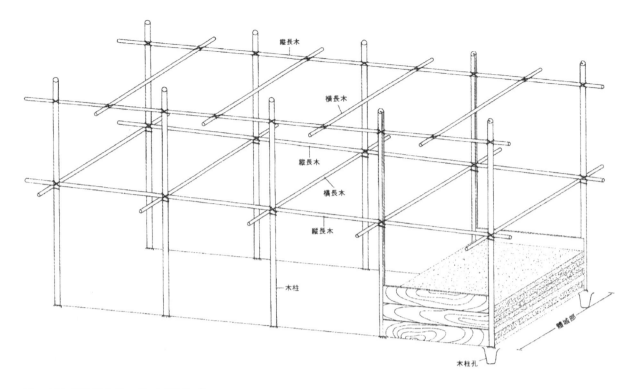

도면 9. 부소산성 판축법 모식도(최맹식 안)

는 것을 방지하기 위한 다양한 목적에서 비롯된 것으로 생각된다.

이밖에 풍납토성 판축층 내에서는 뚜렷한 협판과 고정주(楨이라고도 함), 판축토를 단단히 다지기 위해 막대기 등을 묶어 만든 도구로 달구질한 흔적 등은 발견되지 않았다. 그러나 달구질 흔적 대신 A지점 V토루의 뻘층 내부에서 사람의 발자국이 발견되기도 하였는데, 순수하게 발로 밟아 다진 흔적인지 판축 작업 중에 지나다닌 흔적이 우연히 남아있는 것인지 불분명하다.

풍납토성의 판축 과정을 연구하는 데 참고할 말한 자료로서 백제시대 후기 도성의 일부인 부소산성의 발굴 결과가 주목된다. 부소산성의 성벽 축조에는 판괴판축법이 채용된 것으로 보이는데(최맹식 2000), 성벽의 횡장목공과 협판의 흔적이 비교적 분명하여, 고정주 방식을 채용한 것으로 생각된다.

5) 부엽법(敷葉法)

성벽의 기초 또는 제방의 하단부에 나뭇잎과 나뭇가지 등의 식물유기체를 깔아서 지반을 단단하게 다지는 방법을 부엽(공)법이라 일컫는다. 대체로 성벽이나 제방의 하단부에는 자연적으로든 인공적으로든 뻘흙과 같이 점성이 강한 흙을 깔게 마련인데, 이러한 층은 입자간의 간격이 조밀하여 외부에서 투수가 잘 안되는 불투수층을 이루게 되고, 층 내에 어느 정도의 수분을 함유하고 있으면 좀처럼 균열이 생기지 않은 아주 단단한 기초를 형성할 수 있다. 그러나 기저부가 뻘흙으로만 이루어진 경우 상부로부터 지속적인 압력을 받게 되면 그 하중에 의해 지반이 침하될 우려가 있기 때문에 안정적인 지내력을 가질 수 있도록 인위적인 보강과정이 필요하다. 이에 기저부를 이루는 층 내에 일정 정도의 수분을 유지하여 건조로 인한 경화를 예방하고 층간의 밀착력을 높이기 위한 목적으로 층간에 나뭇잎이나 나뭇가지와 같은 식물유기체를 여러 겹 깔아

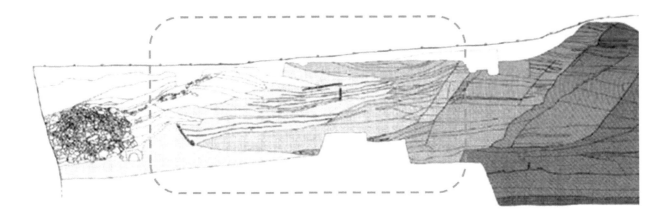

도면 10. 풍납토성 동벽 A지점 내벽 부엽층

도면 11. 풍납토성 부엽층 단면

주는 것이다.

　이러한 방법은 1959년 중국 안휘성 수현의 안풍당(安豊塘)이라는 후한대 저수지 제방 내에서 식물층이 발견되면서 알려졌다. 보고서에는 이렇게 풀과 흙을 혼합하여 쌓은 방법을 「산초법(散草法)」으로 기록하고 있다. 즉 배수구면의 생토 위에 자갈돌을 깔고 그 위에 풀과 흙을 교대로 제방의 정상까지 쌓는 것이다(殷滌非 1960).

　풍납토성에서는 1999년 동성벽의 발굴조사에서 가지런한 부엽층이 발견된 바 있다. 다만 부엽층이 발견된 지점은 성벽의 기초가 되는 층이 아니라 체성 중심부에서 내벽쪽으로 증축된 판괴에 해당되어 제방의 하부구조와는 약간 다른 양상을 띠고 있다. 즉 목재 판축틀이 포함된 특정 판괴의 뻘층 내부에 10cm 내외의 두께마다 한 번씩 나뭇잎 또는 나무껍질, 볏짚 등의 식물유기체를 10여 겹 이상 깔고 판축한 것이다.

　이처럼 판축층에 부엽을 적용한 가장 이른 시기의 예로 중국 앙소문화기의 서산성지(西山城址)를 들 수 있다. 서산성지를 보면 방괴판축법(方塊版築法)으로 인해 상·하층 판괴 사이에 틈새가 생기기 때문에 이 부분에 대한 견고함을 증가시키기 위해 초류 식물을 깔았던 것으로 추정된다. 이러한 방법은 유독 판괴 사이에만 식물유기체를 깐 방식이어서 동일 판괴 내에 반복적으로 식물유기체를 깐 풍납토성의 부엽층과는 약간

도면 12. 부여 나성 부엽층 및 단면

의 차이가 있다. 중국에서 이와 같이 판축에 부엽층을 깐 예는 서산성지 외에도 新津 寶墩, 魯國故城, 燕下都 등에서도 보이고 있어 단순히 저습지에만 사용된 방법이 아니라 반죽한 흙을 층층이 도축(搗築)해 올라가기 위해 사용한 보편적인 방법으로 볼 수 있다(최종규 2005).

국내에서는 풍납토성 외에 김제 벽골제, 부여 나성, 당진 합덕제 등에서 이와 같은 부엽층이 확인된 바 있고, 일본에서도 大宰府 水城, 大阪市 狹山池, 八尾市의 龜井유적 등 평지 토성과 제방 유적에서 이와 같은 부엽공법이 보고된 바 있다(신희권 2001, 2004). 특히 부여 나성에서는 부엽층을 깔고 그 위를 0.5m 정도 성토하고 다시 부엽층을 까는 식으로 이극대비(二極對比)를 이루어 이를 지엽부설(枝葉敷設) 압밀침하 배수공법(壓密侵下排水工法)(박순발 2000)으로 부르기도 하지만, 기본적인 원리와 기능은 부엽(공)법과 동일하다. 비록 약간씩의 차이는 있으나 최근 함안 성산산성, 울산 약사동 제방, 상주 공검지 등에서도 부엽법과 관련된 증거들이 발견되고 있어서 이러한 기술이 백제 이외의 지역에서도 보편적으로 채용되었을 가능성이 높아졌다.

6) 부석(敷石)과 석축

풍납토성은 내외벽의 끝부분에 얇게 자갈돌을 피복하고, 특히 내벽은 큰 할석을 6~7단 정도 쌓아서 마무리한 것이 특징적이다. 즉, Ⅵ토루에는 성벽의 종방향을 따라 폭 90cm 정도로 강자갈을 정연하게 한 겹 깔고, 다시 한 단씩 단을 떨어뜨리며 2단과 3단째의 강자갈을 깔았다. 이러한 석렬의 기능은 성벽 토사가 흘러내리는 것을 방지하는 한편, 빗물 등이 성벽 내부로 흘러 들어가지 못하도록 하는 防水와 성벽 위의 물을 흘려보내는 排水의 기능까지 겸했던 것으로 판단된다. 이러한 배수 관련 증거로, 3단째 석렬 사이에서는 8렬의 배수홈이 확인되기도 하였다.

3단째 석렬이 끝나면서 한 단 높아진 상태로 일종의 석축이 나타나는데 성벽 안쪽은 수직으로 쌓고 성벽 바깥쪽은 하부에서부터 들여쌓았다. 현재까지 확인된 석축의 규모는 높이 1.5m, 폭 4m 정도이다. 이러한 석축의 기능 역시 성벽의 제일 안쪽에서 전체 성벽이 밀려나거나 붕괴되지 않도록 지탱함은 물론 부석에서 흘러내린 물이 빠져나가도록 하는 데 있었을 것으로 추정된다.

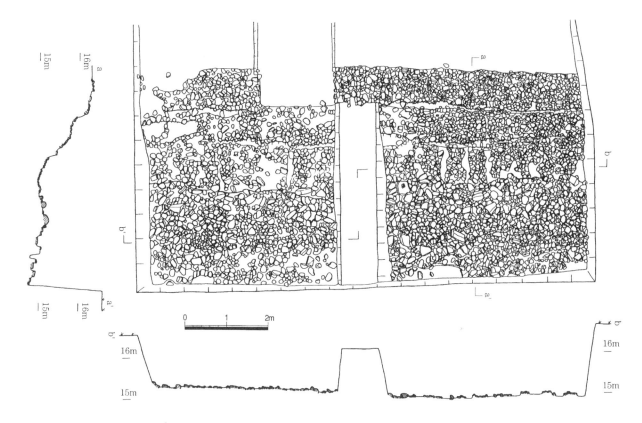

도면 13. 풍납토성 동벽 부석과 석축

7) 불다짐 또는 증토(烝土)

풍납토성을 포함하여 김해 봉황토성, 경주 미탄사지의 탑기 등에서 판축층 사이에 불다짐한 흔적들이 발견되었다. 이렇게 불다짐된 층은 실제로 그 강도가 일반 판축층과는 비교할 수 없을 정도로 강한 편인데, 이 유적들이 대부분 저습지나 강변에 위치한 관계로 습기를 통제하거나 판축토 내의 수분을 제거하기 위한 목적으로 채용한 기술로 이해된다.

이러한 불다짐 기술과 관련하여 『삼국사기』개로왕대의 '증토축성(烝土築城)' 기록과 연관지어 설명하는 견해들이 대두되었다. 한편 중국의 오호십육국 중 하나인 대하국(大夏國) 赫連勃勃의 統萬城 축조에 보이는 '烝土築城' 기록으로부터 축성에 석회를 사용하였다는 주장도 제기된 바 있다. 최근에는 몽촌토성 동북부 구간의 판축토에 석회가 포함되어 있다는 보고를 토대로 백제 한성기의 토목공사에 석회가 사용되었을 가능성이 제기되었다(심광주 2010).

현재로서는 문헌 기록에 나오는 '증토'가 실제로 불다짐을 한 것인지 아니면 석회를 사용한 증거인지 불확실하지만 고대로부터 이용된 판축 기술의 하나로서 판축층을 강화하기 위한 방편으로 채용된 것만은 분명하다 할 수 있다.

3. 맺음말

이상으로 우리나라 토성 축조에 가장 보편적으로 이용된 것으로 알려진 판축법에 근거하여 풍납토성의 다양한 축조기법을 살펴보았다.

토성을 축조하기 위해서는 가장 먼저 성벽이 들어설 지점을 택하여 정지작업을 실시하고 단단한 기초를 조성해야 한다. 대체로 점성이 강한 흙 또는 뻘흙을 깔아 기저부를 형성하는데, 이러한 원리는 구덩이를 파고 다시 메꾸어서 기초를 다지는 중국의 기조 원리와도 일맥상통한다. 일반적으로는 지정목을 박거나 잡석을 깔아 기초를 다지는 것으로 알려져 있다. 풍납토성은 중심토루의 안팎으로 여러 겹의 판괴를 비스듬하게 연접하여 축조한 것이 특징이다. 중심토루 외벽에서는 역경사 판축법을 이용한 호성파도 관찰된다. 고정주와 협판, 달구질 흔적 등의 뚜렷한 판축의 증거는 발견되지 않았지만 고정주로서 기능하였을 것으로 추정되는 수직 방향의 목재가 결구된 상태로 발견되었다. 이 목재가 발견된 층에서는 판괴 내의 결합력을 높이고 수분을 유지하여 지내력을 증강시키기 위한 부엽층도 확인되었다. 이밖에 성벽 축조를 마무리하면서 부석과 석축으로 전체 성벽의 유실 방지와 방수, 배수 등의 효과를 꾀한 방법은 풍납토성 축조의 백미라 할만하다. 또한 판축층을 견고히 하기 위한 불다짐 기법 등도 특징적으로 이용되는 축조기술 중의 하나이다.

아직까지 우리나라 고대 토성 축조에 있어서의 판축의 정형을 찾았다고는 말할 수 없다. 그러나 우리나라보다 수천 년 이상 앞서 토성을 축조한 중국의 여러 사례들을 토대로 판축의 증거들을 면밀히 비교 연구해 나가면 향후 지속적으로 발굴될 판축토성의 구조와 축조 원리를 이해하는 데 큰 진전을 이룰 것이다. 특히 풍납토성은 삼국시대 이래 우리나라 성벽 축조의 모든 기술이 총 망라되어 있다고 해도 과언이 아닌 바, 앞으로도 이에 대한 깊이있는 연구가 요망된다.

〈참고문헌〉

국립문화재연구소,『風納土城 Ⅱ』, 2002

_____,『風納土城』, 2011년 동성벽 발굴조사 현장설명회, 2011

_____,『韓國考古學專門事典 城郭·烽燧篇』, 2011

권오영,「고대 성토구조물의 축조기술과 의림지」,『의림지의 역사적 가치와 활용 방안』, 의림지 학술대회,
    2010

_____,「고대 성토구조물의 성토방식과 재료에 대한 시론」,『漢江考古 5』, (재)한강문화재연구원, 2011

대한문화유산연구센터,『고대 동북아시아의 水利와 祭祀』, 2011

박순발 외,『百濟泗沘羅城』, 2000

신희권,「風納土城의 築造技法과 性格에 대하여」,『風納土城의 發掘과 그 成果』,

한밭대학교 개교 제74주년기념 학술발표대회 논문집, 2001

_____,「風納土城の構造と築造技法に對する小考」,『大阪府立狹山池博物館研究報告 1』, 2004

_____,「中韓 古代 築城方法 比較 研究」,『호서고고학 18』, 호서고고학회, 2008

_____, 2012a,「版築土城 築造技法의 理解 -風納土城 성벽을 중심으로-」,『한국매장문화재 조사연구방법론
    7』, 국립문화재연구소

_____,「풍납토성의 축조기법에 대한 이해 -중국과의 비교를 중심으로-」,『동아시아 교류의 중심 백제』, 한성
    백제박물관, 2012b

심광주,「漢城百濟의 '烝土築城'에 대한研究」,『鄕土서울』76, 서울特別市史編纂委員會, 2010 심정보,「風納洞
    百濟土城의 築造技法에 대한 考察〉」,『서울 風納洞 百濟王城研究國際學術세미나』, 東洋考古學研究所
    2003

최맹식,「사비도성과 부소산성 최근 성과」,『사비도성과 백제의 성곽』, 서경문화사, 2000

최종규,「鳳凰土城의 特徵에 대한 摸索」,『鳳凰土城』, 2005

_____,「風納土城의 築造技法」,『風納土城 500년 백제왕도의 비전과 과제』, 풍납토성 발굴 10주년 기념 제16
    회 문화재연구 국제학술대회, 2007

國家文物局考古領隊培訓班,「鄭州西山仰韶時代城址的發掘」,『文物』1999-7. 1999

馬世之,『中國史前古城』, 湖北教育出版社, 2003

殷滌非,「安徽省壽縣安豊塘發現漢代閘壩工程遺址」,『文物』1960-1, 1960.

錢耀鵬,「關于西山城址的特点和歷史地位」,『文物』1999-7, 1999.

荊州博物館·福岡教育委員會,「湖北荊州市陰湘城遺址東城墻發掘簡報」,『考古』1997-5, 1997.

V. 일본의 고대왕궁유적의 발굴과 보존

사토코지(佐藤興治 나라문화재연구소 명예연구원)

1. 전언

일본고대도성은 역사적으로 보면, 중국율령제도 및 도성제도가 채택된 아스카시대(6세기~8세기초)에 시작되었다고 되어있다. 그 첫 번째 도성은 후지와라쿄였다. 후지와라쿄 궁전과 관청을 포위하는 궁역은 방격으로 분할된 시가지와 사원 등으로 구성된 경성을 가진 도시로 조성되었다. 이 기본형은 규모의 차이는 있지만, 헤이안시대(794~1192)까지 존속되어 축조되었다.

물론 이러한 도성제의 채택 이전에도 천황이 거처하는 "宮室 · 궁전"이 나라, 오사카, 시가지역에 운영되고 있었다. 그 대표적인 유적이 아스카제궁(소하르타궁전, 이타부키노미야 등), 오오쯔노미야, 호라궁 등이며, 이 단계 "宮室 · 궁전"은 도시는 형성되지 않았다 보인다.

후지와라쿄는 694년에 시작하지만 이후 헤이조쿄, 난파궁, 쿠니쿄(恭仁京), 시가라키노미야(紫香楽宮), 나가오카쿄, 헤이안쿄 등으로 100년 사이 일곱 번 신축 및 보축과 천도가 자주 발생하고 있다. 정치, 사회적 이유에 의한 것으로 설명되고 있지만, 그 진짜 이유는 아직 해명되지 않은 경우가 많다.

일본 도성유적에 대한 연구는 이미 1920년대에 시작되었다. 하지만 연구대상은 지상에 남아있는 흙제단과 사원조사 등에 한정되어 있어 지하유적의 발굴조사는 거의 없었다. 그러나 선각자로 인해 각 도성유적에서 초기 조사 및 연구는 실시되었다. 아무도 주목하지 않는 유적을 걸으면서 기와나 토기를 채취하여 유적의 존재를 확인하였던 것이다. 당시 고대도성이 실제 유적으로 남아있는 것을 증명하였으며, 이로 인하여 후에 유적보존에 된 예가 많이 있었다는 것을 명기해 해야 할 것이다.

이후 1955년경부터 일본은 고도성장기를 맞이하게 되면서 급속한 경제성장에 따른 도로의 신설공장 및 대규모 주택개발이 급격히 증가하게 되었다. 반면에 공해, 환경파괴, 물가상승등의 문제를 일으키고 있었다.

이 가운데 매장문화재도 사전발굴·긴급발굴조사가 비약적으로 증가했지만 문화재를 지켜야 할 문화재보호위원회(문화청의 전신)의 체제가 낙후한 것도 있었고, 발굴조사에 대한 대중의 이해를 좀처럼 얻지 못하여 개발·발전을 위해서는 유적의 파괴도 어쩔 수 없다는 게 대체적인 풍조였다. 특히 1960년대에는 아스카지방의 제궁, 후지와라궁, 헤이조궁, 난파궁, 나가오카궁 등의 도성유적이 잇따라 개발과 보존의 문제에 직면하게 되었다.

도성유적의 본격적인 발굴조사는 1963년에 시작된 헤이조궁의 조직적인 발굴이 처음이었지만 거의 시기를 같이하여 난파궁에서는 재개발에 따른 도시정비 시 조사의 계기가 되었다. 후지와라궁(藤原宮)에서는 도로의 신설이 문제가 되어 발굴조사가 계속 지속 등 발굴조사의 발단은 각 유적에서 다르다.

또한 도성유적은 경성을 포함하면 4km사방 전후의 광대한 면적을 차지하고 있으며, 최대 연구조직을 가진 헤이조궁에서도 조사개시에서 반세기가 지났지만, 발굴면적은 아직 약30 % 정도에 지나지 않고, 교역에 이르러서는 미세한 크기에 불과하다. 또한 난파쿄이나 헤이안쿄처럼 대도시의 중심부에 위치한 경우 완벽한 조사와 보존은 불가능에 가깝다. 이렇게 도성유적은 많은 문제성과 어려움을 겪고 있지만, 오늘은 고대 일본의 정치, 경제, 문화를 해명하기 위해서는 도성유적의 조사는 없어서는 안 되는 것으로 보고 있다. 여기에 조방제에 의한 도시가 형성된 후지와라궁 이후의 제궁·교(京)에 대해서 설명하려고 한다.

2. 첫 번째 도성-후지와라궁(藤原宮)과 교(京)

지토·문무·갠메이황제의 3대이상 궁전이며, 694년에 아스카키요미가하라노미야(飛鳥浄御原宮) 에서 천궁하고 710년 헤이조쿄로 천도하기까지 16년간 도시였다. 후지와라쿄에서 중국의 도성제를 처음으로 채용하고 방격 분할한 도시지역과 대륙풍 카와라부키(瓦葺)의 기단건물이 만들어졌다.

'국사대계'를 편찬한 역사가 쿠로이타 카즈미 (1874~1946)는 도쿄대학 교수를 역임하였다. 1934년에 실질적인 종합연구목표로 일본 고문화연구소를 설립하고 첫사업으로 藤原宮을 선택했다. 그 이유는 藤原宮의 추정장소가 두 개 있었는데, 그 중 유힘의 "高殿大宮土壇"의 조사를 위해 지하의 유구를 확인하려고 하였다. 쿠로이다는 10년 전(1923)에 타나다 카쥬로(棚田嘉十郎)의 노력으로 보존된 헤이안궁자취 중 사적경계의 돌담·배수공사의 조사위원이었지만, 다이코쿠덴(大極殿) 회랑의 雨落溝(지대석)가 발견되어 지표하에는 건축유구가 잔존하며 궁터조사에는 사원유적처럼 발굴이 필요하다고 통감하고 있었다.

또한 그 무렵, 나라·호류사뭉치원의 해체수리에 따른 지하조사로 초석 아래에서 기둥구멍과 기둥뿌리가 발견되었으며, 지중에 직접기둥을 세운 "굴립주건물" 이후에 나중에 초석건물을 올린 구조물을 확인하게 되었다(1934).

藤原宮의 발굴을 담당한 건축사학자였던 足立康(아다치 야스시)이나 나라현의 건축사 岸熊吉는 이러한 선인들의 경험을 바탕으로 초석유구는 그 아래에 건축물의 적심이 잔존하고 이를 통해 건물의 규모가 밝혀냈다.

이렇게 하여 오미야토단이 大極殿이었음이 판명되어 졌으며, 大極回廊(태극회랑), 朝堂院回廊内 의12堂

舍 朝集殿 등의 궁 중앙부분의 건물배치와 규모를 밝혀냈다. 이 大極殿와 朝堂院 배치는 옛 그림과 문헌만 남아있는 헤이안궁과 거의 동일하며 역대궁터에서 처음으로 유구가 확인된 것으로 고대도성의 연구역사상 획기적인 성과였다. 발굴조사는 1940년까지 지속되었지만, 전쟁이 시작되면서 중단되었다. 그러나, 당시의 발굴성과가 재평가되면서 1946년에는 大極殿와 朝堂院이 사적으로 지정되었으며, 1952년에는 특별사적 지정되었다.

다음은 발굴이 재개된 것은 1966년의 일이었다. 발굴재개의 발단은 다대궐지역과 궁·교역을 가로지르는 국도우회도로 건설 계획이었다. 나라현 교육위원회의에서는 4년간의 발굴을 실시하였는데, 대궐회랑 궁의 북쪽을 제한 기둥열 및 외부현관의 호(자) 등이 확인되었으며, 한변이 980m의 궁역인 것을 밝혀냈다.

또한 이 조사에서는 헤이죠궁까지 이어지는 대량의 목간이 출토되었다. 이와 때를 같이하여 헤이죠궁을 통과하는 국도24호선 우회문제가 사회의 큰 관심을 불러 일으켜 국회심의를 거쳐 노선변경을 결정함과 동시에 궁역의 사적지정범위의 확대와 국비에 의한 토지매입 지속적으로 발굴조사가 실현되었다.

현재는 나라문화재연구소가 발굴조사를 이어받아, 미야기문, 大極殿원 内裏外廊, 衙官(庁), 四至, 조사등 경내와 本薬師寺 (책약사사),大官大寺,紀寺등의 사원조사도 진행하고 있다.

후지와라경 복원방안(1967)과 함께 교토대학의 岸俊男(키시토시오)에 의해서 조방내용이 연구되었는데, 동서8방(2.1m), 남북12조(3.2km)로 이다. 이후 1980년에는 추정 쿄역외부에 도로유구가 다수 발견되면서 새로운 쿄역설이 일어났다. 이는 "大藤原京論"으로 동서-남북 각10坊·10조(5.3km)로 큰 조방제이다. 아직까지는 추론 단계로 추후 조사가 더 필요하다. 하지만 2006년에 아스카藤原宮 발굴팀과 헤이조궁터 발굴팀이 도성조사부로 축소개편되어 조사인원이 감소하고 있다. 이는 주변조사를 확대해야 하는데 조사인력의 저하가 우려된다.

· 足立康, 岸熊吉「藤原宮跡発掘調査報告１·２」日本古文化研究所, 1940(1974年에 吉川弘文館より復刊).
· 浅野清「法隆寺東院に於ける発掘調査報告書」国立博物館, 1948.
· 奈良県教育委員会「藤原宮」1969.
· 国立飛鳥資料館「藤原宮―半世紀にわたる調査と研究」1984.
· 小沢毅「古代都市「藤原京」の成立」「考古学研究」44-3, 1997.

3. 궁터 보존운동의 원점-헤이조궁

나라는 교토와 대등한 "古都"로 널리 알려져 있다. 고대 도시가 위치한 나라·아스카와는 떨어져 있는데 710년 헤이조로 천도하면서 영화를 자랑한 도시였지만, 786년에 폐도 되면서 七大寺의 제사는 쇠퇴하였다. 빠르게 잊혀진 헤이조궁의 연구자인 嚆矢은 에도시대말기의 學者 北浦定政(1817~1872)였다. 그는 능묘연구의 옆, 수제 측지차로 논밭 사이를 달리는 도로 사이의 거리를 재어 방격항공기자의 조방제를 완성하였다. 지금도 헤이조쿄 연구에 도움이 되고 정확한 그림이었다. 1899년 당시 나라현 기사였던 関野貞(세끼노 타다시, 후에 도쿄대학교수)는 이 그림을 바탕으로 大極殿토단을 밝혀냈다. 그는 측량그림을 만들어 헤이조궁 네 至(八町四方)과 궁전의 중심부에 해당하는 朝堂院区画을 고증하여 "헤이조쿄及 大대궐고"를 발표하였고, 지역신문에 궁터 보존을 호소하였다. 이 기사는 큰 반향을 일으키며, 植木商人 · 棚田嘉十郎 · 村人 · 溝辺文四郎등에 의해 유적 보존현창회가 결성되었다. 棚田은 적빈에서 보존운동에 분주하였지만 우여곡절이 있었다. 대부분 기부로 구입한 朝堂院域(현재 2차 朝堂院 · 大極殿지역)은 1922년 국가에서 매입 · 국가사적으로 지정하여 보존이 실현된 것이다. 이 운동이 나라현에서 실시된 이유는 교토에서 헤이안경 천도 1100주년을 기념하여(1894) 헤이안궁의 大極殿을 본떠 만든 "평안신궁"이 완성된 것에 영감 얻은 것이다.

· 上田正昭編「都城」社会思想社, 1976.
· 坪井清足編「古代を考える - 宮都発掘」吉川弘文館, 1987.
· 岸俊男「日本古代宮都の研究」岩波書店, 1988.

4. 파괴에 직면했다 - 헤이조궁

앞에서 언급했다시피 헤이조궁터는 개발의 물결이 밀리게 되었다. 특히 1962년도에는 헤이조궁에 걸쳐 있는 킨테츠전철 구간에 오사카와 나라사이에 여행이 증가하면서 궁역 서남부의 사적으로 지정되지 않은 지역에 차량검사구을 신설할 계획이었다. 이는 문화재보호위원회가 공사착공을 인정한 점에서 사실상의 파괴인 것으로 관계학회를 비롯한 각종단체에서 각종 청원서가 국회에 전달되었고 궁터전역의 국비매입과 보존과 연례조사비 등 예산 4억2천만엔이 계상되게 되었다. 그리고 1963년에는 나라국립문화재연구소에서 헤이조궁터 발굴부를 발족, 본격적인 조사가 시작되었다. 50년동안 조사된 각종의 건축유적과 목간을 비롯한 각종의 출토유물은 고고학, 건축사학, 문헌사학을 비롯하여 일본 고대사연구에 큰 성과를 올려놓았지만, 현재까지의 발굴면적은 헤이조궁 전체의 약 34%가 완료된 것뿐이다. 교역부분에 대해서는 현재도 개발속도에 쫓겨 중요한 포인트부분 조사에 그치지 않을 수 없는 것이 현실이다. 궁역은 1998년 "고도 나라의 문화재"의 하나로서 세계유산으로 등록 되어 있으며, 大極殿 · 작문 · 동원정원이 복원되어 유적의 보존과 정비는 보장된 것처럼 보이지만, 교통정체완화를 위해 교역내를 통과하는 새로운 고속도로 계획도 진행 중이며, 향후 유적보존과 경관보존에 관한 심각한 문제를 안고 있다.

· 亀井勝一朗編「平城宮」筑摩書房, 1963.
· 青山茂「平城京時代」河出書房新社, 1965.
· 田中琢編「古都発掘」岩波新書, 1996.
· 上田正昭編「都城」社会思想社, 1976.
· 狩野久「木簡」日本の美術 9, 至文堂, 1979.

5. 과밀도시 오사카 - 난파궁터

난파궁은 오사카중심부와 오사카성이 있는 테라스의 法円坂도시에서 있다. 아스카시대의 孝德朝 (645~654)의 궁전과 나라시대의 聖武朝(724~748)의 궁전이 같은 장소에 복합되어 있다. 편의상 전자를 전기 난파궁, 후자를 후기 난파궁이라고 부르고 있지만, 문헌기록에는 있는 仁德朝(5 세기중엽)의 궁전의 존재도 추정되고 있다. 오사카만에 접한 난파는 서쪽지방 각지의 내해항로의 거점이고 중국대륙, 한반도와의 외교의 요충지로 영빈관이 위치하여 교역역할을 한 중요한 위치에 있다. 이렇게 역사상 중요한 장소이기 때문에, 궁 터에 대한 증거는 에도시대부터 있었지만, 구체적인 위치를 명시하는 것은 없었다. 1913년에 法円坂육군창고 건설중에 지하에서 발굴했다는 蓮華文과 重圏文軒瓦를 본 오사카시립대학 교수인 야마네(德太郎)는 난파궁 의 기와로 확신했지만, 오사카성 일대는 육군의 구내로 일반인의 출입은 금지되어 1945년 종전까지 기다려야 했다. 종전 후 야마네는 오사카성터 연구회(후에 난파궁터연구회와 난파궁현창회로 개칭)를 조직하여 32년간 연구에 심혈을 기울였다. 그는 난파궁 자취추적에 몰두했지만, 法円坂에는 새롭게 경찰, 병원, 관공서, 공영주 택 등이 잇달아 지어지게 되었다. 그는 건축현장을 매일같이 돌면서 출토된 기와나 토기를 수습하고 사이에 鴟꼬리조각이 발견되었다. 이 발견에 용기를 얻어 야마네는 난파궁 일대의 발굴을 하는 결심하면서 건축사의 대가·淺野淸, 고고학의 베테랑등에 委嘱하여 1차 발굴조사를 단행했다. 1954년의 일이었다. 한 두 번 작은 발굴외 경험이 없던 불통의 이 학자는 조사비용이 큰 걱정거리였다. 제자로부터 모금을 하면서 눈물과 함께 접수했다고 나중에 술회하였다. 그러나 이 조사로 인해 점차 핵심구역에 접근하면서 대형회랑의 검출되었는 데, 1962년도 13차조사에서는 大極殿의 기단유구(후반 나니와궁기)이 발견되었다. 이때 야마네는 '깨진 환상 의 大極殿를 보았다 "고 감회했다고 한다. 그러나 이 위치는 국가 청사건설예정지로 소멸의 위기에 직면하였 다. 이에 야마네는 간사이지방의 각 대학장들과 함께 연명 보존성명서를 작성하여 신문지상에 발표했다. 당 시 나라에서는 헤이조궁 차량검사구건설에 반대하는 보존운동이 활발히 전개되고 있었기 때문에, 국가가 스 스로 고대사상의 중요한 두 유적을 파괴하려고 하는 것처럼 보여 국민적 공감대가 확산되어 보존운동이 결실 을 맺었으며, 청사건설은 중단되었다. 그리고 1964년에 大極殿·大安殿을 중심으로 5,305평이 국가 사적으로 지정되게 되었다. 다음 조사로 인해 朝堂院를 포함한 구역이 추가 지정을 받고 있다.

지금까지의 발굴조사로 난파궁 중심의 유적은 아스카시대의 전기 난파궁에서 남쪽으로 제臣이 참집하는 朝堂院이 있고 북쪽으로 천황의 거처지로 밝혀졌다. 大極殿에 있었지만, 大極殿이 아니다. 나라시대 후기 난 파궁에서는 朝堂院와 内裏 사이에 大極殿가 설치된다. 이 배치는 아스카제궁에서 藤原宮 또 헤이조의 궁전 배치의 변천과정 그 형태를 나타내고 있다. 그리고 성전의 범위는 800m 사방 것으로 보이지만, 시내가 지나 고 있기 때문에 아직 확인되고 있지는 않다.

또한 동서2.5km, 남북3km이며, 교역내에는 추정 주작대로 보인다. 옛길흔적이 있고 京역내에서 나 라·헤이안시내 우물터, 공방디, 기와·토기 포함층 등이 확인되어 있지만, 조아가의 해명은 아직 갈 길이 먼 것이 현실이다.

현재 후반 난파궁은 大極殿와 후귀하의 기단이 복원되어 사적 공원으로 정비가 진행되고 있다.

1979년에 설립된 재단법인 오사카문화재협회가 국고 보조금에 의한 조사를 계속하고 있지만, 미 지정지역에서는 킨지아파트건설로 인한 유적 파괴 케이스의 다발이 우려되고 있으며, 시가지재정비에 따른 사전 조사등 많은 과제를 안고 있다.

山根德太郎「難波の宮」学生社, 1964.

中尾芳治「難波宮の研究」吉川弘文館, 1995.

坪井清足編「古代を考える - 宮都発掘」吉川弘文館, 1992.

中尾芳治・佐藤興治・小笠原好彦編著「古代日本と朝鮮の都城」ミネルヴァ書房, 2007.

6. 단명의 宮都 -恭仁京(크니쿄)·紫香楽宮(시가라키노미야)·長岡京

나라시대 중기에 재위한 쇼무천황은 740년에 별궁이 있던 교토남부 恭仁에 키안리그와 4년 후인 743년에는 恭仁京의 조영을 멈추고 이가산에 새로 紫香楽宮의과 대불축조를 시작했지만, 다음744년에는 난바궁에 키안라고 정치를 찍었는데, 745년에는 다시 도읍을 헤이조궁에 천도하였다.

5년간의 분주한 움직임의 배경에는 천연두로 인해 천황보좌의 중심이었던 후지와라씨 등의 중심인물 4명을 잃은 것과, 도심귀족의 일원으로 다자이후차관이었던 藤原広嗣의 반란(740)과 평정 등이 이유였다고 추측된다.

그리고 나가오카는 간무朝784년 헤이조궁에서 천도하여 10년간이나 축조가 계속되었지만, 미완성 상태에서 헤이안쿄로 천도하였다. 단명으로 끝난 이유는 물론 구조궁장관·藤原種継의 암살사건과 桓武朝 정치적 이유가 중요하겠지만 궁·경의 위치가 지형으로 세개의 하천의 합류점에 가까운 교통의 요충지인 반면에 홍수 범람 등의 치수문제가 있었다고 보인다.

따라서 어느 궁·쿄도 단기간 또는 미완성단계에서 전환된 것으로부터, "임시도시", "환상의 도시"라고도 불려왔다. 하지만 킨지의 발굴조사에서 차례차례로 유구가 발견되면서, 어느 궁, 쿄도 건설이 진행되었으며 기능하고 있던 것이 밝혀졌다.

◇恭仁京

교토부교육위원회에 의해 1974년에 발굴이 시작되어 오늘날까지 이르면서, 동서 560m, 남북 750m의 궁역이 확정하고 성전의 중심부인 朝堂院창과 문, 大極殿 성전동면 남문, 内裏区画 문과 건물, 관청건물 등이 확인되고 있다. 헤이조궁과 비교하면 궁규모는 작고, 朝堂院와 内裏의 구획은 간소한 굴립주담이었다. 기록에 따르면, 大極殿는 헤이조궁 大極殿를 移建하고 폐와 후 산성나라코쿠분지금당 되었다고 있지만, 발굴조사에서 기단규모가 일치하고 大極殿을 전용자타 "금당"의 동남에서 탑 기단흔적도 확인되고 있다.

교역은 지금까지의 역사지리연구에 의해 성전 남쪽(사쿄)과 서쪽(우쿄)에 조坊의 한 교역이 있었다고 상정되고 있다. 도성제의 흐름에서 변칙이지만, 강과 산의 지형적 제약의 결과로 이해되고 있다. 아직 발굴성전에 접한 부분에 한정 되어있기 때문에, 면밀한 연구는 향후 과제가 되고 있다.

◇ 紫香楽宮(시가라키노미야)

恭仁京의 동북방 30㎞정도의 산간지에 질서정연하게 다수의 초석이 확인되는데, "內裏野" 땅은 예로부터 紫香楽宮터로 불려오며 1926년에는 국가사적으로 지정되었다. 1930년에 사원조사에 정통한 히고카즈오씨가 궁전유적과는 다른 모습에 의문을 가지고 발굴을 했는데 타워흔적이 발견되면서, 東大寺式伽藍을 확실히 되었다. 때문에 궁터가 후에 사원으로 개조된 코쿠분지로 되었다는 것으로 추론하고, 1963년에는 코쿠분지 유적의 정비가 이루어지게 되었다. 이러한 경과속에서 紫香楽宮는 북쪽으로 1.5㎞의 다른 위치에서 우연한 기회에 발견되게 되었다. 그것은 1950년 경의 것으로, 논정비중에 출토했다는 굴립주건물의 기둥이 발단이 되어 시가현교육위원회와 마을교육위원회가 발굴한 결과, 다수의 대형건물과 다량의 목간이 출토된 것이다. 특히 목간에는 황후궁직, 造大殿 所, 어취전(御炊殿)(밥상을정돈관공서), 각지에서의 조세, 수화물 꼬리표 등 궁궐이나 관아(관청)에 관한 내용등으로 추론하여 紫香楽宮터라는 것을 알 수 있었다. 지금까지 알려진 紫香楽宮의 중심의 유구는 12m×37m의 정전에 전방좌우 12m×113m의 장대한 脇殿 2동을 배치하고, 모두 기와를 이용하지 않는 굴립주건물이며 이것이 紫香楽宮의 朝堂院이었다고 볼 수 있다. 현재도 조사가 계속되고 있어 향후 성과가 기대되고 있다.

◇나가오카쿄

"임시都"이라고 표제가 붙은 나가오카쿄의 발굴은 1955년의 朝堂院 남문과 1961년 大極殿연구에서 시작되었다. 발굴의 계기는 궁역 내에 거주하고 있는 학교교사이자 역사연구가 中山修一씨였다. 그의 저서는 "大極殿연구"로 이후 교토대학교수인 후쿠야마토시오의 지도로 자비를 들여 발굴하였고, 그 결과 大極殿에서는 초석 등이 손실되었지만 계단 흔적과 기단주위의 포석이 확인하게 되었다. 大極殿 조사후에 後殿跡지주였던 고바야시 키요시씨는 이 발굴에서 영감을 얻어 토지를 제공하고 "乙訓의 문화유산을 지키는 모임"을 조직하여 발굴 및 유적보존에 분주하는 등 큰 업적을 남겼다. 大極殿의 발굴과 보존을 단서로 다음 朝堂院 지역조사, 內裏 지역조사, 궁역조사로 확대하는 것과 동시에, 목간을 비롯한 다양한 유물의 출토 등 큰 성과를 거두고 있다. 특히 朝堂院의 殿舍이 나라시대 후기 난파궁과 마찬가지로 8堂 朝集殿가 없는 것으로 나타나면서 內裏이 헤이안궁 옛 그림과 같이 大極殿과 함께 발견되면서 이 배치 나가오카궁에 시작된 것이 증명되었다. 또 이것은 궁도변천사상 획기적인 성과였다.

그런데 나가오카쿄는 3시1정에 걸쳐 있기 때문에, 연구결과는 지금까지 교토, 나가 오카쿄시, 向日시의 교육위원회 등이 분담담당하고 있다. 그러나 京역내에는 국도2개의 사철전차선, JR선, 신간선, 고속도로가 통과 하고 대규모 JR의 마당이 있고, 지난 30년 이후 연선의 공장진출이 현저하고, 궁역의 대다수는 도시화 되면서 분단되어 있다. 바로 나가오카쿄의 유적조사는 토지개발과의 싸움이었다고 해도 과언이 아니다. 사적지정 범위는 아직 적고,유적의 보존측면에서 매우 어려운 상황에 있다고 할 수 있다.

· 足利健亮「恭仁京城の復元」「社会科学論集」4, 5, 1972.
· 京都府教育委員会「恭仁京跡発掘調査報告」1, 2, 1989, 2000.
· 肥後和男「紫香楽宮の研究」「滋賀県史蹟調査報告」4, 1931.

・鈴木良章・栄原永遠男「紫香楽宮関連遺跡の調査」「条里制・古代都市研究」16, 2000.

・小笠原好彦「紫香楽宮と甲賀宮」「淡海文化財論叢」1 、淡海文化財論叢刊行会, 2006.

・小林清「長岡京の新研究」比叡書房, 1974.

・中山修一先生古稀記念事業会「長岡京古文化論叢」, 1986.

長岡京跡発掘調査研究所「長岡京ニュース」1~31, 1977~84.

・長岡京市埋蔵文化財センター「長岡京市埋蔵文化財センター年報」1982~85

7. 율령제 마지막의 도성 - 헤이안쿄

간무천황은 794년에 나가오카궁에서 교토 헤이안쿄로 천도했다. 율령제에 따라 마지막 도성이 되었다. 율령체제의 쇠퇴후에도 수도로 천년동안 정치·경제·문화의 중심지로서 발전해 왔다. 이로 인해 교역의 범위가 모두 시가지가 되어, 파괴와 건설의 반복 속에서 고대도성의 흔적은 현저하게 잃어버리고 있다. 남아있는 경관으로는 헤이안궁전을 연상시키는 교토황궁이 있다. 현재 교토황궁은 헤이안쿄의 동북모퉁이의 마을 대궐이었다. 이곳은 1331년에 헤이안시대의 古制에 준거해 황궁한 것을 시작으로, 1854년에 소실되었으나 이듬해 재건되어 현재에 이르고 있다. 紫宸殿(대궐정전에 해당)이나 청량殿(천황의 거처) 등은 헤이안시대의 寝殿造의 양식을 전하는 건축으로 귀중한 유적이다.

또한 헤이안쿄는 다른 도시궁에 비해 문헌·기록사료가 풍부하다 것이 특징 것이다. 대궐 古그림이나 오래된 기록은 지금까지 각 시대의 도성연구의 기본자료가 되고 있지만, 현재 진행중인 발굴조사지침서로도 사용되고 있다. 이러한 사료를 바탕으로 복원된 헤이안쿄의 골격은 나라시대의 전통을 계승하고 있지만, 方格地割에 의해 구획된 남북 9조(5.3km), 동서 8방(4.6km)으로 이루어진 도시지역은 면적이 크고 작은 도로를 추가하는 것, 대궐朝堂院·大極殿의 동북위치로 이동하여 朝堂院의 서쪽에 향연·스모·경마 등을 행하는 豊楽院이 설치되는 등 다른 도성에는 없는 계획과 기능의 진전이 보인다.

이러한 상황속에서 旧蹟에 대한 첫 번째 관심은 "헤이안천도천백년축제"(1895)에서 헤이안 진구가 발견되고 大極殿과 応天문이 신전으로 복원되고, 大極殿의 위치가 考究되고 추정위치 현창비가 세워져있다. 당시는 땅 속에 유적이 남아있다고 가정도 하지 않았기 때문에 철도부설공사나 도로공사에서 기와가마, 건축부재 등 일부를 찾을 수 있었지만, 궁·경의 추구를 목적으로 한 연구결과는 전후까지 진행되지 않았다.

최초의 발굴조사는 1951년에 실시된 勧学원이며(고대연구소), 이후 조사는 1960년대의 여섯 승사원, 西寺 등의 교토의 사원유적조사 (여섯승사원 연구회) 역시 "60년대 대궐内廓조사 (평화박물관)이다. 그리고 1970년대에는 山陰線고가화에 따른 사전조사(매장문화재조사단)과 재개발 공사에 따른 朝堂院·조坊·서시·저택관련조사(헤이안쿄조사회)와 지하철공사에 수반조사(지하철烏丸線에서 조사위원회)가 있고, 그 중에서도 大極殿주변대궐, 内廓, 朝堂院조사에서는 大極殿개廊, 복도기단 등 폐기가 현저한 중추부에서도 유구가 존재하는 것으로 확인되었다.

또한 연례를 거듭할수록 조사가 증가되며 확대되는 가운데 조사 조직이 여러 측량기준과 정보의 공유가 절실하게 되었다. 이에 1977년 교토시전역에 도성조사기록에는 빠뜨릴 수 없는 평면직각좌표계vi의한 기준 점이 설치되었으며, 조사조직이 통합되어 현재는 재단법인 교토시매장문화재연구소와 교토 매장문화재센터가 조사의 주력이 되고 있다.

그러나, 조사후 유적보존은 건물밀집지역이기 때문에 매우 어려운 상황이다. 이 가운데 대궐內廓회랑부분은 1980년에 사적으로 지정이 되었고, 유구는 다시 매장되어 보존되고 있다. 그러나 중요한 유적중 일부는 건물의 설계변경으로 지중보존 방법이 취해지고 있다.

· 田辺昭三「平安京」「歷史公論」中央公論出版社, 1976.

「特集京都市の埋蔵文化財」「仏教芸術」115, 毎日新聞出版社, 1977.

「平安京跡発掘資料選」1. 2, (財)京都市埋蔵文化財研究所, 1980, 1986.

· 杉山信三先生米寿記念論集「平安京歷史研究」真陽社, 1993.

VI. 풍납토성을 어찌할 것인가
-풍납토성과 왕궁유적의 보존과 대책-

1. 백제가 없는 백제역사유적지구

백제에 백제가 없다. 오늘 이 자리서 나는 그 없는 백제를 제자리로 회복하여 그 자리를 찾아주고자 하며, 그리하여 그런 백제에 정당한 시민권을 부여했으면 한다.

2011년 2월 8일, 문화재청은 문화재위원회 세계유산분과 회의를 열어 '(가칭)백제역사유적지구'를 남한산성, 그리고 서남해안 갯벌과 함께 '세계유산 등재 우선 추진대상'으로 선정했다. 이에서 선정한 백제역사유적지구는 무령왕릉을 포함하는 송산리 고분군과 공산성이 대표하는 공주 역사유적지구와 정림사지, 부여 나성을 필두로 하는 부여 역사유적지구, 그리고 미륵사지와 왕궁리 유적을 포함하는 익산 역사유적지구의 세 지역을 통합한 곳을 말한다. 세 곳 모두 백제시대를 대표하는 유산이 밀집한 곳임은 말할 나위가 없다. 이 백제역사유적지구는 2013년 10월 25일 현재 아직 유네스코에 공식 등재신청이 이뤄지지는 않았다. 아마도 내년 이후 그런 작업이 이뤄질 전망이다.

한데 우리가 이 백제역사유적지구 구성 내역에서 주목하는 대목이 있다. 흔히 장장 700년에 달하는 백제사를 그것이 도읍한 곳을 따라 한성도읍기(BC 18~AD 475), 웅진도읍기(475~538), 그리고 사비도읍기(538~660)로 삼분한다. 익산은 또 다른 왕도로 지목하기도 하고, 혹은 별궁(別宮), 혹은 부도읍(副都邑) 정도로 간주하는 견해도 있지만 그 정체가 무엇이건 이렇게 익산 지역이 운영된 시기는 사비도읍기라는 데는 이론의 여지가 없다. 이로써 본다면 이들 세 지역이 묶음을 이룬 '백제역사유적지구'는 그에다가 아무리 '가칭'이라는 임시 수식어를 붙였다 한들 엄밀히는 700년 백제사 중에서도 후기 200여 년에 지나지 않는다. 따라서 엄밀히는 '후기백제 역사유적지구' 정도가 되어야 한다.

그렇다면 백제역사유적지구가 누락한 '백제'는 어디에 있는가? 그것이 몰각(沒却)한 500년 백제는 바로 서울이 중심지다. 서울에는 발굴조사 결과 한성도읍기 주요한 왕궁과 같은 시설이 있던 곳으로 드러난 풍납토성이 있고, 그 남쪽 700m 인접한 곳에는 풍납토성의 배후 성으로 지목하는 몽촌토성이 있는가 하면, 다시 그 남쪽 인접 지점에는 이 시대 왕을 비롯한 주요한 왕실 가족 일가 무덤으로 추정하는 석촌동 고분군이 있다. 방이동 고분군은 신라인지 백제인지를 둘러싼 국적 논란이 있기는 하지만, 어떻든 삼국시대 중요한 고분군 중 하나임에는 틀림없다. 그리고 풍납토성 건너편에는 한성백제의 멸망과 관련해 그 마지막 왕 개로가 처형당했을 곳으로 보이는 아차산성이 포진한다. 한성백제 500년을 증언할 이런 문화유산이 몽땅 탈락한 '백제역사유적지구'가 세계유산을 향해 달려가는 중이다.

그렇다면 세계유산 등재 관련 주무 정부부처인 문화재청이나 이들 문화유산이 포진한 곳을 관할하는 광역자치단체인 서울시, 그리고 관련 기초자치단체인 송파구청이나 광진구청 등지에서는 이런 사실을 몰라서 '백제역사유적지구'에 합류하지 않았을까? 내가 파악하기로 문화재청에서는 서울시에 합류를 타진했다. 하지만 서울시는 거절했다. 여러 가지 이유가 있겠지만, 서울시는 전임 오세훈 시장 재직 시절에는 단체장이 이런 쪽에 관심이 태부족이었고, 그를 이은 박원순 시장은 상대적으로 어느 역대 서울시장보다 역사문화에 대한 관심이 지대하지만 취임 이래 그의 이 분야에 대한 온통 관심을 서울성곽(한양성곽)을 향했다. 그리하여 박원순 체제의 서울시는 서울도성 세계유산 등재 추진을 위한 움직임을 본격화한 상태라 상대적으로 '백제역사유적지구'에 기울일 여력이 없었다.[89]

'백제역사유적지구' 세계유산 등재 추진과 관련해 또 하나 지적할 대목은 공주나 부여, 익산과 같이 기존에 이를 적극적으로 추진한 지자체들도 서울의 합류를 그다지 바라지 않았다는 사실이다. 왜 그러한가? 문화유산 자체의 품격도 그렇고, 이를 위한 제반 추진 동력에서 이들 지자체가 서울시에는 상대가 되기 힘들었기 때문이었다. 다시 말해 서울이 합류할 경우 '백제역사유적지구' 등재를 추진하는 동력은 서울로 쏠릴 수밖에 없었기 때문이다. 이를 다른 지자체가 반길 리 만무했다.

기존에 세계유산 등재를 추진하는 내역을 보면, 세 곳 중에서도 비록 왕도(王都)였다는 직접적인 증거는 부족하지만 익산 쪽 문화유산이 가장 볼 하다는 점은 대체로 일치한다. 이곳에는 황룡사 터보다 더 넓은 미륵사 터가 있는가 하면, 그에는 복원을 위해 해체한 서석탑(西石塔)이 우람한 자태를 자랑한다. 또한 그 인근에는 오층석탑이 인상적이면서 궁궐에 버금가는 각종 권위 건축의 기단 시설이 비교적 잘 드러난 왕궁리 유적이 있다. 하지만 서울의 백제유적은 풍납토성 하나만으로도 이들을 능가한다. 그런 서울 백제가 백제역사유적지구에는 빠진 것이다.

2. "50년 동안 시계가 멈춘 동네"

그렇다면 우리는 왜 유네스코 세계유산을 등재하고 등재하려 하는가? 우리 사회 일각에서는 등재 자체가 목적이 된 듯한 느낌을 주지만, 그 진정한 목적은 그런 유산을 향후 더 잘 보존하고 활용하기 위함이다. 다시

---

89 반면 풍납토성 문제로 골머리를 앓는 송파구청 쪽에서는 세계유산 등재 의지가 있었다고 안다. 다른 무엇보다 세계유산 등재를 계기로 이 지역 문화재 보존 문제 해결의 실마리를 찾지 않을까 하는 기대도 있었기 때문이다.

말해 세계유산 등재는 우리 세대의 일이기도 하면서 미래를 위한 포석이다. 그런 점에서 풍납토성이 대표하는 서울 백제가 백제역사유적지구에서 빠진 일은 유감스럽기 짝이 없다. 그것이 차지하는 위치가 700년 백제사에서 500년을 차지한다는 단순 수치상 문제가 아니다. 세계유산 등재를 계기로 인구 천만의 대도시에 위치한 문화유산을 더 잘 보존할 길을 마련할 계기가 될 수 있었다는 기회를 놓친 듯한 아쉬움이 실은 더 크다.

앞서 거론한 서울백제를 증언하는 유산 중에서도 풍납토성은 그것이 처한 위치가 남다르다. 석촌동 고분군이나 몽촌토성이 비록 많은 피해를 보고 그에 따라 상당한 훼손이 있기는 하지만, 이제는 개발의 위협에서 어느 정도 안전선을 확보한 데 비해 풍납토성은 그러지 못하기 때문이다. 지금도 풍납토성은 개발의 압력에서 신음 중이며, 그 와중에 사람이 먼저냐 문화재가 먼저냐는 논란이 극명하게 대립하는 현장이다. 이 소절(小節)의 제목이기도 한 '50년 동안 시계가 멈춘 동네'라는 말은 풍납토성이 지금 어떤 지점에 와 있는지를 유감없이 보여준다.

이런 표현은 여러 사람이 썼겠지만 풍납토성이 위치하는 서울 송파구 풍납동 일대를 지칭하며 이 지역 출신 국회의원 또한 이 말을 원용했다. 2013년 10월 17일 국립고궁박물관 대강당에서는 문화재청을 대상으로 하는 국회 교육문화체육관광위원회 국정감사가 열렸다. 이 자리에서 문화재청장을 대상으로 풍납토성이 있는 서울 송파갑 출신 집권 새누리당 박인숙 의원은 '여당의원 답지 않게' 시종 일관 문화재청장 변영섭을 몰아쳤다. 이 해 7월 1일, 풍납토성 관련 공청회를 개최하기도 한 그는 나아가 삼한시대의 치외법권지대 '소도(蘇塗)'가 2000년 후에 풍납토성에서 부활했다고 표현하기도 했다. 문화재 보존 때문에 풍납토성 일대 주민들이 사유재산권 행사가 엄청나게 제약되고 있음을 비유한 말이다.

그는 이날 국감에서 풍납토성이 처한 문제와 그 해결방안을 담은 정책자료집을 배포했다. 《문화재 보존과 주민 재산권 보호-풍납토성 및 古都를 중심으로》라는 제목을 붙인 이 자료집에서 우리가 주목할 대목은 그가 무턱 댄 문화재 보호구역 지정 해제론자는 아니라는 점이다. 그는 시종일관 문화재 보호 또한 중요함을 전제로 했다. 나는 이 대목을 경청하고자 한다. 돌이켜 보면 작금의 '풍납토성 사태'가 본격화하기는 1997년, 토성 내부 한 아파트 재건축 현장에서 비롯하거니와, 초창기 한동안은 문화재 지정 해제를 요구했기 때문이다. 이 자료집은 풍납토성 사태를 결산하는 '최종의견'으로 마무리한다. 이에는 다음과 같은 구절이 보인다.

1963년 사적 제11호로 지정된 서울 풍납토성은 1997년 1월 재건축부지 발굴조사를 시작으로 새로운 전기를 맞게 되었다. 이곳에 기와, 전돌, 중국제 도기, 흑색마연토기 등 1만3천여 점의 국가귀속 유물과 400상자 분량의 참고유물들이 출토되면서 풍납토성이 백제도성인 '위례성'일 가능성이 높아 진 것이다.

그러면서 자료집은 "지금이라도 국가가 나서서 풍납토성 피해주민들의 적절한 보상을 하고, 고통과 아픔을 달래야 한다"고 지적했다. 나는 풍납토성 사태가 발발할 초창기에 비교하면 이를 장족의 변화로 본다. 풍납토성이 지닌 문화유산 가치는 이제 부정할 수 없게 되었기 때문이다. 그런 점에서 나는 이것 하나만으로도 풍납토성은 '50년 동안 시계가 멈춘 동네'가 아니라, 1997년을 기점으로 해도 16년 만에 누구도 모르는 큰 변화를 맞이한 것이다.

3. 사람이 '먼저'다, 하지만 문화재도 '먼저'다

비단 국회의원 박인숙뿐만 아니라 풍납토성 주민들은 대체로 '사람이 먼저다'라고 말한다. "국민이 있어야 문화재도 있다"는 말, 그 의미는 누구나 잘 안다. 비단 이런 외침은 풍납토성에 그치지 아니하고 경주니 부여 같은 다른 古都에는 다 해당하며, 그 외 문화유적이나 천연기념물, 혹은 명승이 위치한 곳에는 항용 있는 말이다. 말마따나 사람이 먼저다. 사람 없이, 국민 없이 문화재가 있을 수는 없다. 여기서 '먼저'라는 말은 '가치'의 개념이다. 그런 일이 없으면 좋겠지만 사람과 문화재 중 하나만 필연적으로 택할 수밖에 없다면 당연히 우리는 사람을 택해야 한다. 국보 금동반가사유상이, 세계유산이기도 한 석굴암이 제아무리 뛰어난 가치를 자랑한다 해도 사람과 맞바꿀 수밖에 없는 양자택일의 상황에 처한다면 우리는 당연히 사람을 택해야 한다.

하지만 이 시점에서 우리는 더 냉혹할 필요가 있다. 저런 선택이 과연 양자택일이어야만 하는가? 나아가 우리는 이를 또 다른 질문으로 치환할 필요도 있다. 과연 문화재보다 사람이 먼저인가 하는 물음도 이제는 다른 각도에서 물어봐야 한다. 나는 이 두 가지가 반드시 상충한다고는 생각하지 않는다. 다시 말해 어느 하나를 선택한다 해서 반드시 그 반대편이 죽거나 말살되어야 하는 것은 아니라고 믿기 때문이다.

이제 풍납토성에 국한해 나는 이런 물음으로 돌아가고자 한다. 사람이 먼저인가 문화재가 먼저인가? 답한다. 문화재가 먼저다. 근거는 무엇인가?

발굴조사 결과 드러난 양상을 볼 때 풍납토성에는 청동기시대 무문토기를 이었다는 경질무문토기 단계에 사람들이 집단적으로 거주하기 시작했다. 그 이전 구석기나 신석기, 혹은 청동기시대 흔적이 거의 없는 것으로 보아 아마도 강변 황무지 정도로 폐기된 상태가 아니었다 한다. 이런 곳이 초기철기시대에 접어들어 등장하기 시작하는 경질무문토기가 다량으로 출토하는 것으로 보아 풍납토성에는 빠르면 기원전 3세기 무렵, 늦잡아도 기원 전후 무렵에는 대량으로 도시가 형성되기 시작했다고 보아도 좋을 것이다. 이곳이 부여에서 남하한 온조 집단이 정착한 바로 그곳인지 확실치는 않지만,《삼국사기》가 기록한 백제 건국시기(BC.18)와 대략 맞아떨어진다는 점은 풍납토성의 성격을 가늠할 때 시사하는 바가 적지 않다. 발굴조사 결과를 보면 이렇게 시작한 풍납토성의 '人文' 역사는 한성백제가 멸망(AD 475)하는 무렵까지 지속한다. 대략 500년을 헤아리는 이 기간 동안 풍납토성은 인구 과밀지역이었고, 이런 지역은 폭 43m, 높이 9~11m에 이르는 거대한 토성으로 방어벽을 삼았다. 내부에서 확인한 유물이나 遺構로 보아 이곳이 王城이었음은 의심할 나위가 없다. 다만, 이곳이 그 500년 동안 백제라는 왕국의 왕궁 혹은 王城으로 줄곧 기능했는지에 대해서는 논란이 없지 않지만 그에 걸맞는 위상을 유지했다는 사실은 부인할 수 없다.

이런 풍납토성은 발굴성과를 볼 때 한성백제 이후 사람이 거주한 흔적은 거의 발견되지 않는 것으로 보아 이후 대략 1천500년 동안 황폐화한 상태를 유지했다. 이는 20세기 초반에도 변함이 없었다. 이 무렵 촬영한 풍납토성 일대 사진을 보면 풍납토성 일대에는 토굴에 가까운 민가 몇 채가 보일 뿐이었다. 이런 상태는 1966년 촬영한 풍납토성 일대 위성사진을 보아도 큰 변화기 없다. 이 위성사진을 보면 풍납토성 일대에는 민가가 거의 없다. 실제 이 무렵에 풍납토성을 발굴조사한 서울대 고고인류학과의 증언을 보아도 크게 다르지 않다. 1970년대 풍납토성 사정을 알려주는 자료는 상대적으로 내가 어둡다. 하지만 풍납토성 일대가 1986년 서울 아시안게임과 1988년 서울 올림픽 개최를 계기로 그 경기장이 인근 지금의 올림픽공원에 건립되기 시작하면서 비로소 한강 제방 시설 확충을 통해 비로소 상습 침수지역이라는 오명을 벗어난 사실을 고려할 때 70년대에도 커다란 변화가 없었다고 보아도 대과가 없을 것이다. 이런 풍납토성에 비로소 주거시설다운 시설이 들어서기는 1980년대다. 이후 이곳은 급속도로 도시화 지역으로 변모하여 성벽 내부만 해도 2012년 1월 현재 1만9천313세대, 4만8천959명이 거주하는 대규모 도시 밀집 지역이 되었다. 내부에는 초등학교만 해도 두 곳이 있다.

이런 풍납토성 역사를 개괄한 까닭은 '시간의 선후'를 따지기 위함이다. 보았듯이 굳이 선후를 따지면 백제인들이 남긴 문화재가 먼저다. 그들이 남긴 흔적은 1천500년 동안 묵묵히 지하를 지켰다. 이런 곳에 1980년대 이후에 비로소 사람이 들어가 살기 시작한 것이다.

지금 풍납토성에서는 문화재 때문에 사람이 살지 못한다고 아우성이다. 하지만 곰곰 따져 보면 사람 때문에 문화재가 살지 못하기도 한다. 선점자인 문화재에 인간은 불청객이다.

그렇다고 나는 결코 사람보다 문화재가 더 중요하다고 말하고 싶지는 않다. 다만, 문화재 또한 극심한 인간에 의한 피해자일 수 있다는 점을 인식하는 것과 하지 않는 것은 번갯불과 반딧불만큼의 차이만큼이나 크다고 생각한다. 바로 이에서 나는 문화재와 인간이 공존하는 길을 발견할 수 있으리라고 본다. 요컨대 문화재만 윽박질러서는 안 된다는 것이다.

4. 삼표레미콘

이런 점에서 삼표레미콘 문제 또한 시사하는 바가 적지 않다. 작금 풍납토성에서는 삼표레미콘 공장으로 아우성이다. 레미콘 공장 자체와 그를 오가는 레미콘 적재 차량이 발생하는 분진에 주민들이 못살겠다고 난리다.

한강 변과 인접한 토성 남쪽에 위치하는 부지 기준 22필지 2만931㎡인 레미콘 공장에 대해 서울시와 송파구는 2006년 5월17일부터 같은 해 6월9일까지 레미콘 공장 운영 업체인 삼표산업과 보상 협의를 벌였다. 이에 따른 소요 예산 확보와 레미콘 공장의 영업사정 등을 고려하여 5년 내외로 연차 보상을 하기로 했다. 이에 의해 다음과 같은 절차로 17필지 1만1천286㎡에 대해 330억4천100만 원을 사들였다.

- 공장부지 5필지 3,548㎡ ('03.12.29/ 14억 3000만 원)
- 공장부지 1필지 807㎡ ('07.1.25/ 28억 6000만 원)
- 공장부지 1필지 310㎡ ('07.7.19/ 10억)
- 공장부지 1필지 1,999㎡ ('07.7.30/ 64억 6000만 원)
- 공장부지 1필지 667㎡ ('09.5.22/ 25억 2000만 원)
- 공장부지 2필지 1,743㎡ ('11.1.17/ 67억)
- 공장부지 3필지 1,388㎡ ('11.11.30/ 58억 1000만 원)
- 공장부지 3필지 824㎡ (32억 7백만 원)

그림 1 삼표레미콘 부지 현황

서울시와 송파구는 보상 완료한 부지는 (주)삼표에 공유재산 사용허가를 승인했다. (2011. 7. 26~2012. 7. 25 / 당초 3년). 이는 공유재산 및 물품관리법 제20~22조에 따른 조치다. 보상해야 할 곳은 5필지 9천645㎡이며, 소요 예산은 토지 보상 약 440억 원에 영업보상 약 200억 원으로 추정한다. 다만, 이를 집행하기 위한 예산은 한꺼번에 확보하기는 어려우므로 문화재청은 풍납토성 전체 토지 보상 계획에 따라 문화재보수정비(총액계상) 예산을 감안해 연차로 추진할 예정이라고 한다. 반면 서울시와 송파구에서는 레미콘 공장 이전이 풍납동 주민 집단민원 사항임을 들어 문화재청이 일괄 보상할 예산 지원을 요청하고 있다.

98년 이래 나는 이 레미콘 공장을 인근을 자주 지났다. 내가 비록 현지 주민은 아닐지라도 그들이 왜 공장이전을 요구하는지는 너무나 잘 안다. 그들의 요구는 지극히 정당하다. 하지만 공장 이전에 쉽지 않음은 다른 무엇보다 보상 문제가 결코 녹록치 않기 때문이다. 지금 당장 나가쥤으면 하지만, 보상이 있어야 함은 말할 나위가 없다. 엄격한 법리적 해석으로 본다면 이런 경우에 나가달라는 쪽에서 보상비를 부담해야 한다. 하지만 이를 나가달라는 주민들이 부담할 수는 없다.

나아가 단순히 토지와 건물을 보상하는 것으로 그치지 않는다. 이전에 따른 영업 피해도 보상해야 한다. 그리고 공장 대체부지도 있어야 한다. 새로운 공장부지를 확보하고, 새로운 공장을 짓는다는 게 손바닥 뒤집는 일이 아니다. 삼표레미콘 공장 이전 문제가 주민들의 눈으로 더디기만 한 까닭은 이런 저간의 사정에서 기인한다. 어찌 보면 현지 주민과 업체 간 사적인 영역의 다툼에 국가와 지자체가 개입하고, 그에서 한발 더 나아가 그 해결을 위해 국비와 지방비가 투입되는 까닭은 바로 풍납토성 내부 구역 전체가 문화재 보호구역으로 묶여 사유재산권 행사에 제한을 받기 때문이다. 더구나 이렇게 해서 매입할 부지는 사적 제11호 풍납토성으로 묶이게 된다.

이에서 이 레미콘 공장에 대해서도 같은 질문을 던진다. 누가 먼저인가? 말한다. 레미콘 공장이 먼저다.

삼표산업이 하고많은 곳 중에 분진 발생이 많은 레미콘 공장을 언제 세웠는지 나는 확실히 모른다. 주민들의 이전 요청이 특히 극심할 적에 송파구청 관련 자료를 검토한 적이 있는데 1978년에 생긴 것으로 안다. 이 부분은 추후 정확한 자료로써 보충하기로 한다.

어떻든 삼표가 레미콘 공장을 이곳에 만든 까닭은 이곳이 상습 침수지이며, 한강 변 모래사장이 발달한 지리적 이점 때문일 것이다. 나아가 이곳이 상대적으로 주변 주거시설이 적었기 때문이었을 것이다. 그때나 지금이나 주거지 밀접 인근 지역에 레미콘 공장을 생각할 수는 없다. 경주 일대 신라시대 유적 발굴성과를 보아도 요즘 기준으로 대표적인 공해 유발 시설인 가마는 경주 분지에 만들지 않았다. 그에서 훨씬 벗어나는 경주 분지 산곡 간에 만든 흔적을 곳곳에서 보인다.

한데 사정이 변했다. 1971년 경부고속도로 개통과 그에 따른 70년대 이후의 대대적인 강남 개발 붐은 80년대에는 풍납동을 덮친다. 이런 부동산 개발 바람은 삼표레미콘 공장을 주택가로 에워싸게 된다. 혹여 삼표산업의 시각에서 이번 사태를 생각해 본 적이 있는가? 그들이 보기에 이전 요구는 굴러온 돌이 박힌 돌을 빼내려는 형국이다.

그렇다고 해서 나는 주민들의 이전 요구가 부당하다고 주장하고픈 생각은 추호도 없다. 다만, 곡절이 이렇다는 것은 알아야 한다고 본다. 이런 곡절을 아는 것과 모르는 데서의 문제 해결 접근 방식 또한 천양지차가 난다고 나는 보기 때문이다.

5. 풍납토성의 현황과 보존 정책의 흐름

근대적인 의미에서 문화재로서 풍납토성이 등장하기는 20세기 초반이다. 1916년 조선총독부가 펴낸《고적조사보고3》을 보면 풍납토성이 '京畿道 廣州郡 九川面 風納里土城'으로 등장한다. 이것이 내가 파악하기로 문화재로서 풍납토성이 처음 등장하는 시점이다. 그러다가 1925년 7월에는 을축년 대홍수로 남쪽 성벽 아래서 청동초두 2점과 금귀걸이, 백동거울, 과대금구 등이 발견됨으로써 주목받는다. 이어 1934년에는 일본인 연구자 아유가이 후사노신(鮎貝房之進)이 조선총독부 발행 월간 잡지인《조선》11월호(통권 234호)에 '백제고도 안내기'를 발표하고 이곳을 하남위례성으로 지목하면서 역사의 전면에 등장한다.

이를 발판으로 1936년 2월 29일에는 조선총독령고시 제69호 '조선 보물·고적·명승·천연기념물 보존령' 제1조에 따라 고적 27호로 고시된다. 풍납토성 역사에서 주목할 점이 당시 고적으로 고시된 지점이 성벽 내부는 제외하고 성벽만을 대상으로 했다는 대목이다. 이는 결국 대한민국 정부가 문화재보호법을 만들고 1963년 1월 21일 이를 사적 제11호로 고시할 적에도 역시 성벽만을 대상으로 하는 빌미를 제공한다. 성 안쪽을 제외한 이때의 사적 지정 패착은 결국 오늘날 풍납토성 사태의 진원지가 된다는 점에서 두고두고 아쉬움을 남긴다.

풍납토성에 대한 첫 발굴은 1964년 10월 16일부터 같은 달 31일까지 김원룡이 이끄는 서울대 고고인류학과 팀이 했다. 당시 이 학과 재학생의 고고학 실습 대상인 이 발굴은 비록 풍납토성 내부 6곳에다가 트렌치 조사를 하는 한계가 있기는 했지만, 이곳을 한성백제시대 중요한 성곽으로 판명했으며, 더구나 그 축조시기를 《삼국사기》가 기록한 백제의 건국연대와 거의 같은 무렵으로 보았다는 점에서 중대한 의미를 갖는다. 이런 중요한 성과를 얻었음에도 풍납토성은 여전히 남은 성벽만을 중심으로 사적으로 지정됐을 뿐이었다. 얼마 전까지만 해도 개발 행위는 문화재 지정 구역에 대해서만 엄격하게 제한됐을 뿐, 그 주변에 대해서는 이렇다 할 만한 경관 보존 조치가 취해지지 않아 풍납토성 일대는 성벽 구간을 제외하고는 주변으로 무차별적인 개발이 이뤄졌다. 그러다가 1997년 1월 풍납토성 학술조사단을 이끌고 성벽을 실측조사하고 있던 선문대학교 역사학과 이형구 교수에 의해 현대리버빌아파트 재건축 현장에서 백제 유물이 무더기로 발견됨으로써 우리가 아는 풍납토성 사태가 발발해 오늘에 이른다.[90]

이런 역사를 거친 풍납토성은 내부 구역에 대해서도 발굴조사가 이뤄진 곳을 중심으로 차츰 사적 지정 구역이 확대일로를 걸어 2013년 5월 현재 30만5천46.6㎡가 지정됐다. 풍납토성 전체 면적(87만8천795㎡)의 34.7%에 해당한다. 이런 지정 구역에다가 풍납토성 내부에 포진하는 공공학교와 도로부지 등의 공공부지를 합치면 사유지 비율은 더 떨어진다.[91]

하지만 사적 지정 구역이라 해서 모든 보상이 이뤄진 것은 아니다. 보상은 23만6천962㎡에 대해 완료됐으며 이에 소요한 예산은 4천368억 원이다. 미보상 지역은 6만8천84.6㎡인데 문화재청 추산으로 보상에 약 3천200억 원이 소요될 전망이다. 나아가 문화재 구역이 계속 추가 되고 있어 매입대상은 지속적인 증가세를 기록 중이다. 기존 사적 지정 구역인 토성은 애초에 3천470m 정도 되었을 것으로 추정되지만 약 2천m 정도만 남아 있으며 이 중에서 470m 구간은 복원 완료됐다.

〈표〉 풍납토성 예산투입 현황

구 분	계	1993~2005	2006	2007	2008	2009	2010	2011	2012
총액 (국비)	4,392 (2,243)	2,765 (1,104)	200 (140)	200 (140)	192 (134)	221 (155)	285 (200)	243 (170)	286 (200)

2013년에 풍납토성에 할당된 문화재 보수정비(총액사업) 예산은 310억 원인데 국비 217억 원과 지방비 93억 원으로 구성된다. 이 예산은 토지보상과 미래마을부지 역사문화공원 조성 등에 쓰인다.

사적으로 지정되거나 예고된 지역에 대해 해당 주민과 현지 주민들은 조속한 매입을 요구한다. 현재 지정된 곳 중 미보상 지역은 지난 5년간 투입한 연간 예산 규모가 245억 원인 점을 고려할 때 토지 보상에만 7~8년이 소요할 전망이다. 이에 더해 주민들은 토성 내 건축허용 범위 확대 등의 건축제한 완화를 요구 중이다. 문화재청은 풍납토성 내부 구역 사정, 특히 매장문화재 분포 가능성 정도에 따라 크게 4개 권역으로 나눠 관리 중이다. 당연히 매장문화재 분포가능성이 높은 곳은 건축이 그만큼 더 제한되기 마련이며, 반대로 이미 아파트가 들어선 곳은 이에서 상대적으로 규제가 덜한 편이다.

---

90 이상 풍납토성 약사는 김태식,《풍납토성, 500년 백제를 깨우다》(김영사. 2000)에 근거했다.
91 이하 풍납토성 관련 각종 지표와 보존을 둘러싼 현황은 발표자가 문화재청 고도보존과에 요청해 받은 「서울 풍납동 토성」보존·관리 현황'에 의한다.

풍납토성 내부에는 총 2천153개의 건축물이 존재한다. 이 중에서 2층 이하 건축물은 1천492개(69%), 3층 이하 건축물은 604개(28%)다. 전체 건축물 중 15년 이하 신축이 626개(29%)이며 16년 이상 된 건축물은 1천527개(71%)다. 증개축에서 층수와 고도를 높이고자 하는 욕구는 당연히 분출할 수밖에 없으며, 노후화한 건물일수록 증개축 욕구 또한 클 수밖에 없다. 이런 욕구가 문화재 보호와 충돌하는 지점에서 많은 민원이 발

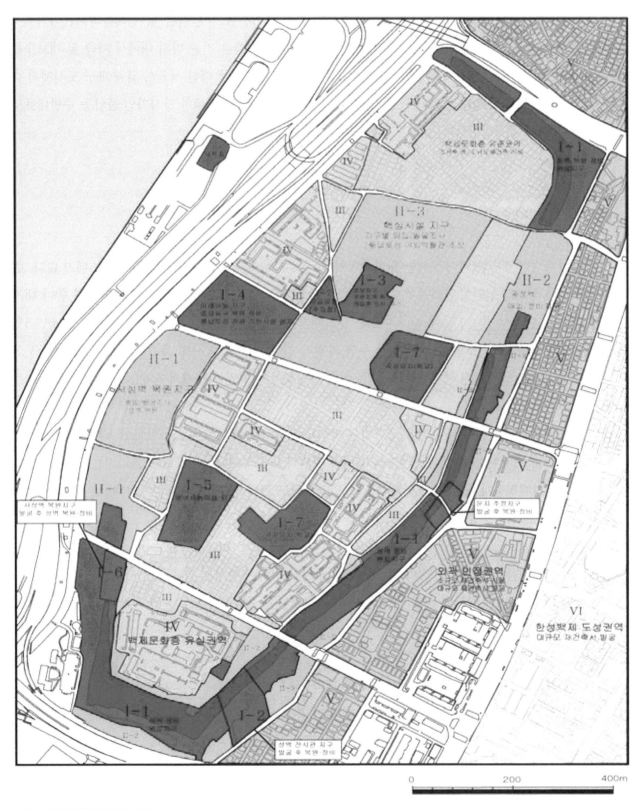

그림 2 풍납토성 권역별 분포도

생한다.

이런 개발 욕구에 당국은 어떻게 대처했는가? 우선 문화재청과 지자체는 사적지정 지역 토지매입 등을 위한 사업비를 꾸준히 증액했다. 2011년 243억 원에서 2012년에는 286억 원으로 늘었다가 2013년도에는 310억 원이 책정됐다.

민원을 중심으로 하는 풍납토성 사태 해결을 위한 소위원회를 2011년 9월 이후 운영하기 시작해 이를 통해 미래마을부지에 역사문화공원과 주민복합문화시설 신축을 허용했으며, 갑을 및 현대아파트는 4권역에 속한 아파트와 같이 리모델링을 허용했다. 또 2권역 노후화한 주택들은 기존 범위 내에서 개축 및 개보수를 허용했다. 또, 도시개발법 개정에 따른 풍납토성 내외부 결합개발방안에 대한 서울시 및 송파구 도시계획 측면에서 구체적 여건 및 시행방안 마련도 강구 중이다. 이 소위원회에는 첨예한 당사자인 풍납동 주민대표도 참가한다는 점에서 주목할만하다.

6. 몇 가지 제언

작금 풍납토성이 직면한 여러 문제는 문화재청이나 해당 지자체가 감당할 범위를 뛰어넘는 데가 많다. 현지 주민들은 대체로 그 원인이 문화재에 있다고 해서 그 정책을 총괄하는 문화재청을 향한 질타를 쏟아 내지만 정부 전체 예산 규모 중 0.17%에 지나지 않는 문화재청이 할 수 있는 일은 그다지 많지 않다. 2000년 5월 13일, 경당지구에서 사상 유례없는 발굴현장 무단 파괴가 일어났을 때 그 사태 해결의 단초를 연 이는 문화재청장이 아니었다. 당시 대통령 김대중이었다. 이는 풍납토성이 직면한 문제의 심각성이 어느 정도인지를 말해주는 하나의 보기다.

올해 문화재청 국정감사에서 송파갑 국회의원 박인숙은 풍납토성 보상에 2조 원이 소요되며, 현재와 같은 보상 추세로는 그것이 완전 해결하기까지 82년이 걸린다고 주장했다. 아마 크게 틀리지는 않을 것이다. 하지만 이를 문화재청장이 해결할 수 있으리라고는 그 자신도 기대하지 않을 것이다. 하지만 나는 풍납토성이 '50년 동안 시계가 멈춘 동네'라는 그의 말에 동의하지 않는다. 물론 그가 이런 말을 왜 들고 나왔는지는 짐작한다.

풍납토성이 시계를 멈춘 시기는 그가 말하듯이 현대가 아니다. 정확히는 백제 멸망 이후 풍납토성 일대가 개발되기까지 1천500년이 어쩌면 시계가 멈춘 시기다. 그보다는 풍납토성은 1997년 지하에서 500년 서울백제가 제대로 출현하기 시작하면서 비로소 시계추가 돌아가기 시작한 동네라고 본다.

풍납토성을 내가 '문화유산'으로 보기 시작한 시점은 1998~99년 무렵이다. 당시 나는 체육부를 거쳐 문화부로 옮겨 문화재 기자로 일하기 시작했다. 체육부 기자 시설, 나는 풍납토성을 여러 번 봤다. 대한체육회가 인근 올림픽공원에 있는 까닭에 칡 냉면을 먹으러 더러 풍납토성을 찾은 것이다. 지금 그때를 기억하면 그 장소는 풍납토성 성벽 중에서도 비교적 원형을 온전하게 간직한 동벽 중간쯤이었다. 당시 성벽은 철조망이 쳐졌고 묘목장 등으로 방치되면서 그 몰골이 말이 아니었다. 그런 성벽이 1999년 처음으로 속살을 드러냈다. 국립문화재연구소에서 동쪽 성벽 중간쯤을 골라 절개 조사를 한 것이다. 내가 풍납토성을 '문화재'로 보기 시작한 시점이 바로 이 때였다. 이것이 나로서는 거대한 변화다.

풍납토성 주민들은 여전히 분통을 터뜨리겠지만, 10여 년이 흐른 지금 풍납토성은 천지가 개벽했다. 당시 성벽은 파밭이었고 묘목장이었다. 아산병원과 가까운 동벽 남쪽과 남벽에서는 동네 주민들이 파를 부쳐 먹었다. 그 파밭에는 개똥이 넘쳐났다. 그런 풍납토성이 지금은 어떠한 모습인가? 적어도 성벽을 중심으로 그 외곽 지점으로 난 산책로는 인근 올림픽공원이나 그 일부분인 몽촌토성 못지않다. 과거를 기억하는 나로서는 이는 천지개벽이다. 그만큼 우리가 모르는 사이에 풍납토성은 소리 없이 변했다.

토성 내부 구역 중에서도 그 한복판에 위치하는 경당지구와 미래마을, 그리고 지금은 영어마을로 사용하는 외환은행 합숙소 건물부지는 작금 풍납토성 사태의 진원지다. 현재 이들 지역은 어떻게 변했는가? 경당지구는 공원으로 변모했고, 미래마을지구는 복합문화시설이 들어설 예정이다. 외환은행 합숙소 건물은 리모델링을 거쳐 새로 태어났다. 앞으로 새로운 공간으로 탄생할 미래마을지구를 포함한 이들 세 지역은 역설적으로 풍납토성 내부 구역 중에서도 주변 환경 정비가 가장 잘된 곳이다. 이는 장기로 볼 때는 풍납토성 내부 전체의 풍광도 바꿀 수 있는 시금석일 수도 있다. 문화재는 풍납동의 걸림돌이 아니라 문화유산을 자산으로 하는 새로운 도시 계획을 가능케 할 것이다.

앞서 나는 인식의 전환을 촉구했다. 문화재와 사람을 대비하면 풍납토성에서는 문화재가 먼저라고 말했다. 사람이 침탈자다. 마찬가지로 문화재가 발전의 가림막이 아니라 외려 그것을 촉진할 수도 있다는 방향으로도 한 번쯤 생각해 봐 주셨으면 하고 간곡히 부탁드린다. 물론 그 이면에서의 감내하지 못할 희생이 많다는 점을 너무나 잘 안다. 나는 문화재도 살고 사람도 사는 이른바 윈-윈의 전략이 역설적으로 풍납토성이니까 가능하다고도 본다. 이를 위해 무엇보다 누가 먼저냐? 무엇이 더 중요하냐는 관점을 뛰어넘어야 한다고 본다.

내가 보는 풍납토성 개발은 아파트 건축과 동의어가 아니다. 아파트가 들어서야 그 지역 발전의 증좌가 되는 것은 아니다. 이를 위해 무엇보다 관련 당국은 풍납토성에 대한 그랜드 발전 디자인을 제시해야 한다. 돌이켜 보면 1997년 이래 풍납토성 발굴은 발굴이 목적이었다. 미래마을지구만 해도 발굴이 완료된 뒤에 그것을 어떤 모습으로 '재건'할지에 대한 디자인이 없었다. 물론 땅속 사정은 하느님도 모르지만, 그에 따라 발굴성과를 보고 디자인이 수정되기는 하겠지만, 적어도 큰 그림은 있어야 했다. 적어도 이곳이 서울백제 500년이 숨 쉬는 이상 이곳은 그것을 체험하는 일체형 공원이어야 했다. 현지 주민들이 복합주민센터가 없으니 그것이 필요하다고 해서 단순히 이 자리에다가 그것을 지어주는 그런 '재건'이어서는 곤란하지 않겠는가? 인근 경당지구는 10년 만에 재발굴이 되었지만, 재발굴이 결정된 그 순간에도 이를 어떻게 활용할지에 대한 밑그림은 없었다. 지금 그 현장은 일반 도시공원 그 이상도 이하도 아니다. 물론 이 자체만으로도 의미가 없는 것은 아니지만 이곳이 백제 왕성의 최적 중심지라는 본질에서 이탈해서는 곤란하지 않겠는가. 무엇보다 발굴은 그 활용까지 염두에 둔 그랜드 디자인이 뒷받침되어야 한다.

비슷한 맥락에서 풍납토성은 현장 박물관을 지향해야 한다고 본다. 작금 풍납토성에는 성벽 말고는 이곳이 한국사의 중요한 지점을 차지하는 곳임을 입증하는 외형은 없다. 거대한 성벽은 두 군데나 절개했지만, 그 속내는 현장에는 그 어디에도 없고 실로 생뚱맞게도 올림픽공원 안, 몽촌토성 인근에 최근 개장한 한성백제박물관이라는 곳에 傳寫한 형태로 전시할 뿐이다. 돌이켜 보면 한성백제박물관은 그것이 실상 풍납토성 전시관이라는 점에서 서울시가 애초 이를 추진할 적에 그 자리는 풍납토성이 되어야 한다는 여론이 많았으며 문화재청에서도 그런 의견을 낸 것으로 안다. 풍납토성 현지 주민 중에서도 이를 요구하는 이가 많았다. 그럼에도 기어이 몽촌토성 인근으로 가고 말았다. 이렇게 되면서 유적과 유물이 괴리하는 현상을 빚고 말았다.

더불어 발굴조사를 통해 확인한 遺構 중에서도 볼거리가 되며, 보존상태가 비교적 좋은 데는 국민과 시민, 공동체에 돌려주어야 한다. 하지만 관리의 어려움이라든가 추가 조사의 필요성 등을 들어 몽땅 걷어내 없애버리거나 도로 묻어버리는 일이 비단 풍납토성만이 아니다. 많은 발굴현장을 다니면서 유적을 없애는 이가 개발이라기보다는 다름 아닌 고고학도의 궁금증이라고 나는 여러 번 목도했다. 충분히 보여줄 만하고, 유의미한 유적이 노출되었음에도 그 구조가 궁금하다는 이유로, 그리고 그 밑에는 무엇이 있는지 확인해야 한다는 이유로 수많은 유적이 파괴되어 영원히 사라졌다. 풍납토성을 예로 들건대 미래마을지구에서 거대한 한성백제시대 기와무지가 발굴됐지만 이곳 역시 영영 사라지고 말았다. 이곳에서만 기와가 200상자 분량이 나왔다. 적어도 이 유구만큼은 나중의 활용을 염두에 두고 현장을 보존했어야 했다. 마찬가지로 경당지구에서 확인한 木石築 우물 또한 비록 그 골격은 현재 지하에 잠겨 있는 상태지만 그 속내를 그득하게 채운 200여 점에 이르는 토기 무지는 몽땅 들어내고 말았다. 앞으로 우리는 이 우물에서 무엇을 볼 것인가?

현장박물관을 위해 나는 또한 적어도 이미 절개한 성벽은 노출해 사람들에게 상시로 보여주어야 한다고 본다. 이를 위한 설비를 한 다음, 그 운영은 주민자치체에 맡겨야 한다고 본다. 문화유산은 공동체와 함께 해야지 격리할 수 없다. 우리의 유산 정책 중에서 내가 보기에 가장 잘못하는 점이 지역공동체의 역할을 부여하지 않는다는 사실이다. 그 어떤 경우든 官이 독점한다. 지원과 감독은 官이 할지언정 관리 운영은 공동체에 맡겨야 한다. 처음에는 많은 문제가 노출할지 모르지만 지역공동체와 함께하는 문화유산의 전범을 풍납토성이 만들 수 있다고 나는 본다.

그럼에도 비단 풍납토성뿐만 아니라 많은 문화재 보호구역에서 사유권재산 침해 논란이 이는 것도 사실이다. 풍납토성을 둘러싼 문제의 핵심은 실은 이것이다. 이 문제는 지금과 같은 방식으로는 한계가 있을 수밖에 없다. 연간 200~300억씩 쏟아붓는다 해도 그 내력이 국민세금이며, 더구나 그 효과가 즉각적이지 않으며, 누군가의 지적처럼 그것을 온전히 해결하는 데 82년이 걸린다손 치더라도 이런 해결방식은 끊임없는 민원을 야기할 뿐이다. 그런 점에서 나는 국토연구원에서 주도하는 용적률 거래제에 상당한 기대를 갖고 있다. 문화재보호구역 같은 데서 희생하는 용적률을 인근 다른 지역 재개발지역에서 보전해주는 이런 제도가 하루빨리 법제화하기를 기대해 본다.

풍납토성(風納土城) 사적지정 50주년 기념 학술세미나

-兼「한강유역 백제전기 수도유역 보존문제」제기 30주년 기념-

종합토론

2013년 10월 25일(금) 16:40~17:40

좌 장 : 손병헌(성균관대학교 사학과 명예교수)

토론초청자 :

1. 노중국(계명대학교 교수),

2. 김기섭(한성백제박물관 전시과장),

3. 신종국(국립해양문화재연구소 연구관),

4. 이성준(국립문화재연구소 연구사)

5. 김홍제(풍납주민대책위원회 위원장)

1. 「한성백제 왕궁유적 발견의 역사적 의의」 토론문

노중국(계명대학교 인문대학 사학과 교수)

백제사 연구에서 가장 어려운 부분 중의 하나는 건국에서 중앙집권화된 국가체제에 이르기까지의 과정에 대한 이해이다. 종래의 연구에서는 이와 관련하여 고이왕대를 주목하였다.『삼국사기』고이왕조에는 6좌평, 16관등제, 3색 공복제, 천지 제사에 고취(鼓吹)의 사용, 좌장의 설치, 낙랑 변민 습취, 진휼, 남당 청사(聽事), 수재자(受財者)와 도자(盜者)에 대한 징장(徵贓)과 종신금고(終身禁錮令) 등의 내용이 나온다. 이를 근거로 종래의 연구에서는 백제 국가체의 성립 시기를 고이왕대로 보아왔다.

그러나 발표자는 고이왕대에 국가체가 성립하였다는 것은 고이왕 이전의 역사 기록, 이른바『삼국사기』초기기록의 내용을 부정하는 것이라고 비판하였다. 그래서 이러한 입장을 본 발표문에서는 모델 2.5라 표현하였다. 모델 2.5는 다른 말로 하면 쓰다 소키치(津田左右吉) 역사관의 아류, 즉 식민사학 아류가 된다. 토론자도 식민사학의 아류로 분류되었다.

『삼국사기』초기기록을 보는 발표자의 입장은 두 가지로 정리할 수 있다. 하나는 고이왕대에는 중앙집권적인 전제왕국을 이룬 시기라는 것이다. 다른 하나는『삼국사기』초기기록은 백제사의 발전과정을 그대로 보여주는 것이므로 신빙해야 한다는 입장이다. 그래서 초기기록 신빙론의 입장에서 백제의 건국과 성장의 역사를 정리해야 한다는 것이다.

본 발표문의 핵심은 백제 건국과 관련한 기본사료인『삼국사기』초기기록을 어떻게 볼 것이냐에 있다. 이에 대해 발표자는 기왕의 견해들을 초기기록 부정론, 초기기록 신빙론, 초기기록 절충론으로 정리하고 발표자는 신빙론자로, 토론자는 절충론자로 분류하였다. 그리고 신빙론의 입장에서 부정론이나 절충론을 비판하였다. 그리고 신빙론을 뒷받침하는 결정적인 증거로 국립문화재연구소가 1999년 6월부터 10월까지 풍납토성(송파구에 위치, 사적 제11호)의 동벽을 발굴·조사한 후 측정한 방사성탄소연대 결과에 의해 풍납토성은 기원전 1세기대에서 기원후 2세기대에 축조되었을 가능성이 높으며, 3세기를 전후한 200년경에는 현재와 같은 모습으로 완성되었을 것으로 추정한 견해를 들었다.

초기기록 신빙론에 입각한 발표자의 백제의 건국과 성장 과정에 대한 사항을 다음과 같다.

○ 百濟王系는 온조왕의 즉위 이후 모두 온조계에 의해 이어져 왔다.

○ 온조왕이 세운 나라의 이름은 십제국이다. 십제국의 건국 시기는 기원전 2세기이다.

○ 십제국이 비류국을 병합한 시기는 기원전 1세기 말 또는 기원후 1세기 초이다.

○ 비류국 병합 후 십제국은 백제왕국으로 성장하여 경기도 일원을 지배하였다.

○ 온조왕의 재위 기간은 한 왕의 재위기간이 아니라 여러 명의 왕의 재위 기간을 온조 한 사람의 재위 기간으로 조정된 것이다.

○ 3세기 중반경인 고이왕대에는 전제왕국으로 발전하였다.

토론자는 발표자가 제기한 초기기록을 어떻게 볼 것인가 하는 점에 초점을 맞추어 토론을 하고자 한다. 다만 풍납토성 발굴과 관련한 사항, 예를 들면 유물의 편년이라든가, 방사성탄소연대측정치 등과 같은 문제는 오늘 발표자나 토론자 선생님의 의견을 경청하고자 한다.

1) 충돌되는 사실과 관련한 사항

첫째, 『삼국사기』온조왕 즉위년 조에는 온조왕이 하남위례성에 도읍한 것으로 나온다. 발표자는 즉위년 조의 기사를 그대로 인정하여 처음부터 하남위례성에 도읍한 것으로 기술하였다. 그런데 온조왕 13년 (B.C.6) 조와 14년(B.C.5) 조에는 온조왕이 하북위례성에서 하남위례성으로 수도를 옮긴 것으로 나온다. 하북위례성의 존재 여부에 대한 발표자의 견해를 듣고 싶다.

둘째, 온조왕의 재위 기간은 46년(B.C.19~A.D.28)이다. 이른바 발표자가 말하는 기원전 1세기말~기원후 1세기 초이다. 발표자는 이 시기에 십제국이 비류국을 병합하고 경기도 일원을 지배하는 왕국으로 성장하였다고 하였다. 그러나 본기에는 온조왕 36년(A.D.18)에 고사부리(전북 정읍시 고부)에 성을 쌓은 것으론 나온다. 초기기록을 신빙하면 백제는 이미 서기 18년에 전북 지역까지를 영역으로 한 셈이 된다. 그럼에도 발표자는 기원후 1세기 초에는 백제가 경기도 일원만을 지배한 것으로 파악하였다. 이러한 설명은 온조왕 36년 조의 기사 내용과 상충된다. 이에 대한 설명을 듣고 싶다.

셋째, 발표자는 왕실 교대론을 비판하였다. 그런데 『삼국사기』온조왕 즉위년 조에는 "改號百濟 其世系與 高句麗 同出扶餘 故以扶餘爲氏" 하여 온조왕의 성씨는 부여씨로 나오나 『삼국유사』남부여 전백제 북부여조에는 "改號百濟 其世系與高句麗同出扶餘 故以解爲氏"라 하여 해씨로 나온다. 백제 왕실의 성씨가 부여 씨로도 나오고 해 씨로도 나오는 현상은 왕실 교대론으로 설명하지 않으면 해명하기 어렵다. 연맹체 단계에서는 연맹장의 교체는 가능하다. 토론자는 해 씨와 부여 씨는 연맹장 교체의 모습을 보여주는 것으로 본다. 이에 대해 발표자의 견해를 듣고 싶다.

넷째, 발표자는 1999년 풍납토성 성벽발굴조사의 방사성탄소연대 측정 결과를 토대로 풍납토성은 기원전 1세기대에서 기원후 2세기대에 축조되었을 가능성이 높다고 하였다. 그러나 『삼국사기』 온조왕 13년 조에는 "秋七月 就漢山下 立柵 移慰禮城民戶"란 기사에서 보듯이 온조왕은 책을 세웠다(立柵). 책과 토성은 구분해 보아야 한다. 이 책은 풍납토성 내부의 환호와 관련시켜 보는 것이 타당하다. 그럼에도 발표자는 온조왕이나 그 이후 백제왕이 현재의 풍납토성을 처음부터 축조한 것으로 파악하고 있다. 이에 대한 발표자의 견해를 듣고 싶다.

다섯째, 『삼국사기』백제본기 온조기에 의하면 온조왕은 재위 26년~27년(A.D.8~9)마한을 멸망시켰다 (二十七年 夏四月 馬韓遂滅). 그리고 36년(A.D.18)에는 고사부리(전북 고부)에 축성하여 전북 고부지역까지를 영역으로 하였다. 그러나 『삼국사기』고구려본기 태조대왕 69년(A.D.17) 조의 "十二月 王率馬韓·穢貊一 萬餘騎"란 기사와 동왕 70년(A.D.18)조의 "王與馬韓·穢貊侵遼東"이란 기사에는 마한이 보인다. 이 마한에 대해 『삼국사기』 편찬자는 "馬韓以百濟溫祚王二十七年滅 今與麗王行兵者 盖滅而復興者歟"라 하여 나름대로 의문을 제기하면서 해답도 모색하고 있다. 고구려본기에 보이는 이 마한은 어떠한 존재이며, 기원후 18년 이후에도 존재한 이 마한의 위치는 어디인가에 대한 설명이 필요하다.

여섯째, 발표자는 십제의 형성을 기원전 2세기로 보았을 때『삼국사기』온조왕 즉위년 조의 기사가 보여주는 건국 연대와는 약 100년 이상의 차이가 나는 문제를 해명하기 위해 "온조왕의 재위기간은 설화화된 것으로 실제는 한 명의 왕이 아니라 여러 명의 왕이 있었는데 온조 한 사람으로 조정된 것으로 볼 수 있다"고 하였다. 시조왕의 재위기간에 대한 이러한 입장은 백제 온조왕에만 해당되는 것인가, 아니면 신라 시조 혁거제 왕의 재위 기간이나 고구려 시조 주몽왕의 재위 기간도 마찬가지로 조정된 것으로 보는 것인가 하는 점이다. 아울러 백제 온조왕에게만 해당된다면 왜『삼국사기』편찬자는 백제 온조왕의 연대만을 조정하였는지에 대한 설명이 필요하다.

2) 풍납토성 성벽 발굴에서 나온 목탄에 대한 방사성탄소동위원소 연대측정 결과 문제

국립문화재연구소는 1999년 6월부터 10월까지 풍납토성(송파구에 위치, 사적 제11호)의 동벽을 발굴·조사했다. 그 결과 풍납토성은 기원전 1세기대에서 기원후 2세기대에 축조되었을 가능성이 높으며, 3세기를 전후한 200년경에는 현재와 같은 모습으로 완성되었을 것으로 추정하였다. 발표자는 이 결과를 신빙하여 풍납토성의 축조연대는 기원전 2세기까지 올라갈 확률이 높다고 보고 이 토대 위에서 부여계 고구려 이주민인 온조집단이 십제를 세운 것은 기원전 2세기로 파악하였다.

문제는 1999년도 발굴에서 이루어진 연대측정 결과가 가장 신빙성이 있는 것이냐 하는 점이다. 이후 여러 차례 이루어진 발굴조사에서 나온 목탄의 연대 측정값은 1999년도의 것과 상당히 다른 것으로 나왔다. 결국 어떤 측정치를 선택하느냐의 문제가 되었다. 십제국의 건국과 풍납토성의 초축 시기가 기원전 2세기라는 발표자의 立論이 성립하려면 1999년도 방사성 연대측정 값이 가장 신빙성이 있다고 하는 것을 증명해야 한다. 이는 단순한 취사선택의 문제가 아니라 1999년의 측정치가 부정되면 발표자의 입론은 근본부터 무너지게 되기 때문이다.

방사성연대측정 문제는 이 자리에 풍납토성 발굴을 직접 담당하고 또 연대측정을 의뢰한 연구자들도 있다. 이 문제에 대해서는 이분들의 견해로 가름하고자 한다.

3) 토론자의 입장

발표자는 발표문제에 대해 토론문을 작성하면서 토론자의 입장도 분명히 밝히는 것이 필요하다는 생각이 들었다. 그래서 토론자의 입장을 다음과 같이 정리하여 제시해 본다.

첫째, 토론자는『삼국사기』백제본기 초기기록과『삼국지』동이전 한전의 기사에 대해서 하나만을 취사선택할 수 없다는 입장이다. 마한은 3세기 후반까지 존재하였고(『진서』마한전,『진서』장화전) 그 성치적 성격은 여러 국들로 이루어진 연맹체였다.『삼국사기』초기기록대로 하면 마한은 기원후 18년에는 멸망하였다. 이에 의하면『삼국지』한전이나『진서』마한전에 보이는 3세기 후반까지 존재한 마한의 실체를 설명할 수 없다. 토론자는『삼국지』동이전의 기사를 토대로 마한은 서기 18년 이후에도 존재하였고, 백제국은 마한연맹체의 한 구성체였다는 것을 설명해야 한다는 입장이다. 그리고 마한연맹체의 한 구성체였던 백제국의 건국과 성장 과정은『삼국사기』백제본기 초기기록을 중심으로 정리해야 한다는 입장이다.

둘째,『삼국사기』초기기록과『삼국지』동이전 한전의 기사를 이해하는 입장에 대해 토론자는 일찍이『삼국사기』초기기록 분해론과『삼국지』동이전의 단계화론을 제시하였다. 이 분해론과 단계화론에 대한 입장은 지금도 변함이 없다. 초기기록 분해론은 온조왕기에 집중되어 있는 정복관계 기사는 후대에 이루어진 정복 사실을 시조가 이룩한 것처럼 소급시켜 정리한 것으로 전제하고 백제의 성장 과정에 맞추어 정복 관계 기사를 분해하여 재정리해야 한다는 입장이다. 예를 들면 온조기 13년 조에 보이는 백제와 마한의 강역 획정 기사는 고이왕대의 상황을 반영하는 것으로, 온조기 26년 조와 27년 조에 보이는 백제의 마한 멸망 기사는 근초고왕대의 사실을 반영해 주는 것으로 파악하는 것이다.

『삼국지』동이전의 단계화론은『삼국지』동이전에 나오는 부여, 고구려, 옥저, 동예, 마한, 진한, 변한, 왜 등은 시대에 있지만 이들의 정치발전 단계는 다르다는 입장에서 나온 것이다. 단계화론에 의할 때 마한, 진한, 변한, 왜 등은 국연맹체 단계이고, 이보다 한 단계 앞선 부여나 고구려는 부체제 단계가 된다. 그리고 부체제를 극복한 단계는 지방통치조직을 통해 지방을 직접 지배하는 중앙집권체제 단계이다. 한편 국연맹체 이전에는 연맹체를 구성한 국들이 분립하고 있었으므로 국단계라 할 수 있으며, 이 국은 읍락이 모여서 이루어졌으므로 국이 성립하기 이전은 읍락단계로 볼 수 있다. 그래서 토론자는 한국고대사에서의 국가발전단계를 읍락단계-국단계-국연맹단계-부체제단계-중앙집권적 국가체제단계를 설정하였다. 이러한 입장에서 토론자는『삼국사기』초기기록의 기사들은 읍락단계-국단계-국연맹단계-부체제단계로 발전하는 과정에 비추어 분해해 이용해야 한다는 입장이다.

셋째, 토론자는 연맹단계에서 연맹장의 교대는 가능하다는 입장이다. 실제 신라의 경우 연맹장은 박씨에서 석 씨로 또 김 씨에로 교대된 사실이 있다. 고구려의 경우에도 소노부에서 계루부로의 교대된 사실이 있다. 백제의 경우 연맹장의 교대를 보여주는 것이 왕성이 부여 씨와 해 씨로 나온다는 사실이다. 부여 씨는 온조왕의 성씨이고, 해 씨는 비류왕의 할아버지가 해부루라는 사실과 연계시켜 보면 비류왕의 성씨가 된다. 왕성이 둘로 나오는 것은 두 집단 사이에 연맹장의 교대가 있었기 때문이다. 이를 현재의 백제왕계보에서 찾아보면 2대 다루왕, 3대 기루왕, 4대 개루왕은 왕명의 말자가 '婁'이고 이 婁는 시조 比流의 流, 비류왕의 할아버지인 해부루(解夫婁)의 婁와 일치한다. 이런 관점에서 토론자는 2대에서 4대 왕은 비류계가 연맹장을 차지하였던 시기의 왕이고, 초고왕대에 와서 연맹장의 지위가 온조계로 옮겨지면서 이후 백제 왕계는 온조계로 이어졌다고 보는 입장이다. 그러나 중앙집권체제의 토대가 놓인 시기인 부체제 단계 이후 즉 고이왕대 이후 왕실의 교대는 따르지 않는다. 토론자는 고이왕이 초고왕의 아들 사반왕을 폐위하고 즉위한 것은 직계와 방계 사이에서 이루어진 왕위교체이지 왕실 교대가 아닌 것으로 파악한다.

넷째, 토론자는 온조왕 13년 조의 기사를 중시하여 하북위례성과 하남위례성을 인정한다. 온조집단은 처음에는 하북위례성에 정착하여 나라를 세웠고 그 후 어느 시기에 하남위례성으로 중심지를 옮겼다. 그 시기를 토론자는 초고왕(166-214)대, 그리고 하남위례성의 위치는 현재의 풍납토성이 아니라 풍납토성 내에서 발굴된 환호 유적으로 본다. 현재의 풍납토성은 이후 백제국이 성장하여 수도에 인구가 크게 증가하고 방어력의 강화가 필요하게 됨에 따라 왕도 확대 과정에서 만들어진 것으로 본다. 그 시기는 3세기 후반 경인 고이왕대 일 가능성이 가장 크다고 본다.

다섯째, 토론자는 십제(十濟)에서 백제(百濟)로의 국호의 개칭을 국가발전 단계와 연계하여 파악한다. 온조왕이 나라를 세웠을 때의 국호가 십제였다. 이는 국단계에서의 국호이다. 반면에 십제국에서 백제국으로의 국호의 개칭은 온조 집단이 미추홀의 비류집단으로부터 연맹장의 지위를 빼앗으면서 이루어진 것이며, 그 시기는 초고왕대로 본다. 즉 십제국은 새로이 맹주국이 되어 국력이 크게 향상되고 연맹체 내에서 차지하는 지위가 격상되자 그에 걸맞게 백제로 국호를 개칭하였던 것이다. 백제라는 국호에 부여된 "百姓樂從"(『삼국사기』) 또는 "百家濟海"(『수서』)라고 의미는 백제국으로 국호를 개칭할 당시의 십제국의 성장의 모습을 보여주는 것이다

여섯째, 토론자는 마한의 멸망 시기는 두 단계로 파악한다. 첫 단계는 조위(曹魏) 정시(正始) 7년(246) 이후 멀지 않은 시기이다. 246년에 일어난 마한과 낙랑·대방군과의 싸움에서 마한은 패하였다. 이로 말미암아 나계 등 수십국이 이탈하여 마한의 세력이 크게 약화되었다. 이에 백제가 맹주국인 목지국을 공격하여 멸망시키고 마침내 마한의 맹주국이 되었다. 그 시기는 목지국의 쇠퇴가 246년 이후라는 것과 『삼국사기』 고이왕조에 정치체제 정비 사실 등을 연계시켜 볼 때 고이왕대로 보는 것이 타당하다고 생각한다.

두 번째 단계는 영산강 유역의 신미국(『일본서기』 신공기 49년 조에 나오는 忱[枕]彌多禮)을 중심으로 한 20여 국을 정복하는 것이다. 신미국을 중심으로 하는 영산강 유역 세력들은 백제국이 목지국을 대신하여 연맹체의 맹주가 된 것에 반발하여 이탈해나가 별도의 연맹체를 구성하였다. 그리고 자신들의 목지국의 정통성을 이었다는 의미에서 연맹체의 명칭을 마한으로 칭하였다. 이 세력은 백제국과는 별도로 독자적으로 서진에 사신을 보내기도 하였다. 백제는 이 세력을 남만으로 표현하였다. 이들에 대한 정복은 『일본서기』 신공기 49년 조에 의하면 근초고왕 24년(369)에 이루어졌다.

일곱째, 토론자는 『삼국사기』 온조왕 13년 조의 "八月 遣使馬韓 告遷都 遂畫定疆場 北至浿河 南限熊川 西窮大海 東極走壤"에 보이는 백제와 마한과의 강역 획정이 이루어진 시기를 고이왕대로 본다. 고이왕은 앞에서 언급한 바와 같이 246년 이후 어느 시기에 목지국을 병합하였다. 이는 백제국이 상당한 정도로 성장하였기 때문에 가능하였다. 백제국의 이러한 성장을 반영해 주는 것이 바로 온조왕 13년 조의 기사인 것이다. 즉 고이왕은 마한 목지국을 멸망시켜 새로운 맹주국으로 등장하기 전에 이미 패하(예성강)-주양(춘천)-웅천(안성)-대해(서해)에 이르는 지역 세력들을 자신의 영향권 내로 넣었던 것이다. 이 힘을 바탕으로 고이왕은 246년의 전투에서 마한이 패하자 맹주권에 도전할 수 있었던 것이다.

여덟째, 토론자는 『삼국사기』 백제본기에 정복 기사가 온조왕조에 집중되어 있는 것은 시조의 탁월한 능력을 과시하기 위한 목적에서 만들어졌다고 본다. 백제 시조 온조의 탄생 설화는 고구려 시조 주몽이나 신라 시조 혁거세의 탄생 신화는 차이가 난다. 주몽과 혁거세의 탄생에는 난생(卵生)설화라고 하는 신화적 요소가 있어 시조의 신성성을 드러내 준다. 그러나 온조의 탄생에는 신화성이 없다. 때문에 백제본기에서는 시조의 탁월한 능력을 드러내기 위해 백제가 건국 이후 이룩한 정복 활동을 모두 시조가 한 것처럼 정리한 것이다.

2. 「풍납토성 재발견의 빛과 그림자」

김기섭(한성백제박물관 전시과장)

1997년 1월 4일 이형구 교수의 문화재 발견 신고로 비롯된 풍납토성 발굴조사는 백제의 건국 및 왕도 한성에 관한 학계 논의가 본격화하는 신호탄이었다. 이후 동쪽 성벽(1999년), 경당지구(1999~2000년), 미래마을(2003~2011) 등을 차례로 발굴조사하였고, 이로써 풍납토성이 백제 한성도읍기의 핵심지구였다는 사실이 분명해졌다. 특히, 풍납토성의 중앙부에 해당하는 경당지구에서 대형 지상건물지(44호)와 대형 창고(196호), 토기 매납 우물(206호) 등을 찾아냄으로써 백제 왕실의 존재감을 다각도로 느낄 수 있게 되었다.

풍납토성이 백제 왕도 한성(漢城)의 핵심이었음을 증거하는 유구, 유물은 이루 헤아릴 수 없을 정도로 많다. 그런데도 아직 고개를 갸우뚱하는 사람들이 있다. 풍납토성 출토유물 수십만 점 중 금·은제품과 귀금속이 많지 않다는 것이다. 이는 고대 도시유적의 특징을 잘 모르기 때문에 가진 오해이다. 사람들이 모여 살았던 도시유적에서는 사람들이 죽어서 묻힌 무덤에서와 달리 일상생활 유물이 주로 출토된다. 유물의 가치는 재질이 아니라 유물에 담긴 역사적 배경과 기능에 달려 있다.

풍납토성에서 출토된 유물 중 왕도임을 증명하는 대표적인 유물로는 토관(土管)을 들 수 있다. 상·하수관으로 쓰였을 토관은 지금까지 풍납토성 안에서만 10여개가 발견되었는데, 이것들이 정말 상·하수관이었다면 이건 정말 대단한 유물이다.

19세기 말 한양(서울)을 방문했던 외국인들의 기행문에 따르면, 조선의 도성 내에서 종로일대는 깨끗하지만 도심에서 조금 멀리 떨어진 곳은 오물 때문에 악취와 파리·모기가 들끓었다고 한다. 하수도, 하수관이 없었기 때문이다. 그런데 지금부터 적어도 1600년 전, 4~5세기에 풍납토성 안에서 하수관을 만들어 쓴 것이다. 당시의 경제·기술 수준으로 보아 이처럼 위생적인 생활을 하기 위해서는 많은 인력, 기술자를 동원해야 했다. 토관은 서로 연결해 쓰는 시설물이므로 규격이 같도록 일정한 틀에 맞춰 고운 흙으로 수천 개의 토관을 빚었을 것이다. 토관의 방수 효과를 높이려면 불가마에서 높은 온도로 구워야함으로 나무 수천 그루를 잘라 말려서 가마 장작으로 써야만 했다. 땅을 파고 토관을 줄지어 묻는 작업에도 상당한 기술이 필요했을 것이다. 따라서 1개의 토관 유물은 수십 명 혹은 수백 명의 기술자를 장기간 동원할 수 있는 기술력, 재력, 권력 등을 시사한다. 토관이 필요할 정도로 거대한 저택과 정연한 도시구획을 설계할 수 있는 능력과 문화수준도 나타낸다. 4~5세기 무렵 백제에서 이처럼 다양한 능력을 종합적으로 움직일 수 있었던 사람은 아마도 백제 왕과 그 주변 인물들뿐 이었을 것이다.

금관이나 금동관은 지방의 수장 무덤에서도 나온다. 직접 만들었는지 왕에게서 받았는지 알 수 없지만, 금동관 1개만으로는 무덤 주인이 왕이었는지 아닌지 알아내기 어렵다. 그런데 흙으로 만든 토관은 다르다. 토관은 1개만 발견되었어도 주변 땅속에 묻혔을 수백 개, 수천 개를 암시하는 유물이다. 기와도 마찬가지다. 회백색이 많은 백제 기와는 아주 얇고 가벼운 편인데, 당시 나무 기둥의 두께와 수량에 비례하는 시설물로서 수십, 수백 개 이상을 연결해야 지붕을 만들 수 있었으므로 기술력, 경제력, 권력을 상징하는 대표적인 유물이다. 기둥을 감쌌던 토제 기둥장식도 크게 다르지 않다.

풍납토성에서 출토된 유물들을 마치 하급품인 것처럼 대하는 주민들을 가끔 만난다. 청자·백자만 귀한 줄 알고 금관·금팔찌만 대단한 줄 안다. 그러나 오랜 역사의 유물은 고급품 기준이 재료에 있는 것이 아니다. 유적·유물은 과거의 사실을 실감나게 알려주는 역사 타임머신이기에 제대로 이해하려면 무엇보다 분석력·통찰력에 기반한 역사적 상상력이 필요하다. 가령, 풍납토성·몽촌토성 등지에서 출토된 토기들은 적어도 1,600여 년을 땅속에 묻혀있었던 것들이다. 한반도의 흙은 산성(酸性)이 강해서 다른 곳보다 부식 속도가 빠른데, 그 속에서 1,600여 년을 견디었으니 본래의 질감과 색감을 모두 잃은 뒤 출토되는 것이 보통이다. 본래 견고하고 윤기가 돌던 그릇이었지만, 지금은 푸석푸석 거칠거칠 초라해 보이는 것도 그 때문이다. 그런데 그것을 1천년이나 뒤에 만들어진 조선시대 그릇들과 단순 비교하면 되겠는가?

경당지구의 대형창고(196호)에서는 큰독 22점과 중국에서 수입한 유약 바른 도기(陶器) 항아리 33점이 다른 저장용 그릇들과 함께 출토되었는데, 일부 항아리 안에 복어를 비롯한 생선뼈들이 들어 있었다. 발굴조사단은 어류(魚類) 젓갈의 흔적이라고 추정하였는데, 개연성이 높다. 백제 왕도의 한복판에서 중국산 도기 항아리에 젓갈 및 각종 음식물을 담아 대형창고에 즐비하게 쌓아둘 수 있었던 사람은 누구일까? 백제왕실을 떠나 상상하기 어렵다. 바로 옆 미래마을에서 발견된 포장도로는 풍납토성 내부의 도시구획이 나름대로 정연했다는 증거이다.

풍납토성이 백제의 왕성·도성이었음은 이미 분명해졌다. 이제 관심은 언제, 누가, 어떻게 풍납토성을 쌓고 운영했는가 하는 구체적인 역사상을 복원하는 데 몰아져야 한다. 그리고 국가의 중요 문화재를 잘 보존·활용하고, 그를 위해 지금껏 큰 고통을 받아온 수만 명의 주민과 함께 하루 바삐 확실한 해결책을 찾아 실행해야 한다. 해결책은 정부도, 주민도, 학계도 동의할 수 있는 것이어야 한다. 큰 지혜와 굳센 사명감과 넓은 마음이 몰아져야 하는 매우 어려운 일이지만, 지난 10여 년의 갈등과 고통은 국가·사회의 책임감에 기초한 실행력 외에 달리 길이 없음을 알려준다.

3. 「풍납토성 미래마을 발굴성과」에 대한 토론 요지

신종국(국립해양문화재연구소 연구관)

발표 잘 들었습니다. 저는 발표자인 최맹식 선생님과 풍납토성에 관한 매우 중요한 경험을 공유하고 있습니다. 2006년 국립문화재연구소 유적조사실의 실장으로 최 선생님이 계셨고, 저는 조사원으로서 미래마을 발굴을 담당하고 있었습니다.

2006년 11월 21일로 기억하는데요, 미래마을 '가'지구 조사를 거의 마무리하고 현장 지도위원회를 개최했습니다. 당시 오늘의 학술대회를 주최하신 이형구 선생님을 지도위원 당연직으로 모셨고, '가'지구에서는 처음으로 자갈이 깔린 도로 등 중요 유구들이 많이 확인되었습니다. 그런데 풍납토성 보존에 따라서 주민민원이 심했기 때문인지, 풍납토성 주민들 약 100여 명이 지도위원회에 참석하셔서 분위기는 험악했고, 주민들은 발굴성과를 듣기보다 당신들의 요구를 관철하려는 분위기가 팽배했었습니다.

어느 정도 지도위원회가 진행된 이후에 흥분한 주민들이 "풍납토성 보존의 원흉 이형구를 때려잡자"하고 지도위원인 이형구 선생님에게 달려들었습니다. 그래서 어쩔 수 없이 이형구 선생님을 당시 현장사무실로 사용하던 컨테이너로 모시고는 선생님께서는 안에서 문을 잠그고 계셨고, 저를 비롯한 조사원들은 문 앞에서 "그러시면 안 됩니다"를 외치며 주민들과 대치하였습니다. 이형구 선생님께서는 점심식사는 커녕 물 한 모금도 못 마시고, 긴장 속에서 컨테이너 속에 내 다섯 시간을 갇혀 있다가 경찰이 출동하여 겨우 풀려났었습니다. 지도위원으로 모신 저희로써는 낯을 들 수 없을 정도로 죄송했었습니다.

물론 그 전의 기억도 있습니다. 2000년 9월쯤이었을까요, 미래마을 시굴조사를 마치고, 지도위원회가 있던 날입니다. 당시 저는 국립문화재연구소 비정규 연구원으로서 지도위원들을 모시고 현장 안내를 하고 있었습니다. 그때는 2006년보다 더 험악했던 게 경당지구가 보존 결정이 난지 얼마 안 되었고, 미래마을 재건축 조합원분들의 이해관계가 첨예하게 얽혀 있을 때라고 생각됩니다. 비가 부슬부슬 내리는 오후에 넓은 트렌치를 파 놓은 현장에 선생님들을 모시고 갔는데 그때도 마찬가지로 주민들이 "이형구를 죽여라"하면서 선생님에게 득달같이 달려들었습니다. 마침 제가 가장 가까이에 있어서 마치 경호원처럼 주민들을 막아섰는데 그런 저한테 "너는 뭔데 그러는 거야"라고 했고, 저는 "저를 가르쳐 주신 선생님입니다. 이러시면 안 됩니다" 하며 몸으로 막아섰다가 결국 쓰고 있던 안경은 어디로 갔는지 사라져 버리고, 주민들이 밀어서 빗물에 젖은 땅에 몇 차례 밀쳐 넘어졌습니다. 당시에도 이형구 선생님은 정말 말로 표현 못할 고초를 겪으셨습니다.

이미 13년이나 지났지만 지금도 당시의 모습이 생생합니다. 그때 주민들의 살벌한 분위기와 높게 쌓인 흙더미 위에서 우산을 쓰고 지켜보고 있던 여러 선생님들, 흥분한 주민과 고초를 겪고 계셨던 이형구 선생님.,

이것이 미래마을 발굴에 대한 저의 가장 강렬했던 기억입니다.

풍납토성이 사적으로 지정된 지 올 해로 만 50년이 되었고, 이를 기념하기 위해서 지금 학술대회를 하고 있지만 실제로 이 유적이 진정으로 백제의 왕성으로서 주목받기 시작한 것은 아시다시피 얼마 되지 않았습니다. 그리고 그 시작은 추운 겨울날 이형구 선생님을 비롯해서 그 제자들(지금 그 몇몇은 저의 동료)이 풍납토성 실측을 하다가 아파트 건설현장 지하 4m 터파기 공사장에서 발견한 주거지의 윤곽선과 알알이 박혀 있던 백제 토기파편을 발견하여 신고한 1997년 1월 어느 날이었습니다. 그리고 시작된 국립문화재연구소의 긴급발굴조사 현장에 아무것도 모르고, 학비를 벌려고 온 아르바이트생이 한 명 있었고, 그는 이를 인연으로 여기 계시는 신희권 당시 학예연구사 등의 권유에 고고학의 길에 접어들어 지금 이렇게 이 자리에 있습니다.

토론문을 작성하면서 토론이 아닌 저의 고고학 인생을 이야기 한 꼴이 되었습니다. 어찌 보면 제가 이 길에 입문하여 한 가정의 가장이 되고, 나름대로 사회에서 역할을 하면서 살아가는 것에 큰 계기가 되었던 것이 풍납토성이었고, 이 풍납토성의 보존과 발굴이 이형구 선생님 덕분이었다는 점을 다시 한 번 되새기게 됩니다. 지금은 비록 저 멀리 목포에서 수중고고학을 하고 있지만 저의 학문적 고향이 풍납토성임을 잊지 않을 것임을 다짐하며, 토론자의 소임을 다하기 위해 최맹식 선생님께 몇 가지 질문 아닌 질문을 드리고자 합니다.

1. 미래마을은 풍납토성 내부지역 중 가장 오랜 기간 동안 발굴되었으며, 가장 넓은 지역이기도 합니다. 2004년부터 2011년까지 이루어진 미래마을 발굴 성과 중 중요한 것이 이 지역에서는 이른바 원삼국시대라고 하는 시기로부터 한성백제시대 말기까지의 유구들이 확인되었다는 점과 도로망의 확인이라고 생각합니다. 이른바 원삼국시대의 주거지들이 '라'지구에서 발굴되었는데, 이 주거지들이 축선이 이후의 주거지나 건물지 등 다른 유구와 그 장축방향이 현저한 차이가 있습니다. 과연 이러한 차이의 원인이 무엇인지 여쭙고 싶습니다. 아울러 남북, 동서방향의 도로가 확인되었고, 동서방향 도로로 추정되는 구상유구의 남편에서 주로 대형 건물지나 기와 건물지 등이 나타나고 있는데, 풍납토성 전체에서 미래마을 부지의 활용이 과연 어떠했고 어떻게 변화했는지에 대해서 생각하고 계신바가 있으시다면 듣고 싶습니다.

2. 단지 미래마을에 한정된 질문은 아니며, 앞으로 풍납토성의 미래와 관련된 질문을 하나 드리고 싶습니다. 어떻게 보면 이 자리에 계신 모든 분들과 함께 고민하고 싶은 부분이기도 합니다. 2004년 시작된 '풍납토성 10개년 조사계획'의 일환으로 미래마을 발굴이 시작되었고, 당초 2006년에 마무리되는 것으로 계획되었다가 2011년에서야 실질적인 조사가 끝나고, 올해까지 보고서 작업이 마무리되는 것으로 알고 있습니다. 결국 풍납토성 발굴조사 1차 10개년 계획이 올해로 끝나고 내년부터는 새롭게 조사가 시작되어야 합니다. 이 시점에서 과연 앞으로 풍납토성의 조사가 어디를, 어떻게 조사하여야 할 것인가에 대해 묻고 싶습니다. 이는 단지 조사 진행에 대한 것만이 아니라 우리나라의 대표적인 매장문화재 중의 하나인 풍납토성이 앞으로 10년 후, 20년 후에 어떤 모습이 되는 것이 좋을까? 하는 비젼에 대한 문제입니다. 선생님께서 생각하시는 풍납토성의 올바른 조사방향, 보존방향, 활용방향에 대해서 말씀해 주시기 바랍니다.

4. 「풍납토성 성벽의 축조기법」토론

이성준(국립문화재연구소 연구사)

발표자이신 신희권 선생님께서는 1999년 풍납토성 동벽의 A, B 두 조사지점에서 확인된 구조적 현상들을 정리하신 후 토성의 조사 사례가 상대적으로 많은 중국의 자료와 비교하여 기술적 특징을 정의하셨습니다. 토론자는 큰 틀에서 그동안 알려진 풍납토성 동벽의 구조적 현상들에 대해 크게 다르지 않은 시각을 가지고 있고, 극히 일부 지역에서 이루어진 한정된 조사 결과가 풍납토성 축조기법의 대표성을 담보할 수 없는 현실적인 문제를 염두에 둔다면, 당장 제시할 수 있는 다른 대안이나 상호논쟁적인 토론을 유발한 질문은 사실 없습니다. 따라서 일부 사실관계 확인과 함께 향후 풍납토성을 중심으로 한 생산적인 논의의 전개를 위해 몇 가지의 의견을 제기하고자 합니다.

풍납토성에서 판축층 사이에 불다짐한 흔적들이 발견되었다고 하셨고, 烝土築城이라는 공법과 관련될 수 있음을 언급하셨습니다. 2002년 발간된 동성벽 발굴조사보고서에는 비교적 간략히 서술되어 있는데, 체성의 중심부 아래쪽에 분포하는 뻘층의 바닥 일부와도 관련되는 듯하며, 특히 발굴조사 과정에서 종종 확인되는 토양 내 철분 및 마그네슘 등 무기물 침전현상이 주변에서 확인되었던 것으로 파악됩니다. 이러한 현상에 대해 불다짐을 확신할 수 있는 분석결과가 있으면 소개해 주시고, 조사지역 전체 성토구간(성벽) 중 이와 같은 현상의 분포비율은 대략 몇 퍼센트 정도로 평가할 수 있는지 보충 설명해 주시기 바랍니다.

풍납토성과 같이 대규모의 토목, 건축공사가 시행될 경우 성벽이 지나게 되는 여러 지형, 지반조건을 극복하기 위해 적합한 세부 공법들이 다양하게 활용되었을 것으로 추측해 볼 수 있습니다. 이것은 마치 현재의 고속도로 공사처럼 계곡 사이에는 다리를 세우고, 능선이 높은 곳에는 터널을 뚫고, 강변이나 해안에는 흙다짐을 하면서 하나의 공사가 완공되는 것과 비교할 수 있으며, 1991년부터 현재까지 성벽 관련시설을 꾸준히 조사하고 있는 함안 성산산성의 사례에서도 지형 및 지반조건에 따라 다양한 기초시공과 성벽설비가 이루어졌다는 사실을 고고학적으로 확인할 수 있었습니다. 하지만 우리나라의 일반적인 성곽조사는 전체 성벽 구간 중 특정한 일부 지점에 한해 실시되는 경향이 크기 때문에, 자칫 지엽적인 조사결과가 해당 성곽의 축조기술 전체를 대표하는 것으로 왜곡될 수 있다는 한계점이 분명 존재하는 것도 사실입니다. 1999년과 2011년 두 차례의 동성벽 발굴조사에서 확인되는 시차를 둔 증축의 과정, 외벽석렬과 적갈색의 피복토, 중심토루의 교충성토, 점토 위주의 내벽 성토층, U자형 溝와 각재 기둥, 내벽 하단 석축시설 등의 구조적 현상들은 大同小異한 것으로 판단되는데, 이와 같은 구조적 측면에서의 유사성에 대해 어떤 의견을 가지고 계신지 궁금합니다.

마지막으로 그동안 발표자께서는 여러 차례의 연구를 통해 풍납토성 축조를 위한 당시의 측량술 및 계획성 등이 상당한 수준에 도달하였음을 강조해 오셨고, 토론자 역시 이와 같은 견해에 적극 동의하고 있습니다. 예를 들어 2011년 동성벽 발굴조사에서 확인된 것처럼, 학계에서는 강변의 연약지반 보강을 위한 소위 부엽공법이 성벽의 기초에 시공되었으리라 예상하였지만 실제로는 시공되지 않았고, 1999년 조사에서도 마찬가지의 현상을 확인할 수 있었습니다. 이것은 2012년 한국산업규격(KS F-2318)에 따라 실시한 동성벽 조사구간의 지반조사 결과, 기초지반이 10m 이상의 높이로 축조된 성벽의 하중을 충분히 부담할 수 있으며, 부엽공법 등의 추가적인 보강조치가 불필요한 퇴적층이라는 사실에 부합하는 것으로, 부엽공법 등 고대사회의 토목 및 건축공법이 단순히 가시적인 입지여건 등을 고려하여 적용되었던 것이 아니라 지반의 특성과 구조물의 하중 등 고도의 경험적 지식에 기반한 기술체계를 바탕으로 하고 있다는 것을 시사하는 것으로 판단됩니다. 현대의 산업사회에서도 첨단의 기술과 지식은 체계적인 교육을 통해 전수되거나 산업기밀로 분류되어 특별 관리되는 등 자원활용 및 기술구현의 고도화와 직접적으로 관련됨은 잘 알려진 사실입니다. 풍납토성의 축조와 같이 높은 수준의 기술을 구현하기 위해서는 사회 내적으로 기술의 계기적 발전이 진행되어 왔거나, 사회 외적으로 새로운 기술이 유입되었거나 하는 크게 두 가지 경우를 상정할 수 있습니다. 물론 발표문에서 비교자료로 제공하신 중국의 사례는 시기적으로 직접 연결시키기에 무리가 있기 때문에 차치하기로 하고, 내적인 계기적 발전의 결과인지 아니면 외부 요소의 유입으로 보는 것이 타당한지에 대한 의견을 주시기 바랍니다.

5. 「풍납토성 보존과 대책」문제 토론문

김홍제(풍납토성 주민대책위원회 위원장)

(1)

안녕하십니까?

저는 풍납토성주민대책위원회 김홍제입니다.

오늘 이 자리가 풍납토성이 국가사적으로 지정된 지 50년 된 것을 기념하는 학술세미나에 토론자의 한 사람으로 초청해 주셔서 주최자 측에 감사드립니다. 오늘 여러 선생님들께서 발표하신 내용들을 잘 들었습니다. 저는 이 자리에서 주민들을 대표해서 드리는 말씀인 만큼 좀 지루하시더라도 경청해 주시면 고맙겠습니다.

먼저 지난 14년간 문화재로 인해 고통을 받고 있는 주민들을 위해 풍납토성 주민 문제 해결을 위한 토론회를 개최하게 된 것에 대해 다행이라고 생각하며 반면 이런 문제가 아닌 다른 좋은 일로 이 자리에 섰다면 얼마나 좋을까 하는 생각도 해 봅니다.

아시다시피 풍납토성은 풍납동이 서울시에 편입된 1963년에 사적 제11호로 지정되었습니다. 하지만 그때 풍납토성 성벽만 지정하고 내부를 포함시키지 않은 것이 근본 문제였습니다.

1997년, 풍납토성 내부 아파트 공사현장에서 백제초기 유물이 발견되면서 문제는 현실화되었고, 그 후 매장문화재가 있을 것이라는 이유로 풍납토성 내부는 지하 2m 지상 15m로 건축규제를 받게 되었습니다. 그때에도 주민의 대책은 아무것도 없었습니다.

주민들의 건의와 투쟁도 무시 한 채 2009년에는 '풍납토성 관리 및 활용 기본계획'이라는 것을 발표하면서 권역별로 동네를 이리저리 갈라놓았습니다. 이때 2권역은 건축행위를 전혀 할 수 없게 지정하였습니다. 이렇게 1단계 2단계 3단계 소리없이 숨통을 조여 왔음에도 불구하고 벌써 수년이 지났지만 개인재산을 박탈시키고 아무런 대책도, 주민들의 생각도 아랑곳없이 정부에 의해 풍납동은 문화재 발굴이라는 이름으로 파헤쳐져 왔습니다.

10여 년 동안 가림막도 없이 땅을 팔 때 먼지로 인해 무더위에도 창문도 못 열고 주민들은 그 많은 먼지를 먹고 살아야만 했습니다. 앞으로도 미래가 없는 하루하루의 삶을 생각하면 정신이 몽롱해 집니다. 아마도 민간업체에서 땅 파는 공사를 했다면 아무런 대책 없이 땅을 파지도 팔수도 없었겠지요? 여러분이 꿈과 희망을 가지고 세상을 살듯이 우리 풍납동 주민들도 꿈과 희망을 기지고 사는 국민의 한 사람입니다.

(2)

지금도 정부나 문화재위원들은 앞으로 풍납동이 좋아 질 거라고 말합니다. 그러나 우리 주민들은 세상이 원망스러울 정도로 큰 피해자들인데 주민들에게 할 소리인지 한 번쯤 생각해 보셨습니까? 우리 주민들은 그렇게 어리석지 않습니다. 물론 풍납동은 좋아지겠지만 주민들은 피해만 더 커진다는 사실을 알고 계시는지요? 문화재청 직원 분들, 문화재위원님들 풍납동에 살지 않고 있다는 게 천만다행이죠.

2009년도 '풍납토성 관리 및 활용 기본계획'이 발표 후 4년이 넘는 시간이 지났지만 정부는 주민들에게 실행할 해결책을 내놓지 못하고 있습니다. 주민들은 기본계획이라는 것에 의해 오히려 신축이나 증축을 할 수 없는 지역이 생기고, 주민들의 미래는 점점 불확실 해 지고 있습니다. 국가가 죄 없는 국민을 상대로 14년째 재산권 행사를 못하도록 방해하는 것은 국민의 기본 권리를 져버리는 것이고 헌법에도 위배되는 사항이라 생각됩니다.

헌법에는 "모든 국민의 재산권은 보장된다. 공공 필요에 의한 재산권의 수용, 사용 또는 제한 및 그에 대한 보상은 법률로서 하되, 정당한 보상을 지급하여야 한다."라고, 국민들의 행복 추구권과 재산권 보장을 약속하고 있습니다. 이 자리에 계시는 분들은 헌법에 나와 있는 이 내용을 알고 계십니까? 국가는 왜 헌법에 나와 있는 기본적인 법령을 지키지 않고 있는 것일까요? 매번 예산이 없다는 핑계로 언제까지 주민들의 고통을 방치할 것입니까?

지난 14년 간 저희 주민들은 30여 차례 집회를 통해 보상이나 대토(代土)에 의한 이전(移轉), 그것도 안 된다면 적은 예산으로 빨리 해결할 수 있는 방법으로 일부 풍납토성 내의 결합개발(집을 못 짓는 2권역에 주민을 집 지을 수 있는 3권역에 집을 짓고 함께 사는 것) 등을 요구하였으나 어느 것 하나 이루어지지 않았습니다.

지금까지 정부의 보상이라고는 사적 지정에 의한 보상이 전부입니다. 그것은 지금 이미 신청하고 순서를 기다리고 있는 400여 세대만 해도 10여 년 이상을 기다려야 합니다. 보상 신청을 해놓고 내가 원할 때 못 받고 언제가 될지도 모르는 순번 기다리다가 순서가 되면 받는 게 강제수용이지 무슨 협의 보상입니까? 신청을 받고 있는 기관도 언제 보상이 이루어질지 모르는 상황이라 난감한 입장일 것입니다.

자! 지금의 상황을 봅시다.

이 문제를 야기한 문화재청은 학자들이 지정하라고 해서 할 뿐이지 문화재청에서는 보상할 힘이 없다고 합니다. 실질적인 주민의 가장 가까운 곳인 송파구청은 너무나 큰 일 이라서 또 힘이 없다고 합니다. 서울시는 1988년도에 지방세로 이첩되었던 '담배세'로 해결 할 수도 있었지만 외면하였고, 그것도 지금 와서는 불가능한 일이 되었습니다.

지난 수년간 저희는 이 기관들의 담당자들이 바뀔 때마다 원점으로 돌아가 처음부터 다시 시작하는 마음으로 이런 이야기를 수없이 하였고 또 들어야만 했습니다. 저는 이럴 때마다 보고 느끼고 배운 것이 있습니다. 담당하고 있는 직원이 일 할 수 있도록 지원하는 것이 아니라 원칙에 따라 시간이 되면 인사 발령이라는 이름 아래 교체하는 것이 전부였습니다. 그렇다면 같은 조건이면 누구든지 편하게 일 할 수 있는 다른 부서로 발령받기를 원하는 것은 당연하다고 봅니다.

옛말에 사공이 많으면 배가 산으로 간다는 말이 있는데 사공이 자주 바뀌면 사공이 많은 것 보다 더 막막해지는 주민들의 마음을 아십니까? 차라리 산으로라도 갔으면 좋겠는데 바다 한가운데 멈춰있는 배 위에 타고 있는 주민의 심정을 말입니다.

이제는 풍납동 문제를 해결해야만 할 때입니다. 사적 지정 된지 50년이 지난 지금 이제는 정부가 발벗고 나서서 꼭 해결해야만 합니다. 어느 나라가 수도에 이렇게 많은 사람들이 살고 있는 이 넓은 지역을 문화재로 묶고 도시 한 가운데에서 서서히 유령의 마을로 변해가는 모습을 보면서 서로 책임을 떠넘기기 바쁜 정부가 있겠습니까?

저는 문화재가 중요하지 않다고 생각하는 것이 아니라 문화재가 중요한 만큼 그 땅 위에 살고 있는 주민이 더 중요하다고 봅니다. 모든 역사나 문화재의 중요성은 국민이 있고 국가가 있기 때문이라고 봅니다.

(3)

박근혜 대통령께서 당선자 시절 어느 신문기사에서 대한민국을 선진국으로 만들겠다는 기사를 보았습니다. 또 취임사에서는 경제부흥, 국민행복, 문화융성을 강조하셨습니다. 우리 주민도 행복을 누릴 권리가 있고, 선진국이라 함은 국민소득도 중요하지만 그것 보다는 복지 문제 또는 국민의 삶의 질이라고 생각합니다. 그 중요한 문화재 위에 살고 있는 주민이 더 중요하다고 생각하는 것이 선진국의 생각이 아닐까 합니다.

문화재 보호구역이 아닌 타 지역의 사람들이 인사말 때마다 불쌍하게 여기며 풍납동은 다 망한 것처럼 이구동성 말합니다. 왜 중요한 문화재와 그 땅 위에 살고 있는 주민이 천적이 돼야만 합니까? 문화재를 제대로 보존하려면 50년~60년 전에 틀에 박힌 법이 아닌 시대에 맞는 법을 개정해서 풍납동 주민만이 아닌 전 국민이 불이익을 당하는 일은 없어야 된다고 봅니다.

이제 주민들은 요구합니다. 풍납동 주민들은 불쌍하거나 안타까운 동정의 대상자가 아닙니다. 자기 땅에서 열심히 잘 살고 있다가 아무런 이유없이 하루아침에 땅 밑에 무엇이 있다고 해서 꼼짝 못하게 된 억울한 사람들입니다. 바라만 보지 말고 빨리 해결해 주십시오. 빠른 시일 내에 주민들이 다른 곳에서 미래를 계획하며 살 수 있게 해 주십시오. 주민들의 대부분은 연로하셔서 오래 산 이곳을 떠나기 싫어합니다. 하지만 주민에게 돌려줄 수 없는 땅이라면 이렇게 서서히 죽어 가게 해서는 안 됩니다. 하루라도 빨리 주민들이 마음 편히 살 수 있는 곳으로 보내 드려야 합니다. 이것이 진정 문화재도 살고 주민들도 사는 길이라고 생각합니다.

매장문화재란 이유로 30년, 40년, 100년 후로 계획을 고집한다면 지금 진행되고 있는 토론회 자체도 의미가 없으며, 우리 주민들은 각 기관에서도 해결할 의지가 없기 때문이라고 생각합니다. 그 이유는 현재 주택을 소유하고 있는 우리 주민들은 30년 후면 분명 90%가 이 세상을 떠나 집도 돈도 필요 없는 저승에 있을 테니까요. 살기 위해서 하는 일 죽고 난 뒤에 다 무슨 소용이 있겠습니까? 정부의 답은 분명 빨리 해결하고 싶은데 보상할 재원이 없다고 하겠지요. 왜 우리 주민들은 묶으면 묶이고 돈 없다면 봐주고 해야만 됩니까? 우리 주민들은 이해하기도 어렵고 이해하고 싶지도 않습니다.

끝으로 지금 진행되고 있는 용역이 용역으로만 끝나지 않고 빠른 시일 내에 우리 주민이 좋은 세상 남들처럼 행복하게 살 수 있도록 오늘 모이신 학자 여러분들의 발표와 토론이 관계 공무원들이나 입법을 담당하시는 분들께서 경청하시고 진정한 관심으로 힘을 모아 주셔서 국가가 진정으로 앞장서서 이번에는 꼭 풍납동 문제가 해결될 수 있기를 바랍니다.

감사합니다.

박근혜 대통령께 드리는 〈풍납토성 보존 청원서〉

```
우    체    국      서초구진 취급국
<www.epost.kr>      101-83-02925
             ☎02-597-8774
서울특별시 서초구 효령로 222, 청산빌딩 1층 (

손해배상 등의 청구시 영수증이 필요합니다.
(단, 손해배상은 등기우편물에 한함)
고객문의 전화 및 문자상담 : 1588-1300
평일(09~18시),토요일(09~13시),공휴일(ARS만 가능

영수증NO : 10155896
접수일자 : 2013-11-04 09:10
접 수 자 : 창구 01
          지영임
```

```
<국내등기(통상/소포)우편물>
발 송 인 : 336-708 선문대학교/이형구
충청남도 아산시 탕정면 선문로221번길 70 (갈

등기번호      요금 우편번호    수취인

11365-0119-6307  3,190 110-820 박근혜
익일특급

합계      1통              3,190원

총요금 :          (즉납) 3,190원
수납요금 :                3,190원
    신용카드               3,190원

카드번호 : 5409-2602-****-4040
카드사명 : 국민골드카드
매입사명 : KB국민카드
할부개월 : 일시불
승인금액 : 3,190
승인번호 : 30045874
가맹점번호 : 00019688002

* 등기우편물 반송 시에는
  환부료( 1,630원 )를 받습니다.
* 우편물 송달기준 적용곤란지역은
  예정된 배달일보다 더 소요될 수 있습니다.
* 등기우편물 배달조회는 인터넷우체국(www.
  epost.kr)과 우체국 앱을 통해 조회 가능합니[
* 배달조회기간은 1년(내용증명 : 3년)입니다.
* 등기소포우편물 손해배상금액은 최대 50만원,
  등기통상우편물 손해배상금액은 최대 10만원
  입니다.(우편법 시행규칙 제135조의2)
* 고가물품은 안심소포서비스를 이용바립니다.

우체국,「한국산업의 고객만족도(KCSI) 15년
연속 1위」

SMS서비스와 청구서에 결제가맹점은
서울서초우체국(총괄국명) 으로 표시됩니다
```

박근혜 대통령께 드리는 〈풍납토성 보존 청원서〉 특급등기우편물 영수증(2013.11.4.) 사본

尊敬하옵는 朴槿惠 大統領님께

안녕하십니까.

금년은 대통령에 취임하심을 깊은 축하의 말씀드립니다.
취임하시자마자 국내외의 국사와 외교에 분망하신 대통령님께 성원합니다.

최근에는 외교활동으로 바쁘시고 노고가 많으신 줄 압니다. 오늘도 프랑스에서 문화외교 활동하시느라 매우 분주하신 모습을 해외소식으로 잘 보고 있습니다. 건승을 빕니다.

대통령님께서 이렇게 다망하신 줄 잘 알면서 서신으로 건의 드리게 되어 대단히 송구스럽습니다. 그러나 이 일만은 대통령님께건의를 드려야만 성취될 것으로 사료되어 감히 글월을 올립니다.

다름이 아니오라 소생은 지난 30여 년간 서울의 백제유적과 역사를 보존하고 복원하기 위해서 노력해 왔습니다. 이 일에 열성을보인 것은 日本人들의『三國史記』초기기록을 부정하고 백제초기역사를 왜곡하였으며, 해방후 지금까지도 서울에 있었던 백제초기 역사를 인정하지 않고 있기 때문에 서울에서 백제유적을 찾으려고 노력해 왔습니다. 그러던 중 지난 소생이 30여 년 동안노력한 끝에 1997년 1월 서울 송파구 風納土城 안에서 百濟 王宮遺蹟을 찾아냈습니다.

天佑神助라고 생각합니다.

일본인들이 우리 고대역사를 말살한 행위와 경상도 남부에 '任那日本府'를 두어 경상도와 전라도 지역을 2백 년 이상이나 지배했다고 하는 터무니없는 주장을 지금도 일본 역사교과서나 대학교재에 실리고 있는 것을 그냥 보고만 있을 수 없었습니다. 백제초기 왕궁유적과 역사가 보존되고 복원돼서 일본인들의 우리 고대사 왜곡을 바로잡아야 한다고 생각합니다.

그래서 '풍납토성'이 국가사적으로 지정된 지 50년이 되는 올해에 이를 기념하고, 아울러 백제초기 왕궁유적을 다시 찾은 것을기념하기 위해서 국가를 대신하여 저의 선문대학교가 주최해서 지난 10월 25일 서울 송파구 올림픽 공원 내 한성백제박물관에서 "풍납토성 사적지정 50주년 기념 학술세미나"를 성황리에 개최하였습니다.

그러나 저의가 백제 왕궁유적을 찾아낸 일을 경축하기에는 너무도 큰 고충이 있습니다.

그것은 다름 아니오리 왕궁유적이 발견된 풍납토성 안에는 5만 명이라고 하는 어마어마한 인구가 거주하고 있습니다. 이들 주민은 지난 16년 동안 건축도 못 하고 다른 곳으로 이주도 못 하고 지금까지 재산권의 침해는 물론 생활에까지 불편을 받고 있는 실정입니다. 지금까지 해당 정부기관이나 지방자치단체가 '民怨'을 해결하려고 노력해 왔으나 아주 미흡한 실정으로 대다수 주민의 원성은 하늘을 찌르고 있습니다.

이를 수렴하는 일은 국가가 주관하여야 하나 소생(선문대학교 고고연구소 소장)이 나서서 "풍납토성 사적지정 50주년 기념 학술세미나"를 개최하여 5만 명 주민의 정부에 대한 聲討를 학술세미나를 통해서 수렴하고자 하였습니다.

학술세미나에서 의견이 아래와 같이 몽아졌습니다.

첫째, 5만 명 주민들이 점진적으로 새로운 신도시로 이주하는 방안.

둘째, 백제 왕궁유적은 현 위치에 보존하고 발굴된 유적은 충분한 연구를 통해 보존 또는 복원하는 방안.

적극적인 정책결정이 있으시길 仰望합니다.

존경하옵는 대통령님께 외람되게 건의드립니다.

건강하시기를 빕니다.

2013. 11. 1.
서울백제수도유적보존회 대표
선문대학교 석좌교수 이형구 이형구 올림

311155873_0000001_01_03

칸막이를 없애고 소통 협력하는 유능한 정부를 만들어 가겠습니다.

문 화 재 청

수신 이형구 석좌교수 귀하 (우336-841 충남 아산시 탕정면 갈산리 100 선문대학
교)

(경유)

제목 민원회신(백제 왕궁 유적 보존)

1. 국민신문고 접수번호 2BA-1311-070685호(2013.11.7.)와 관련입니다.

2. 대통령비서실에서 우리 청으로 이첩되어 온 서울 송파구 소재 사적 제11호
「서울 풍납동 토성」 관련 백제왕궁 유적보존(풍납토성 보존 및 주민지원 대책 건의)
민원사항에 대하여 붙임과 같이 답변드립니다.

붙임 : 민원회신 1부. 끝.

문 화 재 청 장

주무관 김대열   시설사무관 이정연   보존정책과장 전결 2013. 11. 14.
이유범

협조자

시행 보존정책과-6835   (2013. 11. 14.)   접수

우 302-701 대전 서구 선사로 139, 1동 10층   / www.cha.go.kr

전화번호 042-481-4839   팩스번호 042-481-4849   / phus8@oco.go.kr   / 대국민 공개

국민 눈높이로 다가가는 열린 정부, 국민과 함께 하겠습니다.

민원회신

-백제왕궁 유적 보존-

○ 안녕하십니까. 풍납토성에 대한 귀하의 깊은 애정에 진심으로 감사드리며, 풍납토성의 체계적인 보존 관리를 위해 앞으로 협의하고 해결해야 할 많은 문제들이 있으나, 풍납토성 유적이 현재와 같이 보존되고 미래에도 온전히 보존하여 후손에게 물려주어야 할 유산으로서 중요한 가치를 가지는 것은 귀하를 비롯한 많은 학자분들의 끊임없는 노력이 큰 버팀목이 되었던 것으로 생각합니다.

○ 귀하께서 말씀 주신대로 풍납토성은 서울의 중심 도심에 위치하는 입지적 특성과 5만여 명의 주민의 생활터전으로서 풍납토성 유적 보존과 주민 사유재산권 보호가 지속적으로 대립되어 왔습니다.

○ 이를 해결하기 위해 문화재청은 서울시, 송파구, 지역주민, 관계전문가 등과 논의(2011년부터 풍납토성 보존관리 소위원회를 구성하여 운영 중)하여 풍납토성 유적 보존과 주민 사유재산권 보호에 대한 공감대를 형성에 노력하고 여러 가지 해결방안을 지속적으로 모색하고 있습니다.

○ 잘 알고 계시는 바와 같이 풍납토성 유적은 대부분 지하에 매장되어 있고 그 지상에는 많은 주택들이 들어서 있는 상태로 지하의 유적을 보존하고 향후 발굴을 통한 연구와 보존을 위해서는 우선적으로 토지매입을 통한 지상부 시설에 대한 정비가 필요하며 토지매입의 예산적, 시간적 제한을 고려할 때 신도시로의 점진적 이주 등의 검토도 필요한 사항입니다.

○ 문화재청은 우선적으로 매년 풍납토성 토지매입 예산이 최대한 확대될 수 있도록 노력(현재 문화재보수정비 예산의 약 10% 배정)하고 있으며, 서울시, 송파구와 협력하여 지역주민의 주거 이전 방안 등 도시계획적 지원방안(풍납토성 보존관리를 위한 도시계획적 지원방안 연구 중)도 모색하고 있습니다. 또한 국립문화재연구소에서도 지속적인 발굴계획을 수립하고 하고 있습니다.

○ 이와 같이 문화재청은 앞으로 서울시, 송파구, 지역주민 등과 지속적으로 협력하고 협의하여 풍납토성이 지역주민과 상생하는 문화유산이 될 수 있도록 노력해 나갈 계획입니다.

○ 우리 문화유산에 대한 깊은 관심과 애정에 다시 한번 감사의 말씀을 드리며, 기타 궁금한 사항이 있으시면, 문화재청 보존정책과 김대열(042-481-4839/ginkgo7@korea.kr)에게 연락주시면 성실히 답변드리겠습니다.

○ 감사합니다.

문화재청장

〈 풍납토성 권역별 현황도 〉

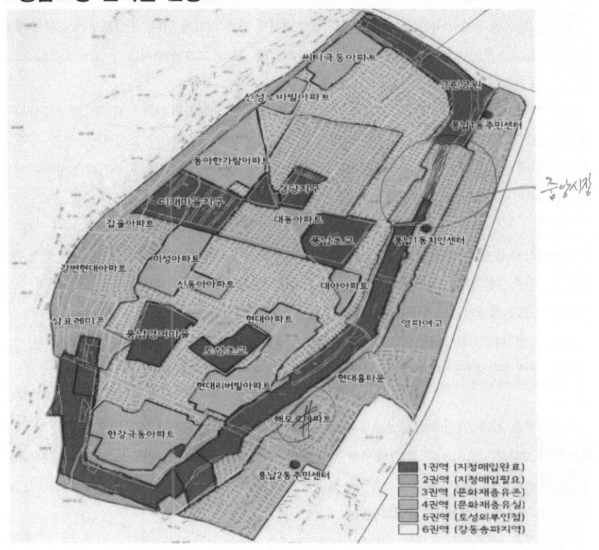

풍납토성 권역별 현황도 (2009.4, 문화재청)

구분	내 용	현 황	건축제한
I권역	·현재 사적으로 지정/매입된 성벽·해자지역 및 내부지역, 국공유지	·경당지구, 미래마을지구, 영어체험마을지구, 소규모주택지구 일부	·매입완료된 국공유지로 건축행위 금지
II권역	·향후 사적으로 지정/매입해야 할 지역	·삼표레미콘부지 등 서성벽 유존 지역, 동성벽 사적해제 구간	·일체 건축행위 금지
III권역	·내부지역 중 I·II권역을 제외한 백제문화층 유존 지역	·소규모 주택부지	·지하2m, 지상15m이하 규모로 건축행위 제한
IV권역	·내부지역 중 백제문화층이 파괴된 지역	·고층아파트 건축지역	·아파트 지역으로 건축행위 금지 (리모델링 가능)
V권역	·풍납동토성 인접지역	·백제 우물지 등 한성백제시대 유구가 확인된 지역, 현 성벽 보호구역으로부터 외곽 100m 이내지역	·보호구역 경계지상 7.5m지점에서 앙각 27° 이내로 건축제한
VI권역	·성 외부지역으로 한성백제시대 도성의 범위에 포함되는 지역		·건설공사시 문화재보호대책강구

여언(餘言)

정부는 '한국판 폼페이 유적'을 지키지 못하고 인멸시킬 위기에 처해 있다. 풍납토성에서 제일 화급하고 중차대한 문제는 무어니 무어니 해도 풍납토성 내 주민들의 생활권 보호 문제와 보상 문제일 것이다.

문화재청은 2009년 4월, '풍납토성 보존 관리 및 활용에 관한 기본계획'안을 발표하여 풍납토성 내부를 6개 권역으로 구분하였다. 1권역은 복원과 정비가 완료된 성벽 지역, 2권역은 삼표레미콘공장 등 성벽 복원지구 및 토성 내 왕궁터 핵심 유적, 3권역은 유물 유존 지역, 4권역은 아파트 지역, 5 · 6권역은 성벽 외곽지역이다. [앞 페이지 풍납토성 권역별 현황도 참조]

풍납토성의 복원과 정비가 완료된 성벽 지역인 1권역과 삼표레미콘공장 등 토성 내 왕궁터 핵심 유적인 2권역을 제외한, 3권역은 1964년 풍납토성 유물포함층을 시굴할 때 1~3 시굴갱과 C~G 피트 지역으로, 지하 2~3m에서 모두 백제시기의 유물들이 출토되었다.

지금은 천만다행으로 2~3층 규모의 연립주택형 건물들이 지하 1~2m만 파내고 기초 시설을 한 지역이라 지하 3~4m에 분포돼있는 백제 왕궁유적과 유물들은 비교적 온전하다고 보았다.

문화재청은 2015년 1월 8일, 풍납토성 내에는 과거 발굴로 유적이 드러난 '경당지구' 부근을 2권역이라고 하여 토지 보상 지역으로 묶고 그 외의 유물 매장 예상 지역을 3권역이라 하는데, 문화재청은 2000년부터 지상 15m 5층 건물로 규제해 왔는데, 3권역을 완화하여 지상 21m, 7층 건물을 짓도록 하는 '풍납토성 보존 관리 및 활용 기본계획' 변경안을 발표하였다.

문화재청은 3권역을 토지 보상 지역에서 해제하여 7층 건물을 짓게 해서 2권역의 이주민을 수용하겠다고 한발 물러 선 '풍납토성 보존 관리 및 활용 기본계획' 변경안을 2015년 1월 10일부터 시행한다고 발표하였다.

2020년 5월, 국회 문화체육관광위원회에서 '풍납토성 보존 및 관리에 관한 특별법안(풍납토성 특별법)'이 통과되어 풍납토성에 대한 체계적인 보존 · 관리, 주민재산권 보장에 대한 법적 근거를 마련하였다.

한편, 국립문화재연구소(현 국립문화재연구원)가 지난 1998년부터 2007년까지 10년 동안 풍납토성 내 전역에서 소규모 주택신축 예정부지 136개소를 시굴 조사한 결과, 단 4군데를 제외하고 빠짐없이 백제시대 문화층이 안정적으로 남아있는 지역이라고 밝혀낸 바 있다.

이와 같은 사실만으로도 풍납토성 안에는 모든 곳이 백제시기(한성백제) 유적이 분포되고 있을 것으로 추정된다. 다만, 일부 주민들이 지금까지 발굴한 성과를 과소평가하거나 믿을 수 없으니 앞으로 더 발굴해서 확인해 보자고 하는 주장도 있다.

그 뜻은 모르는 바가 아니지만 지금까지 발굴된 유적이나 발굴조사 성과만으로도 충분히 풍납토성이 한성백제 왕도인 하남위례성이라고 하는 사실을 규명할 수 있을 것이다.

끝으로. 서울 풍납동 한성백제유적이 여기까지 오는 데는 이 지역 주민들이 고통을 참아내고 희생해 준 결과이다. 인고(忍苦)를 이겨낸 주민들에게 재삼 심심한 위로와 감사를 표한다.

<Abstract>

The Seoul-Baekje Royal Palace in Pungnap-toseong and the complete collection of conservation academic conferences in Seoul Six academic conferences, paper commentary discussions, and a joint edition

Header

Sixty years ago in 1963, the year 2023 marks not only the year I first explored Pungnap-toseong, but also the 60th anniversary of the designation of Pungnap-toseong as a national historic site, and the 40th anniversary of the publication of The Conservation Issue of Han River Basin Early Baekje Capital Remains, organized by me.

In the early summer of 1963, the year Pungnap-toseung was designated as a historic site, Professor Choi Sun- woo (former President National Museum), Kim Yong-sang (former Chief Editor Dong-A Ilbo) was kind enough to allow the young student (19 years old at the time) to accompany them on a tour of Pungnap- toseong.

1. Held the first academic conference - Academic Conference on the Conservation issue of early Baekje Capital Remains in the Han River Basin - July 1983.

It has been almost 40 years of conservation and excavation of the historic sites of Hanseong Baekje, Seoul.

Seokchon-dong(石村洞), Seoul is a grave field of the capital in the early period of Baekje dynasty. This area is a wide alluvial plain, Gwangju plain, where no rocks are to be found. However, it is called Seokchon (Stone village, 石村) because stones are easily found. Small hills in Seokchon-dong has been named Obong-san (five peak mountain, 五峯山) because there were five piles of hill-like stones. Those stones came from Baekje's stone mound tomb. There were 89 Baekje tombs around the area until the Japanese colonial era.

In early the 1980's, 25m-wide main road (current Baekjegobun-ro) was built through national historic relic No. 243, between 3rd and 4th tomb which were assumed to be royal tombs of the early Baekje dynasty. Due to this fact, Baekje's pyramid type 'royal tombs' made of stones were damaged and even the buried bones were destroyed by the blade of the excavators.

It was in the middle of the Gangnam development when I visited Seokchon-dong in autumn of 1981. It was an extreme tragedy to see the development sites where the tombs assumed royal were destroyed and the human bones were scattered all around. To restore this, I appealed to the government and the academic authorities through the press and finally got approved by the government (5th Republic).

Lee Hyeong-koo claims that Pungnap-toseong is the National Historic Site No. 11, as of May 28, 1983, the 20th anniversary of the designation, after gaining active support in a 'discussion' with high-ranking government officials, On July 6, Han-kuk jeongsin munhwa yeon-guwon (Academy of Korean Studies) hosted and an academic seminar was held on "The Conservation Issue of Han River Basin Early Baekje Capital Remains"

In this discussion meeting, Lee Hyeong-koo presented on The Conservation Issue of Han River Basin of Early Baekje Capital Remains, Kim Byung-mo on 「The Archeological Value of Ancient Tombs in the Han River Basin」, and Cha Yong-geol on 「Baekje Capital Remains in the Han River Basin」 was announced. After the announcement, a proposal was prepared and submitted to related organizations, including President Chun Doo-hwan at the time.

The Conservation Issue of Han River Basin Early Baekje Capital Remains
- Suggestion-

1. The development of the historic site distribution area in Gangdong-gu should be halted and the 'emergency relief excavation' method should be discouraged, and all historic sites should be thoroughly re-investigated and protected through academic excavation where destruction is already severe, and those that are still in their original state should be preserved, and those that can be restored should be restored through academic proof and examination.

2-1. Historic Site No. 243, the Seokchon-dong 3rd and 4th royal tomb, and the two burial mounds in front of the 4th royal tomb, as well as the 'destruction' of No. 5 and the recently destroyed Baekje culture inclusion layer in the Seokchon-dong area should be excavated again.

3. Pungnap-toseong, designated as Historic Site No. 11, is currently in danger of extinction because only the northern side of about 300 meters along the boulevard is restored and preserved, while the eastern side of about 1.5 kilometers inside the cave is neglected, and measures should be taken to conserve and restore it.

4. Among the Bangyi-dong tombs that are currently being developed as a 'historic park', Nos. 7 and 8 are excluded, and it is necessary to connect them and expand the park area.

5. It is necessary to thoroughly survey the surface of the candidate site for the 'Olympic Stadium' to be built in Mongchon-dong, and to find and restore the original form of the adjacent Mongchon-toseong, so that no facilities are permitted within the toseong.

6. In particular, all ground buildings and land within 1km in all directions of the Seokchon-dong area should be purchased and designated as a 'history park' to be used as a history education studio and to be created as a national cultural heritage park.

7. Establish a 'Wirye-seong Museum' (tentative name) or 'Historic Site Management Office' in Gangnam District to collect and display Han River Basin excavated artifacts scattered in various parts of the country and use them as a historical education center, and to protect and supervise the Han River Basin while providing an opportunity to promote our culture during the 'Cultural Olympics'.
- July 1983
The Conservation Issue of Han River Basin Early Baekje Capital Remains all of academic seminar attendees

The government (5th Republic) widely re-designed the policies of cultural asset about the Gangnam development plan. Baekjegobun-road was preserved by adjusting the road plan to built it underground, and by rebuilding the historic relic site expanding it ten times bigger in size.

In 1985, after the government initiated the conservation project of this area, they got investigation results of the east side of the 3rd tomb of the earthenware coffin which were damaged from the road construction. They found out that in the area so called 'east tombs of the Seokchon-dong 3rd tomb', 23 Baekje tombs in total were confirmed to be in three (top, middle, bottom) layers.

Furthermore, around 33,000㎡ of the conservation area was additionally designated in the southern part of 'east tombs of the Seokchon-dong 3rd tomb' and the research was done in this new conservation area. The 1st, 2nd and 'A' tombs were confirmed as pit burial tomb and stone-lined tomb, and the 3rd and 4th tomb which were disconnected by the road were reestablished and many of the relics were restored in the east area of the 3rd tomb. Finally a huge size of the relic park was created as today. These areas were already studied in the conference of "Conservation issues of the relics in the capital of early Baekje around Han river" in 1983.

2. Held five self-funded academic conferences to conserve the remains of the Baekje Royal Palace in Seoul.

1) Resolution of 28 promoters of the "Seoul Baekje Capital Remains Conservation Association" - 1994

On September 28, 1994, the Oriental Archaeological Institute (President: Lee Hyeong-koo) organized the 'Seoul Baekje Capital Remains Conservation Association', held a conservation meeting and academic discussion at the Han-geul Center in Seoul, and immediately established a relationship with the academia and related organizations. A letter of recommendation was submitted urging the institution to take corrective and conservation measures.

In 1994, as the Seoul Metropolitan Government was planning to celebrate the "600 Years History of Seoul" macro-scale commemorative event on October 28, Seoul Day, The Oriental Archaeological Institute formed the "Association for the Conservation of Baekje Capital Remains in Seoul" on September 28, 1994, and held a conservation meeting and academic discussion at the Han-geul Center in Seoul to commemorate the "Two Thousand Years History of Baekje".

The academic conference was chaired by Son Byung-heun, with Lee Hyeong-koo giving a progress report on the conference, and papers were presented by Choi Mong-lyong on "Baekje Remains in Seoul," Seong Ju-tak on "Baekje Castle in Seoul," Kim Jeong-hak on "Wirye-seong and Hanseong (Baekje)," and Lee Hyeong-koo on "Conservation Status of Baekje Remains in Seoul." The panelists included Lee Ki-dong, Chang Chul-soo, Paak dong-baek, Sim Bong-keun, Song Ki-joong, Lee Jong-wook, Sim Jeong-bo, Lee Do-hack, You Won-jea, Choi Wan-kyu, and so on.

This is the second conference on the conservation of the Baekje capital city of Seoul that hosted by Lee Hyeong-koo with all expenses as well as progress. However, despite the significant historical significance of Pungnap-toseong, it has literally fallen into a state of neglect over the past few decades.

As I suggested to the government on October 5, 1994, in the second paragraph of my "Recommendations", "The undeveloped idle land in and around Pungnap-toseong should be conserved by establishing it as a protected area." This should be implemented now to expand the historic area to the castle grounds, and a parking facility as a historic park or an exhibition space such as the "Baekje Royal Palace Exhibition Hall"

is urgently needed.

2) "Academic Conference for the conservation of Pungnap-toseong [Paekje royal palace]," -2000

In 1997, Lee Hyeong-koo discovered the remains of a royal palace in Pungnap-toseong. (Lee Hyeong-koo, "Field Survey on Seoul Pungnap-toseong[Baekje Royal Palace]", Baekje Cultural

Development Research Institute, 1997) The survey revealed that the total size of Pungnap-toseong was 3,470 meters, and the height of the restored northern wall was 11.1 meters from the current surface. Afterwards, the Baekje royal palace in Pungnap-toseong was announced to the academic world and the general public, and the "Academic Conference for the Conservation of Pungnap-toseong" was held by The Oriental Archaeological Institute on May 8, 2000 at the Han-geul Center in Seoul.

The conference was chaired by Son Byung-heun, and Cho You-jeon gave a keynote speech, and Lee Hyeong-koo presented the thesis 「A study on the remains of the Seoul-Baekje Royal Palace in Pungnap-toseong and its conservation issues」, and Yoon Keun-il presented 「Pungnap-toseong and its Significance」, and Lee Jong-wook presented 「Pungnap-toseong and SAMKGUKSAGI-historical early record of the Three Kingdoms」. And at the academic conference, senior scholar Chung Yong-ho gave a congratulatory speech. In addition, many senior figures in Korean academia, such as Professors Kim, Sam-lyong, Kim, Yong-sang, Maeng In-jea, Paak dong baek, Son Bo-gi, Rhi, Chong-sun, Chung Myung Ho, Choi, and Jai-seuk, Participated as a debater and presented excellent opinions for the preservation of Pungnap-toseong [Baekje royal palace].

The Oriental Archaeological Institute (President: Lee Hyeong-koo) summarized the discussion in seven sections and submitted a recommendation to President Kim Dae-jung.

May 16, 2000, one week after the recommendation was submitted, President Kim Dae-jung held Cabinet meeting and formulated "Presidential Decree" to conserve Baekje remains in Pungnap-toseong.

On October 20, 2000, Lee Hyeong-koo was awarded the Order of Korean Culture by President Kim Dae-jung in recognition of his many contributions to the discovery and conservation of the Baekje royal palace remains at Pungnap-toseong. This is the only award of its kind.

3) "The 20th Commemoration of proposing The Conservation Issue of Han River Basin Early Baekje Capital Remains - International Conference on Seoul Pungnap-dong Baekje Royal Palace" and "The Conservation Issue of Han River Basin Early Baekje Capital Remains" Held an international academic conference commemorating the 20th anniversary - 2003

On June 20, 2003, the Oriental Archaeological Institute held an academic conference at the Seoul Museum of History auditorium with the title, "The 20th Commemoration of proposing The Conservation Issue of Han River Basin Early Baekje Capital Remains - International Conference on Seoul Pungnap-dong Baekje Royal Palace - Discovery and Conservation of Seoul Pungnap-dong Baekje Royal Palace"

First, as the keynote lecture, Cho You-jeon presented 「Pungnap-toseong and Hanam Wirye-seong(name of the capital at the beginning of the Baekje dynasty)」. Subsequently, the academic presentation was held by Baiwunsang (白雲翔) of China, chaired by Kim, Yong-soo and Son Byung-heun, 「China's Handaeseong City and Korea's Pungnap-toseong」, and Yoshiharu Nakao (中尾芳治) of Japan. published 「About Japan's Naniwanomiya(難波宮) Excavation, Investigation, Preservation and Environmental Improvement」. Also, on the Korean side, Sim Jeong-bo 「Contemplation on the construction techniques of Baekje royal castle in Pungnap-dong」, Shin Hee-kweon 「Formation and development of Baekje earthenware in Pungnap-dong Baekje royal castle-Suggestions on Hanseong Baekje earthenware」, Lee Jong-wook 「Historical characteristics of the Baekje royal castle in Pungnap-dong」, Lee Hyeong-koo published 「Discovery and conservation of the Baekje royal castle in Pungnap-dong」. And Song Seuk-beum, Choi Maeng Sik, Kim Moo-joog, Kim Young-Ha, Lee Yong and Kim, Tae-shik came out as panelists. Administrator Munhwajae-cheong Noh Tae-seap and former President Sunmoon University Yoon Se-won(died in March 2013) served as congratulatory speeches, which served as an opportunity to raise public awareness.

In particular, Professor Yoshiharu Nakao, a senior Japanese archaeologist who has extensive experience excavating Naniwanomiya ruins, was specially invited to present on Japan's Naniwanomiya excavation research, conservation, and environmental improvement, and to build Pungnap-toseong, which is also referred to as 'Korea's Naniwanomiya'. He published an excellent thesis that can be regarded as a point of reference through the case of Japan on the issue of conservation and maintenance. In addition, Bai yun-sang of China submitted a thesis that compared and explored the origin of Han(漢) castle in China and the origin of construction technology of Pungnap-toseong in Baekje.

4) "Held the international academic conference to commemorate the 10th anniversary of the discovery of the remains of Baekje royal palace in Pungnap-toseong" -2007

On June 8, 2007, the Oriental Archaeological Institute celebrated the 10th anniversary of discovery of royal district remains in Pungnap-toseong, and attempted to hold international academic seminar at the Seoul Museum of History auditorium with the title "Discovery and Conservation of Seoul Pungnap-dong Baekje Royal Palace." (-The Oriental Archaeological)

However, as nearly 300 residents from Pungnap-dong crowded and protested in front of Seoul Museum of History in Gyeonghui Palace, speakers and audiences could not enter the auditorium.

The auditorium was not available anymore so it was inevitable to rent another hall. We urgently rent a banquet style conference hall called "International Journalist Club" from Press Center at 19th floor, Taepyeong-ro, Jung-gu in Seoul with large amount of money and invited speakers and guests from Korea and abroad.

In a tense atmosphere surrounded by the police in the Gwanghwamun area and around the conference hall building, the academic conference was able to be held as a compromise by involving the Pungnap-dong Countermeasures Committee Chairman and resident representatives as debaters.

It was a very difficult time, but after moving, the academic conference started with congratulatory remarks by former President Academy of Korean Studies Lew, Seung-kook (deceased in March 2011).

The conference was organized by Kim, Yong-soo and Son, Byung-heun, and included Lee, Hyeong-koo on "Discovery and Historical Significance of Baekje royal palace in Pungnap-toseong"," Kwon, Oh-young on "Excavation of Gyeongdang Remains in Pungnap-toseong and its Significance." Shin Hee-kweon presented "The Emergence of Ancient Chinese Cities and Their Characteristics-Focusing on theRemains of Elritou (二里頭) and Comparison with Pungnap-toseong," and Segawa (瀬川芳則) presented "Survey and Preservation Status of Ancient Japanese Cities" (interpreted by Song Seuk-beum). The general discussion was chaired by Professor Shin, Hyeong-sik, and attended by Lee, Jong-wook, Yoon Keun-il, Sim Jeong-bo, Lee Nam-kyu, and Kim. Ki-seob, Kim, Tae-shik, Shin Hyeong-joon, Choi Maeng-sik, and Hwang Pyung-woo participated in the discussion, and Lee Ki-yong, chairman of the Pungnap- dong Residents' Committee, was specially invited.

At the conference, Prof. Segawa, a renowned ancient castle expert in Japan, presented the results of his research on Japanese ancient city castles, which he had been preparing even during the dismay of relocating to the lowland of Pungnap-dong residents, and his a priori research on cultural property conservation in Japan, which provided great lessons not only for the conservation of Pungnap-toseong but also for the study of ancient capital cities in Korea.

5) "The 30th Commemoration of proposing The Conservation Issue of Han River Basin Early Baekje Capital Remains- International Conference on Seoul Pungnap-dong Baekje Royal Palace" and held an international conference to commemorate the 50th anniversary of the designation of Pungnap-toseong as a historic site - 2013

On October 25, 2013, the Archaeological Institute of Sun Moon University and the Oriental Archaeological Institute celebrated an international conference was held to commemorate the 30th anniversary of proposing "The Conservation Issue of the remains of Han River Basin Baekje Capital," and the 50th anniversary of designation of Pungnap-toseong as National Historic Site at Seoul Baekje Museum auditorium.

We have looked back on the research and discoveries of the remains of Pungnap-toseong and Hanseong Baekje royal palace, and discussed the conservation of Pungnap-toseong and the future measures for the people living in Pungnap-dong.

The academic conference was chaired by Kim Do-houn, and the keynote lecture was given by Lee Hyeong-koo on the conservation and research of the remains of the royal palace of Pungnap-toseong, Hanseong Baekje. The historical significance of Choi Maeng Sik's excavation of the Mirae village site within Pungnap-toseong, Kwon Oh-young · Park Ji-eun's Eojeong(the king's drinking well) of the Baekje royal Palace -focused on the Gyeongdang district of Pungnap-toseong, and Shin Hee-kweon's analysis of the walls of Pungnap-toseong Construction techniques, What to do with Pungnap-toseong by Kim Tae-shik -Conservation and measures for Pungnap-toseong and royal palace remains-, Sato-Kogi's (佐藤興治) excavation and conservation of ancient Japanese royal palace remains. The general discussion was chaired by Professor Son Byung-heun, and Noh Chong-kook, Shin Jong-kuk, and Kim Ki-seob, Lee Seong-joon, and Kim Hong-jae, chairman of Pungnap-toseong Residents' Countermeasure Committee, participated.

Concluding message

held six domestic and international academic seminars to conserve and study the remains of Pungnap-toseong and Baekje Royal Palace on his own initiative, including one academic conference on "The Conservation Issue of Han River Basin Early Baekje Capital Remains" at Han-kuk Jeoungsin munhwa yeon-guwon(Academy of Korean Studies), two domestic academic seminars, and three international academic seminars. The expenses for the five national and international academic seminars were covered by The Oriental Archaeological Institute without any help from the government or social organizations.

Along the way, in 1996, I organized a research group from the history department of Sun Moon University. During summer vacation, we measured contour to ascertain the height of existing wall of Pungnap-toseong, which had never been revealed until now.

And during winter vacation, the survey was continued. January 1, 1997 is a day that I will never forget. Though it was New Year's day, we continued the field survey of Pungnap-toseong and after a great struggle we finally found the remains of Baekje royal palace at Hyundai apartment construction site, 231-3 Pungnap 2-dong Songpa-gu, Seoul.

The survey revealed that the total size of Pungnap-toseong was 3,470 meters, and the height of the restored northern wall was 11.1 meters from the current surface. In August 1997, a research report titled "Field Survey on Seoul Pungnap-toseong [Baekje royal palace]" was published.

From 1997, the National Research Institute of Cultural Heritage went into excavation and continued until today.

Through nearly half a century of academic investigations and research, we have discovered that Pungnap-toseong (Hanam Wirye-seong, the name of the capital at the beginning of the Baekje dynasty) was the capital of Hanseong Baekje(Seoul Baekje) and have been conserving and researching Pungnap-toseong ever since.

Owing to the prolonged suggestion for decades to conserve Pungnap-toseong and the remains of Seoul Baekje royal palace, academic world has accepted wholeheartedly and Early Baekje history was compiled to "Hanseong Baekje History" and published to "Two thousand Years History of Seoul." Now it is listed in the history textbooks of elementary, middle, and high school.

During this process, 'revolutionary changes' are taking place in our history textbooks. Until 2007, middle school national history textbooks did not show descriptions of Hanseong Baekje or Pungnap-toseong in the growth section of Baekje. In the latter half of 2007, middle school history of Korean textbooks began to show descriptions of Pungnap-toseong in Songpa-gu, Seoul (pictures of remains and excavated artifacts) is describing.

And in high school national history textbooks, there is no description of Hanseong Baekje in Seoul until 2010. Before 2010, the history of Baekje, which was described only in Gongju and Buyeo, began to be described in high school history of Korean textbooks in 2011 with the discovery of Baekje royal palace remains in Pungnap-toseong, Seoul in 1997. Since then, Hanseong Baekje History has been described in one or two pages in the history textbooks of elementary, middle, and high school in all middle and high school history of Korean textbooks. In the future, the conservation of the remains of the Baekje royal palace of Pungnap-toseong in Seoul is an urgent task to complete the 'Hanseong Baekje History'.

It is the result of the suffering and sacrifice of the people of this region more than anyone else. I would like to express my deepest sympathy and gratitude to the people who have overcome their hardships. I express my deepest gratitude to my learn first, colleagues and school mate, who have participated in the presentations and discussions at the conference. I would like to thank Kwon Heuk Jae, president Hakyon company.

July. 30. 2023

Professor Lee Hyeong-koo

The Oriental Archaeological histitute